6

Schlüssel zur Mathematik

Hessen

Unter Beratung von
Sarah Brucherseifer
Anja Pies-Hötzinger

Cornelsen

Teile dieses Unterrichtswerkes basieren auf Inhalten bereits erschienener Lehrwerke.
Diese wurden herausgegeben von Reinhold Koullen † und Udo Wennekers
sowie erarbeitet von:
Helga Berkemeier, Ilona Gabriel, Wolfgang Hecht, Barbara Hoppert, Reinhold Koullen †, Jeannine Kreuz, Doris Ostrow, Hans-Helmut Paffen, Günther Reufsteck, Jutta Schaefer, Gabriele Schenk, Hermann Schneider, Willi Schmitz, Ingeborg Schönthaler, Christine Sprehe, Wolfgang Stindl, Herbert Strohmayer, Diana Tibo, Martina Verhoeven, Udo Wennekers, Ralf Wimmers, Rainer Zillgens

Unter Beratung von: Sarah Brucherseifer, Anja Pies-Hötzinger

Redaktion: Viola Moncada, Marcus Rademacher

Illustration: Roland Beier

Grafik: Christian Böhning, Ulrich Sengebusch †

Umschlaggestaltung und Layoutkonzept:
Syberg | Kirstin Eichenberg und Torsten Symank

Layout und technische Umsetzung:
CMS – Cross Media Solutions GmbH

Begleitmaterialien zum Lehrwerk	
Lösungsheft	978-3-06-007535-5
Handreichungen	978-3-06-007534-8
Arbeitsheft	978-3-06-007533-1
Begleitmaterial auf USB-Stick inkl. Unterrichtsmanager und E-Book auf scook	978-3-06-001083-7

www.cornelsen.de

Alle Drucke dieser Auflage sind inhaltlich unverändert
und können im Unterricht nebeneinander verwendet werden.

Druck: Mohn Media Mohndruck, Gütersloh

1. Auflage, 1. Druck 2017
978-3-06-007531-7 (Schülerbuch)
978-3-06-007532-4 (E-Book)

PEFC/04-31-1033

PEFC zertifiziert
Dieses Produkt stammt aus nachhaltig bewirtschafteten Wäldern und kontrollierten Quellen.

www.pefc.de

6

Schlüssel zur Mathematik

Hessen

Unter Beratung von
Sarah Brucherseifer
Anja Pies-Hötzinger

Cornelsen

Teile dieses Unterrichtswerkes basieren auf Inhalten bereits erschienener Lehrwerke.
Diese wurden herausgegeben von Reinhold Koullen † und Udo Wennekers
sowie erarbeitet von:
Helga Berkemeier, Ilona Gabriel, Wolfgang Hecht, Barbara Hoppert, Reinhold Koullen †, Jeannine Kreuz, Doris Ostrow, Hans-Helmut Paffen, Günther Reufsteck, Jutta Schaefer, Gabriele Schenk, Hermann Schneider, Willi Schmitz, Ingeborg Schönthaler, Christine Sprehe, Wolfgang Stindl, Herbert Strohmayer, Diana Tibo, Martina Verhoeven, Udo Wennekers, Ralf Wimmers, Rainer Zillgens

Unter Beratung von: Sarah Brucherseifer, Anja Pies-Hötzinger

Redaktion: Viola Moncada, Marcus Rademacher

Illustration: Roland Beier

Grafik: Christian Böhning, Ulrich Sengebusch †

Umschlaggestaltung und Layoutkonzept:
Syberg | Kirstin Eichenberg und Torsten Symank

Layout und technische Umsetzung:
CMS – Cross Media Solutions GmbH

Begleitmaterialien zum Lehrwerk	
Lösungsheft	978-3-06-007535-5
Handreichungen	978-3-06-007534-8
Arbeitsheft	978-3-06-007533-1
Begleitmaterial auf USB-Stick inkl. Unterrichtsmanager und E-Book auf scook	978-3-06-001083-7

www.cornelsen.de

Alle Drucke dieser Auflage sind inhaltlich unverändert
und können im Unterricht nebeneinander verwendet werden.

Druck: Mohn Media Mohndruck, Gütersloh

1. Auflage, 1. Druck 2017
978-3-06-007531-7 (Schülerbuch)
978-3-06-007532-4 (E-Book)

PEFC
PEFC/04-31-1033

PEFC zertifiziert
Dieses Produkt stammt aus nachhaltig bewirtschafteten Wäldern und kontrollierten Quellen.

www.pefc.de

Inhalt

Partnerarbeit   Gruppenarbeit   * fakultative Lerneinheit

97 Symmetrie

115 Dezimalbrüche und Brüche – Multiplizieren und Dividieren

141 Körper

169 Daten

195 Zuordnungen

211 Anhang

Rallye durch dein Mathe-Buch

Auf diesen zwei Seiten findest du einige Hinweise zu deinem neuen Mathematikbuch.
Löse die Rätsel (ä, ö und ü sind erlaubt).
Das Lösungswort verrät dir, was das Bild auf dem Umschlag zeigt.

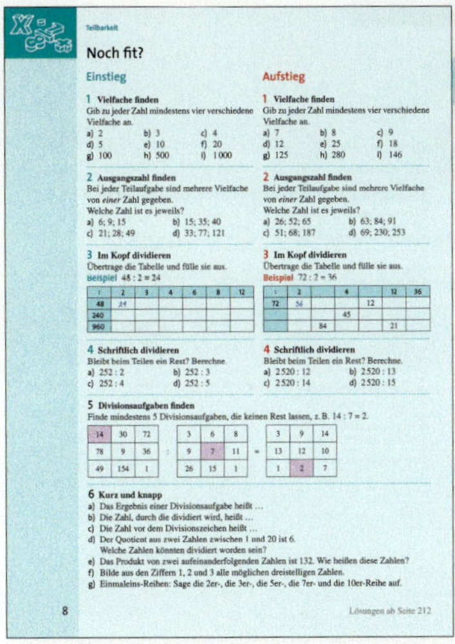

Teilbarkeit

Noch fit?

Einstieg

1 Vielfache finden
Gib zu jeder Zahl mindestens vier verschiedene Vielfache an.
a) 2 b) 3 c) 4
d) 5 e) 10 f) 20
g) 100 h) 500 i) 1000

2 Ausgangszahl finden
Bei jeder Teilaufgabe sind mehrere Vielfache von *einer* Zahl gegeben. Welche Zahl ist es jeweils?
a) 6; 9; 15 b) 15; 35; 40
c) 21; 28; 49 d) 33; 77; 121

3 Im Kopf dividieren
Übertrage die Tabelle und fülle sie aus.
Beispiel 48 : 2 = 24

:	2	3	4	6	8	12
48	24					
240						
960						

4 Schriftlich dividieren
Bleibt beim Teilen ein Rest? Berechne.
a) 252 : 2 b) 252 : 3
c) 252 : 4 d) 252 : 5

Aufstieg

1 Vielfache finden
Gib zu jeder Zahl mindestens vier verschiedene Vielfache an.
a) 7 b) 8 c) 9
d) 12 e) 25 f) 18
g) 125 h) 280 i) 146

2 Ausgangszahl finden
Bei jeder Teilaufgabe sind mehrere Vielfache von *einer* Zahl gegeben. Welche Zahl ist es jeweils?
a) 26; 52; 65 b) 63; 84; 91
c) 51; 68; 187 d) 69; 230; 253

3 Im Kopf dividieren
Übertrage die Tabelle und fülle sie aus.
Beispiel 72 : 2 = 36

:	2		4			12	36
72	36				12		
				45			
			84				21

4 Schriftlich dividieren
Bleibt beim Teilen ein Rest? Berechne.
a) 2520 : 12 b) 2520 : 13
c) 2520 : 14 d) 2520 : 15

5 Divisionsaufgaben finden
Finde mindestens 5 Divisionsaufgaben, die keinen Rest lassen, z. B. 14 : 7 = 2.

14	30	72
78	9	36
49	154	1

3	6	8
9	7	11
26	15	1

3	9	14
13	12	10
1	2	7

6 Kurz und knapp
a) Das Ergebnis einer Divisionsaufgabe heißt …
b) Die Zahl, durch die dividiert wird, heißt …
c) Die Zahl vor dem Divisionszeichen heißt …
d) Der Quotient aus zwei Zahlen zwischen 1 und 20 ist 6. Welche Zahlen könnten dividiert worden sein?
e) Das Produkt von zwei aufeinanderfolgenden Zahlen ist 132. Wie heißen diese Zahlen?
f) Bilde aus den Ziffern 1, 2 und 3 alle möglichen dreistelligen Zahlen.
g) Einmaleins-Reihen: Sage die 2er-, die 3er-, die 5er-, die 7er- und die 10er-Reihe auf.

8 Lösungen ab Seite 212

Noch fit?
Mit dem Einstiegstest kannst du dein bisher erworbenes Wissen testen. Deine Ergebnisse kannst du mit den Lösungen im Anhang vergleichen.
Rätsel zum Noch fit? im Kapitel Daten:
An welchem Tag sieht es nach Regen aus?
10 _ _ _ _ _ _

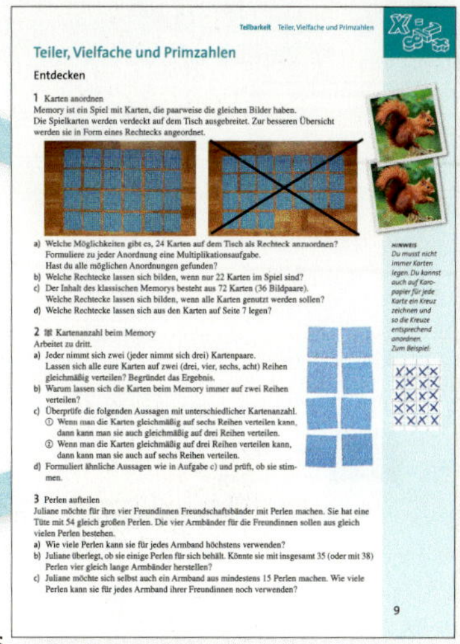

Teilbarkeit Teiler, Vielfache und Primzahlen

Teiler, Vielfache und Primzahlen

Entdecken

1 Karten anordnen
Memory ist ein Spiel mit Karten, die paarweise die gleichen Bilder haben. Die Spielkarten werden verdeckt auf den Tisch ausgebreitet. Zur besseren Übersicht werden sie in Form eines Rechtecks angeordnet.
a) Welche Möglichkeiten gibt es, 24 Karten auf dem Tisch als Rechteck anzuordnen? Formuliere zu jeder Anordnung eine Multiplikationsaufgabe. Hast du alle möglichen Anordnungen gefunden?
b) Welche Rechtecke lassen sich bilden, wenn nur 22 Karten im Spiel sind?
c) Der Inhalt des klassischen Memorys besteht aus 72 Karten (36 Bildpaare). Welche Rechtecke lassen sich bilden, wenn alle Karten genutzt werden sollen?
d) Welche Rechtecke lassen sich aus den Karten auf Seite 7 legen?

2 Kartenanzahl beim Memory
Arbeitet zu dritt.
a) Jeder nimmt sich zwei (jeder nimmt sich drei) Kartenpaare. Lassen sich alle eure Karten auf zwei (drei, vier, sechs, acht) Reihen gleichmäßig verteilen? Begründet das Ergebnis.
b) Warum lassen sich die Karten beim Memory immer auf zwei Reihen verteilen?
c) Überprüfe die folgenden Aussagen mit unterschiedlicher Kartenanzahl.
① Wenn man die Karten gleichmäßig auf sechs Reihen verteilen kann, dann kann man sie auch gleichmäßig auf drei Reihen verteilen.
② Wenn man die Karten gleichmäßig auf drei Reihen verteilen kann, dann kann man sie auch auf sechs Reihen verteilen.
d) Formuliert ähnliche Aussagen wie in Aufgabe c) und prüft, ob sie stimmen.

3 Perlen aufteilen
Juliane möchte für ihre vier Freundinnen Freundschaftsbänder mit Perlen machen. Sie hat eine Tüte mit 54 gleich großen Perlen. Die vier Armbänder für die Freundinnen sollen aus gleich vielen Perlen bestehen.
a) Wie viele Perlen kann sie für jedes Armband höchstens verwenden?
b) Juliane überlegt, ob sie einige Perlen für sich behält. Könnte sie mit insgesamt 35 (oder mit 38) Perlen vier gleich lange Armbänder herstellen?
c) Juliane möchte sich selbst auch ein Armband aus mindestens 15 Perlen machen. Wie viele Perlen kann sie für jedes Armband ihrer Freundinnen noch verwenden?

HINWEIS
Du musst nicht immer Karten legen. Du kannst auch auf Karopapier für jede Karte ein Kreuz zeichnen und so die Kreuze entsprechend anordnen. Zum Beispiel:

9

Entdecken
Jede Lerneinheit beginnt mit einführenden Aufgaben, die zum Ausprobieren und Entdecken anregen.
Rätsel zum Entdecken zum Thema Brüche – Brüche in Dezimalbrüche umwandeln:
Wer zieht am Dreikönigstag von Haus zu Haus?
_ _ _ _ _ 1 _ _ _ _ _

Verstehen
Der neue Unterrichtsstoff wird anhand von Merksätzen und Beispielen erklärt.
Rätsel zum Verstehen zum Thema Brüche addieren und subtrahieren:
Welcher Doppelkontinent umfasst $\frac{11}{30}$ der Landfläche der Erde?
_ _ 3 _ _ _ _ _

Üben und anwenden
Die Aufgaben trainieren den neu gelernten Unterrichtsstoff.
Rätsel zum Üben und anwenden zum Thema Winkel – Winkel erkennen und Winkelarten beschriften:
Welche Frucht ist orange?
9 _ _ _ _ _

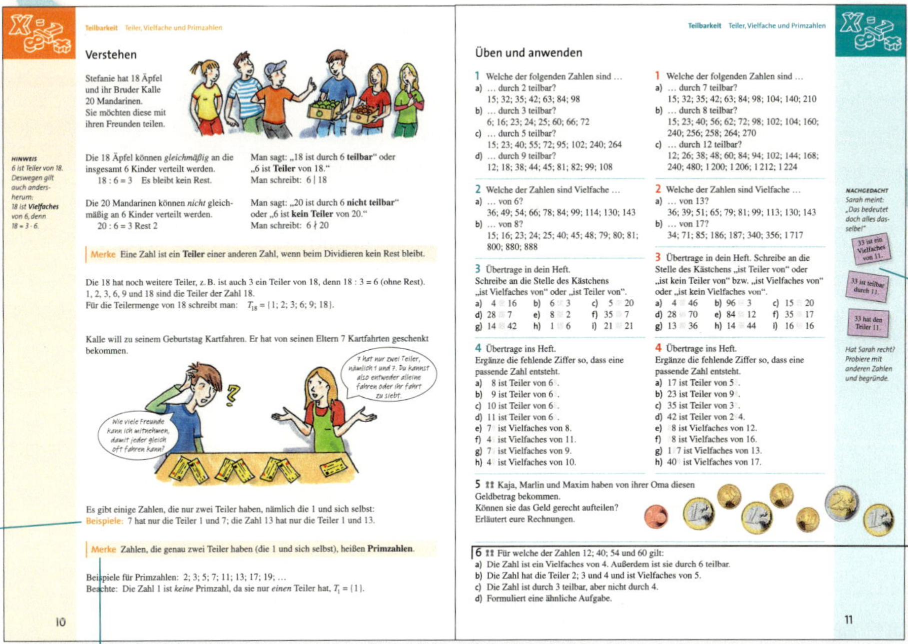

Teilbarkeit Teiler, Vielfache und Primzahlen

Verstehen

Stefanie hat 18 Äpfel und ihr Bruder Kalle 20 Mandarinen. Sie möchten diese mit ihren Freunden teilen.

Die 18 Äpfel können *gleichmäßig* an die insgesamt 6 Kinder verteilt werden.
18 : 6 = 3 Es bleibt kein Rest.

Man sagt: „18 ist durch 6 **teilbar**" oder „6 ist **Teiler** von 18."
Man schreibt: 6 | 18

Die 20 Mandarinen können *nicht* gleichmäßig an 6 Kinder verteilt werden.
20 : 6 = 3 Rest 2

Man sagt: „20 ist durch 6 **nicht teilbar**" oder „6 ist **kein Teiler** von 20."
Man schreibt: 6 ∤ 20

HINWEIS
6 ist Teiler von 18. Deswegen gilt auch anders herum: 18 ist **Vielfaches** von 6, denn 18 = 3 · 6.

Merke Eine Zahl ist ein **Teiler** einer anderen Zahl, wenn beim Dividieren kein Rest bleibt.

Die 18 hat noch weitere Teiler, z. B. ist auch 3 ein Teiler von 18, denn 18 : 3 = 6 (ohne Rest). 1, 2, 3, 6, 9 und 18 sind die Teiler der Zahl 18.
Für die Teilermenge von 18 schreibt man: T_{18} = {1; 2; 3; 6; 9; 18}.

Kalle will zu seinem Geburtstag Kartfahren. Er hat von seinen Eltern 7 Kartfahrten geschenkt bekommen.

Es gibt einige Zahlen, die nur zwei Teiler haben, nämlich die 1 und sich selbst:
Beispiele: 7 hat nur die Teiler 1 und 7; die Zahl 13 hat nur die Teiler 1 und 13.

Merke Zahlen, die genau zwei Teiler haben (die 1 und sich selbst), heißen **Primzahlen**.

Beispiele für Primzahlen: 2; 3; 5; 7; 11; 13; 17; 19; …
Beachte: Die Zahl 1 ist *keine* Primzahl, da sie nur *einen* Teiler hat, T_1 = {1}.

10

Teilbarkeit Teiler, Vielfache und Primzahlen

Üben und anwenden

1 Welche der folgenden Zahlen sind …
a) … durch 2 teilbar?
15; 32; 35; 42; 63; 84; 98
b) … durch 3 teilbar?
6; 16; 23; 24; 25; 60; 66; 72
c) … durch 5 teilbar?
15; 23; 40; 55; 72; 95; 102; 240; 264
d) … durch 9 teilbar?
12; 18; 38; 44; 45; 81; 82; 99; 108

1 Welche der folgenden Zahlen sind …
a) … durch 7 teilbar?
15; 32; 35; 42; 63; 84; 98; 104; 140; 210
b) … durch 8 teilbar?
15; 23; 40; 56; 62; 72; 98; 102; 104; 160; 240; 256; 258; 264; 270
c) … durch 12 teilbar?
12; 26; 38; 48; 60; 84; 94; 102; 144; 168; 240; 480; 1200; 1206; 1212; 1224

2 Welche der Zahlen sind Vielfache …
a) … von 6?
36; 49; 54; 66; 78; 84; 99; 114; 130; 143
b) … von 8?
15; 16; 23; 24; 25; 40; 45; 48; 79; 80; 81; 800; 880; 888

2 Welche der Zahlen sind Vielfache …
a) … von 13?
36; 39; 51; 65; 79; 81; 99; 113; 130; 143
b) … von 17?
34; 71; 85; 186; 187; 340; 356; 1717

3 Übertrage in dein Heft.
Schreibe an die Stelle des Kästchens „ist Teiler von" oder „ist Vielfaches von".
a) 4 ▢ 16 b) 6 ▢ 3 c) 5 ▢ 20
d) 28 ▢ 7 e) 8 ▢ 2 f) 35 ▢ 7
g) 14 ▢ 42 h) 1 ▢ 6 i) 21 ▢ 21

3 Übertrage in dein Heft. Schreibe an die Stelle des Kästchens „ist Teiler von" oder „ist kein Teiler von" bzw. „ist Vielfaches von" oder „ist kein Vielfaches von".
a) 4 ▢ 46 b) 96 ▢ 3 c) 15 ▢ 20
d) 28 ▢ 70 e) 84 ▢ 12 f) 35 ▢ 17
g) 13 ▢ 36 h) 14 ▢ 44 i) 16 ▢ 16

4 Übertrage ins Heft.
Ergänze die fehlende Ziffer so, dass eine passende Zahl entsteht.
a) 8 ist Teiler von 6▢.
b) 9 ist Teiler von 6▢.
c) 10 ist Teiler von 6▢.
d) 11 ist Teiler von 6▢.
e) 7▢ ist Vielfaches von 8.
f) 4▢ ist Vielfaches von 11.
g) 7▢ ist Vielfaches von 9.
h) 4▢ ist Vielfaches von 10.

4 Übertrage ins Heft.
Ergänze die fehlende Ziffer so, dass eine passende Zahl entsteht.
a) 17 ist Teiler von 5▢.
b) 23 ist Teiler von 9▢.
c) 35 ist Teiler von 3▢.
d) 42 ist Teiler von 2▢4.
e) ▢8 ist Vielfaches von 12.
f) ▢8 ist Vielfaches von 16.
g) 1▢7 ist Vielfaches von 13.
h) 40▢ ist Vielfaches von 17.

NACHGEDACHT
Sarah meint: „Das bedeutet doch alles dasselbe!"
33 ist ein Vielfaches von 11.
33 ist teilbar durch 11.
33 hat den Teiler 11.
Hat Sarah recht? Probiere mit anderen Zahlen und begründe.

5 Kaja, Marlin und Maxim haben von ihrer Oma diesen Geldbetrag bekommen.
Können sie das Geld gerecht aufteilen?
Erläutert eure Rechnungen.

6 Für welche der Zahlen 12; 40; 54 und 60 gilt:
a) Die Zahl ist ein Vielfaches von 4. Außerdem ist sie durch 6 teilbar.
b) Die Zahl hat die Teiler 2; 3 und 4 und ist Vielfaches von 5.
c) Die Zahl ist durch 3 teilbar, aber nicht durch 4.
d) Formuliert eine ähnliche Aufgabe.

11

Beispiel

Wichtiger Merkstoff

In der Randspalte stehen zusätzliche Informationen, Aufgaben und Lösungshinweise.

Mittelschwere Aufgaben haben eine schwarze Aufgabennummer.

Die linke Spalte enthält leichtere Aufgaben.

Die rechte Spalte enthält schwierigere Aufgaben.

Die Symbole in den oberen Ecken stehen für bestimmte Bereiche in der Mathematik:

Zahlen und Variablen

Geometrie

Funktionen

Daten und Zufall

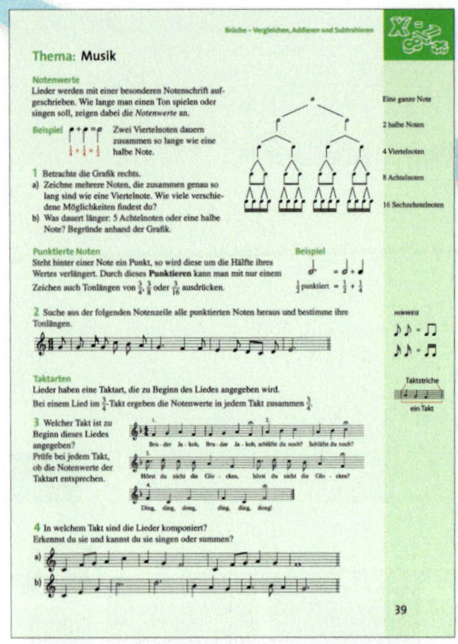
Thema: Musik

■ **Methode und Thema**

Auf den Methodenseiten werden die wichtigsten mathematischen Methoden vorgestellt und geübt. Die Themenseiten zeigen mathematische Inhalte aus verschiedenen Lebensbereichen.

Rätsel zum Thema: EAN-Code:

Welcher Artikel wurde in der Schweiz hergestellt?

_ 4 _ _ _ _ 7

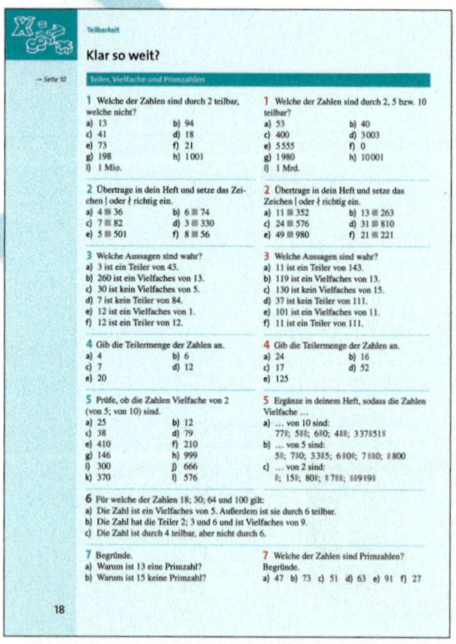
Klar so weit?

■ **Klar so weit?**

Mit dem Zwischentest kannst du überprüfen, ob du den neuen Unterrichtsstoff verstanden hast. Deine Ergebnisse kannst du mit den Lösungen im Anhang vergleichen.

Rätsel zum Klar so weit? im Kapitel Symetrie:

Wie heißt die Spielkarte?

_ _ 6 _ _   _ _ _ _ _

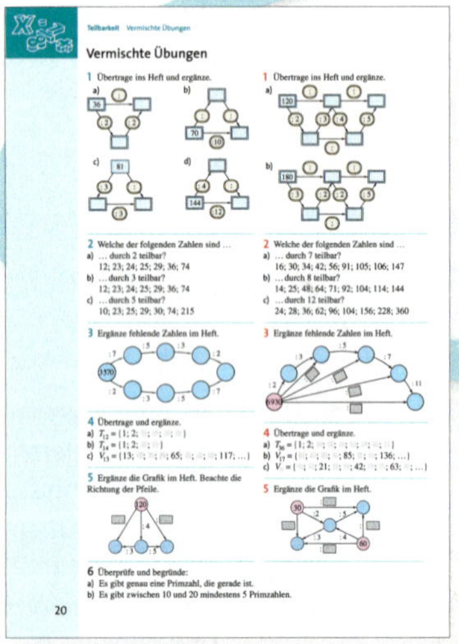
Vermischte Übungen

■ **Vermischte Übungen**

Die Seiten enthalten Aufgaben zu allen Lerneinheiten eines Kapitels.

Rätsel zu den Vermischten Übungen im Kapitel Zuordnungen:

Was kostet in Aufgabe 12 0,55 € pro Stück?

_ _ _ _ _ _ _ 2

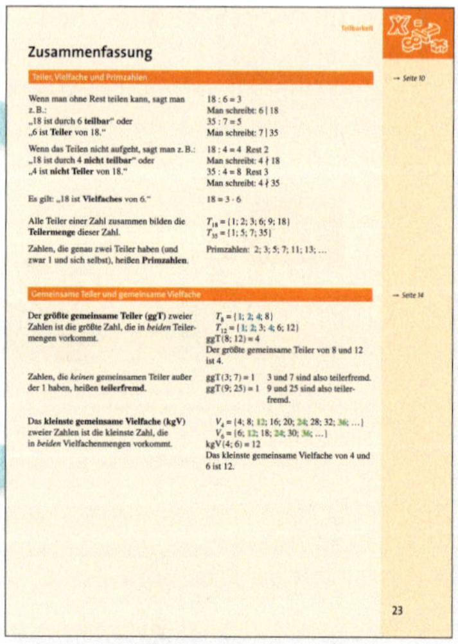
Zusammenfassung

■ **Zusammenfassung**

Die Zusammenfassung am Ende eines Kapitels enthält die wichtigsten Merksätze zum Nachschlagen.

Rätsel zu der Zusammenfassung im Kapitel Dezimalbrüche und Brüche – Multiplizieren und Dividieren:

Was erhält man, wenn man Zähler und Nenner tauscht?

_ _ 8 _ _ _ _ _ _

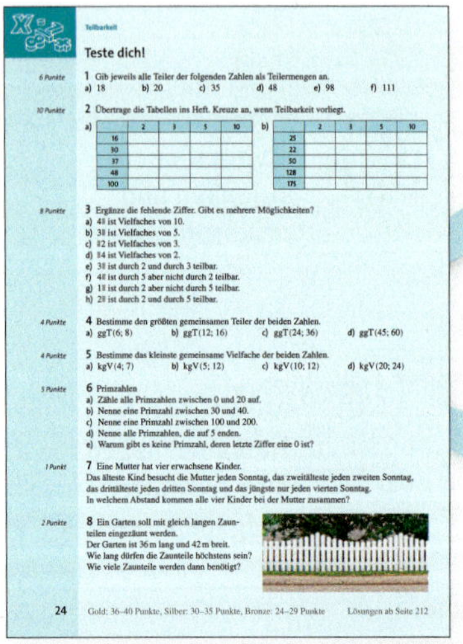
Teste dich!

■ **Teste dich!**

Überprüfe zur Vorbereitung auf die Klassenarbeit dein Können. Die Lösungen zum Abschlusstest findest du im Anhang.

Rätsel zum Teste dich! im Kapitel Körper:

Welchen Namen trägt das Damenparfüm?

_ _ 5 _

Wie lautet das Lösungswort?

■ ■ ■ ■ ■ ■ ■ ■ ■ ■

Teilbarkeit

Beim Memory werden die Karten zu Spielbeginn verdeckt im Rechteck auf den Tisch gelegt. Dabei gibt es mehrere Möglichkeiten, ein Rechteck zu legen. Die Anzahl der Möglichkeiten hängt von der Anzahl der Karten ab. In diesem Fall wurden die 30 Karten in 6 Zeilen und 5 Spalten ausgelegt, da 30 durch 6 und durch 5 teilbar ist.

Noch fit?

Einstieg

1 Vielfache finden

Gib zu jeder Zahl mindestens vier verschiedene Vielfache an.

a) 2 b) 3 c) 4
d) 5 e) 10 f) 20
g) 100 h) 500 i) 1 000

2 Ausgangszahl finden

Bei jeder Teilaufgabe sind mehrere Vielfache von *einer* Zahl gegeben.
Welche Zahl ist es jeweils?

a) 6; 9; 15 b) 15; 35; 40
c) 21; 28; 49 d) 33; 77; 121

3 Im Kopf dividieren

Übertrage die Tabelle und fülle sie aus.

Beispiel 48 : 2 = 24

:	2	3	4	6	8	12
48	24					
240						
960						

4 Schriftlich dividieren

Bleibt beim Teilen ein Rest? Berechne.

a) 252 : 2 b) 252 : 3
c) 252 : 4 d) 252 : 5

Aufstieg

1 Vielfache finden

Gib zu jeder Zahl mindestens vier verschiedene Vielfache an.

a) 7 b) 8 c) 9
d) 12 e) 25 f) 18
g) 125 h) 280 i) 146

2 Ausgangszahl finden

Bei jeder Teilaufgabe sind mehrere Vielfache von *einer* Zahl gegeben.
Welche Zahl ist es jeweils?

a) 26; 52; 65 b) 63; 84; 91
c) 51; 68; 187 d) 69; 230; 253

3 Im Kopf dividieren

Übertrage die Tabelle und fülle sie aus.

Beispiel 72 : 2 = 36

:	2		4		12	36
72	36			12		
			45			
		84			21	

4 Schriftlich dividieren

Bleibt beim Teilen ein Rest? Berechne.

a) 2 520 : 12 b) 2 520 : 13
c) 2 520 : 14 d) 2 520 : 15

5 Divisionsaufgaben finden

Finde mindestens 5 Divisionsaufgaben, die keinen Rest lassen, z. B. 14 : 7 = 2.

14	30	72		3	6	8		3	9	14
78	9	36	:	9	7	11	=	13	12	10
49	154	1		26	15	1		1	2	7

6 Kurz und knapp

a) Das Ergebnis einer Divisionsaufgabe heißt …
b) Die Zahl, durch die dividiert wird, heißt …
c) Die Zahl vor dem Divisionszeichen heißt …
d) Der Quotient aus zwei Zahlen zwischen 1 und 20 ist 6.
Welche Zahlen könnten dividiert worden sein?
e) Das Produkt von zwei aufeinanderfolgenden Zahlen ist 132. Wie heißen diese Zahlen?
f) Bilde aus den Ziffern 1, 2 und 3 alle möglichen dreistelligen Zahlen.
g) Einmaleins-Reihen: Sage die 2er-, die 3er-, die 5er-, die 7er- und die 10er-Reihe auf.

Lösungen ab Seite 212

Teiler, Vielfache und Primzahlen

Entdecken

1 Karten anordnen

Memory ist ein Spiel mit Karten, die paarweise die gleichen Bilder haben.
Die Spielkarten werden verdeckt auf dem Tisch ausgebreitet. Zur besseren Übersicht werden sie in Form eines Rechtecks angeordnet.

a) Welche Möglichkeiten gibt es, 24 Karten auf dem Tisch als Rechteck anzuordnen? Formuliere zu jeder Anordnung eine Multiplikationsaufgabe. Hast du alle möglichen Anordnungen gefunden?
b) Welche Rechtecke lassen sich bilden, wenn nur 22 Karten im Spiel sind?
c) Der Inhalt des klassischen Memorys besteht aus 72 Karten (36 Bildpaare). Welche Rechtecke lassen sich bilden, wenn alle Karten genutzt werden sollen?
d) Welche Rechtecke lassen sich aus den Karten auf Seite 7 legen?

HINWEIS
Du musst nicht immer Karten legen. Du kannst auch auf Karopapier für jede Karte ein Kreuz zeichnen und so die Kreuze entsprechend anordnen.
Zum Beispiel:

2 Kartenanzahl beim Memory

Arbeitet zu dritt.

a) Jeder nimmt sich zwei (jeder nimmt sich drei) Kartenpaare. Lassen sich alle eure Karten auf zwei (drei, vier, sechs, acht) Reihen gleichmäßig verteilen? Begründet das Ergebnis.
b) Warum lassen sich die Karten beim Memory immer auf zwei Reihen verteilen?
c) Überprüfe die folgenden Aussagen mit unterschiedlicher Kartenanzahl.
   ① Wenn man die Karten gleichmäßig auf sechs Reihen verteilen kann, dann kann man sie auch gleichmäßig auf drei Reihen verteilen.
   ② Wenn man die Karten gleichmäßig auf drei Reihen verteilen kann, dann kann man sie auch auf sechs Reihen verteilen.
d) Formuliert ähnliche Aussagen wie in Aufgabe c) und prüft, ob sie stimmen.

3 Perlen aufteilen

Juliane möchte für ihre vier Freundinnen Freundschaftsbänder mit Perlen machen. Sie hat eine Tüte mit 54 gleich großen Perlen. Die vier Armbänder für die Freundinnen sollen aus gleich vielen Perlen bestehen.

a) Wie viele Perlen kann sie für jedes Armband höchstens verwenden?
b) Juliane überlegt, ob sie einige Perlen für sich behält. Könnte sie mit insgesamt 35 (oder mit 38) Perlen vier gleich lange Armbänder herstellen?
c) Juliane möchte sich selbst auch ein Armband aus mindestens 15 Perlen machen. Wie viele Perlen kann sie für jedes Armband ihrer Freundinnen noch verwenden?

Verstehen

Stefanie hat 18 Äpfel und ihr Bruder Kalle 20 Mandarinen. Sie möchten diese mit ihren Freunden teilen.

HINWEIS
6 ist Teiler von 18. Deswegen gilt auch andersherum: 18 ist ***Vielfaches*** *von 6, denn* $18 = 3 \cdot 6$.

Die 18 Äpfel können *gleichmäßig* an die insgesamt 6 Kinder verteilt werden.
$18 : 6 = 3$ Es bleibt kein Rest.

Man sagt: „18 ist durch 6 **teilbar**“ oder „6 ist **Teiler** von 18.“
Man schreibt: $6 \mid 18$

Die 20 Mandarinen können *nicht* gleichmäßig an 6 Kinder verteilt werden.
$20 : 6 = 3$ Rest 2

Man sagt: „20 ist durch 6 **nicht teilbar**“ oder „6 ist **kein Teiler** von 20.“
Man schreibt: $6 \nmid 20$

Merke Eine Zahl ist ein **Teiler** einer anderen Zahl, wenn beim Dividieren kein Rest bleibt.

Die 18 hat noch weitere Teiler, z. B. ist auch 3 ein Teiler von 18, denn $18 : 3 = 6$ (ohne Rest).
1, 2, 3, 6, 9 und 18 sind die Teiler der Zahl 18.
Für die Teilermenge von 18 schreibt man: $T_{18} = \{1; 2; 3; 6; 9; 18\}$.

Kalle will zu seinem Geburtstag Kartfahren. Er hat von seinen Eltern 7 Kartfahrten geschenkt bekommen.

Es gibt einige Zahlen, die nur zwei Teiler haben, nämlich die 1 und sich selbst:
Beispiele: 7 hat nur die Teiler 1 und 7; die Zahl 13 hat nur die Teiler 1 und 13.

Merke Zahlen, die genau zwei Teiler haben (die 1 und sich selbst), heißen **Primzahlen**.

Beispiele für Primzahlen: 2; 3; 5; 7; 11; 13; 17; 19; …
Beachte: Die Zahl 1 ist *keine* Primzahl, da sie nur *einen* Teiler hat, $T_1 = \{1\}$.

Üben und anwenden

1 Welche der folgenden Zahlen sind …

a) … durch 2 teilbar?
15; 32; 35; 42; 63; 84; 98

b) … durch 3 teilbar?
6; 16; 23; 24; 25; 60; 66; 72

c) … durch 5 teilbar?
15; 23; 40; 55; 72; 95; 102; 240; 264

d) … durch 9 teilbar?
12; 18; 38; 44; 45; 81; 82; 99; 108

2 Welche der Zahlen sind Vielfache …

a) … von 6?
36; 49; 54; 66; 78; 84; 99; 114; 130; 143

b) … von 8?
15; 16; 23; 24; 25; 40; 45; 48; 79; 80; 81; 800; 880; 888

3 Übertrage in dein Heft.
Schreibe an die Stelle des Kästchens „ist Vielfaches von" oder „ist Teiler von".

a) 4 □ 16 b) 6 □ 3 c) 5 □ 20
d) 28 □ 7 e) 8 □ 2 f) 35 □ 7
g) 14 □ 42 h) 1 □ 6 i) 21 □ 21

4 Übertrage ins Heft.
Ergänze die fehlende Ziffer so, dass eine passende Zahl entsteht.

a) 8 ist Teiler von 6□.
b) 9 ist Teiler von 6□.
c) 10 ist Teiler von 6□.
d) 11 ist Teiler von 6□.
e) 7□ ist Vielfaches von 8.
f) 4□ ist Vielfaches von 11.
g) 7□ ist Vielfaches von 9.
h) 4□ ist Vielfaches von 10.

1 Welche der folgenden Zahlen sind …

a) … durch 7 teilbar?
15; 32; 35; 42; 63; 84; 98; 104; 140; 210

b) … durch 8 teilbar?
15; 23; 40; 56; 62; 72; 98; 102; 104; 160; 240; 256; 258; 264; 270

c) … durch 12 teilbar?
12; 26; 38; 48; 60; 84; 94; 102; 144; 168; 240; 480; 1 200; 1 206; 1 212; 1 224

2 Welche der Zahlen sind Vielfache …

a) … von 13?
36; 39; 51; 65; 79; 81; 99; 113; 130; 143

b) … von 17?
34; 71; 85; 186; 187; 340; 356; 1 717

3 Übertrage in dein Heft. Schreibe an die Stelle des Kästchens „ist Teiler von" oder „ist kein Teiler von" bzw. „ist Vielfaches von" oder „ist kein Vielfaches von".

a) 4 □ 46 b) 96 □ 3 c) 15 □ 20
d) 28 □ 70 e) 84 □ 12 f) 35 □ 17
g) 13 □ 36 h) 14 □ 44 i) 16 □ 16

4 Übertrage ins Heft.
Ergänze die fehlende Ziffer so, dass eine passende Zahl entsteht.

a) 17 ist Teiler von 5□.
b) 23 ist Teiler von 9□.
c) 35 ist Teiler von 3□.
d) 42 ist Teiler von 2□4.
e) □8 ist Vielfaches von 12.
f) □8 ist Vielfaches von 16.
g) 1□7 ist Vielfaches von 13.
h) 40□ ist Vielfaches von 17.

NACHGEDACHT

Sarah meint: „Das bedeutet doch alles dasselbe!"

33 ist ein Vielfaches von 11.

33 ist teilbar durch 11.

33 hat den Teiler 11.

Hat Sarah recht? Probiere mit anderen Zahlen und begründe.

5 Kaja, Marlin und Maxim haben von ihrer Oma diesen Geldbetrag bekommen.
Können sie das Geld gerecht aufteilen?
Erläutert eure Rechnungen.

6 Für welche der Zahlen 12; 40; 54 und 60 gilt:

a) Die Zahl ist ein Vielfaches von 4. Außerdem ist sie durch 6 teilbar.
b) Die Zahl hat die Teiler 2; 3 und 4 und ist Vielfaches von 5.
c) Die Zahl ist durch 3 teilbar, aber nicht durch 4.
d) Formuliert eine ähnliche Aufgabe.

Erik:

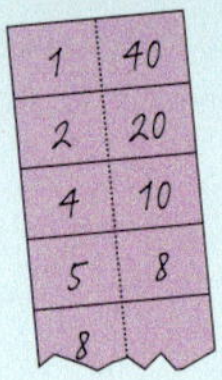

Nele:

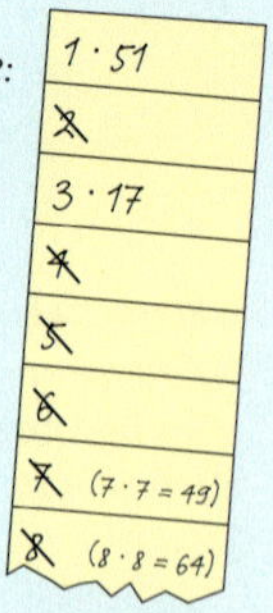

$T_{51} = \{1; 3; 17; 51\}$

7 Erik hat alle Teiler von 40 bestimmt.

a) In der Randspalte seht ihr, wie Erik vorgegangen ist. Beschreibt seinen Lösungsweg. Woran hat er erkannt, dass er *alle* Teiler gefunden hat und fertig ist? Gebt die Teilermenge T_{40} in geordneter Weise an, beginnt mit dem kleinsten Teiler.

b) In der Randspalte seht ihr auch, wie Nele alle Teiler von 51 bestimmt hat. Warum konnte sie bereits aufhören, nachdem sie geprüft hatte, ob 8 ein Teiler von 51 ist?

8 Durch welche Zahlen ist diese Zahl teilbar? Schreibe auf.
Gehe vor wie Erik in Aufgabe 7.

a) 6 b) 4 c) 9 d) 10
e) 12 f) 15 g) 16 h) 20

8 Bestimme alle Teiler und gib die Teilermenge an.
Gehe vor wie Nele in Aufgabe 7.

a) T_{84} b) T_{110} c) T_{218} d) T_{53} e) T_{96}
f) T_{126} g) T_{164} h) T_{195} i) T_{72} j) T_{300}

9 Vervollständige die Teilermengen im Heft.

a) $T_{12} = \{1; 2; 3; \square; \square; 12\}$
b) $T_{20} = \{1; \square; \square; 5; \square; 20\}$

9 Nenne zwei Zahlen mit genau …

a) … zwei Teilern. b) … drei Teilern.
c) … vier Teilern. d) … fünf Teilern.

10 Bei der Suche nach Primzahlen ist ein Verfahren hilfreich, das vor über 2000 Jahren der griechische Gelehrte Eratosthenes von Kyrene (284–202 v. Chr.) erfunden hat. Es heißt „Primzahl-Sieb" und funktioniert so:

- Schreibe alle Zahlen von 2 bis z. B. 100 auf;
- Kreise die 2 ein, dann streiche alle Vielfachen von 2, aber nicht die 2 selbst (im Bild rote Striche);
- Verfahre ebenso mit der 3 (im Bild blaue Striche);
- Gehe zur nächsten nicht durchgestrichenen Zahl, kreise sie ein und streiche alle Vielfachen aber nicht die Zahl selbst;
- Wiederhole den vorhergehenden Schritt so lange, bis alle Zahlen eingekreist oder gestrichen sind.

Die eingekreisten Zahlen sind Primzahlen.

a) Schreibe alle Zahlen von 2 bis 200 in dein Heft und probiere das Primzahl-Sieb aus.
b) Überlege, warum du die Vielfachen von 4, 6 und 8 nicht streichen musst.

11 Bestimme die Teilermengen. Kennzeichne alle Primzahlen durch Unterstreichen.
Beispiel $\underline{T_{13}} = \{1; 13\}$

T_{28} T_{35} T_{43} T_{99} T_{81} T_{169} T_{19} T_{37} T_{111} T_{39} T_{201} T_{196}

12 Begründe.

a) Warum ist 17 eine Primzahl?
b) Warum ist 24 keine Primzahl?
c) Warum ist 35 keine Primzahl?

12 Es gibt zwei direkt aufeinander folgende Zahlen, die Primzahlen sind.

a) Wie heißen diese Zahlen?
b) Warum gibt es nur *ein* solches Paar?

Gemeinsame Teiler und gemeinsame Vielfache

Entdecken

1 Gummibärchen verpacken
Arbeitet zu zweit oder in einer Gruppe.
60 rote, 42 gelbe und 36 weiße Gummibärchen sollen farblich gemischt in Tüten abgefüllt werden.
Dabei soll jede Tüte die gleiche Anzahl von roten, gelben und weißen Gummibärchen haben.
Es dürfen keine Gummibärchen übrig bleiben.

a) Ist es möglich, drei solche Tüten abzufüllen?
b) Warum kann die Mischung nicht in fünf Tüten abgefüllt werden?
c) Erfasst in einer Tabelle alle möglichen Mischungen in eurem Heft.

Anzahl der Tüten	1	2	...	...
rote Gummibären	60	30		
gelbe Gummibären	42			
weiße Gummibären	36			

d) Wie könnte man die Anzahl der Gummibärchen ändern, damit man sie in fünf Tüten abfüllen kann? Bleibt dabei die Abfüllung in 3 Tüten möglich?
e) Welche Tütenanzahl ist bei 72 roten, 60 gelben und 36 weißen Gummibärchen möglich?
f) Es sollen zusätzlich grüne Gummibärchen in die Tüten gefüllt werden. Fügt eurer Tabelle aus c) eine zusätzliche Zeile für die grünen Gummibärchen hinzu.
Bestimmt die Gesamtanzahl der grünen Gummibärchen selbst. Es sollen alle bei c) möglichen Tütenmischungen auch mit den zusätzlichen grünen Bärchen möglich sein.
Welche Möglichkeiten gibt es?

2 An einem Bahnhof fahren zur vollen Stunde ein Bus und eine Straßenbahn ab.
Der Bus fährt im 15-Minuten-Takt, die Straßenbahn im 20-Minuten-Takt.

a) Ergänze den Abfahrtsplan für Bus und Straßenbahn jeweils bis 10:00 Uhr.

Bus	8:00	8:15	…
Straßenbahn	8:00	8:20	…

b) Zu welchen Zeitpunkten fahren die Straßenbahn und der Bus gleichzeitig ab?
In welchem „Minuten-Takt" wiederholt es sich, dass sie gleichzeitig abfahren?
c) Am Bahnhof von Darmstadt fährt ab 6:00 der Bus alle 15 Minuten und die Straßenbahn alle 6 Minuten ab. In welchem Minuten-Takt fahren Straßenbahn und Bus gleichzeitig ab?

3 Auf einer Straßenseite von 50 m Länge sollen Stände für einen Flohmarkt aufgestellt werden.
Jedoch wird die Reihe der Stände durch zwei jeweils 1 m breite Stromkästen unterbrochen.
Der erste Stromkasten befindet sich nach 12 m, der zweite nach insgesamt 22 m.

a) Zeichne eine maßstabsgetreue Skizze von der Straße (1 m ≙ 1 Karokästchen).
Denke daran, die 1 m breiten Stromkästchen mit einzuzeichnen.
b) Wie viele Meter sind es nach dem zweiten Stromkasten bis zum Ende der Straße?
c) Wie viele Stände haben insgesamt auf der Straße Platz, wenn alle Stände die gleiche Länge haben sollen?

Verstehen

Julia hat aus ihrer Gummibärchentüte noch 12 rote und 15 gelbe Bärchen übrig. Sie möchte beide Farben gleichmäßig in kleinere Tüten sortieren.

Zuerst überlegt sie, wie sie die 12 roten Bärchen aufteilen könnte: Sie könnte sie alle zusammen in 1 Tüte füllen oder sie auf 2, auf 3, auf 4, auf 6 oder sogar auf 12 Tüten verteilen.
Die 15 gelben Bärchen könnte sie aufteilen auf 1, 3, 5, oder 15 Tüten.

ERINNERE DICH
Zur Teilermenge einer Zahl gehören alle Teiler dieser Zahl:
Beispiel:
$T_{12} = \{1; 2; 3; 4; 6; 12\}$

Julia will die 12 roten zusammen mit den 15 gelben Bärchen gleichmäßig auf die Tüten verteilen.

$T_{12} = \{\mathbf{1}; 2; \mathbf{3}; 4; 6; 12\}$

$T_{15} = \{\mathbf{1}; \mathbf{3}; 5; 15\}$

Die **gemeinsamen Teiler** von 12 und 15 sind blau markiert: Sie haben die Teiler **1** und **3** gemeinsam.
Also kann Julia die Bärchen entweder alle in **1** Tüte füllen oder sie auf **3** Tüten verteilen.

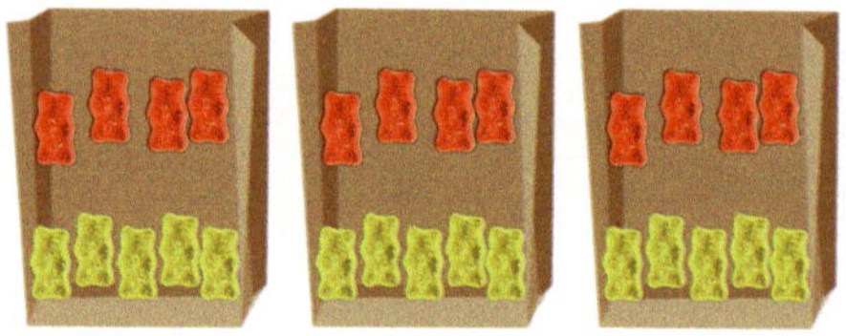

Beispiel 1
3 ist der *größte* gemeinsame Teiler von 12 und 15; kurz: ggT(12; 15) = 3

Merke Der **größte gemeinsame Teiler** (kurz: **ggT**) zweier Zahlen ist die größte Zahl, die in *beiden* Teilermengen vorkommt.

Beispiel 2

$T_8 = \{\mathbf{1}; 2; 4; 8\}$

$T_{15} = \{\mathbf{1}; 3; 5; 15\}$

Zahlen, die *keinen* gemeinsamen Teiler außer der 1 haben, heißen **teilerfremd**.

In jeder Gummibärchentüte sind 12 Bärchen.
In jedem Schokolinsenpäckchen sind 8 Schokolinsen.
Wie viele Gummibärchentüten und wie viele Schokolinsenpäckchen muss man nehmen, damit man gleich viele Bärchen wie Schokolinsen hat?
Wie viele Bärchen und Schokolinsen hat man dann?

HINWEISE
Auch das 1-Fache einer Zahl gehört zur Vielfachenmenge. Im Gegensatz zur Teilermenge einer Zahl enthält die Vielfachenmenge einer Zahl immer unendlich viele Zahlen.

Ähnlich wie eine Teilermenge kann man auch die Vielfachen einer Zahl in einer **Vielfachenmenge** aufschreiben.

Beispiel 3

$V_{12} = \{12; \mathbf{24}; 36; \mathbf{48}; 60; \mathbf{72}; 84; \mathbf{96}; 108; \mathbf{120}; 132; \ldots\}$

$V_8 = \{8; 16; \mathbf{24}; 32; 40; \mathbf{48}; 56; 64; \mathbf{72}; 80; 88; \mathbf{96}; 104; \ldots\}$

Die **gemeinsamen Vielfachen** der Zahlen 12 und 8 sind grün markiert.

Das *kleinste* gemeinsame Vielfache der Zahlen 8 und 12 ist die 24; kurz: kgV(8; 12) = 24.

Merke Das **kleinste gemeinsame Vielfache** (kurz: **kgV**) zweier Zahlen ist die kleinste Zahl, die in *beiden* Vielfachenmengen vorkommt.

Üben und anwenden

1 Teilermengen

a) Schreibe zu jeder der folgenden Zahlen alle Teiler auf.
6; 8; 14; 15; 20; 25; 36; 60

b) Schreibe folgende Teilermengen in dein Heft.
T_6; T_9; T_{11}; T_{14}; T_{19}; T_{22}; T_{24}; T_{100}

2 Übertrage die Tabelle und prüfe, ob die Zahl zur Teilermenge gehört.

	T_{12}	T_{18}	T_{72}
2			
3			
4			
5			
6			
8			
12			

3 Stelle die Teilermengen der Zahlen auf. Bestimme den größten gemeinsamen Teiler.

a) 9 und 12
b) 20 und 48
c) 15 und 18
d) 32 und 72
e) 9 und 10
f) 12 und 30

4 Ermittle jeweils die gemeinsamen Teiler. Was fällt dir auf?

a) 9 und 20
b) 18 und 29
c) 5 und 7
d) 7 und 50

5 Finde den größten gemeinsamen Teiler der beiden Zahlen.
Welche Zahlen sind teilerfremd?

a) ggT(15; 55)
b) ggT(24; 38)
c) ggT(9; 32)
d) ggT(12; 54)
e) ggT(32; 8)
f) ggT(9; 12)
g) ggT(2; 40)
h) ggT(15; 18)

6 Ermittle den größten gemeinsamen Teiler der beiden Zahlen.

a) ggT(12; 56)
b) ggT(75; 90)
c) ggT(46; 18)
d) ggT(64; 28)
e) ggT(7; 1 400)
f) ggT(63; 21)
g) ggT(45; 100)
h) ggT(104; 28)

1 Teilermengen

a) Schreibe die Teilermengen der Zahlen in dein Heft.
50; 48; 125; 144; 167; 260; 360; 1 000

b) Schreibe folgende Teilermengen in dein Heft.
T_{35}; T_{36}; T_{37}; T_{63}; T_{99}; T_{101}; T_{120}; T_{240}

2 Übertrage die Tabelle und prüfe, ob die Zahl zur Teilermenge gehört.

	T_{120}	T_{256}	T_{1152}
4			
6			
8			
10			
12			
16			
20			

3 Ermittle den größten gemeinsamen Teiler.

a) ggT(24; 36)
b) ggT(28; 42)
c) ggT(20; 90)
d) ggT(35; 41)
e) ggT(105; 150)
f) ggT(140; 315)
g) ggT(225; 375)
h) ggT(169; 390)

4 Überprüft an Beispielen, ob die Aussagen wahr sein können.
Präsentiert eure Ergebnisse in der Klasse.

a) Zwei benachbarte Zahlen sind immer teilerfremd.
b) Zwei gerade Zahlen sind nie teilerfremd.
c) Zwei ungerade Zahlen sind immer teilerfremd.
d) Primzahlen sind immer teilerfremd.

5 Schreibe jeweils zwei Paare von Zahlen auf, die die gegebene Zahl als größten gemeinsamen Teiler haben.

a) 3
b) 4
c) 5
d) 7
e) 9
f) 11
g) 13
h) 25

6 Finde den ggT der drei Zahlen.

a) 8; 12; 20
b) 10; 25; 85
c) 7; 84; 147
d) 16; 84; 96
e) 72; 120; 154
f) 30; 75; 165
g) 12; 66; 96
h) 48; 96; 192

NACHGEDACHT
Merrit behauptet: „Denke dir im Stillen zwei Zahlen – ohne sie mir zu verraten. Und simsalabim: Ich kann dir ihren kleinsten gemeinsamen Teiler sagen." Kann das sein?

Lisa meint: „Das größte gemeinsame Vielfache zweier Zahlen kann man nicht bestimmen." Hat sie recht?

7 Schreibe jeweils die ersten fünf Vielfachen der Zahlen in dein Heft.

a) 2 b) 5 c) 6 d) 8
e) 11 f) 12 g) 20 h) 100

8 Schreibe zunächst die ersten fünf Vielfachen in dein Heft.
Finde anschließend jeweils das kleinste gemeinsame Vielfache.

a) V_3 und V_6 b) V_9 und V_{18}
c) V_7 und V_{21} d) V_{10} und V_{50}
e) V_9 und V_6 f) V_5 und V_{15}
g) V_{14} und V_{28} h) V_{17} und V_{51}

9 Gib die ersten drei *gemeinsamen Vielfachen* an.

a) 4 und 18 b) 7 und 14
c) 12 und 15 d) 15 und 8
e) 24 und 36 f) 9 und 12
g) 18 und 27 h) 21 und 14

10 Gib das kleinste gemeinsame Vielfache an.

a) kgV(12; 16) b) kgV(15; 25)
c) kgV(6; 7) d) kgV(12; 40)
e) kgV(15; 36) f) kgV(21; 28)
g) kgV(120; 144) h) kgV(14; 26)

11 In Milas Klasse sind 16 Mädchen und 14 Jungen. Sie sollen in Gruppen arbeiten, in jeder Gruppe sollen gleich viele Mädchen und in jeder Gruppe gleich viele Jungen sein.

ZU DEN AUFGABEN 12 UND 12
Ein Quadrat hat gleich lange Seiten. Ein Würfel hat gleich lange Kanten.

12 In einem Kinderzimmer, das 3,20 m lang und 4,60 m breit ist, sollen quadratische Teppichfliesen verlegt werden.
Welche größtmögliche Seitenlänge sollte eine Teppichfliese haben, damit das Zimmer ohne Verschnitt ausgelegt werden kann?
Tipp: Forme die Einheiten geschickt um.

7 Übertrage und ergänze im Heft.

a) V_4 = {4; □; 12; □; 20; □; …}
b) □ = {8; 16; 24; 32; 40; …}
c) □ = {□; 14; 21; 28; 35; …}
d) □ = {□; 24; □; 48; □; …}
e) □ = {□; □; 45; 60; 75; □; …}
f) □ = {□; 18; □; □; □; 54; …}
g) □ = {□; □; □; □; 25; □; □; …}

8 Bestimme das kleinste gemeinsame Vielfache.

a) kgV(3; 5) b) kgV(5; 6)
c) kgV(6; 8) d) kgV(6; 7)
e) kgV(2; 15) f) kgV(7; 12)
g) kgV(15; 45) h) kgV(14; 21)

9 Schreibe jeweils zwei Paare von Zahlen auf, die die gegebene Zahl als kgV haben.

a) 10 b) 20 c) 15
d) 50 e) 75 f) 80

10 Ergänze passende Zahlen. Gib jeweils, wenn möglich, drei verschiedene Möglichkeiten an.

a) 36 ist das kgV von 9 und □.
b) 60 ist das kgV von 12 und □.
c) 124 ist das kgV von 31 und □.

11 Hanna geht neben ihrem Vater am Strand. Hannas Schritte sind 60 cm lang, ein Schritt des Vaters ist 75 cm lang. Sie gehen zusammen mit dem rechten Fuß los.
Nach wie vielen Metern befinden sich die rechten Füße wieder genau nebeneinander?

12 Ein Container ist 2,40 m hoch, 3,20 m breit und 5,40 m tief. Es sollen würfelförmige Kartons hergestellt werden, mit denen der Container ganz voll bepackt werden kann. Die Chefin findet Kartons praktisch, die möglichst groß sind.

13 Pia und Mark vom Detektivklub „Clever, Clever & besonders Clever" belauschen am 30. November, dass die beiden Gangster Big Teddy und Macho Mirko ab diesem Tag regelmäßig in der Kneipe „Black Sheep" auftauchen wollen:
Big Teddy will jeden dritten, Macho Mirko jeden fünften Tag dort erscheinen.
Pia und Mark geben der Polizei einen Tipp, damit sie beide Gauner gleichzeitig festnehmen kann. An welchem Tag könnte die Polizei das erste Mal zuschlagen?

Thema: EAN-Code

Fast alle Artikel, die man im Supermarkt kaufen kann, tragen eine Europäische Artikelnummer (EAN). Diese Nummer ermöglicht es, den Artikel eindeutig zu registrieren.
Die EAN ist zusätzlich auch als Strichcode aufgedruckt, der an der Kasse über ein Lesegerät gezogen wird. Der Kassencomputer erkennt die EAN, ermittelt den zugehörigen Preis und bringt ihn an der Kasse zur Anzeige.

5 010726 047017

Die einzelnen Ziffern der EAN haben folgende Bedeutung:

400	–	8617	–	75201	–	1
Hersteller-land		Hersteller-firma		Artikelnummer der Firma		Prüf-ziffer

EAN-Codes einzelner Herstellerländer

000 – 099	USA, Kanada	599	Ungarn
300 – 379	Frankreich	640 – 649	Finnland
400 – 440	Deutschland	690 – 691	China
45	Japan	730 – 739	Schweden
500 – 509	Großbritannien	760 – 769	Schweiz
540 – 549	Belgien, Luxemburg	800 – 839	Italien
570 – 579	Dänemark	840 – 849	Spanien
590	Polen	900 – 919	Österreich

1 Untersuche die EAN-Codes nach ihrem Herstellerland.
In welchen Ländern wurden die folgenden Artikel hergestellt?

Mineralwasser:	4250106690667	Nudeln:	8076809524021
Kaffeemaschine:	8000624095538	CD:	4027927000292
Fußball:	7611318439165	Jeans:	5412456185470

Die letzte Ziffer, die Prüfziffer, wurde eingeführt, um fehlerhafte Eingaben bei den ersten zwölf Ziffern (z. B. beim Eintippen in einen Computer) sofort zu bemerken.
Die Prüfziffer der EAN errechnet sich über eine „gewichtete Quersumme“:
- Zuerst werden die 12 Ziffern nacheinander im Wechsel mit 1 bzw. mit 3 multipliziert.
- Anschließend werden die einzelnen Produkte addiert.
- Die Prüfziffer gibt an, wie weit es von dieser Summe bis zum nachfolgenden Vielfachen von 10 ist.

Beispiel EAN-Code: 400–8617–75201–1

$1 \cdot 4 + 3 \cdot 0 + 1 \cdot 0 + 3 \cdot 8 + 1 \cdot 6 + 3 \cdot 1 + 1 \cdot 7 + 3 \cdot 7 + 1 \cdot 5 + 3 \cdot 2 + 1 \cdot 0 + 3 \cdot 1 = 79$
Das nachfolgende Vielfache von 10 ist 80. Die Prüfziffer ist: $80 - 79 = 1$

2 Stimmen die angegebenen EAN-Codes?
a) Überprüfe die EAN der Artikel von Aufgabe 1 durch Rechnung.
Bei welchen Artikeln liegt ein Eingabefehler vor?
b) Überprüfe die EAN von drei Artikeln, die du in eurem Haushalt findest.
c) Überprüfe die EAN-Codes im Bild rechts.

NACHGEDACHT
Julia behauptet, sie habe einen Trick, um die gewichtete Quersumme der EAN besonders schnell auszurechnen: „Ich addiere die zweite, vierte, sechste, achte, zehnte und zwölfte Zahl und multipliziere die Summe mit 3. Dann addiere ich die Summe der anderen Ziffern.“ Überprüfe an einem Beispiel, ob Julias Trick funktioniert. Begründe, warum Julias Trick immer funktioniert.

Klar so weit?

→ Seite 10

Teiler, Vielfache und Primzahlen

1 Welche der Zahlen sind durch 2 teilbar, welche nicht?

a) 13 b) 94
c) 41 d) 18
e) 73 f) 21
g) 198 h) 1 001
i) 1 Mio.

1 Welche der Zahlen sind durch 2, 5 bzw. 10 teilbar?

a) 53 b) 40
c) 400 d) 3 003
e) 5 555 f) 0
g) 1 980 h) 10 001
i) 1 Mrd.

---

2 Übertrage in dein Heft und setze das Zeichen $\mid$ oder $\nmid$ richtig ein.

a) 4 ■ 36 b) 6 ■ 74
c) 7 ■ 82 d) 3 ■ 330
e) 5 ■ 501 f) 8 ■ 56

2 Übertrage in dein Heft und setze das Zeichen $\mid$ oder $\nmid$ richtig ein.

a) 11 ■ 352 b) 13 ■ 263
c) 24 ■ 576 d) 31 ■ 810
e) 49 ■ 980 f) 21 ■ 221

---

3 Welche Aussagen sind wahr?

a) 3 ist ein Teiler von 43.
b) 260 ist ein Vielfaches von 13.
c) 30 ist kein Vielfaches von 5.
d) 7 ist kein Teiler von 84.
e) 12 ist ein Vielfaches von 1.
f) 12 ist ein Teiler von 12.

3 Welche Aussagen sind wahr?

a) 11 ist ein Teiler von 143.
b) 119 ist ein Vielfaches von 13.
c) 130 ist kein Vielfaches von 15.
d) 37 ist kein Teiler von 111.
e) 101 ist ein Vielfaches von 11.
f) 11 ist ein Teiler von 111.

---

4 Gib die Teilermenge der Zahlen an.

a) 4 b) 6
c) 7 d) 12
e) 20

4 Gib die Teilermenge der Zahlen an.

a) 24 b) 16
c) 17 d) 52
e) 125

---

5 Prüfe, ob die Zahlen Vielfache von 2 (von 5; von 10) sind.

a) 25 b) 12
c) 38 d) 79
e) 410 f) 210
g) 146 h) 999
i) 300 j) 666
k) 370 l) 576

5 Ergänze in deinem Heft, sodass die Zahlen Vielfache …

a) … von 10 sind:
77■; 5■■; 6■0; 4■■; 3 37■51■
b) … von 5 sind:
5■; 7■0; 3 3■5; 6 ■0■; 7 ■■0; ■800
c) … von 2 sind:
■; 15■; 80■; ■7■■; ■■9■9■

---

6 Für welche der Zahlen 18; 30; 64 und 100 gilt:

a) Die Zahl ist ein Vielfaches von 5. Außerdem ist sie durch 6 teilbar.
b) Die Zahl hat die Teiler 2; 3 und 6 und ist Vielfaches von 9.
c) Die Zahl ist durch 4 teilbar, aber nicht durch 6.

---

7 Begründe.

a) Warum ist 13 eine Primzahl?
b) Warum ist 15 keine Primzahl?

7 Welche der Zahlen sind Primzahlen? Begründe.

a) 47 b) 73 c) 51 d) 63 e) 91 f) 27

Gemeinsame Teiler und gemeinsame Vielfache

→ Seite 14

8 Bestimme erst die gemeinsamen Teiler, dann den größten gemeinsamen Teiler.
a) 18 und 24
b) 12 und 26
c) 15 und 33
d) 24 und 56
e) 36 und 48
f) 21 und 49

8 Bestimme erst die gemeinsamen Teiler, dann den größten gemeinsamen Teiler.
a) 112 und 144
b) 210 und 42
c) 164 und 188
d) 276 und 48
e) 366 und 360
f) 2 142 und 1 428

9 Ermittle den größten gemeinsamen Teiler der beiden Zahlen.
a) ggT(16; 20)
b) ggT(24; 60)
c) ggT(38; 66)
d) ggT(52; 85)
e) ggT(27; 81)
f) ggT(30; 90)
g) ggT(25; 75)
h) ggT(17; 31)

9 Ermittle den größten gemeinsamen Teiler der drei Zahlen.
a) ggT(12; 36; 100)
b) ggT(51; 17; 136)
c) ggT(72; 48; 108)
d) ggT(40; 64; 104)
e) ggT(18; 27; 63)
f) ggT(12; 144; 186)
g) ggT(108; 162; 54)
h) ggT(25; 75; 150)

10 Schreibe für jede Zahl die ersten fünf Vielfachen auf und gib dann das kleinste gemeinsame Vielfache an.
a) 4 und 6
b) 7 und 14
c) 12 und 15
d) 14 und 8
e) 15 und 20
f) 9 und 12
g) 4 und 18
h) 8 und 10
i) 16 und 40

10 Gib das kleinste gemeinsame Vielfache an.
a) kgV(12; 18)
b) kV(15; 25)
c) kV(6; 7)
d) kgV(12; 40)
e) kgV(13; 17)
f) kgV(15; 36)
g) kgV(21; 28)
h) kgV(120; 144)
i) kgV(84; 108)
j) kgV(14; 26)

11 Kapitän Carter, der gefürchtete Seeräuber, hat mit seinen Piraten wieder ein Schiff überfallen und eine Kiste mit wertvollem Inhalt erbeutet. In der Kiste befinden sich:
- 280 Goldtaler,
- 490 Silbermünzen,
- 910 Perlen.

Nun hocken alle Seeräuber zusammen und verteilen die Beute gleichmäßig untereinander.
Wie viele Seeräuber können auf dem Piratenschiff gewesen sein?

Vermischte Übungen

1 Übertrage ins Heft und ergänze.

a)

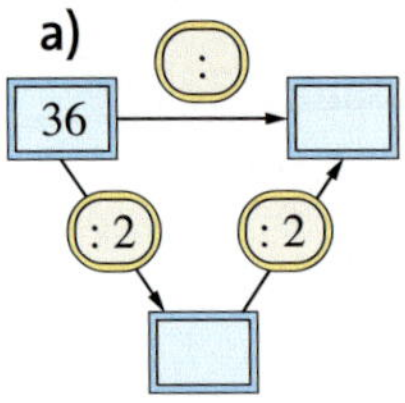

b)

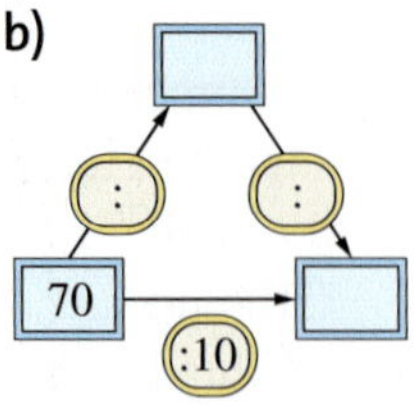

c)

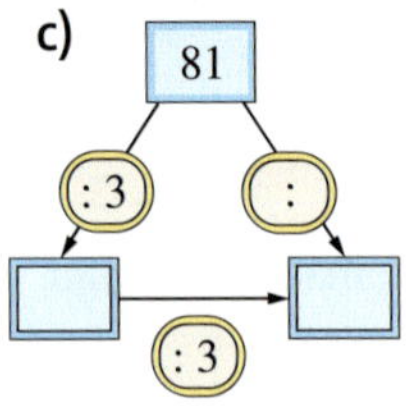

d)

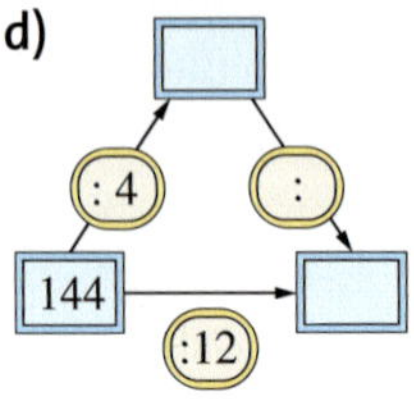

2 Welche der folgenden Zahlen sind …

a) … durch 2 teilbar?
12; 23; 24; 25; 29; 36; 74

b) … durch 3 teilbar?
12; 23; 24; 25; 29; 36; 74

c) … durch 5 teilbar?
10; 23; 25; 29; 30; 74; 215

3 Ergänze fehlende Zahlen im Heft.

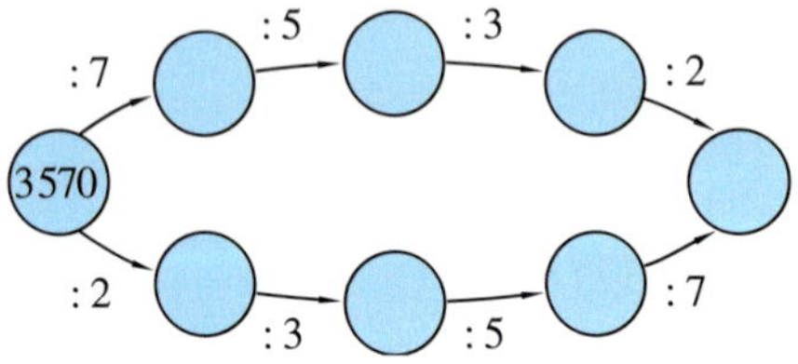

4 Übertrage und ergänze.

a) T_{12} = {1; 2; ☐; ☐; ☐; ☐}

b) T_{14} = {1; 2; ☐; ☐}

c) V_{13} = {13; ☐; ☐; ☐; 65; ☐; ☐; ☐; 117; …}

5 Ergänze die Grafik im Heft. Beachte die Richtung der Pfeile.

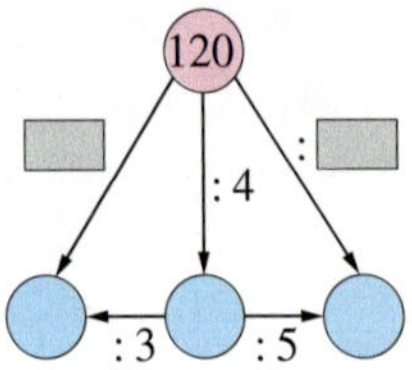

1 Übertrage ins Heft und ergänze.

a)

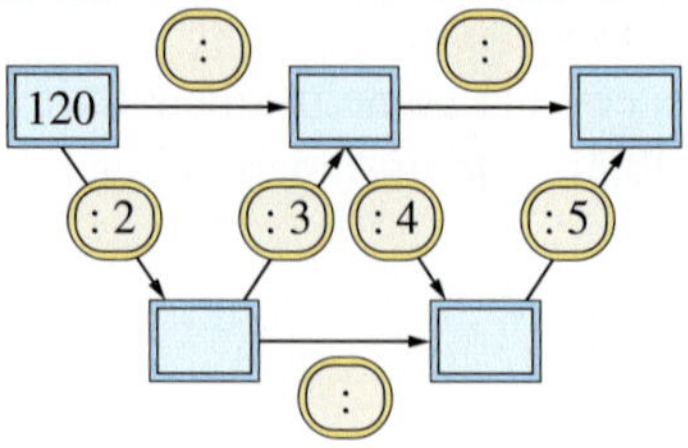

b)

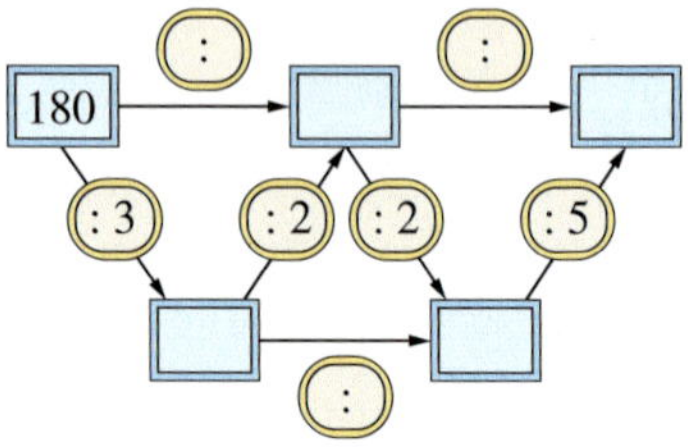

2 Welche der folgenden Zahlen sind …

a) … durch 7 teilbar?
16; 30; 34; 42; 56; 91; 105; 106; 147

b) … durch 8 teilbar?
14; 25; 48; 64; 71; 92; 104; 114; 144

c) … durch 12 teilbar?
24; 28; 36; 62; 96; 104; 156; 228; 360

3 Ergänze fehlende Zahlen im Heft.

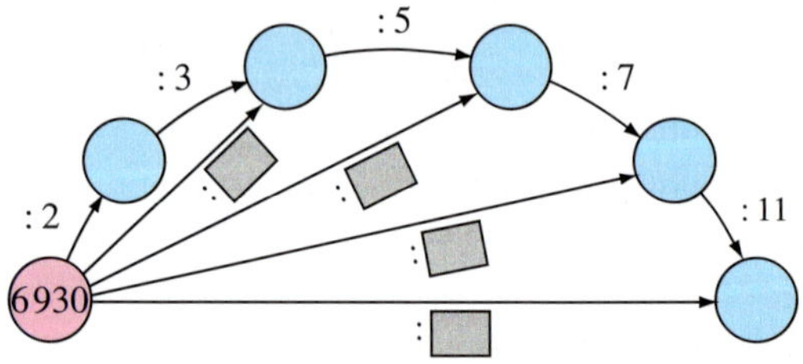

4 Übertrage und ergänze.

a) T_{36} = {1; 2; ☐; ☐; ☐; ☐; ☐; ☐; ☐}

b) V_{17} = {☐; ☐; ☐; ☐; 85; ☐; ☐; 136; …}

c) $V_{☐}$ = {☐; ☐; 21; ☐; ☐; 42; ☐; ☐; 63; ☐; …}

5 Ergänze die Grafik im Heft.

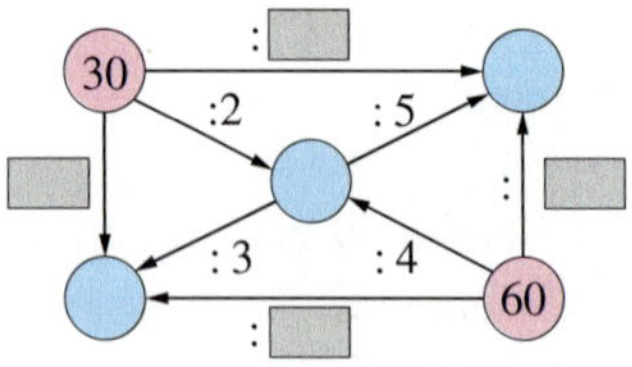

6 Überprüfe und begründe:

a) Es gibt genau eine Primzahl, die gerade ist.

b) Es gibt zwischen 10 und 20 mindestens 5 Primzahlen.

7 Um das Kreisfeld mit der 21 herum sind alle Teiler von 21 in die benachbarten Felder eingetragen. Ergänze im Heft.

7 Zeichne das Teilermengen-Puzzle ab. Fülle anschließend die leeren Felder im Heft aus.

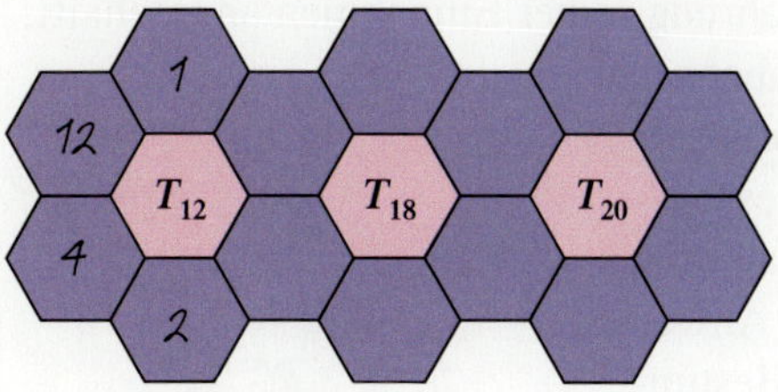

8 Nenne eine Primzahl zwischen …

a) … 8 und 16;
b) … 12 und 24;
c) … 24 und 48;
d) … 17 und 34;
e) … 54 und 110;
f) … 111 und 222.

8 Zwei Primzahlen, deren Differenz 2 ist, heißen Primzahlzwillinge.

a) Nenne 5 Primzahlzwillinge.
b) Suche 3 Primzahlzwillinge größer als 100.

BEISPIELE
Primzahlzwillinge:
11 und 13;
29 und 31

9 Bestimme das kleinste gemeinsame Vielfache.

a) kgV(4; 18)
b) kgV(12; 44)
c) kgV(72; 120)
d) kgV(64; 160)
e) kgV(6; 61)
f) kgV(35; 25)
g) kgV(7; 9)
h) kgV(13; 169)
i) kgV(39; 72)
j) kgV(21; 35)

9 Bestimme das kleinste gemeinsame Vielfache der Zahlen.

a) 8; 12; 15
b) 12; 24; 36
c) 20; 30; 40
d) 4; 6; 12
e) 3; 6; 8; 12
f) 7; 11; 13; 19
g) 6; 18; 24; 27
h) 5; 10; 20; 40
i) 9; 27; 54; 108
j) 12; 24; 42; 84

10 Betrachte die Zahnräder rechts. Stelle fest, ob nach einer Umdrehung des *großen* Zahnrades die roten Markierungen wieder übereinanderstehen.

a) Wie viele Umdrehungen macht dabei das kleine Zahnrad?
b) Das große Zahnrad wird ausgewechselt. Das neue Zahnrad hat 46 Zähne. Stehen nach einer Umdrehung des neuen Zahnrades die roten Markierungen wieder übereinander?
c) Überlege: Was hat die Aufgabe mit dem Thema „gemeinsame Vielfache“ zu tun?

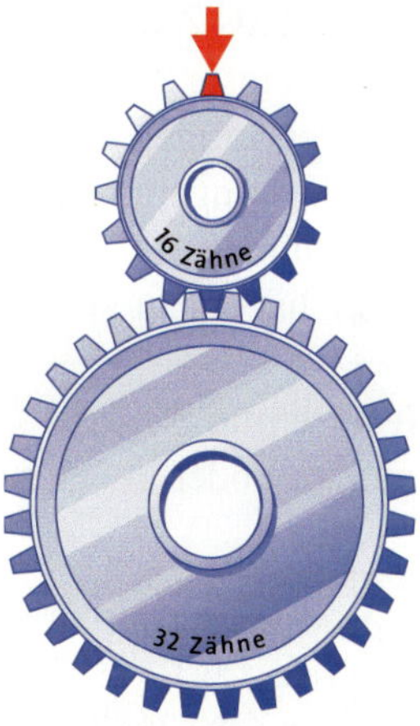

11 Ben hat bei seinem Fahrrad auf einen mittleren Gang geschaltet. Vorn liegt die Kette auf einem Zahnrad mit 32 Zähnen, hinten auf einem Zahnrad mit 20 Zähnen.
Nach wie vielen Umdrehungen der Pedale haben beide Zahnräder wieder die Ausgangsstellung erreicht?

12 Zahlenrätsel

Wer knackt den Tresor? Käpt'n Skippy hat sich einen Tresor für die sichere Aufbewahrung seiner Einnahmen angeschafft, hat aber seine Geheimzahl vergessen. Er hat jedoch eine Anweisung zur Bestimmung der Geheimnummer angefertigt.

Nimm das kleinste gemeinsame Vielfache von drei und fünf.
Multipliziere diese Zahl mit der kleinsten ungeraden Primzahl.
Rechne 4 dazu.
Teile nun durch die Märchenzahl (z. B. aus „Schneewittchen"), für die es keine einfache Teilbarkeitsregel gibt.
Kontrolle (erstes Zwischenergebnis):
Diese Zahl ist eine Primzahl. Wenn nicht, hast du dich verrechnet.
Multipliziere nun diese Zahl mit $2 \cdot 2 \cdot 5 \cdot 5$.
Subtrahiere dann siebenundzwanzig.
Untersuche, ob diese Zahl durch vier teilbar ist.
Wenn ja, addiere sechzehn, wenn nicht, addiere zwei.
Kontrolle (zweites Zwischenergebnis):
Diese Zahl ist durch neun teilbar. Wenn nicht, hast du dich verrechnet.
Addiere das kleinste gemeinsame Vielfache von sechs und fünfzehn.
Bestimme den größten Teiler von 138 und addiere auch ihn.
Subtrahiere die fünfte (d. h. die fünftkleinste) Primzahl.

Nun weißt du die Geheimnummer für den Tresor.

13 Primzahlen

a) Bestimme alle Primzahlen, deren letzte Ziffer eine 5 ist.
b) Bestimme alle geraden Primzahlen.
c) Warum gibt es keine Primzahl, deren letzte Ziffer eine 0 ist?
d) Welche Ziffern können als letzte Ziffer einer mehrstelligen Primzahl vorkommen, welche nicht?
Begründe und nenne Beispiele.

14 Arbeitet als Zahlendetektive.

a) Nennt die kleinste Zahl, die durch drei (durch fünf) verschiedene Primzahlen teilbar ist.
b) Welche zweistelligen natürlichen Zahlen erfüllen alle genannten Bedingungen?
– Die Zahl ist ungerade und größer als 60.
– Vertauscht man die Ziffern, entsteht eine Primzahl.
– Die Zahl hat genau vier Teiler.

15 Gesetze und Regeln

Arbeitet zu zweit oder in einer Gruppe.

Begründe deine Antworten anhand von Beispielen.
a) Wie groß ist der ggT zweier Primzahlen?
b) Kann es zwei Zahlen geben, die kein gemeinsames Vielfaches haben?

Überprüfe die Behauptungen mithilfe von Beispielen oder Gegenbeispielen.
a) Zwei gerade Zahlen sind immer zueinander teilerfremd.
b) Zwei ungerade Zahlen sind nie zueinander teilerfremd.
c) Von vier aufeinanderfolgenden natürlichen Zahlen ist immer eine durch 4 teilbar. Können auch mehrere dieser Zahlen durch 4 teilbar sein?
d) Jakob behauptet: „Je größer eine Zahl ist, desto größer ist auch die Quersumme."

HINWEIS
*Wenn du zeigen möchtest, dass eine Behauptung nicht stimmt, brauchst du nur **ein** Beispiel zu finden, das gegen diese Behauptung spricht. Man nennt dies ein **Gegenbeispiel**.*

Zusammenfassung

Teiler, Vielfache und Primzahlen

→ Seite 10

Wenn man ohne Rest teilen kann, sagt man z. B.: „18 ist durch 6 **teilbar**“ oder „6 ist **Teiler** von 18.“	$18 : 6 = 3$ Man schreibt: $6 \mid 18$ $35 : 7 = 5$ Man schreibt: $7 \mid 35$
Wenn das Teilen nicht aufgeht, sagt man z. B.: „18 ist durch 4 **nicht teilbar**“ oder „4 ist **nicht Teiler** von 18.“	$18 : 4 = 4$ Rest 2 Man schreibt: $4 \nmid 18$ $35 : 4 = 8$ Rest 3 Man schreibt: $4 \nmid 35$
Es gilt: „18 ist **Vielfaches** von 6.“	$18 = 3 \cdot 6$
Alle Teiler einer Zahl zusammen bilden die **Teilermenge** dieser Zahl.	$T_{18} = \{1; 2; 3; 6; 9; 18\}$ $T_{35} = \{1; 5; 7; 35\}$
Zahlen, die genau zwei Teiler haben (und zwar 1 und sich selbst), heißen **Primzahlen**.	Primzahlen: 2; 3; 5; 7; 11; 13; …

Gemeinsame Teiler und gemeinsame Vielfache

→ Seite 14

Der **größte gemeinsame Teiler (ggT)** zweier Zahlen ist die größte Zahl, die in *beiden* Teilermengen vorkommt.	$T_8 = \{1; 2; 4; 8\}$ $T_{12} = \{1; 2; 3; 4; 6; 12\}$ ggT(8; 12) = 4 Der größte gemeinsame Teiler von 8 und 12 ist 4.
Zahlen, die *keinen* gemeinsamen Teiler außer der 1 haben, heißen **teilerfremd**.	ggT(3; 7) = 1 3 und 7 sind also teilerfremd. ggT(9; 25) = 1 9 und 25 sind also teilerfremd.
Das **kleinste gemeinsame Vielfache (kgV)** zweier Zahlen ist die kleinste Zahl, die in *beiden* Vielfachenmengen vorkommt.	$V_4 = \{4; 8; 12; 16; 20; 24; 28; 32; 36; \dots\}$ $V_6 = \{6; 12; 18; 24; 30; 36; \dots\}$ kgV(4; 6) = 12 Das kleinste gemeinsame Vielfache von 4 und 6 ist 12.

Teste dich!

6 Punkte

1 Gib jeweils alle Teiler der folgenden Zahlen als Teilermengen an.

a) 18 **b)** 20 **c)** 35 **d)** 48 **e)** 98 **f)** 111

10 Punkte

2 Übertrage die Tabellen ins Heft. Kreuze an, wenn Teilbarkeit vorliegt.

a)

	2	3	5	10
16				
30				
37				
48				
100				

b)

	2	3	5	10
25				
22				
50				
128				
175				

8 Punkte

3 Ergänze die fehlende Ziffer. Gibt es mehrere Möglichkeiten?

a) 4■ ist Vielfaches von 10.
b) 3■ ist Vielfaches von 5.
c) ■2 ist Vielfaches von 3.
d) ■4 ist Vielfaches von 2.
e) 3■ ist durch 2 und durch 3 teilbar.
f) 4■ ist durch 5 aber nicht durch 2 teilbar.
g) 1■ ist durch 2 aber nicht durch 5 teilbar.
h) 2■ ist durch 2 und durch 5 teilbar.

4 Punkte

4 Bestimme den größten gemeinsamen Teiler der beiden Zahlen.

a) ggT(6; 8) **b)** ggT(12; 16) **c)** ggT(24; 36) **d)** ggT(45; 60)

4 Punkte

5 Bestimme das kleinste gemeinsame Vielfache der beiden Zahlen.

a) kgV(4; 7) **b)** kgV(5; 12) **c)** kgV(10; 12) **d)** kgV(20; 24)

5 Punkte

6 Primzahlen

a) Zähle alle Primzahlen zwischen 0 und 20 auf.
b) Nenne eine Primzahl zwischen 30 und 40.
c) Nenne eine Primzahl zwischen 100 und 200.
d) Nenne alle Primzahlen, die auf 5 enden.
e) Warum gibt es keine Primzahl, deren letzte Ziffer eine 0 ist?

1 Punkt

7 Eine Mutter hat vier erwachsene Kinder.
Das älteste Kind besucht die Mutter jeden Sonntag, das zweitälteste jeden zweiten Sonntag, das drittälteste jeden dritten Sonntag und das jüngste nur jeden vierten Sonntag.
In welchem Abstand kommen alle vier Kinder bei der Mutter zusammen?

2 Punkte

8 Ein Garten soll mit gleich langen Zaunteilen eingezäunt werden.
Der Garten ist 36 m lang und 42 m breit.
Wie lang dürfen die Zaunteile höchstens sein?
Wie viele Zaunteile werden dann benötigt?

Gold: 36–40 Punkte, Silber: 30–35 Punkte, Bronze: 24–29 Punkte

Lösungen ab Seite 212

Brüche – Vergleichen, Addieren und Subtrahieren

Wusstest du schon, dass …

… mehr als $\frac{2}{3}$ der Erdoberfläche von Wasser bedeckt ist?

… Afrika etwa $\frac{1}{5}$ der Landfläche der Erde einnimmt?

… Deutschland nur ca. $\frac{1}{400}$ der Landfläche ausmacht,

… hier aber immerhin $\frac{1}{90}$ aller Menschen wohnen,

… die sogar $\frac{1}{20}$ des weltweiten Reichtums besitzen?

Noch fit?

Einstieg

Aufstieg

1 Darstellung von Brüchen
Welche Brüche sind hier dargestellt? Wie findest du den Nenner und den Zähler?

a) 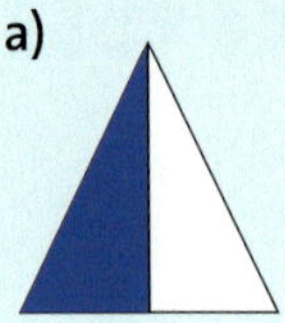
b) 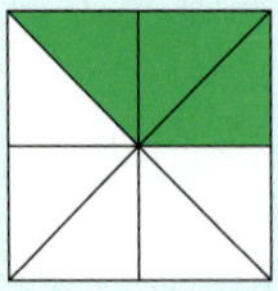
c) 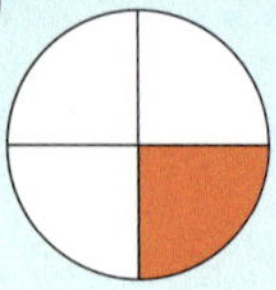
d) 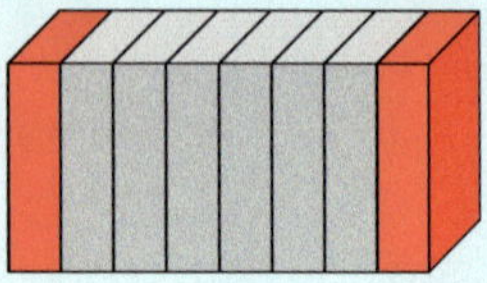
e) 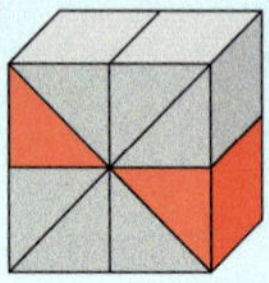

ZU AUFGABE 2
Beispiel:
$\frac{1}{5} + \frac{4}{5} = 1$

Einstieg

2 Brüche ergänzen
Ergänze so, dass ein Ganzes entsteht.

a) $\frac{3}{4}$ b) $\frac{4}{7}$ c) $\frac{2}{9}$ d) $\frac{10}{11}$

3 Größen umrechnen
a) $1\frac{1}{2}$ m = ■ cm
b) $3\frac{3}{4}$ m = ■ cm
c) $3\frac{1}{5}$ kg = ■ g
d) $5\frac{1}{10}$ kg = ■ g

NACHGEDACHT
Wofür stehen die Abkürzungen „kgV" und „ggT"? Warum gibt es keine Aufgaben zu „kgT" und „ggV"?

4 kgV und ggT
Bestimme das kgV bzw. den ggT.

a) kgV (4; 5) b) kgV (6; 8)
c) kgV (14; 21) d) ggT (12; 18)
e) ggT (20; 30) f) ggT (5; 8)

5 Zahlenstrahl
a) Welche Zahlen sind hier markiert?

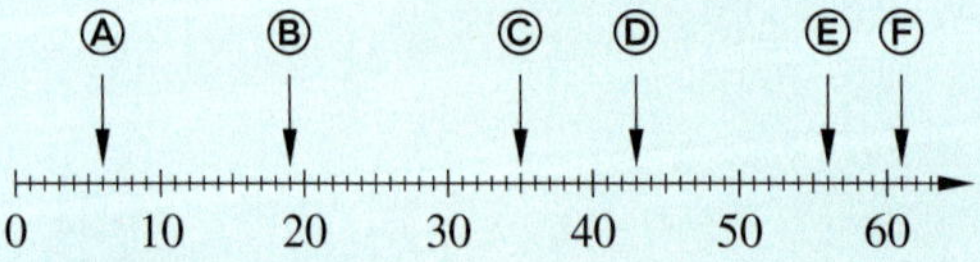

b) Zeichne einen Zahlenstrahl von 0 bis 40. Überlege dir eine sinnvolle Einteilung und trage ein:
5; 34; 39; 8; 19; 22

6 Kopfrechnen
a) $5 \cdot 3 \cdot 3$ b) $7 \cdot 5 \cdot 5$
c) $9 \cdot 2 \cdot 2 \cdot 2$ d) $100 : 5 : 5$
e) $162 : 3 : 3 : 3$ f) $800 : 2 : 2 : 2 : 2$

Aufstieg

2 Brüche ergänzen
Ergänze auf 5 Ganze.

a) $4\frac{3}{4}$ b) $1\frac{4}{9}$ c) $3\frac{2}{7}$ d) $\frac{5}{6}$

3 Größen umrechnen
a) $1\frac{1}{2}$ h = ■ min
b) $5\frac{2}{5}$ km = ■ m
c) $12\frac{3}{4}$ g = ■ mg
d) $10\frac{1}{4}$ l = ■ ml

4 kgV und ggT
Bestimme das kgV bzw. den ggT.

a) kgV (5; 6) b) kgV (10; 16)
c) kgV (12; 15) d) ggT (6; 15)
e) ggT (40; 100) f) ggT (9; 19)

5 Zahlenstrahl
a) Welche Zahlen sind hier markiert?

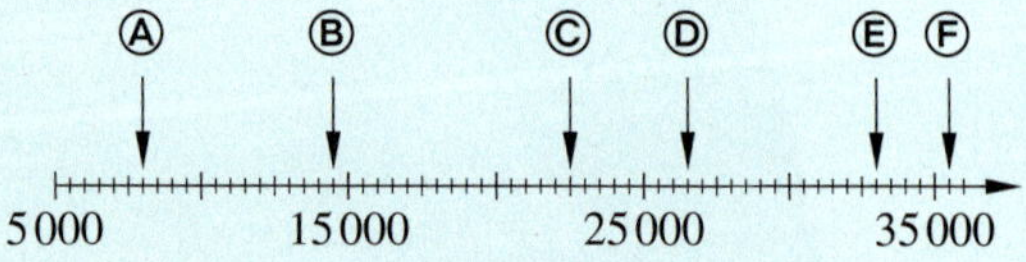

b) Zeichne einen Zahlenstrahl von 1000 bis 2000. Überlege dir eine sinnvolle Einteilung und trage ein:
1500; 1850; 1050; 1200; 1450

6 Kopfrechnen
a) $4 \cdot 5 \cdot 5 \cdot 5$ b) $3 \cdot 4 \cdot 5 \cdot 6$
c) $7 \cdot 2 \cdot 3 \cdot 4$ d) $200 : 2 : 4 : 5$
e) $500 : 5 : 5 : 5$ f) $900 : 2 : 3 : 5 : 10$

7 Kurz und knapp
a) Ein Eishockeyspiel dauert 60 Minuten. Zwei Drittel sind vorüber.
b) Ein Profiboxkampf geht über 12 Runden von je 3 Minuten. 6 Minuten sind vorbei.
c) Ein Gewichtheber wiegt 82 kg und hebt das $1\frac{1}{2}$-Fache seines Gewichtes.
d) Die 12. Etappe der Tour de France ist 196 km lang. Ein Viertel der Strecke ist geschafft.

Lösungen ab Seite 212

Brüche erweitern und kürzen

Entdecken

1 Auf dem Schulfest bieten Jan, Lea und Berna das Spiel „Glücksrad" an.

Einen Preis gewinnt man, wenn der Zeiger beim Drehen auf dem grünen Feld stehen bleibt.
Vergleiche die Glücksräder: Bei wem würdest du spielen? Begründe.

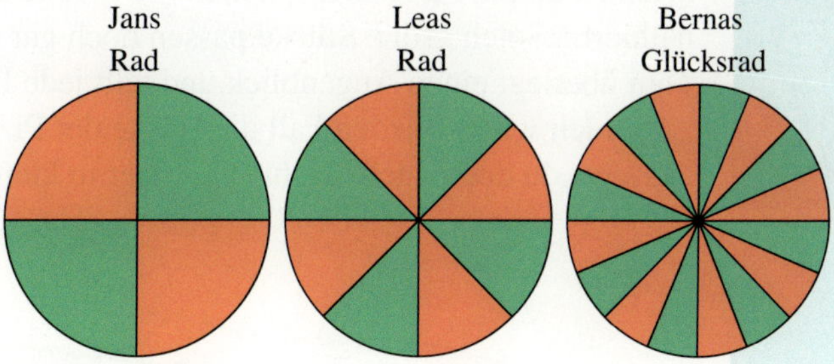

2 Zu Leons Geburtstagsfeier haben seine Eltern zwei Bleche Kuchen gebacken, einen Bienenstich und einen Streuselkuchen.

Nach der Feier sind einige Stücke übriggeblieben.
Schaue genau: Von welchem Kuchen ist mehr übriggeblieben?

3 Welcher Anteil ist grün, welcher Anteil ist blau? Gib die Anteile in möglichst vielen verschiedenen Schreibweisen an.
Vergleiche deine Ergebnisse mit deinen Nachbarn. Wer findet die meisten Schreibweisen?

4 Welcher Anteil vom Streifen ist gelb?

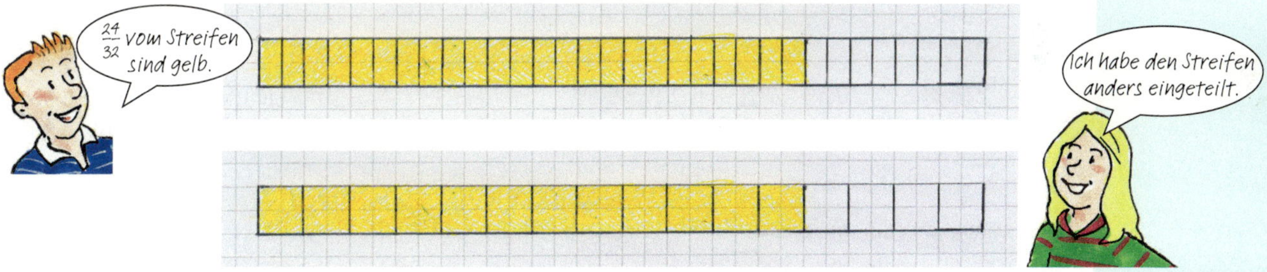

a) Wie hat Nora den Streifen eingeteilt? Gib mit dem passenden Bruch den gelben Anteil an.
b) Kannst du den Streifen anders einteilen als Timm und Nora? Zeichne selbst solche Streifen in dein Heft: Jeder Streifen soll 16 cm lang sein, davon 12 cm gelb.
Zeichne möglichst viele verschiedene Einteilungen und gib mit dem jeweils passenden Bruch den gelben Anteil an.
c) Warum kann man den gelben Anteil *nicht* angeben, wenn man diesen Streifen so einteilt, dass immer 3 (oder 6) Kästchen zusammengehören?

Verstehen

Tom und Pia wollen sich eine Pizza teilen.
„Kannst du die Pizza nicht in kleinere Stücke schneiden?" fragt Pia, als Tom die Riesenpizza halbiert. „Solch große Stücke passen doch gar nicht auf unsere Teller!"
Tom überlegt einen Augenblick und teilt jede Hälfte mit zwei weiteren Schnitten.
„Aber ich will auf jeden Fall die Hälfte der Pizza haben", sagt er.
„Kriegst du doch auch" lacht Pia, „aber in kleineren Stücken".

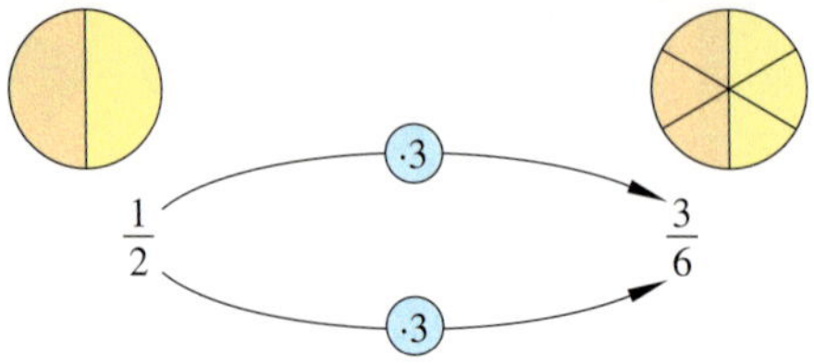

$$\frac{1}{2} = \frac{1 \cdot 3}{2 \cdot 3} = \frac{3}{6}$$

Merke **Erweitern eines Bruchs** bedeutet, Zähler und Nenner des Bruchs mit der gleichen natürlichen Zahl zu multiplizieren.

Dadurch ändert sich der Wert des Bruchs nicht.

ERINNERE DICH
Zahlen wie $1\frac{1}{2}$ oder $3\frac{2}{5}$ heißen ***gemischte Zahlen****. Sie sind größer als 1 Ganzes, z. B. $1\frac{1}{2} = 1 + \frac{1}{2}$.*

Beispiel 1

$\frac{2}{5} = \frac{2 \cdot 4}{5 \cdot 4} = \frac{8}{20}$ (Erweitern mit 4)

Beispiel 2

$1\frac{3}{4} = 1\frac{3 \cdot 2}{4 \cdot 2} = 1\frac{6}{8}$ (Erweitern bei einer gemischten Zahl)

Beim Kuchenessen am Nachmittag bemerkt Pia: „Jetzt haben wir tatsächlich 9 von den 12 Kuchenstücken aufgegessen!" „Dann haben wir ja drei Viertel des Kuchens gegessen", stellt Tom fest.
Er hat so gerechnet:

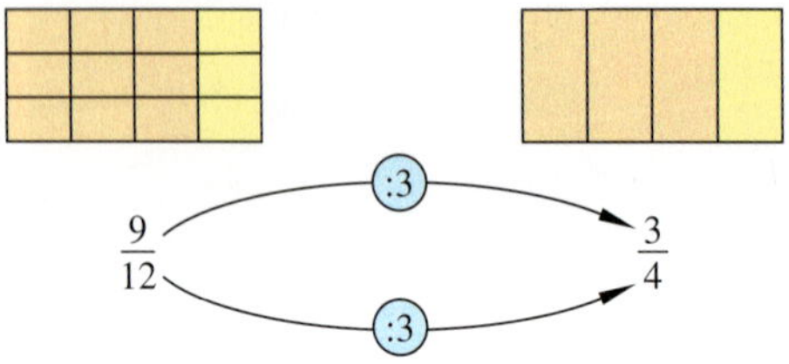

$$\frac{9}{12} = \frac{9 : 3}{12 : 3} = \frac{3}{4}$$

Merke **Kürzen eines Bruchs** bedeutet, Zähler und Nenner des Bruchs durch die gleiche natürliche Zahl zu dividieren.

Auch durch das Kürzen ändert sich der Wert des Bruchs nicht.

Beispiel 3

$\frac{100}{160} = \frac{100 : 20}{160 : 20} = \frac{5}{8}$ (Kürzen durch 20)

Beispiel 4

$3\frac{16}{24} = 3\frac{16 : 8}{24 : 8} = 3\frac{2}{3}$ (Kürzen bei einer gemischten Zahl)

In Beispiel 3 sieht man, dass die Brüche $\frac{100}{160}$ und $\frac{5}{8}$ gleich groß sind.
Als Ergebnis einer Aufgabe schreibt man den gekürzten Bruch, also hier $\frac{5}{8}$.
Einen Bruch, der nicht weiter gekürzt werden kann, nennt man **vollständig gekürzt**.

ERINNERE DICH
Der ***ggT*** *ist der* ***größte gemeinsame Teiler*** *zweier Zahlen. Für mehr Informationen schlage im Stichwortverzeichnis nach.*

Beispiel 5

Kürze $\frac{72}{96}$ vollständig. Man kann einen Bruch auf zwei Arten vollständig kürzen.

a) Schrittweises Kürzen:

$$\frac{72}{96} = \frac{72 : 2}{96 : 2} = \frac{36 : 2}{48 : 2} = \frac{18 : 2}{24 : 2} = \frac{9 : 3}{12 : 3} = \frac{3}{4}$$

b) Kürzen in *einem* Schritt durch den ggT:
ggT (72; 96) = 24, also kürzen durch 24:

$$\frac{72}{96} = \frac{72 : 24}{96 : 24} = \frac{3}{4}$$

Üben und anwenden

1 Erkläre an der Zeichnung, wie erweitert wurde. Notiere auch die zugehörigen Brüche.

a) b) c)

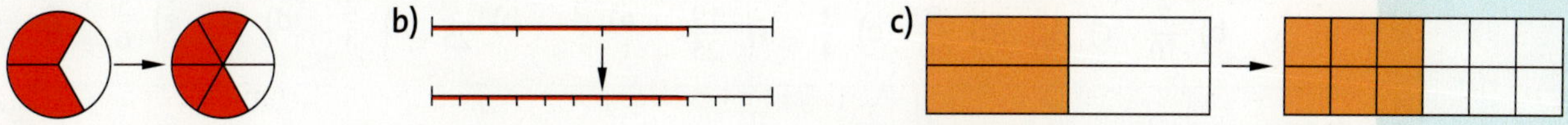

2 Erkläre an der Zeichnung, wie gekürzt wurde. Notiere auch die zugehörigen Brüche.

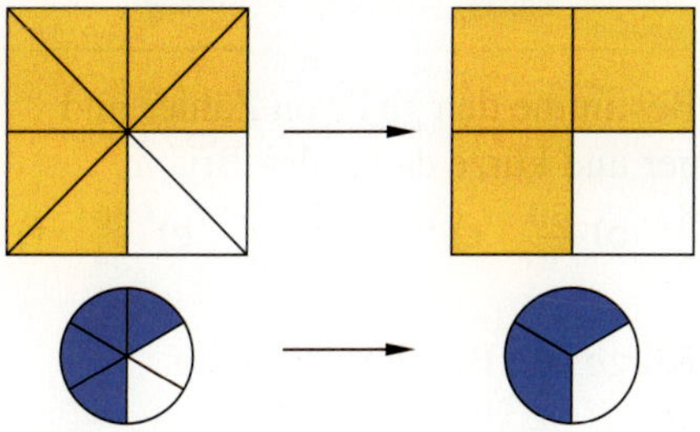

2 Finde je zwei Brüche, die den roten Anteil an der Figur angeben.
Beschreibe: Was haben die beiden Brüche mit „Kürzen/Erweitern“ zu tun?

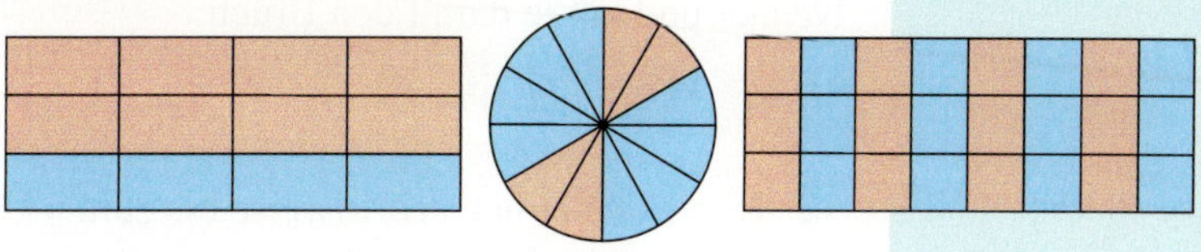

3 Mit welcher Zahl wurde erweitert?

a) $\frac{3}{4} = \frac{3 \cdot \square}{4 \cdot \square} = \frac{9}{12}$ b) $\frac{5}{2} = \frac{5 \cdot \square}{2 \cdot \square} = \frac{25}{10}$ c) $\frac{8}{9} = \frac{8 \cdot \square}{9 \cdot \square} = \frac{48}{54}$ d) $\frac{2}{3} = \frac{2 \cdot \square}{3 \cdot \square} = \frac{28}{42}$

4 Durch welche Zahl wurde gekürzt?

a) $\frac{4}{6} = \frac{4 : \square}{6 : \square} = \frac{2}{3}$ b) $\frac{24}{36} = \frac{24 : \square}{36 : \square} = \frac{4}{6}$ c) $\frac{16}{32} = \frac{16 : \square}{32 : \square} = \frac{2}{4}$ d) $\frac{42}{28} = \frac{42 : \square}{28 : \square} = \frac{3}{2}$

5 Erweitere jeden Bruch mit 2, mit 5 und mit 12.

a) $\frac{1}{2}$ b) $\frac{2}{3}$ c) $\frac{4}{7}$ d) $\frac{1}{5}$ e) $1\frac{1}{2}$ f) $2\frac{3}{4}$

5 Bestimme die fehlende Zahl.

a) $\frac{3}{7} = \frac{\square}{35}$ b) $\frac{5}{9} = \frac{\square}{81}$ c) $\frac{3}{5} = \frac{\square}{20}$

d) $\frac{5}{11} = \frac{\square}{77}$ e) $\frac{1}{3} = \frac{\square}{21}$ f) $\frac{7}{15} = \frac{\square}{120}$

6 Kürze durch 5.

a) $\frac{15}{25}$ b) $\frac{40}{100}$ c) $\frac{35}{45}$ d) $\frac{50}{30}$ e) $\frac{10}{55}$

f) $\frac{65}{75}$ g) $\frac{20}{30}$ h) $\frac{45}{60}$ i) $\frac{80}{95}$ j) $\frac{105}{125}$

6 Bestimme die fehlende Zahl x.

a) $\frac{3}{x} = \frac{24}{56}$ b) $\frac{7}{x} = \frac{84}{108}$ c) $\frac{5}{x} = \frac{50}{90}$

d) $\frac{8}{x} = \frac{72}{90}$ e) $\frac{10}{x} = \frac{40}{96}$ f) $\frac{11}{x} = \frac{66}{96}$

7 Zeige durch Kürzen oder Erweitern, dass das Gleichheitszeichen stimmt.

a) $\frac{2}{6} = \frac{1}{3}$ b) $\frac{12}{36} = \frac{2}{6}$ c) $\frac{12}{36} = \frac{1}{3}$

d) $\frac{4}{12} = \frac{12}{36}$ e) $\frac{2}{6} = \frac{4}{12}$ f) $\frac{1}{3} = \frac{4}{12}$

g) $\frac{24}{48} = \frac{1}{2}$ h) $\frac{28}{35} = \frac{4}{5}$ i) $\frac{7}{8} = \frac{28}{32}$

7 Erweiterungszahl gesucht

a) Schreibe als Bruch mit dem Nenner 24.

① $\frac{2}{3}$ ② $\frac{7}{12}$ ③ $\frac{3}{8}$ ④ $\frac{1}{2}$ ⑤ $\frac{11}{3}$

b) Schreibe als Bruch mit dem Nenner 48.

① $\frac{1}{2}$ ② $\frac{5}{6}$ ③ $\frac{7}{12}$ ④ $\frac{23}{24}$ ⑤ $\frac{7}{3}$

8 Bestimme die fehlende Zahl.

a) $\frac{5}{8} = \frac{\square}{32}$ b) $\frac{4}{5} = \frac{\square}{30}$ c) $\frac{5}{6} = \frac{\square}{24}$

d) $\frac{7}{4} = \frac{\square}{28}$ e) $\frac{2}{3} = \frac{\square}{27}$ f) $\frac{8}{9} = \frac{\square}{63}$

8 Stimmt das Gleichheitszeichen? Korrigiere gegebenenfalls.

a) $\frac{8}{9} = \frac{96}{108}$ b) $\frac{7}{8} = \frac{63}{64}$ c) $\frac{1}{9} = \frac{5}{95}$

d) $\frac{96}{104} = \frac{12}{13}$ e) $\frac{154}{214} = \frac{15}{21}$ f) $\frac{105}{213} = \frac{34}{71}$

9 Mit welcher Zahl wird erweitert, damit der Nenner 100 ist? **Beispiel** $\frac{1}{4} = \frac{25}{100}$, also 25

a) $\frac{1}{2}$ b) $\frac{7}{10}$ c) $\frac{13}{20}$ d) $\frac{9}{50}$ e) $\frac{3}{4}$ f) $\frac{19}{25}$

9 Welche der Brüche lassen sich auf eine Stufenzahl (10; 100; 1 000; …) erweitern?

a) $\frac{3}{5}$ b) $\frac{7}{25}$ c) $\frac{2}{3}$ d) $\frac{1}{8}$ e) $\frac{5}{6}$ f) $\frac{19}{200}$

10 Jeweils ein roter und ein blauer Bruch sind gleich groß.

Schreibe so: $\frac{3}{4} = \frac{3 \cdot 4}{4 \cdot 4} = \frac{12}{16}$

Rote Brüche: $\frac{7}{12}$, $\frac{2}{5}$, $\frac{15}{16}$, $\frac{3}{4}$, $\frac{1}{2}$, $\frac{6}{7}$

Blaue Brüche: $\frac{36}{72}$, $\frac{18}{21}$, $\frac{90}{96}$, $\frac{6}{15}$, $\frac{12}{16}$, $\frac{56}{96}$

11 Bestimme den ggT von Zähler und Nenner und kürze damit den Bruch.

a) $\frac{6}{30}$ b) $\frac{5}{55}$ c) $\frac{33}{77}$ d) $\frac{90}{100}$ e) $\frac{30}{42}$ f) $\frac{24}{36}$

11 Bestimme den ggT von Zähler und Nenner und kürze damit den Bruch.

a) $\frac{18}{38}$ b) $\frac{30}{36}$ c) $\frac{27}{72}$ d) $\frac{75}{90}$ e) $\frac{36}{54}$ f) $\frac{125}{175}$

12 Kürze den Bruch schrittweise bis zum Ende. **Beispiel** $\frac{20}{120} = \frac{10}{60} = \frac{5}{30} = \frac{1}{6}$

a) $\frac{60}{180} = \frac{\square}{90} = \frac{\square}{18} = \frac{\square}{6} = \frac{\square}{3}$

b) $\frac{72}{270} = \frac{36}{\square} = \frac{\square}{45} = \frac{4}{\square}$

c) $\frac{\square}{360} = \frac{48}{\square} = \frac{12}{\square} = \frac{\square}{6} = \frac{2}{3}$

d) $\frac{60}{80} = \frac{\square}{\square} = \frac{\square}{\square} = \ldots$ e) $\frac{50}{250} = \frac{\square}{\square} = \ldots$

12 Kürze den Bruch vollständig.

a) $\frac{240}{\square} = \frac{\square}{72} = \frac{20}{24} = \frac{10}{\square} = \frac{\square}{6}$

b) $\frac{\square}{630} = \frac{45}{\square} = \frac{\square}{105} = \frac{5}{35} = \frac{1}{\square}$

c) $\frac{\square}{360} = \frac{72}{\square} = \frac{24}{60} = \frac{\square}{15} = \frac{2}{\square}$

d) $\frac{144}{180} = \frac{\square}{\square} = \frac{\square}{\square} = \ldots$ e) $\frac{64}{128} = \frac{\square}{\square} = \ldots$

ERINNERE DICH
Zwei Zahlen, die keinen gemeinsamen Teiler außer der 1 haben, heißen ***teilerfremd****. Sind Zähler und Nenner teilerfremd, kann man nicht weiter kürzen.*

13 Kürze so lange, bis Zähler und Nenner teilerfremd sind.

a) $\frac{32}{40}$ b) $\frac{25}{30}$ c) $\frac{72}{84}$ d) $\frac{56}{64}$

e) $\frac{24}{60}$ f) $\frac{8}{12}$ g) $\frac{16}{20}$ h) $\frac{15}{35}$

13 Kürze so lange, bis Zähler und Nenner teilerfremd sind.

a) $\frac{75}{105}$ b) $\frac{80}{120}$ c) $\frac{20}{24}$ d) $\frac{39}{65}$

e) $\frac{105}{120}$ f) $\frac{60}{108}$ g) $\frac{216}{102}$ h) $\frac{276}{216}$

14 Zeichne geeignete Kreisbilder oder Rechtecke und zeige, dass $\frac{1}{2} = \frac{4}{8}$ und $\frac{3}{4} = \frac{12}{16}$.

14 Finde fünf Brüche mit …
a) dem Nenner 36, die sich kürzen lassen.
b) dem Nenner 36, die sich *nicht* kürzen lassen. Kannst du begründen, warum man sie nicht kürzen kann?

15 Welche dieser Brüche kann man auf den Nenner 24 erweitern? Welche nicht?
$\frac{1}{2}$; $\frac{1}{3}$; $\frac{1}{4}$; $\frac{1}{5}$; $\frac{1}{6}$; $\frac{1}{7}$; $\frac{1}{8}$
Erkläre: Warum kann man manche der Brüche nicht auf den Nenner 24 erweitern?

15 Aidyl stellt fest: „Man kann jeden Bruch mit 2, 3, 4, …, 10 erweitern, aber nicht jeden Bruch durch diese Zahlen kürzen." Warum ist das so?

16 Nico sammelt Briefmarken. Von seinen 120 Briefmarken stammen 40 aus Deutschland, 30 aus England, 24 aus Frankreich und der Rest aus anderen Ländern.
Gib die Anteile an der Gesamtmenge als Bruchteile an. Kürze anschließend.

16 Die Erich-Kästner-Schule hat 950 Schüler. An einem Sommermorgen kommen 380 Schüler mit dem Fahrrad zur Schule, 300 mit dem Bus, 25 werden mit dem Auto gebracht und der Rest geht zu Fuß. Gib die Anteile als vollständig gekürzte Brüche an.

Brüche vergleichen und ordnen

Entdecken

1 Niclas und Ahmed sind Torhüter und haben beim Fußballturnier mehrere Elfmeter gehalten. Niclas hat 2 von 5 Elfmetern gehalten, Ahmed konnte 3 von 8 Elfmetern abwehren.
Welcher Torhüter war erfolgreicher beim Elfmeterhalten?

2 Bei welchem der drei Gefäße ist die Chance, eine orange Kugel zu ziehen, am geringsten? Bei welchem Gefäß am höchsten?
Gib eine Begründung an.

3 Übertrage den folgenden Zahlenstrahl in dein Heft.

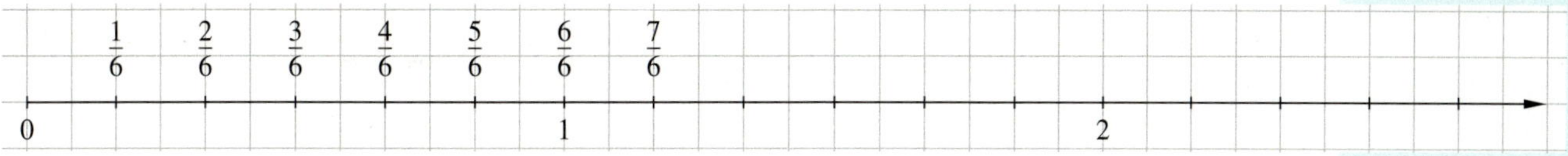

a) Ergänze die fehlenden Brüche am Zahlenstrahl.
b) Kürze alle Brüche, bei denen dies möglich ist. Schreibe den gekürzten Bruch an die gleiche Stelle unter den Zahlenstrahl.
c) Welcher Bruch liegt auf dem Zahlenstrahl genau zwischen $\frac{1}{2}$ und $\frac{2}{3}$?
d) Bestimme die Lage der Brüche $\frac{1}{4}$ und $\frac{3}{4}$ auf dem Zahlenstrahl.
e) Warum befinden sich $\frac{6}{6}$ und 1 an der gleichen Stelle des Zahlenstrahls?
f) Florian möchte lieber $1\frac{1}{6}$ statt $\frac{7}{6}$ schreiben. Darf er das? Begründe.

4 Zeichne einen Zahlenstrahl mit folgenden Eigenschaften:
– Der Zahlenstrahl ist mindestens 14 cm lang.
– Zwischen der 0 am Beginn des Zahlenstrahls und der 1 liegen genau 8 cm.

Trage auf dem Zahlenstrahl die folgenden Brüche ein: $\frac{1}{8}$; $\frac{3}{8}$; $\frac{7}{8}$; $\frac{1}{4}$; $\frac{3}{4}$; $\frac{1}{2}$; $1\frac{1}{2}$; $1\frac{3}{8}$; $\frac{5}{16}$.

5 Setze im Heft das richtige Zeichen (>, <, =).
Formuliere jeweils eine passende Regel und begründe sie.

a) $\frac{5}{8}$ $\square$ $\frac{3}{8}$; $\frac{7}{10}$ $\square$ $\frac{9}{10}$; $\frac{4}{7}$ $\square$ $\frac{5}{7}$; $1\frac{7}{12}$ $\square$ $1\frac{4}{12}$

Beispiel *Regel: Von zwei Brüchen mit gleichem Nenner ist der größer, der … .*
Begründung: …

b) $\frac{2}{3}$ $\square$ $\frac{2}{5}$; $\frac{4}{8}$ $\square$ $\frac{4}{9}$; $\frac{19}{100}$ $\square$ $\frac{19}{50}$; $2\frac{3}{7}$ $\square$ $2\frac{3}{10}$

c) $\frac{2}{3}$ $\square$ $\frac{4}{6}$; $\frac{5}{10}$ $\square$ $\frac{1}{2}$; $\frac{3}{4}$ $\square$ $\frac{8}{12}$; $\frac{7}{8}$ $\square$ $\frac{30}{40}$

d) $\frac{7}{7}$ $\square$ 1; 3 $\square$ $\frac{12}{4}$; $\frac{9}{3}$ $\square$ 9; 1 $\square$ $\frac{5}{1}$

e) Vergleicht in der Klasse: Welche Regeln findest du am verständlichsten formuliert?

HINWEIS
Beim Begründen der Regeln können Skizzen helfen: Stelle die Brüche mithilfe von Kreisen oder Rechtecken dar.

Verstehen

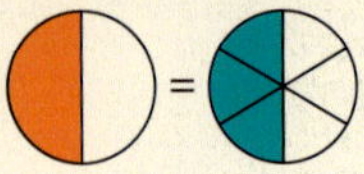

Tom und Pia haben durch Teilen einer Pizza herausgefunden, dass $\frac{1}{2}$ das Gleiche wie $\frac{3}{6}$ ist. Das kann man sich auch am Zahlenstrahl verdeutlichen:

Ein Ganzes wird geteilt in 6 gleiche Teile:

Ein Ganzes wird geteilt in 2 gleiche Teile:

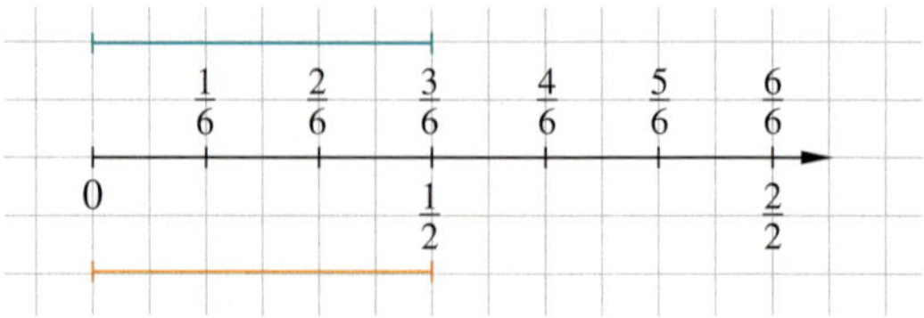

Merke Jeder Bruch lässt sich als Punkt auf dem Zahlenstrahl darstellen.

Brüche, die gleich groß sind, liegen auf dem Zahlenstrahl an derselben Stelle.

Von zwei Brüchen ist der größer, der auf dem Zahlenstrahl weiter rechts liegt.

ZU BEISPIEL 2
Was ist mehr:
$\frac{2}{5}$ l oder $\frac{1}{3}$ l?

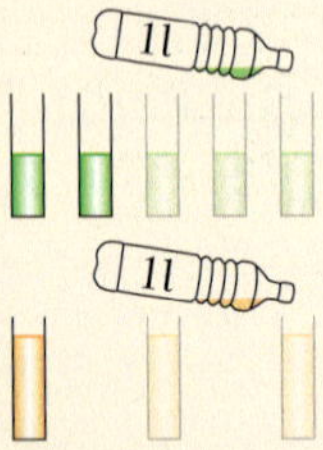

Schwer zu vergleichen? Versuche den Zahlenstrahl.

Beispiel 1

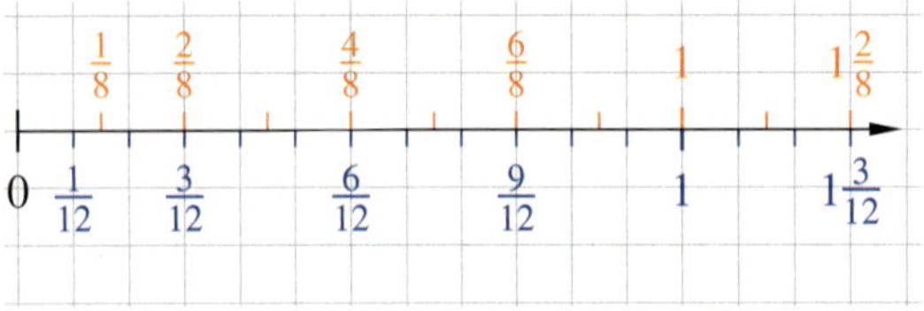

$\frac{2}{8} = \frac{3}{12}$ $\frac{4}{8} = \frac{6}{12}$

Beispiel 2

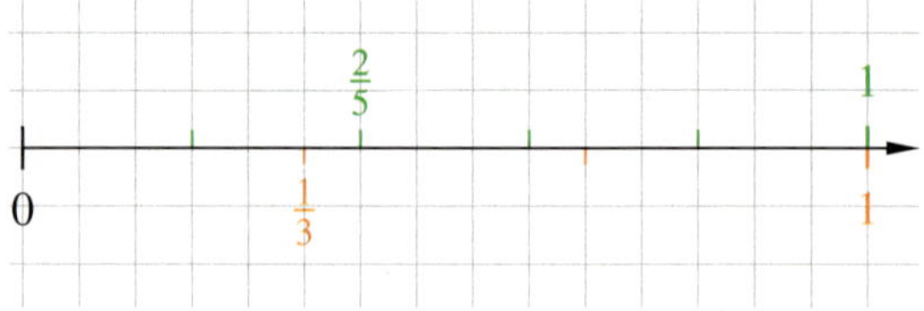

$\frac{2}{5} > \frac{1}{3}$ bzw. $\frac{1}{3} < \frac{2}{5}$

Man kann Brüche auch ohne Zahlenstrahl vergleichen.

Der leichte Fall: Die Nenner sind gleich.

Beispiel 3

$\frac{3}{5}$ □ $\frac{4}{5}$

Weil 3 Fünftelstücke weniger sind als 4 Fünftelstücke, gilt: $\frac{3}{5} < \frac{4}{5}$.

Regel: Bei gleichem Nenner ist der Bruch größer, dessen Zähler größer ist.

Der Normalfall: Die Nenner sind verschieden. Dann hat der Lösungsweg zwei Schritte.

Beispiel 4

$\frac{1}{2}$ □ $\frac{3}{5}$

① $\frac{1}{2} = \frac{5}{10}$ und $\frac{3}{5} = \frac{6}{10}$

② Da $\frac{5}{10} < \frac{6}{10}$, gilt auch: $\frac{1}{2} < \frac{3}{5}$.

① Die Brüche werden durch Erweitern auf einen gemeinsamen Nenner gebracht. Das nennt man **Gleichnamigmachen**.
② Dann kann man sie leicht vergleichen.

Den *kleinsten* gemeinsamen Nenner nennt man auch **Hauptnenner**.

HINWEIS
Brüche mit gleichem Nenner nennt man ***gleichnamige Brüche****. Sie haben den gleichen Namen, z. B. $\frac{3}{11}$ und $\frac{10}{11}$. Brüche mit unterschiedlichem Nenner heißen* ***ungleichnamige Brüche****.*

Der Spezialfall: Die Zähler sind gleich

Beispiel 5

$\frac{5}{3}$ □ $\frac{5}{4}$

Da $\frac{1}{3}$ mehr ist als $\frac{1}{4}$, sind auch $\frac{5}{3}$ mehr als $\frac{5}{4}$. Es gilt $\frac{5}{3} > \frac{5}{4}$.

Regel: Bei gleichem Zähler ist der Bruch größer, dessen Nenner kleiner ist.

Üben und anwenden

1 Welche Brüche sind markiert?

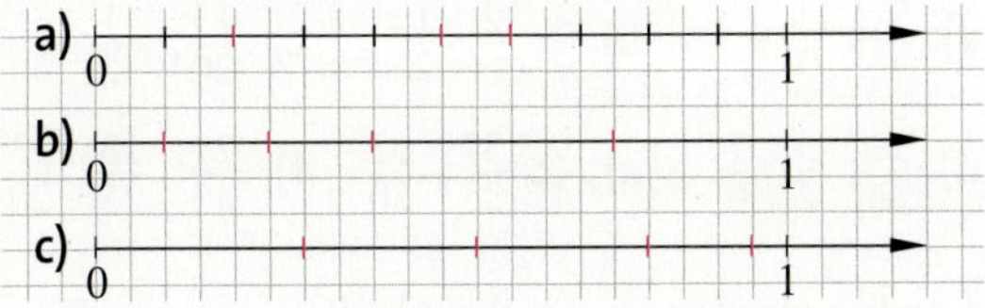

1 Welche Brüche sind markiert?

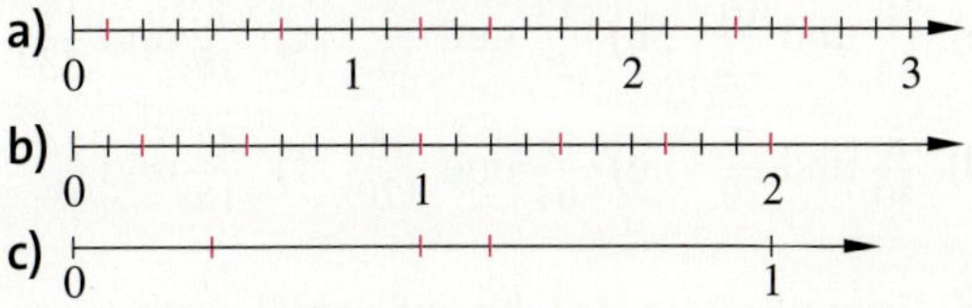

2 Markiere am Zahlenstrahl und vergleiche.

a) $2\frac{1}{4}$ und $\frac{11}{4}$ b) $1\frac{5}{6}$ und $1\frac{5}{12}$ c) $\frac{10}{3}$ und $3\frac{2}{3}$

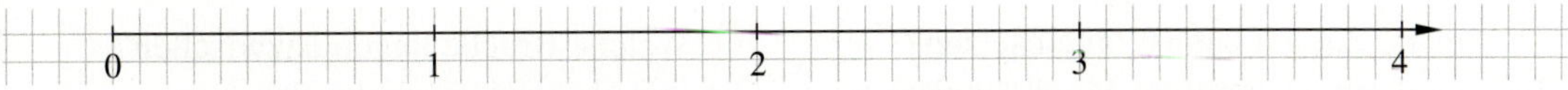

3 Zeichne einen Zahlenstrahl mit dem genannten Abstand zwischen 0 und 1. Dann trage die Zahlen ein.

a) 12 cm Abstand zwischen 0 und 1
$\frac{5}{12}$; $\frac{7}{12}$; $\frac{1}{6}$; $\frac{5}{6}$; $\frac{2}{3}$; $\frac{1}{4}$; $\frac{3}{4}$; $\frac{1}{2}$; $\frac{11}{24}$

b) 3 cm Abstand zwischen 0 und 1
$\frac{1}{3}$; $\frac{5}{6}$; $\frac{1}{2}$; $3\frac{2}{3}$; $\frac{1}{6}$; $\frac{12}{6}$; $\frac{9}{3}$; $1\frac{1}{6}$

4 Vergleiche die beiden dargestellten Brüche. Welcher Bruch ist größer?

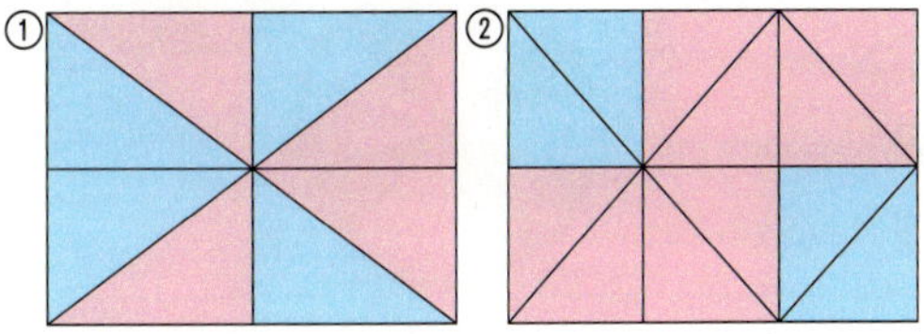

5 Erweitere auf einen gemeinsamen Nenner und vergleiche.

a) $\frac{1}{2}$ und $\frac{1}{4}$ b) $\frac{3}{5}$ und $\frac{1}{10}$ c) $\frac{2}{3}$ und $\frac{1}{4}$

6 Setze im Heft < oder > ein.

a) $\frac{7}{12}$ □ $\frac{5}{12}$ b) $\frac{3}{4}$ □ $\frac{1}{4}$ c) $\frac{1}{2}$ □ $\frac{2}{3}$
d) $\frac{2}{3}$ □ $\frac{2}{5}$ e) $\frac{3}{4}$ □ $\frac{3}{7}$ f) $\frac{5}{6}$ □ $\frac{5}{9}$

7 Welcher Anteil ist größer?

a) $\frac{5}{24}$ oder $\frac{11}{24}$ b) $\frac{7}{12}$ oder $\frac{5}{12}$ c) $\frac{9}{12}$ oder $\frac{4}{12}$
d) $\frac{1}{2}$ oder $\frac{1}{4}$ e) $\frac{1}{8}$ oder $\frac{1}{6}$ f) $\frac{5}{6}$ oder $\frac{2}{3}$
g) $\frac{3}{4}$ oder $\frac{9}{12}$ h) $\frac{2}{3}$ oder $\frac{3}{4}$

3 Zeichne einen Zahlenstrahl mit dem genannten Abstand zwischen 0 und 1. Dann trage die Zahlen ein.

a) 4 cm Abstand zwischen 0 und 1
$\frac{1}{4}$; $\frac{3}{4}$; $\frac{1}{2}$; $\frac{5}{8}$; $\frac{7}{4}$; $\frac{8}{4}$; $2\frac{1}{2}$; $\frac{5}{2}$; $\frac{18}{8}$

b) 6 cm Abstand zwischen 0 und 1
$\frac{4}{6}$; $\frac{1}{3}$; $\frac{1}{2}$; $\frac{1}{4}$; $1\frac{3}{4}$; $\frac{10}{6}$; $\frac{5}{12}$; $\frac{13}{12}$; $\frac{7}{24}$

4 Vergleiche die beiden dargestellten Brüche.

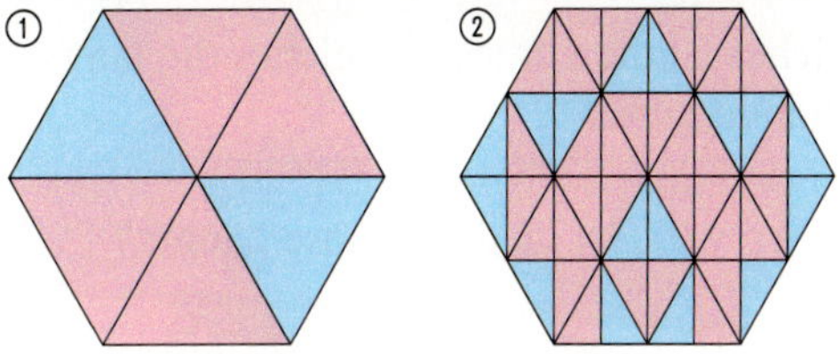

5 Mache gleichnamig und vergleiche.

a) $\frac{3}{4}$; $\frac{5}{7}$ b) $\frac{7}{3}$; $\frac{2}{5}$ c) $\frac{2}{3}$; $\frac{4}{7}$ d) $\frac{5}{8}$; $\frac{7}{9}$
e) $\frac{5}{6}$; $\frac{3}{11}$ f) $\frac{9}{8}$; $\frac{7}{6}$ g) $\frac{4}{3}$; $\frac{9}{2}$ h) $\frac{7}{12}$; $\frac{4}{5}$

6 Übertrage in dein Heft und vergleiche die Brüche. Setze das richtige Zeichen (<, >, =) ein.

a) $\frac{2}{7}$ □ $\frac{7}{9}$ b) $\frac{8}{11}$ □ $\frac{9}{10}$ c) $\frac{24}{25}$ □ $\frac{35}{35}$
d) $\frac{5}{3}$ □ $\frac{7}{5}$ e) $\frac{7}{15}$ □ $\frac{28}{60}$ f) $\frac{18}{12}$ □ $\frac{33}{22}$

7 Vergleiche die Brüche.

a) $\frac{5}{6}$; $\frac{3}{8}$ b) $\frac{3}{10}$; $\frac{4}{15}$ c) $\frac{7}{8}$; $\frac{11}{12}$ d) $\frac{5}{12}$; $\frac{7}{9}$
e) $\frac{3}{16}$; $\frac{5}{24}$ f) $\frac{5}{14}$; $\frac{10}{21}$ g) $\frac{15}{27}$; $\frac{10}{18}$ h) $\frac{11}{20}$; $\frac{13}{25}$

HINWEIS
zu 1
Schaue zuerst, welche Einteilung der Zahlenstrahl hat. Wo liegt die 1?

ZU DEN AUFGABEN 3 UND 3
Zeichne den Zahlenstrahl über die 1 hinaus.

NACHGEDACHT
Clara vergleicht so:
$\frac{5}{8}$ ■ $\frac{7}{12}$
$\frac{5 \cdot 12}{8 \cdot 12}$ ■ $\frac{7 \cdot 8}{12 \cdot 8}$
$\frac{60}{96} > \frac{56}{96}$
Wie geht Clara vor? Ist ihr Ergebnis korrekt? Kann man ihr Verfahren immer anwenden? Welchen Nachteil hat das Verfahren?

ZU DEN AUFGABEN 8 UND 9
*Um **mehrere** Brüche zu ordnen, sollte man zuerst **alle** Brüche auf den kleinsten gemeinsamen Nenner (Hauptnenner) erweitern.*
Beispiel:
Bei 8 a) erweitert man die drei Brüche auf ihren Hauptnenner 24.

HINWEIS
„Jedes vierte Los“ bedeutet: „$\frac{1}{4}$ von allen Losen“.

ERINNERE DICH
$\frac{1}{10\,000}$ von 3 km rechnet man so:

3 km = 3 000 m = = 300 000 cm

300 000 cm $\xrightarrow{:10\,000}$ 30 cm $\xrightarrow{\cdot 1}$ 30 cm

8 Vergleiche die Brüche. Es wird einfacher, wenn du zuerst kürzt.

a) $\frac{10}{14}$ und $\frac{16}{21}$ b) $\frac{13}{26}$ und $\frac{15}{30}$ c) $\frac{8}{18}$ und $\frac{11}{33}$
d) $\frac{8}{40}$ und $\frac{7}{30}$ e) $\frac{9}{64}$ und $\frac{15}{120}$ f) $\frac{48}{16}$ und $\frac{14}{5}$

8 Ordne die Brüche der Größe nach. Lies den Hinweis in der Randspalte.

a) $\frac{3}{4}$; $\frac{2}{3}$; $\frac{5}{8}$ b) $\frac{4}{7}$; $\frac{2}{5}$; $\frac{1}{2}$ c) $\frac{13}{20}$; $\frac{11}{15}$; $\frac{3}{5}$
d) $\frac{11}{7}$; $\frac{3}{2}$; $\frac{7}{6}$ e) $\frac{9}{4}$; $\frac{31}{25}$; $\frac{63}{50}$ f) $\frac{21}{40}$; $\frac{13}{25}$; $\frac{13}{20}$

9 Erweitere die Brüche auf den Hauptnenner und ordne sie dann nach der Größe. Beginne mit dem kleinsten Bruch. Lies den Hinweis in der Randspalte.

a) $\frac{1}{2}$; $\frac{3}{4}$; $\frac{2}{5}$; $\frac{11}{20}$; $\frac{7}{10}$ b) $\frac{1}{2}$; $\frac{2}{3}$; $\frac{3}{5}$; $\frac{5}{6}$; $\frac{7}{15}$; $\frac{17}{30}$; $\frac{7}{10}$ c) $\frac{3}{4}$; $1\frac{2}{3}$; $\frac{1}{2}$; $1\frac{1}{4}$; $\frac{5}{6}$; $\frac{11}{12}$; $1\frac{1}{6}$; $\frac{13}{12}$

10 Welche Zahlen kannst du einsetzen? Manchmal gibt es mehrere Möglichkeiten.

a) $\frac{4}{7} < \frac{\square}{7} < \frac{6}{7}$ b) $\frac{3}{8} < \frac{\square}{8} < \frac{7}{8}$ c) $\frac{1}{5} < \frac{\square}{5} < 1$

10 Welche Brüche liegen dazwischen? Gib jeweils zwei mögliche Brüche an.

a) $\frac{3}{7}$ und $\frac{5}{7}$ b) $\frac{1}{9}$ und $\frac{2}{9}$ c) $\frac{1}{3}$ und $\frac{1}{4}$

11 Welcher Bruch liegt genau in der Mitte zwischen den beiden Brüchen?

a) $\frac{3}{7}$ und $\frac{5}{7}$ b) $\frac{1}{9}$ und $\frac{5}{9}$ c) $\frac{1}{3}$ und $\frac{2}{3}$

11 Welcher Bruch liegt genau in der Mitte zwischen den beiden Brüchen?

a) $\frac{1}{3}$ und $\frac{7}{9}$ b) $\frac{1}{2}$ und $\frac{5}{9}$ c) $\frac{4}{5}$ und $\frac{1}{2}$

12 Ralph fotografiert sehr gerne. An seinem Fotoapparat muss er die Belichtungszeit einstellen. Er kann wählen zwischen $\frac{1}{500}$ s, $\frac{1}{250}$ s, $\frac{1}{125}$ s und $\frac{1}{60}$ s.
Welches ist die kürzeste, welches die längste Belichtungszeit?

12 An welchem Glücksrad ist die Chance größer …
a) für einen Hauptgewinn,
b) für einen Kleingewinn,
c) für eine Niete?

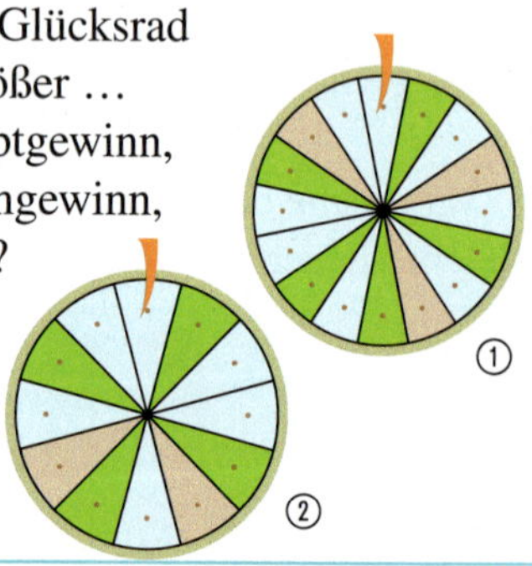

Niete
Kleingewinn
Hauptgewinn

13 Wo würdest du deine Lose kaufen?

13 Wer hatte den kleinsten Fehleranteil bei der Englischarbeit?

	Anzahl der Worte	Anzahl der Fehler	Fehleranteil
Silke	200	7	$\frac{7}{200}$
Heike	250	8	
Ina	150	6	
Lena	300	9	

14 Maßstab bei Landkarten (zum Beispiel im Erdkundebuch)
Der Maßstab 1 : 10 000 kann auch als Bruch $\frac{1}{10\,000}$ geschrieben werden.
Das bedeutet: Auf der Landkarte sind alle Strecken $\frac{1}{10\,000}$-mal so lang wie in der Wirklichkeit.

Beispiel Eine 3 km lange Strecke ist auf der Karte $\frac{1}{10\,000}$ von 3 km lang, vgl. Randspalte.

Welche Landkarte von Hessen benötigt mehr Platz: eine Karte im Maßstab 1 : 10 000 oder eine Karte im Maßstab 1 : 20 000? Begründe mithilfe von Brüchen.

Brüche addieren und subtrahieren

Entdecken

1 Nach dem Schulfest ist noch allerhand Kuchen übrig.
Er soll später beim Helferfest gegessen werden.
Marco räumt auf und will die restlichen Kuchenstücke auf runden Tortenblechen zusammenstellen.
Er überlegt: Werden zwei Tortenbleche reichen?

2 Bruchaufgaben zeichnen

a) Welche Subtraktionsaufgaben sind hier gezeichnet?

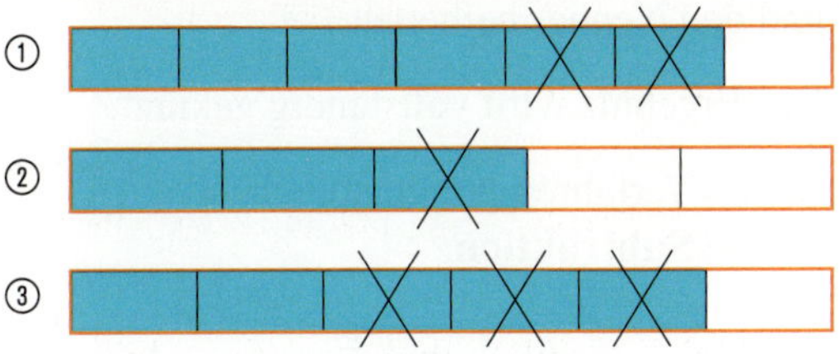

b) Welche Aufgabe wurde dargestellt und welche Lösung ergibt sich?

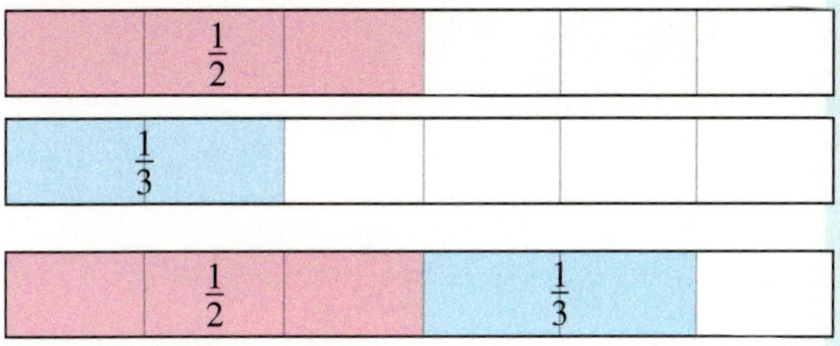

3 Rechnen mit Bruchstreifen

a) Schneidet fünf Pappstreifen von je 12 cm Länge aus.
Unterteilt jeden Streifen in 12 gleich lange Abschnitte.
Malt auf jedem Streifen einen der folgenden Brüche aus, nehmt dazu verschiedene Farben:
$\frac{1}{2}$; $\frac{2}{3}$; $\frac{3}{4}$; $\frac{5}{12}$; $\frac{1}{6}$.

Beispiel

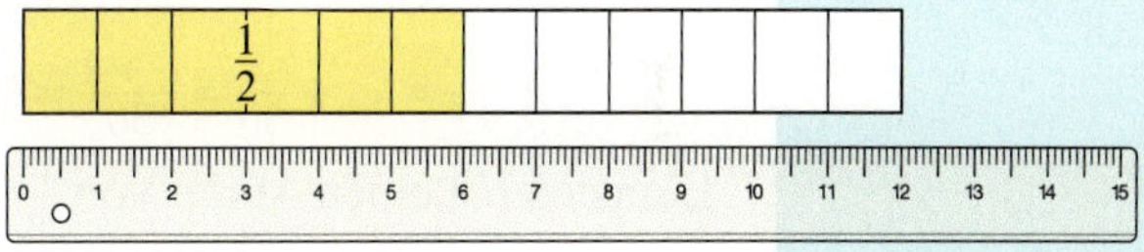

b) Welche Aufgabe ist hier dargestellt und welche Lösung ergibt sich?
Was ist in dem Bild „1 Ganzes"?

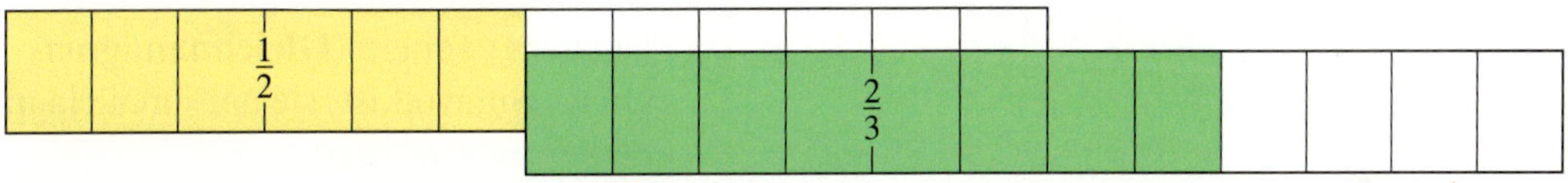

HINWEIS
Bewahre deine Bruchstreifen gut auf. Du wirst sie in diesem Kapitel häufiger benötigen.

c) Bildet mit euren Bruchstreifen folgende Summen und lest die Ergebnisse ab.
① $\frac{1}{2}+\frac{1}{6}$ ② $\frac{3}{4}+\frac{2}{3}$ ③ $\frac{5}{12}+\frac{1}{2}$

d) Überlegt, wie ihr eure Bruchstreifen nutzen könnt, um Brüche zu subtrahieren.
Probiert es aus und lest die Ergebnisse ab.
Beschreibt an einer Aufgabe, wie ihr dabei vorgeht. Zeichnet eine Skizze.
① $\frac{2}{3}-\frac{1}{6}$ ② $\frac{5}{12}-\frac{1}{6}$ ③ $\frac{2}{3}-\frac{1}{2}$

e) Stellt euch gegenseitig je fünf weitere Aufgaben und löst sie mit den Bruchstreifen.

4 Zeichnet auf Pappe jeweils einen Kreis mit gleichem Radius.
Tragt in den einen Kreis $\frac{3}{4}$ und in den anderen Kreis $\frac{3}{16}$ ein, malt die beiden anderen Bruchteile verschiedenfarbig an und schneidet sie aus.
Jetzt schiebt beide Kreisteile zusammen und bildet die Summe.
Wie viel ergibt das insgesamt?
Wie viel fehlt an einem Ganzen?

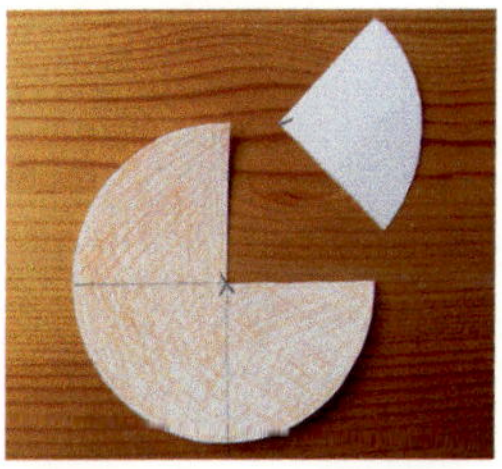

HINWEIS
Um den Kreis gleichmäßig zu unterteilen, kannst du ihn mehrmals falten.

Verstehen

Im Erdkundeunterricht werden die Anteile der einzelnen Kontinente an der gesamten Landfläche der Erde berechnet.
Südamerika umfasst $\frac{3}{25}$ von der Landfläche und Nordamerika $\frac{4}{25}$.
Christin soll den Anteil von ganz Amerika berechnen.

Sie rechnet so: $\frac{3}{25} + \frac{4}{25} = \frac{3+4}{25} = \frac{7}{25}$

Insgesamt hat Amerika einen Anteil von $\frac{7}{25}$ an der Landfläche der Erde.

Beispiel 1

a) $\frac{2}{9} + \frac{5}{9} = \frac{2+5}{9} = \frac{7}{9}$

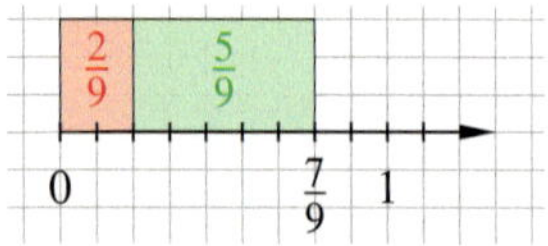

b) $\frac{11}{12} - \frac{7}{12} = \frac{11-7}{12} = \frac{4}{12} = \frac{4:4}{12:4} = \frac{1}{3}$

Merke **Gleichnamige Brüche** werden **addiert**, indem man die Zähler addiert und den Nenner beibehält.

Das Ergebnis wird vollständig gekürzt.

Dieses Verfahren gilt entsprechend auch für die **Subtraktion**.

Europa und Asien bilden den zusammenhängenden Doppelkontinent Eurasien.
Asien hat mit $\frac{3}{10}$ einen viel größeren Anteil an der Landfläche der Erde als Europa mit nur $\frac{1}{15}$.
Welchen Anteil hat Eurasien zusammen?

$$\frac{3}{10} + \frac{1}{15} = \frac{9}{30} + \frac{2}{30} = \frac{9+2}{30} = \frac{11}{30}$$

Eurasien hat einen Anteil von $\frac{11}{30}$ an der Landfläche der Erde.

Beispiel 2

a) $\frac{1}{2} + \frac{1}{3}$; Hauptnenner ist 6

$\frac{1}{2} + \frac{1}{3} = \frac{3}{6} + \frac{2}{6} = \frac{3+2}{6} = \frac{5}{6}$

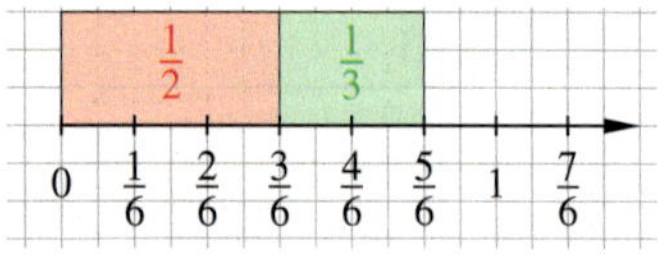

b) $\frac{5}{6} - \frac{5}{9}$; Hauptnenner ist 18

$\frac{5}{6} - \frac{5}{9} = \frac{15}{18} - \frac{10}{18} = \frac{15-10}{18} = \frac{5}{18}$

Merke **Ungleichnamige Brüche addiert** man in zwei Schritten:

1. Die Brüche auf einen gemeinsamen Nenner erweitern (**Gleichnamigmachen**). Sinnvoll ist, sie auf ihren Hauptnenner zu erweitern.
2. Die **Zähler addieren**, der neue Nenner bleibt erhalten. Das Ergebnis vollständig kürzen.

Dieses Verfahren gilt entsprechend auch für die **Subtraktion**.

ERINNERE DICH
*Was ein **Hauptnenner** ist und wie man Brüche **gleichnamig macht**, kennst du aus der vorigen Lerneinheit.*

Beispiel 3

Beim Addieren (und Subtrahieren) **gemischter Zahlen** ist folgendes Vorgehen möglich:

1. Die Zahlen in Brüche umwandeln.
2. Die Brüche gleichnamig machen und addieren (subtrahieren).
3. Das Ergebnis wieder in eine gemischte Zahl umwandeln (wenn möglich).

$4\frac{3}{5} - 1\frac{7}{10} = \frac{23}{5} - \frac{17}{10}$

$= \frac{46}{10} - \frac{17}{10} = \frac{46-17}{10} = \frac{29}{10} = 2\frac{9}{10}$

$1\frac{1}{2} + 2\frac{1}{3} = \frac{3}{2} + \frac{7}{3} = \frac{9}{6} + \frac{14}{6}$

$= \frac{9+14}{6} = \frac{23}{6} = 3\frac{5}{6}$

Üben und anwenden

1 Wie heißen die Additionsaufgaben?

a)

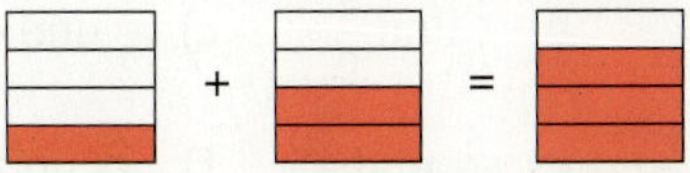

b)

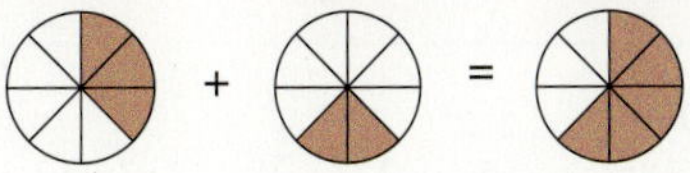

2 Addiere die Brüche, indem du sie am Zahlenstrahl darstellst.

a) $\frac{1}{4}+\frac{2}{4}$ b) $\frac{1}{3}+\frac{1}{3}$ c) $\frac{3}{8}+\frac{4}{8}$

d) $\frac{5}{12}+\frac{7}{12}$ e) $\frac{8}{9}+\frac{2}{9}$ f) $\frac{3}{8}+\frac{7}{8}$

3 Berechne. Kürze, wenn möglich.

a) $\frac{5}{6}-\frac{2}{6}$ b) $\frac{2}{3}+\frac{4}{3}$ c) $\frac{3}{4}-\frac{1}{4}$

d) $\frac{7}{10}-\frac{6}{10}$ e) $\frac{5}{9}-\frac{1}{9}$ f) $\frac{7}{8}+\frac{1}{8}$

4 Berechne.

a) $1\frac{2}{5}+2\frac{2}{5}$ b) $4\frac{5}{6}+1\frac{5}{6}$ c) $3\frac{3}{4}+1\frac{3}{4}$

d) $7\frac{7}{9}-3\frac{4}{9}$ e) $2\frac{1}{3}-1\frac{2}{3}$ f) $3\frac{5}{21}-1\frac{20}{21}$

5 Ergänze zur nächstgrößeren natürlichen Zahl.

Beispiel $1\frac{2}{5}+\square=2$ $1\frac{2}{5}+\frac{3}{5}=2$

a) $\frac{1}{7}$ b) $1\frac{3}{5}$ c) $3\frac{1}{7}$ d) $3\frac{2}{5}$ e) $4\frac{5}{12}$

6 Übertrage die Tabelle in dein Heft und ergänze.

a)

+	$\frac{2}{3}$	$1\frac{1}{3}$	$2\frac{2}{3}$	$3\frac{1}{3}$
$\frac{2}{3}$				
$1\frac{1}{3}$				

b)

−	$\frac{1}{12}$	$1\frac{1}{12}$	$\frac{5}{12}$	$2\frac{5}{12}$
$3\frac{11}{12}$				
$4\frac{4}{12}$				

7 Beim Stadtmarathon schaffte der schnellste Läufer die Strecke in $\frac{11}{4}$ h. Der letzte Teilnehmer brauchte $\frac{5}{4}$ h länger.
Nach wie viel Stunden kam er ins Ziel?

1 Schreibe zu jeder Zeichnung eine Subtraktionsaufgabe und löse sie.

a)

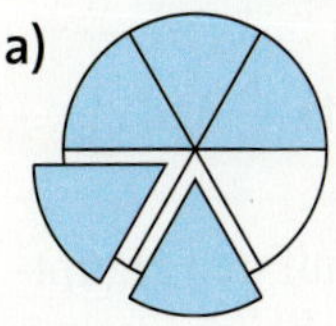

b)

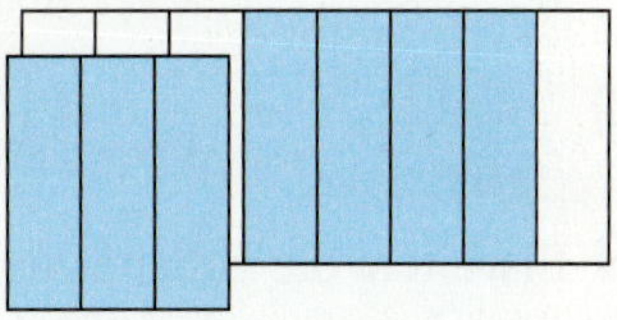

2 Löse im Kopf. Denke auch an das Kürzen.

a) $\frac{1}{12}+\frac{7}{12}$ b) $\frac{4}{11}-\frac{2}{11}$ c) $\frac{1}{15}+\frac{4}{15}$

d) $\frac{9}{12}-\frac{5}{12}$ e) $\frac{1}{11}+\frac{4}{11}$ f) $\frac{11}{15}-\frac{5}{15}$

HINWEIS ZU 2
Nutze deine Bruchstreifen
→ Seite 35

3 Berechne. Kürze und schreibe als gemischte Zahl, wenn möglich.

a) $\frac{2}{9}+\frac{4}{9}$ b) $\frac{12}{17}+\frac{22}{17}$ c) $\frac{7}{18}+\frac{5}{18}$

d) $\frac{8}{9}-\frac{4}{9}$ e) $\frac{5}{3}-\frac{2}{3}$ f) $\frac{18}{11}-\frac{2}{11}$

4 Berechne.

a) $2\frac{4}{5}+3\frac{2}{5}+\frac{3}{5}$ b) $3\frac{3}{8}+2\frac{6}{8}+\frac{1}{8}$

c) $4\frac{1}{6}-2\frac{5}{6}$ d) $12\frac{3}{4}+5\frac{2}{4}$

5 Setze die richtigen Brüche ein.
Notiere auch die passende Umkehraufgabe.

a) $3\frac{2}{3}-\square=\frac{1}{3}$ b) $5\frac{7}{15}-\square=2\frac{11}{15}$

c) $\square-2\frac{2}{5}=1\frac{3}{5}$ d) $\square-3\frac{3}{8}=3\frac{7}{8}$

6 Ergänze die magischen Quadrate, sodass die Summe jeder Zeile, jeder Spalte und jeder Diagonalen …

a) … 1 ergibt.

$\frac{10}{18}$		
	$\frac{6}{18}$	
	$\frac{10}{18}$	

b) … 2 ergibt.

$\frac{4}{15}$		$\frac{8}{15}$
		$\frac{6}{15}$

7 Von einem Stoffballen mit 20 m Länge verkauft eine Verkäuferin an einem Tag $\frac{3}{4}$ m, $1\frac{1}{4}$ m, $3\frac{3}{4}$ m und $6\frac{2}{4}$ m Stoff.
Wie viel Meter Stoff sind noch übrig?

8 Erweitere zuerst auf den Hauptnenner und addiere dann die Brüche.

a) $\frac{5}{6}$ und $\frac{3}{8}$ b) $\frac{9}{8}$ und $\frac{7}{10}$ c) $\frac{3}{4}$ und $\frac{11}{6}$

d) $\frac{1}{3}$ und $\frac{2}{7}$ e) $\frac{5}{18}$ und $\frac{1}{3}$ f) $\frac{6}{9}$ und $\frac{3}{18}$

8 Berechne den Hauptnenner und addiere dann die Brüche.

a) $\frac{3}{8}$ und $\frac{4}{5}$ b) $\frac{2}{7}$ und $\frac{4}{6}$ c) $\frac{7}{9}$ und $\frac{5}{12}$

d) $\frac{8}{12}$ und $\frac{4}{5}$ e) $\frac{5}{10}$ und $\frac{20}{30}$ f) $\frac{6}{20}$ und $\frac{4}{13}$

9 Erweitere die Brüche zuerst auf den Hauptnenner, dann berechne die Aufgabe.

a) $\frac{1}{2}+\frac{2}{3}$ b) $\frac{1}{3}+\frac{1}{4}$ c) $\frac{3}{4}+\frac{2}{5}$

d) $\frac{7}{8}+\frac{3}{5}$ e) $\frac{2}{7}+\frac{2}{3}$ f) $\frac{2}{9}+\frac{2}{3}$

g) $\frac{2}{3}-\frac{1}{2}$ h) $\frac{7}{12}-\frac{1}{3}$ i) $\frac{4}{5}-\frac{2}{3}$

9 Berechne.

a) $\frac{1}{3}+\frac{1}{4}$ b) $\frac{5}{7}+\frac{2}{14}$ c) $\frac{7}{8}+\frac{3}{5}$

d) $\frac{1}{3}+\frac{17}{27}$ e) $\frac{2}{9}+\frac{2}{3}$ f) $\frac{13}{18}+\frac{1}{6}$

g) $\frac{3}{5}-\frac{1}{4}$ h) $\frac{5}{6}-\frac{3}{4}$ i) $\frac{3}{4}-\frac{7}{10}$

j) $\frac{7}{8}-\frac{1}{4}$ k) $\frac{2}{3}-\frac{3}{8}$ l) $\frac{4}{9}-\frac{2}{6}$

10 Überprüfe Sonjas Hausaufgaben. Welche Fehler hat sie gemacht? Korrigiere die Ergebnisse.

a) $\frac{1}{2}+\frac{1}{4}=\frac{2}{6}$ b) $\frac{6}{11}+\frac{4}{5}=\frac{12}{22}+\frac{12}{15}=\frac{12}{37}$

c) $\frac{11}{13}-\frac{5}{12}=\frac{6}{1}=6$ d) $\frac{2}{3}+\frac{5}{9}=\frac{120}{180}+\frac{100}{180}=\frac{220}{180}$

11 Berechne.

a) $\frac{7}{12}+\frac{4}{15}$ b) $\frac{1}{6}-\frac{1}{9}$ c) $\frac{9}{12}-\frac{3}{4}$

d) $5\frac{7}{8}+3\frac{1}{2}$ e) $13\frac{4}{9}+6\frac{1}{4}$ f) $8\frac{8}{11}-6\frac{2}{3}$

11 Berechne.

a) $4\frac{5}{8}+\frac{3}{10}$ b) $3\frac{7}{10}+2\frac{3}{4}$

c) $8\frac{1}{2}-4\frac{1}{2}$ d) $5-2\frac{1}{2}+1\frac{1}{3}$

12 Ersetze die Platzhalter.

a) $\frac{4}{5}+\frac{2}{3}=\square$ b) $\frac{7}{9}-\square=\frac{11}{18}$

c) $\frac{3}{4}+\frac{1}{8}=\square$ d) $\frac{2}{5}+\square=\frac{2}{3}$

e) $\frac{3}{2}+\square=3\frac{1}{6}$ f) $\square-\frac{5}{18}=\frac{5}{36}$

12 Ersetze die Platzhalter.

a) $\frac{5}{7}-\square=\frac{3}{14}$ b) $\square-\frac{3}{4}=\frac{5}{12}$

c) $\frac{3}{8}+\square=\frac{13}{16}$ d) $\frac{7}{10}+\square=\frac{11}{15}$

e) $\square+\frac{6}{5}=\frac{13}{10}$ f) $\frac{9}{18}-\square=\frac{13}{36}$

13 Welche Gesetze wurden hier benutzt, um die gemischten Zahlen zu addieren?

Beispiel $7\frac{1}{2}+5\frac{3}{4}=7+5+\frac{1}{2}+\frac{3}{4}=7+5+\left(\frac{2}{4}+\frac{3}{4}\right)=12+1\frac{1}{4}=13\frac{1}{4}$

Rechne wie im Beispiel.

a) $2\frac{1}{2}+\frac{5}{8}$ b) $7\frac{1}{3}+6\frac{5}{12}$ c) $5\frac{7}{8}+3\frac{1}{2}$ d) $7\frac{1}{7}+6\frac{11}{21}$

14 Rechne vorteilhaft wie im Beispiel.

Beispiel $\left(\frac{3}{4}+\frac{1}{8}\right)+\frac{1}{4}=\left(\frac{1}{8}+\frac{3}{4}\right)+\frac{1}{4}=\frac{1}{8}+\left(\frac{3}{4}+\frac{1}{4}\right)=\frac{1}{8}+1=1\frac{1}{8}$

a) $\frac{2}{5}+\frac{10}{11}+\frac{8}{5}+\frac{3}{33}$ b) $\frac{1}{10}+\left(\frac{9}{100}+\frac{1}{10}\right)$ c) $\frac{6}{7}+\frac{19}{12}+\frac{15}{7}$ d) $\frac{18}{5}+\frac{22}{13}+\left(\frac{18}{13}+\frac{9}{10}\right)$

ZU DEN AUFGABEN 13 UND 14

Auch bei der Addition von Brüchen gelten:

- ***Vertauschungsgesetz***, z. B. $\frac{2}{3}+\frac{3}{4}=\frac{3}{4}+\frac{2}{3}$
- ***Verbindungsgesetz***, z. B. $\frac{3}{5}+\left(\frac{1}{2}+\frac{1}{3}\right)=\left(\frac{3}{5}+\frac{1}{2}\right)+\frac{1}{3}$

Achtung: Bei der Subtraktion gelten diese Gesetze nicht.

Thema: Musik

Notenwerte

Lieder werden mit einer besonderen Notenschrift aufgeschrieben. Wie lange man einen Ton spielen oder singen soll, zeigen dabei die *Notenwerte* an.

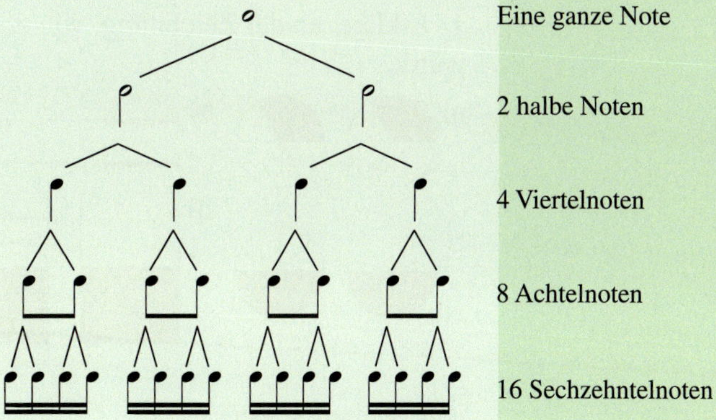

Beispiel 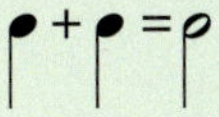 $\frac{1}{4} + \frac{1}{4} = \frac{1}{2}$ Zwei Viertelnoten dauern zusammen so lange wie eine halbe Note.

1 Betrachte die Grafik rechts.

a) Zeichne mehrere Noten, die zusammen genau so lang sind wie eine Viertelnote. Wie viele verschiedene Möglichkeiten findest du?

b) Was dauert länger: 5 Achtelnoten oder eine halbe Note? Begründe anhand der Grafik.

Punktierte Noten

Steht hinter einer Note ein Punkt, so wird diese um die Hälfte ihres Wertes verlängert. Durch dieses **Punktieren** kann man mit nur einem Zeichen auch Tonlängen von $\frac{3}{4}$, $\frac{3}{8}$ oder $\frac{3}{16}$ ausdrücken.

Beispiel

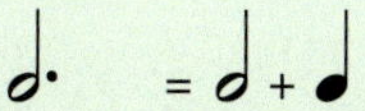

$\frac{1}{2}$ punktiert $= \frac{1}{2} + \frac{1}{4}$

2 Suche aus der folgenden Notenzeile alle punktierten Noten heraus und bestimme ihre Tonlängen.

HINWEIS

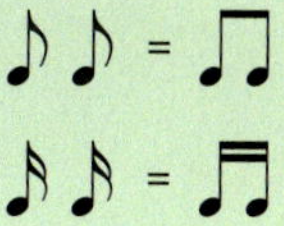

Taktarten

Lieder haben eine Taktart, die zu Beginn des Liedes angegeben wird.
Bei einem Lied im $\frac{3}{4}$-Takt ergeben die Notenwerte in jedem Takt zusammen $\frac{3}{4}$.

3 Welcher Takt ist zu Beginn dieses Liedes angegeben? Prüfe bei jedem Takt, ob die Notenwerte der Taktart entsprechen.

4 In welchem Takt sind die Lieder komponiert?
Erkennst du sie und kannst du sie singen oder summen?

a) 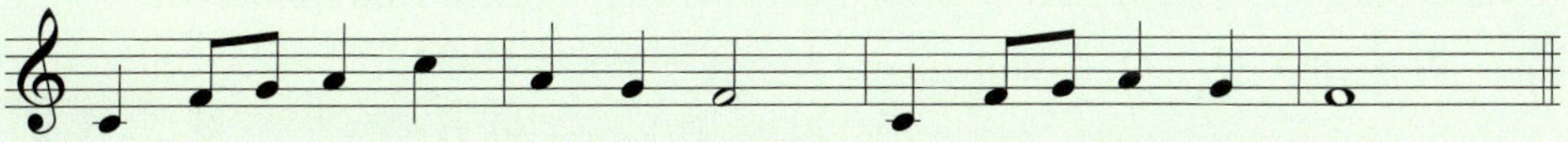

b) 

Klar so weit?

→ Seite 28

Brüche erweitern und kürzen

1 Erkläre, an der Zeichnung, wie erweitert wurde.

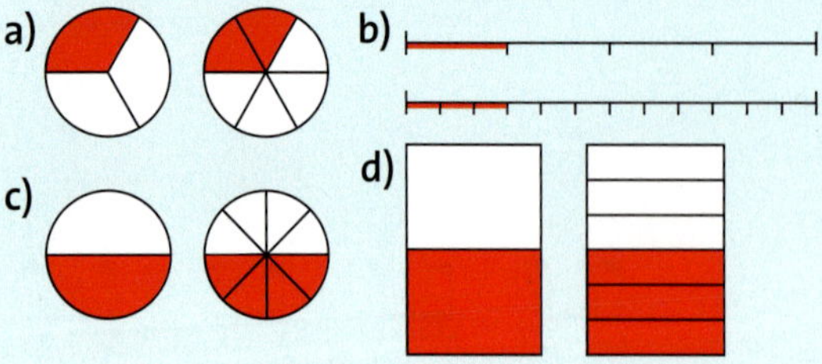

1 Gib den roten und den grünen Anteil mit einem Bruch an. Finde immer drei Möglichkeiten.

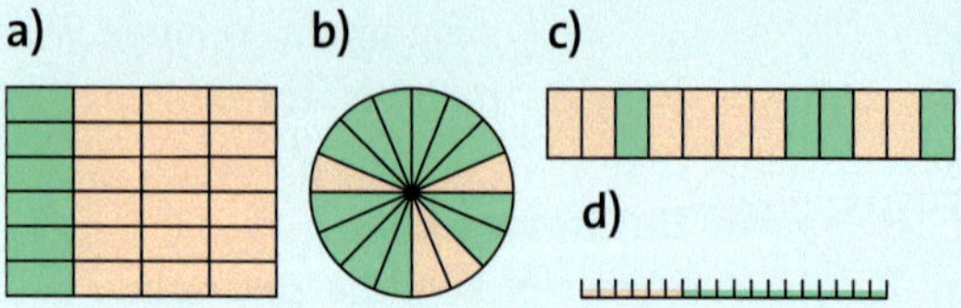

2 Erweitere jeweils.

a) $\frac{1}{2}$; $\frac{4}{5}$; $\frac{2}{3}$; $\frac{5}{6}$; $\frac{14}{15}$ auf $\frac{\blacksquare}{30}$

b) $\frac{1}{4}$; $\frac{1}{6}$; $\frac{2}{3}$; $\frac{3}{8}$; $\frac{5}{6}$; $\frac{7}{12}$ auf $\frac{\blacksquare}{24}$

c) $\frac{1}{2}$; $\frac{1}{3}$; $\frac{1}{4}$; $\frac{1}{6}$; $\frac{1}{12}$ auf $\frac{\blacksquare}{36}$

d) $\frac{3}{4}$; $\frac{2}{3}$; $\frac{5}{6}$; $\frac{3}{8}$; $\frac{4}{9}$; $\frac{11}{18}$ auf $\frac{\blacksquare}{72}$

2 Ergänze im Heft.

a) $\frac{3}{11} = \frac{\blacksquare}{33}$ b) $\frac{4}{7} = \frac{24}{\blacksquare}$

c) $\frac{5}{8} = \frac{20}{\blacksquare}$ d) $\frac{4}{13} = \frac{\blacksquare}{52}$

e) $\frac{3}{7} = \frac{\blacksquare}{105}$ f) $\frac{3}{4} = \frac{99}{\blacksquare}$

g) $\frac{1}{3} = \frac{\blacksquare}{24}$ h) $\frac{2}{5} = \frac{50}{\blacksquare}$

3 Kürze, falls möglich.

a) $\frac{3}{9}$ b) $\frac{8}{12}$ c) $\frac{18}{27}$

d) $\frac{18}{16}$ e) $\frac{4}{24}$ f) $\frac{21}{44}$

3 Kürze so weit wie möglich.

a) $\frac{5}{100}$ b) $\frac{6}{81}$ c) $\frac{180}{540}$

d) $\frac{12}{90}$ e) $\frac{14}{41}$ f) $\frac{40}{200}$

4 Ermittle durch Kürzen: Welche Brüche haben denselben Wert?

$\frac{18}{24}$; $\frac{7}{28}$; $\frac{7}{21}$; $\frac{5}{15}$; $\frac{4}{6}$; $\frac{16}{24}$; $\frac{15}{20}$; $\frac{3}{12}$

4 Ermittle durch Kürzen: Welche Brüche haben denselben Wert?

$\frac{42}{35}$; $\frac{6}{16}$; $1\frac{2}{12}$; $\frac{8}{18}$; $\frac{20}{45}$; $\frac{15}{40}$; $1\frac{2}{10}$; $\frac{56}{48}$

→ Seite 32

Brüche vergleichen und ordnen

5 Welche Brüche sind hier dargestellt?

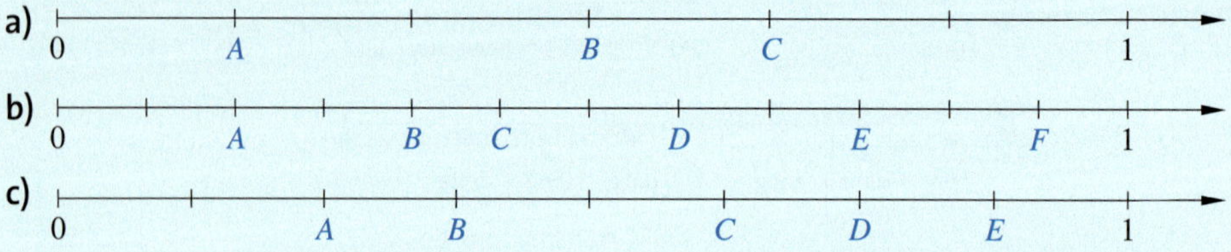

6 Mache gleichnamig und vergleiche.

a) $\frac{2}{3}$ und $\frac{4}{7}$ b) $\frac{5}{4}$ und $\frac{11}{9}$ c) $\frac{3}{5}$ und $\frac{7}{25}$

d) $\frac{7}{8}$ und $\frac{11}{12}$ e) $\frac{5}{14}$ und $\frac{10}{21}$ f) $\frac{8}{15}$ und $\frac{9}{20}$

6 Übertrage in dein Heft. Setze das richtige Zeichen (<, >, =) ein.

a) $\frac{3}{11} \blacksquare \frac{3}{5}$ b) $\frac{85}{5} \blacksquare 17$ c) $\frac{57}{35} \blacksquare \frac{11}{7}$

d) $\frac{5}{12} \blacksquare \frac{13}{18}$ e) $\frac{12}{14} \blacksquare \frac{30}{70}$ f) $\frac{7}{20} \blacksquare \frac{3}{8}$

7 Vergleiche die Brüche. Es wird einfacher, wenn du zuerst kürzt.

a) $\frac{4}{12} \blacksquare \frac{3}{9}$ b) $\frac{2}{5} \blacksquare \frac{18}{45}$ c) $\frac{7}{12} \blacksquare \frac{5}{6}$

d) $\frac{12}{14} \blacksquare \frac{40}{35}$ e) $\frac{27}{18} \blacksquare \frac{6}{4}$ f) $\frac{44}{48} \blacksquare \frac{30}{36}$

7 Ordne die Brüche der Größe nach.

a) $\frac{3}{10}; \frac{4}{5}; \frac{7}{10}$ b) $\frac{2}{3}; \frac{5}{6}; \frac{7}{6}$

c) $\frac{1}{3}; \frac{5}{6}; \frac{1}{6}; \frac{7}{12}; \frac{1}{12}; \frac{11}{12}; \frac{7}{6}; \frac{5}{3}; \frac{4}{3}; \frac{3}{4}; \frac{3}{2}$

8 Schreibe als natürliche Zahl oder als gemischte Zahl.

a) $\frac{11}{3}$ b) $\frac{25}{1}$ c) $\frac{54}{9}$ d) $\frac{155}{2}$ e) $\frac{57}{11}$ f) $\frac{19}{19}$ g) $\frac{77}{12}$ h) $\frac{256}{16}$ i) $\frac{121}{13}$ j) $\frac{139}{8}$

Brüche addieren und subtrahieren

→ Seite 36

9 Schreibe zu jeder Zeichnung eine Additionsaufgabe und löse sie.

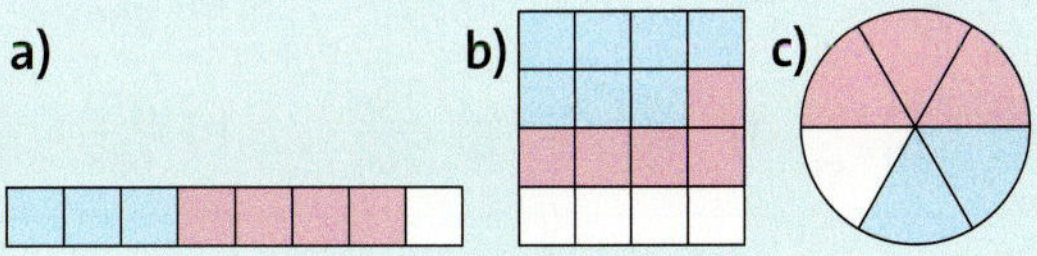

9 Löse die Additionsmauer im Heft.

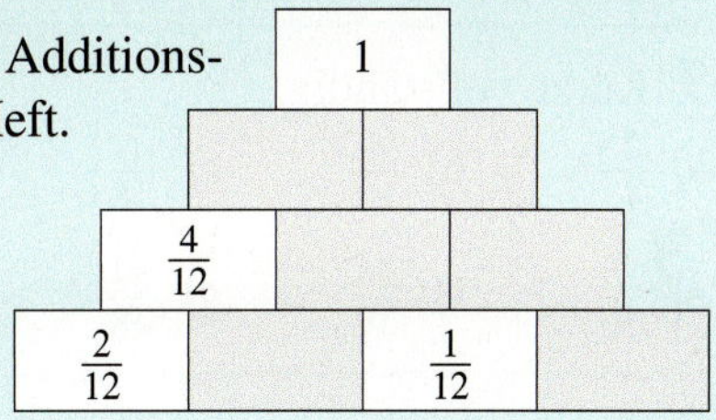

10 Berechne. Kürze, falls möglich.

a) $\frac{1}{5} + \frac{2}{5}$ b) $\frac{1}{8} + \frac{5}{8}$ c) $\frac{1}{12} + \frac{7}{12}$

d) $\frac{8}{7} - \frac{1}{7}$ e) $\frac{8}{9} - \frac{5}{9}$ f) $\frac{4}{11} - \frac{2}{11}$

10 Setze das richtige Zeichen (= oder ≠) ein.

a) $\frac{2}{5} + \frac{4}{5} \blacksquare \frac{3}{8} + \frac{5}{8}$ b) $\frac{7}{3} - \frac{5}{3} \blacksquare \frac{11}{6} - \frac{7}{6}$

c) $\frac{9}{30} + \frac{6}{30} \blacksquare \frac{11}{28} + \frac{3}{28}$ d) $\frac{5}{4} + \frac{1}{4} \blacksquare \frac{5}{6} - \frac{1}{6}$

11 Finde den Hauptnenner und berechne.

a) $\frac{1}{2} + \frac{1}{3}$ b) $\frac{2}{5} + \frac{5}{10}$ c) $\frac{2}{3} + \frac{3}{7}$

d) $\frac{3}{4} + \frac{5}{7}$ e) $\frac{1}{4} - \frac{1}{5}$ f) $\frac{23}{30} - \frac{3}{5}$

11 Finde den Hauptnenner und berechne.

a) $\frac{13}{7} + \frac{7}{8}$ b) $\frac{2}{7} + \frac{3}{5}$ c) $\frac{15}{24} + \frac{11}{16}$

d) $\frac{8}{5} - \frac{9}{13}$ e) $\frac{5}{4} + \frac{1}{100}$ f) $\frac{19}{9} - \frac{11}{12}$

12 Rechne vorteilhaft.

a) $\frac{3}{7} + \frac{2}{3} + \frac{4}{7}$ b) $\frac{7}{8} + \frac{3}{4} + \frac{3}{8}$

12 Rechne vorteilhaft.

a) $\frac{3}{10} + \frac{1}{3} + \frac{14}{20}$ b) $\frac{1}{4} + \frac{1}{5} + \frac{2}{8}$

13 Berechne und kürze vollständig. Schreibe, wenn möglich, das Ergebnis als gemischte Zahl.

a) $\frac{17}{12} + \frac{10}{24}$ b) $\frac{10}{15} + \frac{4}{10}$ c) $\frac{2}{4} + \frac{6}{10}$

d) $\frac{3}{7} + \frac{10}{14}$ e) $\frac{3}{4} - \frac{1}{2}$ f) $\frac{9}{12} - \frac{2}{8}$

13 Berechne und kürze vollständig. Schreibe, wenn möglich, das Ergebnis als gemischte Zahl.

a) $\frac{12}{15} - \frac{6}{10}$ b) $\frac{5}{7} - \frac{6}{14}$ c) $\frac{10}{16} + \frac{5}{24}$

d) $\frac{16}{20} - \frac{9}{15}$ e) $\frac{6}{12} + \frac{19}{18}$ f) $\frac{9}{12} - \frac{8}{16}$

14 Gib das Ergebnis als gemischte Zahl an.

a) $1\frac{3}{4} + \frac{5}{6}$ b) $3\frac{5}{8} + 1\frac{3}{4}$

c) $\frac{1}{2} + 4\frac{5}{7}$ d) $4\frac{3}{10} + 9\frac{7}{10}$

14 Gib das Ergebnis als gemischte Zahl an.

a) $1\frac{1}{2} + 3\frac{1}{3} + 4\frac{2}{3}$ b) $2\frac{1}{5} + 2\frac{2}{3} + 2\frac{4}{5}$

c) $4\frac{1}{2} + 2\frac{1}{5} - 3\frac{1}{2}$ d) $6\frac{3}{4} + 3\frac{1}{5} - 2\frac{1}{5}$

Vermischte Übungen

1 Erläutere die folgenden Abbildungen.

a)

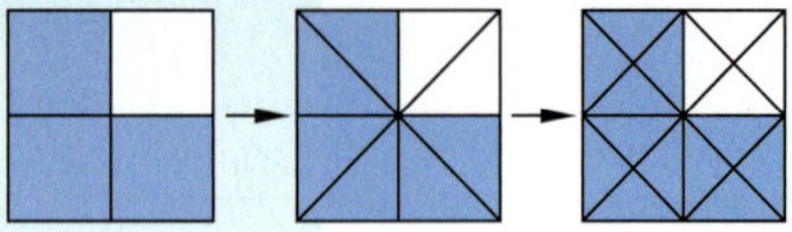

b)

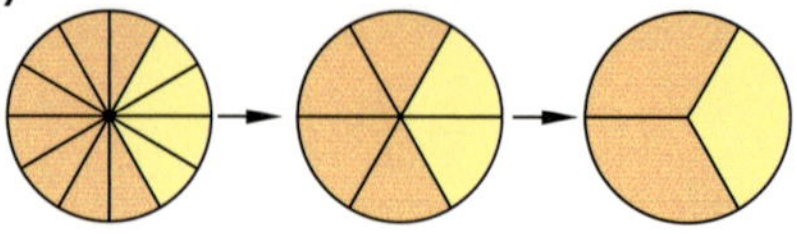

c)

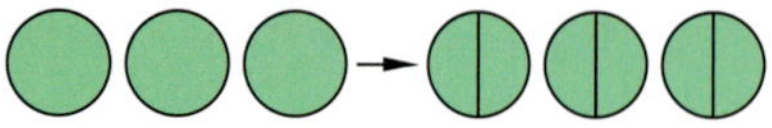

---

2 Erweitere die Brüche mit der in Klammern angegebenen Zahl.

a) $\frac{1}{3}$ (4) b) $\frac{2}{5}$ (3) c) $\frac{6}{7}$ (10) d) $\frac{5}{9}$ (5)

e) $\frac{8}{13}$ (4) f) $\frac{7}{15}$ (6) g) $\frac{9}{16}$ (7) h) $\frac{12}{23}$ (9)

3 Kürze vollständig.

a) $\frac{2}{4}$ b) $\frac{5}{10}$ c) $\frac{6}{18}$ d) $\frac{4}{20}$

e) $\frac{25}{30}$ f) $\frac{26}{39}$ g) $\frac{84}{48}$ h) $\frac{92}{76}$

4 Welche Brüche sind gleich? Begründe.

$\frac{4}{24}$; $\frac{1}{3}$; $\frac{2}{6}$; $\frac{2}{12}$; $\frac{1}{6}$; $\frac{3}{18}$; $\frac{40}{240}$; $\frac{3}{9}$; $\frac{4}{12}$; $\frac{20}{60}$; $\frac{10}{30}$

5 Ordne, beginne mit dem kleinsten Bruch.

a) $\frac{3}{5}$; $\frac{16}{30}$; $\frac{7}{10}$; $\frac{9}{15}$

b) $\frac{2}{5}$; $\frac{5}{6}$; $\frac{1}{2}$; $\frac{3}{4}$; $\frac{9}{10}$

6 Löse die Additionsmauern im Heft.

a)

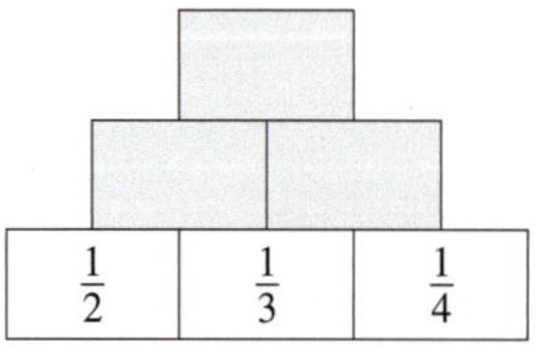

b)

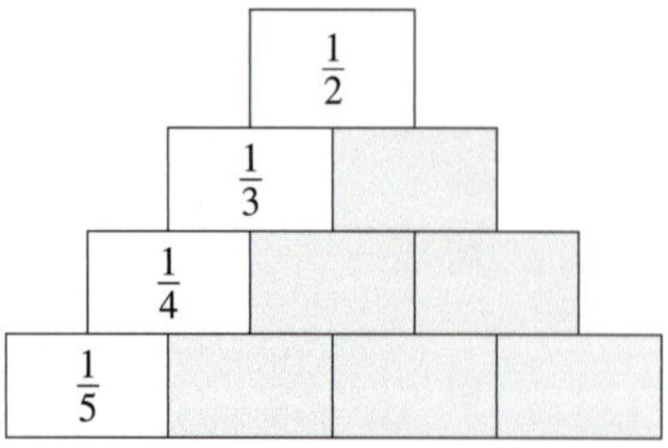

ERINNERE DICH

Vorrangregeln:
1. *Werte in Klammern werden zuerst berechnet.*
2. *Punktrechnung geht vor Strichrechnung.*

7 Rechne aus. Denke an die Vorrangregeln.

a) $\frac{3}{4}+\frac{1}{8}+\frac{3}{8}$ b) $\frac{3}{5}+\frac{7}{20}+\frac{13}{20}$

c) $\frac{3}{5}-\left(\frac{1}{2}+\frac{1}{10}\right)$ d) $\frac{1}{2}-\left(\frac{1}{3}-\frac{1}{4}\right)$

---

2 Finde drei gleich große Brüche mit jeweils anderem Nenner und Zähler.

a) $\frac{3}{7}$ = ▢ = ▢ = ▢ b) $\frac{6}{11}$ = ▢ = ▢ = ▢

c) $\frac{11}{101}$ = ▢ = ▢ = ▢ d) $\frac{8}{52}$ = ▢ = ▢ = ▢

3 Kürze vollständig.

a) $\frac{48}{72}$ b) $\frac{56}{144}$ c) $\frac{70}{112}$ d) $\frac{95}{209}$

e) $\frac{144}{180}$ f) $\frac{280}{392}$ g) $\frac{256}{364}$ h) $\frac{432}{688}$

4 Erweitere, falls möglich, auf Hundertstel.

$\frac{1}{2}$; $\frac{1}{3}$; $\frac{3}{4}$; $\frac{3}{5}$; $\frac{5}{6}$; $\frac{2}{8}$; $\frac{3}{8}$; $\frac{7}{10}$; $\frac{8}{12}$; $\frac{9}{12}$; $\frac{10}{12}$; $\frac{11}{12}$; $\frac{7}{13}$

5 Ordne, beginne mit dem kleinsten Bruch.

a) $\frac{2}{3}$; $\frac{1}{4}$; $\frac{7}{8}$; $\frac{5}{6}$; $\frac{11}{12}$

b) $\frac{1}{9}$; $\frac{1}{4}$; $\frac{1}{2}$; $\frac{1}{6}$; $\frac{1}{12}$; $\frac{1}{36}$; $\frac{1}{18}$

6 Löse die Additionsmauern im Heft.

a)

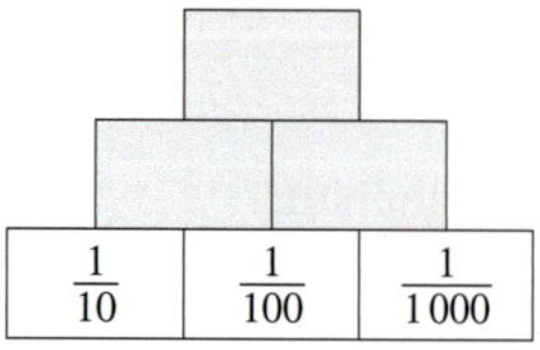

b)

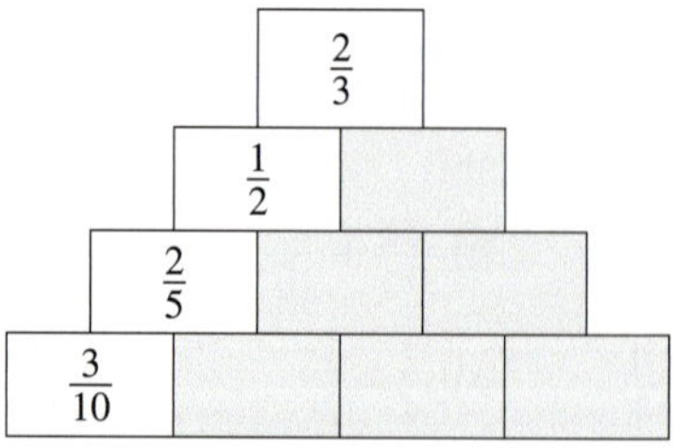

7 Rechne aus. Denke an die Vorrangregeln.

a) $\frac{1}{2}+\frac{3}{6}+\frac{4}{7}$ b) $\frac{3}{4}-\frac{3}{5}+\frac{3}{6}$

c) $\frac{7}{10}-\left(\frac{4}{15}+\frac{1}{6}\right)$ d) $2\frac{1}{2}-\left(3\frac{3}{5}-1\frac{1}{4}\right)$

8 Berechne.

a) $1\frac{4}{5}+1\frac{3}{7}$ b) $2\frac{1}{4}-\frac{7}{8}$

c) $1\frac{3}{5}-\frac{9}{10}$ d) $4\frac{1}{8}+1\frac{3}{10}$

9 Sandra fragt Bert: „Welche Zahl liegt genau in der Mitte zwischen $\frac{1}{2}$ und $\frac{1}{4}$?“
Bert antwortet: „Das ist $\frac{1}{3}$, denn genau in der Mitte zwischen 2 und 4 liegt doch 3.“
Stimmt das? Überprüfe Berts Behauptung am Zahlenstrahl.

10 Der Anteil von Äpfeln und Kirschen an der Obsternte war besonders groß.

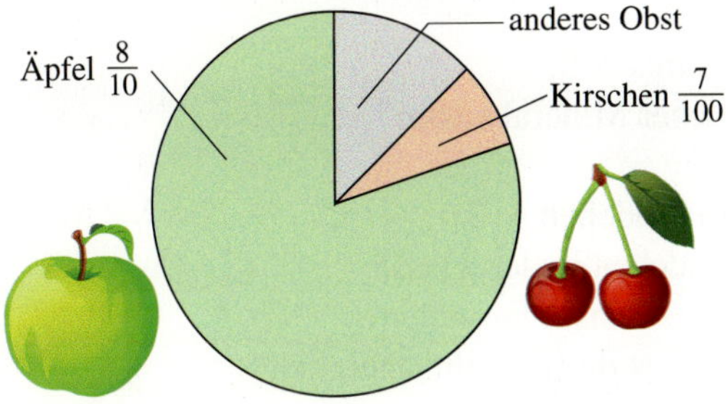

Wie groß ist der Anteil der übrigen Obstarten?

11 Berechne jeweils die Differenz.

a) $\frac{1}{7}-\frac{1}{8}$ b) $\frac{3}{4}-\frac{2}{3}$

c) $\frac{1}{9}-\frac{1}{10}$ d) $\frac{3}{8}-\frac{2}{7}$

e) $\frac{4}{7}-\frac{5}{9}$ f) $\frac{6}{7}-\frac{5}{6}$

12 Zwischen Wetzlar und Limburg wird eine Autobahn gebaut.
Wie viele Kilometer Autobahn sind noch zu bauen, wenn bereits $27\frac{3}{4}$ km gebaut sind und die gesamte Autobahn eine Länge von $41\frac{1}{2}$ km haben wird?

8 Nutze Rechenvorteile, wenn möglich.

a) $1\frac{1}{2}+3\frac{1}{3}+4\frac{2}{3}$ b) $4\frac{1}{2}+2\frac{1}{5}-3\frac{1}{2}$

c) $2\frac{1}{5}+2\frac{2}{3}+2\frac{4}{5}$ d) $6\frac{3}{4}+3\frac{1}{5}-2\frac{1}{5}$

9 Prüfe die Aussagen. Begründe bzw. gib für falsche Behauptungen ein Gegenbeispiel an.

a) Jede natürliche Zahl lässt sich als Bruch schreiben.
b) Wenn der Zähler ein Teiler des Nenners ist, dann kann man den Bruch als natürliche Zahl schreiben.

10 Das Diagramm veranschaulicht die Anteile der Gemüseernte eines Bauern.

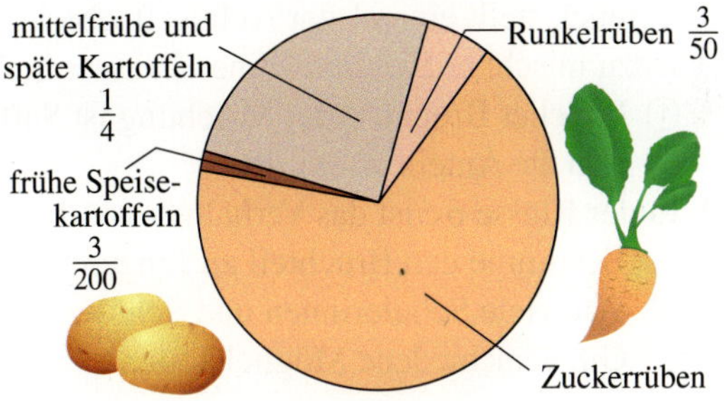

Welchen Bruchteil der Gemüseernte umfasste die Ernte von Zuckerrüben?

11 Aufgaben bilden

a) Bilde vier Subtraktionsaufgaben, deren Differenz $\frac{1}{2}$; $\frac{1}{3}$; $\frac{1}{4}$ und $\frac{1}{5}$ beträgt.
b) Der Minuend ist die Summe von $\frac{3}{5}$ und $\frac{6}{9}$. Der Subtrahend ist die Summe $\frac{1}{3}$ und $\frac{4}{15}$. Berechne die Differenz.

12 Martina ist $11\frac{3}{4}$ Jahre alt, ihr Bruder Jan ist $2\frac{1}{2}$ Jahre älter. Jans Freund Michael ist $1\frac{1}{4}$ Jahre jünger als Jan. Wie alt sind Jan und Michael?

13 Marie hat im Bio-Unterricht ihr Lungenvolumen gemessen.
Es beträgt $2\frac{3}{4}$ Liter. Bei ihrem Lehrer beträgt es $5\frac{3}{10}$ l, bei einem Leistungssportler (Ruderer) $7\frac{1}{2}$ l. Wie groß ist der Unterschied zwischen den Lungenvolumina …

a) des Lehrers und Marie,
b) des Leistungssportlers und Marie,
c) des Leistungssportlers und des Lehrers?

HINWEIS ZU AUFGABE 9
Nutze deine Bruchstreifen
→ Seite 35

ERINNERE DICH
Summand + + Summand = = Summe

Minuend – – Subtrahend = = Differenz

Die Ägypter kannten nur Brüche mit dem Zähler 1. Sie heißen **Stammbrüche**.

Beispiele $\frac{1}{3}$; $\frac{1}{8}$; $\frac{1}{13}$; $\frac{1}{121}$

Andere Brüche stellten sie als Summe von Stammbrüchen dar.

Beispiel $\frac{7}{12} = \frac{1}{4} + \frac{1}{3}$

14 Bestimme die fehlenden Stammbrüche.

a) $\frac{3}{10} = \frac{1}{5} + \square$
b) $\frac{5}{24} = \frac{1}{8} + \square$
c) $\frac{10}{21} = \square + \frac{1}{3}$
d) $\frac{19}{90} = \square + \frac{1}{9}$
e) $\frac{5}{96} = \frac{1}{32} + \square$
f) $\frac{3}{16} = \square + \frac{1}{8}$

14 Ergänze in deinem Heft die fehlenden Stammbrüche.

a) $\frac{3}{8} = \square + \square$
b) $\frac{9}{20} = \square + \square$
c) $\frac{7}{12} = \square + \square$
d) $\frac{8}{15} = \square + \square$
e) $\frac{13}{12} = \frac{1}{2} + \square + \square$
f) $\frac{3}{4} = \frac{1}{3} + \square + \square$

ZU AUFGABE 15

Das ***Mischungsverhältnis*** *von roten Kugeln zu gelben Kugeln ist 3 : 2 (sprich: „3 zu 2").*

15 Mischungsverhältnisse

a) Yannick stellt einen Liter Apfelsaftschorle her.
Dazu mischt er Saft und Mineralwasser im Verhältnis 2 : 3.
① Welcher Bruchteil der Mischung ist Saft, welcher Mineralwasser?
② Gib die Anteile in ml an.

b) In der Klasse 6c ist das Verhältnis von Jungen zu Mädchen 4 : 3.
① Bestimme den Bruchteil an Jungen und an Mädchen in der Klasse.
② Wie viele Schülerinnen und Schüler könnten die Klasse besuchen?
Gib verschiedene Möglichkeiten an. Welche hältst du für wahrscheinlich?

16 Berechne die Aufgaben. Erkenne das Muster der Aufgaben und setze es im Heft fort.

a) Berechne und kürze vollständig.

$\frac{1}{1 \cdot 3}$

$\frac{1}{1 \cdot 3} + \frac{1}{3 \cdot 5}$

$\frac{1}{1 \cdot 3} + \frac{1}{3 \cdot 5} + \frac{1}{5 \cdot 7}$

$\frac{1}{1 \cdot 3} + \frac{1}{3 \cdot 5} + \frac{1}{5 \cdot 7} + \frac{1}{7 \cdot 9}$

$\square + \square + \square + \square + \square = \frac{5}{11}$

$\square + \square + \square + \square + \square + \square = \frac{6}{13}$

b) Berechne.

$\frac{1}{6} + \frac{2}{2 \cdot 3}$

$\frac{1}{12} + \frac{2}{12} + \frac{3}{3 \cdot 4}$

$\frac{1}{20} + \frac{2}{20} + \frac{3}{20} + \frac{4}{4 \cdot 5}$

$\frac{1}{30} + \frac{2}{30} + \frac{3}{30} + \frac{4}{30} + \frac{5}{5 \cdot 6}$

$\square + \square + \square + \square + \square + \frac{6}{6 \cdot 7} = \frac{1}{2}$

$\square + \square + \square + \square + \square + \square + \frac{7}{7 \cdot 8} = \frac{1}{2}$

ZUM WEITERARBEITEN

Ergänze, so dass die Summen der Zahlen jeder Zeile, jeder Spalte und jeder Diagonalen 1 betragen.

$\frac{1}{2}$		
	$\frac{1}{3}$	
	$\frac{5}{9}$	

$\frac{5}{12}$	$\frac{2}{9}$	
		$\frac{1}{4}$

17 Aufgabenfolge am Zahlenstrahl

a) Fülle die Tabelle im Heft aus und setze sie um 3 weitere Zeilen fort.

	Ergebnis	Ergebnis < 1	Ergebnis > 1
Ⓐ $1\frac{1}{3} - \frac{1}{2}$	$\frac{5}{6}$	×	
Ⓑ $1\frac{1}{3} - \frac{1}{2} + \frac{1}{4}$			
Ⓒ $1\frac{1}{3} - \frac{1}{2} + \frac{1}{4} - \frac{1}{8}$			

b) Zeichne einen 15 cm langen Zahlenstrahl.
Markiere die „1", so dass sie 12 cm von der „0" entfernt ist.
Trage die Ergebnisse aus der Tabelle am Zahlenstrahl ein und beschrifte sie mit Ⓐ, Ⓑ etc.
Was fällt dir auf?

Zusammenfassung

Brüche erweitern und kürzen

→ Seite 28

Erweitern eines Bruchs: Zähler und Nenner werden mit der gleichen natürlichen Zahl multipliziert. Der Wert des Bruchs ändert sich dadurch nicht.

Kürzen eines Bruchs: Zähler und Nenner werden durch die gleiche natürliche Zahl dividiert. Der Wert des Bruchs ändert sich dadurch nicht.

Ein Bruch, der nicht weiter gekürzt werden kann, heißt **vollständig gekürzt**. Man bildet zuerst den ggT von Zähler und Nenner, dann kürzt man durch diesen.

Erweitern eines Bruchs:

$\frac{3}{4} = \frac{3 \cdot 2}{4 \cdot 2} = \frac{6}{8}$

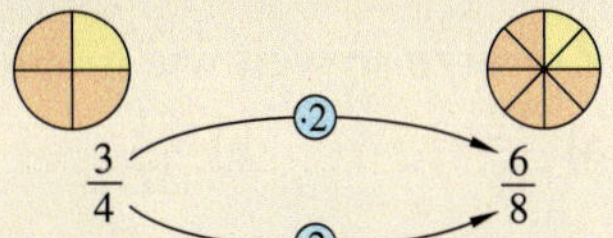

Kürzen eines Bruchs:

$\frac{6}{9} = \frac{6 : 3}{9 : 3} = \frac{2}{3}$

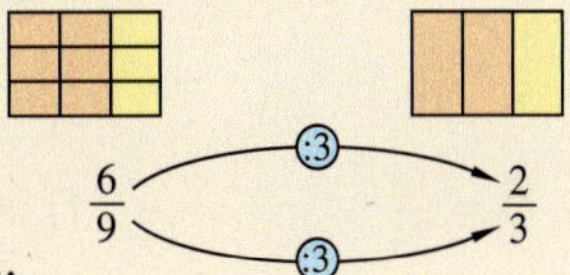

Kürze $\frac{72}{96}$ vollständig.

① ggT (72; 96) = 24 ② $\frac{72}{96} = \frac{72 : 24}{96 : 24} = \frac{3}{4}$

Brüche vergleichen und ordnen

→ Seite 32

Auf dem Zahlenstrahl:
Brüche, die gleich groß sind, liegen auf dem Zahlenstrahl an derselben Stelle.
Von zwei Brüchen ist der größer, der auf dem Zahlenstrahl weiter rechts liegt.

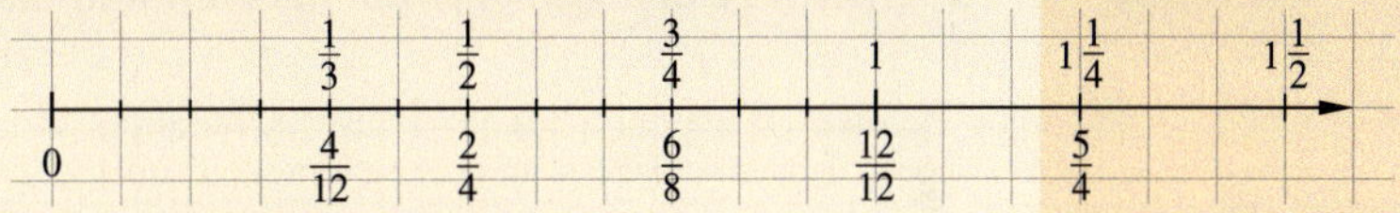

$\frac{3}{4} = \frac{6}{8}$; $1 = \frac{12}{12}$; $\frac{5}{4} = 1\frac{1}{4}$; $\frac{1}{3} < \frac{1}{2}$; $1\frac{1}{2} > 1\frac{1}{4}$

Rechnerisch:
① Die Brüche **gleichnamig machen**: Man erweitert sie auf ihren gemeinsamen **Hauptnenner** (das kgV der beiden Nenner).
② Der Bruch mit dem größeren Zähler ist größer.

$\frac{5}{8}$ ■ $\frac{7}{12}$

① Hauptnenner: 24
Erweitern auf den Hauptnenner 24:
$\frac{5}{8} = \frac{15}{24}$ und $\frac{7}{12} = \frac{14}{24}$

② Da $\frac{15}{24} > \frac{14}{24}$, gilt auch: $\frac{5}{8} > \frac{7}{12}$.

Brüche addieren und subtrahieren

→ Seite 36

Gleichnamige Brüche addieren (subtrahieren): Zähler addieren (bzw. subtrahieren) und den Nenner beibehalten.
Das Ergebnis vollständig kürzen.

$\frac{2}{7} + \frac{3}{7} = \frac{2+3}{7} = \frac{5}{7}$

$3\frac{1}{8} - \frac{3}{8} = \frac{25}{8} - \frac{3}{8} = \frac{25-3}{8} = \frac{22}{8} = \frac{11}{4} = 2\frac{3}{4}$

Ungleichnamige Brüche werden in 2 Schritten addiert (bzw. subtrahiert):
① Die Brüche gleichnamig machen (s. oben).
② Die Zähler addieren (bzw. subtrahieren), der gemeinsame Nenner bleibt erhalten. Ergebnis kürzen.

$\frac{4}{5} - \frac{2}{3} = \frac{12}{15} - \frac{10}{15} = \frac{12-10}{15} = \frac{2}{15}$

$2\frac{1}{4} + 3\frac{5}{6} = \frac{9}{4} + \frac{23}{6} = \frac{27}{12} + \frac{46}{12} = \frac{27+46}{12} =$
$= \frac{73}{12} = 6\frac{1}{12}$

Teste dich!

3 Punkte

1 Erweitere die Brüche jeweils mit 3, mit 7 und mit 12.

a) $\frac{5}{6}$ b) $\frac{3}{11}$ c) $4\frac{7}{10}$

6 Punkte

2 Kürze so weit wie möglich.

a) $\frac{12}{18}$ b) $\frac{24}{32}$ c) $\frac{35}{140}$ d) $3\frac{54}{81}$ e) $\frac{24}{84}$ f) $12\frac{84}{144}$

12 Punkte

3 Ermittle die fehlenden Zahlen.

a) $\frac{1}{5} = \frac{■}{10}$ b) $\frac{5}{15} = \frac{1}{■}$ c) $\frac{18}{24} = \frac{■}{4}$ d) $\frac{2}{■} = \frac{12}{30}$

e) $\frac{■}{3} = \frac{16}{24}$ f) $\frac{3}{4} = \frac{21}{■}$ g) $\frac{49}{63} = \frac{7}{■}$ h) $\frac{132}{180} = \frac{11}{■}$

i) $\frac{2}{9} = \frac{■}{81}$ j) $\frac{7}{8} = \frac{49}{■}$ k) $\frac{17}{5} = ■\frac{■}{5}$ l) $\frac{14}{8} = ■\frac{3}{■}$

4 Punkte

4 Schreibe als natürliche Zahl oder als gemischte Zahl.

a) $\frac{46}{7}$ b) $\frac{168}{12}$ c) $\frac{77}{17}$ d) $\frac{69}{26}$

6 Punkte

5 Übertrage den Zahlenstrahl ins Heft und markiere die Lage der folgenden Brüche.

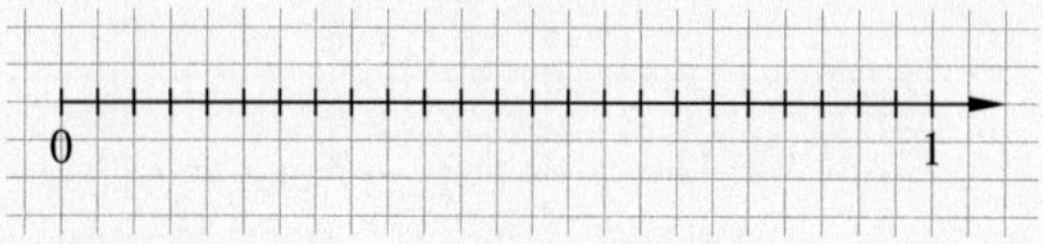

$\frac{1}{2}$; $\frac{3}{4}$; $\frac{1}{3}$; $\frac{5}{8}$; $\frac{7}{12}$; $\frac{17}{24}$

3 Punkte

6 Ordne die folgenden Brüche nach der Größe. Beginne mit dem größten Bruch.

a) $\frac{2}{8}$; $\frac{5}{8}$; $\frac{3}{8}$; $\frac{7}{8}$; $\frac{4}{8}$; $\frac{1}{8}$; $\frac{8}{8}$; $\frac{9}{8}$; $\frac{6}{8}$

b) $\frac{3}{4}$; $\frac{2}{3}$; $\frac{7}{8}$; $\frac{11}{12}$; $\frac{1}{2}$; $\frac{5}{6}$; $\frac{23}{24}$; $\frac{47}{48}$

c) $\frac{1}{6}$; $\frac{3}{10}$; $\frac{2}{3}$; $\frac{8}{15}$; $\frac{7}{10}$; $\frac{5}{6}$; $\frac{3}{5}$; $\frac{13}{30}$; $\frac{1}{2}$; $\frac{4}{15}$

12 Punkte

7 Berechne die Additionsmauern im Heft.

a)

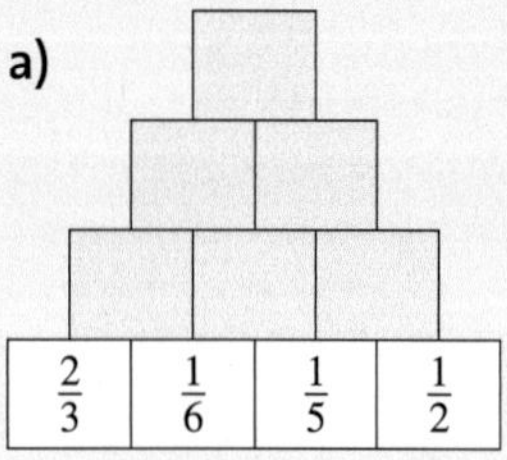

b)

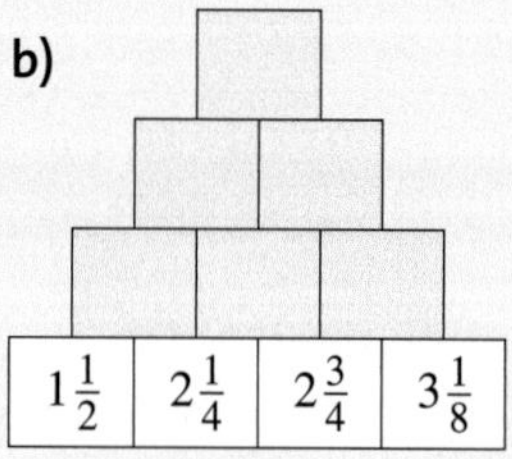

4 Punkte

8 Berechne. Kürze das Ergebnis vollständig und schreibe es als gemischte Zahl, falls möglich.

a) $\frac{9}{16} + 2\frac{5}{16}$ b) $\frac{1}{15} + \frac{4}{12}$ c) $\frac{17}{30} - \frac{1}{6}$ d) $10\frac{2}{9} - 3\frac{1}{6} + 2\frac{2}{3}$

1 Punkte

9 Ein junger Mensch soll täglich 2 l Flüssigkeit trinken. Corinna überlegt abends, was sie am Tag getrunken hat: zum Frühstück $\frac{1}{4}$ l Milch; $\frac{1}{2}$ l Mineralwasser in der Schule; nachmittags 2 Tassen heißer Kakao $\left(\text{je } \frac{1}{8}\text{ l}\right)$ und $\frac{3}{4}$ l Saftschorle nach dem Sport.

Gold: 46–51 Punkte, Silber: 39–45 Punkte, Bronze: 31–38 Punkte

Lösungen ab Seite 212

Winkel

Der Skifahrer zeigt sein Können beim Freestyle-Skiing. Nach dem Absprung dreht er sich, dabei überkreuzen sich seine Skier und bilden einen Winkel. Bevor er landet, sind seine Skier wieder parallel.

Noch fit?

Einstieg

Aufstieg

1 Linien beschreiben
Beschreibe die Linien. Benutze dazu die Fachbegriffe „Punkt“, „Strecke“, „Halbgerade“, „Gerade“, „zueinander parallel“ und „zueinander senkrecht“.

a)
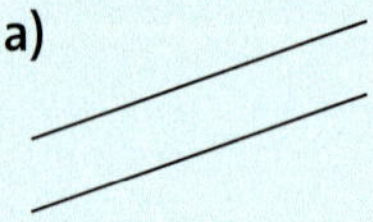

b)
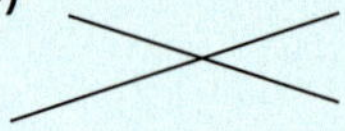

c)
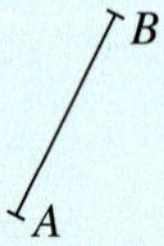

d)
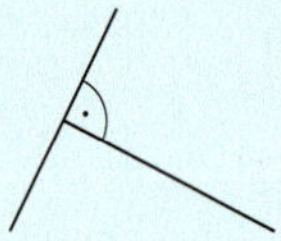

e)
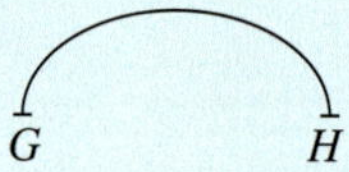

2 Senkrechte und Parallele zeichnen (Einstieg)
Übertrage die Zeichnung in dein Heft.
Die Kästchen helfen dir dabei.

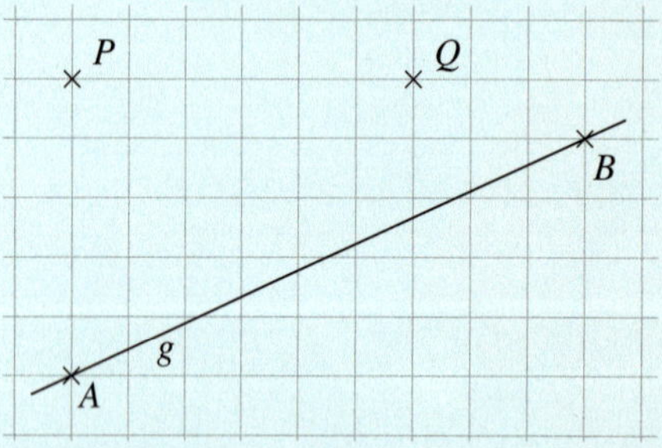

a) Zeichne eine Parallele h zu g durch Q.
b) Zeichne eine Senkrechte zu g durch P.
c) In welchem Winkel schneidet die Senkrechte die Gerade h?

2 Senkrechte und Parallele zeichnen (Aufstieg)
Zeichne die Geraden e, f und g wie im Bild in dein Heft.
Zeichne zu jeder Geraden einen zugehörigen Punkt E, F und G, der nicht auf den Geraden liegt.

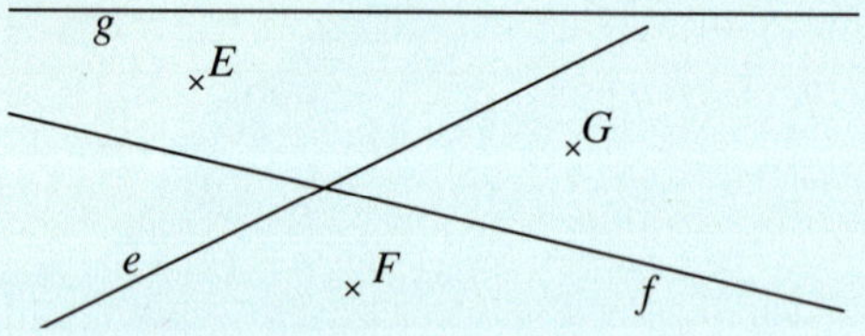

a) Zeichne zu jeder Geraden die senkrechte Gerade durch den zugehörigen Punkt.
b) Zeichne dann zu jeder Geraden die parallele Gerade durch den zugehörigen Punkt.

HINWEIS
LE ist die Abkürzung für Längeneinheit.
1 LE = 1 cm, bedeutet, dass der Abstand zwischen 0 und 1 auf jeder Achse 1 cm beträgt.

3 Figuren im Koordinatensystem (Einstieg)
Zeichne ein Koordinatensystem (1 LE = 1 cm) in dein Heft. Überlege zunächst, wie viel Platz du im Heft benötigst.

a) Trage die Punkte $A(5|6)$, $B(2|4)$, $C(2|2)$, $D(5|0)$, $E(8|2)$, $F(8|4)$ und $P(5|3)$ ein.
b) Zeichne vom Punkt P aus Halbgeraden durch die Punkte A bis F.
c) Zeichne die Strecken $\overline{AB}$, $\overline{AC}$, $\overline{AE}$, $\overline{AF}$, $\overline{BC}$, $\overline{BF}$, $\overline{CD}$, $\overline{CE}$, $\overline{DE}$ und $\overline{EF}$.
d) Färbe gleich lange Strecken mit derselben Farbe.
e) Miss folgende Abstände mit einem Lineal:
– Abstand von P zu $\overline{CE}$
– Abstand von P zu $\overline{AC}$

3 Figuren im Koordinatensystem (Aufstieg)
Zeichne ein Koordinatensystem (1 LE = 1 cm).

a) Trage die Punkte $A(2|6)$, $B(6|2)$, $C(10|6)$ und $D(7|9)$ ein. Zeichne die Strecken $\overline{AB}$, $\overline{AD}$, $\overline{BC}$ und $\overline{CD}$.
b) Trage auf der Strecke $\overline{AB}$ den Mittelpunkt R ein, auf der Strecke $\overline{AD}$ den Mittelpunkt Q, auf der Strecke $\overline{BC}$ den Mittelpunkt S und auf der Strecke $\overline{CD}$ den Mittelpunkt T.
c) Miss folgende Abstände:
von A zu $\overline{QR}$ von B zu $\overline{RS}$
von C zu $\overline{ST}$ von D zu $\overline{QT}$
d) Sind $\overline{QS}$ und $\overline{RT}$ senkrecht zueinander?
e) Zu welcher Vierecksart gehört $QRST$?

Lösungen ab Seite 212

Winkel erkennen und Winkelarten beschreiben

Entdecken

1 Auf den Bildern findet ihr Winkel. Zeigt euch gegenseitig möglichst viele Winkel.

2 Du kannst durch Falten Winkel selbst erzeugen. Falte ein Blatt Papier zweimal, sodass sich die Faltlinien schneiden.

a) Wie viele Winkel erkennst du?

b) Vergleiche mit deinem Nachbarn oder deiner Nachbarin die entstandenen Winkel. Was fällt euch auf?

c) Wie musst du das Papier falten, damit
- gleich große Winkel entstehen?
- unterschiedlich große Winkel entstehen?

3 Mithilfe eines DIN-A4-Blatts kannst du Winkelgrößen vergleichen. Schneide eine Ecke ab und vergleiche den rechten Winkel mit den abgebildeten Winkeln. Welche Winkel sind gleich groß, größer oder kleiner? Notiere deine Ergebnisse.

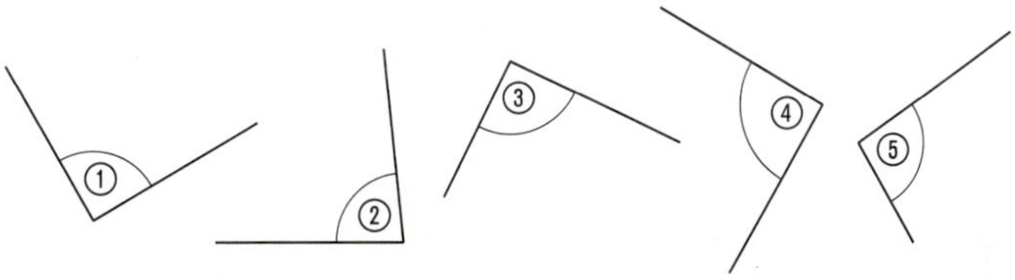

rechter Winkel

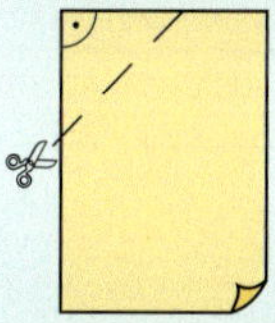

4 Arbeiten mit einem Winkelmodell

Material:
Für den Bau des Winkelmodells benötigt ihr
- Pappe für zwei rechteckige Pappstreifen
- eine Musterbeutelklammer

Anleitung:
① Zeichnet zwei unterschiedlich lange, rechteckige Streifen auf einen Bogen Pappe.
② Schneidet die Streifen aus.
③ Beschriftet die beiden Streifen mit „1. Schenkel" und „2. Schenkel".
④ Verbindet beide Streifen mithilfe der Klammer.

Stellt einen rechten Winkel am Winkelmodell ein. Verändert den Winkel wie unten beschrieben. Diskutiert miteinander, welche Bezeichnung ihr dem neuen Winkel geben könnt.
Stellt einen Winkel ein, der …

a) halb so groß ist wie ein rechter Winkel.

b) doppelt so groß ist wie ein rechter Winkel.

c) größer, aber nicht doppelt so groß ist wie ein rechter Winkel.

d) dreimal so groß ist wie ein rechter Winkel.

HINWEIS
So sehen Musterbeutelklammern aus.

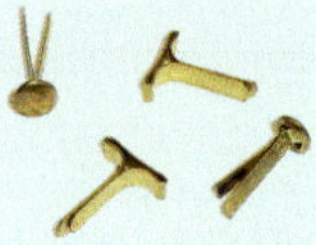

Verstehen

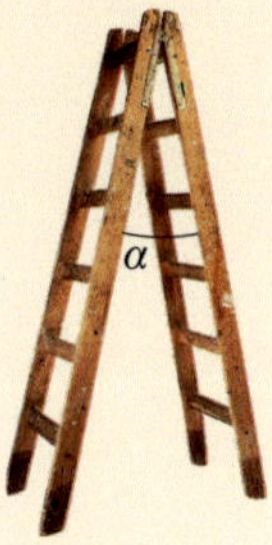

Winkel findest du überall in deiner Umgebung. Stellt man z. B. eine Leiter auf, so darf der Winkel zwischen den beiden Hälften nicht zu klein werden. Sonst besteht die Gefahr, dass man mit der Leiter umkippt.

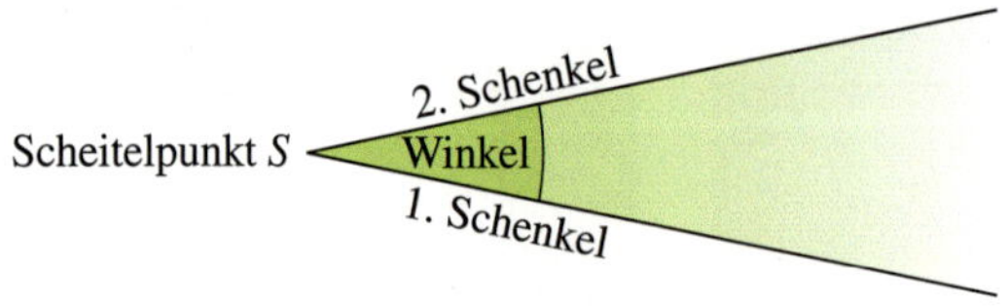

Merke Ein **Winkel** wird durch zwei **Schenkel** begrenzt, die von einem gemeinsamen Punkt ausgehen. Diesen Anfangspunkt nennt man **Scheitelpunkt** S.

Winkel werden meistens mit griechischen Buchstaben bezeichnet.

Für einen sicheren Stand der Leiter sollte der Winkel α zwischen den beiden Schenkeln der Leiter mindestens 40° betragen.

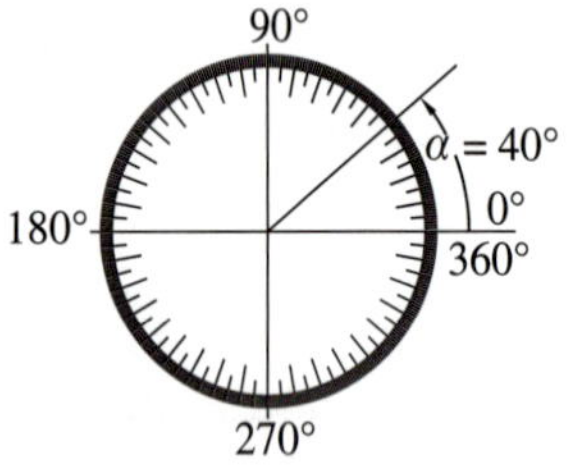

Bei einem Winkel α von 40 Grad schreibt man $\alpha = 40°$.

Merke Die Größe eines Winkels wird im Winkelmaß **Grad** (°) angegeben.
Einen Winkel von 1° erhält man, wenn ein Kreis in 360 gleich große Teile geteilt wird.

Mithilfe des Winkelmodells können Winkel dargestellt werden.
Je nach Größe des Winkels unterscheidet man verschiedene Winkelarten.

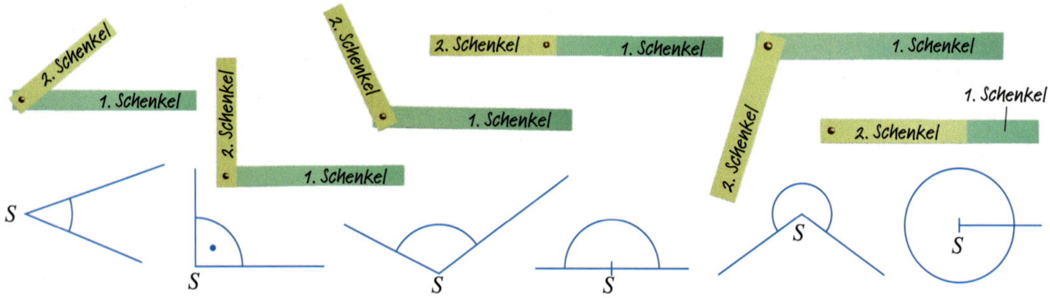

Merke **Winkelarten** im Überblick

spitzer Winkel	rechter Winkel	stumpfer Winkel	gestreckter Winkel	überstumpfer Winkel	Vollwinkel
größer als 0°, aber kleiner als 90°	genau 90°, Schenkel sind senkrecht zueinander	größer als 90°, aber kleiner als 180°	genau 180°	größer als 180°, aber kleiner als 360°	genau 360°

Üben und anwenden

1 Zeigt auf den Bildern möglichst viele Winkel.

①

②

③

2 Erkläre, wo sich Scheitelpunkt und Schenkel der Winkel an folgenden Gegenständen befinden: Zimmertür, Stuhl, Bücherschrank, Radiergummi, Geodreieck.

2 Suche in deinem Klassenzimmer verschiedene Winkel.
Erkläre an ihnen die Begriffe Scheitelpunkt und Schenkel.

3 Zeichne zwei sich schneidende Geraden in dein Heft.

a) Bezeichne alle entstandenen Winkel mit griechischen Buchstaben.
Vergleiche die Größen der Winkel.
Beschreibe, was dir auffällt.

b) Wie viele verschieden große Winkel entstehen, wenn du zwei senkrecht aufeinanderstehende Geraden zeichnest? Begründe.

3 Was ist gemeint?
Fertige eine Skizze an.

a) Er schießt aus einem *günstigen Winkel* auf das Tor.

b) Der *Steigungswinkel* beim Flugzeug darf nicht zu groß sein.

c) Die Straßen kreuzen sich unter einem bestimmten *Kreuzungswinkel.*

d) Der schiefe Turm von Pisa zeigt einen *Neigungswinkel* von einigen Grad.

4 Übertrage die Figuren in dein Heft und kennzeichne die Winkel.

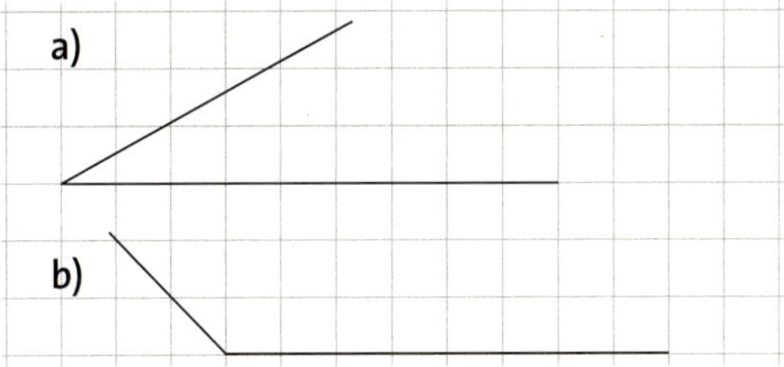

4 Übertrage die Figuren in dein Heft und kennzeichne die Winkel.

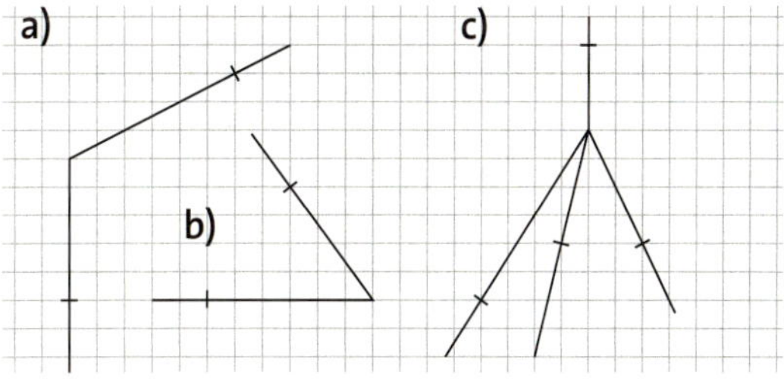

5 Arbeitet zu zweit.
Zeige deinem Lernpartner mit den Armen, Beinen oder einem gebastelten Winkelmodell spitze, rechte, stumpfe und gestreckte Winkel. Dein Lernpartner muss die Winkel erkennen und bennenen.
Wechselt euch gegenseitig ab.

5 Suche in deinem Klassenzimmer Winkel.
Wo findest du rechte, spitze, stumpfe, gestreckte und überstumpfe Winkel?
Überlege zusammen mit deinem Lernpartner, wie ihr ohne ein Geodreieck überprüfen könnt, ob es sich um einen rechten Winkel handelt.

6 Gib zu den Winkeln α, β, γ, δ und ε die Winkelart an.

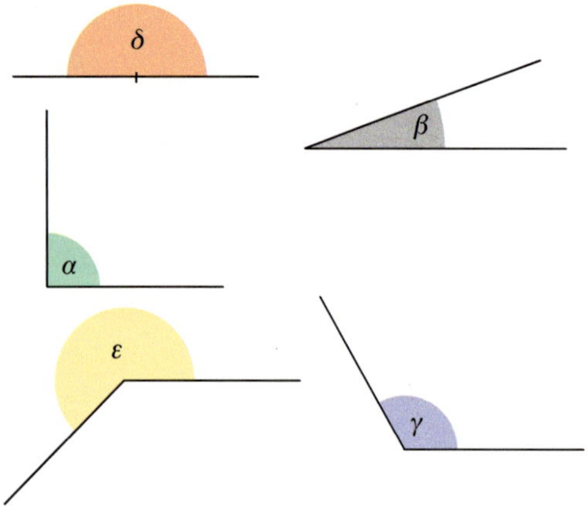

6 Gib für jeden Winkel in den Dreiecken und Vierecken an, ob es ein spitzer, rechter oder stumpfer Winkel ist.

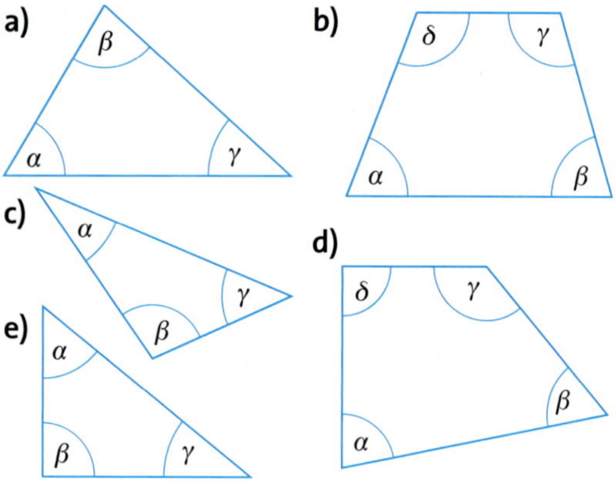

---

7 Zeichne verschiedene Vierecke. Tausche mit einem Partner und bestimme die Winkelarten in den Vierecken.

7 Begründe jeweils zeichnerisch.
Gibt es ein Viereck, bei dem alle Winkel spitz (alle Winkel stumpf) sind?

---

8 Ordne die verschiedenen Winkelgrößen den Winkeln α bis δ zu. Du musst dazu keine Winkel messen.
Begründe deine Vorgehensweise.
120°, 90°, 45°, 20°

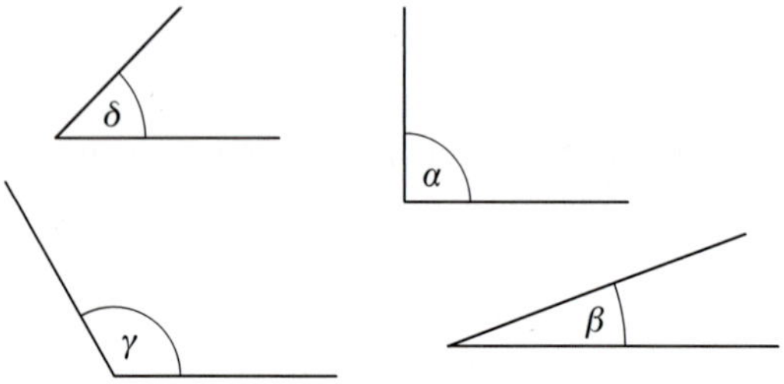

8 Gib für die Winkel α bis ε jeweils die Winkelart an.
Schätze die ungefähre Größe der Winkel.

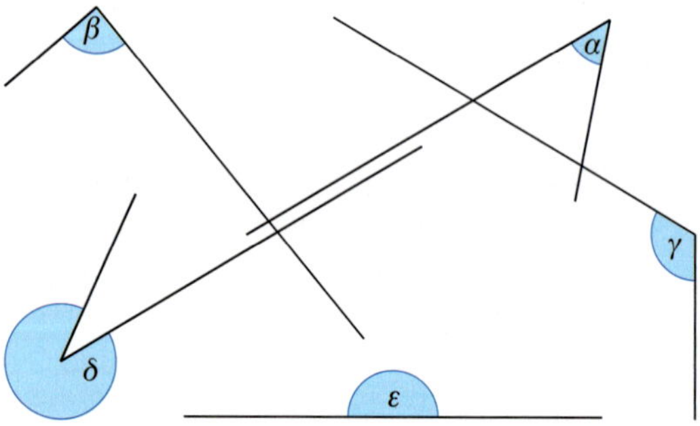

---

9 Welche Winkelarten bilden die Zeiger der Uhren?

a) 

b) 

c) 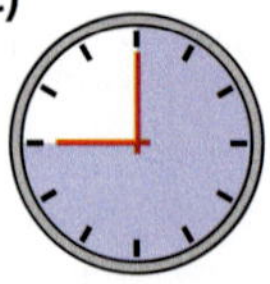

9 Die beiden Zeiger einer Uhr bilden zwei verschiedene Winkel.

a) Bestimme jeweils beide Winkelarten:
20:00 Uhr   6:00 Uhr   15:05 Uhr
10:30 Uhr   24:00 Uhr   3:45 Uhr

b) Finde für spitze, rechte, stumpfe und überstumpfe Winkel je zwei Uhrzeiten.

---

10 Ordne die folgenden Winkelgrößen den entsprechenden Winkelarten zu:
360°, 45°, 138°, 253°, 17°, 90°, 179°, 180°, 89°, 91°.

---

11 Erstelle einen Eintrag im Lerntagebuch oder Merkheft zum Thema „Winkelbezeichnungen".

a) Schreibe die ersten fünf griechischen Buchstaben groß ins Lerntagebuch.

b) Wie kannst du mehr als fünf Winkel unterschiedlich bezeichnen?

Winkel messen

Entdecken

1 Baut eine Winkelscheibe oder verwendet eine vorhandene.
Material für den Bau einer Winkelscheibe:
- zwei verschiedenfarbige Bogen Pappe (DIN A4)
- zwei Winkelskalen.

Anleitung:
① Klebt je eine Winkelskala auf die beiden Pappbogen. Färbt die Skalen passend zur Pappe mit Buntstiften. Schneidet die Skalen aus.
② Schneidet beide Scheiben vom Rand bis zur Mitte ein.
③ Steckt beide Scheiben ineinander. Achtet darauf, dass beide Winkelskalen oben sind.

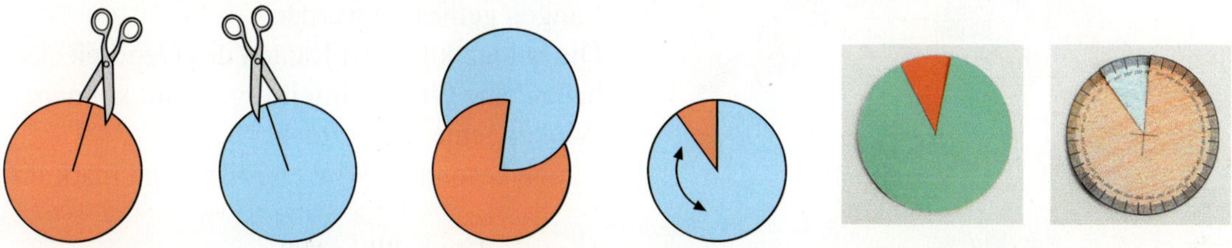

a) Stellt die folgenden Winkel an der Winkelscheibe ein: 90°, 45°, 180°, 75°, 235°.
b) Schätzt Winkel: Stell einen Winkel so ein, dass dein Partner oder deine Partnerin nur die farbige Seite der Winkelscheibe sehen kann. Er oder sie schätzt die Winkelgröße. Notiert in einer Tabelle die geschätzte Winkelgröße, die tatsächliche Winkelgröße und die Abweichung. Wechselt euch beim Schätzen ab.

Winkelgröße		Abweichung
geschätzt	gemessen	
70°	55°	15°

2 Tim misst den roten Winkel und meint: „Der Winkel beträgt 145°."
Lisa widerspricht: „Das kann nicht stimmen, die Winkelgröße beträgt 45°."
a) Was meint ihr?
b) Warum ist sich Lisa sicher, dass die Angabe 145° nicht stimmen kann?
c) Ist es möglich, dass der Winkel 135° groß ist?
d) Stellt eine Regel auf, mit der dieses Problem geklärt wird.

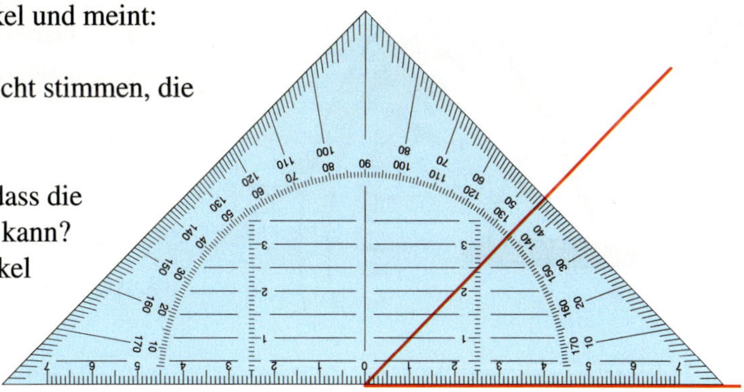

3 Übertrage die Winkel in dein Heft.
a) Bestimme jeweils die Winkelart.
b) Schätze die Winkelgröße.
c) Miss dann mit dem Geodreieck.
d) Wie bist du dabei vorgegangen? Achte dabei genau darauf, wo du das Geodreieck angelegt hast und wo du die Gradzahl abgelesen hast.

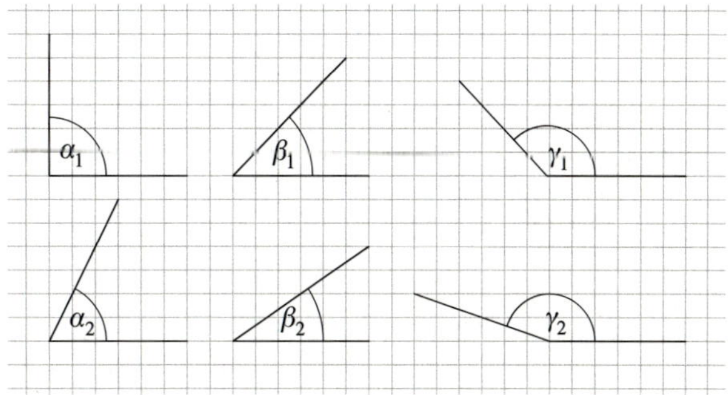

Verstehen

Um 15 Uhr erkennt man zwischen dem Stundenzeiger und dem Minutenzeiger genau einen rechten Winkel.

Sven möchte von Kai wissen, wie viel Grad der Winkel zwischen den beiden Zeigern um 15.05 Uhr beträgt.

HINWEIS
Prüfe, ob die Skalen auf deinem eigenen Geodreieck wie in der Abbildung verlaufen.

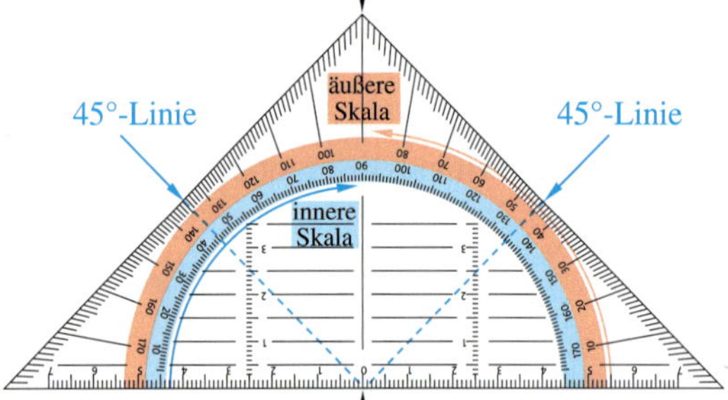

Kai zeigt Sven sein Geodreieck.
Die Grundkante des Geodreiecks zeigt eine **Zentimeter-Einteilung**, damit können Längen gemessen werden.
Die beiden kürzeren Kanten des Geodreiecks haben eine **Grad-Einteilung**, damit können Winkel gemessen werden.
Einige besondere Winkelgrößen sind markiert.

Kai legt das Geodreieck mit dem Nullpunkt auf den Scheitelpunkt und liest eine Winkelgröße von 60° auf der äußeren Skala ab.

HINWEIS
Winkel werden übrigens immer gegen den Uhrzeigersinn gemessen.

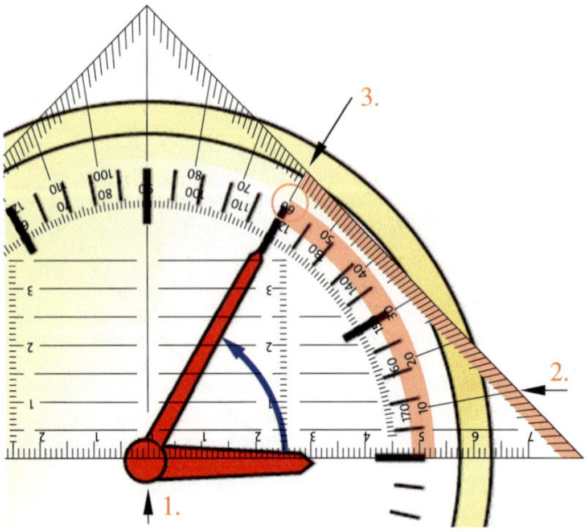

Merke Winkel werden mit dem Geodreieck gemessen. Dabei geht man in drei Schritten vor.

1. Anlegen: Der Nullpunkt des Geodreiecks und der Scheitelpunkt des Winkels liegen genau übereinander. Die Kante des Geodreiecks liegt genau auf dem 1. Schenkel.

2. Skala wählen: Die äußere Skala beginnt am 1. Schenkel mit 0°, also wird an der äußeren Skala abgelesen.

3. Ablesen: Die Winkelgröße beträgt 60°.

Um 21.05 Uhr kann zwischen den Zeigern ein stumpfer Winkel gemessen werden. Dabei kann der Winkel auf der äußeren oder der inneren Skala abgelesen werden.

HINWEIS
Manchmal muss man einen Schenkel zum Ablesen der Winkelgröße verlängern.

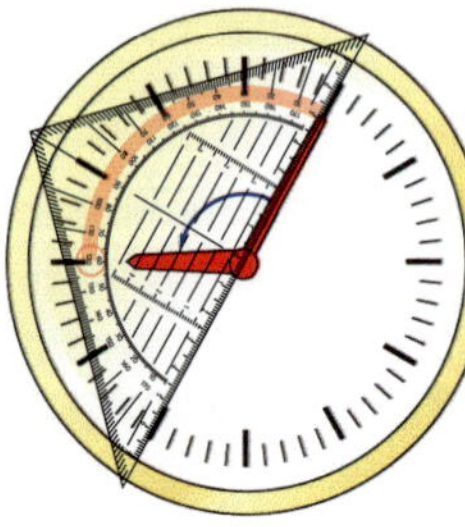

Beispiel 1
Die Grundkante liegt auf dem 1. Schenkel.

Der Winkel wird auf der **äußeren Skala** abgelesen.

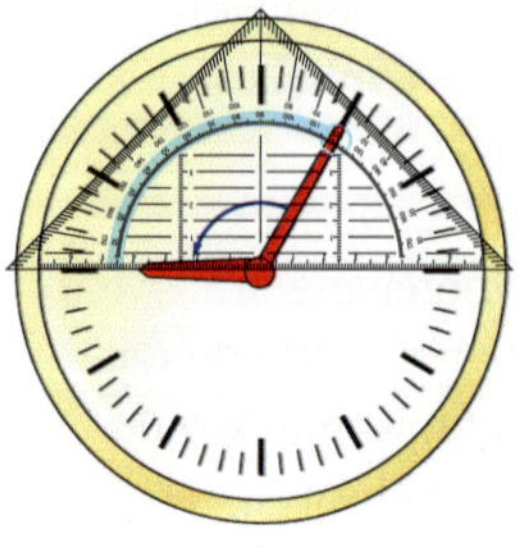

Beispiel 2
Die Grundkante liegt auf dem 2. Schenkel.

Der Winkel wird auf der **inneren Skala** abgelesen.

Üben und anwenden

1 Wie groß sind die Winkel? Lies die Größe am Geodreieck ab.

a)

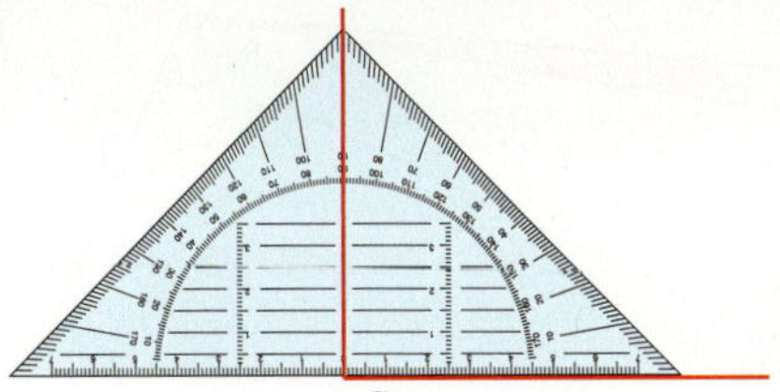

b)

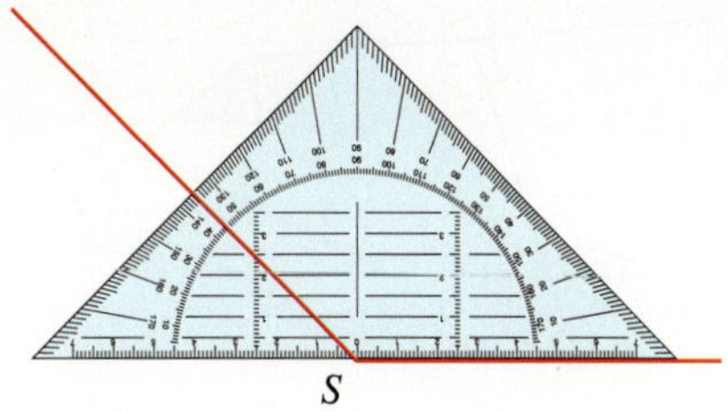

2 Miss die Größe der einzelnen Winkel und bestimme die Winkelart.

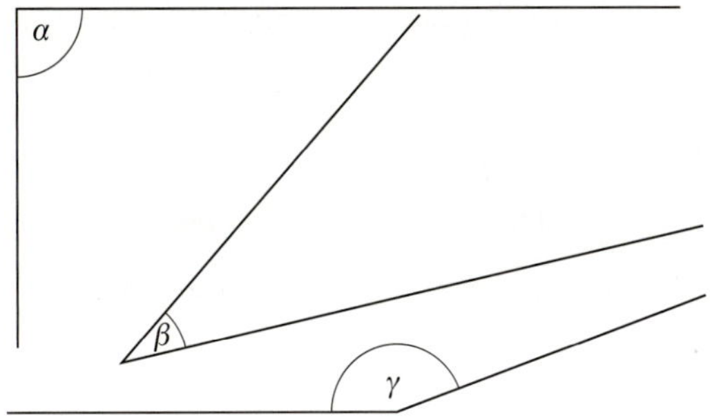

2 Gib für jeden Winkel die Winkelart an. Miss anschließend die Größe der einzelnen Winkel. Überprüfe, ob das Ergebnis zur Winkelart passt.

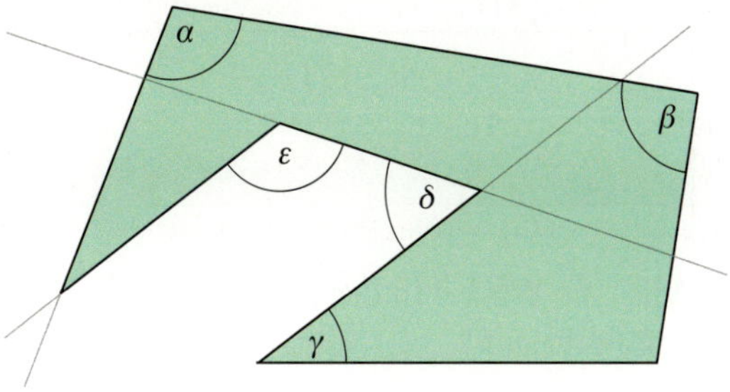

3 Zeichne das Dreieck ABC in ein Koordinatensystem. Wähle als Einheit ein Kästchen. Miss die Größe der Winkel innerhalb des Dreiecks und schreibe sie auf.

a) $A(1|5)$, $B(15|0)$, $C(7|10)$

b) $A(5|3)$, $B(15|3)$, $C(10|17)$

c) $A(2|2)$, $B(15|7)$, $C(0|11)$

3 Zeichne das Viereck $ABCD$ in ein Koordinatensystem. Wähle als Einheit ein Kästchen. Miss die Größe der Winkel innerhalb des Vierecks und schreibe sie auf.

a) $A(4|11)$, $B(7|2)$, $C(10|11)$, $D(7|15)$

b) $A(2|4)$, $B(15|4)$, $C(21|10)$, $D(8|10)$

c) $A(2|1)$, $B(18|1)$, $C(12|8)$, $D(4|8)$

4 Betrachte die Summe der Innenwinkel.

a) Miss die Winkel des Dreiecks und addiere ihre Größen.
Miss die Winkel des Vierecks und addiere ihre Größen.

b) Vergleiche die Winkelsumme beider Figuren. Was stellst du fest?

c) Überprüfe deine Feststellung mit den Winkelsummen aus Aufgabe 3.

①

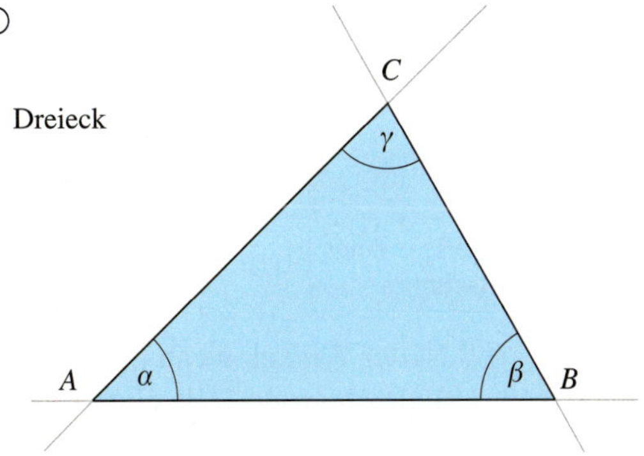

②

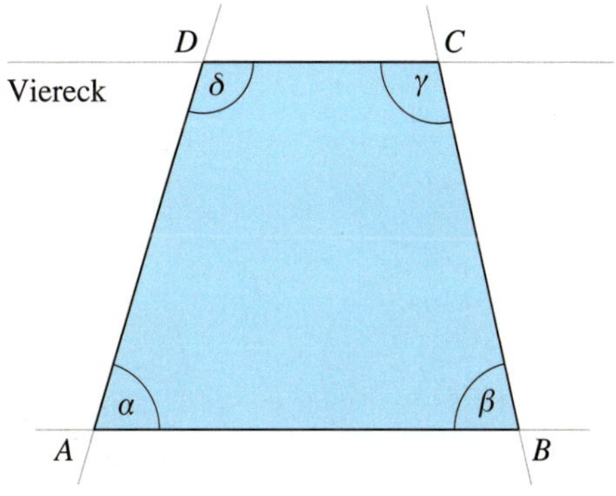

5 Vergleiche die Winkel der Größe nach. Trage die Zeichen „>, < und =“ im Heft ein.

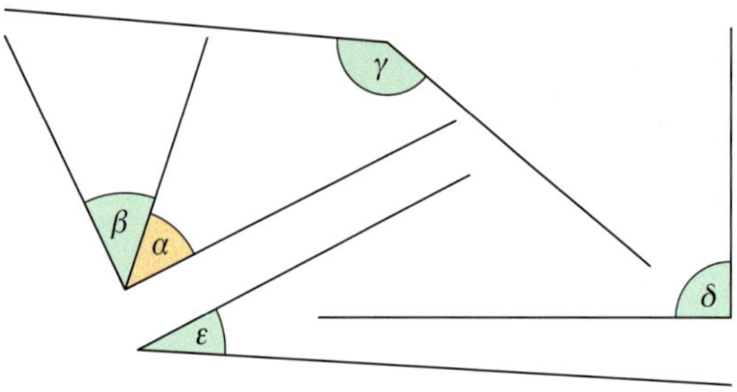

5 Miss die Winkel und ordne sie der Größe nach. Beginne mit der kleinsten Winkelgröße.

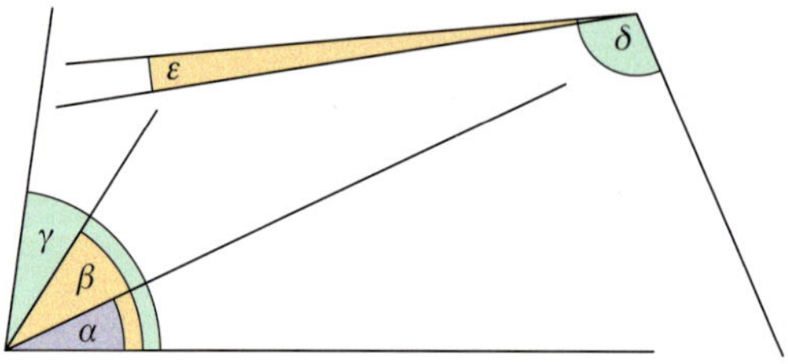

BEISPIEL

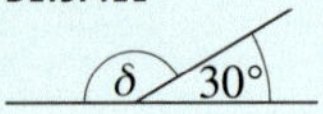

$\delta = 180° - 30°$
$\delta = 150°$

6 Berechne die Größe des Winkels.

a)
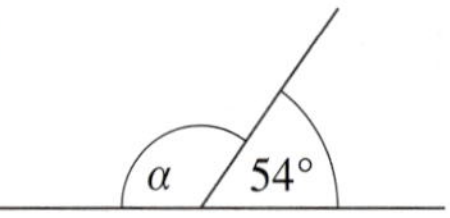

b)
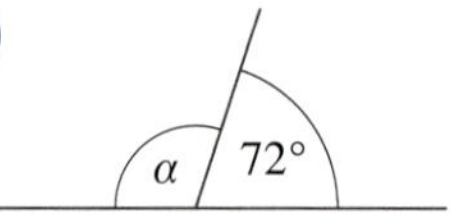

c)
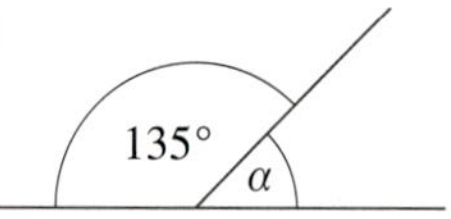

d)
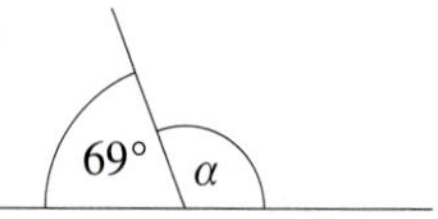

e)
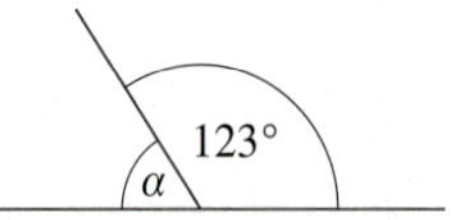

f)
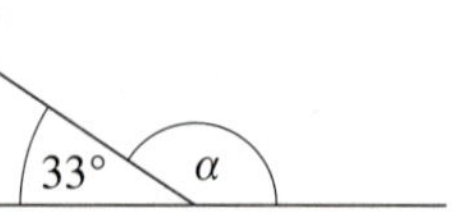

g)
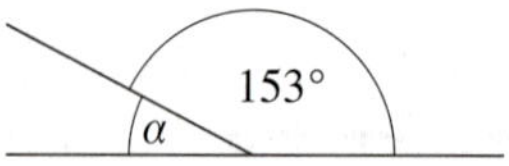

h)
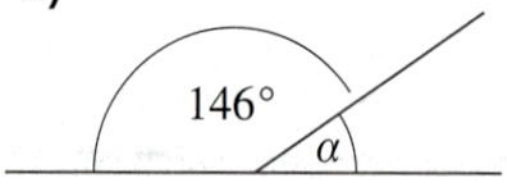

7 Miss die Winkel in der Zeichnung. Übertrage die Tabelle in dein Heft und fülle diese aus. Was fällt dir auf?

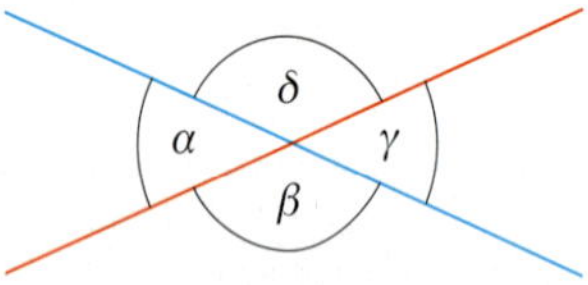

α	β	γ	δ

8 Bestimme die Größe des Winkels α. Jeder der Kreise wurde in gleich große Teile zerlegt.
Beschreibe, wie man die Größe des Winkels α berechnen kann.

a)
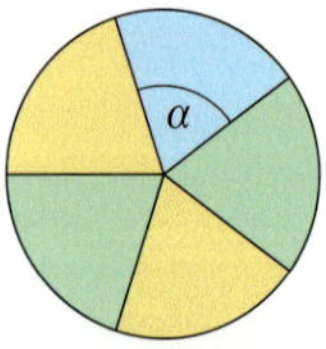

b)
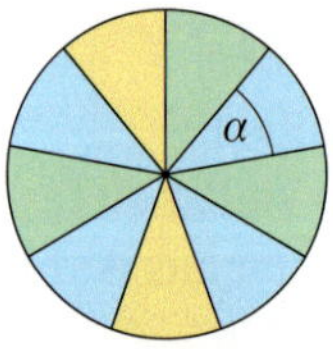

c)
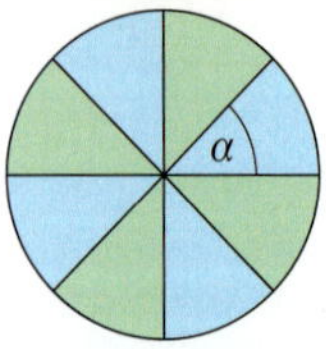

d)
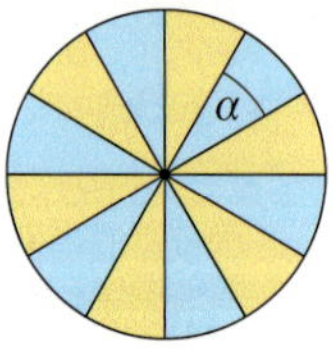

e)
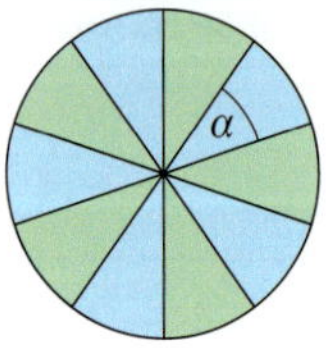

f)
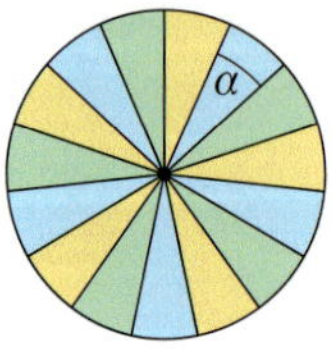

NACHGEDACHT
Stell dir vor, man vergrößert die Kreise in Aufgabe 8 (bei gleicher Einteilung). Wie ändert sich dann die Größe der Winkel?

8 Zeichne auf ein Blatt Papier einen Kreis und schneide ihn aus. Falte ihn einmal, zweimal, dreimal usw. wie in den Bildern.

①
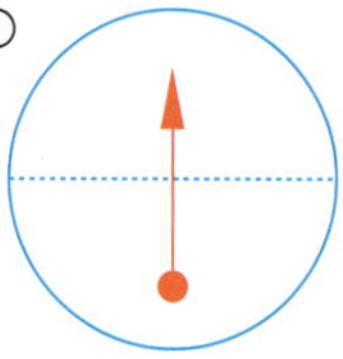

②
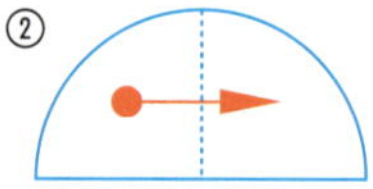

③
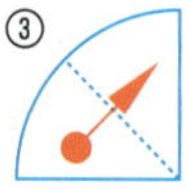

a) Gib nach jedem Falten an, wie groß die Winkel der entstandenen Kreisausschnitte sind.
Fülle dazu die Tabelle im Heft aus.

Anzahl der Kreisausschnitte	2	4		
Winkelgröße α eines Kreisausschnitts	180°			

b) Wie groß ist der Winkel, wenn du ihn in 10 (12, 18) gleich große Teile einteilst?

c) Wie kann man die Größe von α berechnen?

Winkel zeichnen

Entdecken

1 Welche Winkel könnt ihr mit einem Geodreieck leicht zeichnen? Untersucht dazu z. B. die Ecken des Geodreiecks und besondere Linien. Präsentiert eure Ergebnisse.

rechte Winkel | stumpfe Winkel | spitze Winkel | gestreckte Winkel | überstumpfe Winkel | Vollwinkel

2 Übertrage das Sternbild „Großer Wagen“ so genau wie möglich in dein Heft. Beschreibe, wie du dabei vorgehst.

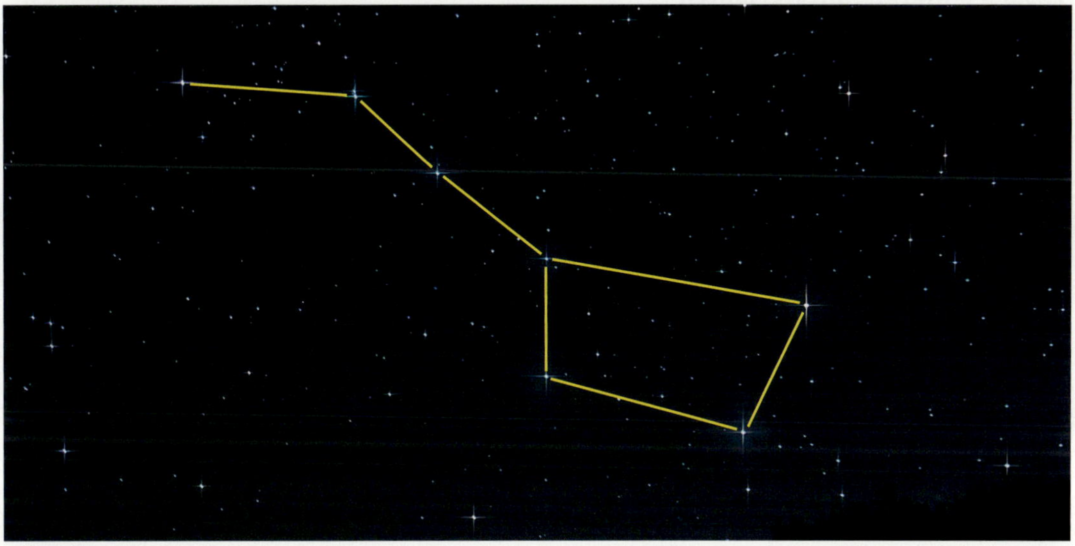

3 Auf dem Geodreieck sind drei verschiedene Skalen farblich gekennzeichnet. Erkläre, wofür die drei Skalen jeweils gebraucht werden. Werden alle drei Skalen beim Zeichnen von Winkeln verwendet? Begründe.

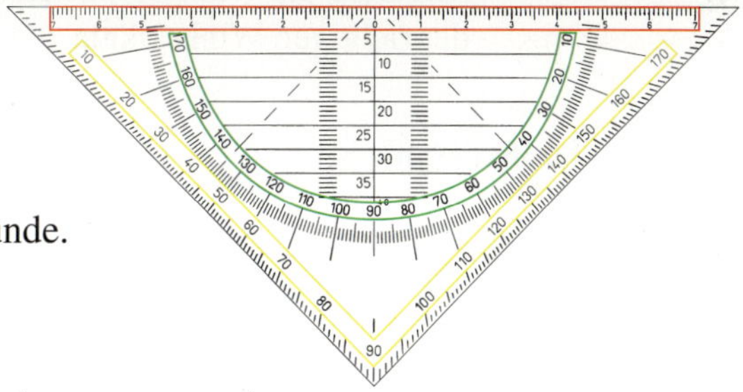

4 Zeichne folgende Winkel.

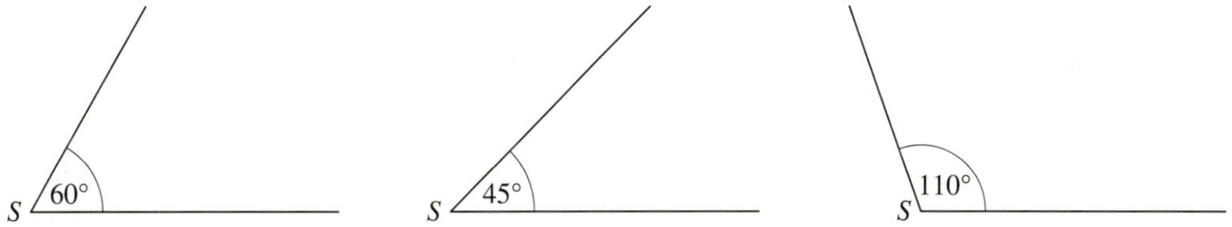

a) Zeichne die Winkel zunächst freihand, also ohne Lineal oder Geodreieck.
b) Zeichne sie dann mit einem Geodreieck:
Zeichne dazu zunächst einen Schenkel und den Scheitelpunkt.
Achte genau darauf, wo du den Nullpunkt des Geodreiecks anlegst und mithilfe welcher Skala du die Winkelgröße in Grad anträgst.
c) Vergleiche deine Ergebnisse aus a) und b).

Verstehen

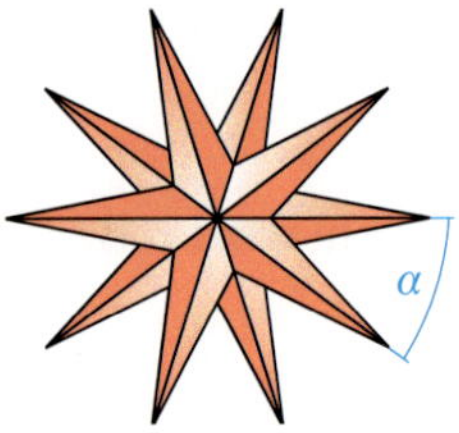

Die Theater-AG braucht für das Bühnenbild ihrer nächsten Aufführung viele regelmäßige Sterne.
Rainer und Jeanine haben eine Vorlage bekommen und wollen einige Sterne auf Tonpapier zeichnen. Dafür messen sie zuerst alle benötigten Winkel und zeichnen mit dem Geodreieck.

Merke Winkel werden mit dem Geodreieck gezeichnet.
Dabei geht man nach dem **Markierungsverfahren** oder dem **Drehverfahren** vor.

Beispiel 1 Markierungsverfahren

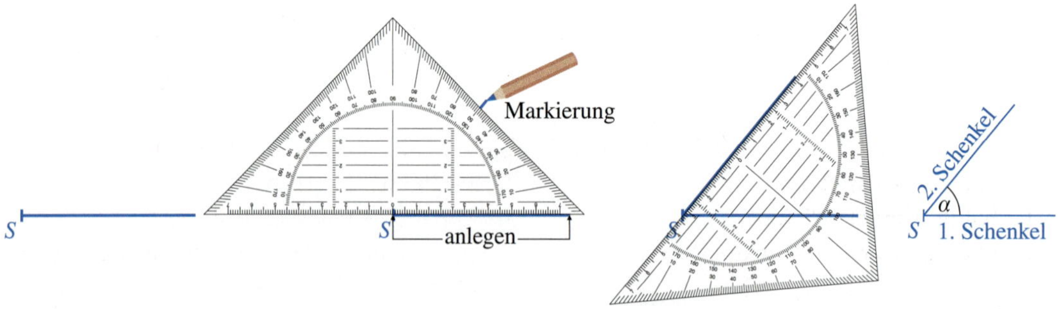

HINWEIS
Überprüfe deine gezeichneten Winkel stets mit deinem Wissen über Winkelarten.

1. Schritt:
Zeichne den 1. Schenkel und markiere den Scheitelpunkt.

2. Schritt:
Lege die Grundkante des Geodreiecks an den 1. Schenkel. Achte darauf, dass der Nullpunkt genau auf dem Scheitelpunkt liegt.
Markiere die Winkelgröße an der richtigen Winkelskala.

3. Schritt:
Verbinde deine Markierung mit dem Scheitelpunkt.

4. Schritt:
Beschrifte den Winkel.

Beispiel 2 Drehverfahren

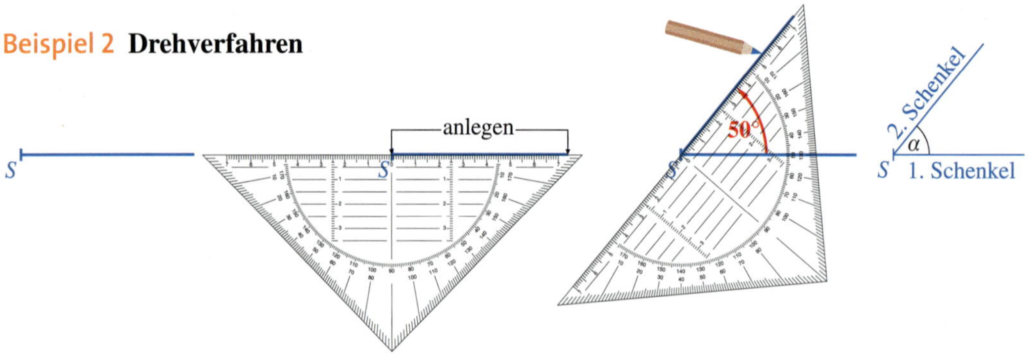

1. Schritt:
Zeichne den 1. Schenkel und markiere den Scheitelpunkt.

2. Schritt:
Lege die Grundkante des Geodreiecks an den 1. Schenkel. Das Geodreieck zeigt dabei nach unten. Achte darauf, dass der Nullpunkt genau auf dem Scheitelpunkt liegt.

3. Schritt:
Drehe das Geodreieck so weit, bis die Winkelgröße auf der Skala am 1. Schenkel erscheint.
Zeichne vom Scheitelpunkt aus den 2. Schenkel.

4. Schritt:
Beschrifte den Winkel.

Üben und anwenden

1 Zeichne einen spitzen, rechten, stumpfen und gestreckten Winkel ins Heft.
Beschrifte die Winkel und gib die Winkelgröße an.
Vergleiche dein Ergebnis mit deinem Partner oder deiner Partnerin.

2 Zeichne die Winkel ins Heft.
Beginne deine Zeichnung mit dem ersten Schenkel, markiere den Scheitelpunkt, …

a) 30° b) 65° c) 78° d) 27° e) 86°
f) 105° g) 135° h) 139° i) 164° j) 6°

2 Zeichne eine Gerade g und einen Punkt P auf der Geraden g. Trage den angegebenen Winkel im Scheitelpunkt P ab.

a) 37° b) 72° c) 156° d) 129° e) 12°
f) 177° g) 91° h) 89° i) 55° j) 7°

3 Stellt verschiedene Winkel an der Winkelscheibe ein und zeichnet sie ins Heft.
Wechselt euch beim Einstellen des Winkels ab.

Rückseite

Vorderseite

4 Zeichne wenn möglich ein Dreieck mit den folgenden Eigenschaften ins Heft.

a) Es hat drei spitze Winkel.
b) Es hat einen rechten Winkel.
c) Es hat zwei rechte Winkel.
d) Es hat einen stumpfen Winkel.

Vergleicht eure Dreiecke.
Was fällt euch auf?

4 Zeichne ein Viereck mit den folgenden Eigenschaften ins Heft.

a) Es hat einen stumpfen Winkel.
b) Es hat einen stumpfen und drei spitze Winkel.
c) Es hat zwei stumpfe und zwei spitze Winkel.
d) Es hat mindestens zwei rechte Winkel.

5 Übertrage die Dreiecke mit den angegebenen Maßen in dein Heft.

a) Beginne mit der Strecke $\overline{AB} = 5\,\text{cm}$.
Trage bei A den Winkel α und bei B den Winkel β an, γ ergibt sich.
① $\alpha = 105°$, $\beta = 15°$
② $\alpha = 67°$, $\beta = 67°$
③ $\alpha = 90°$, $\beta = 29°$
b) Miss jeweils die Winkelgröße von γ.
c) Addiere die drei Winkelgrößen.
Was stellst du fest?

Beispiel

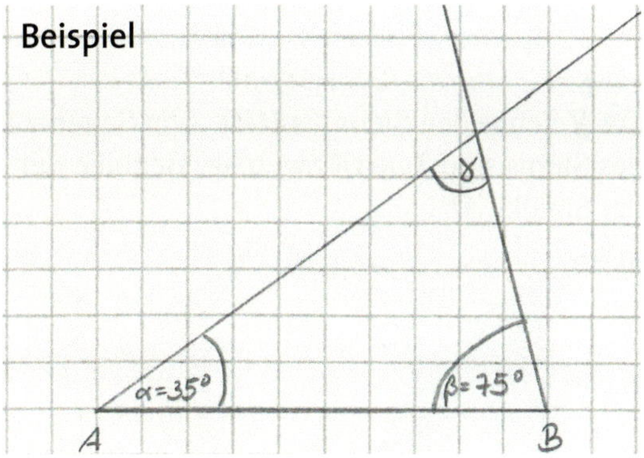

6 Zeichne die folgenden Winkel mit demselben Scheitelpunkt so oft aneinander, dass ein stumpfer Winkel entsteht.
Wie viele Winkel musst du mindestens aneinander zeichnen?

a) 40° b) 30° c) 25° d) 20°

7 Zeichne ins Heft.

a) Die Straßen kreuzen sich in einem Winkel von 90°.
b) Die Pizza hat sechs gleich große Stücke.
c) Das Flugzeug hebt mit einem Winkel von 30° ab.

7 Zeichne ins Heft.

a) Er schießt in einem Winkel von 90° auf das Tor.
b) Die Torte hat zehn gleich große Stücke.
c) Der schiefe Turm von Pisa ist 55 m hoch und neigt sich um 4°.

HINWEIS ZU 7c)
Überlege dir einen geeigneten Maßstab.

ERINNERE DICH
Eine Halbgerade hat einen Anfangspunkt, aber keinen Endpunkt.

8 Übertrage die Halbgeraden in dein Heft. Trage im Scheitelpunkt folgende Winkel ab:
S_1: $\alpha = 24°$; S_2: $\beta = 65°$; S_3: $\gamma = 105°$

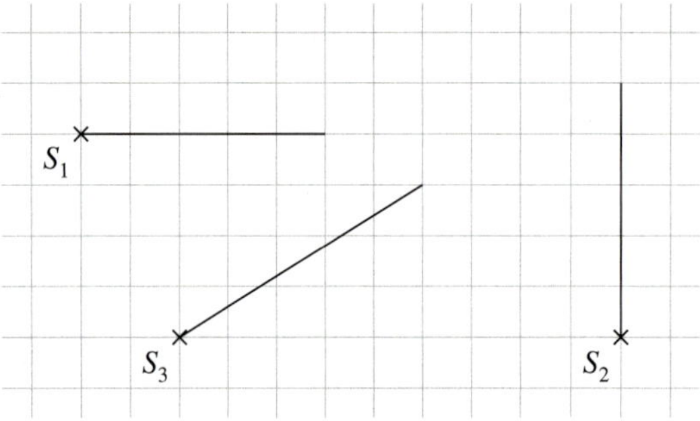

8 Übertrage die Halbgeraden in dein Heft. Trage im Scheitelpunkt folgende Winkel ab:
S_1: $\alpha = 91°$; S_2: $\beta = 122°$; S_3: $\gamma = 156°$

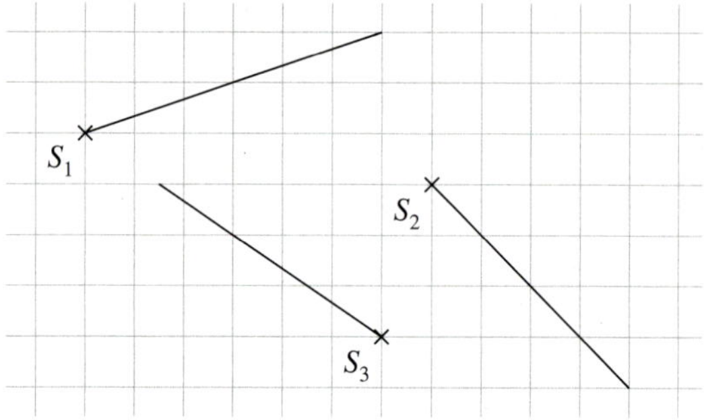

9 Wie weit ist das Schiff von den Leuchttürmen A und B entfernt?
Ermittle die Entfernungen zeichnerisch.
Zeichne 1 cm für 1 km und miss.

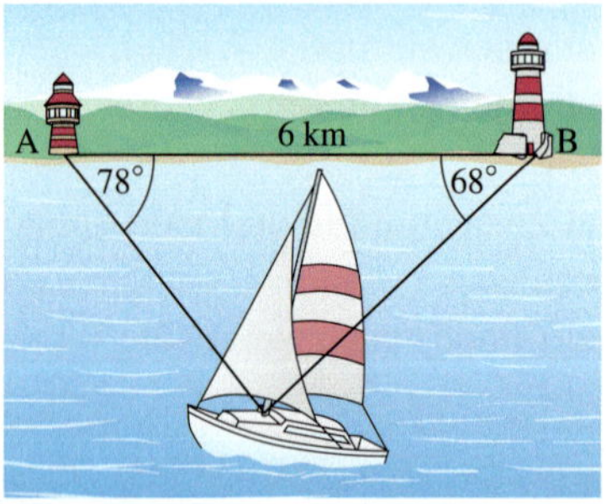

9 Der Baum wirft einen 6 m langen Schatten. Die Sonnenstrahlen bilden dabei mit dem Boden einen Winkel von 40°.

a) Zeichne das Dreieck ins Heft (1 m entspricht 1 cm).
b) Bestimme die Höhe des Baums.
c) Wie lang ist der Schatten, wenn die Sonnenstrahlen mit dem Boden einen Winkel von 55° bilden?

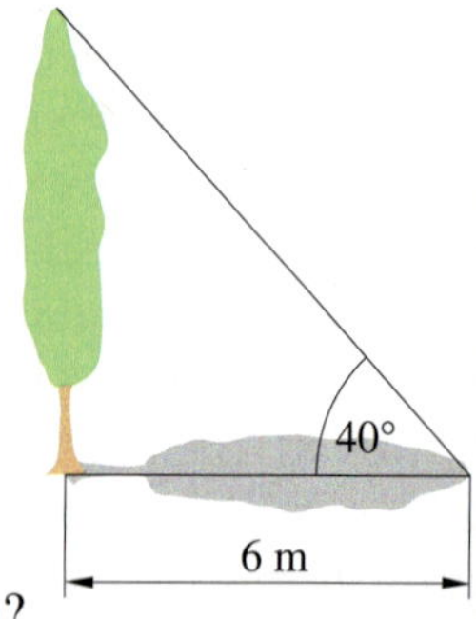

10 Zeichne den Stern ins Heft. Alle Seiten des Sterns sind 3 cm (4 cm) lang. Beginne mit der Strecke $\overline{AB}$.

a)

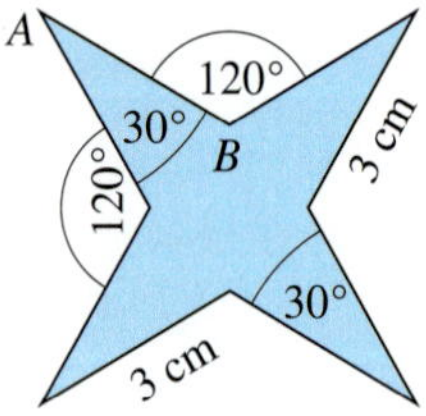

b)

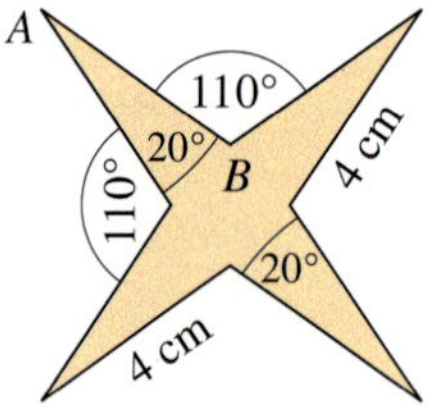

10 Zeichne das Segelboot ins Heft.
Beginne mit der Strecke $\overline{AB}$.

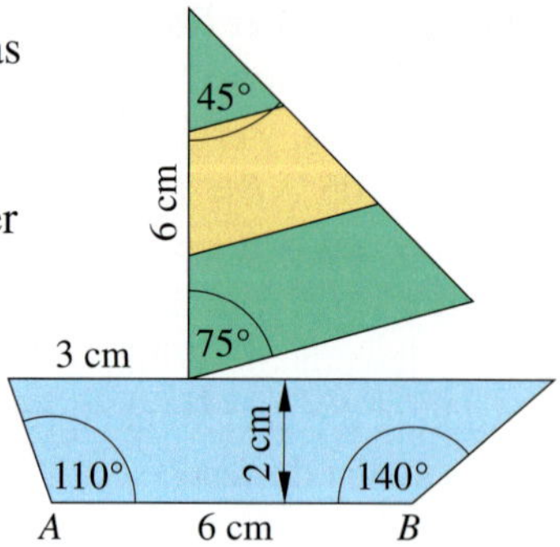

11 Zeichne den Drachen nach.
Beginne mit der Strecke $\overline{AB}$.

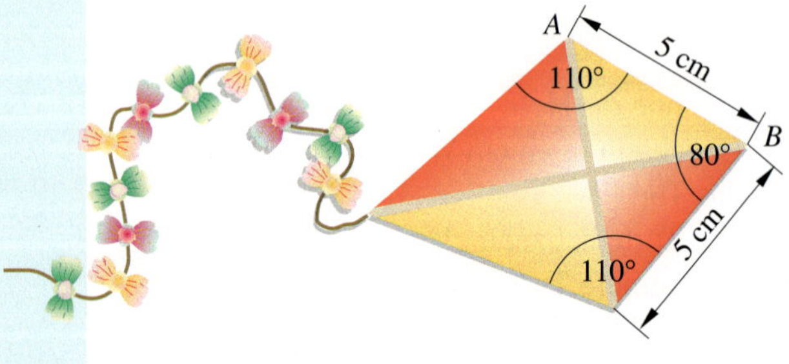

11 Überlege dir zuerst, wie du vorgehst.

a) Zeichne einen Winkel von 123°. Teile ihn auf in zwei Winkel. Der eine Winkel soll 24° messen. Wie viel Grad misst der zweite Winkel?
b) Zeichne einen Winkel von 88°. Unterteile ihn in zwei gleich große Winkel.
c) Zeichne einen Winkel von 86° und daran anschließend einen Winkel von 112°. Wie groß sind beide Winkel zusammen?

Methode: Überstumpfe Winkel messen und zeichnen

Mit einem Geodreieck kann man auch überstumpfe Winkel (Winkel > 180°) messen und zeichnen.
Da die Winkelskala auf dem Geodreieck aber nur bis 180° reicht, ist dazu ein Zwischenschritt nötig.

Ein überstumpfer Winkel α kann in einen gestreckten Winkel (180°) und einen anderen Teilwinkel (< 180°) zerlegt werden.

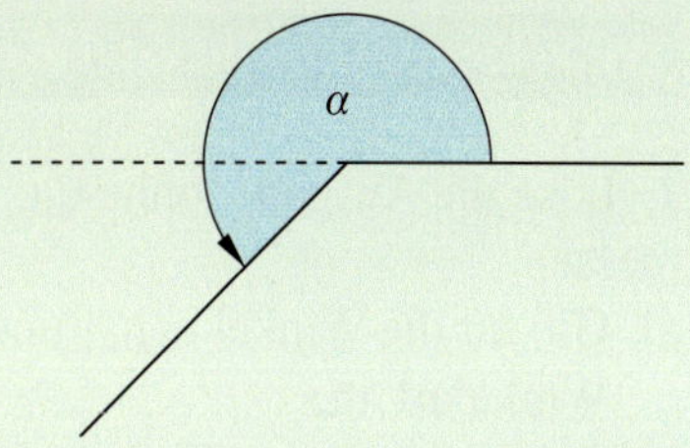

Messen von überstumpfen Winkeln

① Lege den Nullpunkt des Geodreiecks auf den Scheitelpunkt. Dabei schaut die Spitze des Geodreiecks nach unten.

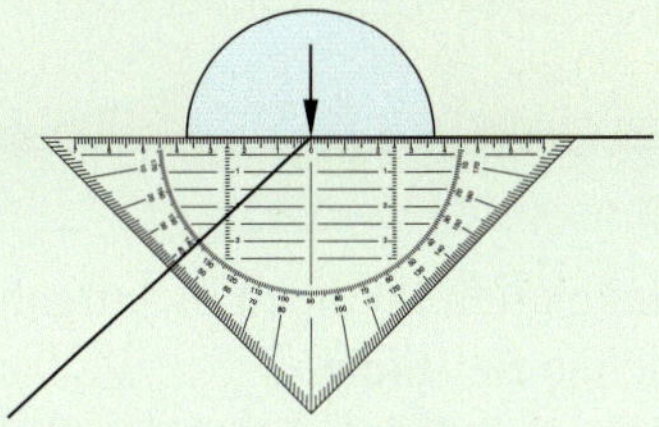

② Lies die Winkelgröße des kleinen Teilwinkels ab. Dazu misst du die Winkelgröße bis zum 2. Schenkel. Achte auf die richtige Skala.

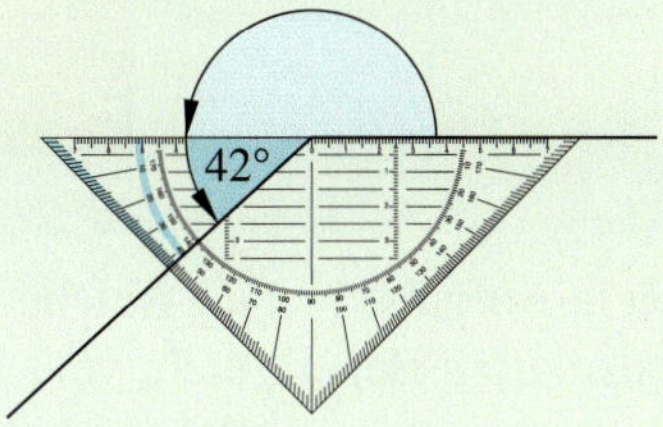

③ Addiere die Winkelgröße von beiden Teilwinkeln: 180° + 42° = 222°

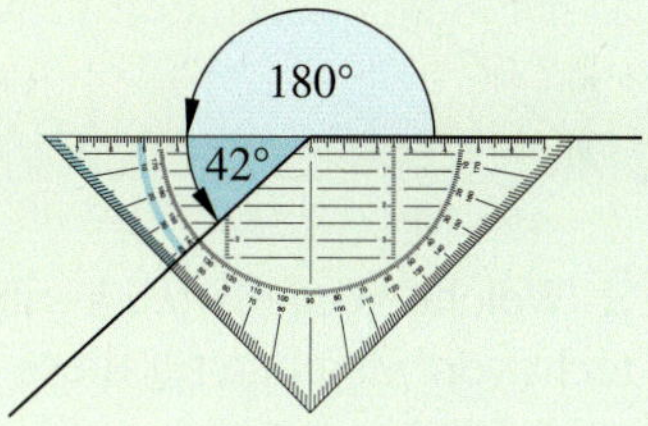

HINWEIS
Zum Beispiel ergänzen sich ein überstumpfer Winkel und ein stumpfer Winkel zum Vollwinkel. Daher kann man auch 360° – 222° = 138° berechnen und dann einen Winkel von 138° zeichnen.

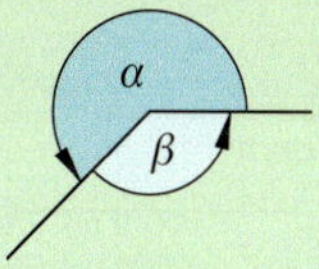

Zeichnen von überstumpfen Winkeln

① Ein Winkel von 287° wird gezeichnet. Berechne die Größe des Teilwinkels: 287° – 180° = 107°

② Lege das Geodreieck mit dem Nullpunkt auf den Scheitelpunkt. Dabei zeigt die Spitze des Geodreiecks nach unten.

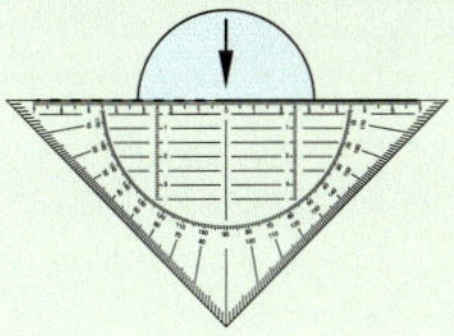

③ Zeichne den Winkel mit 107° ein. Achte dabei auf die richtige Skala.

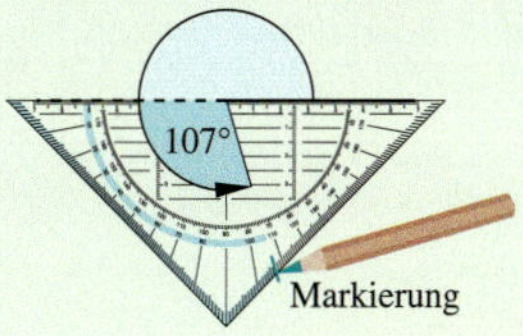

④ Beschrifte die Zeichnung.

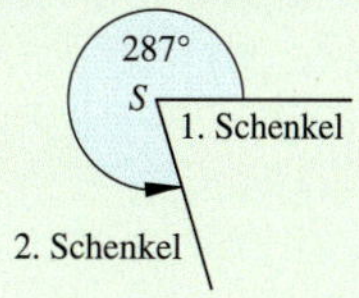

1 Miss die folgenden Winkel.

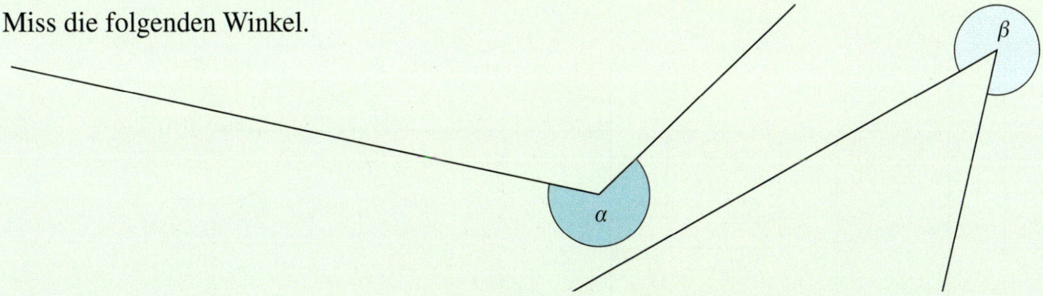

2 Zeichne Winkel mit den Größen 280°, 295°, 325°, 310° und 250° in dein Heft.

Klar so weit?

→ Seite 50

Winkel erkennen und Winkelarten beschreiben

1 Löse die Aufgabe, ohne die Winkel zu messen.

a) Gib für die Winkel α, β, γ und δ die jeweilige Winkelart an.

b) Zeichne zu jeder Winkelart zwei weitere Vertreter in dein Heft.

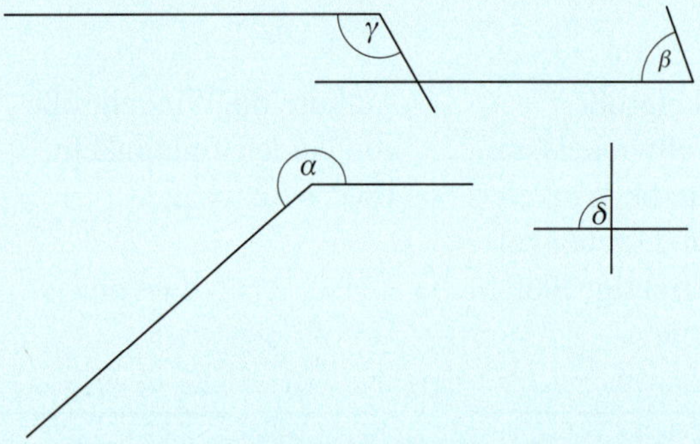

1 Zeichne die Figur in dein Heft.

a) Beschrifte alle Winkel innerhalb der Figur mit α_1 bis α_6.

b) Nenne alle in der Figur vorhandenen Winkelarten. Schätze ihre Größe.

c) Entwirf selbst solch eine Figur.
Lass deinen Lernpartner die Innenwinkel schätzen.

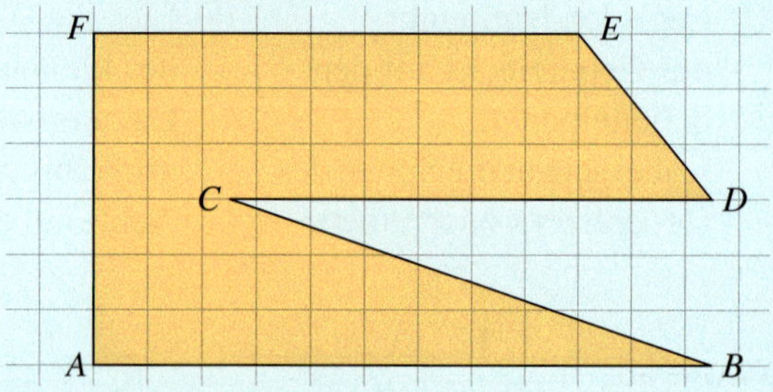

2 Welche Winkelarten kommen in Aufgabe 1 nicht vor? Zeichne für diese Winkelarten Beispiele und benenne sie.

2 Welche Winkelarten kommen in Aufgabe 1 nicht vor? Zeichne Beispiele.
Warum kommen diese Winkel nicht vor?

→ Seite 54

Winkel messen

3 Miss die Größe der Winkel in Aufgabe 1.

3 Miss die Größe der Winkel in Aufgabe 1.

4 Übertrage die Tabelle zu dem unten abgebildeten Haus in dein Heft. Gib die Winkelarten an und schätze die Größe der Winkel, bevor du misst.

Winkel	Winkelart	geschätze Größe	gemessene Größe
α_1			

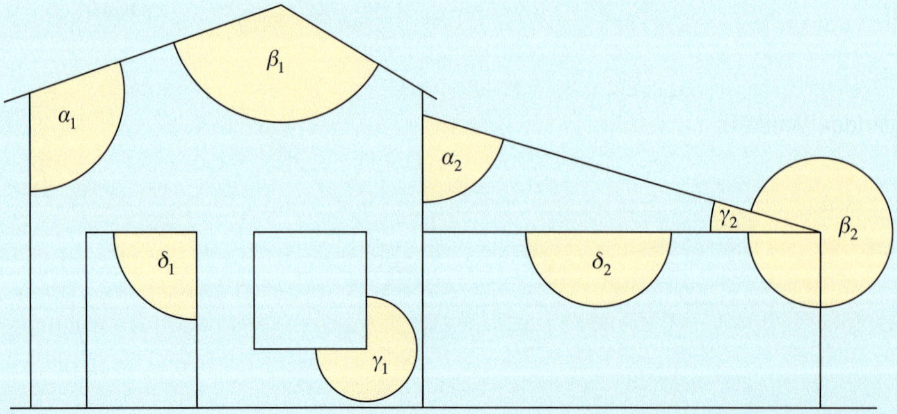

5 Schätze zunächst die Größe der Winkel und miss dann jeweils die beiden Winkel und den gesamten Winkel, der sich aus den beiden farbig markierten Winkeln ergibt.

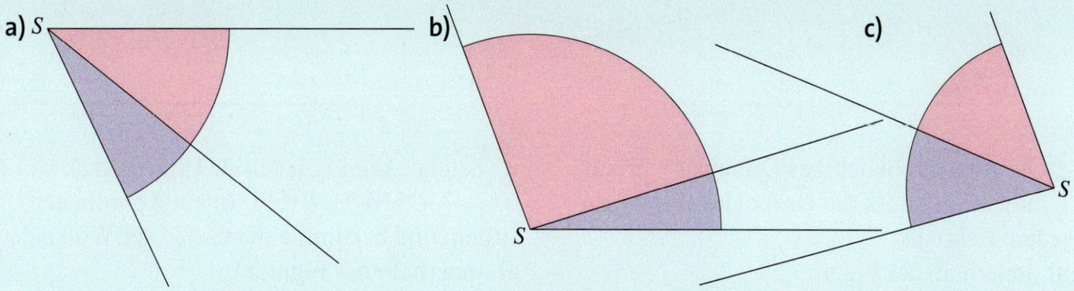

Winkel zeichnen

→ Seite 58

6 Zeichne jeweils eine Gerade g und einen Punkt P, der auf der Geraden g liegt.
Trage in P den Winkel mit der gegebenen Größe ab.
- **a)** spitze Winkel: 30°, 40°, 70°
- **b)** rechter Winkel
- **c)** stumpfe Winkel: 120°, 165°, 95°
- **d)** gestreckter Winkel

6 Zeichne jeweils eine Gerade g und einen Punkt P, der auf der Geraden g liegt.
Trage in P den Winkel mit der gegebenen Größe ab.
- **a)** 5°, 39°, 66°, 73°
- **b)** 154°, 161°, 93°, 111°
- **c)** 48°, 98°, 84°, 121°
- **d)** rechter Winkel, gestreckter Winkel

7 Zeichne das Dreieck mit den Eckpunkten $A(1|5)$, $B(7|1)$ und $C(5|8)$ in ein Koordinatensystem. Wähle als Einheit zwei Kästchen auf Karopapier.
Miss die Größe der Winkel innerhalb der Figur und schreibe sie ins Heft.

7 Zeichne das Viereck $ABCD$ in ein Koordinatensystem (1 LE = 1 cm):
$A(2|10)$; $B(7|1)$; $C(10|10)$; $D(7|16)$.
Miss die Größe der Winkel innerhalb der Figur.
Schreibe sie ins Heft.

8 Tiere haben unterschiedliche Gesichtsfelder. Zeichne die Gesichtsfelder der Tiere ins Heft. Benutze zum Zeichnen deinen Zirkel.
- **a)** Hamster 110°
- **b)** Pferd 270°
- **c)** Leopard 180°
- **d)** Frosch 340°
- **e)** Falke 300°
- **f)** Fliege 360°

Beispiel Hund 260°

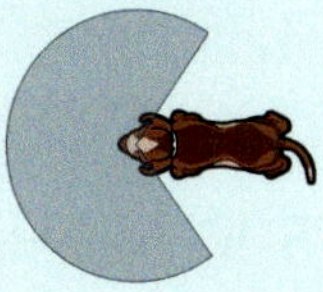

9 Zeichne das Dreieck mit den angegebenen Maßen in dein Heft. Wie groß ist der dritte Winkel?

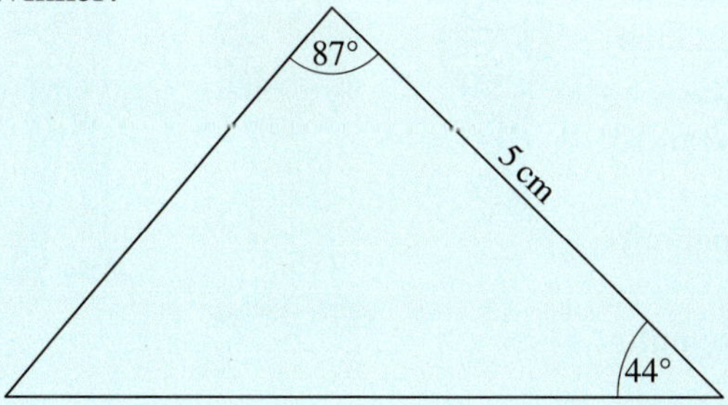

9 Zeichne den Briefumschlag mit den angegebenen Maßen in dein Heft.

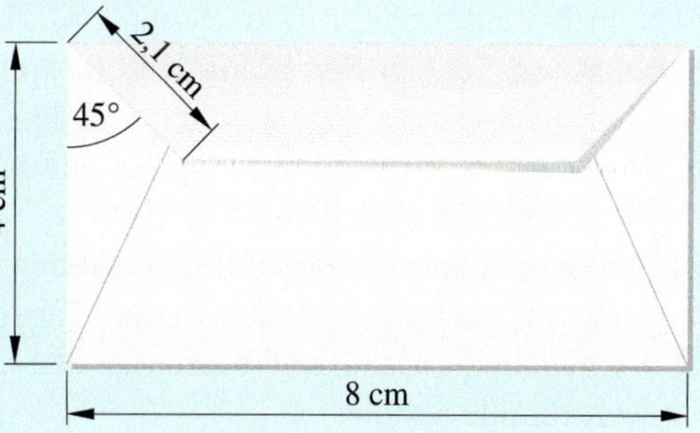

Vermischte Übungen

1 Miss die Winkel und zeichne sie in dein Heft.

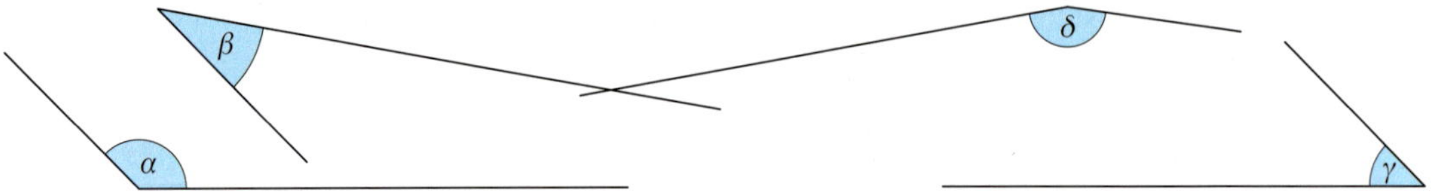

2 Zeichne ein beliebiges Dreieck (Viereck, Fünfeck) und miss die Größe der Winkel an jedem Eckpunkt …

a) innerhalb der Figur,

b) außerhalb der Figur.

2 Zeichne die Figur mit $A(1|5)$, $B(2|2)$, $C(7|1)$, $D(10|7)$, $E(5|8)$ in ein Koordinatensystem und bestimme die Größe der Winkel …

a) innerhalb der Figur,

b) außerhalb der Figur.

3 Zeichne die Winkel ins Heft.

a) 180°, 30°, 90°, 120°

b) Zwei der Winkel ergeben zusammen einen weiteren der angegebenen Winkel. Zeichne die beiden Winkel so nebeneinander, dass dieser Winkel entsteht.

3 Zeichne die folgenden Winkel so oft mit demselben Scheitelpunkt aneinander, dass ein überstumpfer Winkel entsteht. Wie viele Winkel musst du jeweils mindestens aneinanderzeichnen?

a) 45° **b)** 38° **c)** 55° **d)** 72°

4 Berechne die Größe der Winkel. Überprüfe dein Ergebnis durch Messen.

a)

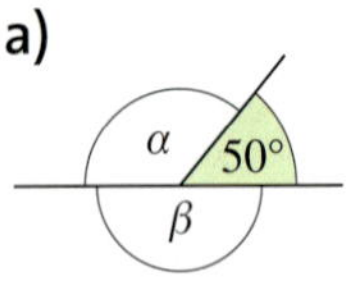

b)

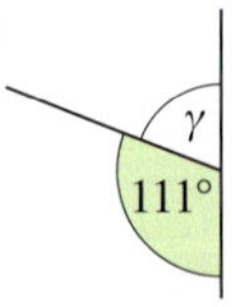

c)

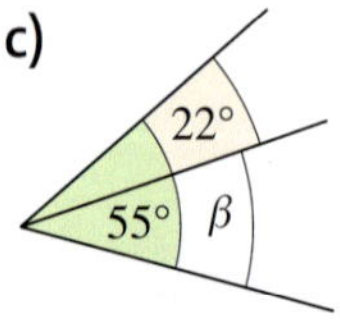

d)

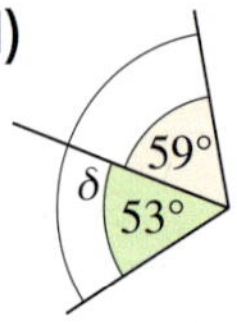

4 Berechne die Größe der Winkel.

a)

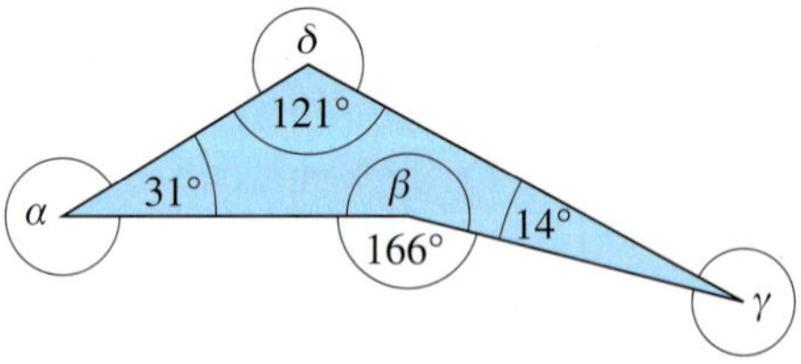

b)

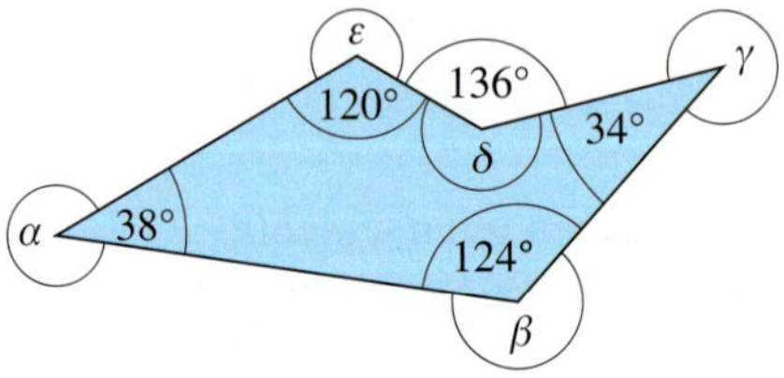

5 Überprüft in der Klasse, wie groß euer Gesichtsfeld ist. Schüler A steht auf einem markierten Punkt und schaut gerade nach vorn. Schüler B nähert sich von hinten im seitlichen Abstand von einem Meter. Sobald Schüler A Schüler B wahrnimmt, ruft er „Stopp". Markiert den Standort von Schüler B z. B. mit Kreide. Nun nähert sich Schüler C im selben Abstand von der anderen Seite.

a) Messt aus den markierten Punkten auf dem Boden das Gesichtsfeld von Schüler A in Grad.

b) Wiederholt den Versuch mit den anderen Gruppenmitgliedern und tragt die Werte in eine Tabelle ein.

c) Vergleicht die Daten und berechnet den Durchschnittswert für alle Schüler.

6 Betrachte die Richtungsänderungen am Kompass.
Gehe dabei immer im Uhrzeigersinn vor.

a) Was für eine Winkelart ergibt sich bei dem eingezeichneten 120°-Winkel?

b) Welche Winkelarten ergeben sich bei den folgenden Richtungsänderungen?
① N → SO
② NO → W
③ W → N
④ N → SW
⑤ NW → NO
⑥ S → SO

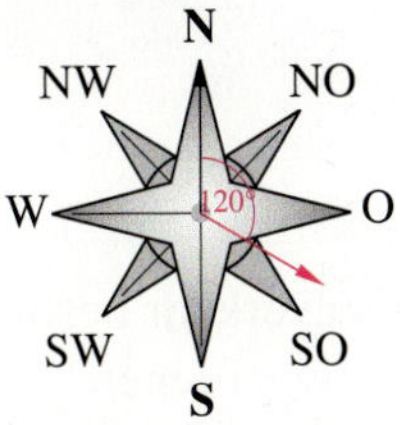

c) Gib die Richtungsänderungen aus a) als Gradzahl an.
Beispiel N → SO entspricht einer Änderung um 135°.

6 Auf dem Kompass siehst du eine Skala von 0° bis 360° und in der Mitte eine Windrose.

a) Gib Winkelart und Größe des Winkels an, der im Uhrzeigersinn zwischen der ersten und der zweiten Himmelsrichtung liegt.
① O nach S
② SO nach SW
③ NO nach S
④ NO nach NW
⑤ NW nach S

b) Welche Himmelsrichtung zeigt der Kompass an, wenn sich die Nadel von N …
① um 25° nach links dreht,
② um 140° nach rechts dreht,
③ um 50° nach rechts dreht?

---

7 Ein Flugzeug fliegt in Richtung Nordwesten.
Es ändert seinen Kurs um 45° nach Süden. In welche Richtung fliegt das Flugzeug jetzt?

7 Ein Fischkutter fährt in Richtung Südosten. Er ändert seinen Kurs um 45° in nördliche Richtung und dann um 90° in südliche Richtung. Welchen Kurs hat er nun?

---

8 Beim Speerwurf ist es wichtig, einen bestimmten Abwurfwinkel zu erreichen.

a) Messt, in welchem Winkel die drei Sportler den Speer werfen. Welcher Speer wird am weitesten fliegen? Diskutiert zu zweit und begründet eure Vermutung.

b) Nennt weitere Sportarten, bei denen Winkel eine Rolle spielen. Um welche Winkelart handelt es sich jeweils?

---

9 Miss alle Innenwinkel der Figuren.
Entscheide dich für eine Figur und setze sie im Heft zu einem Muster fort.

①
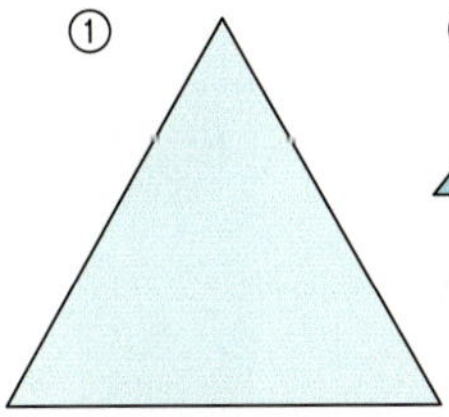

②
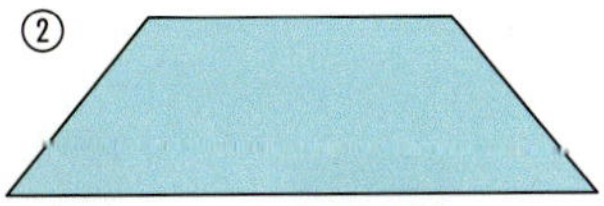

9 Zeichne einen Winkel $\alpha = 36°$ mit einer Schenkellänge von 5 cm in dein Heft.
Benenne den Scheitelpunkt mit S_1 und das Ende des 2. Schenkels mit S_2. Trage bei S_2 einen Winkel $\alpha = 36°$ an und markiere auf dem neuen 2. Schenkel nach 5 cm S_3 usw.
Welche Form entsteht?
Nach wie vielen Strecken landest du beim Ausgangspunkt?

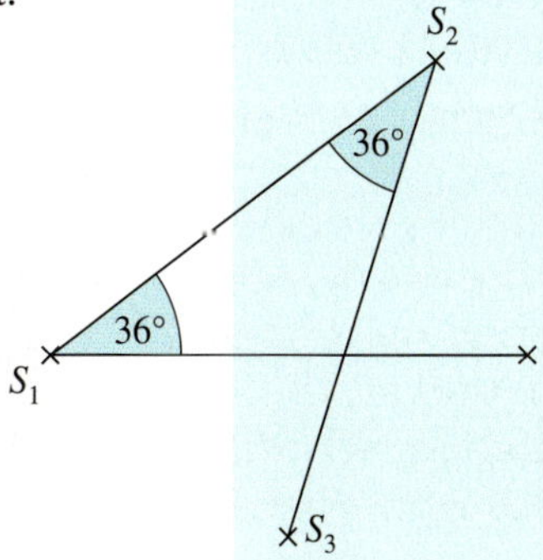

HINWEIS
Wittern ist ein anderes Wort für riechen.

10 Wegen der vielen natürlichen Feinde des Feldhasen sind seine Sinne gut ausgeprägt.

a) Bestimme die Winkel, in denen der Feldhase sehen, wittern und hören kann.

b) Schau dir die Abbildung des Hasen an. Erkläre die Größe des Hör- und Sehwinkels aufgrund seines Körperbaus.

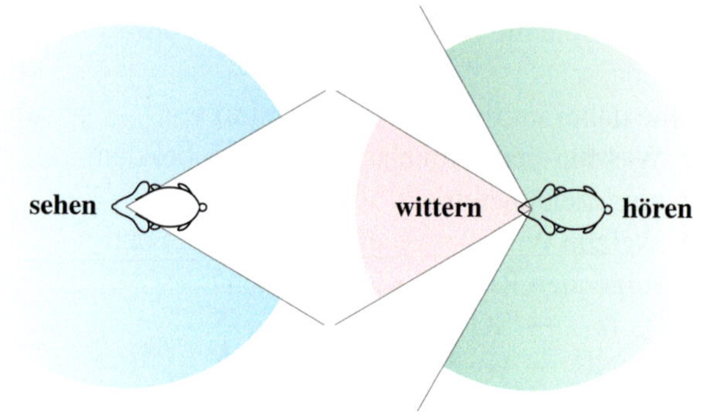

11 Kinder im Alter von etwa 6 Jahren sind im Straßenverkehr besonders stark gefährdet, weil ihr Sehwinkel um ein Drittel kleiner ist als bei Erwachsenen.

a) Wie groß ist der Sehwinkel bei einem sechsjährigen Kind?

b) Berechne, um wie viel Grad der Sehwinkel für ein sechsjähriges Kind kleiner ist, wenn der Winkel für einen Erwachsenen etwa 180° beträgt.

c) Zeichne beide Winkel aus a) und b) mit einem gemeinsamen Scheitelpunkt und einem gemeinsamen Schenkel ins Heft.

d) Emma behauptet, dass ein Erwachsener aufgrund des erweiterten Sehwinkels Dinge sehen kann, die ein Kind nicht sieht. Begründe mithilfe deiner Zeichnung.

12 Fotografen benutzen bei ihrer Arbeit verschiedene Objektive, um besondere Bildeffekte zu erreichen. Jedes Objektiv erfasst einen bestimmten Winkel.

a) Miss in der Zeichnung jeweils den maximalen Bildwinkel.

b) Ordne jedem Foto das Objektiv zu, mit dem es aufgenommen wurde.

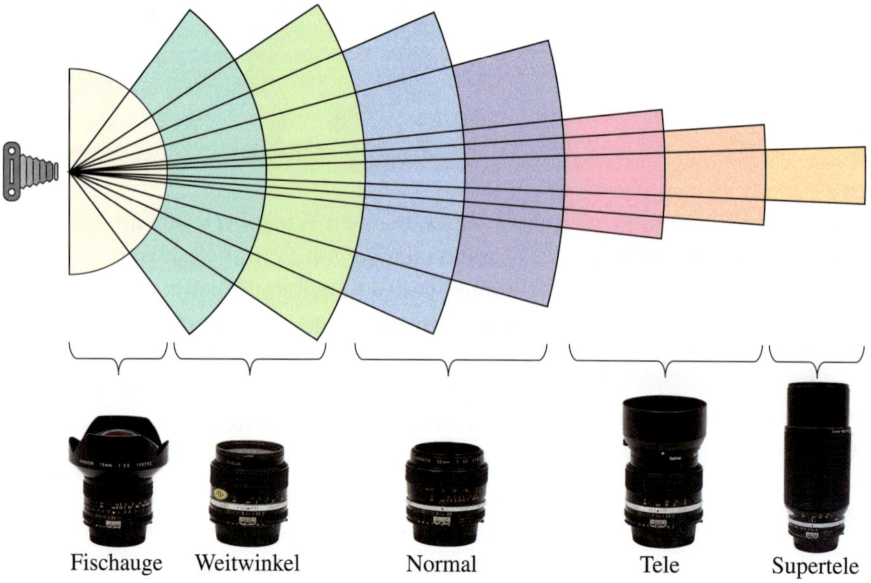

Zusammenfassung

Winkel erkennen und Winkelarten beschreiben

→ Seite 50

Ein **Winkel** wird durch zwei Halbgeraden begrenzt, die **Schenkel**, die vom **Scheitelpunkt** ausgehen. Das Winkelmaß ist **Grad** (°).

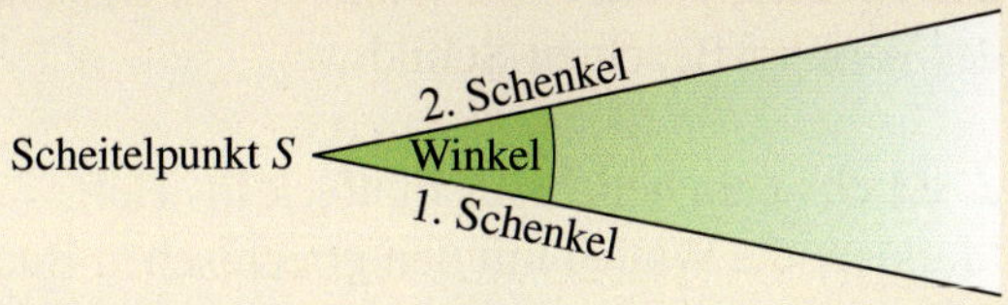

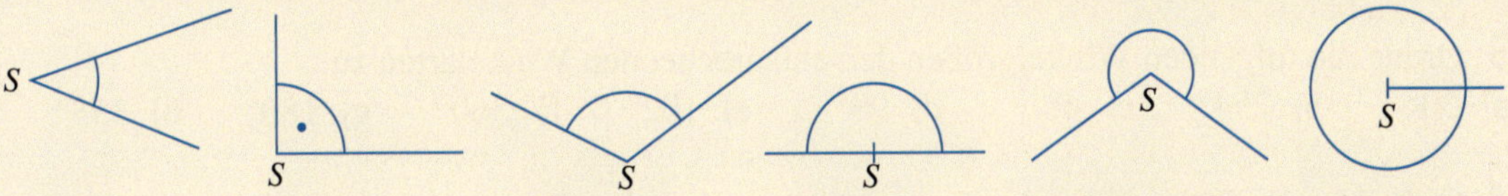

spitzer Winkel
größer als 0°, kleiner als 90°

rechter Winkel
genau 90°

stumpfer Winkel
größer als 90°, kleiner als 180°

gestreckter Winkel
genau 180°

überstumpfer Winkel
größer als 180°, kleiner als 360°

Vollwinkel
genau 360°

Winkel messen

→ Seite 54

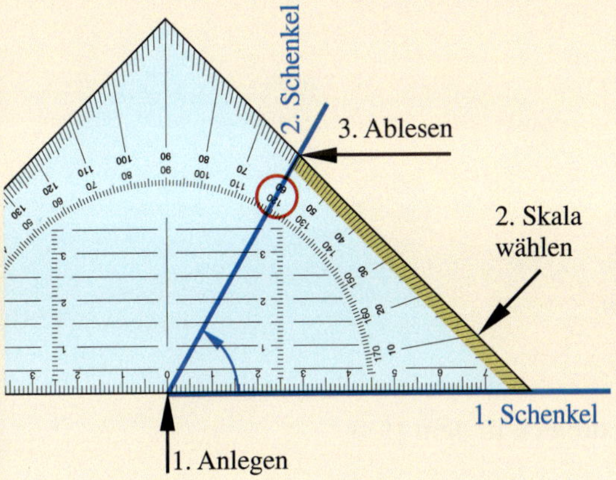

1. Anlegen:
Der Nullpunkt des Geodreiecks und der Scheitelpunkt des Winkels liegen genau übereinander. Die Kante des Geodreiecks liegt genau auf dem 1. Schenkel.

2. Skala wählen:
Hier beginnt die äußere Skala am 1. Schenkel mit 0°, also wird an der äußeren Skala abgelesen.

3. Ablesen:
Die Größe des Winkels beträgt 60°.

Winkel zeichnen

→ Seite 58

Markierungsverfahren
Der Nullpunkt liegt auf dem Scheitelpunkt. Markiere die Winkelgröße an der richtigen Skala und verbinde.

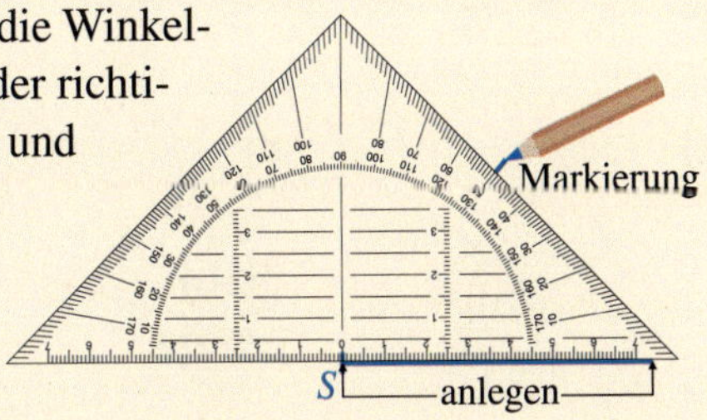

Drehverfahren
Das Geodreieck wird bis zur gewünschten Gradzahl um den Nullpunkt gedreht.

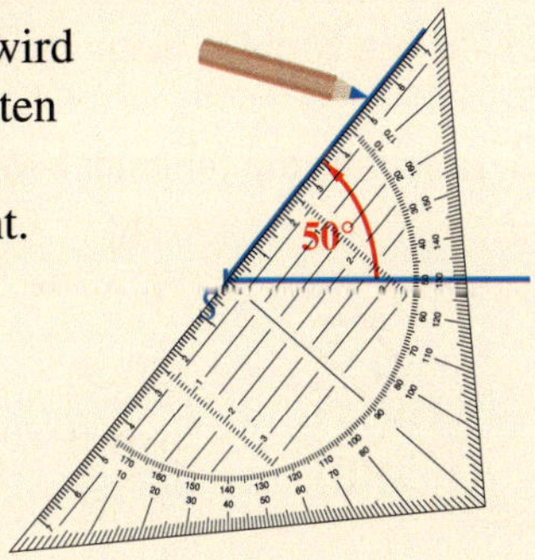

Teste dich!

2 Punkte

1 Erkläre die Begriffe „Schenkel eines Winkels“ und „Scheitelpunkt eines Winkels“ am Beispiel des Vorfahrt-Beachten-Schilds.

5 Punkte

2 Zeichne ein beliebiges Fünfeck ins Heft.
Markiere die Winkel mit den griechischen Buchstaben alpha, beta, gamma, delta und epsilon.

8 Punkte

3 Ordne die folgenden Winkelgrößen den entsprechenden Winkelarten zu.
a) 30° **b)** 254° **c)** 4° **d)** 90° **e)** 102° **f)** 360° **g)** 180° **h)** 335°

3 Punkte

4 Ordne den Winkeln α, β und γ die zugehörige Winkelgröße zu.

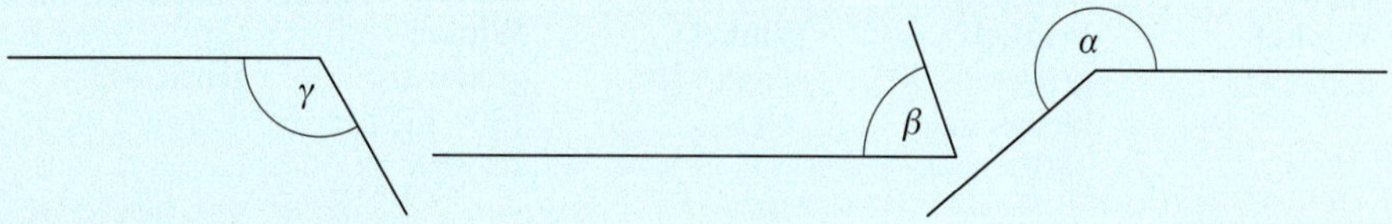

70°
120°
220°

3 Punkte

5 Miss die Winkelgrößen.

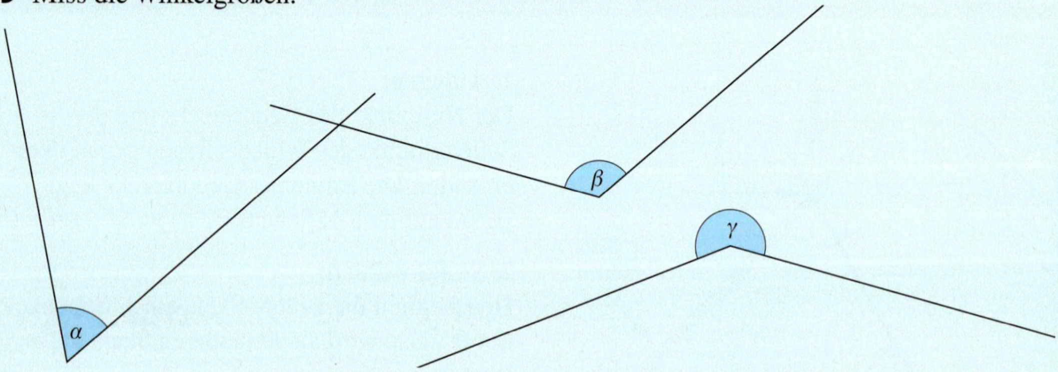

8 Punkte

6 Zeichne die gegebenen Winkel mit einem Geodreieck in dein Heft.
Beschrifte sie und gib die Winkelart an.
a) 15° **b)** 35° **c)** 99° **d)** 120° **e)** 147° **f)** 185° **g)** 244° **h)** 350°

2 Punkte

7 Zeichne einen Kreis in dein Heft.
Wie groß sind jeweils die Winkel am Mittelpunkt des Kreises, wenn …
a) du den Kreis in sechs gleich große Kreisausschnitte teilst?
b) du den Kreis in neun gleich große Kreisausschnitte teilst?

4 Punkte

8 Berechne die fehlenden Winkelgrößen.

a)
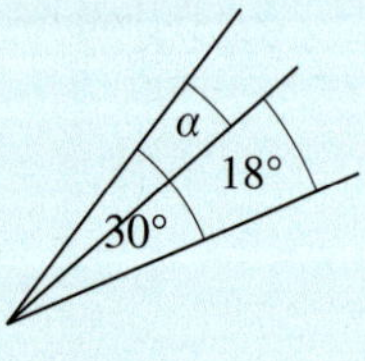

b)
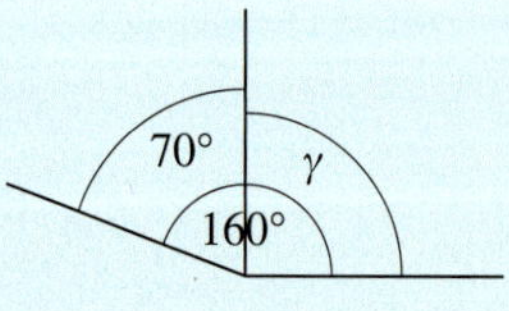

c)
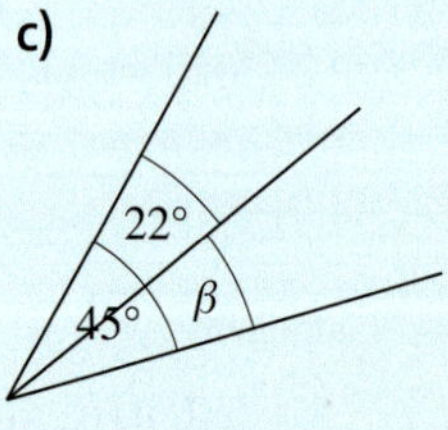

d)
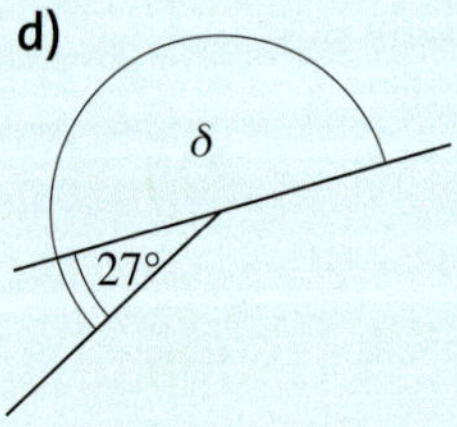

Gold: 32–35 Punkte, Silber: 27–31 Punkte, Bronze: 21–26 Punkte

Lösungen ab Seite 212

Dezimalbrüche – Umwandeln, Addieren und Subtrahieren

Der Anteil des Wassers am menschlichen Körper beträgt 60%.
Das Gehirn hat einen Anteil von 2%.
Die Muskelmasse nimmt 40% ein
und nur 12% entfallen auf das Skelett.

7,5 Milliarden Menschen leben auf der Erde.
1,4 Milliarden leben allein in China.
Nur 0,08 Milliarden wohnen in Deutschland.

Noch fit?

Einstieg

1 Stellenwerttafel
Übertrage die Tabelle in dein Heft. Trage die Zahlen 56; 4983; 110976 und 70004 ein.

Tausender			Einer		
T	T	T	H	Z	E

Aufstieg

1 Stellenwerttafel
Zeichne eine Stellenwerttafel in dein Heft und trage die Zahlen ein.

a) 64 b) 709
c) 1804 d) 33789
e) 698873 f) 110005
g) 6213687 h) 406883729

2 Bruchteile ausmalen
Übertrage die Flächen in dein Heft und male den angegebenen Flächenteil farbig aus. Findest du mehrere Möglichkeiten?

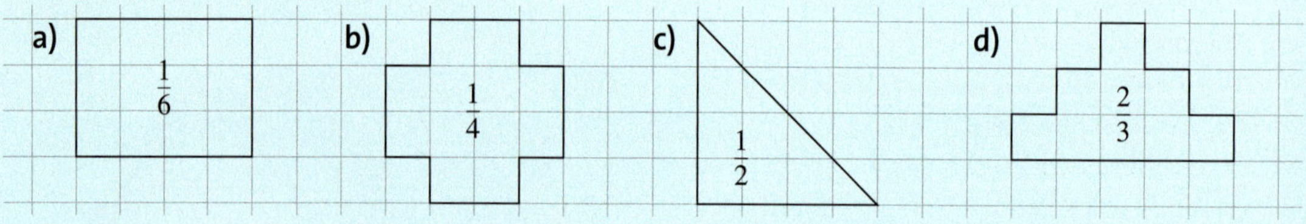

Einstieg

3 Bruchteile von Größen
a) $\frac{1}{4}$ m = $\blacksquare$ cm b) $\frac{3}{5}$ kg = $\blacksquare$ g c) $\frac{3}{4}$ h = $\blacksquare$ min

4 Brüche kürzen
Kürze die Brüche auf Zehntel.
Wie hast du gekürzt?

a) $\frac{8}{40}$ b) $\frac{49}{70}$ c) $\frac{18}{60}$ d) $\frac{30}{50}$

5 Brüche erweitern
Erweitere auf den angegebenen Nenner.
Mit welcher Zahl hast du erweitert?

a) $\frac{1}{2}; \frac{1}{5}; \frac{3}{5}$ auf $\frac{\blacksquare}{10}$

b) $\frac{1}{10}; \frac{1}{20}; \frac{1}{25}$ auf $\frac{\blacksquare}{100}$

6 Brüche vergleichen
Setze im Heft richtig ein: <, = oder >.

a) $\frac{3}{10} \blacksquare \frac{4}{10}$ b) $\frac{10}{12} \blacksquare \frac{10}{15}$ c) $\frac{5}{10} \blacksquare \frac{1}{2}$

7 Runden
Runde jeweils auf Zehner, auf Hunderter und auf Tausender.
Gib auch jeweils die Rundungsstelle an.

a) 4286 b) 25498 c) 300499 d) 4505

Aufstieg

3 Bruchteile von Größen
a) $\frac{3}{4}$ m = $\blacksquare$ cm b) $\frac{7}{8}$ kg = $\blacksquare$ g c) $\frac{5}{12}$ h = $\blacksquare$ min

4 Brüche kürzen
Kürze die Brüche auf Hundertstel.
Wie hast du gekürzt?

a) $\frac{14}{200}$ b) $\frac{51}{300}$ c) $\frac{125}{500}$ d) $\frac{210}{375}$

5 Brüche erweitern
Ergänze die fehlenden Zahlen.
Mit welcher Zahl hast du erweitert?

a) $\frac{2}{5} = \frac{4}{\blacksquare}$ b) $\frac{1}{2} = \frac{\blacksquare}{10}$ c) $\frac{3}{4} = \frac{75}{\blacksquare}$

d) $\frac{6}{25} = \frac{\blacksquare}{100}$ e) $\frac{4}{20} = \frac{2}{\blacksquare}$ f) $\frac{16}{200} = \frac{\blacksquare}{100}$

6 Brüche vergleichen
Setze im Heft richtig ein: <, = oder >.

a) $\frac{4}{10} \blacksquare \frac{39}{100}$ b) $\frac{4}{25} \blacksquare \frac{16}{100}$ c) $\frac{1000}{10000} \blacksquare \frac{1000}{20000}$

7 Runden
Runde jeweils auf Zehntausender, auf Hunderttausender und auf Millionen.
Gib auch jeweils die Rundungsstelle an.

a) 2567876 b) 23400777 c) 9898677

Lösungen ab Seite 212

Brüche, Dezimalbrüche und Prozentschreibweise

Entdecken

1 Die Klasse 6a hat im Sportunterricht einen Einbein-Weitsprung-Wettbewerb durchgeführt: Jeder Schüler musste mit dem Bein, mit dem er abgesprungen ist, auch wieder landen. Der Sportlehrer hat auf dem Hallenboden die Landestellen einiger Schüler markiert.

a) Wer ist am weitesten gesprungen? Wer belegte den zweiten und wer den dritten Platz?

b) Zeichne in dein Heft einen Zahlenstrahl (1 m ≙ 10 cm) und markiere die Weite der Jungen (der Mädchen).

c) Mareike war erfolgreicher als Jana, ist aber nicht so weit gesprungen wie Anna. Wie weit ist sie gesprungen?

d) Murat war nach Daniel der zweitbeste Junge. Wie weit kann er gesprungen sein?

e) Führt in eurer Klasse einen Einbein-Weitsprung-Wettbewerb durch und markiert die Ergebnisse auf einem Zahlenstrahl.

HINWEIS
Das Zeichen ≙ bedeutet „entspricht“. Bei Aufgabe 1b heißt es also: 1 m in der Wirklichkeit sollen 10 cm auf dem Zahlenstrahl entsprechen.

2 Bei den Olympischen Winterspielen in Sotschi kam es zu folgenden Ergebnissen.

	Langlauf 50 km Herren		Rodeln Einer Damen		Viererbob Herren	
	Name	Zeit (in h)	Name	Zeit (in min)	Team	Zeit (in min)
Gold	Legkow	1:46:55,2	Geisenberger	3:19,768	Russland	3:40,60
Silber	Wylegschanin	1:46:55,9	Hüfner	3:20,907	Lettland	3:40,69
Bronze	Tschernoussow	1:46:56,0	Hamlin	3:21,145	USA	3:40,99

a) Welche Bedeutung haben die jeweiligen Zahlen und Nachkommastellen bei einer Zeit von 1:46:55,2 h und bei einer Zeit von 3:19,768 min?

b) Warum wird beim Ergebnis des 50-km-Langlaufs nur eine Nachkommastelle angegeben, während die Ergebnisse beim Rodeln sogar auf drei Nachkommastellen genau angegeben werden? Informiere dich über die Genauigkeit der Zeitmessung bei anderen Sportarten.

c) Häufig werden Rennergebnisse auch in der folgenden Form angegeben:
1. Legkow 1:46:55,2 h   2. Wylegschanin +0,7 s   3. Tschnernoussow +0,8 s
Welche Bedeutung haben die Zeitangaben hinter dem Zweit- und Drittplatzierten? Gebt die Ergebnisse beim Rodeln und beim Viererbob in gleicher Form an.

3 Das Gewicht der Schultasche soll 10 % des Körpergewichts nicht überschreiten.

a) Wie schwer sollte die Tasche eines 40 kg schweren Schülers maximal sein? Was bedeutet „10 %“?

b) Übertragt die Tabelle in euer Heft und ergänzt sie.

c) Untersucht, ob das Gewicht eurer Schultaschen der Regel entspricht.

Körpergewicht	Gewicht der Tasche
35 kg	3,5 kg
38 kg	
	4,2 kg
48 kg	
	3,9 kg

HINWEIS
„Gewicht“ sagt man umgangssprachlich für die physikalische Größe „Masse“.

Verstehen

In deiner Umwelt findest du Zahlen in der Kommaschreibweise, sie werden **Dezimalbrüche** (oder **Dezimalzahlen**) genannt. Zum Beispiel werden Preise, Längen oder Gewichte häufig mit Dezimalbrüchen angegeben.
2,75 liest man so: „Zwei Komma sieben fünf."

Beispiel 1

Dezimalbrüche lassen sich in einer Stellenwerttafel darstellen. Die Nachkommastellen bedeuten:
z = Zehntel; h = Hundertstel;
t = Tausendstel

	H	Z	E	,	z	h	t	
a) 0,3			0	,	3			$\frac{3}{10}$
b) 2,75			2	,	7	5		$2\frac{75}{100}$
c) 13,049		1	3	,	0	4	9	$13\frac{49}{1000}$

a) $0{,}3\,\text{kg} = \frac{3}{10}\,\text{kg}$, denn 0,3 bedeutet: 0 Einer und 3 Zehntel.

b) $2{,}75\,€ = 2\frac{75}{100}\,€$, denn 2,75 bedeutet: 2 Einer und 75 Hundertstel.

c) $13{,}049\,\text{l} = 13\frac{49}{1000}\,\text{l}$, denn 13,049 bedeutet: 13 Einer und 49 Tausendstel.

HINWEIS
Nullen am Ende einer Kommazahl kannst du weglassen:
2,40 m = 2,4 m

Sonst darfst du sie nicht weglassen:
12,075 km = 12 075 m

Merke **Dezimalbrüche** sind Brüche in einer anderen Schreibweise.

Dezimalbrüche lassen sich auch am Zahlenstrahl darstellen.
Je weiter rechts der Dezimalbruch auf dem Zahlenstrahl steht, desto größer ist er.

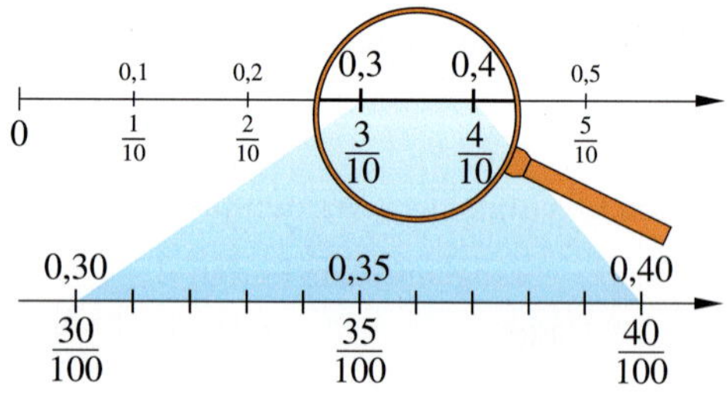

Oft werden Brüche in der **Prozentschreibweise** angegeben.

Beispiel 2

Inga liest in der Tageszeitung, dass ihre Lieblingssendung „Dance Academy" von 24 % der Zuschauer gesehen wurde.

Das sind $\frac{24}{100}$ von allen Zuschauern.

Beispiel 3

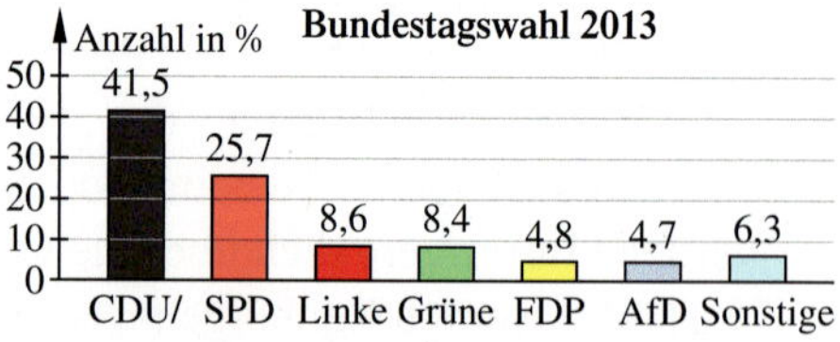

Merke Brüche mit dem Nenner 100 kann man in der Prozentschreibweise angeben.

$1\,\% = \frac{1}{100}$ Das Zeichen **%** (**Prozent**) bedeutet „von Hundert" (Hundertstel).

HINWEIS
*Der Bruch $\frac{110}{100}$ lässt sich auch als **gemischte Zahl** $1\frac{1}{10}$ darstellen. Gemischte Zahlen sind größer als 1 Ganzes.*

In folgender Tabelle wird der *gleiche* Wert mit je drei verschiedenen Schreibweisen dargestellt:

Prozent	1 %	10 %	20 %	25 %	50 %	75 %	100 %	110 %
Bruch	$\frac{1}{100}$	$\frac{10}{100} = \frac{1}{10}$	$\frac{20}{100} = \frac{1}{5}$	$\frac{25}{100} = \frac{1}{4}$	$\frac{50}{100} = \frac{1}{2}$	$\frac{75}{100} = \frac{3}{4}$	$\frac{100}{100}$	$\frac{110}{100}$
Dezimalbruch	0,01	0,1	0,2	0,25	0,5	0,75	1	1,1

Üben und anwenden

1 Gero hat Dezimalbrüche aus einer Stellenwerttafel abgelesen. Welche Fehler hat er gemacht?
Begründe und berichtige die falsch abgelesenen Dezimalbrüche in deinem Heft.

H	Z	E	z	h	t	
		3	4	5	6	3,456
		9	2	7	8	92,78
		0	0	4	5	0,45
1	6	7	4			1,674

2 Trage in eine Stellenwerttafel ein und schreibe als Bruch.
a) 0,9 b) 0,7 c) 0,19 d) 0,03
e) 0,101 f) 0,1 g) 0,003 h) 0,097

3 Trage in eine Stellenwerttafel ein und schreibe als Dezimalbruch.
a) $\frac{9}{10}$ b) $\frac{99}{100}$ c) $\frac{9}{100}$ d) $\frac{90}{100}$ e) $\frac{90}{10}$

4 Suche gleich lange Strecken.

0,8 km $1\frac{4}{1000}$ km   0,08 km   1,004 km $\frac{8}{10}$ km   1,04 km $\frac{8}{100}$ km $1\frac{4}{100}$ km

5 Schreibe als Bruch.
a) 0,4 b) 0,5 c) 0,12 d) 0,08
e) 0,25 f) 0,84 g) 0,125 h) 0,005

6 Schreibe als Dezimalbruch.
a) $\frac{3}{10}$ b) $\frac{556}{1000}$ c) $3\frac{7}{10}$ d) $\frac{176}{1000}$

7 Lege dein Heft quer. Vervollständige und setze den Zahlenstrahl bis zur 3 fort.

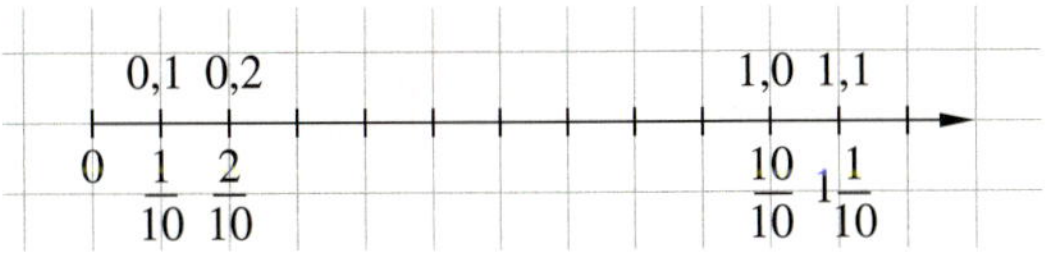

8 Jonas behauptet: „Zwischen 0,5 und 0,6 gibt es keine Zahlen mehr." Stimmt das? Begründe.

1 Ergänze die Stellenwerttafel im Heft.

H	Z	E	z	h	t	
		1	4	5		1,45
	2	8	3	2	7	
2	5	0	8			
			4	2		
				3		
						27,51
						2,047
						0,008

2 Trage in eine Stellenwerttafel ein und schreibe als Bruch.
a) 0,4 b) 0,44 c) 0,464 d) 40,04
e) 0,806 f) 68,08 g) 0,006 h) 0,6008

3 Trage in eine Stellenwerttafel ein und schreibe als Dezimalbruch.
a) $\frac{7}{10}$ b) $\frac{3}{100}$ c) $\frac{19}{100}$ d) $\frac{247}{1000}$ e) $\frac{1}{1000}$

4 Setze im Heft das richtige Zeichen (>, <, =) ein.
a) $\frac{2}{100}$ ▢ 0,2 b) 0,2 ▢ $\frac{1}{5}$ c) 1,5 ▢ $1\frac{1}{5}$
d) $\frac{27}{100}$ ▢ 0,027 e) 0,03 ▢ $\frac{3}{100}$ f) $3\frac{2}{10}$ ▢ 3,25

5 Schreibe als Bruch und kürze so weit wie möglich.
a) 0,3 b) 0,75 c) 0,06 d) 0,025
e) 1,5 f) 11,08 g) 0,004 h) 10,002

6 Schreibe als Dezimalbruch.
a) $\frac{7}{10}$ b) $\frac{33}{1000}$ c) $89\frac{21}{1000}$ d) $21\frac{5}{1000}$

7 Lies die markierten Zahlen ab.

a) 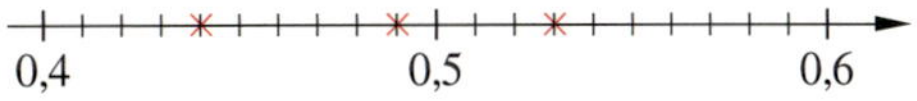

b) 

8 Gibt es Zahlen zwischen 0,11 und 0,12? Begründe mithilfe der Stellenwerttafel oder mithilfe des Zahlenstrahls.

HINWEIS
Der Doppelstrich in den Stellenwerttafeln steht für das Komma.

HINWEIS
Dezimal geteilte Skalen findet man an vielen Messgeräten.

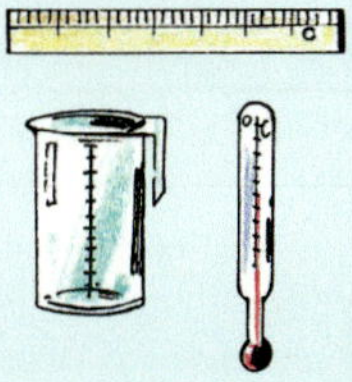

HINWEIS
Oft zeichnet man nur einen Ausschnitt des Zahlenstrahls, der nicht mit 0 beginnt.

9 Gib in Prozentschreibweise an.

a) ① $\frac{37}{100}$ ② $\frac{9}{100}$ ③ $\frac{29}{100}$ ④ $\frac{7}{100}$
⑤ $\frac{18}{100}$ ⑥ $\frac{1}{100}$ ⑦ $\frac{50}{100}$ ⑧ $\frac{100}{100}$

b) Kürze oder erweitere zuerst auf den Nenner 100.

Beispiel $\frac{6}{25} = \frac{6 \cdot 4}{25 \cdot 4} = \frac{24}{100} = 0{,}24$

① $\frac{29}{50}$ ② $\frac{14}{25}$ ③ $\frac{60}{1\,000}$ ④ $\frac{18}{300}$

10 Schreibe als Bruch.

a) 17 % b) 99 % c) 3 %
d) 10 % e) 50 % f) 8 %

11 Welche Angaben gehören zusammen? Sucht weitere 5 Aufgaben und erklärt eure Ergebnisse vor der Klasse.

Beispiel 28 von 100 = 28 % = $\frac{28}{100}$ = 0,28

Anteil von 100	Prozent	Bruch	Dezimalbruch
96 von 100	3 %	$\frac{11}{100}$	0,07
7 von 100	11 %	$\frac{3}{100}$	0,11
11 von 100	96 %	$\frac{7}{100}$	0,96
3 von 100	7 %	$\frac{96}{100}$	0,03

12 Zeichne drei Rechtecke mit je 5 × 4 Kästchen in dein Heft.
Markiere darin folgende Anteile farbig.

a) 10 % b) 25 % c) 80 %

13 Welcher Anteil ist rot gefärbt?
Gib in Prozent an.

Beispiel 3 von 5 = $\frac{3}{5} = \frac{60}{100}$ = 60 %

a) b) c)

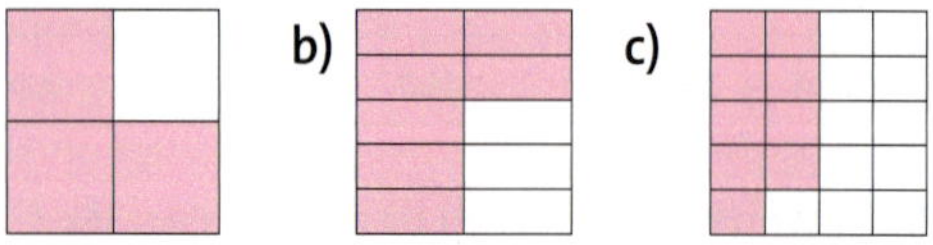

14 Finde fünf verschiedene Brüche, die 25 % entsprechen.
Gibt es zu *jeder* Prozentzahl mehrere gleichwertige Brüche? Begründe.

HINWEIS
Das Prozentzeichen stammt aus dem Mittelalter. Italienische Kaufleute mussten sehr häufig „per cento" (von hundert) schreiben und kürzten es immer weiter ab:

cento → cto → Cto → Co → o/o → %

9 Gib in Prozentschreibweise an.
Beschreibe, wie du vorgehst.

a) ① $\frac{2}{100}$ ② $\frac{15}{100}$ ③ $\frac{51}{100}$ ④ $\frac{20}{100}$

b) ① $\frac{36}{50}$ ② $\frac{11}{25}$ ③ $\frac{9}{10}$ ④ $\frac{2}{5}$
⑤ $\frac{1}{4}$ ⑥ $\frac{1}{2}$ ⑦ $\frac{10}{1\,000}$ ⑧ $\frac{1}{1\,000}$

10 Gib als Bruch und als Dezimalbruch an.

a) 45 % b) 18 % c) 10 %
d) 80 % e) 1 % f) 95 %

11 Welche Angaben gehören zusammen?
Erklärt eure Ergebnisse vor der Klasse.

0,50 | 7 % | $\frac{1}{2}$ | 50 von 100 | 23 von 100 | 0,5 | $\frac{5}{100}$ | 50 % | 5 % | 5 von 100 | $\frac{70}{100}$ | 0,23 | $\frac{7}{100}$ | $\frac{50}{100}$ | 0,05 | $\frac{23}{100}$

12 Erfindet eine Rechengeschichte, in der vorkommt:
Fahrrad; *Geld*; *10 %* und *20 %*.

13 Gib die gefärbten Bruchteile in Prozentschreibweise an.

a) b) c) d)

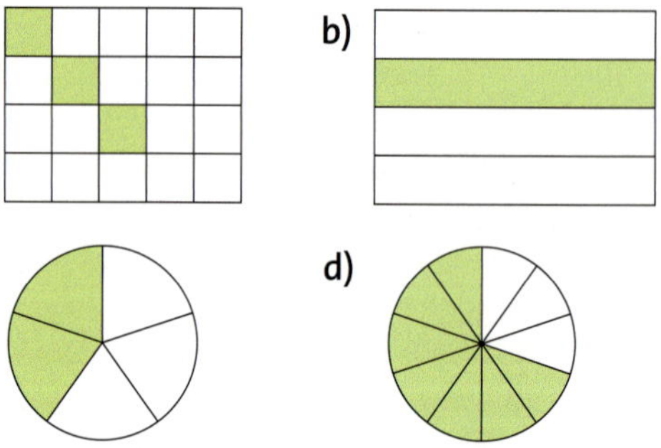

14 Erkläre den Satz: „Die Wahrscheinlichkeit, dass Lisa ein Gewinnlos zieht, beträgt 50 %."

Brüche in Dezimalbrüche umwandeln

Entdecken

1 Am Dreikönigstag ziehen in vielen Gemeinden die Sternsinger von Haus zu Haus und sammeln Spenden für wohltätige Zwecke. Häufig bekommen die Kinder und Jugendlichen auch Süßigkeiten, die sie untereinander aufteilen dürfen.

a) Die Sternsinger der Gemeinde St. Markus sammelten insgesamt 3 000 €, die auf vier Projekte gleichmäßig verteilt werden sollten. Wie viel Geld stand für jedes Projekt zur Verfügung?

b) Vier Sternsinger bekamen drei Tafeln Schokolade. Ist es möglich, die Tafeln gerecht untereinander aufzuteilen?

2 Arbeitet in Gruppen zusammen.
Ihr benötigt einen Eimer mit einem Fassungsvermögen von mindestens 5 Litern und fünf Messbecher mit einem Fassungsvermögen von mindestens 1 Liter.
Nehmt folgende Verteilungen vor. Bestimmt dann jeweils die Höhe des Wasserstandes und notiert das Ergebnis als Bruch und als Dezimalbruch.

a) 3 l Wasser gleichmäßig auf vier Messbecher verteilen.

b) 4 l Wasser gleichmäßig auf fünf Messbecher verteilen.

c) 3 l Wasser gleichmäßig auf fünf Messbecher verteilen.

d) 2 l Wasser gleichmäßig auf drei Messbecher verteilen.

e) Nehmt weitere Verteilungen vor und notiert das Ergebnis.

3 Vergleicht die Gewinnchancen der drei Lostrommeln. Aus welcher Lostrommel würdet ihr eure Lose ziehen? Begründet.

Verstehen

Tim hat einen Einkaufszettel:

Tim rechnet um:

$\frac{1}{2}\,\text{kg} = 0{,}500\,\text{kg} = 500\,\text{g}$

$\frac{1}{4}\,\text{kg} = 0{,}250\,\text{kg} = 250\,\text{g}$

$1\frac{3}{4}\,\text{kg} = 1{,}750\,\text{kg} = 1\,750\,\text{g}$

Bei Größenangaben können Brüche, Dezimalbrüche oder gemischte Zahlen verwendet werden. Die angegebenen Mengen sind trotz verschiedener Schreibweise gleich.
Um einen Bruch in einen Dezimalbruch umzuwandeln, gibt es zwei Möglichkeiten:

1. Möglichkeit: Erweitern/kürzen auf einen Zehnerbruch

Beispiel 1

$\frac{1}{4} = \frac{1 \cdot 25}{4 \cdot 25} = \frac{25}{100} = 0{,}25$ $\frac{28}{200} = \frac{28 : 2}{200 : 2} = \frac{14}{100} = 0{,}14$

$\frac{1}{2} = \frac{1 \cdot 5}{2 \cdot 5} = \frac{5}{10} = 0{,}5$ $\frac{1}{8} = \frac{1 \cdot 125}{8 \cdot 125} = \frac{125}{1\,000} = 0{,}125$

$\frac{52}{25} = \frac{208}{100} = 2{,}08$ oder $\frac{52}{25} = 2\frac{2}{25} = 2\frac{8}{100} = 2{,}08$

Der Bruch wird zuerst auf einen Bruch mit dem Nenner 10, 100 oder 1 000 erweitert oder gekürzt.

Merke Brüche mit den Nennern 10, 100, 1 000 nennt man **Zehnerbrüche**.

2. Möglichkeit: Schriftlich dividieren

Beispiel 2

$\frac{1}{4} = 1 : 4$

```
 1,00 : 4 = 0,25
-0
 10     (Kommaüberschreitung)
- 8
  20
- 20
   0
```

$\frac{65}{25} = 65 : 25$

```
 65,00 : 25 = 2,6
-50
 150    (Kommaüberschreitung)
-150
   0
```

Sobald der Dividend für die Division zu klein ist, wird er um ein Komma und weitere Nullen ergänzt.
Gleichzeitig setzt man auch im Ergebnis ein Komma.

Merke Der **Bruchstrich** kann als Divisionszeichen verstanden werden. Es kann somit jeder Bruch durch eine (schriftliche) Division in einen Dezimalbruch umgewandelt werden.

Beispiel 3

```
 2,000 : 9 = 0,22… = 0,2̅
-0
 20     (Kommaüberschreitung)
-18
  20
- 18
  20
```

Merke Bei vielen Brüchen führt die Division dazu, dass sich im Ergebnis Ziffern unendlich oft wiederholen. Diese Brüche nennt man **periodische Dezimalbrüche**. Die Ziffer (oder die Zifferngruppe), die sich wiederholt, wird durch einen Strich darüber gekennzeichnet und **Periode** genannt.

HINWEIS

$\frac{1}{3} = 0{,}333\ldots = 0{,}\overline{3}$

$0{,}\overline{3}$ liest man: „Null Komma Periode 3".

$\frac{5}{6} = 0{,}833\ldots = 0{,}8\overline{3}$

$0{,}8\overline{3}$ liest man: „Null Komma 8 Periode 3".

$\frac{1}{11} = 0{,}0909\ldots = 0{,}\overline{09}$

$0{,}\overline{09}$ liest man: „Null Komma Periode Null Neun".

Üben und anwenden

1 Schreibe als Bruch und als gemischte Zahl.

a) 43 : 10 b) 16 : 5 c) 11 : 2
d) 607 : 100 e) 5 : 4 f) 109 : 20
g) 17 : 4 h) 57 : 10 i) 999 : 10

2 Schrcibc als Dezimalbruch, indem du auf einen Zehnerbruch erweiterst oder kürzt.

a) $\frac{2}{5}$ b) $\frac{1}{2}$ c) $\frac{8}{25}$
d) $\frac{7}{20}$ e) $\frac{56}{700}$ f) $\frac{154}{2000}$

3 Schreibe als Dezimalbruch, indem du zuerst kürzt und dann auf eine Zehnerzahl erweiterst.

Beispiel $\frac{6}{30} = \frac{1}{5} = \frac{2}{10} = 0{,}2$

a) $\frac{4}{80}$ b) $\frac{27}{45}$ c) $\frac{9}{150}$
d) $\frac{20}{16}$ e) $\frac{12}{75}$ f) $\frac{28}{35}$

4 Schreibe den blauen Anteil als Dezimalbruch und als Prozentangabe.

a) 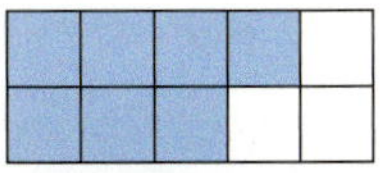

b) 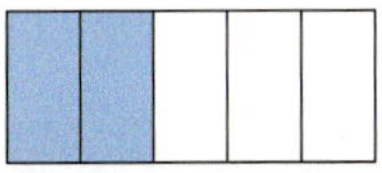

c) 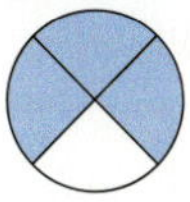

d) 

5 Finde zu jedem Bruch den passenden Dezimalbruch.

1,125 $\frac{49}{56}$ 0,4 $\frac{18}{45}$ 1,4
$\frac{9}{8}$ 0,875 $\frac{39}{150}$ 0,26 $\frac{7}{5}$

6 Schreibe die Zutatenliste für den Cocktail mit Dezimalbrüchen.

$\frac{3}{4}$ l Maracuja-Mango-Saft,
$\frac{1}{2}$ l Ananassaft, $\frac{1}{5}$ l Orangensaft,
$\frac{1}{4}$ l Grapefruitsaft, $\frac{1}{10}$ l Grenadine

1 Schreibe als Bruch und wenn möglich als gemischte Zahl. Kürze, wenn möglich.

a) 59 : 10 b) 61 : 25 c) 18 : 30
d) 24 : 64 e) 379 : 40 f) 382 : 125

2 Schreibe als Dezimalbruch, indem du auf einen Zehnerbruch erweiterst oder kürzt.

a) $\frac{41}{250}$ b) $\frac{178}{500}$ c) $\frac{18}{30}$
d) $\frac{3}{125}$ e) $\frac{19}{40}$ f) $\frac{24}{60}$
g) $3\frac{1}{5}$ h) $5\frac{1}{2}$ i) $5\frac{9}{20}$

3 Welche Zahlen sind gleich groß?

a) 0,1; 0,2; 0,03; 0,05; $\frac{1}{10}$; $\frac{1}{20}$; $\frac{1}{5}$; $\frac{3}{100}$

b) $\frac{2}{5}$; $\frac{5}{10}$; $\frac{2}{8}$; $\frac{1}{4}$; $\frac{2}{4}$; $\frac{4}{10}$; $\frac{1}{2}$; 0,5; 0,25; 0,4

4 Welcher Anteil ist dargestellt? Gib auch als Dezimalbruch und als Prozentangabe an.

a) 

b) 

c) 

d) 

e) 

f) 

5 Schreibe als Dezimalbruch.
Bei welcher Aufgabe hast du schriftlich dividiert? Begründe.

a) $\frac{15}{25}$ b) $\frac{7}{16}$ c) $\frac{13}{8}$
d) $\frac{5}{4}$ e) $\frac{17}{32}$ f) $\frac{28}{125}$

6 Schreibe die Literangaben aus der Zutatenliste mit Dezimalbrüchen.

Apfeltörtchen

$\frac{3}{4}$ Liter Apfelmus, $\frac{1}{4}$ Liter saure Sahne,
1 TL Zitronensaft, 1 P. Vanillezucker,
$\frac{1}{2}$ Liter Schokoladensauce, $\frac{1}{8}$ Liter Sahne,
7 Blatt Gelatine, Minze und gebratene Apfelspalten

7 Schreibe mit dem Periodenstrich.
a) 0,888 … b) 0,444 … c) 0,1333 …
d) 0,17666 … e) 0,2727 … f) 0,1616 …

7 Schreibe mit dem Periodenstrich.
a) 0,111 … b) 0,777 … c) 0,8666 …
d) 0,1444 … e) 0,95959 … f) 3,32626 …

8 Zahlendiktat. Arbeitet zu zweit.
a) Der eine liest die Zahl vor, der andere schreibt. Wechselt euch ab.
① $0,\overline{5}$ ② $1,\overline{8}$ ③ $0,6\overline{7}$ ④ $3,4\overline{5}$
⑤ $0,\overline{21}$ ⑥ $2,\overline{38}$ ⑦ $0,\overline{469}$ ⑧ $0,4\overline{69}$
b) Überlegt beide mehrere eigene Beispiele und diktiert euch gegenseitig.

8 Finde die Fehler und korrigiere sie.
a) $0,6\overline{1} = 0,616161\ldots$
b) $0,\overline{238} = 0,2383838\ldots$
c) $0,9\overline{112} = 0,9112112\ldots$
d) $0,31\overline{706} = 0,317060606\ldots$
e) $0,41\overline{67} = 0,41677777\ldots$
f) $0,142\overline{857} = 0,142857142\ldots$

9 Gibt es für jeden Dezimalbruch einen zugehörigen Bruch? Ergänze, falls nötig.

0,65 $\frac{2}{3}$ $0,\overline{6}$ $\frac{7}{20}$ 1,4 0,56 $\frac{1}{4}$ $0,\overline{7}$ $\frac{2}{5}$ $\frac{17}{50}$
$\frac{7}{9}$ $0,1\overline{6}$ $\frac{7}{8}$ 0,25 0,875 $\frac{1}{6}$ 0,34 $\frac{13}{20}$ 0,4

10 Setze im Heft richtig ein: < oder >.
a) $0,3 \;\square\; 0,\overline{3}$ b) $0,\overline{5} \;\square\; 0,5$
c) $0,\overline{7} \;\square\; 0,7$ d) $0,6 \;\square\; 0,\overline{5}$
e) $0,\overline{75} \;\square\; 0,76$ f) $3,35 \;\square\; 3,3\overline{5}$
g) $8,92 \;\square\; 8,\overline{82}$ h) $5,\overline{75} \;\square\; 5,78$

10 Ordne die Zahlen nach der Größe.
a) 0,3 $0,\overline{3}$ 0,334 0,33 0,333
b) $0,\overline{099}$ 0,9 0,99 0,09 $0,\overline{09}$
c) $0,\overline{1}$ 0,1 0,11 $0,\overline{01}$ 0,01
d) 2,37 $2,\overline{37}$ 2,377 2,378 2,373

11 Gib für jede Farbe den Anteil als Bruch und als Dezimalbruch an.

a) 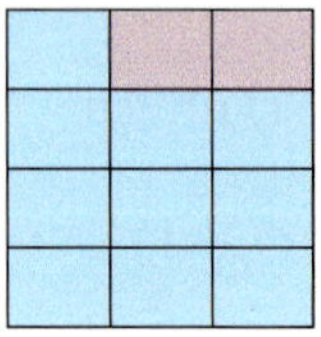

b) 

11 Gib für jede Farbe den vollständig gekürzten Bruch und den Dezimalbruch an.

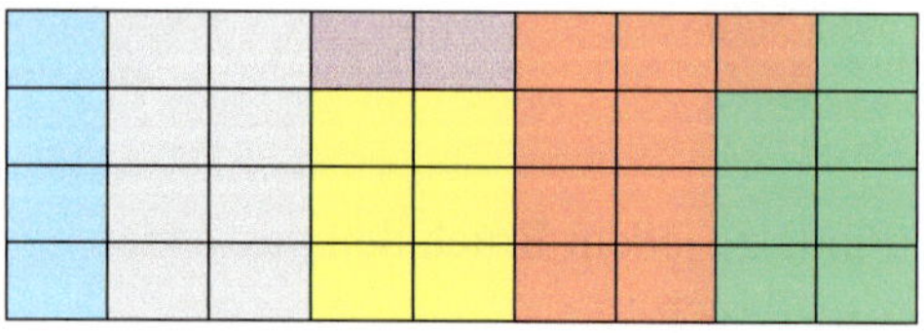

NACHGEDACHT
Kannst du dir erklären, wie es zu den Fehlern in den Aufgaben 12 und 12 kommen konnte?

12 Was haben die Kinder nicht beachtet? Korrigiere. Erkläre auch die richtige Lösung.
a) Lea schreibt: $\frac{3}{50} = 0,6$
b) Max schreibt: $1,45 > 1,5$
c) Felicitas schreibt: $\frac{1}{6} = 0,\overline{6}$

12 Überprüfe und korrigiere die Fehler. Begründe deine Lösungen.
a) $0,71 > 0,09$ b) $2,01 > 2,1$
c) $0,99 < 0,0999$ d) $7,28 > 7,280$
e) $0,4 > \frac{1}{4}$ f) $1,8 < 1\frac{4}{5}$
g) $\frac{1}{8} = 0,0125$ h) $\frac{1}{12} = 0,8$

13 Erstelle mit den folgenden Brüchen eine Tabelle wie rechts gezeigt. Fülle die Tabelle aus und kreuze richtig an.
$\frac{3}{4}$; $\frac{1}{3}$; $\frac{1}{6}$; $\frac{3}{5}$; $\frac{7}{10}$; $\frac{8}{15}$; $\frac{4}{9}$; $\frac{7}{8}$; $\frac{3}{8}$; $\frac{7}{12}$; $\frac{11}{12}$

Bruch	Dezimalbruch	abbrechend	periodisch
$\frac{3}{4}$	0,75	×	
$\frac{1}{6}$			

Dezimalbrüche vergleichen und runden

Entdecken

1 Knappe Entscheidungen beim Sport
Tabea liest die Sportberichte und meint, dass es Zeitgleichheit im Sport gar nicht gibt.
Hat sie recht? Begründe.

a) **Tour de France 2014**

Bei der 7. Etappe der Tour de France kommen Matteo Trentin und Peter Sagan nach 234,5 km mit einer Zeit von 5:18:39 h zeitgleich ins Ziel.
Erst anhand des Zielfotos kann festgestellt werden, wer Sieger ist:
Der Italiener Matteo Trentin wird zum Etappensieger erklärt, Sagan ist „nur“ Zweiter.
Er hat den Etappensieg um einige Millimeter verpasst.

b) **Deutsche Jugendmeisterschaften 2010**

Bei der deutschen Jugendmeisterschaft in Ulm liefen Felix Gehne und Patrick Domogla über 100 m zeitgleich in 10,74 s ins Ziel. Maurice Hauke wurde in 10,90 s Dritter.

2 Sabrina soll für ihre Mutter im Supermarkt 500 g Hackfleisch einkaufen.
Welche Packung soll sie nehmen?
Diskutiere mit einer Partnerin oder einem Partner.

3 Frau Kreis hat die Mathearbeiten der Klassen 6 a und 6 b korrigiert. Nachdem sie den Notenspiegel erstellt hat, berechnet sie den jeweiligen Durchschnitt der Arbeiten mit dem Taschenrechner. Welchen Durchschnitt wird sie jeder Klasse an die Tafel schreiben?
Begründe.

Klasse 6 a: 30 Schüler

Note	1	2	3	4	5	6
Anzahl	3	8	10	6	3	0

Klasse 6 b: 29 Schüler

Note	1	2	3	4	5	6
Anzahl	2	9	8	6	3	1

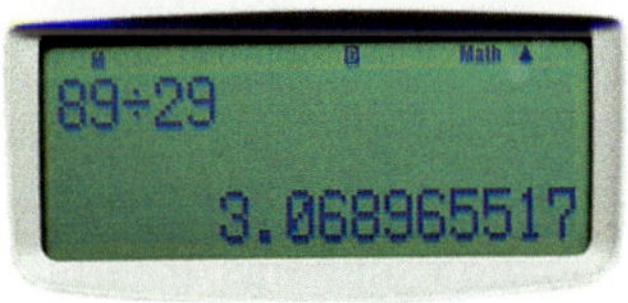

HINWEIS
Berechnung des Durchschnitts für die Klasse 6 a:
$((1 \cdot 3) + (2 \cdot 8) + (3 \cdot 10) + (4 \cdot 6) + (5 \cdot 3) + (6 \cdot 0)) : 30 = 88 : 30 = 2{,}9\overline{3}$

Verstehen

Marie hat jeweils den Notendurchschnitt der ersten beiden Klassenarbeiten mit dem Taschenrechner berechnet.
Welche Klassenarbeit ist besser ausgefallen?

Beispiel 1

Erste Arbeit:	2,…	Marie vergleicht zuerst die Ganzen. Da sie gleich sind, ergibt sich keine Entscheidung.
Zweite Arbeit:	2,…	
Erste Arbeit:	2,3…	Sie vergleicht die Zehntel. Da auch sie gleich sind, ergibt sich wieder keine Entscheidung.
Zweite Arbeit:	2,3…	
Erste Arbeit:	2,3**4**…	Der Vergleich der Hundertstel ergibt: **4** < **8**. Die erste Arbeit hatte den niedrigeren Notenschnitt, ist also besser ausgefallen.
Zweite Arbeit:	2,3**8**…	

Merke **Dezimalbrüche vergleicht** man wie natürliche Zahlen. Man geht dabei **stellengleich** von links nach rechts vor.

Am Zahlenstrahl kann man übersichtlich vergleichen.

Beispiel 2

Vergleiche: 5,68 □ 5,73.

5,68 < 5,73

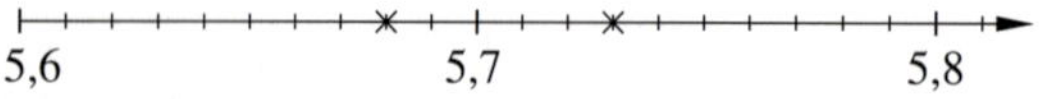

Es ist wie bei den natürlichen Zahlen und bei den Brüchen:
Der größere Dezimalbruch liegt auf dem Zahlenstrahl rechts vom kleineren Dezimalbruch.

Häufig sind Dezimalbrüche zum Aufschreiben zu lang wie z. B. bei Maries Berechnung des Notendurchschnitts. Dann sollten Dezimalbrüche gerundet werden.

Beispiel 3

Runde den Notenschnitt von Maries erster Klassenarbeit (2,346 153 846…) auf Hundertstel.

①

E	z	h	t	zt	ht	…
2,	3	4	6	1	5	…

Markiere die **Rundungsstelle**, hier die Hundertstel (h).

②

E	z	h	t	zt	ht	…
2,	3	4	6	1	5	…

Prüfe die **Rundungsziffer** (die Ziffer *hinter* der Rundungsstelle): Die Ziffer **6** zeigt an, wie gerundet wird.
Hier wird aufgerundet.

③

E	z	h	t	zt	ht	…
2,	3	5				

An der Rundungsstelle wird von 4 h auf **5h** aufgerundet.
Das Ergebnis des Rundens:
2,346 153 … ≈ 2,35

ERINNERE DICH
Bei einer Rundungsziffer 0–4 wird abgerundet, bei 5–9 wird aufgerundet. Das Zeichen ≈ gibt an, dass gerundet wurde.

Merke **Dezimalbrüche rundet** man wie natürliche Zahlen:
Zuerst wird die Stelle festgelegt, auf die gerundet werden soll.
Dann betrachtet man die Rundungsziffer und entscheidet, ob man auf- oder abrundet.

Üben und anwenden

1 Welcher der beiden Dezimalbrüche ist größer? Begründe.
a) 3,45 oder 3,54 b) 0,241 oder 0,247
c) 12,101 oder 12,104 d) 4,34 oder 3,34
e) 0,473 oder 0,48 f) 0,708 oder 0,71
g) 33,05 oder 33,50 h) 0,4 oder 0,34

1 Ordne die Dezimalbrüche der Größe nach. Wie bist du vorgegangen? Beschreibe.
a) 0,9; 0,99; 0,31; 0,14; 0,314; 0,413
b) 2,7; 2,07; 0,77; 0,207; 0,707
c) 0,21; 2,01; 2,1; 1,2; 1,75
d) 17,3; 14,80; 15,75; 17,28; 14,09

2 Zeichne den Zahlenstrahl, zwischen der 0 und der 1 liegen genau 10 cm. Beschrifte die Buchstaben mit Dezimalbrüchen.

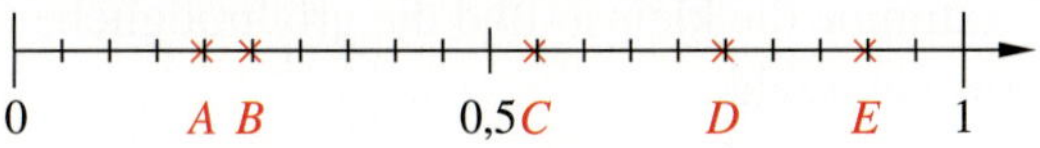

2 Notiere die Dezimalbrüche.

a) 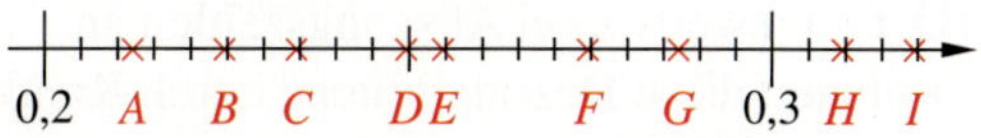

b) 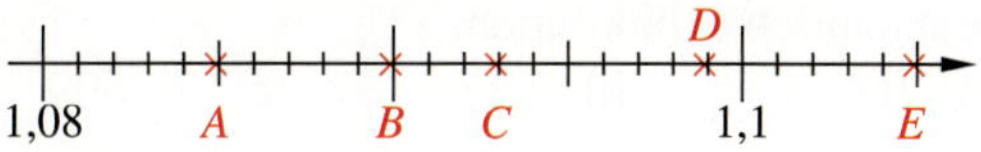

3 Zeichne einen Zahlenstrahl in dein Heft. Der Abstand zwischen 0 und 1 soll 10 cm betragen.
Markiere darauf die gegebenen Zahlen:
0,75; 1,5; 0,6; 1,4; 1,25; 1,05; 0,95; 1,1

3 Zeichne den Zahlenstrahl in dein Heft und trage die Zahlen ein: 0,992; 1,01; 1,001; 0,995; 1,018; 0,989; 1,004; 0,987; 1,009

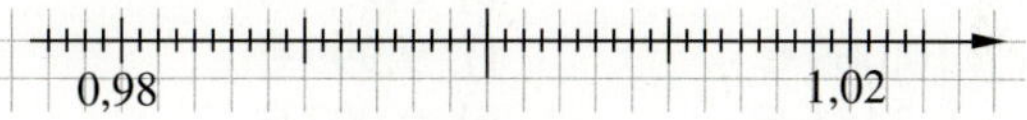

4 Ergebnisse der Sommerjugendspiele: Gib die drei besten Schüler im Weitsprung, im Ballwurf und im 50-m-Lauf an.

	Weitsprung	Ballwurf	50-m-Lauf
Martin	3,45 m	27,5 m	10,0 s
Oliver	3,24 m	26,0 m	9,9 s
Erkan	2,98 m	27,0 m	10,4 s
Jan	3,14 m	26,5 m	10,8 s
Thomas	3,46 m	28,5 m	10,2 s

4 Stelle die Rangliste für ein Qualifying in der Formel 1 auf.

Fahrer	Team	Zeit (in min)
Alonso	McLaren-Honda	1:39,792
Button	McLaren-Honda	1:39,823
Hamilton	Mercedes AMG	1:39,425
Massa	Wiliams	1:40,202
Vettel	Ferrari	1:39,394
Magnussen	Renault	1:39,925

5 Finde vier Dezimalbrüche, die größer als 1,1 und kleiner als 1,2 sind.
Wie viele kannst du noch finden?

5 Finde jeweils zwölf Dezimalbrüche:
a) größer als 2,25 und kleiner als 2,27
b) größer als 0,01 und kleiner als 0,02

HINWEIS
Ein Bruch (oder Dezimalbruch) hat ***keinen*** *Vorgänger und* ***keinen*** *Nachfolger.*
Denn zwischen zwei Brüchen liegen stets unendlich viele weitere Brüche.

6 Wahr oder falsch? Begründe.
a) Die natürliche Zahl 4 ist der Vorgänger der natürlichen Zahl 5.
b) 0,4 ist der Nachfolger von 0,3.
c) Die nächstgrößere Zahl nach $\frac{11}{4}$ ist 3.
d) Der Vorgänger von $\frac{2}{3}$ ist $\frac{1}{3}$.

7 Für die Selbstbedienungstruhe der Kaufhalle wurde Käse in Portionen geschnitten und gewogen. Welche Preisschilder gehören zu welcher Portion?

8 Gib an, auf welche Stelle (Zehntel, Hundertstel, Tausendstel, …) gerundet wurde.

a) 0,9209 ≈ 0,9 b) 2,0845 ≈ 2,085

8 Runde die Zahl 37,0895263 auf …

a) … Zehner, b) … Einer,
c) … Zehntel, d) … Hundertstel.

9 Runde auf Zehntel und auf Hundertstel.

a) 0,411 b) 2,007 c) 5,928
d) 8,445 e) 14,096 f) 15,739
g) 3,77 h) 0,773 i) 0,09

9 Runde auf Zehntel, auf Hundertstel und auf Tausendstel.

a) 6,9595 b) 5,9982 c) 13,9555
d) 99,9999 e) 0,9898 f) 3,9905

HINWEIS
zu Aufgabe 10
Beispiel:

0,583 ≈ 0,6
Ausgangszahl – *gerundete Zahl*

10 Gib jeweils zwei Ausgangszahlen an, aus denen diese Dezimalbrüche durch Runden entstanden sein können.

a) 0,6 b) 2,37 c) 77,609

10 Eine Zahl mit drei Nachkommastellen wurde auf 124,56 gerundet.
Bestimme die kleinst- und die größtmögliche Ausgangszahl.

11 Runde auf Cent.

Beispiel 1,0389 € ≈ 1,04 €

a) 2,6745 € b) 0,4588 €
c) 23,4008 € d) 3,999 €
e) 10,009 € f) 9,999 €
g) 0,3456 € h) 0,007 €

11 Wandle um in Dezimalbrüche und runde auf zwei Stellen nach dem Komma.
Dann ordne nach der Größe, beginne mit dem kleinsten Dezimalbruch.

a) $\frac{2}{3}; \frac{5}{8}; \frac{5}{6}; \frac{4}{9}; \frac{18}{11}; \frac{15}{7}$ b) $\frac{35}{9}; \frac{55}{13}; \frac{11}{6}; \frac{13}{16}; \frac{7}{12}; \frac{19}{6}$

12 Diskutiere mit einem Partner: Warum sind die folgenden Größenangaben in unserem Alltag nicht sinnvoll? Begründet und gebt die Werte sinnvoll an.

a) Paul ist 1,4369 m groß b) Der Telefonhörer ist 22,482 cm lang.
c) Annika wiegt 40,19642 kg d) Der Elefant wiegt 2,0364 t.
e) Max Schulweg ist 874,392 m lang. f) Ein Blatt Papier kostet 2,99 Cent.

13 Welche Zahlen sind auf dem Zahlenstrahl markiert?

a) Schreibe sie als Dezimalbruch.
b) Schreibe sie als gekürzten Bruch.
c) Ordne die Dezimalbrüche der Größe nach. Beginne mit der größten Zahl.

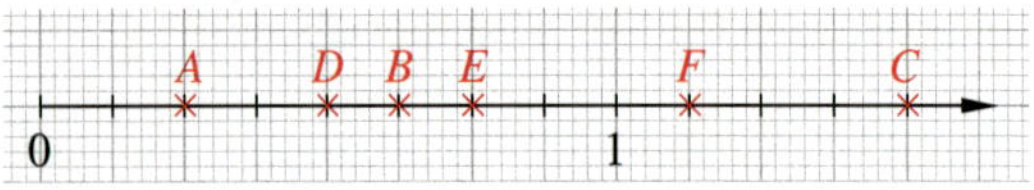

13 Welche Zahlen sind auf dem Zahlenstrahl markiert?

a) Schreibe sie als gekürzten Bruch.
b) Schreibe sie als Dezimalbruch.
c) Ordne die Brüche der Größe nach. Beginne mit der kleinsten Zahl.

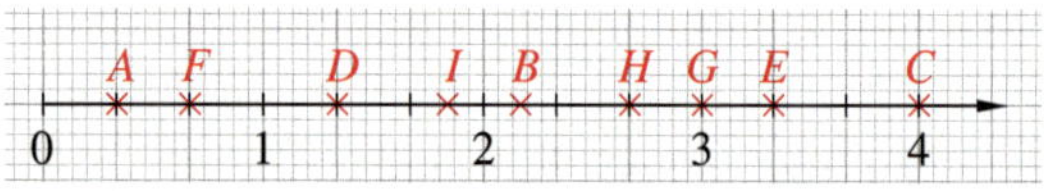

14 Übertrage ins Heft und setze das richtige Zeichen (<, >, =).

a) 1,75 ☐ $1\frac{3}{4}$ b) $\frac{3}{2}$ ☐ 1,52
c) $5\frac{1}{5}$ ☐ 5,2 d) $\frac{3}{8}$ ☐ 0,376
e) 0,375 ☐ $\frac{2}{5}$ f) 1,8 ☐ $\frac{18}{9}$
g) $8\frac{1}{4}$ ☐ 8,4 h) 4,5 ☐ 5,4
i) 12,12 ☐ 12,3 j) 4,08 ☐ 4,5

14 Übertrage ins Heft und setze das richtige Zeichen (<, >, =).

a) $11\frac{1}{8}$ ☐ 11,26 b) 5,125 ☐ $5\frac{1}{6}$
c) $4\frac{3}{12}$ ☐ 4,30 d) $6\frac{5}{12}$ ☐ 6,42
e) $1\frac{7}{11}$ ☐ 1,63 f) $9\frac{8}{9}$ ☐ 9,8
g) 66,6 % ☐ $\frac{2}{3}$ h) 1,2 ☐ 120 %
i) $\frac{3}{5}$ ☐ 65 % j) $0,\overline{09}$ ☐ $0,\overline{3}$

Dezimalbrüche addieren und subtrahieren

Entdecken

1 In unserem Alltag rechnen wir häufig mit Dezimalbrüchen.

a) Sucht nach Beispielen und stellt diese auf einem Plakat zusammen.

b) Findet mithilfe eures Plakates Aufgaben zur Addition und Subtraktion von Dezimalbrüchen.

2 Mike und Serena diskutieren darüber, wie man Dezimalbrüche schriftlich addiert.

Mike: „Man muss alle Dezimalbrüche untereinanderschreiben."
Serena: „Das ist ja klar. Aber wie?"
Mike: „Na so, dass alle Zahlen am rechten Rand gerade abschließen."
Serena: „Nee, so kann man das nicht machen. Man muss auf die Kommas achten."
Mike: „Bei der 24 gibt es doch gar kein Komma und außerdem haben wir das in der Grundschule so gelernt."
Serena: „ … "

HINWEIS
Überlege dir, wie du natürliche Zahlen schriftlich addiert hast.

a) Setzt die Diskussion in der Klasse fort.

b) Wer hat in diesem Fall recht? Begründet eure Aussage.

c) Berechne die Summe 1,35 + 2,4 + 185,3 + 24 + 1,496.

d) Kann man das Verfahren auf die Subtraktion übertragen? Wie würdet ihr das machen?

e) Löst die Aufgabe: 152 – 12,3 – 4,661
Erläutert eure Vorgehensweise. Welche Probleme traten auf und wie habt ihr sie gelöst?

Verstehen

Saskia und Ben kaufen im Supermarkt ein.
Wie viel müssen die beiden an der Kasse bezahlen?
Sie haben 10 € in ihrem Geldbeutel.

Um zu prüfen, ob ihr Geld ausreicht, überschlagen sie die Summe mit gerundeten Beträgen:

2 €; 1,38 € ≈ 1 €; 4,79 € ≈ 5 €; 2,28 € ≈ 2 €

Sie addieren die gerundeten Beträge
2 € + 1 € + 5 € + 2 € = 10 €

Supermarkt
Super 123

4567889
25. Januar
15.50

Zeitung	2,00€
Cornflakes	1,38€
Schokolade	4,79€
Bananen	2,28€

Beispiel 1

```
  2,00
+ 1,38
+ 4,79
+ 2,28
   1 2
------
 10,45
```

Sie müssen 10,45 € bezahlen.

Saskia und Ben sind sich unsicher, ob die 10 € ausreichen und berechnen deshalb die Summe genau.

Saskia und Ben schreiben die Dezimalbrüche stellengerecht (*Komma unter Komma*) untereinander.
Dann addieren sie die Dezimalbrüche wie natürliche Zahlen und stellen fest:
Die 10 € reichen nicht.

Damit man Einer zu Einer, Zehntel zu Zehntel, Hundertstel zu Hundertstel … addieren kann, muss man die Summanden *Komma unter Komma* schreiben.
Die Stellenwerttafel verdeutlicht das:

Beispiel 2

```
    1,350
+   2,400
+ 185,300
+  24,000
+   1,496
   1 1 1 1
---------
  214,546
```

	H	Z	E	z	h	t
			1	3	5	
+			2	4		
+	1	8	5	3		
+		2	4			
+			1	4	9	6
	1	1	1	1		
	2	1	4	5	4	6

Merke Bei der **schriftlichen Addition** setzt man die Summanden **Komma unter Komma**.
Haben Dezimalbrüche unterschiedlich viele Stellen hinter dem Komma, füllt man fehlende Stellen mit **Nullen** auf.

Saskia und Ben bezahlen ihren Einkauf mit einem 10-€-Schein und einer 1-€-Münze.
Wie viel Wechselgeld erhalten sie zurück?

Sie prüfen ihr Ergebnis mit der Probe (Umkehraufgabe).

```
  11,00 €
– 10,45 €
    1 1
---------
   0,55 €
```

Sie bekommen 0,55 € zurück.

Probe:

```
   0,55 €
+ 10,45 €
    1 1
---------
  11,00 €
```

Beispiel 3

```
  23,180
–  1,426
   1  1
--------
  21,754
```

	Z	E	z	h	t
	2	3	1	8	
–		1	4	2	6
		1		1	
	2	1	7	5	4

Merke Bei der **schriftlichen Subtraktion** gelten ebenfalls die oben angegebenen Regeln.

ERINNERE DICH
Bei mehreren Subtrahenden geht man so vor:
3,201 – 1,1 – 0,93

```
① 1,10
 + 0,93
     1
 ------
   2,03

② 3,201
 – 2,030
     1
 -------
   1,171
```

Üben und anwenden

1 Addiere im Kopf.

a) 0,2 + 0,7 b) 0,3 + 0,6 c) 0,7 + 0,8
d) 0,7 + 0,3 e) 1,2 + 0,7 f) 0,8 + 1,1
g) 1,5 + 0,9 h) 1,1 + 2,2 i) 1,8 + 4,1

2 Schreibe untereinander und berechne.

a) 3,72 + 4,91 b) 15,77 + 13,42
c) 4,472 + 4,936 d) 17,94 + 13,3
e) 5 + 1,74 f) 2 + 3,004
g) 4,873 + 7 h) 0,035 + 14

3 Überschlage vor der genauen Rechnung. Prüfe dein Ergebnis mit dem Überschlag.

Beispiel 3,278 + 8,982 Ü: 3 + 9 = 12
3,278 + 8,982 = 12,26

a) 8,129 + 5,322 b) 4,52 + 2,349
c) 15,62 + 4,937 d) 4,982 + 2,349
e) 0,836 + 2,789 f) 0,982 + 0,936

4 Übertrage ins Heft und addiere.

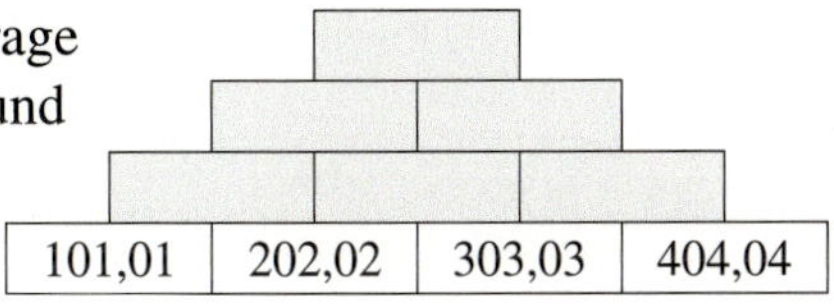

5 Ergänze im Heft die fehlenden Ziffern.

a)
0,64□
+ □,258
+ 3,□00
+ 7,0□2
11 11
12,317

b)
27,□3
+ □,49
+ □8,01
+ 16,4□
2 1 1
98,33

c)
27,489
+ 10,730
+ 1,400
+ 45,301
+ □□,□□□
122 21
100,000

6 Im Schreibwarenhandel

a) Peter kauft ein Heft, ein Bleistift und einen Radiergummi. Er zahlt mit einem 5-€-Schein.
b) Tanja hat 10 €. Genügen die 10 € für ein Heft, einen Zirkel, Tintenpatronen und ein Mäppchen?

Tintenpatronen	1,35 €
Bleistift	0,75 €
Radiergummi	0,80 €
Zirkel	5,95 €
Heft	0,73 €
Mäppchen	3,95 €
Geodreieck	0,75 €

7 Wandle in die größte der gegebenen Einheiten um und addiere.

a) 27 € 85 ct + 309 € 25 ct
b) 203 km 700 m + 66 km 50 m
c) 1645 kg 321 g + 43 kg 2 g

1 Addiere im Kopf.

a) 1,4 + 1,6 b) 2,3 + 6,6 c) 5,8 + 9,2
d) 4,7 + 4,6 e) 12,3 + 3,8 f) 18,9 + 4,7
g) 2,3 + 9,7 h) 26,6 + 24,2 i) 100,7 + 50,4

2 Rechne schriftlich.

a) 0,045 + 1,054 b) 12,075 + 3,082
c) 8,8 + 88,888 d) 90,87 + 1,1092
e) 2,04 + 1,35 + 6,33 f) 2,583 + 3,21 + 0,1
g) 1,4 + 2,184 + 3,25 h) 18,1 + 2,95 + 31,694

3 Überschlage zunächst. Dann berechne schriftlich und kontrolliere dein Ergebnis.

a) 0,421 + 3,012 + 9,777 + 345,23
b) 8,568 + 34,673 + 0,75 + 0,0021
c) 0,608 + 67,67 + 9,789 + 23
d) 0,453 + 0,0431 + 0,085 + 0,0094

4 Übertrage ins Heft und addiere.

+	2,4	7,6	9,3	12,4	10,9	13,4	0,85	0,31
2,7								
4,01								
7,5								
3,84								
6,29								
8,73								

5 Übertrage ins Heft und setze das richtige Zeichen ein (<, > oder =).

a) $\frac{1}{3}$ □ 0,2 + 0,1 b) $1\frac{1}{4}$ □ 0,75 + 0,5
c) $\frac{20}{6}$ □ $\frac{5}{3} + 1\frac{2}{3}$ d) $\frac{6}{100} + \frac{3}{10}$ □ 0,03

6 Was könnten die Kinder gekauft haben? Verschiedene Lösungen sind möglich.

a) Clara hat vier verschiedene Dinge gekauft und 8,25 € ausgegeben.
b) Hanna bezahlt 3,54 €.

7 Wandle in die größte der gegebenen Einheiten um und addiere.

a) 2 t 500 kg + 106 t 24 kg + 35 t 67 kg
b) 640 kg 301 g + 21 kg 67 g + 118 kg 270 g
c) 2 km 700 m + 12 km 44 m + 2741 m

HINWEIS
5 = 5,0 = 5,00
0,3 = 0,30 = 0,300

ERINNERE DICH
① Überschlage im Kopf.
↓
② Rechne exakt schriftlich.
↓
③ Prüfe dein schriftliches Ergebnis: Stimmt es ungefähr mit dem Überschlag überein?

8 Subtrahiere im Kopf.

a) 0,8 – 0,3 b) 0,7 – 0,5 c) 1,7 – 0,6
d) 1,3 – 0,3 e) 2,2 – 1,4 f) 1,9 – 1,5

8 Subtrahiere im Kopf.

a) 0,9 – 0,5 b) 0,3 – 0,1 c) 5 – 4,6
d) 0,8 – 0,4 e) 12,8 – 7,4 f) 19,5 – 6,6

9 Rechne schriftlich.

a) 0,6 – 0,1 – 0,4 b) 8,3 – 0,5 – 0,9
c) 6,2 – 3,7 – 1,9 d) 3,7 – 2,1 – 1,4

9 Rechne schriftlich.

a) 38,79 – 18,765 – 6 b) 17 – 8,742 – 0,23
c) 100 – 5,88 – 9,01 d) 44,3 – 11,215

10 Franziska hat 15 € Taschengeld. Davon soll sie folgende Beträge bezahlen: 2,45 €; 1,76 €; 6,70 € und 3,25 €. Wie viel bleibt von ihrem Taschengeld übrig? Erkläre zwei mögliche Rechenwege.

11 Berechne und kontrolliere mit der Probe.
Tipp: Auch natürliche Zahlen kannst du als Dezimalbrüche schreiben.

a) 6 – 2,74 b) 3 – 2,15
c) 4,26 – 4 d) 14,12 – 12
e) 12 – 4,23 f) 15 – 0,15
g) 4,99 – 2 h) 100 – 99,89

11 Wie groß ist der Unterschied zwischen den Zahlen?

a) 0,2 und 0,02 b) 7,1 und 0,71
c) 3,6 und 0,36 d) 5,1 und 5,01
e) 3,2 und 3,02 f) 4,7 und 4,07
g) 5,8 und 0,67 h) 1,4 und 1,04
i) 4,71 und 4,17 j) 0,55 und 0,05

12 Finde die fünf Fehler. Du brauchst die Aufgaben nicht exakt zu lösen, der Überschlag reicht.

① 1 278,45 + 4,14 + 100,54 = 138,8311
② 712,6 – 513,7 – 10,5 = 188,4
③ 34,565 + 36,897 + 150,9 = 322,362
④ 467,12 – 150,89 – 50,4 = 265,83
⑤ 1 005,87 + 450,96 – 45,85 – 10,896 = 1 500,084
⑥ 41,79 – 1,26 + 4,59 – 2,85 = 72,27
⑦ 10 000,89 + 2,78 – 3,199 + 5,228 = 1 000,056 99
⑧ 156,87 + 156,99 + 201,05 – 3,75 = 511,16

13 Überschlage zuerst. Berechne dann und vergleiche mit dem Überschlag.

a) 1,034 + 4,008 + 3,800 9 + 0,786
b) 0,621 + 9,789 – 6,008 7 + 2,09
c) 578,4 – 0,345 – 8,900 1 + 678,52
d) 0,687 + 0,043 – 0,534 1 + 0,002

13 Überschlage zunächst.
Achte beim Rechnen auf die Klammern.

a) 100 – (12,909 – 12,8) + 34,009
b) 564,67 – 18,563 – (234,8 – 34,34)
c) 45,223 4 – (30 + 12,909 09) – 2,001
d) 67,347 5 – 28,076 – (25 – 0,009)

14 Ergänze im Heft. Prüfe dein Ergebnis mit einer Umkehrrechnung.

Beispiel 1,9 + 7,3 = 9,2
9,2 – 1,9 = 7,3 oder 9,2 – 7,3 = 1,9

a) 3,4 + ▢ = 7,6 b) 8,3 + ▢ = 10,4
c) 9,2 + ▢ = 11,1 d) ▢ – 1,3 = 4,6
e) ▢ – 22,7 = 103,9 f) ▢ – 2,6 = 5,7
g) ▢ – 1,4 = 9,8 h) 3,6 + ▢ = 7,25
i) ▢ – 3,95 = 3,2 j) 3,5 + ▢ = 5,5

14 Ergänze die Lücken im Heft.

a)
```
   ▢,▢▢▢
 – 0,486
 – 2,405
 ───────
   1,000
```

b)
```
   21,4▢5
 –  ▢,380
 –  0,04▢
    1  11
 ────────
   19,047
```

Beschreibe deine Lösungsschritte bei Aufgabe b).

15 Anna hat beim Geräteturnen 38,024 Punkte erhalten. Sie hat den vierten Platz gemacht. Die Erstplatzierte hat 38,211 Punkte und die Drittplatzierte 38,049 Punkte erhalten.
a) Wie viele Punkte haben Anna gefehlt um die Bronzemedaille (3. Platz) zu gewinnen?
b) Wie viele Punkte haben ihr gefehlt, um die Goldmedaille zu gewinnen?

16 Mit welchem Wert ist das Mobile im Gleichgewicht?

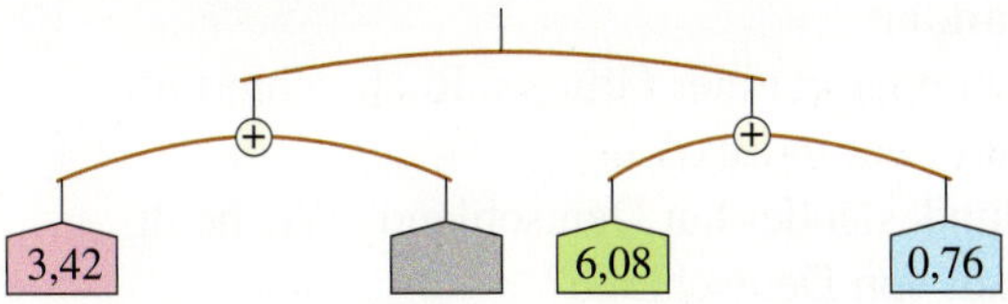

17 Überschlage zuerst. Dann schreibe den Betrag in € und addiere.
a) 4 € 12 Cent + 34 € 3 Cent + 1 € 28 Cent
b) 234 Cent + 506 Cent + 24 € + 4 €
c) 4 € 24 Cent + 56 € 67 Cent + 230 Cent
d) 40 € 12 Cent + 7 € 34 Cent + 45 Cent

18 Brüche in verschiedenen Schreibweisen
a) Berechne.

① $\frac{1}{4} + 0{,}5$ ② $0{,}7 - \frac{1}{5}$ ③ $1{,}7 + \frac{2}{5}$

b) Übertrage ins Heft. Schreibe die fehlende Zahl in verschiedenen Schreibweisen.

① $3{,}1 + \square = 5\frac{1}{4}$ ② $6\frac{1}{2} + \square = 10{,}75$

19 Arbeitet zu zweit. Zeichnet das Labyrinth auf ein Blatt.
Erreicht beim Durchlaufen des Labyrinths …
a) … genau die Zahl 10;
b) … eine Zahl zwischen 10,1 und 12;
c) … eine Zahl kleiner als 4.

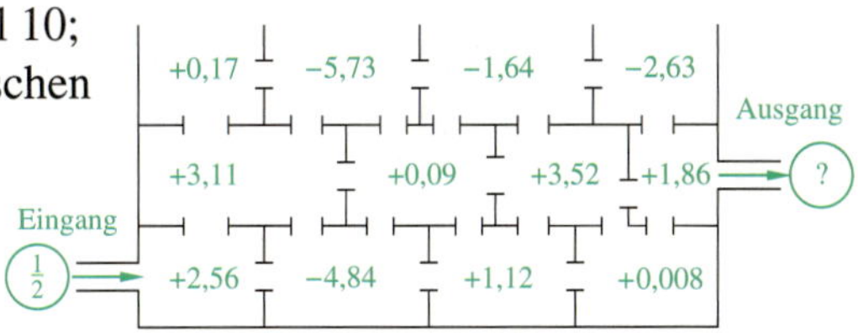

20 Löse die Gleichung.
a) $2{,}5 + x = 5$
b) $5{,}5 + x - 10$
c) $x - 8 = 3{,}1$
d) $12{,}8 - x = 6{,}3$
e) $1{,}8 - x = 1$
f) $x + 1{,}4 = 2{,}6$

16 Berechne alle Additions- und Subtraktionsaufgaben, die mit den Zahlen zusammengestellt werden können.

11,75; 18,609; 6; 8,057	+ / −	5,3; 0,069; 4,404; 1,8

17 Wandle in die größte der gegebenen Einheiten um und berechne.
a) 2 t 500 kg + 106 t 24 kg – 35 t 67 kg
b) 640 kg 301 g – 21 kg 67 g + 118 kg 270 g
c) 24 g 105 mg + 17 g 22 mg + 218 g 924 mg
d) 74 t 816 kg – 4560 kg – 12 t 902 kg
e) 22 km 700 m – 12 km 44 m + 2741 m
f) 42 m 3 dm + 7 dm 2 cm – 142 dm

18 Rechne aus.
a) $1{,}74 + \frac{5}{8}$ b) $1\frac{4}{5} - 0{,}85$
c) $2\frac{3}{4} - 2{,}4$ d) $4\frac{7}{8} + 0{,}125$

19 Arbeitet zu zweit. Zeichnet das Labyrinth auf ein Blatt.
Erreicht beim Durchlaufen des Labyrinths …
a) … genau die Zahl 6,8;
b) … die größtmögliche Zahl;
c) … Wege, die rechnerisch nicht weiterführen.

20 Stefan denkt sich eine Zahl. Stelle jeweils eine Gleichung auf und löse diese.
a) Er addiert zu dieser Zahl 3,5 und erhält 12.
b) Er subtrahiert von dieser Zahl 2,9 und erhält 22,1.
c) Er subtrahiert von dieser Zahl 13,7, addiert 2,2 und erhält 10.

Thema: Leben in Deutschland

Das Statistische Bundesamt veröffentlicht jedes Jahr aktuelle Daten zum Leben in Deutschland. Das sind z. B.: Angaben zu den Themen Einwohnerzahl, Berufen, Gesundheit, Freizeitverhalten, Familien. Einige der Statistiken werden auf diesen Seiten verwendet.

1 Bundesländer

Arbeitet zu zweit oder in einer Gruppe. Recherchiert im Internet, im Atlas oder in Lexika.

a) Wie viele Bundesländer hat Deutschland? Wie heißt die Hauptstadt von Deutschland?

b) Recherchiert und vergleicht die Flächengröße der Bundesländer.

① Wie groß sind die einzelnen Bundesländer? Rundet auf tausend km^2.

② Ordnet die Bundesländer nach ihrer Flächengröße.

③ Wie groß ist Deutschland insgesamt? Rundet auf zehntausend km^2.

④ Gebt den Anteil der einzelnen Bundesländer an der Gesamtfläche Deutschlands als Bruch an. Dabei braucht ihr nicht zu rechnen, Zähler und Nenner sind die Ergebnisse aus ① und ③.
Rechnet anschließend die Brüche in Prozentangaben um, rundet dabei auf ganze Prozent.

⑤ Zeichnet ein Streifendiagramm zur Größe der einzelnen Bundesländer.

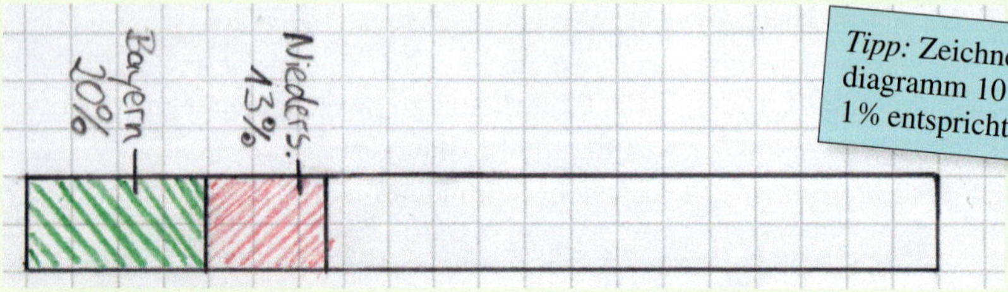

Tipp: Zeichnet das Streifendiagramm 10 cm lang. 1 % entspricht dann 1 mm.

c) Recherchiert und vergleicht die Einwohnerzahlen der Bundesländer. Geht dabei genau so vor wie bei der Auswertung der Flächengröße.
Benutzt beim Streifendiagramm für jedes Bundesland dieselbe Farbe wie im Streifendiagramm zu Aufgabe b).

NACHGEDACHT

a) Suche drei Bundesländer, deren Fläche zusammen etwa so groß ist wie die von Hessen.

b) Suche zwei Bundesländer deren Einwohnerzahl zusammen der von Hessen möglichst nahe kommt.

Vergleicht eure Ergebnisse: Wer kommt am dichtesten heran?

2 Männer und Frauen

a) Wie groß ist der Anteil der Frauen in Deutschland?

b) Wie viele Männer und wie viele Frauen sind das in etwa?

In Deutschland leben ca. 80 Millionen Menschen (Stand 2015).

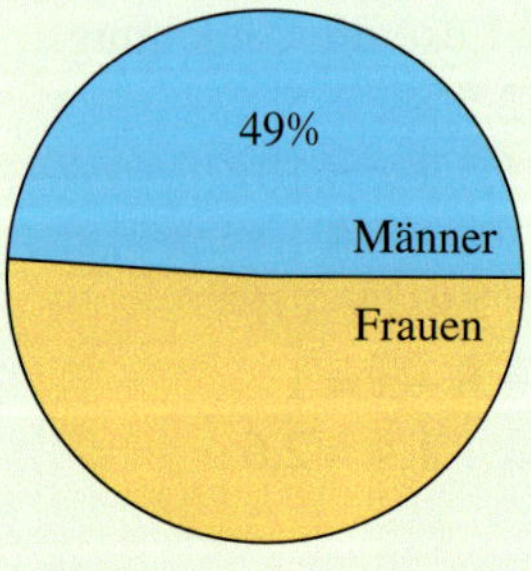

Erinnere dich: $\frac{12}{100}$ von 5300 berechnet man so:

$$5300 \xrightarrow{:100} 53 \xrightarrow{\cdot 12} 636$$

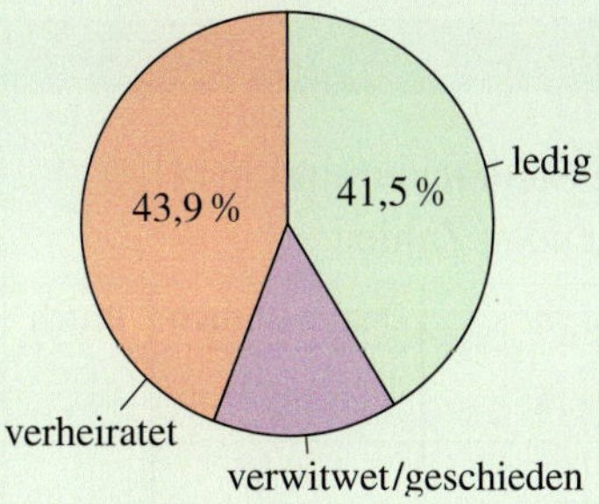

3 Familienstand

Der Familienstand gibt an, ob jemand verheiratet ist bzw. war. Links sind die Angaben aus dem Jahr 2015 dargestellt.

a) Wie hoch ist der Anteil der verwitwet oder geschieden lebenden Personen?

b) Wie viele Personen sind in Deutschland ungefähr ledig?

c) Zusatzaufgabe Internetrecherche: Sind die Anteile bei den in Hessen lebenden Personen ähnlich wie im Kreisdiagramm?

HINWEIS
Schaue auf S. 88 unten nach, wie viele Menschen in Deutschland leben.

4 Altersstruktur

Im Kreisdiagramm rechts seht ihr die Altersstruktur Deutschlands im Jahr 2015.

a) Welcher Anteil der Bevölkerung ist in eurem Alter (6 bis unter 15 Jahre)? Gib als Bruch und in Prozent an.

b) Wie groß ist der Anteil derjenigen, die jünger als 65 Jahre sind?

c) Gebt den Anteil der Kinder und jungen Menschen bis unter 25 Jahre an.

d) Wie viele Personen sind ungefähr in der Altersgruppe „6 bis unter 15 Jahren"?

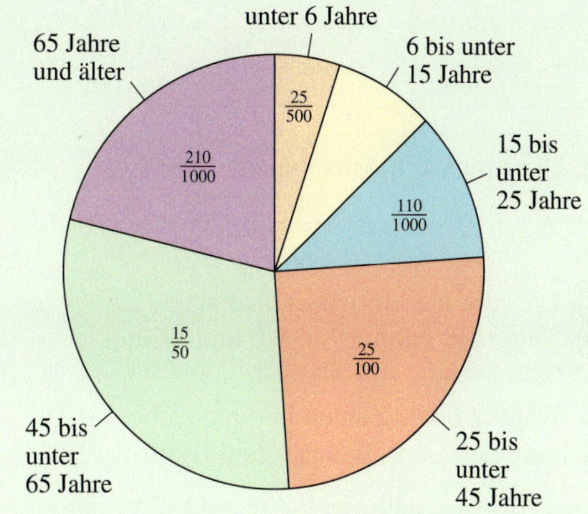

5 Wohnungsgrößen

Arbeitet in Gruppen und stellt eure Ergebnisse in der Klasse vor.

Im Diagramm sind die Anteile der Wohnungen mit 1 Zimmer, 2 Zimmern …, 7 Zimmern an der Gesamtheit aller Wohnungen in Deutschland 2015 dargestellt.

a) Rechnet die Angaben um in Prozentschreibweise.

b) Den größten Anteil hatten die Wohnungen mit 4 Zimmern. Wie groß war ihr Anteil?

c) Passt die Verteilung in etwa zu der in eurer Klasse? Stellt eine Häufigkeitstabelle zu der Zimmeranzahl eurer Wohnungen auf. Begründet eventuell auftretende Unterschiede zur Verteilung in Deutschland insgesamt.

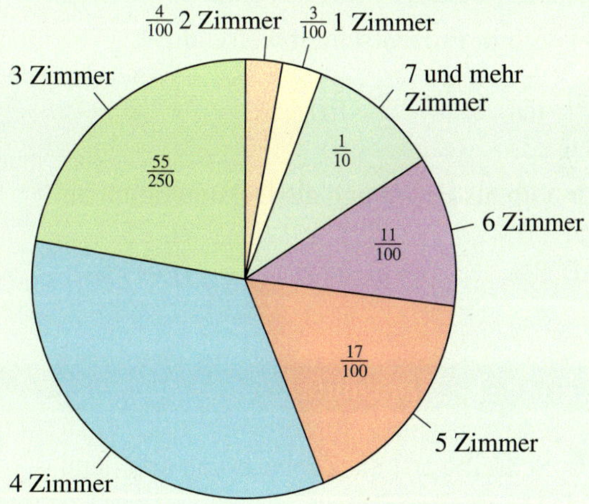

6 Religionen

Das Diagramm zeigt, wie groß die Anteile der katholischen, der evangelischen und der muslimischen Bevölkerung in Deutschland im Jahr 2014 war.

a) Welcher Anteil gehörte einer anderen bzw. gar keiner Religion an?

b) Wie viele Menschen waren katholisch, evangelisch oder muslimisch?

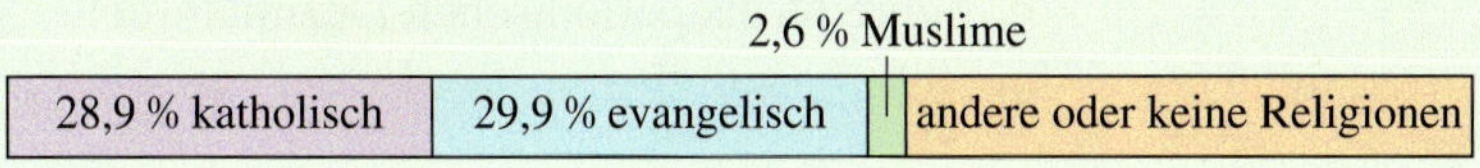

Klar so weit?

→ Seite 72

Brüche, Dezimalbrüche und Prozentschreibweise

1 Übertrage die Stellenwerttafel ins Heft. Ergänze die fehlenden Zahlen.

H	Z	E	z	h	t	Dezimalbruch
		5	2	8		5,28
1	1	7	8	0	9	
		0	4	7		
						270,5
						81,927
						100,001

2 Übertrage den Ausschnitt in dein Heft.

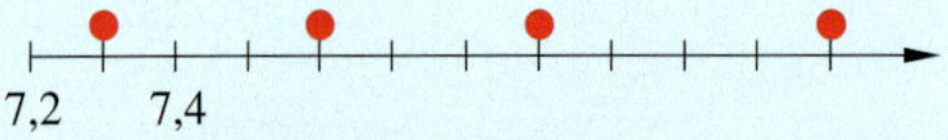

a) Lies die markierten Zahlen ab.
b) Trage die Zahlen 7,8; 8,0 und 8,2 ein.

3 Wandle beide Zahlen in die gleiche Schreibweise um. Welche Zahl ist größer?

a) $\frac{1}{2}$; 0,1 b) $\frac{2}{10}$; 0,25 c) 0,6; $\frac{60}{100}$

4 Gib in Prozentschreibweise an.

a) $\frac{3}{100}$ b) $\frac{27}{100}$ c) $\frac{7}{10}$

5 Gib als Bruch und als Dezimalbruch an.

a) 50 % b) 2 % c) 35 %
d) 8 % e) 11 % f) 95 %

1 Übertrage die Stellenwerttafel ins Heft. Ergänze die fehlenden Zahlen.

H	Z	E	z	h	t	Dezimalbruch	Bruch
	2	6	0	8		26,08	$26\frac{8}{100}$
						100,95	
8	4	0	9	0	1		
							$\frac{24}{100}$
				3	5		

2 Übertrage den Ausschnitt in dein Heft.

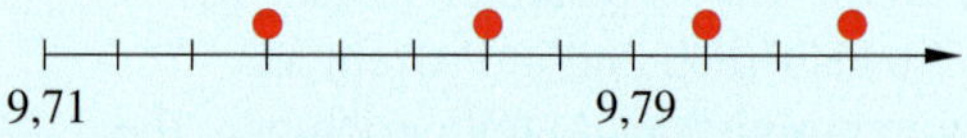

a) Lies die markierten Zahlen ab.
b) Trage die Zahlen 9,73; 9,81 und 9,75 ein.

3 Welche Zahl ist größer? Begründe.

a) $\frac{4}{5}$; 0,9 b) $\frac{25}{10}$; 0,25 c) 0,13; $\frac{13}{100}$

4 Gib in Prozentschreibweise an.

a) $\frac{11}{50}$ b) $\frac{1}{100}$ c) $\frac{45}{500}$
d) 0,75 e) 0,1 f) 0,06

5 Gib als vollständig gekürzten Bruch und als Dezimalbruch an.

a) 30 % b) 55 % c) 6 %

→ Seite 76

Brüche in Dezimalbrüche umwandeln

6 Schreibe erst als Zehnerbruch und dann als Dezimalbruch.

a) $\frac{1}{2}$ b) $\frac{2}{5}$ c) $\frac{6}{25}$

7 Wandle in Brüche um. Kürze, wenn möglich.

a) 0,2 b) 0,4 c) 0,15
d) 0,04 e) 0,19 f) 1,54

8 Dividiere schriftlich.

a) $\frac{2}{3}$ b) $\frac{4}{9}$ c) $\frac{1}{8}$ d) $\frac{5}{11}$

6 Schreibe als Dezimalbruch. Welche der Zahlen ist die größte?

a) $\frac{15}{4}$ b) $5\frac{3}{4}$ c) $\frac{9}{20}$

7 Wandle in Brüche um. Kürze, wenn möglich.

a) 0,25 b) 0,65 c) 0,33
d) 0,502 e) 0,755 f) 1,5

8 Schreibe als periodischen Dezimalbruch.

a) $\frac{9}{27}$ b) $\frac{11}{13}$ c) $\frac{1}{44}$ d) $\frac{7}{27}$

Dezimalbrüche vergleichen und runden

→ Seite 80

9 Welcher der beiden Dezimalbrüche ist größer? Begründe.

a) 5,87 oder 5,78   b) 2,91 oder 2,93
c) 0,634 oder 0,64   d) 0,609 oder 0,69

9 Ordne die Dezimalbrüche der Größe nach. Beschreibe dein Vorgehen.

a) 2,347; 2,437; 2,417; 2,341; 2,440
b) 0,5; 0,47; 0,365; 0,056; 0,24

10 Gib drei verschiedene Dezimalbrüche an, die zwischen den beiden Zahlen liegen.

a) 1 und 2   b) 3,8 und 3,9
c) 1,52 und 1,53   d) 3,89 und 3,90

10 Gib drei verschiedene Dezimalbrüche an, die zwischen den beiden Zahlen liegen.

a) 3,61 und 3,62   b) 7,9 und 8
c) 5,001 und 5,002   d) 4,12 und 4,128

11 Übertrage die Tabelle und ergänze.

Zahl	Rundungsstelle	gerundete Zahl
5,58	Zehntel	
6,789		6,79
	Zehntel	3,4

11 Runde die Größen jeweils an der Einerstelle sowie an der Zehntel-, Hundertstel- und an der Tausendstelstelle.

a) 1,8657 g   b) 6,0051 kg
c) 0,9918 km   d) 0,0655 t
e) 15,7699 m   f) 10,99 €

Dezimalbrüche addieren und subtrahieren

→ Seite 84

12 Rechne im Kopf.

a) 0,4 + 0,5   b) 0,8 + 0,2   c) 8,3 + 0,8
d) 0,9 − 0,5   e) 8,5 − 0,4   f) 5 − 4,6

12 Rechne im Kopf.

a) 8,3 + 0,8   b) 7,2 + 0,9   c) 18,6 + 4,5
d) 0,8 − 0,4   e) 2,3 − 1,1   f) 19,5 − 6,6

13 Schreibe untereinander und berechne.

a) 3,92 + 2,84   b) 5,71 + 4,835
c) 1,98 + 4,1   d) 9,345 − 2,765
e) 1,750 − 0,443   f) 4,839 − 0,991
g) 663,24 + 56,01 + 103,98
h) 3 624,60 + 219,091 + 347,11 + 9 174,22
i) 1 420,76 − 413,53 − 46,81

13 Rechne schriftlich.

a) 34,567 + 890,11   b) 2,002 + 8,8081
c) 15,62 + 4,937   d) 14,3 − 5,791
e) 3,258 − 0,9876   f) 51,3 − 4,008
g) 1,034 + 4,008 + 3,8009 + 0,786
h) 8,129 + 5,322 + 125,01 + 74,8
i) 8 400,765 − 33,29 − 504,039 − 3 321,4

14 Ersetze ■ im Heft.

a) 14,6 + ■ = 20   b) ■ − 17,8 = 30
c) 81,7 − ■ = 40   d) ■ − 17,2 = 50
e) 10,6 + ■ = 145   f) ■ + 6,3 = 155
g) 24,6 − ■ = 19,5   h) ■ − 8,7 = 20,5

14 Ersetze ■ im Heft.

a) 33,6 + ■ = 38,8
b) ■ − 26,1 = 200,5
c) 5,9 − ■ = 0,6
d) ■ − 0,08 = 62,3
e)
```
   0,64■
+  ■,258
+  3,■00
+  7,0■2
   1 1 1
 -------
  12,317
```

15 Löse die Gleichung:

a) $a + 3{,}5 = 5$ b) $a - 2{,}4 = 5$
c) $a + 4{,}3 = 20$ d) $15{,}6 - a = 11$
e) $27{,}2 - a = 14$ f) $50{,}3 + a = 60$
g) $12{,}8 + a = 32{,}8$ h) $14{,}6 - a = 0{,}6$

15 Löse die Gleichungen.

a) $2{,}8 + x + 3{,}2 = 10{,}5$
b) $13{,}4 - x + 2{,}4 = 13$
c) $x - 21{,}3 + 10{,}4 = 4{,}9$
d) $32{,}7 - x + 4{,}5 = 30$

Vermischte Übungen

1 Schreibe als Dezimalbruch.

a) $\frac{2}{25}$ b) $\frac{8}{20}$ c) $\frac{175}{500}$
d) $\frac{121}{110}$ e) $\frac{1}{250}$ f) $\frac{7}{8}$

2 Runde die Größen.

a) Runde auf hundertstel Euro:
2,743 €; 5,007 €; 18,709 €
b) Runde auf hundertstel Meter:
0,439 m; 0,660 m; 8,595 m
c) Runde auf tausendstel Kilogramm:
7,436 9 kg; 6,025 5 kg; 0,009 6 kg

3 Ordne der Größe nach, beginne mit dem kleinsten Dezimalbruch.

a) 0,12; 0,012; 0,01; 0,1; 0,2
b) 2,3; 2,23; 2,32; 2,2
c) 0,2; $\frac{1}{4}$; 0,02; $\frac{2}{5}$
d) $\frac{1}{8}$; 0,126; $\frac{1}{5}$; 0,024

4 Nenne fünf Dezimalbrüche zwischen …

a) … 5,5 und 5,6;
b) … 0 und 0,5;
c) … 7,02 und 7,03;
d) … 18,556 und 18,557.
e) Wie viele Dezimalbrüche findest du noch zwischen den jeweiligen Dezimalbrüchen?

5 Runde auf Zehntel und auf Hundertstel.

a) $0{,}\overline{5}$ b) $0{,}\overline{3}$ c) $0{,}2\overline{7}$
d) $0{,}1\overline{6}$ e) $2{,}2\overline{4}$ f) $1{,}8\overline{1}$

6 Dennis behauptet:
„In der Flasche ist $\frac{1}{3}$ Liter Cola“.
Hat er recht? Begründe deine Antwort.

7 Zeichne das Rechteck in dein Heft. Markiere den angegebenen Teil farbig. Gib ihn auch als Bruch an.

a) Rechteck 10 × 10 Kästchen: 30 %
b) Rechteck 5 × 4 Kästchen: 50 %
c) Rechteck 10 × 5 Kästchen: 10 %
d) Rechteck 4 × 5 Kästchen: 25 %

1 Schreibe als Dezimalbruch.

a) $5\frac{7}{8}$ b) $12\frac{12}{30}$ c) $4\frac{56}{700}$
d) $9\frac{7}{25}$ e) $4\frac{34}{125}$ f) $23\frac{12}{20}$

2 Überprüfe die Rundungsergebnisse. Korrigiere die Fehler in deinem Heft.

a) 1,75 s ≈ 1,7 s b) 4,007 s ≈ 4,1 s
c) 2,456 € ≈ 2,45 € d) 0,770 m ≈ 0,77 m
e) 7,234 m ≈ 7,24 m f) 39,9 mm ≈ 40 mm
g) 1,992 m ≈ 2 m h) 770,7 g ≈ 771 g
i) 1,884 km ≈ 20 km j) 23,009 dm ≈ 23 dm

3 Prüfe, ob die Dezimalbrüche richtig geordnet sind. Berichtige in deinem Heft, wenn nötig.

a) $2{,}3 < 2{,}25 < 2{,}235 < 2{,}2341$
b) $0{,}89 < 0{,}890\,5 < 0{,}891 < 0{,}890\,1 < 0{,}918$
c) $1{,}061 < 1{,}116 < 1{,}106 < 10{,}60 < 1{,}661$

4 Zeige jeweils an einem Beispiel und begründe.

a) Jeder Bruch kann als Dezimalbruch dargestellt werden.
b) Es gibt keine kleinste Zahl, die größer als Null ist.
c) Zwischen zwei Dezimalbrüchen liegen unendlich viele andere Dezimalbrüche.

5 Runde auf Hundertstel und auf Tausendstel.

a) $0{,}54\overline{5}$ b) $0{,}04\overline{5}$ c) $0{,}0\overline{45}$
d) $0{,}\overline{545}$ e) $5{,}5\overline{4}$ f) $4{,}5\overline{9}$

6 Wahr oder falsch? Begründe.

a) $0{,}17 = 0{,}170$ b) $0{,}3 = 3\,\%$
c) $1{,}3 = 1\frac{3}{10}$ d) $0{,}3 = \frac{1}{3}$
e) $0{,}\overline{3} = 0{,}33\ldots$ f) $0{,}99 = 99\,\%$

7 Stoffe für Kleidungsstücke haben verschiedene Zusammensetzungen. Gib die Anteile als Brüche an.

a) Pulli: 80 % Baumwolle; 20 % Polyester
b) Hose: 85 % Polyester; 15 % Viskose
c) Rolli: 50 % Baumwolle; 50 % Polyester
d) Rock: 95 % Viskose; 5 % Seide

8 Bei der Pflege einer Gartenanlage sind folgende Kosten entstanden:

Teichfolie	265,80 €
Sand	46,76 €
Kieselsteine (groß)	97,81 €
Wasserpflanzen	146,85 €

a) Reichen 500 € zum Bezahlen?
b) Wie viel € bleiben übrig bzw. fehlen noch, wenn 600 € zur Verfügung stehen?
c) Als Sonderangebot wird eine Gartenteichpumpe für 99,50 € angeboten, die sonst 118,95 € kostet. Berechne den Preisvorteil.

9 In Prospekten werden Längen häufig in Millimeter angegeben.
a) Runde auf Zentimeter und gib die Maße in Meter an.

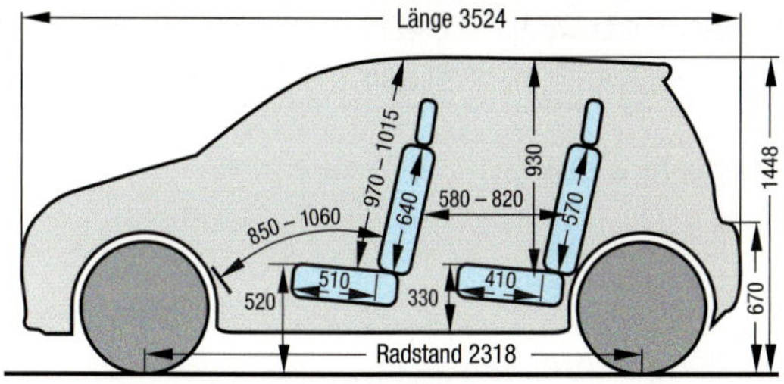

b) Folgende Angaben wurden auf Zentimeter gerundet. Gib jeweils die kleinstmögliche und die größtmögliche Ausgangsgröße an.
4,34 m 8,67 m 0,81 m

8 Das Jugendzimmer wird zum Komplettpreis 1 099 € angeboten.
Man kann die Möbel auch einzeln kaufen, doch dann sind sie teurer:

Schreibtisch	339,90 €
2-Türen-Schrank	319 €
Bett	229,95 €
Schubfach für das Bett	49 €
kleiner Schrank mit Tür	99 €
Schreibtischstuhl	39 €
Auflage für das Bett	50,20 €
Lattenrost	43,49 €

Wie viel Geld spart man gegenüber dem Einzelkauf?

9 In den Niederlanden bezahlt man nicht mit 1- und 2-Cent-Münzen. An der Kasse werden die Beträge so geändert, dass keine 1- und 2-Cent-Münzen benötigt werden.
Beispiel Statt 4,37 € bezahlt man 4,35 €.
Statt 12,03 € zahlt man 12,05 €.
a) Welche Beträge sind zu zahlen?
12,39 €; 18,41 €; 24,16 €; 2,44 €; 5,13 €
b) In welchen Fällen wird zu Gunsten des Käufers geändert?
c) In welchen Fällen wird zu Gunsten des Verkäufers geändert?
d) Hast du eine Idee, warum man nicht mit 1- oder 2-Cent-Münzen bezahlt? Hältst du das Verfahren für sinnvoll? Begründe.

NACHGEDACHT
Suche in Werbeprospekten oder im Internet nach weiteren Komplettangeboten wie in Aufgabe 8. Vergleiche den Komplettpreis mit den Einzelpreisen.
Diskutiert: Wann ist es sinnvoll, ein Komplettangebot zu kaufen, wann nicht?

10 Sascha und Stephanie diskutieren, welche Klasse beim Sportfest besser abgeschnitten hat.
Sascha meint: „Wir haben mehr Urkunden bekommen, wir sind besser."
Stephanie vergleicht so: „Wir waren besser!
Denn wir sind weniger Kinder und $\frac{16}{20}$ ist mehr als $\frac{18}{25}$!"
a) Erkläre, wie Stephanie gerechnet hat.
b) Jo meint: „Werte, die in Prozent angegeben sind, kann man gut vergleichen." Begründe.

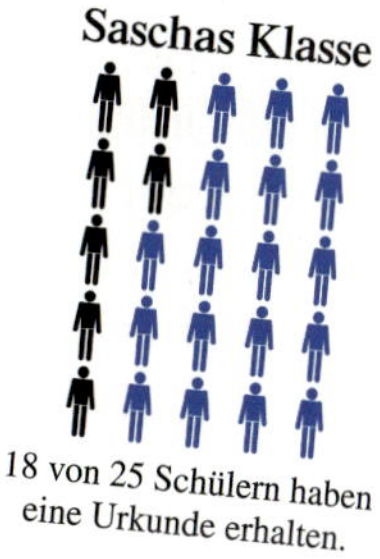

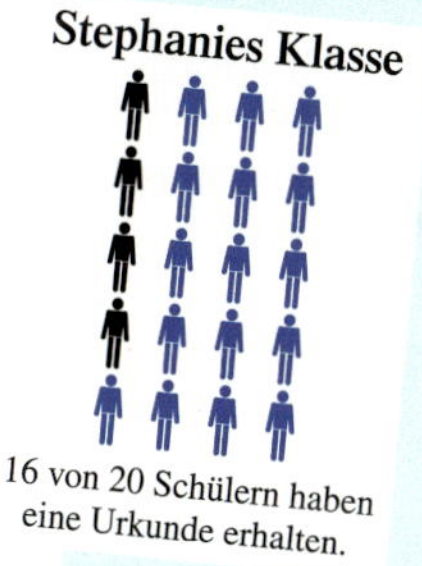

11 Ergänze die Zahlenmauer. Wie ändert sich die Zahl im obersten Stein, wenn du die Zahlen in allen unteren Steinen um 1 vergrößerst?

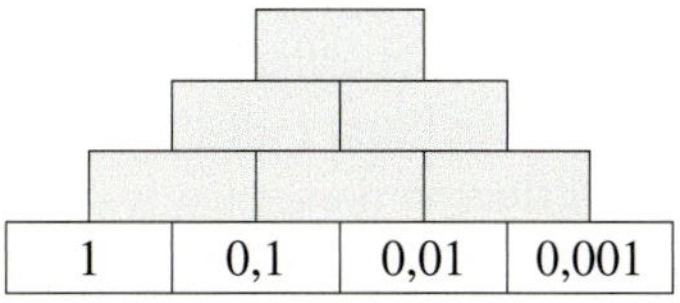

11 Ergänze die Zahlenmauer. Wie ändert sich die Zahl im obersten Stein, wenn du in einem der unteren Mauersteine 1 addierst? Unterscheide zwei Fälle und versuche das Ergebnis zu erklären.

12 Anteile der Kontinente

Arbeitet zu zweit.

Die Kontinente sind unterschiedlich groß. So ist auch ihr Anteil an der gesamten Landfläche der Erde sehr verschieden: Afrika nimmt etwa ein Fünftel der Fläche ein, Amerika etwa vier Fünfzehntel, Asien etwa ein Drittel, Australien etwa vier Fünfundsiebzigstel, Europa etwa ein Fünfzehntel und die Antarktis etwa zwei Fünfundzwanzigstel.

a) Notiert die Anteile als Brüche.

b) Gebt die Anteile als Dezimalbrüche an. Rundet auf Tausendstel.

c) Wie viel Prozent der Landfläche nehmen die Kontinente jeweils ein?

d) Sortiert die Kontinente der Größe nach, beginnt mit dem größten.

HINWEIS
Mio. = Million(en)

13 Ozeane

Arbeitet zu zweit.

Die Erdoberfläche ist ca. 510 Millionen km^2 groß, davon sind ca. 360 Mio. km^2 Wasseroberfläche.

Von der Wasseroberfläche der Erde entfällt etwa die Hälfte auf den Pazifischen Ozean, etwa drei Zehntel auf den Atlantischen Ozean und etwa ein Fünftel auf den Indischen Ozean.

	Volumen in Mio. km^3	Durchschnittliche Tiefe in km
Pazifischer Ozean	696,19	3,870
Atlantischer Ozean	354,28	3,380
Indischer Ozean	284,34	3,600

HINWEIS
Die drei Streifendiagramme bei 13 a), b) und c) sollen jeweils 10 cm lang sein, denn dann könnt ihr sie mit den zuvor berechneten Werten besonders leicht zeichnen.

Nehmt für jeden Ozean bei allen drei Diagrammen dieselbe Farbe.

a) *Anteil an der Wasseroberfläche*

① Wie viel Prozent der Wasseroberfläche nehmen die drei Ozeane jeweils ein? Beschreibt, wie ihr bei der Berechnung vorgeht.

② Ordnet die Ozeane der Größe nach.

③ Stellt das Ergebnis „Anteil an der Wasseroberfläche“ in einem Streifendiagramm farbig dar. Beachtet die Hinweise in der Randspalte.

b) *Anteile am Wasservolumen*

① Wie viel km^3 Wasser sind in den drei Ozeanen aus der Tabelle insgesamt enthalten?

② Ordnet die Ozeane nach ihrem Volumen und gebt jeweils an, wie viel Prozent vom gesamten Wasser sie enthalten. Rundet vor der Berechnung alle Werte so, dass sie keine Nachkommastellen haben.

③ Rundet die Ergebnisse auf ganze Prozent.

Beispiel Pazifischer Ozean: $\frac{696}{■} \approx 0{,}■ = ■\,\%$

④ Stellt auch die „Anteile am Wasservolumen“ in einem Streifendiagramm dar.

ERINNERE DICH
$\frac{4}{1000}$ von 2000 berechnet man so:

$2000 \xrightarrow{:1000} 2 \xrightarrow{\cdot 4} 8$

c) *Anteile an der Erdoberfläche*

Die Anteile der Ozeane an der gesamten Erdoberfläche betragen: Pazifischer Ozean sieben Zwanzigstel, Atlantischer Ozean ein Fünftel und indischer Ozean sieben Fünfzigstel.

① Wieso unterscheiden sich diese Werte von denen bei Aufgabe a)?

② Welchen Anteil hat die Landfläche an der Erdoberfläche?

③ Stellt auch die „Anteile an der Erdoberfläche“ in einem Streifendiagramm dar.

Zusammenfassung

Brüche, Dezimalbrüche und Prozentschreibweise

→ Seite 72

Zahlen in Kommaschreibweise werden **Dezimalbrüche (Dezimalzahlen)** genannt.

$0{,}8 = \frac{8}{10}$ $\quad 0{,}19 = \frac{19}{100}$ $\quad 6{,}039 = 6\frac{39}{1000}$

Dezimalbrüche sind Brüche in einer anderen Schreibweise. Sie lassen sich am **Zahlenstrahl** darstellen.

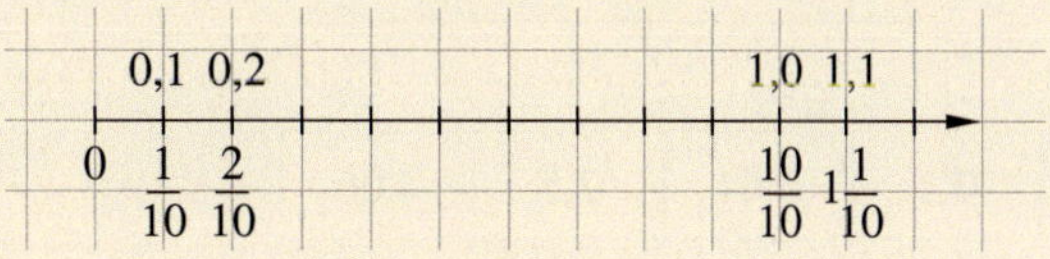

Brüche mit dem Nenner 100 kann man auch in **Prozentschreibweise** angeben.

$\frac{4}{100} = 4\,\%$ $\quad \frac{19}{100} = 19\,\%$

Brüche in Dezimalbrüche umwandeln

→ Seite 76

Es gibt zwei Verfahren zum Umwandeln:

– Erweitern oder Kürzen auf einen Zehnerbruch

$\frac{1}{4} = \frac{25}{100} = 0{,}25$ $\quad \frac{28}{200} = \frac{14}{100} = 0{,}14$

– Schriftliche Division

$\frac{1}{4} = 1 : 4$

```
 1,00 : 4 = 0,25
−0↓         ↑
 10 ────────┘ Komma-
−  8          überschreitung
   20
−  20
    0
```

Bricht die Division nicht ab, so entsteht ein **periodischer Dezimalbruch**, bei dem sich eine Ziffer oder eine Ziffernfolge nach dem Komma ständig wiederholt.

$5 : 6 = 0{,}833\ldots = 0{,}8\overline{3}$

Dezimalbrüche vergleichen und runden

→ Seite 80

Um Dezimalbrüche zu **ordnen**, vergleicht man sie stellenweise.

$8{,}27 < 8{,}32$ (2 < 3) $\quad 0{,}71 > 0{,}705$ (1 > 0)

Runden von Dezimalbrüchen:

1. Lege die Rundungsstelle fest. — Runde auf Zehntel.
2. Betrachte die nächstfolgende Ziffer:
   - Bei 0 bis 4 wird abgerundet, — $2{,}34 \approx 2{,}3$ $\quad 83{,}105 \approx 83{,}1$
   - bei 5 bis 9 wird aufgerundet. — $2{,}37 \approx 2{,}4$ $\quad 12{,}0837 \approx 12{,}1$

Dezimalbrüche addieren und subtrahieren

→ Seite 84

Dezimalbrüche werden **stellenweise addiert** bzw. **subtrahiert** (*Komma unter Komma*).

Haben Dezimalbrüche unterschiedlich viele Stellen hinter dem Komma, füllt man fehlende Stellen mit **Nullen** auf.

```
  2,00
+ 3,42       7,80
+ 0,73     − 1,92
   1          1 1
  6,15       5,88
```

Teste dich!

2 Punkte

1 Berechne die Additionsmauern im Heft.

a)

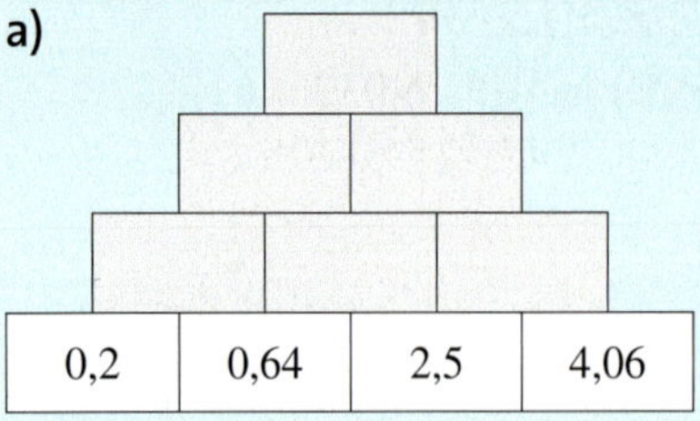

b)

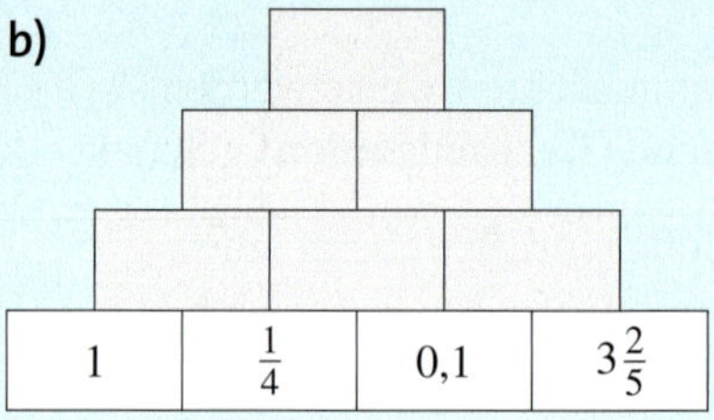

2 Punkte

2 Überschlage zuerst. Dann berechne schriftlich.

a) $19{,}457 + 4{,}26 + 5{,}01$

b) $48{,}004 - 2 - \frac{3}{4} - 16{,}104 - 4$

2 Punkte

3 Schreibe in Prozentschreibweise.

a) 0,2; 0,58; 0,615; 0,07; 0,503

b) $\frac{3}{4}$; $\frac{5}{20}$; $\frac{4}{5}$; $\frac{12}{50}$; $\frac{6}{300}$

3 Punkte

4 Schreibe die Einwohnerzahlen in Millionen und runde auf eine Stelle hinter dem Komma.

a) Madrid: 3 213 271; Hamburg: 1 773 218; Rom: 2 553 873

b) Istanbul: 13 820 194; London: 7 852 200; Delhi: 10 972 065

c) Hongkong: 7 012 849; Peking: 15 796 450; Essen: 574 635

2 Punkte

5 Ordne die Zahlen, beginne jeweils mit der kleinsten Zahl.

a) 0,25; $\frac{1}{8}$; 0,75; $\frac{4}{5}$; 0,5

b) 0,3; $0{,}\overline{3}$; 0,3304; 0,33; 0,333; $0{,}\overline{30}$

4 Punkte

6 Folgenden Materialien sollen mit einem Lkw (Leergewicht 2 400 kg) über die gezeigte Brücke zu einer Baustelle transportiert werden.

a) Wie viel t kann der Lkw zuladen?

b) Berechne das Gesamtgewicht aller Materialien in t.

c) Wie viele Zementsäcke können zugeladen werden, wenn sie zusammen mit den 3 Eisenträgern transportiert werden?

d) Reichen 2 Fahrten aus, um das ganze Material zu befördern? Mache einen Vorschlag, wie der Lkw dann jeweils beladen werden muss.

$3\,m^3$ Sand (insgesamt 1700 kg)

1,95 t Kalksandsteine

40 Zementsäcke (50 kg je Sack)

3 Eisenträger (insgesamt 4 250 kg)

1 Punkt

7 Bernd versucht seine Mutter davon zu überzeugen, dass er nicht genug Zeit am Computer verbringen darf: „Nur $\frac{1}{5}$ meiner Klasse dürfen nur eine Stunde spielen, $\frac{3}{4}$ dürfen täglich zwei Stunden spielen und 40 % haben sogar gar kein Zeitlimit.“
„Du übertreibst doch!“ antwortet seine Mutter. Wieso meint sie das?

2 Punkte

8 Bei einer viertägigen Radtour notieren Katja, Marc und Yvonne jeden Abend die gefahrenen Kilometer.

Tag	1. Tag	2. Tag	3. Tag	4. Tag
gefahrene Strecke	38,5 km	45,8 km	53,2 km	49,7 km

Der Kilometerzähler an Katjas Fahrrad steht am Ende der Fahrt auf 547,1 km.

a) Auf welchem Kilometerstand war der Kilometerzähler vor Beginn der Radtour?

b) Um wie viel Kilometer unterscheiden sich die längste und die kürzeste Tagestour?

Gold: 17–18 Punkte, Silber: 14–16 Punkte, Bronze: 11–13 Punkte

Lösungen ab Seite 212

Symmetrie

Ein Rommé-Spiel hat 110 Karten. Die Bilder, Zahlen und Symbole sind auf vielen Karten punktsymmetrisch angeordnet. So ist es egal, wie herum man die Karten auf der Hand hält. Je nach Kartenspiel sind einige Karten sogar achsensymmetrisch, wie z. B. das Herz-Ass.

Noch fit?

Einstieg

Aufstieg

NACHGEDACHT
Welche Tänzerinnen stehen annähernd achsensymmetrisch?

①

②

③

④

1 Symmetrische Spielfelder

Die Bilder zeigen ein Hallenhandballfeld und ein Baseballfeld.

a) Sind die Spielfelder achsensymmetrisch? Gib gegebenenfalls an, wo Symmetrieachsen verlaufen.

b) Nenne drei Sportarten, die auf achsensymmetrischen Spielfeldern ausgeübt werden.

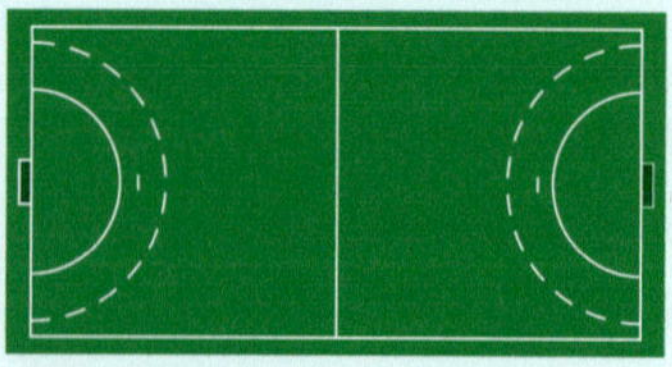

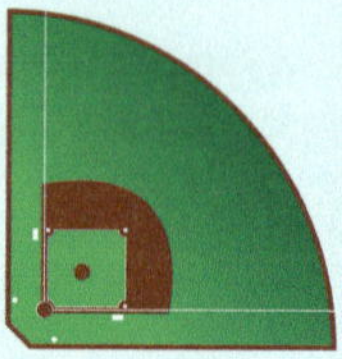

2 Achsensymmetrische Figuren (Einstieg)

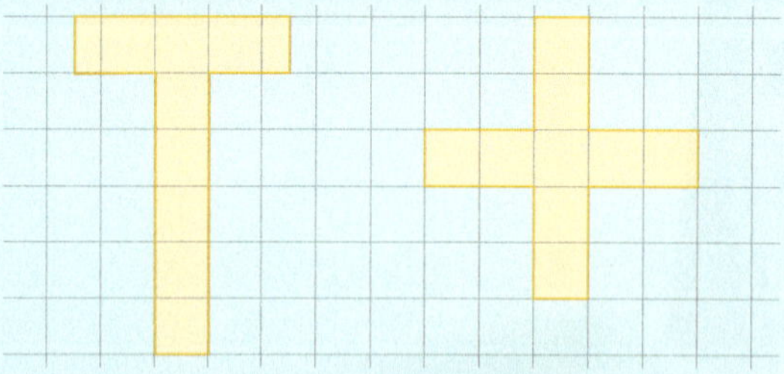

Übertrage die Figuren in dein Heft.
Zeichne alle Symmetrieachsen ein.

2 Achsensymmetrische Figuren (Aufstieg)

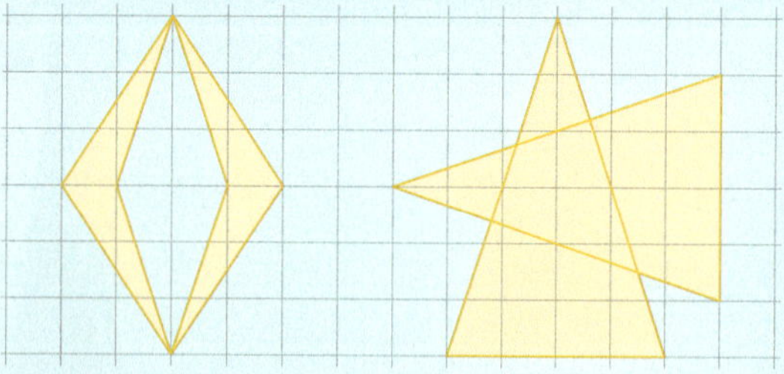

Übertrage die Figuren in dein Heft.
Zeichne alle Symmetrieachsen ein.

3 Figuren spiegeln (Einstieg)

Spiegele im Heft die Figur an der Geraden g.

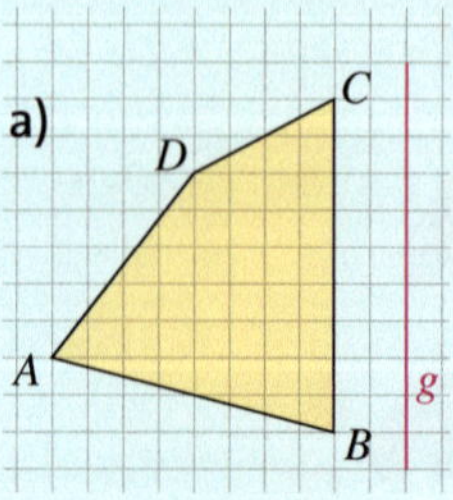

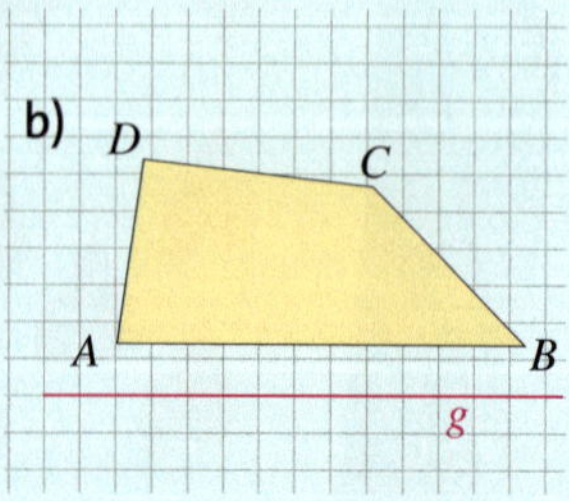

3 Figuren spiegeln (Aufstieg)

Spiegele im Heft die Figur an der Geraden g.

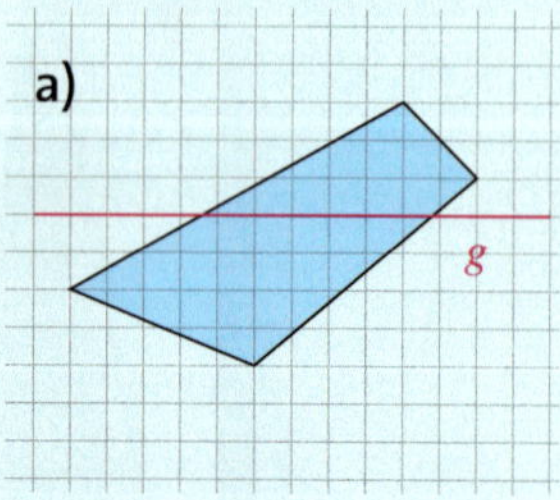

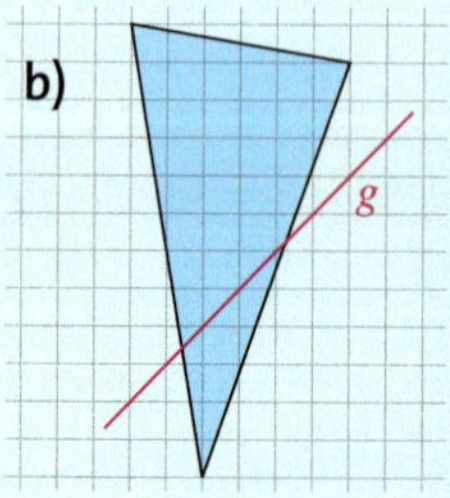

4 Spiegelachsen bestimmen

Gib die Koordinaten von Punkten an, durch welche die Spiegelachse gezeichnet werden kann. Wenn du dir nicht sicher bist, zeichne im Heft.

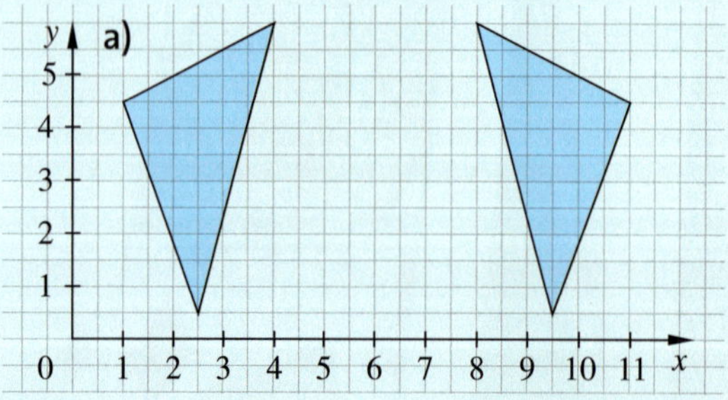

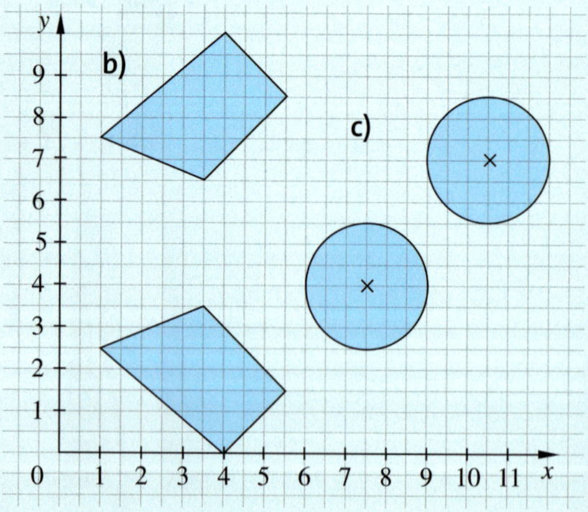

Lösungen ab Seite 212

Punktsymmetrische Figuren

Entdecken

1 Nehmt euch ein Skat-Kartenspiel zur Hand.

a) Sucht alle Karten heraus, die achsensymmetrisch sind.
Beschreibt ihre Eigenschaften, z. B. welche Farbe oder welchen Wert sie haben.
Vergleicht miteinander die gefundenen Karten.
Habt ihr alle dieselben Karten gefunden?
Diskutiert darüber.

b) Sucht nun alle Bild-Karten heraus. Vergleicht den Aufbau der achsensymmetrischen Karten mit dem Aufbau der Bildkarten. Was fällt euch auf?

2 Simon ist schon fertig mit seinen Aufgaben. Aus Langeweile schreibt er seinen Namen in großen Druckbuchstaben auf ein Blatt Papier:

S I M O N

Lena sitzt ihm am Gruppentisch gegenüber und beobachtet, was Simon macht. Plötzlich spricht sie ihn mit einem merkwürdigen Namen an.

a) Wie lautet der merkwürdige Name?
Drehe das Buch zum Lesen auf den Kopf, also um 180°.

b) Lena und Simon stellen zusammen fest, dass sich vier von fünf Buchstaben des Namens nicht verändern, wenn man sie auf dem Kopf liest. Welche Buchstaben bleiben gleich und welcher Buchstabe wird auf dem Kopf gelesen ein anderer?

c) Welche Gemeinsamkeiten haben die vier Buchstaben, die um 180° gedreht gleich bleiben?

d) Gib weitere Buchstaben des Alphabets an, die bei einer Drehung um 180° gleich bleiben.

NACHGEDACHT
In der Mathematik nennt man das „auf-den-Kopf-Drehen" eine Drehung um 180°. Was bedeutet dann eine Drehung um 360°?

3 Von den drei Bildern fehlt jeweils eine Hälfte.

a) Übertrage die Bilder in dein Heft und ergänze die Bildhälften so, dass sie nach einer Drehung um 180° aussehen wie vor der Drehung.
Überprüfe deine Zeichnungen, indem du dein Heft um 180° drehst.

① Ergänze die fehlende obere Hälfte.

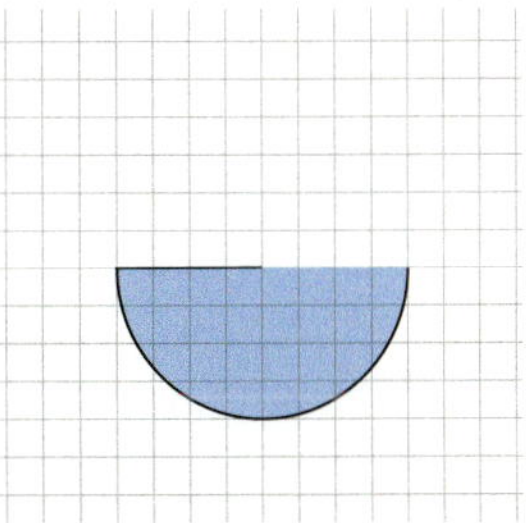

② Ergänze die fehlende untere Hälfte.

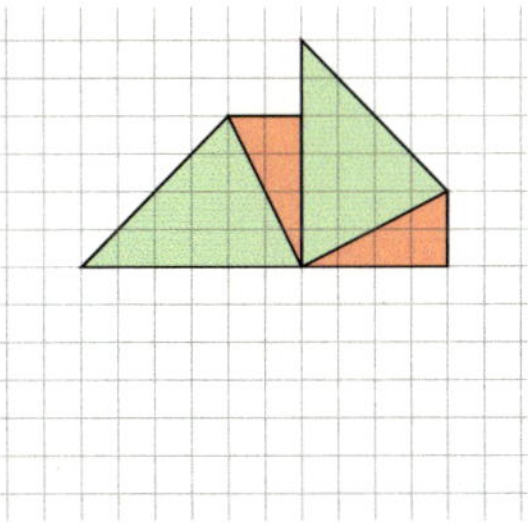

③ Ergänze die fehlende rechte Hälfte.

b) Hast du ein System entwickelt, wie du die Bilder ergänzen konntest?
Präsentiere deine Bilder der Klasse und beschreibe, wie du beim Ergänzen der Bilder vorgegangen bist.

Verstehen

Michael und sein Onkel spielen Karten. Sie stellen fest, dass einige Karten auf den Kopf gedreht unverändert aussehen.

HINWEIS
Bei einer halben Drehung wird um 180° gedreht.

Drehung um 180° um das Symmetriezentrum Z

Die Spielkarte ist punktsymmetrisch.

Merke Eine Figur, die durch eine Drehung um 180° zur Deckung kommt, nennt man **punktsymmetrisch**.
Der Punkt, um den die Figur gedreht wird, heißt **Symmetriezentrum** ***Z***.

HINWEIS
So sähe die Karte aus, wenn sie achsensymmetrisch wäre.

Bei einer Punktspiegelung gibt es zu jedem **Originalpunkt** ***A*** auf der einen Seite des Symmetriezentrums einen **Bildpunkt** ***A'*** auf der anderen Seite des Symmetriezentrums *Z*.

Merke Eine **Punktspiegelung** hat folgende Eigenschaften:
- Originalpunkt, Symmetriezentrum und Bildpunkt liegen auf einer Geraden.
- Originalpunkt und Bildpunkt haben denselben Abstand zum Symmetriezentrum.

Mithilfe einer Punktspiegelung kann man zwei Dinge erreichen:
- eine Figur zu einer punktsymmetrischen Figur ergänzen,
- eine Figur um 180° drehen

Das Symmetriezentrum kann innerhalb oder außerhalb der Figur liegen.

Beispiel 1
Z ist Teil der Figur.

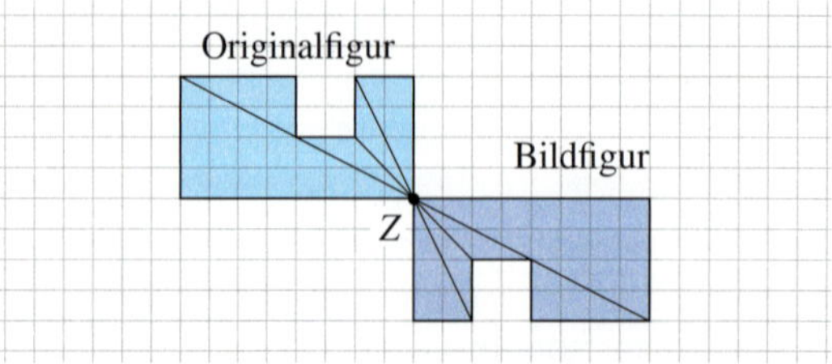

Beispiel 2
Z liegt außerhalb der Figur.

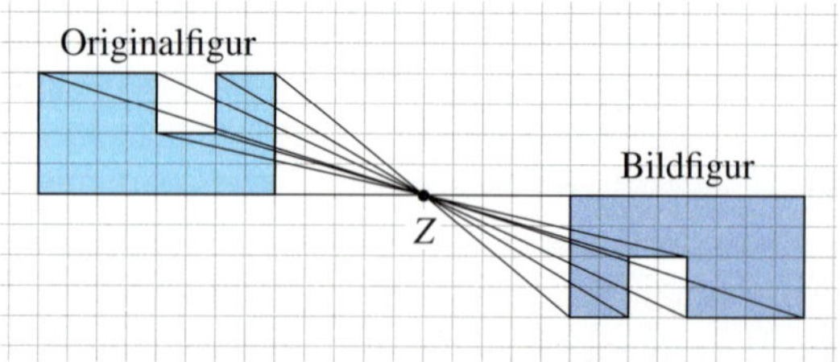

Üben und anwenden

1 Leon und Mara haben Logos entworfen.

a) Diskutiert, ob diese Logos punktsymmetrisch sind. Wo liegt dann das Symmetriezentrum?

b) Kennt ihr punktsymmetrische Logos? Skizziert sie in euer Heft.

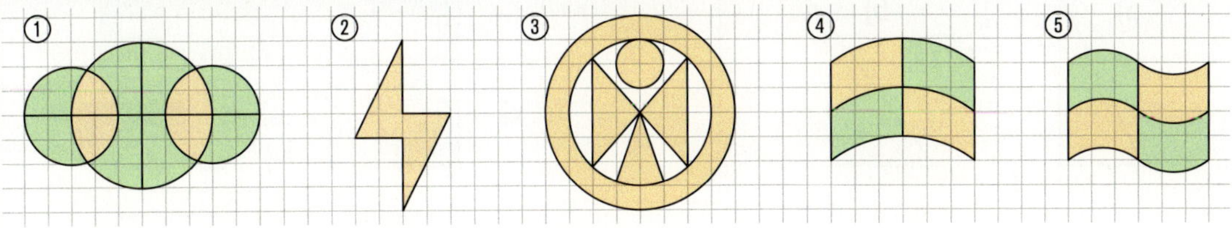

2 Betrachte die Verkehrsschilder.

a) Welche der Schilder sind punktsymmetrisch?

b) Finde heraus, was die Schilder bedeuten.

c) Suche in deiner Umgebung weitere Schilder oder Figuren, die punktsymmetrisch sind. Skizziere sie im Heft und zeichne das Symmetriezentrum ein.

3 Übertrage die Figur in dein Heft und entscheide, ob sie punktsymmetrisch ist. Markiere gegebenenfalls das Symmetriezentrum.

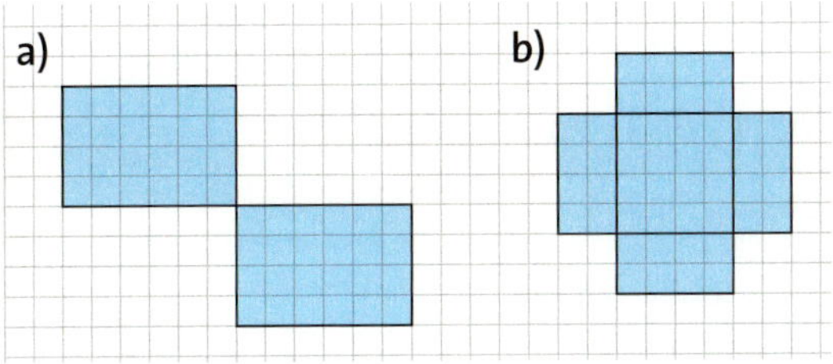

3 Gestalte dein eigenes punktsymmetrisches Logo. Überlege dir ein Produkt, für welches das Logo stehen soll.
Tipp: In Prospekten oder im Internet findest du Anregungen für dein Logo.

4 Übertrage jede Figur zweimal auf Kästchenpapier und schneide sie aus.

a) Lege beide Figuren so zusammen, dass eine punktsymmetrische Figur entsteht.

b) Zeichne jeweils das Symmetriezentrum ein.

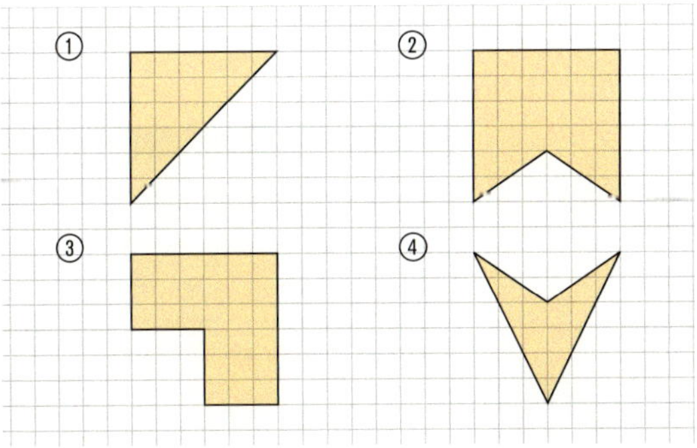

4 Übertrage die Figuren in dein Heft und ergänze sie zu einer punktsymmetrischen Figur.
Gibt es mehrere Möglichkeiten? Begründe.

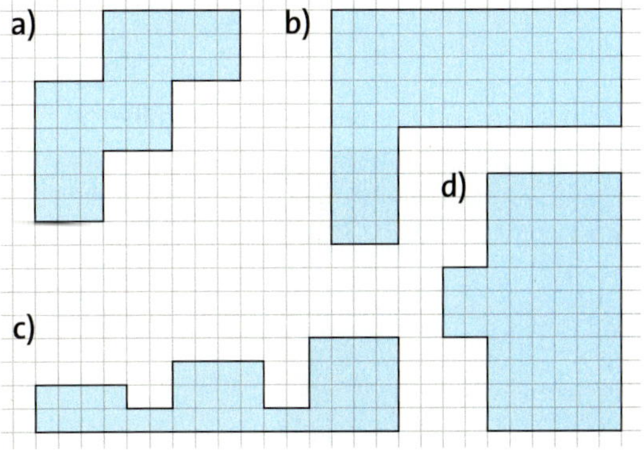

5 Ergänze die Figuren in deinem Heft zu punktsymmetrischen Figuren. Beschreibe, wie du dabei vorgehst.

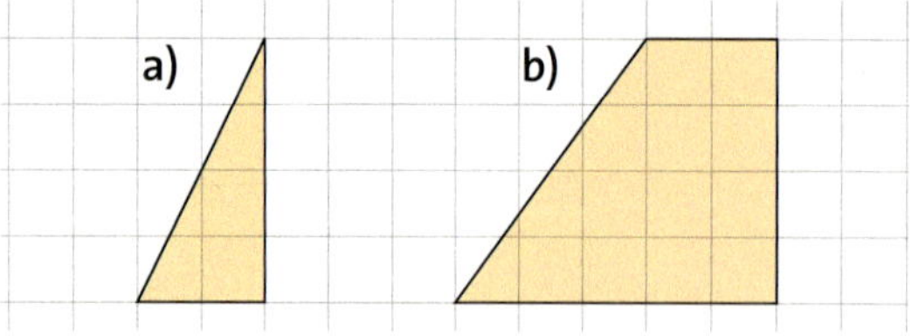

5 Ergänze die Figuren im Heft zu punktsymmetrischen Figuren.

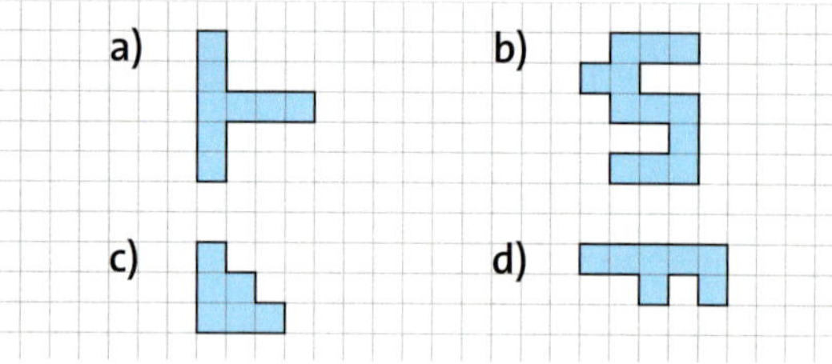

6 Ergänze die vorgegebenen Figuren im Heft zu punktsymmetrischen Figuren mit dem Symmetriezentrum *Z*.

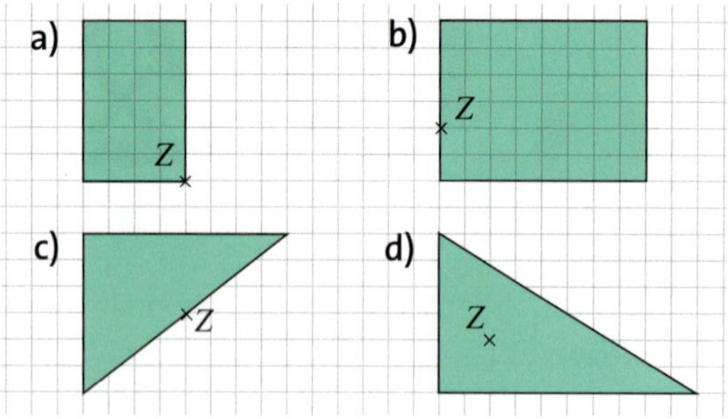

6 Übertrage und ergänze zu einer punktsymmetrischen Figur. *Z* ist das Symmetriezentrum. Gibt es mehrere Möglichkeiten? Begründe.

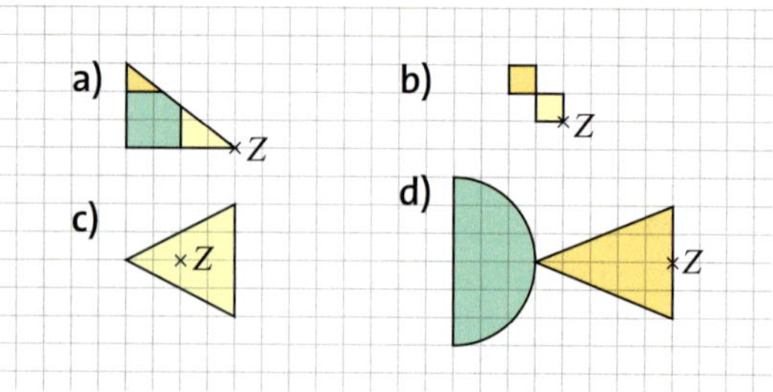

7 Es sind folgende Punkte gegeben:
$A(4|2)$, $B(10|3)$, $C(6|10)$ und das Symmetriezentrum $Z(9|7)$.

a) Übertrage die genannten Punkte in ein Koordinatensystem und verbinde *A*, *B* und *C* zu einem Dreieck.

b) Nutze das Symmetriezentrum, um die Bildpunkte *A'*, *B'*, *C'* zu erhalten.

c) Gib die Koordinaten von *A'*, *B'*, *C'* an.

8 Prüfe auf Punktsymmetrie und begründe.

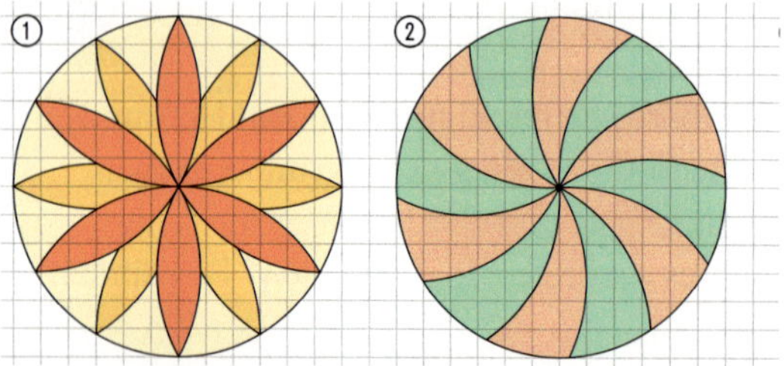

8 Zeichne das Kreisbild mit dem Zirkel ab. Male es so aus, dass eine punktsymmetrische Figur entsteht.

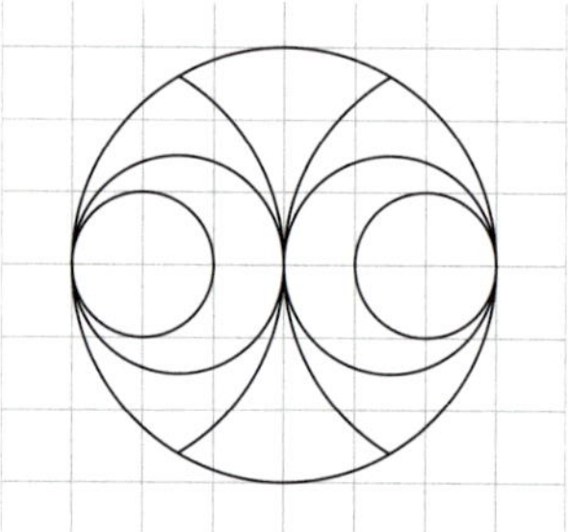

9 Überlege, ob die Kornkreise annähernd punktsymmetrisch sind.

Drehsymmetrische Figuren

Entdecken

1 Betrachte die Fotos. Nenne Gemeinsamkeiten und Unterschiede.
Fallen dir ähnliche Dinge ein?
Diskutiert zu zweit und notiert eure Ergebnisse.

2 Jede Gruppe wählt eine der Figuren und zeichnet sie auf ein Blatt Papier.

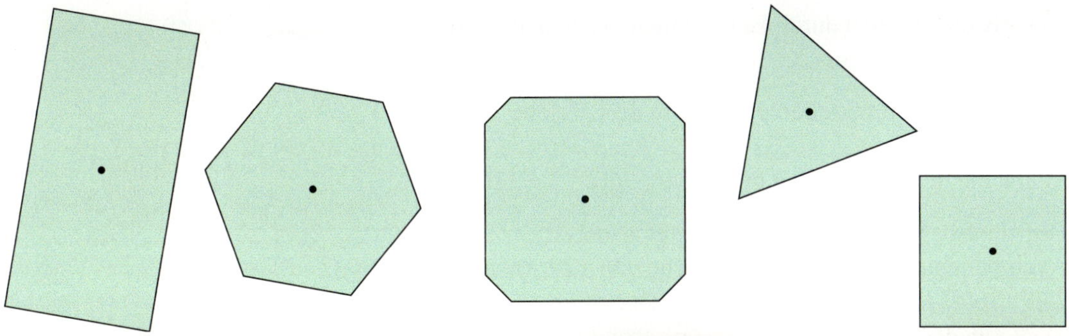

Zeichnet die Figur ein weiteres Mal und schneidet sie exakt aus. Legt die ausgeschnittene Figur genau auf die andere.

a) Stecht mit einem Bleistift oder Zirkel durch den Punkt der oberen Figur.
b) Dreht die obere Figur. Was fällt euch auf? Diskutiert darüber.
c) Stellt eure Ergebnisse in der Klasse vor.

3 Betrachte die Eisläufer.

a) Welche der Figuren ① bis ④ sind durch eine Drehung der Originalfigur entstanden?
b) Welche der Figuren sind *nicht* durch eine Drehung entstanden? Begründe.

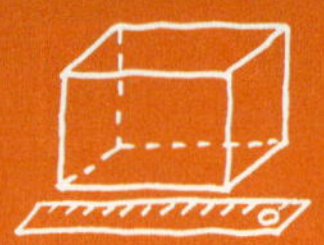

Verstehen

Mandalas sind gemalte oder gelegte Bilder aus geometrischen Formen. Beim Ausmalen kommt man zur Ruhe und kann sich gut konzentrieren. Mandalas werden besonders in Indien und Tibet zur Meditation verwendet.

Dreht man das Bild um seinen Mittelpunkt, so sieht es nach einer Drehung um einen bestimmten Winkel wieder wie zuvor aus.

HINWEIS
Man kann links- oder rechtsherum drehen. Aber in der Mathematik dreht man wie bei den Winkeln gegen den Uhrzeigersinn.

Merke Kommt eine Figur bei einer Drehung um ein **Drehzentrum Z** zur Deckung, so nennt man die Figur **drehsymmetrisch**.
Dabei liegt der Drehwinkel α zwischen 0° und 360°.

Das Mandala ist drehsymmetrisch. Die Größe des Drehwinkels α kann man durch Einzeichnen der Schenkel als Hilfslinie bestimmen.

Die Hilfslinien unterteilen das Bild in drei gleiche Teilbilder.
Man kann den Drehwinkel berechnen: 360° : 3 = 120°.

Der *kleinste* Symmetriewinkel beträgt also 120°.
Auch bei einer Drehung um Vielfache von 120° (also 240°, 360°) kommt das Mandala zur Deckung.

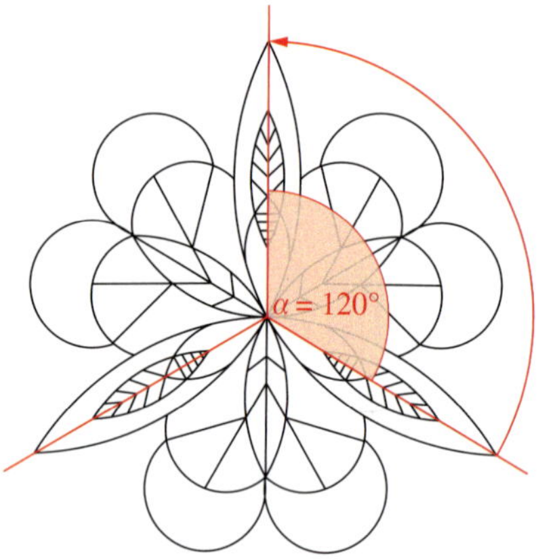

HINWEIS
Jede punktsymmetrische Figur ist drehsymmetrisch mit α = 180°.

Üben und anwenden

1 Die Bilder zeigen annähernd drehsymmetrische Figuren.

a) Bestimme das Drehzentrum und gib den Symmetriewinkel an.

b) Finde weitere drehsymmetrische Gegenstände in deiner Umgebung. Bestimme das Drehzentrum und Symmetriewinkel.

④

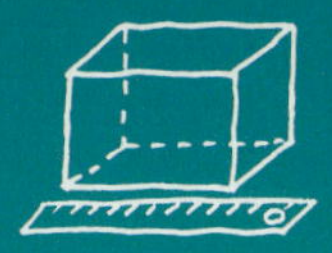

2 Am Dom in Paderborn befindet sich das berühmte „Drei-Hasen-Fenster".
Sprichwörtlich heißt es: „Der Hasen und der Löffel drei und doch hat jeder Hase zwei."

a) Diskutiert: Was könnte mit dieser Aussage gemeint sein?

b) Um wie viel Grad muss ein Hase gedreht werden, damit er mit seinem Vorgänger zur Deckung kommt?

3 Überprüfe, ob die Figuren drehsymmetrisch sind. Gib das Drehzentrum und den Drehwinkel an.

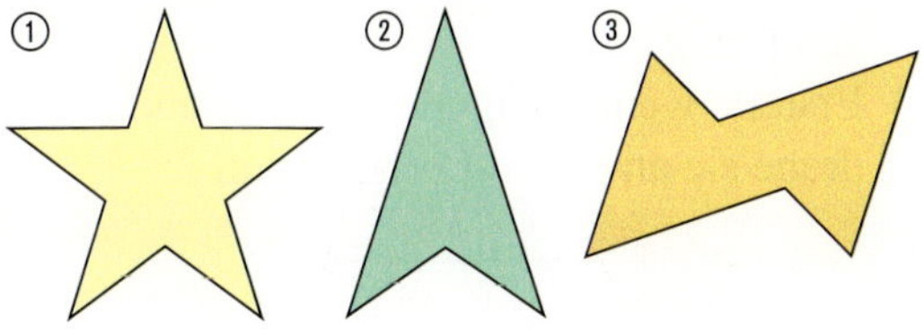

3 Überprüfe, ob die Augen eines Würfels drehsymmetrisch sind. Falls ja, gib jeweils das Drehzentrum und den Drehwinkel an.

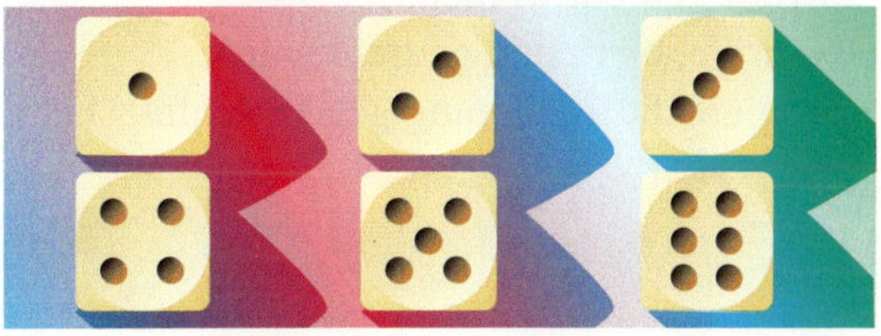

4 Übertrage die Figuren in dein Heft.
Prüfe, ob sie drehsymmetrisch sind.
Gib gegebenenfalls Drehzentrum und Drehwinkel an.

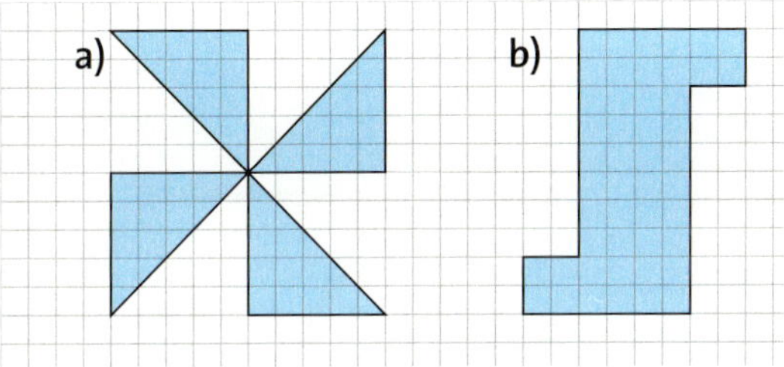

4 Übertrage die Figuren ins Heft und prüfe, ob sie drehsymmetrisch sind.
Markiere gegebenenfalls das Drehzentrum und gib den Drehwinkel an.

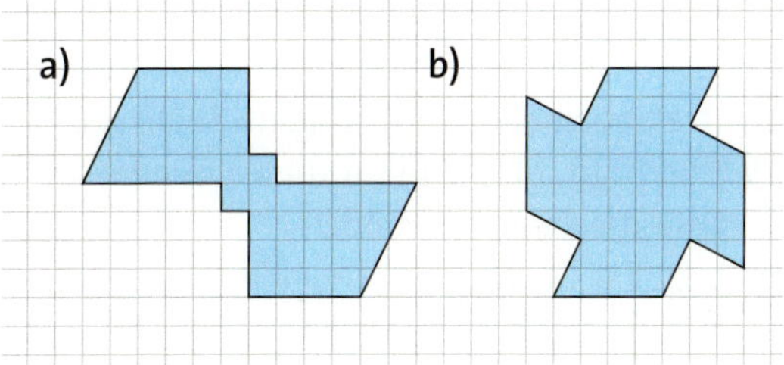

5 Zeichne die blaue Originalfigur und die gelbe Bildfigur ins Heft.
Überprüfe, an welchem Drehzentrum und mit welchem Drehwinkel die Bildfigur entstanden ist.

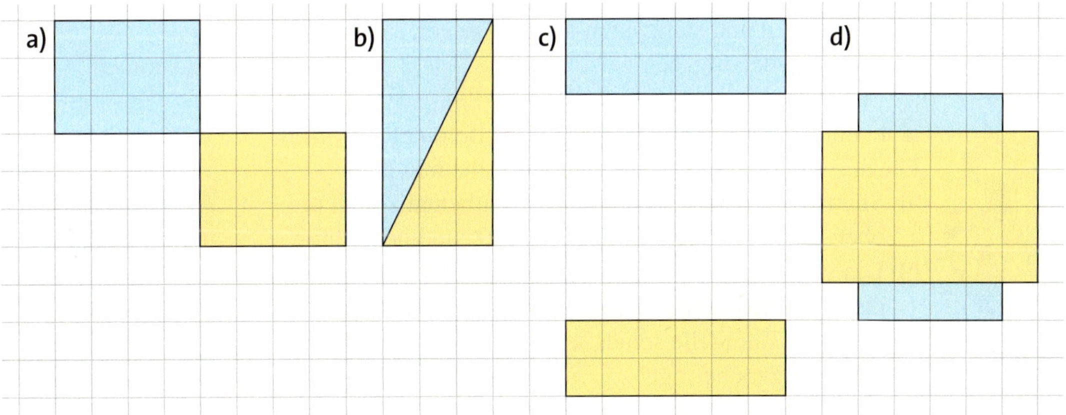

ZUM WEITERARBEITEN
Zeichne selbst ein einfaches Grundmotiv. Erstelle durch Drehung ein Fenstermotiv.

ZUM WEITERARBEITEN
Stellt euch gegenseitig ähnliche Aufgaben.

6 Betrachtet die selbst erstellten drehsymmetrischen Figuren.
a) Beschreibt, wie sie angefertigt wurden.
b) Versucht, eigene drehsymmetrische Figuren mithilfe von Papier und Schere herzustellen.
c) Präsentiert eure Ergebnisse in der Klasse.

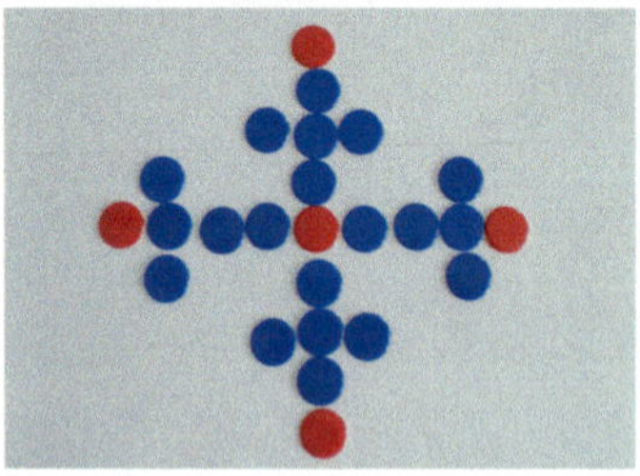
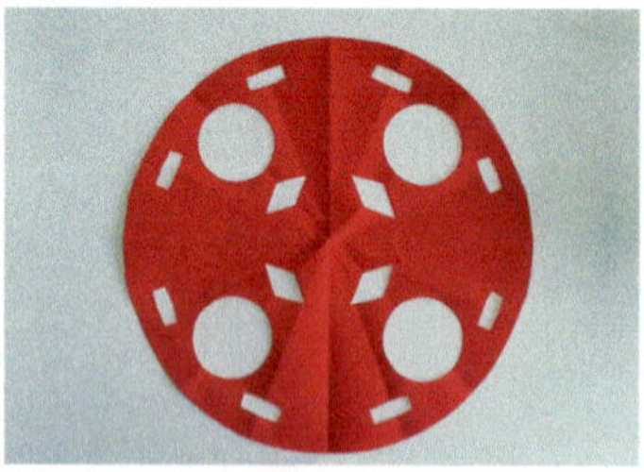

7 Die linke Figur sollte am Drehzentrum Z um 180° gedreht werden.
Überprüfe, ob richtig gedreht wurde.
Korrigiere die Zeichnung gegebenenfalls in deinem Heft.

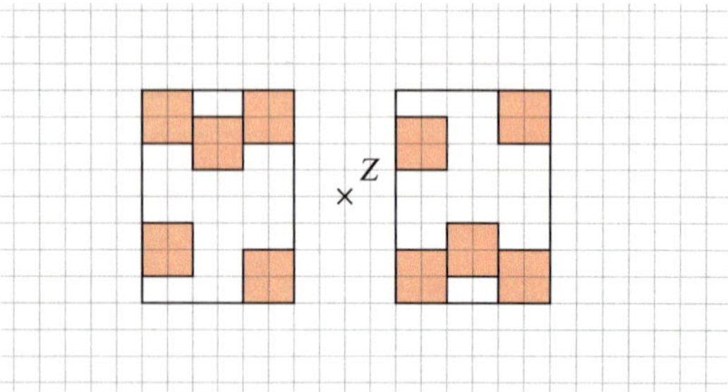

7 Figuren drehen
a) Drehe die Figur um 90° am Drehzentrum Z.
b) Erstelle weitere Figuren im Heft und drehe sie an einem Drehzentrum Z.

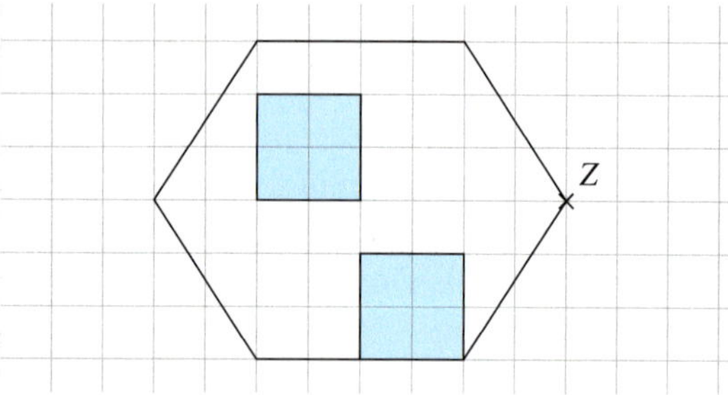

8 Betrachtet das abgebildete Sechseck.
a) Überprüft, ob die Figur drehsymmetrisch ist.
Diskutiert und begründet.
b) Legt das Sechseck mit gleichlangen Holzstäben, wie z. B. Streichhölzern, nach.
Erstellt jeweils eine drehsymmetrische Figur, indem ihr …
– einen Holzstab wegnehmt.
– zwei Holzstäbe wegnehmt.
– drei Holzstäbe wegnehmt.
Skizziert eure Lösungen und stellt sie in der Klasse vor.
c) Entwerft ähnliche Knobelaufgaben.

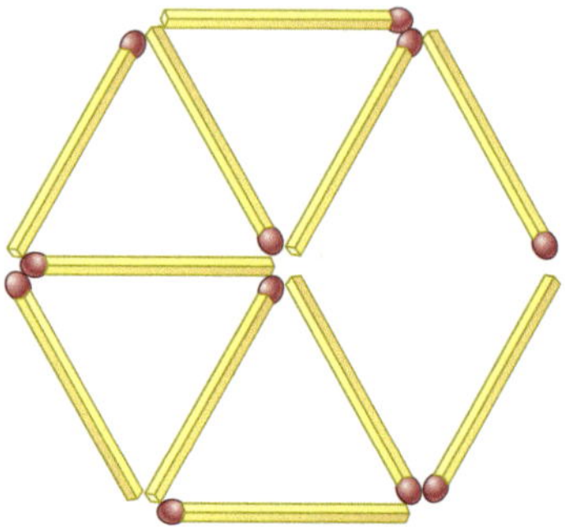

9 In dem Karussell gibt es acht Plätze.
a) Skizziere das Karussell von oben mit acht Figuren.
b) Um wie viel Grad dreht sich das Karussell, wenn sich eine Figur auf die Stelle seines …
– Vorgängers bewegt?
– Nachfolgers bewegt?

9 Betrachte das Bild.
Drehe nun dein Mathematikbuch um 180° und betrachte das Bild von der anderen Seite.
Ist das Bild drehsymmetrisch?
Begründe.

Thema: Verschiebung

Bei einer **Verschiebung** werden alle Punkte einer Figur um die gleiche Länge in die gleiche Richtung verschoben.
Die Verschiebung wird durch einen **Verschiebungspfeil** angegeben.
Solche Figuren nennt man **verschiebungssymmetrisch**.

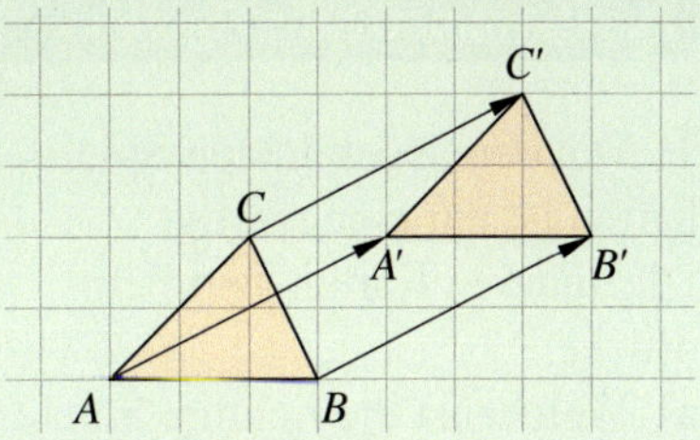

1 In den Koordinatensystemen sind je zwei Figuren dargestellt.
Die blaue Figur ist die Originalfigur, die gelbe die Bildfigur.

①
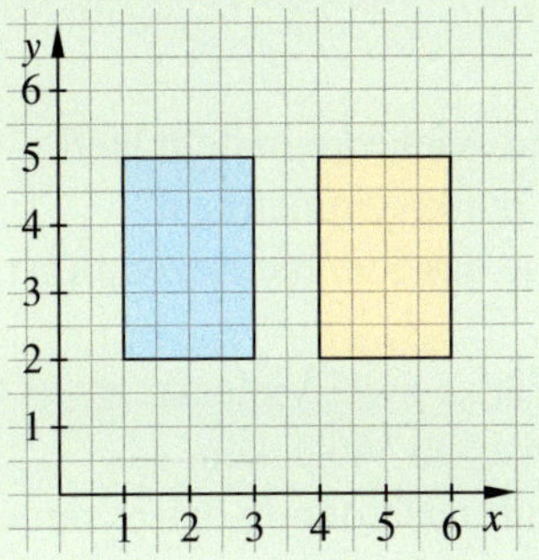

②
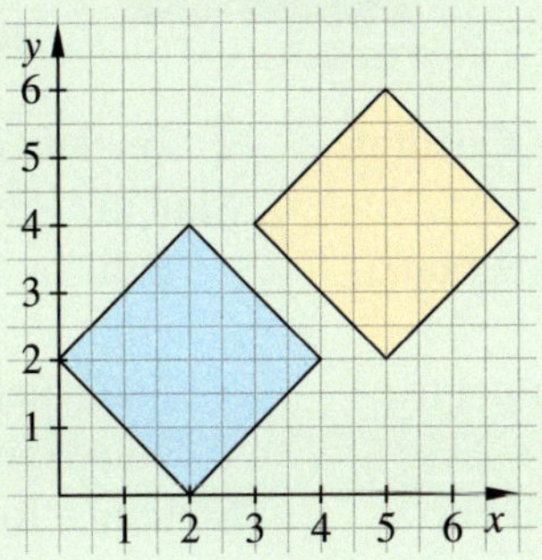

③
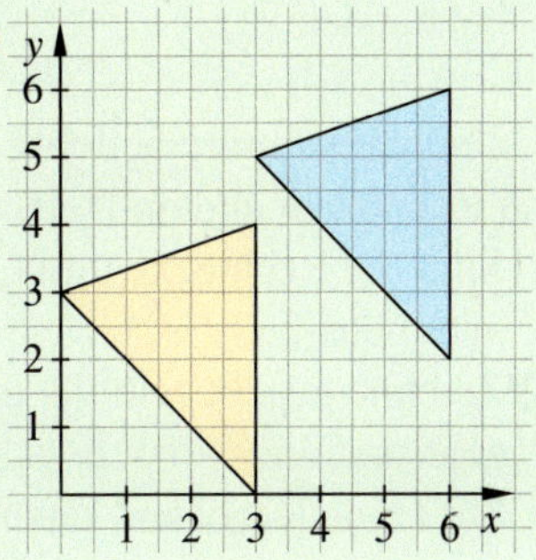

a) Übertrage die Koordinatensysteme mit den Figuren in dein Heft.
b) Vergleiche jeweils die Originalfigur mit der Bildfigur. Vergleiche dabei die Lage und die Länge der Seiten sowie die Größe der Winkel der beiden Figuren.
c) Zeichne Verbindungspfeile ein.

2 Übertrage die Figur in dein Heft.
Verschiebe die Figur erst in die eine und dann in die andere vorgegebene Richtung.
Nenne die Koordinaten der Eckpunkte der neuen Figur.

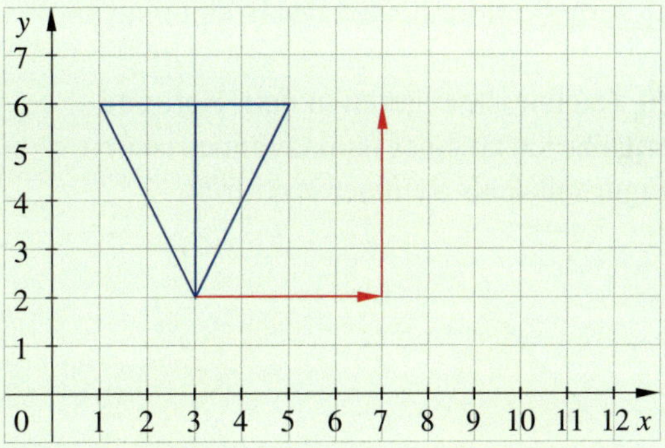

3 Wo wurden bei diesen Mustern Figuren verschoben?
Übertrage die Figuren in dein Heft und zeichne Verschiebungspfeile ein.

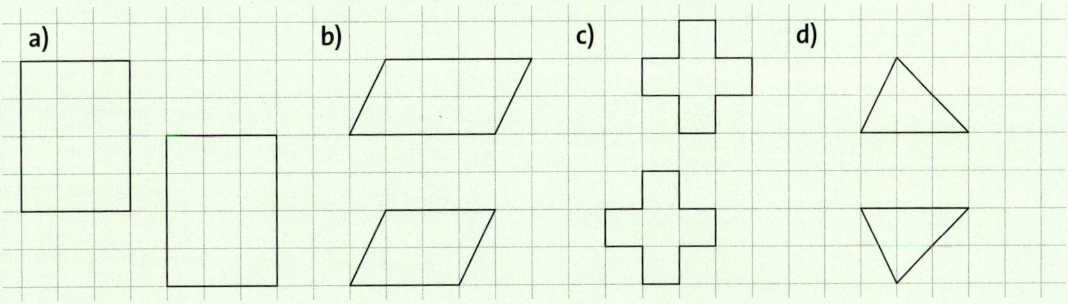

Klar so weit?

→ Seite 100

Punktsymmetrische Figuren

1 Von den abgebildeten Spielkarten ist nur eine richtig. Die anderen Karten sind Fehldrucke.

a) Welche ist die richtige Spielkarte? Begründe.

b) Gib für jede Spielkarte an, wie der untere Teil aus dem oberen entstanden ist.

2 Zeichne mehrere beliebig große Quadrate und Rechtecke in dein Heft.

a) Sind die Rechtecke und Quadrate punktsymmetrisch? Zeichne gegebenenfalls das Symmetriezentrum ein.

b) Stell eine Regel auf, nach der du ein Symmetriezentrum bestimmen kannst.

2 Zeichne mehrere Vielecke in dein Heft. Sind die Vielecke punktsymmetrisch?

- Falls ja, zeichne das Symmetriezentrum ein.
- Falls nicht, ergänze zwei Vielecke zu punktsymmetrischen Vielecken.

Stell eine Regel auf, nach der du das Symmetriezentrum bestimmen kannst.

3 Zeichne ein Koordinatensystem in dein Heft (1 LE = 1 cm).

a) Zeichne die Punkte $A(1|5)$, $B(5|1)$, $C(6|4)$ und $Z(3|3)$ ein. Verbinde A, B und C.

b) Drehe die Figur um 180° um Z. Beschreibe, wie du dabei vorgehst.

c) Gib die Koordinaten der Bildpunkte an. Was fällt dir auf?

4 Zeichne die Figuren in dein Heft und ergänze sie zu einer punktsymmetrischen Figur mit B als Symmetriezentrum.

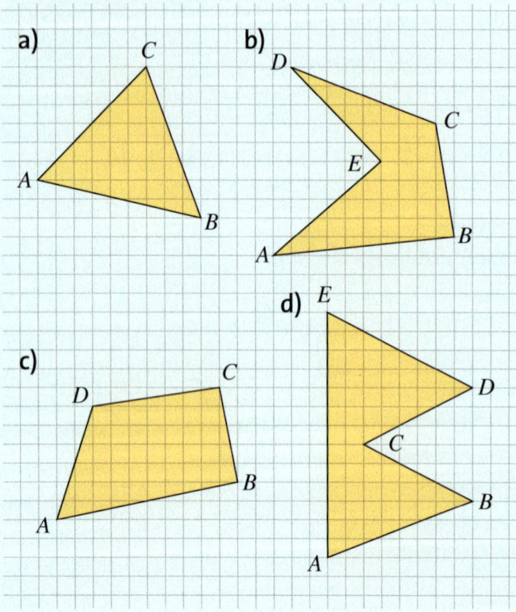

4 Ergänze die Figuren jeweils zu einer punktsymmetrischen Figur mit dem Symmetriezentrum Z.

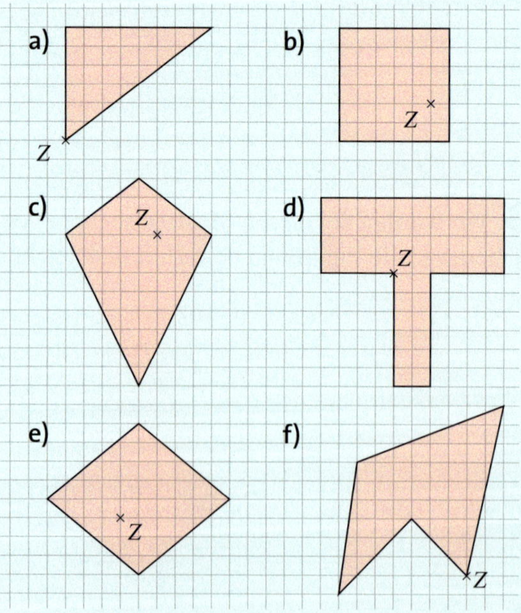

Drehsymmetrische Figuren

→ Seite 109

5 Überprüfe, ob die Blüten drehsymmetrisch sind. Gib gegebenenfalls jeweils den kleinsten Drehwinkel an.

6 Übertrage die Figuren ins Heft und drehe um Z mit $\alpha = 90°$ (180°, 270°).

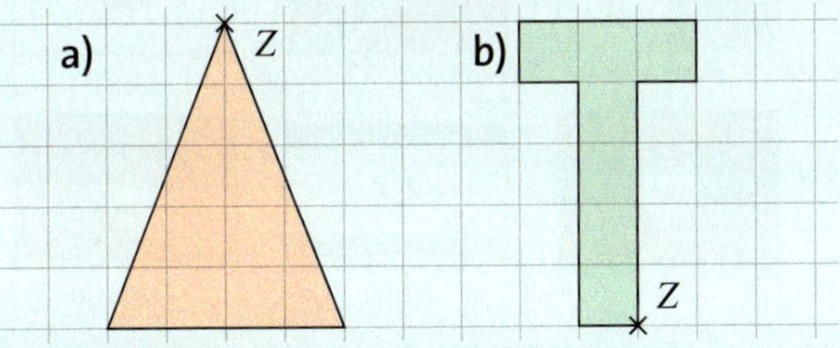

7 Sind die Glücksräder drehsymmetrisch? Begründe.

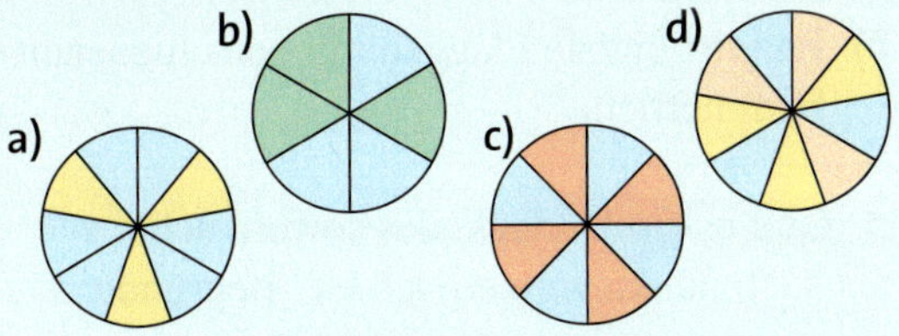

8 Zeichne die Figuren ins Heft und überprüfe, ob die Figuren drehsymmetrisch sind. Markiere gegebenenfalls das Drehzentrum und gib den kleinsten Symmetriewinkel an.

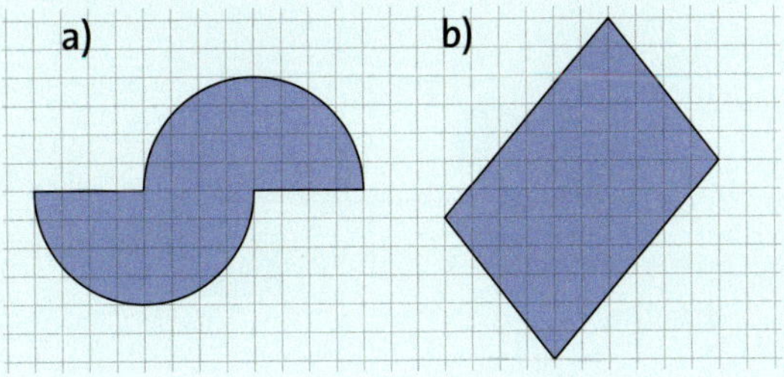

5 Um wie viel Grad kann man die Figuren jeweils drehen, damit sie zur Deckung kommen? Gib auch den kleinsten Drehwinkel an.

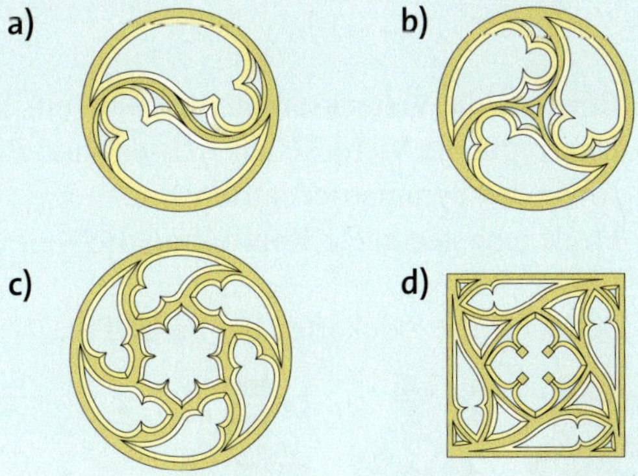

6 Übertrage die Figuren ins Heft und drehe um Z mit $\alpha = 90°$ (180°, 270°).

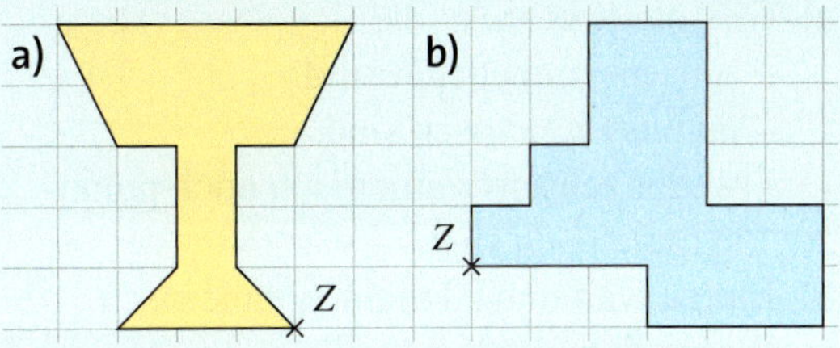

7 Sind die Figuren drehsymmetrisch? Begründe.

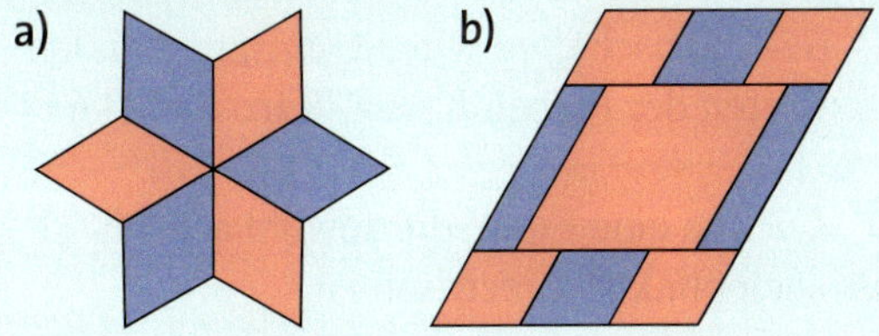

8 Zeichne die Figuren ins Heft und überprüfe, ob die Figuren drehsymmetrisch sind. Markiere gegebenenfalls das Drehzentrum und gib den kleinsten Symmetriewinkel an.

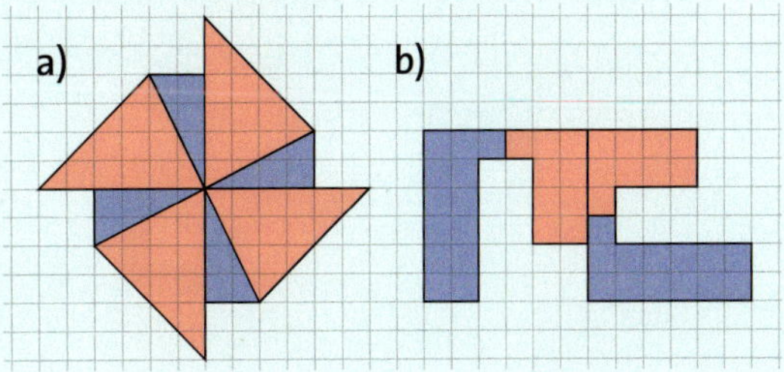

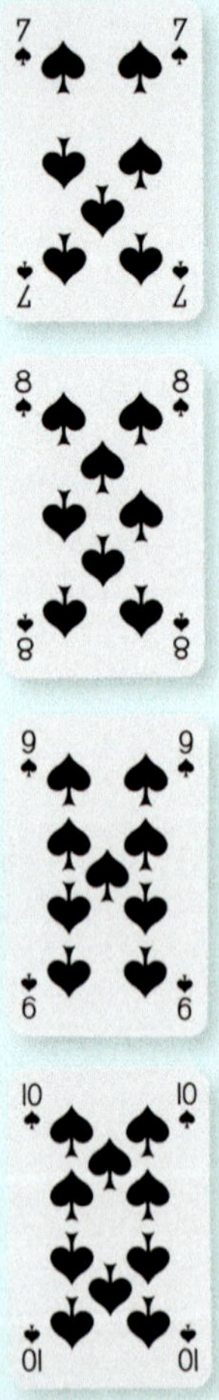

Vermischte Übungen

1 Übertrage die Vierecke auf kariertes Papier.

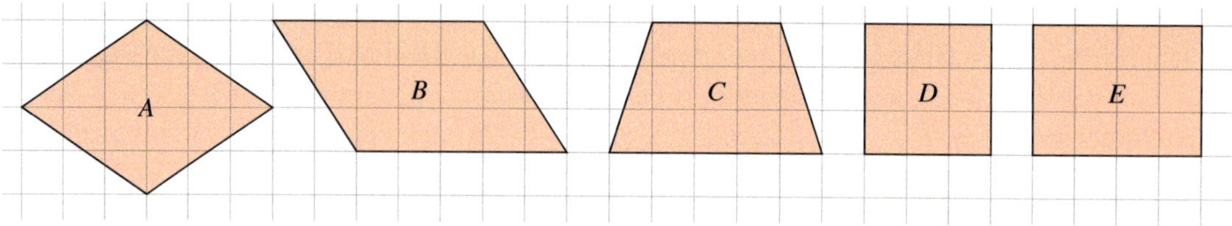

a) Benenne die Vierecksarten, die du bereits kennst, mit dem richtigen Namen.
b) Überprüfe die Vierecke auf Achsen- und Punktsymmetrie. Zeichne alle Symmetrieachsen sowie das Symmetriezentrum ein.
c) Finde eine geeignete Kontrollmöglichkeit.

2 Betrachte die Skatkarten der Farbe Pik.

a) Gib alle Karten an, die …
– achsensymmetrisch sind.
– punktsymmetrisch sind.
– weder achsensymmetrisch noch punktsymmetrisch sind.
b) Einige Karten sind nicht symmetrisch. Woran liegt das?
c) Wie könnte man die Karten verändern, damit sie punktsymmetrisch werden?
d) Haben die Pik-Karten dieselben Symmetrie-Eigenschaften wie die entsprechenden Karten der Farben Kreuz, Karo und Herz?

2 Betrachte die Nationalflaggen.

a) Welche Flaggen sind …
– nur achsensymmetrisch?
– nur punktsymmetrisch?
– achsen- und punktsymmetrisch?
b) Entwirf eigene Flaggen mit verschiedenen Symmetrien.

3 Zeichne eine Figur, die sowohl achsen- als auch punktsymmetrisch ist.

3 Gibt es ein Dreieck, das sowohl achsen- als auch punktsymmetrisch ist? Begründe.

4 Sami und Jakob haben eine Figur ins Heft gezeichnet und sie um 180° gedreht. Dabei sind sie unterschiedlich vorgegangen.
a) Beschreibe, wie Sami und Jakob die Figur in ihren Zeichnungen um 180° gedreht haben.
b) Führe selbst wie Sami und Jakob eine Drehung um 180° aus.
Welches Verfahren findest du einfacher? Begründe.

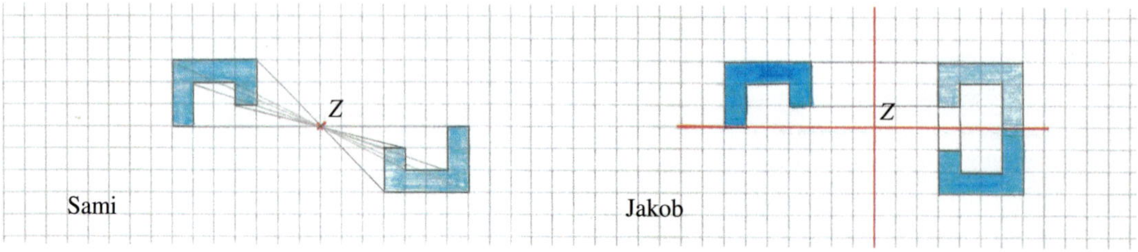

ZUM WEITERARBEITEN
Erstelle ein Lernplakat zum Thema „Symmetrie". Beschreibe dabei, wie Achsen-, Punkt- und Drehsymmetrie zusammenhängen.

5 Betrachte das Schmetterlingsmuster. Wie ist es entstanden? Maya meint, dass der eine Schmetterling jeweils um 60° gedreht wurde. Paul widerspricht ihr. Was meinst du?

5 Nicole und Anja haben beide im Heft das Dreieck ABC um 90° um Z gedreht. Warum erhalten sie nicht die gleiche Bildfigur? Wo steckt der Fehler?

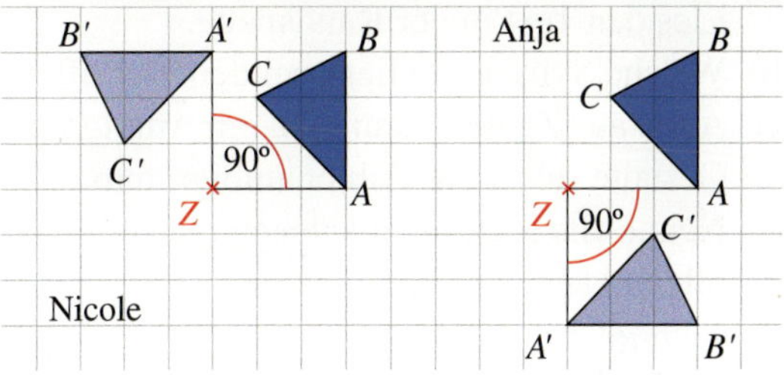

6 Bei welchem der in der Randspalte angegebenen Drehwinkel kommt die Figur mit sich selbst zur Deckung? Begründe dein Ergebnis.
Tipp: Falls du unsicher bist, kannst du dein Ergebnis überprüfen. Übertrage dazu die Figuren auf ein Blatt Papier, schneide sie aus und drehe sie um die angegebenen Winkel.

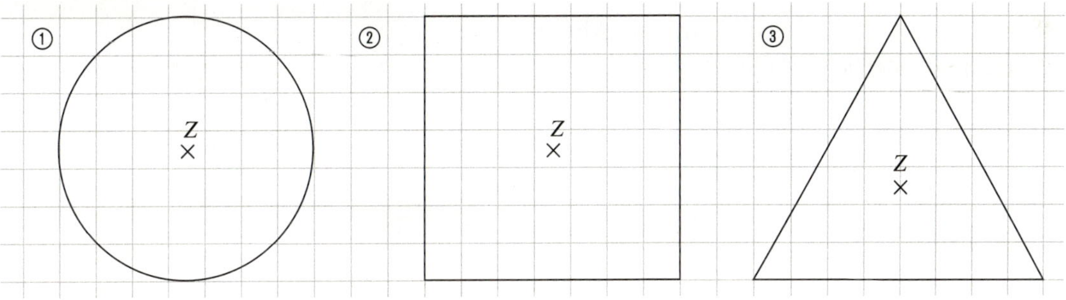

$\alpha = 60°$

$\alpha = 90°$

$\alpha = 120°$

$\alpha = 180°$

7 Tim zeichnet ein Windrad in sein Heft. Beschreibe, wie Tim beim Zeichnen vorgeht und zeichne selbst ein Windrad ins Heft.

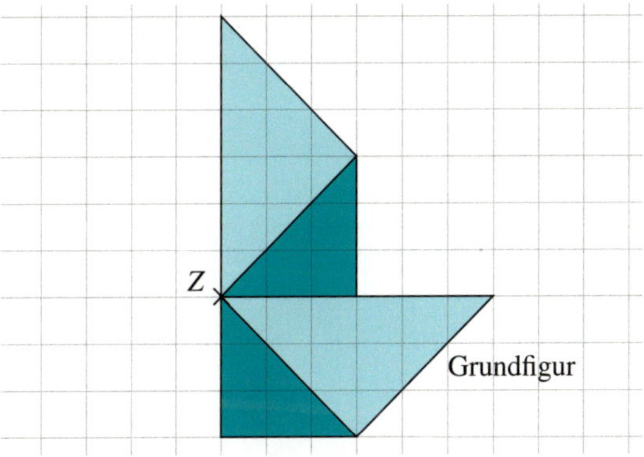

7 Um welchen Punkt wurde das gelbe Dreieck gedreht? Bestimmt den Symmetriewinkel und beschreibt euren Lösungsweg.

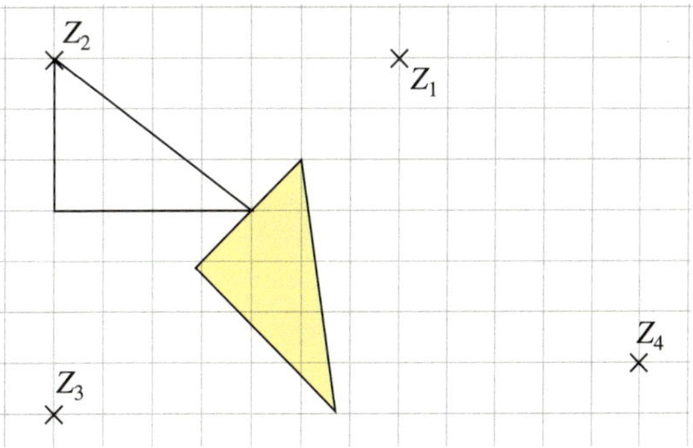

8 Gib für jedes Zeichen die Symmetrie-Eigenschaft an. In der Randspalte findest du die Bedeutung der Zeichen. Ordne zu.

HINWEIS
Die Zeichen bedeuten: Sammelstelle, Leiter, Achtung Gift, Brandmelder, Erste Hilfe, Achtung Kälte, Schutzbrille tragen.

HINWEIS
Einen Schriftzug, den man aus verschiedenen Blickwinkeln lesen kann, nennt man Ambigramm.

9 Ambigramme

Im Englischen wird der Begriff „Symmetrie“ mit symmetry übersetzt.
Betrachte den Schriftzug.

a) Was fällt dir auf?
Lies den Text in der Randspalte.
b) Welche Symmetrie liegt bei dem Schriftzug vor?
c) Auch aus Zahlen kann man ein Ambigramm bilden. Gestalte selbst ein Zahlenambigramm.
d) Nenne alle Ziffern, aus denen man ein Ambigramm bilden kann.

10 Faltschnitte herstellen

Falte ein Blatt Papier mehrmals wie in der Abbildung. Schneide dann an verschiedenen Stellen Papierstücke heraus. Beim Auseinanderfalten entstehen tolle Muster.

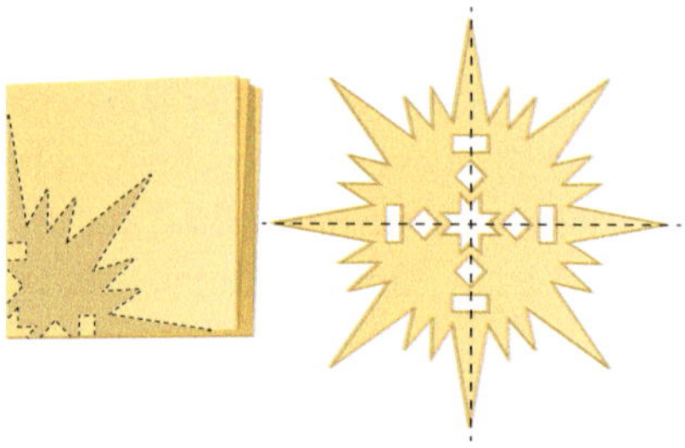

a) Wie musst du das Papier falten, damit ein achsensymmetrisches Muster entsteht?
b) Wie entsteht ein punktsymmetrisches Muster?
c) Präsentiere deine Werke in der Klasse.

11 Symmetrien in Fotos

Sieh dir die vier Fotos genau an. Welches Foto kann den wirklichen Jungen darstellen?

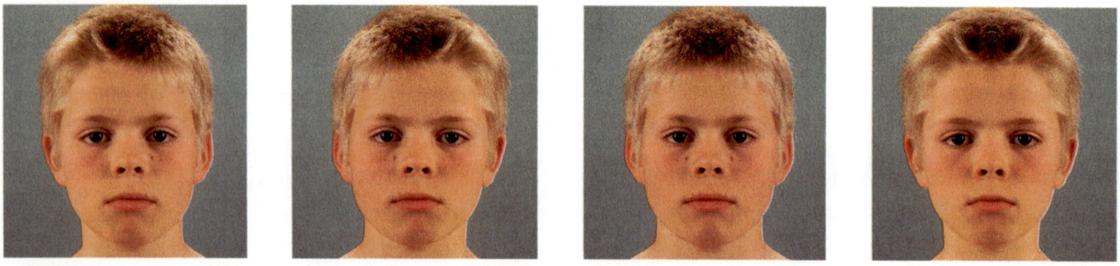

a) Was ist bei den anderen Fotos passiert? Beschreibe, wie sie entstanden sind.
b) Stell selbst solche Fotos z. B. mit dem Computer oder einem Spiegel her.

12 Schneeflocken

Unter dem Mikroskop sehen Schneekristalle ganz besonders aus.

a) Welche Gemeinsamkeiten und welche Unterschiede kannst du bei den drei verschiedenen Schneekristallen finden?
b) Diskutiert. Welche Symmetrie-Eigenschaften hat jeder der drei Schneekristalle annähernd?

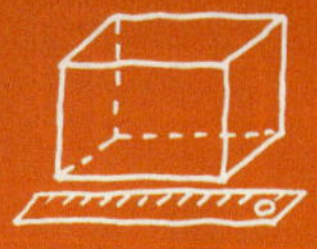

Zusammenfassung

Punktsymmetrische Figuren

→ Seite 100

Figuren heißen **punktsymmetrisch**, wenn sie durch eine Drehung um 180° zur Deckung kommen.
Der Punkt, um den die Figur gedreht wird, heißt **Symmetriezentrum** Z.

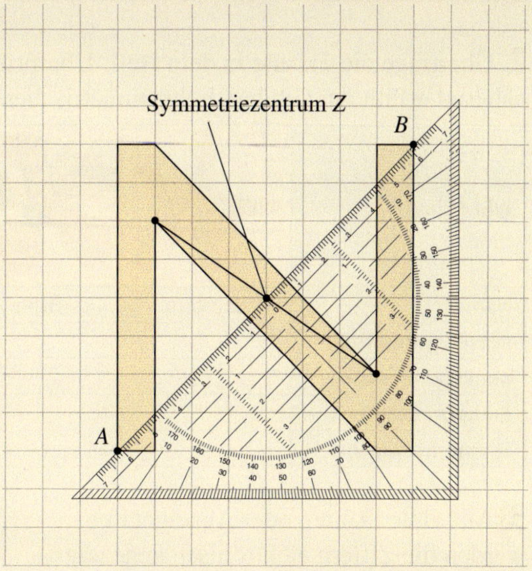

Eine **Punktspiegelung** hat folgende Eigenschaften:

- Originalpunkt, Symmetriezentrum und Bildpunkt liegen auf einer Geraden.
- Originalpunkt und Bildpunkt haben denselben Abstand zum Symmetriezentrum.

Drehsymmetrische Figuren

→ Seite 104

Kommt eine Figur bei einer Drehung um ein **Drehzentrum Z** zur Deckung, so nennt man die Figur **drehsymmetrisch**.
Dabei liegt der Drehwinkel α zwischen 0° und 360°.

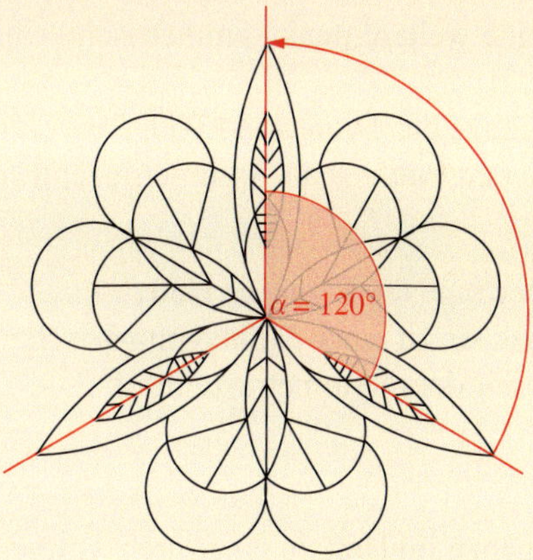

Die Hilfslinien unterteilen die Figur in drei gleiche Teilbilder.

Der Drehwinkel kann berechnet werden:
360° : 3 = 120°.
Der *kleinste* Symmetriewinkel beträgt also 120°. Auch bei einer Drehung um Vielfache von 120° (240°, 360°) kommt die Figur zur Deckung.

Jede punktsymmetrische Figur ist drehsymmetrisch mit $\alpha = 180°$.

Teste dich!

3 Punkte

1 Erkläre folgende Begriffe, die bei einer Punktspiegelung auftreten, anhand einer Zeichnung: Symmetriezentrum, Originalpunkt, Bildpunkt.

5 Punkte

2 Übertrage die Tabelle in dein Heft. Überprüfe jeweils welche Symmetrie-Eigenschaft annähernd erfüllt ist. Gib bei drehsymmetrischen Figuren den kleinsten Symmetriewinkel an.

Bild					
Name	Seestern	Blüte	Orange	Eichenblatt	Bumerang
achsensymmetrisch					
punktsymmetrisch					
drehsymmetrisch					
Symmetriewinkel					

3 Punkte

3 Auf vielen Uhren oder Anzeigetafeln werden die Ziffern elektronisch angezeigt.

a) Suche alle Ziffern heraus, die …
- achsensymmetrisch sind.
- punktsymmetrisch sind.

b) Ein Beispiel für eine punktsymmetrische elektronische Uhrzeitanzeige ist 20:02. Finde weitere punktsymmetrische Uhrzeiten.

2 Punkte

4 Ergänze das Dreieck $A(3|1)$, $B(6|7)$, $C(2|5)$ zu einer punktsymmetrischen Figur. Wähle den Punkt B als Symmetriezentrum.

1 Punkt

5 Übertrage die Figur ins Heft. Ergänze sie zu einer punktsymmetrischen Figur mit dem Symmetriezentrum Z.

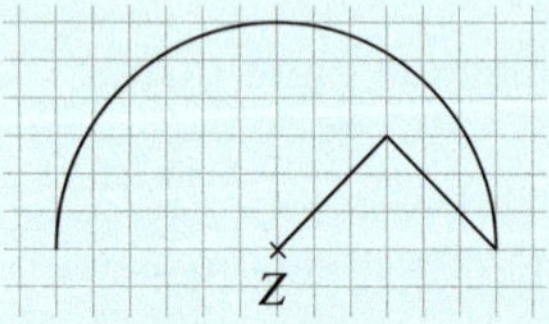

2 Punkte

6 Ergänze im Heft zu einer drehsymmetrischen Figur mit dem Drehzentrum Z und dem Symmetriewinkel 180°. Ist die entstandene Figur auch achsen- oder punktsymmetrisch?

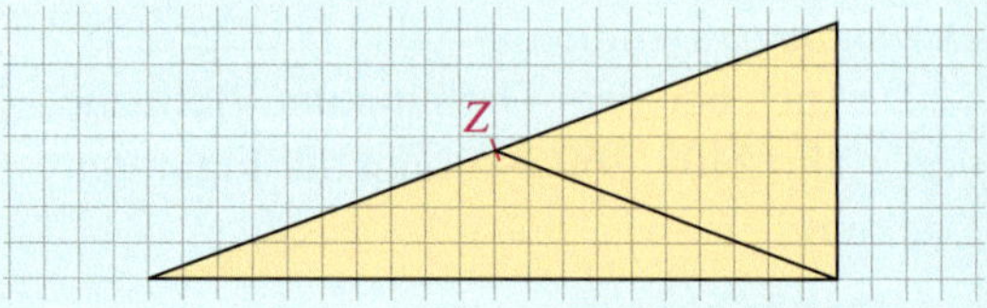

4 Punkte

7 Ergänze im Heft zu einer drehsymmetrischen Figur. Gib jeweils den Drehwinkel an. Wie viele Kästchen musst du jeweils mindestens hinzufügen? Der eingezeichnete Punkt ist das Drehzentrum Z.

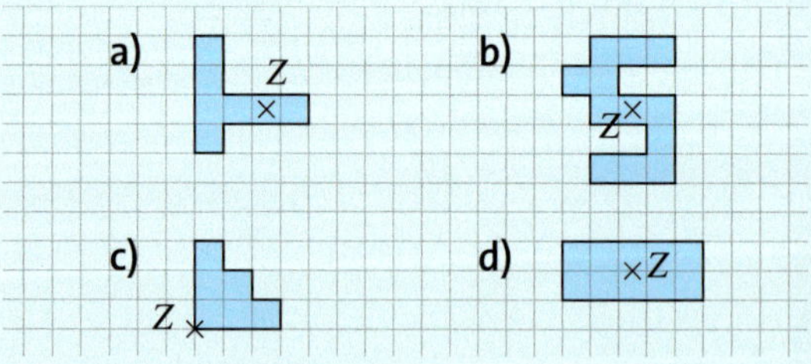

 Gold: 18–20 Punkte, Silber: 15–18 Punkte, Bronze: 12–14 Punkte Lösungen ab Seite 212

Dezimalbrüche und Brüche – Multiplizieren und Dividieren

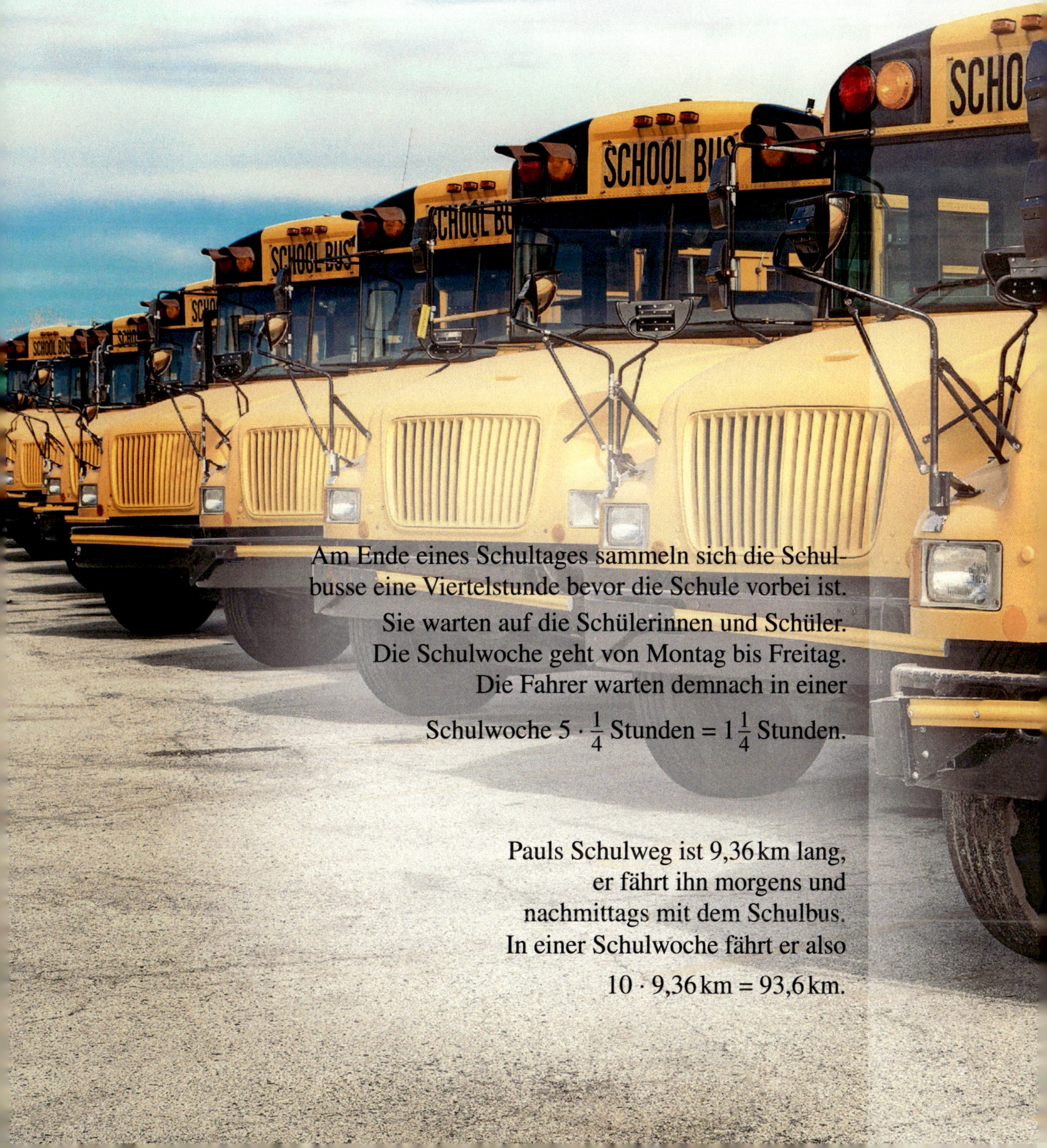

Am Ende eines Schultages sammeln sich die Schulbusse eine Viertelstunde bevor die Schule vorbei ist. Sie warten auf die Schülerinnen und Schüler. Die Schulwoche geht von Montag bis Freitag. Die Fahrer warten demnach in einer Schulwoche $5 \cdot \frac{1}{4}$ Stunden $= 1\frac{1}{4}$ Stunden.

Pauls Schulweg ist 9,36 km lang, er fährt ihn morgens und nachmittags mit dem Schulbus. In einer Schulwoche fährt er also

$10 \cdot 9{,}36\,\text{km} = 93{,}6\,\text{km}$.

Noch fit?

HINWEIS
Mathematische Fachbegriffe sind z. B. Kürzen, Erweitern, Zähler, Nenner, gemischte Zahl.

Einstieg

1 Bruchdarstellungen
Was wird hier dargestellt? Benutze die Begriffe Kürzen und gemischte Zahl.

a) 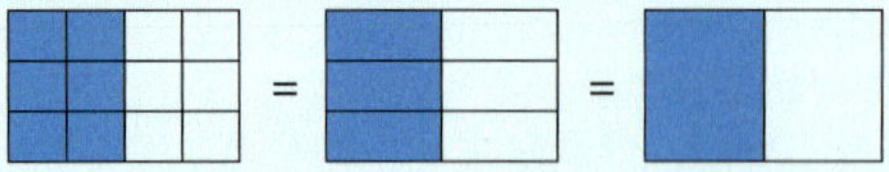

b) 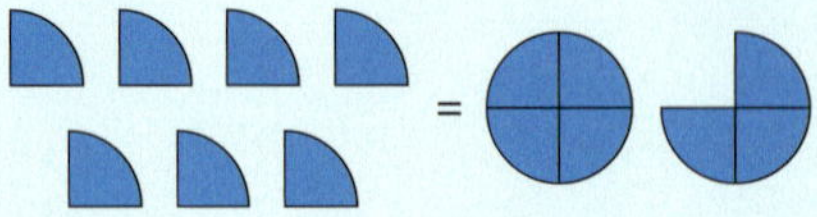

2 Kürzen
Kürze, wenn es möglich ist.

a) $\frac{4}{12}$ b) $\frac{3}{15}$ c) $\frac{4}{17}$ d) $\frac{15}{55}$

e) $\frac{9}{30}$ f) $\frac{7}{30}$ g) $\frac{12}{44}$ h) $\frac{14}{56}$

ZU AUFGABE 3
Manche Brüche kannst du im Kopf umwandeln, bei anderen musst du schriftlich dividieren.

3 Bruchschreibweisen
Wandle die Brüche in Dezimalbrüche um.

a) $\frac{3}{10}$ b) $\frac{7}{10}$ c) $\frac{37}{100}$ d) $\frac{831}{1\,000}$

e) $\frac{31}{8}$ f) $\frac{3}{4}$ g) $\frac{10}{4}$ h) $\frac{8}{5}$

4 Kopfrechnen
Was stellst du fest?

a) $126 \cdot 10$
$126 \cdot 100$
$126 \cdot 1\,000$

b) $384\,000 : 10$
$384\,000 : 100$
$384\,000 : 1\,000$

5 Schriftlich rechnen
a) Mache immer zuerst einen Überschlag.
① $234 \cdot 2$ ② $456 \cdot 2$ ③ $9\,870 \cdot 6$
④ $608 \cdot 34$ ⑤ $590 \cdot 78$ ⑥ $9\,009 \cdot 98$

b) Überprüfe dein Ergebnis mit der Probe.
① $235 : 5$ ② $944 : 4$
③ $756 : 7$ ④ $4\,940 : 4$

Aufstieg

1 Bruchdarstellungen
Was wird hier dargestellt? Benutze die Begriffe Kürzen und gemischte Zahl.

a) 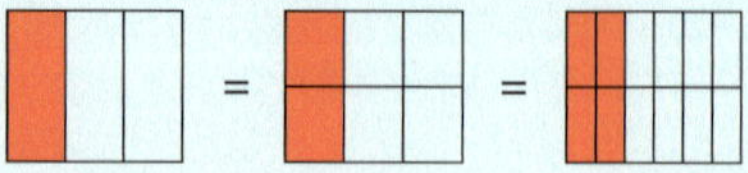

b) 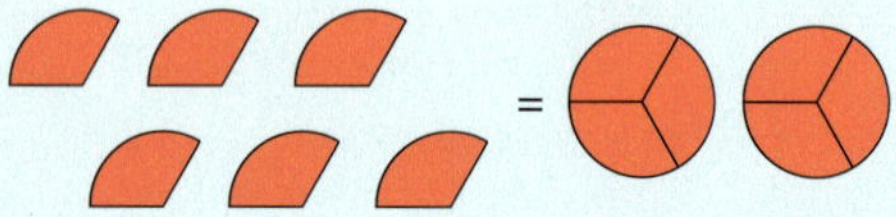

2 Kürzen
Kürze und schreibe als gemischte Zahl.

a) $\frac{2}{24}$ b) $\frac{20}{24}$ c) $\frac{12}{30}$ d) $\frac{30}{12}$

e) $\frac{22}{6}$ f) $\frac{13}{10}$ g) $\frac{33}{90}$ h) $\frac{52}{16}$

3 Bruchschreibweisen
Wandle die Brüche in Dezimalbrüche um.

a) $\frac{8}{100}$ b) $\frac{1}{2}$ c) $\frac{1}{8}$ d) $\frac{3}{25}$

e) $\frac{29}{12}$ f) $\frac{20}{11}$ g) $12\frac{2}{3}$ h) $\frac{61}{12}$

4 Kopfrechnen
Nutze den Rechenvorteil.

a) $36 \cdot 30$
$36 \cdot 300$
$36 \cdot 3\,000$

b) $450\,000 : 50$
$450\,000 : 500$
$450\,000 : 5\,000$

5 Schriftlich rechnen
a) Mache immer zuerst einen Überschlag.
① $234 \cdot 7$ ② $8 \cdot 567$ ③ $678 \cdot 206$
④ $909 \cdot 101$ ⑤ $1\,200 \cdot 56$ ⑥ $540 \cdot 1\,023$

b) Achte auf den Rest. Prüfe mit der Probe.
① $1\,702 : 3$ ② $4\,819 : 5$
③ $12\,280 : 12$ ④ $6\,435 : 25$

6 Schriftlich rechnen
Übertrage die dargestellten Rechnungen in dein Heft und ergänze sie.

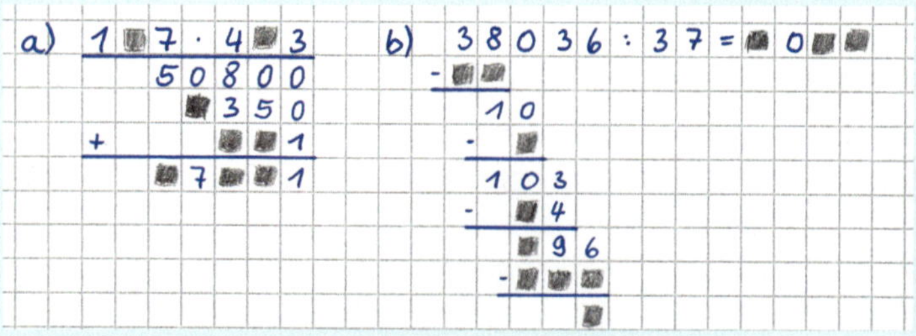

Lösungen ab Seite 212

Dezimalbrüche multiplizieren

Entdecken

1 Dana besucht für ein Schuljahr eine amerikanische Schule in Florida.
Vor ihrer Abreise in die USA erhält sie von ihren Eltern 1 000 $ als Taschengeld.
Die Eltern ermahnen sie, dass sie sich jeweils genau überlegen soll, wie viel Euro etwas umgerechnet kostet, bevor sie ihr Geld dafür ausgibt.
Ihre Mutter erklärt ihr, dass 1 $ etwa 0,85 € wert ist.
Dana erstellt sich eine Tabelle, in die sie einige Umrechnungsbeträge einträgt.

a) Vervollständige die Umrechnungstabelle rechts. Erläutere, wie du gerechnet hast.
b) Ergänze in der Tabelle zehn weitere Beträge in US-Dollar, die man gut gebrauchen kann, um in einem Geschäft alle Preise schnell in Euro umrechnen zu können.
c) Rechne die folgenden Preise mithilfe deiner Umrechnungstabelle in Euro um:
2 $; 12 $; 15 $; 26 $; 120 $; 210 $

$	€
1	0,85
10	
100	
1000	

2 Dana hat von ihrer USA-Reise 32,25 $ übrig. Nun möchte sie das Geld wieder in Euro umtauschen. Bei der Bank findet sie eine Übersicht der Wechselkurse. Für einen Dollar bekommt sie 0,83 €.

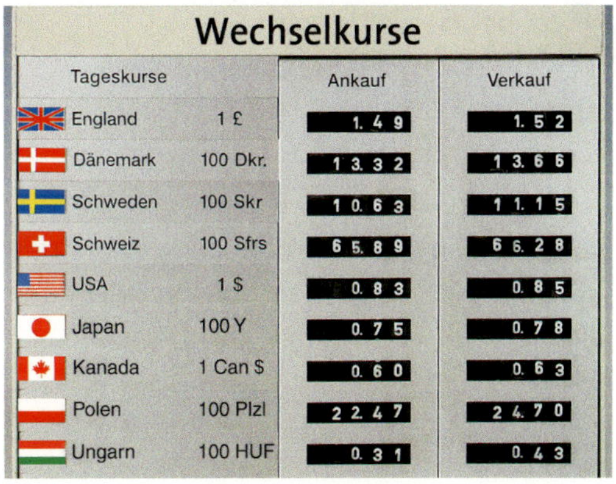

a) Überschlage, wie viel Euro sie für ihre Dollar ungefähr bekommt.
b) Rechne genau aus, wie viel Euro sie bekommt. Erkläre, wie du vorgegangen bist. Vergleicht eure Lösungswege untereinander.
c) Stellt euch gegenseitig Aufgaben zu anderen Währungen, deren Kurse im Bild abgebildet sind.
Warum hat die Bank *verschiedene* Kurse für „Ankauf" und „Verkauf"?
Erläutert eure Überlegungen an zwei Beispielen.

HINWEIS
1 $ Ankauf 0,83 *bedeutet: Für 1 $ bekommt man 0,83 € ausgezahlt.*
1 $ Verkauf 0,85 *bedeutet: Um 1 $ zu bekommen muss man 0,85 € bezahlen.*

3 Welche Terrasse ist am größten? Beachte, dass die Skizzen *nicht* maßstabsgerecht sind, denn die Terrassen wurden mit unterschiedlich großen Steinplatten ausgelegt.
a) Schätze zuerst. Dann berechne die Flächen aller drei Terrassen.

① Familie Elsner

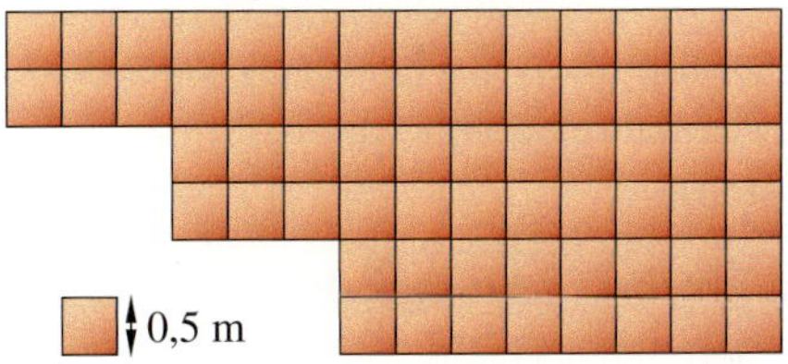

② Familie Merkt

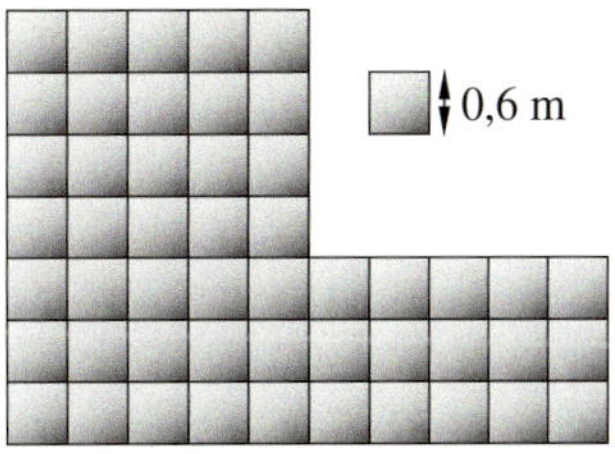

③ Familie Nussbaumer

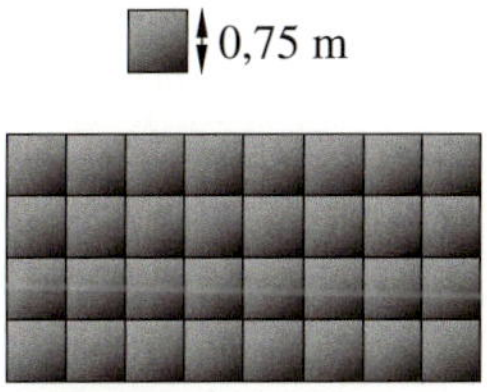

b) Findest du verschiedene Möglichkeiten, wie du die Flächen berechnen kannst?
c) Vergleicht eure Lösungswege. Erklärt euch gegenseitig eure Lösungen. Fertigt ein Plakat an und präsentiert eure Schätzungen und Lösungswege in der Klasse.

ERINNERE DICH
Natürliche Zahlen sind z. B.: 3; 8; 97; 21039

Dezimalbrüche sind z. B.: 0,02; 1,21; 237,5

HINWEIS
Auch bei der Multiplikation mit Dezimalbrüchen gilt das ***Kommutativgesetz*** *(Vertauschungsgesetz), z. B. 32 · 1,49 = 1,49 · 32. Tausche die Faktoren, so dass du leicht rechnen kannst.*

Verstehen

Pascal fährt in den Ferien nach Schweden. Er will 25 € in Schwedische Kronen (SEK) umtauschen und rechnet den Betrag um. Dazu muss er 25 mit dem angegebenen Kurs multiplizieren.

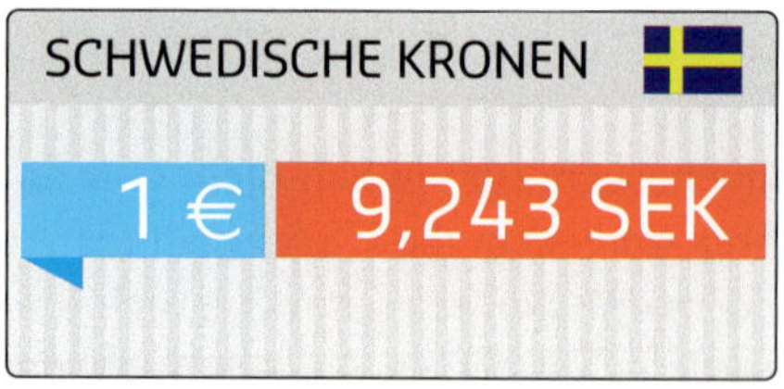

Überschlag: 25 · 10 = 250

2	5	·	9,	2	4	3
	2	2	5	0	0	0
			5	0	0	0
			1	0	0	0
		$_1$			7	5
	2	3	1,	0	7	5

Man darf die Faktoren auch vertauschen:

9,	2	4	3	·	2	5
	1	8	4	8	6	0
	$_1$	4_1	6_1	2	1	5
	2	3	1,	0	7	5

Pascals 25 € haben einen Wert von 231,075 SEK.
Gerundet auf zwei Nachkommastellen sind das 231,08 SEK.

Merke So multipliziert man eine natürliche Zahl mit einem Dezimalbruch:

1. Man macht eine Überschlagsrechnung.
2. Man multipliziert die Faktoren wie natürliche Zahlen (also ohne die Kommas zu beachten).
3. Beim Ergebnis setzt man das Komma so, dass es genau so viele **Nachkommastellen** hat wie der Dezimalbruch-Faktor.
4. Man vergleicht das Ergebnis mit dem Überschlag: Stimmt es *ungefähr* überein?

Pascals große Schwester Felicitas studiert in den USA. Dort werden an den Tankstellen die Preise für Benzin nicht pro Liter, sondern pro *gallon* angegeben.

1 *gallon* = 3,785 l

Felicitas tankt 17,75 *gallons*.
Wie viel Liter sind das?

Überschlag: 18 · 4 = 72

2 Nachkommastellen + 3 Nachkommastellen

1	7,	5	7	·	3,	7	8	5
		5	2	7	1	0	0	0
		1	2	2	9	9	0	0
			1	4	0	5	6	0
			$_1$	$_2$	8_2	7_1	8	5
		6	6,	5	0	2	4	5

2 + 3 = 5 Nachkommastellen

Felicitas tankt 66,502 45 l, gerundet 66,5 l.

Merke So **multipliziert** man **Dezimalbrüche**:

1. Man macht eine Überschlagsrechnung.
2. Man multipliziert die Faktoren wie natürliche Zahlen (also ohne die Kommas zu beachten).
3. Beim Ergebnis setzt man das Komma, so dass es genau so viele **Nachkommastellen** hat wie beide Faktoren *zusammen*.
4. Man vergleicht das Ergebnis mit dem Überschlag: Stimmt es *ungefähr* überein?

Üben und anwenden

1 Rechne im Kopf. Formuliere eine Regel.

a) 0,8 · 10	b) 2,45 · 10
0,8 · 100	24,5 · 10
0,8 · 1 000	0,245 · 100

1 Rechne im Kopf. Formuliere eine Regel.

a) 2,5 · 100	b) 2,5 · 10 000
c) 100 000 · 1,75	d) 10 000 · 1,75
e) 1 000 · 2,55	f) 1 000 · 25,5

ERINNERE DICH
Bei der Multiplikation mit Stufenzahlen achte auf die Anzahl der Nullen, z. B.:
43 · 100 = 4 300

2 Ein britisches Pfund (1 £) entspricht 1,20 €. Rechne die Geldbeträge in Euro um.

a) 10 £	b) 100 £	c) 1 000 £
d) 10 000 £	e) 50 £	f) 500 £
g) 20 £	h) 200 £	i) 40 £

2 Für 1 € erhält man 0,83 £ (britische Pfund). Wie viel £ erhält man für folgende Beträge?

a) 10 €	b) 1 000 €	c) 10 000 €
d) 100 €	e) 30 €	f) 600 €
g) 25 €	h) 75 €	i) 120 €

3 Berechne möglichst im Kopf.

a) 0,2 · 3	b) 0,8 · 8	c) 0,7 · 2
d) 4 · 0,5	e) 7 · 0,4	f) 6 · 0,9
g) 0,6 · 5	h) 9 · 0,1	i) 0,3 · 10

3 Berechne möglichst im Kopf.

a) 0,2 · 15	b) 1,2 · 30	c) 45 · 0,1
d) 12 · 0,06	e) 0,22 · 50	f) 0,005 · 13
g) 2,5 · 7	h) 19 · 0,03	i) 0,125 · 8

4 Claras Telefongesellschaft verlangt 9,9 ct pro Minute.
Sie führt einige Telefonate.
Finde jeweils eine passende Frage und löse.

a) 12 Minuten	b) 23 min	c) 18 min
d) $\frac{3}{4}$ Stunde	e) $1\frac{1}{2}$ h	f) 1 h 25 min

4 Frau Lu möchte ein rechteckiges Grundstück kaufen, das 30 m lang und 15,5 m breit ist.
Sie kann höchstens 90 000 € bezahlen.
Der Quadratmeterpreis beträgt 185,50 €.
Stelle eine passende Frage und beantworte sie.

5 Nutze den Rechenvorteil.
Beachte den Hinweis in der Randspalte.

a) 6,89 · 2 · 5	b) 20 · 5 · 72,63
c) 125 · 8 · 0,011	d) 25 · 4 · 0,93
e) 50 · 2 · 0,01	f) 113,71 · 8 · 1 250

5 Nutze den Rechenvorteil.
Beachte den Hinweis in der Randspalte.

a) 0,25 · 4 · 13,5	b) 0,125 · 80 · 50,5
c) 3,2 · 0,5 · 100	d) 1,5 · 0,75 · 2
e) 0,025 · 10 · 40	f) 8,29 · 1,75 · 100

ZU DEN AUFGABEN 5 UND 5
Bei der Multiplikation ermöglicht das ***Assoziativgesetz*** *(Verbindungsgesetz) einen Rechenvorteil, z. B.:*
3,7 · 2 · 5
= 3,7 · 10 = 37

6 Mache zuerst einen Überschlag. Rechne dann schriftlich, achte dabei auf die Nullen.

a) 17 · 2,04	b) 60,7 · 50	c) 400 · 2,052
d) 2,005 · 130	e) 0,005 · 19	f) 73 · 0,002

6 Überschlage zuerst, rechne dann genau.

a) 23,05 · 107	b) 3,042 · 670
c) 56 · 0,0307	d) 0,0584 · 7 092
e) 3,403 · 964	f) 123,4 · 7 009

7 Recherchiert und berechnet. Toms Tante hat ihm Geld aus verschiedenen Ländern mitgebracht.

a) Informiert euch über die aktuellen Wechselkurse, rechnet und rundet sinnvoll. Beachtet den Hinweis zu Wechselkursen in der Randspalte der Seite 123.
b) Stellt euch gegenseitig ähnliche Aufgaben mit diesen und mit anderen Währungen.

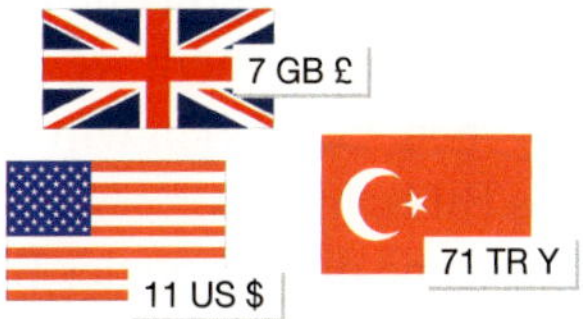

8 Finde mithilfe des Überschlags falsch gesetzte Kommas und berichtige im Heft.

a) 17,5 · 3,8 = 66,5
b) 2,83 · 24,8 = 7 018,4
c) 0,93 · 2,65 = 246,45

8 Übertrage ins Heft und setze mithilfe des Überschlags das Komma beim Ergebnis.

a) 12 · 3,6 = 432	b) 2,5 · 18 = 450
c) 31,5 · 21 = 6 615	d) 1,78 · 4 = 712
e) 1,7 · 1,6 = 272	f) 1,1 · 7,08 = 7 788

9 Wohin gehört das Komma?

a) Was sagst du dazu?

b) Prüfe durch Rechnung: richtig oder falsch?

① 0,50 · 0,50 = 2,5 ② 0,40 · 0,05 = 0,02
③ 1,25 · 0,5 = 6,25 ④ 3,80 · 0,5 = 19
⑤ 0,6 · 0,7 = 0,42 ⑥ 0,3 · 0,09 = 0,27
⑦ 0,1 · 0,1 · 0,1 = 0,1 ⑧ 0,2 · 0,3 · 0,5 = 0,3
⑨ 1,01 · 1,01 = 10,201 ⑩ 2,1 · 2,01 = 42,21
⑪ 0,02 · 0,02 = 0,04 ⑫ 4,05 · 0,2 = 8,1

10 Rechne nur eine Aufgabe. Dann löse die anderen durch Verschieben des Kommas.

a) 0,375 · 2
0,375 · 20
0,375 · 0,2
3,75 · 0,2
37,5 · 0,002

b) 1,52 · 13
1,52 · 130
1,52 · 1,3
15,2 · 1,3
0,152 · 0,13

10 Rechne nur eine Aufgabe. Dann löse die anderen durch Verschieben des Kommas.

a) 2,3 · 0,94
0,23 · 0,94
0,23 · 9,4
2,3 · 9,4
23,0 · 94,0

b) 2,35 · 0,75
23,5 · 0,75
23,5 · 7,5
2,35 · 7,5
0,235 · 75

c) 8,7 · 7,6
87 · 0,76
0,87 · 7,6
8,7 · 76
8,7 · 0,076

ZU AUFGABE 11
Beispiel:
345,6 · 0,047

Ü: 350 · 0,05
= 3,5 · 5 = 17,5

345,6 · 0,047
138 240
⋮

11 Stelle aus den Zahlen sechs Multiplikationsaufgaben mit verschiedenen Ergebnissen zusammen. Mache immer zuerst einen Überschlag, dann berechne schriftlich. Beachte das Beispiel in der Randspalte.

345,6   0,047   1,209   0,3004

12 Berechne den Flächeninhalt des Rechtecks.

a)
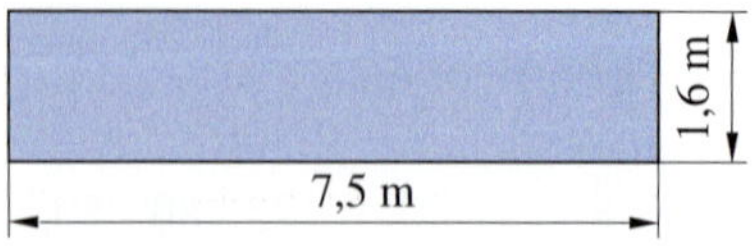

b)
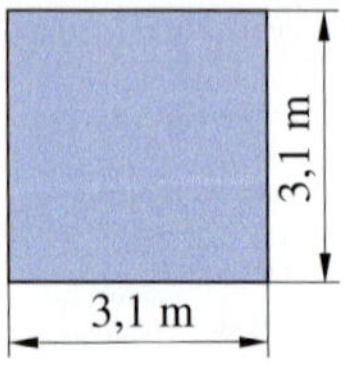

c)
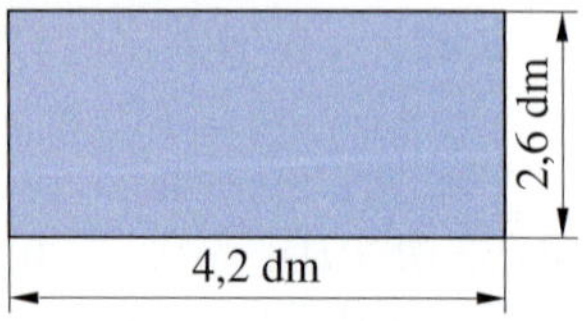

12 Berechne den Flächeninhalt der Figur.

a)
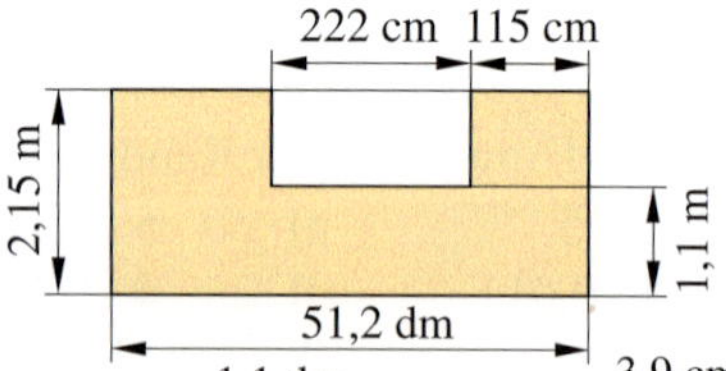

b)
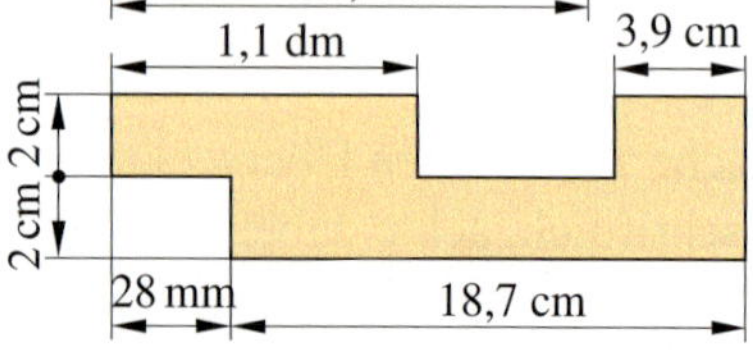

13 Bildschirmgrößen von Tablets, Computern und Fernsehern werden häufig in Zoll angegeben. Gemessen wird dabei die Diagonale des Bildschirmes.
Berechne die Länge der Bildschirmdiagonalen in cm.
Hinweis: 1 Zoll entspricht 2,54 cm.

① 8 Zoll   ② 10 Zoll   ③ 24 Zoll   ④ 46 Zoll

13 Fahrradgrößen werden in Zoll angegeben, dabei wird jeweils der Durchmesser der Radfelgen genannt.
Ein 24er-Fahrrad hat also einen Felgendurchmesser von 24 Zoll.

a) Berechne den Felgendurchmesser in cm für ein 24er-Fahrrad, für ein 26er-Fahrrad und für ein 28er-Fahrrad.

b) Runde die in Aufgabe a) berechneten Werte auf ganze Millimeter.

Dezimalbrüche dividieren

Entdecken

1 Büroartikel werden oftmals in großen Mengen verkauft.
a) Berechne, wie viel *ein* Heft kostet.
b) Was kostet *eine* CD-ROM? Was kosten zehn CD-ROMs?
c) Gib den Preis von einer, von zehn und von 100 Büroklammern an.
d) Erläutere, wie du gerechnet hast. Formuliere eine Regel für die Division von Dezimalbrüchen durch Stufenzahlen. Zum Beispiel: „Man dividiert einen Dezimalbruch durch 10, 100, 1 000, indem man …"
e) Löse die folgenden Divisionsaufgaben:

245,50 € : 10	45,20 € : 10
245,50 € : 100	45,20 € : 100
245,50 € : 1 000	45,20 € : 1 000

2 Gummibärchen gibt es in verschiedenen Packungsgrößen. Packungen mit 300 g kosten 0,87 € und Packungen mit 200 g kosten 0,69 €.
Welche würdest du für deine Geburtstagsparty kaufen?

3 Silas behauptet, dass man zu allen Divisionsaufgaben mit Dezimalbrüchen einfachere verwandte Aufgaben finden kann, die sich einfacher rechnen lassen und trotzdem das gleiche Ergebnis haben. Was meint er damit? Erläutere seine Aussage an den Beispielen.

①	②	③	④
0,75 : 0,25	12,5 : 0,5	4 : 0,08	3,20 : 0,8
75 : 25	125 : 5	400 : 8	320 : 80

4 Ihr benötigt:
- drei leere Getränkeflaschen mit einem Fassungsvermögen von 0,7 l; 1 l und 1,5 l;
- verschiedene Gläser mit einem Fassungsvermögen von 0,1 l; 0,2 l; 0,25 l und 0,4 l.
- einen Trichter.

a) Wählt eine der Flaschen aus und füllt sie mit Wasser.
b) Nun notiert sich jeder von euch eine Schätzung, wie oft man jeweils eines der vorhandenen Gläser mit dem Inhalt der Flasche füllen kann.
c) Probiert nun durch mehrfaches Füllen der Gläser aus, ob eure Schätzungen stimmen.
d) Überlegt euch, wie oft sich die gegebenen Gläser mit einer 2,5-l-Flasche füllen lassen. Wie kann man das berechnen?

Verstehen

Sabrina will auf dem Wochenmarkt Äpfel kaufen. Sie möchte herausfinden, welches das günstigste Angebot ist. Sie berechnet jeweils, wie viel 1 kg Äpfel kosten.

Bauer Pitje 1,90 € für 1 kg

Bauer Luft – Äpfel 8,25 € für 5 kg

Hof Lerche – Äpfel 4,50 € für 2,5 kg

Königs Äpfel 1 € für 0,6 kg

Beispiel 1

Zuerst berechnet sie den Preis für 1 kg Äpfel von Bauer Luft.
Dazu muss sie dividieren. 8,25 € : 5

```
  8, 2 5 : 5 = 1, 6 5
– 5
  3 2  ——— Komma-
– 3 0      überschreitung
    2 5
  – 2 5
      0
```

Probe:

```
1, 6 5 · 5
   8, 2 5
```

1 kg Äpfel kostet 1,65 €.

Merke Division eines Dezimalbruchs durch eine natürliche Zahl:

Einen Dezimalbruch dividiert man durch eine natürliche Zahl, indem man wie mit natürlichen Zahlen schriftlich rechnet.
Beim Überschreiten des Kommas setzt man auch im Ergebnis ein Komma.

Prüfe dein Ergebnis mit der **Probe** (Umkehraufgabe).

ERINNERE DICH
Die Fachbegriffe:
$21 : 7 = 3$
Dividend, Divisor, Quotient

Beispiel 2

Beim Hof Lerche will Sabrina so rechnen: 1,85 € : 2,5. Sie weiß zwar nicht, wie man durch einen Dezimalbruch dividiert, aber sie kennt einen Trick:

```
    1, 8 5 : 2, 5
     ·10↓     ↓·10
=   1 8, 5 : 2 5 = 0, 7 4
  – 0
    1 8 5
  – 1 7 5
      1 0 0
    – 1 0 0
          0
```

Probe:

```
  0, 7 4 · 2, 5
        1 4 8 0
+         3 7 0
      1, 8 5 0
```

1 kg Äpfel kostet 0,74 €.

Merke Division eines Dezimalbruchs durch einen Dezimalbruch:

Dezimalbrüche dividiert man in zwei Schritten:

1. Der **Divisor** soll eine natürliche Zahl werden, deswegen multipliziert man Dividend und **Divisor** mit derselben Zehnerpotenz (mit 10; mit 100; 1 000; …).
2. Dann dividiert man (wie in Beispiel 1) und beachtet dabei die Kommaüberschreitung.

Prüfe dein Ergebnis mit der **Probe** (Umkehraufgabe).

ERINNERE DICH
Periodische Dezimalbrüche:
$1{,}8666... = 1{,}8\overline{6}$
$9{,}090\,90... =$
$= 9{,}\overline{09}$

Beispiel 3

Bei Königs Äpfeln rechnet Sabrina genauso wie zuvor:

```
       1 : 0, 6
    ·10/    ↓·10
=   1 0 : 6 = 1, 6 6... = 1, 6̄
  – 6
    4 0
  – 3 6
    4 0
     ⋮
```

Probe:

```
1, 6 7 · 0, 6
   1, 0 0 2
```

Bei der Division können **periodische Dezimalbrüche** auftreten.

Beachte: Ist das Ergebnis ein *periodischer* Dezimalbruch, muss man bei der **Probe** runden.

1 kg Äpfel kostet $1{,}\overline{6}$ €, gerundet 1,67 €.
Die Äpfel vom Hof Lerche sind am günstigsten.

Üben und anwenden

ERINNERE DICH
Bei der Division durch Stufenzahlen achte auf die Anzahl der Nullen, z. B.:
37000 : 100 = 370

1 Rechne im Kopf.
Kontrolliere dein Ergebnis mit der Probe.

a) 5 378 : 10 5 378 : 100 5 378 : 1 000
b) 3 521 : 10 3 521 : 100 3 521 : 1 000
c) 514 : 10 514 : 100 514 : 1 000
d) 72 : 10 72 : 100 72 : 1 000

1 Berechne im Kopf.
Formuliere eine passende Regel.

a) 24,50 : 10 24,50 : 100 24,50 : 1 000 24,50 : 10 000
b) 6,7 : 10 6,7 : 100 6,7 : 1 000 6,7 : 10 000
c) 0,2 : 10 0,2 : 100 0,2 : 1 000 0,2 : 10 000

2 Copy-Shops gibt es inzwischen überall.

a) Eine Kopierkarte für 1 000 Kopien kostet 25 €. Berechne die Kosten für 100 Kopien, für 10 Kopien und für 1 Kopie.
b) Ein Stapel mit 1 000 Blatt Kopierpapier ist 11,2 cm dick. Wie dick ist ein Blatt?

2 Berechne jeweils den Preis für 100 g.

Gouda	1 kg	5,10 €
Tilsiter	1 kg	7,65 €
Emmentaler	1 kg	14,30 €
Butterkäse	1 kg	5,75 €

3 Rechne im Kopf.
Kontrolliere dein Ergebnis mit der Probe.

a) 1,6 : 2 b) 2,5 : 5 c) 0,8 : 2
d) 1,8 : 3 e) 4,8 : 6 f) 0,9 : 3

3 Rechne im Kopf.
Kontrolliere dein Ergebnis mit der Probe.

a) 3,6 : 6 b) 2,4 : 12 c) 9,1 : 7
d) 0,35 : 7 e) 3,9 : 13 f) 7,2 : 6

4 Löse die Aufgaben und vergleiche die Ergebnisse.
Formuliere eine passende Regel.

a) 50 : 5 5 : 5 0,5 : 5
b) 728 : 2 72,8 : 2 7,28 : 2

4 Löse die Aufgaben und vergleiche die Ergebnisse.
Formuliere eine passende Regel.

a) 164 : 4 16,4 : 4 1,64 : 4
b) 5,6 : 7 0,56 : 7 0,056 : 7

5 Berechne die erste Aufgabe schriftlich.
Bestimme dann die anderen Ergebnisse durch Verschiebung des Kommas.

a) 12 971 : 7 129,71 : 7 1,297 1 : 7 12,971 : 7
b) 148,2 : 19 1 482 : 19 1,482 : 19 0,148 2 : 19

5 Berechne einen der Quotienten schriftlich.
Bestimme dann die anderen Ergebnisse durch Verschiebung des Kommas.

a) 1,2 116 : 13 12,116 : 13 121,16 : 13 1 211,6 : 13
b) 315,63 : 105 31,563 : 105 3 156,3 : 105 3,156 3 : 105

6 Dividiere und runde an der zweiten Stelle nach dem Komma.

	:	3	6	9	12	5	10	20	2	4	8	16	32
a)	7,56												
b)	10,08												
c)	129,5												
d)	222,3												

7 Die Gesamtkosten für einen Sportkurs betragen 259,55 €. Es haben sich 29 Teilnehmer angemeldet.
Stelle eine passende Frage und beantworte sie. Rechne zur Kontrolle in Cent nach.

7 Eine Klasse mit 10 Jungen und 14 Mädchen macht einen Ausflug in den Zoo. Die Gruppeneintrittskarte kostet 80,00 €.
Stelle eine passende Frage und runde das Ergebnis sinnvoll.

8 Berechne im Kopf. Überlege immer zuerst: Mit welcher Stufenzahl müssen Dividend und Divisor multipliziert werden, damit der Divisor eine natürliche Zahl wird?
a) 0,4 : 0,2 b) 0,12 : 0,04 c) 3,5 : 0,07
d) 18 : 0,6 e) 0,12 : 0,4 f) 0,2 : 5

8 Berechne im Kopf. Überlege immer zuerst: Mit welcher Stufenzahl müssen Dividend und Divisor multipliziert werden, damit der Divisor eine natürliche Zahl wird?
a) 56 : 0,08 b) 1,02 : 0,4 c) 0,88 : 0,1
d) 4,2 : 0,007 e) 0,024 : 0,3 f) 0,8 : 0,16

9 Zeichne die „Rechenkreisel" vereinfacht ins Heft und ergänze die fehlenden Zahlen.

a)
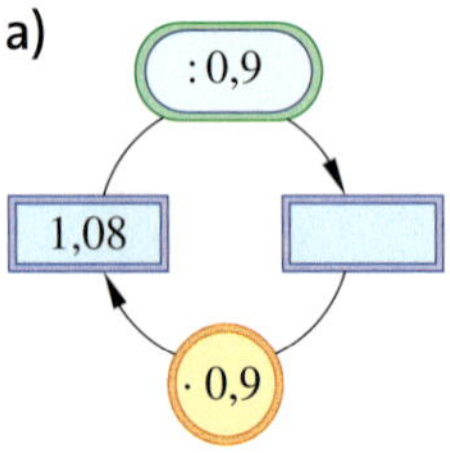

b)
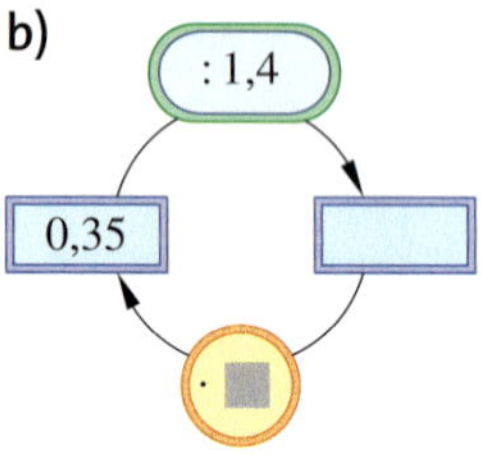

c)
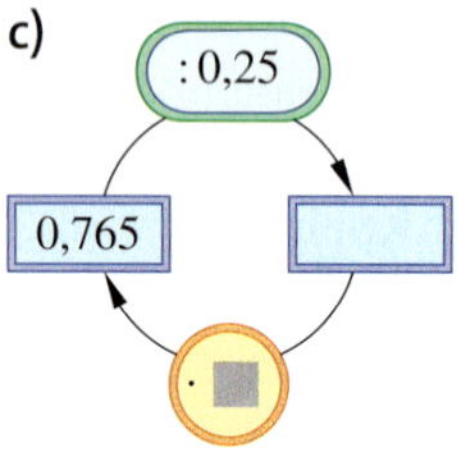

d)
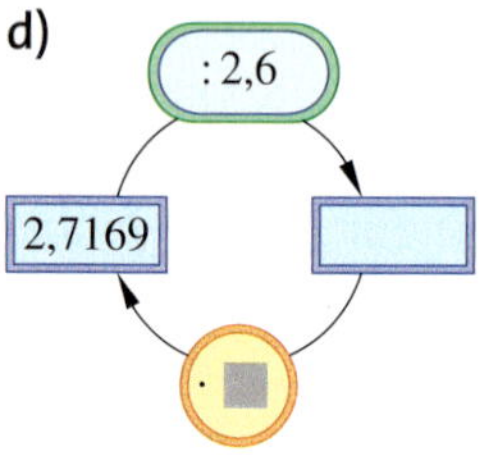

Beschreibe mit deinen Worten, was der Rechenkreisel mit der Probe gemeinsam hat.

10 Stimmen die Behauptungen? Nutze die gelösten Rechenkreisel aus Aufgabe 9.
a) Bei der Division durch eine Zahl, die größer als 1 ist, ist das Ergebnis kleiner als der Dividend.
b) Bei der Division durch eine Zahl, die kleiner als 1 ist, ist das Ergebnis größer als der Dividend.

10 Richtig oder falsch? Begründe mit Beispielen oder finde ein Gegenbeispiel.
a) Der Quotient ist immer kleiner als der Dividend.
b) Der Dividend ist immer größer als der Divisor.
c) Wenn man durch 0,2 dividiert, dann ist der Quotient fünfmal so groß wie der Dividend.

11 Prüfe Tims Hausaufgaben. Erkläre, welche Fehler er gemacht hat, und korrigiere sie.
a) 875:0,7 = 875 : 7 = 125
b) 35:0,005 = 0,035 : 5 = 0,007
c) 42:0,04 = 420 : 4 = 105
d) 1,44:1,2 = 144 : 120 = 12
e) 0,040 12:0,17 = 4,012 : 17 = 2,36
f) 0,22:0,3 = 22 : 3 = $7,\overline{3}$

11 Ergänze im Heft so, dass die Gleichung stimmt. Manchmal gibt es mehrere Möglichkeiten. Berechne auch das Ergebnis.
a) 12 : 0,12 = □ : 12 b) 10 : 0,01 = □ : 1
c) □ : 3,2 = 64 : 32 d) 3,6 : □ = 360 : 12
e) 3,75 : 0,24 = 375 : □
f) 4,33 : □ = □ : 2
g) 0,015 : □ = □ : 120 h) 0,01 : □ = □ : 33
i) 1,02 : □ = □ : 3 j) 24,07 : □ = □ : 12

12 In einer Molkerei wird Butter in Päckchen zu 0,25 kg und 0,125 kg verpackt.
a) Wie viele 0,25-kg-Päckchen entstehen aus 250 kg Butter?
b) Wie viele 0,125-kg-Päckchen können aus 120 kg Butter hergestellt werden?

12 Für welches Waschmittel soll Cem sich entscheiden?

NACHGEDACHT
Kannst du auch berechnen, wie viel Benzin Ruth bzw. Lara für 1 km (für 100 km) benötigen?

13 Kontrolliere mit der Probe.
a) Ruths Mofa verbraucht 2,3 l Benzin für 110,4 km. Wie weit fährt es mit 1 Liter?
b) Laras Pkw verbraucht auf 98,4 km genau 6,6 Liter. Vergleiche mit Ruths Mofa.

13 Frau Öczhan wählt im Baumarkt Fliesen aus, die in Pakete zu je 1,38 m^2 verpackt sind. Wie viele Pakete muss sie kaufen, wenn sie insgesamt 39,5 m^2 in ihrer Wohnung fliesen lassen will?

Brüche multiplizieren

Entdecken

1 Wie viele Kilometer hat Boguslaw Kizak geschafft?

a) Johanne hat als Lösungshilfe eine Skizze gezeichnet. Löse mithilfe ihrer Skizze.

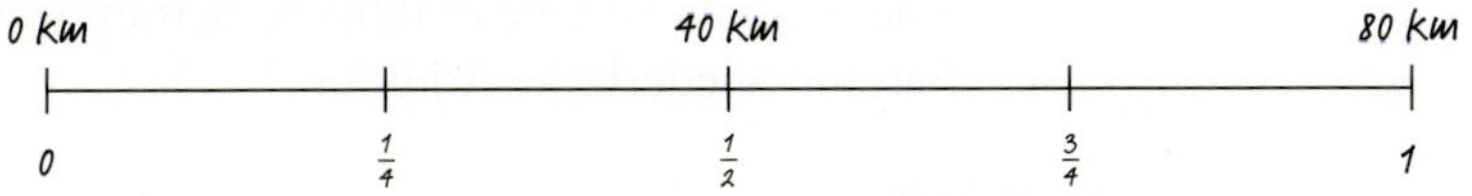

b) Beschreibe, wie die Skizze Johanne geholfen hat.

c) Schreibe die Aufgabe „drei Viertel von 80 km" als Multiplikationsaufgabe mitsamt deinem Ergebnis.

d) Löse folgende Aufgaben mit einer ähnlichen Skizze wie oben:

① zwei Drittel eines 6 km langen Schulweges;

② drei Fünftel von Janeks 100 €.

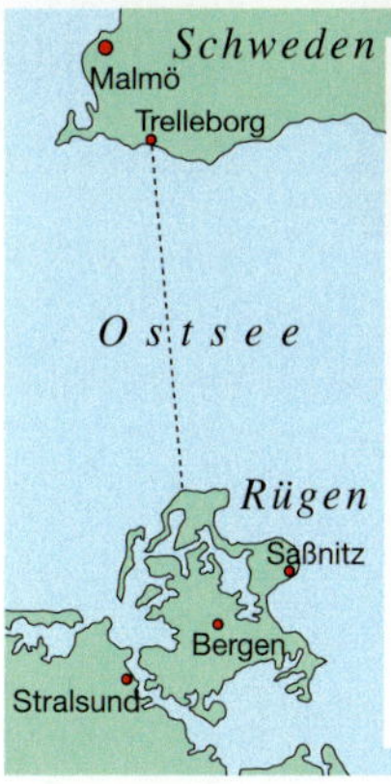

Ein Artikel aus einer Regionalzeitung

Schwimmer gab auf

Trelleborg

Nach Bewältigung von drei Vierteln seiner Strecke hat der polnische Langstreckenschwimmer Boguslaw Kizak am Montag seinen Versuch aufgegeben, als erster die kalte Ostsee von Rügen nach Trelleborg in Schweden zu durchschwimmen. Der aus Stettin stammende Schwimmer war von der Insel Rügen zu seinem 80-Kilometer-Unternehmen gestartet. (dpa)

2 Frau Richter hat zwei Bleche Pizza vorbereitet und ihren drei Kindern erlaubt, von jeder Pizza ein Viertel zu essen.

a) Beschreibe die Gedanken der drei Kinder und vergleiche die Ergebnisse.

b) Wie viel bekäme jeder, wenn Frau Richter drei Bleche Pizza vorbereitet hätte und von jeder Pizza ein Viertel gegessen wird? Berechne oder zeichne wie die Kinder von Frau Richter.

HINWEIS
Die Angabe „von" bedeutet bei Anteilen, dass multipliziert wird. Ein Drittel von einem Viertel ist also $\frac{1}{3} \cdot \frac{1}{4}$.

3 Lukas feiert Geburtstag: Er fragt: „Wer möchte noch ein Stück Kuchen?" „Ich!", rufen Pascal, Sarah und Jessica gleichzeitig. „Gut, dann bekommt jeder von euch ein Drittel vom verbliebenen Kuchenstück."
„Und wie viel ist ein Drittel von einem Viertel?", fragt Pascal.

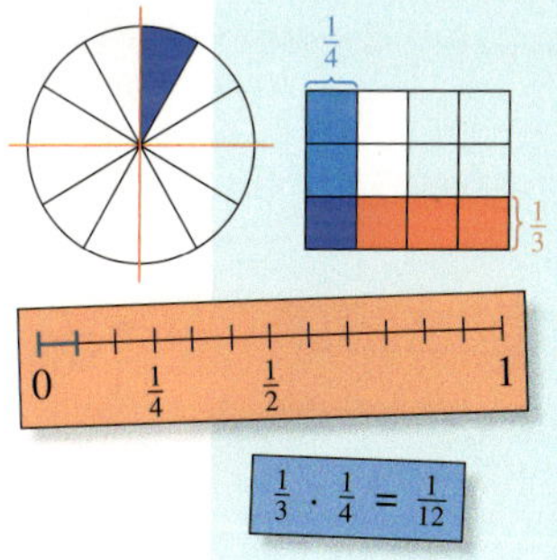

a) Erkläre mithilfe der Zeichnungen oder der Rechnung, warum die Lösung $\frac{1}{12}$ sein muss.

b) Fertige zu den folgenden Aufgaben ähnliche Skizzen an und berechne:

① $\frac{1}{2}$ von $\frac{1}{4}$ ② $\frac{2}{3}$ von $\frac{4}{5}$ ③ $\frac{2}{5}$ von $\frac{3}{4}$

4 Berechnet $0{,}3 \cdot 0{,}7 = \square$.

a) Ersetzt alle Dezimalbrüche (die Faktoren und das Ergebnis) durch gleichwertige Brüche.

b) Vergleicht die Aufgabe in beiden Schreibweisen: Überlegt, wie das Ergebnis der Bruchrechnung aus den Faktoren entsteht.

c) Denkt euch andere Aufgaben mit Dezimalbrüchen aus und ersetzt sie durch Brüche. Überprüft eure Vermutung aus Aufgabe b).

Verstehen

Die Klasse 6 a feiert ein Frühlingsfest, zu dem jeder etwas anderes mitbringt.

Jan kauft 5 Packungen Tomatensaft. Jede Packung enthält einen $\frac{3}{4}$ Liter. Wie viel Liter sind das insgesamt?

Zuerst schreibt Jan kürzer:

$\frac{3}{4}+\frac{3}{4}+\frac{3}{4}+\frac{3}{4}+\frac{3}{4}=5\cdot\frac{3}{4}$

Die Multiplikation einer natürlichen Zahl mit einem Bruch ist eine praktische Schreibweise für eine wiederholte Addition.

Er löst die Aufgabe mit einer Zeichnung:

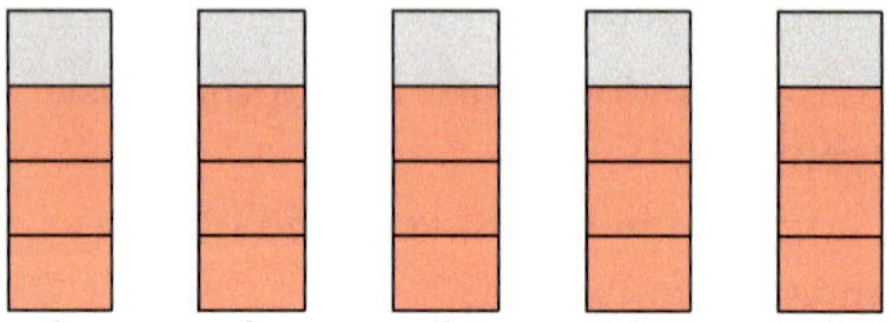

$5\cdot\frac{3}{4} = \frac{3}{4}+\frac{3}{4}+\frac{3}{4}+\frac{3}{4}+\frac{3}{4} = \frac{15}{4}$

Er zählt insgesamt 15 Viertelliter.

$5\cdot\frac{3}{4}=\frac{5\cdot 3}{4}=\frac{15}{4}=3\frac{3}{4}$

Jan bringt insgesamt $3\frac{3}{4}$ l Tomatensaft mit.

Merke Eine **natürliche Zahl** wird **mit einem Bruch** so **multipliziert**:
- die natürliche Zahl mit dem Zähler multiplizieren,
- der Nenner bleibt unverändert.

HINWEIS
Bei der Multiplikation gilt das ***Kommutativgesetz*** *(Vertauschungsgesetz):*
$5\cdot\frac{3}{4}=\frac{3}{4}\cdot 5$

Beispiel 1

a) $\frac{2}{5}\cdot 6=6\cdot\frac{2}{5}=\frac{6\cdot 2}{5}=\frac{12}{5}=2\frac{2}{5}$

b) $3\cdot\frac{1}{8}=\frac{3\cdot 1}{8}=\frac{3}{8}$

$\frac{3}{5}$ von den Schülerinnen und Schülern der 6 a sind Mädchen.

$\frac{2}{3}$ von diesen Mädchen haben ein Handy.

Welcher Anteil von allen Kindern der 6 a sind Mädchen mit Handy?

„$\frac{2}{3}$ von $\frac{3}{5}$“ bedeutet: $\frac{2}{3}\cdot\frac{3}{5}$

$\frac{2}{3}\cdot\frac{3}{5}=\frac{2\cdot 3}{3\cdot 5}=\frac{6}{15}=\frac{\cancel{6}^{2}}{\cancel{15}_{5}}=\frac{2}{5}$

$\frac{2}{5}$ von allen 6 a-Kindern sind Mädchen mit Handy.

Merke **Brüche** werden **multipliziert**, indem man Zähler mit Zähler multipliziert und Nenner mit Nenner multipliziert.

Denke ans Kürzen.

Beispiel 2

a) $\frac{5}{6}\cdot\frac{9}{10}=\frac{\cancel{5}^{1}}{\cancel{6}_{2}}\cdot\frac{\cancel{9}^{3}}{\cancel{10}_{2}}=\frac{3}{4}$

b) $\frac{1}{2}\cdot 1\frac{1}{4}=\frac{1}{2}\cdot\frac{5}{4}=\frac{1\cdot 5}{2\cdot 4}=\frac{5}{8}$

Das Rechnen wird leichter, wenn man schon *vor* dem Multiplizieren kürzt.

Gemischte Zahlen multipliziert man, indem man sie zuerst in Brüche umwandelt.

Üben und anwenden

1 Schreibe als Produkt und berechne.

Beispiel $\frac{1}{5} + \frac{1}{5} + \frac{1}{5} = 3 \cdot \frac{1}{5} = \frac{3}{5}$

a) $\frac{1}{7} + \frac{1}{7} + \frac{1}{7} + \frac{1}{7} + \frac{1}{7}$ b) $\frac{1}{4} + \frac{1}{4} + \frac{1}{4}$

c) $\frac{2}{5} + \frac{2}{5} + \frac{2}{5}$

1 Schreibe als Produkt und berechne.

Beispiel $\frac{2}{3} + \frac{2}{3} + \frac{2}{3} = 3 \cdot \frac{2}{3} = \frac{6}{3} = 2$

a) $\frac{3}{8} + \frac{3}{8} + \frac{3}{8} + \frac{3}{8}$ b) $\frac{4}{5} + \frac{4}{5} + \frac{4}{5} + \frac{4}{5} + \frac{4}{5}$

c) $\frac{5}{7} + \frac{5}{7} + \frac{5}{7}$

2 Löse die Aufgaben zeichnerisch.

Beispiel $3 \cdot \frac{5}{8}$

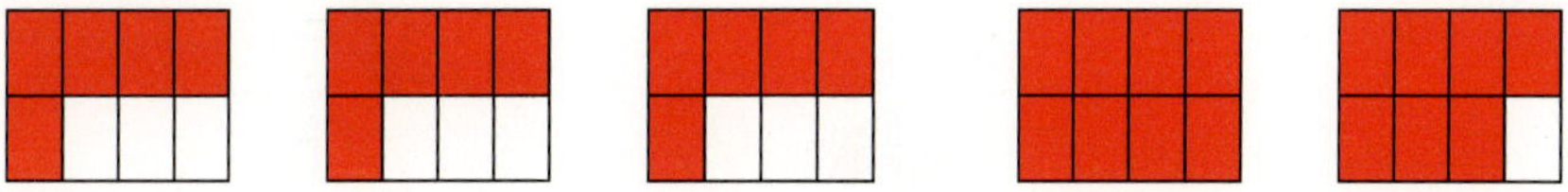

$\frac{5}{8} + \frac{5}{8} + \frac{5}{8} = \frac{15}{8} = 1\frac{7}{8}$

a) $3 \cdot \frac{1}{8}$ b) $4 \cdot \frac{2}{5}$ c) $7 \cdot \frac{2}{3}$ d) $4 \cdot \frac{4}{3}$ e) $3 \cdot 1\frac{1}{5}$ f) $2 \cdot 1\frac{2}{3}$ g) $2 \cdot 1\frac{1}{8}$

3 Berechne im Kopf. Wandle das Ergebnis in eine gemischte Zahl um, wenn möglich.

a) $5 \cdot \frac{2}{7}$ b) $4 \cdot \frac{2}{9}$ c) $6 \cdot \frac{1}{5}$

d) $7 \cdot \frac{4}{5}$ e) $2 \cdot \frac{7}{9}$ f) $9 \cdot \frac{2}{7}$

g) $8 \cdot \frac{3}{5}$ h) $7 \cdot \frac{1}{9}$ i) $5 \cdot \frac{1}{2}$

3 Berechne und kürze. Gib das Produkt wieder als gemischte Zahl an.

a) $3 \cdot 1\frac{1}{2}$ b) $3 \cdot 2\frac{1}{2}$ c) $3 \cdot 3\frac{1}{2}$

d) $6 \cdot 1\frac{1}{2}$ e) $4 \cdot 2\frac{2}{3}$ f) $4 \cdot 2\frac{1}{8}$

g) $5 \cdot 3\frac{1}{9}$ h) $5 \cdot 1\frac{6}{7}$ i) $6 \cdot 1\frac{4}{5}$

HINWEIS
Wandle gemischte Zahlen vor dem Rechnen in Brüche um.

4 Berechne den Bruchteil.

a) $\frac{1}{6}$ von 24 km b) $\frac{1}{9}$ von 72 t

c) $\frac{1}{7}$ von 28 m d) $\frac{4}{5}$ von 60 kg

e) $\frac{2}{3}$ von 15 l f) $\frac{5}{8}$ von 96 km

4 Berechne. Schreibe mit gemischten Zahlen.

a) $\frac{1}{9}$ von 12 kg b) $\frac{1}{6}$ von 73 km

c) $\frac{2}{3}$ von 32 t d) $\frac{2}{7}$ von 80 m

e) $\frac{4}{5}$ von 41 l f) $\frac{3}{4}$ von 21 dm

ERINNERE DICH
„$\frac{2}{5}$ von 15 m“ bedeutet: „$\frac{2}{5} \cdot 15$ m“.

5 Kürze vor dem Multiplizieren. Schreibe das Ergebnis als gemischte Zahl.

a) $\frac{2}{3} \cdot 6$ b) $\frac{1}{7} \cdot 7$ c) $4 \cdot \frac{1}{2}$

d) $\frac{4}{5} \cdot 15$ e) $\frac{2}{8} \cdot 20$ f) $30 \cdot \frac{9}{10}$

g) $\frac{6}{5} \cdot 15$ h) $12 \cdot \frac{4}{3}$ i) $\frac{4}{5} \cdot 5$

5 Kürze vor dem Multiplizieren. Schreibe das Ergebnis als gemischte Zahl.

a) $\frac{2}{3} \cdot 7$ b) $9 \cdot \frac{1}{7}$ c) $\frac{1}{2} \cdot 5$

d) $16 \cdot \frac{4}{5}$ e) $\frac{2}{8} \cdot 15$ f) $\frac{9}{10} \cdot 4$

g) $16 \cdot \frac{6}{5}$ h) $1\frac{1}{3} \cdot 2$ i) $3 \cdot 1\frac{4}{5}$

6 Eine Schulstunde dauert eine Dreiviertelstunde. Wie viele Zeitstunden (h) dauert der Unterricht an den einzelnen Tagen?

Mo.: 4 Schulstunden Di.: 6 Schulstunden
Mi.: 5 Schulstunden Do.: 8 Schulstunden
Fr.: 7 Schulstunden

6 Die Klasse 6c hat 30 Schulstunden pro Woche. Die Klassenlehrerin unterrichtet $\frac{2}{5}$ von allen Stunden. Jonas Lieblingslehrer unterrichtet nur $\frac{1}{6}$ aller Stunden. Stelle zwei passende Fragen und beantworte sie.

NACHGEDACHT
Mit welchem Bruch muss man $\frac{3}{5}$ $\left(\frac{1}{6}; \frac{9}{7}\right)$ multiplizieren, um als Ergebnis 1 zu erreichen? Stelle eine Regel für alle Brüche auf und erkläre sie in der Klasse.

7 Kürze, wenn möglich, vor dem Multiplizieren.

a) $\frac{2}{5}\cdot\frac{3}{7}$ b) $\frac{1}{4}\cdot\frac{1}{4}$ c) $\frac{2}{3}\cdot\frac{3}{4}$ d) $\frac{3}{4}\cdot\frac{1}{3}$

e) $\frac{2}{3}\cdot\frac{2}{3}$ f) $\frac{1}{2}\cdot\frac{5}{8}$ g) $\frac{3}{8}\cdot\frac{2}{7}$ h) $\frac{1}{6}\cdot\frac{5}{6}$

7 Kürze, wenn möglich, vor dem Multiplizieren.

a) $\frac{5}{2}\cdot\frac{3}{5}$ b) $\frac{5}{2}\cdot\frac{5}{3}$ c) $\frac{3}{7}\cdot\frac{5}{6}$ d) $\frac{3}{7}\cdot\frac{6}{5}$

e) $\frac{15}{16}\cdot\frac{3}{4}$ f) $\frac{15}{16}\cdot\frac{4}{3}$ g) $\frac{8}{21}\cdot\frac{7}{2}$ h) $\frac{2}{6}\cdot\frac{8}{9}$

8 Beschreibe, wie Niclas die Aufgabe $\frac{1}{3}\cdot\frac{2}{5}$ gezeichnet und gelöst hat.

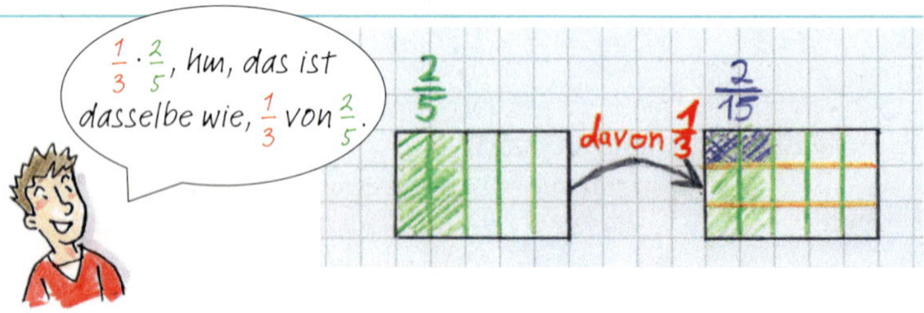

Nun löse zeichnerisch wie Niclas. Wähle jeweils eine passende Größe für das Rechteck.

① $\frac{1}{2}$ von $\frac{3}{4}$ ② $\frac{2}{5}$ von $\frac{1}{2}$ ③ $\frac{6}{7}$ von $\frac{2}{3}$ ④ $\frac{4}{5}\cdot\frac{1}{4}$ ⑤ $\frac{2}{3}\cdot\frac{1}{4}$ ⑥ $\frac{5}{6}\cdot\frac{1}{2}$

9 Berechne wie im Beispiel.

Beispiel $\frac{\not{3}^{1}\cdot 1\cdot 5}{7\cdot 2\cdot \not{9}_{3}}=\frac{5}{42}$

a) $\frac{3}{7}\cdot\frac{2}{4}\cdot\frac{5}{9}$ b) $\frac{4}{5}\cdot\frac{8}{3}\cdot\frac{6}{5}$ c) $\frac{6}{7}\cdot\frac{5}{6}\cdot\frac{5}{9}$

d) $\frac{7}{2}\cdot\frac{1}{4}\cdot\frac{2}{5}$ e) $\frac{7}{4}\cdot\frac{3}{7}\cdot\frac{5}{2}$ f) $\frac{12}{5}\cdot\frac{9}{14}\cdot\frac{10}{3}$

9 Wandle zuerst die gemischten Zahlen um und berechne dann.

a) $3\frac{1}{2}\cdot\frac{4}{7}\cdot 1\frac{1}{4}$ b) $\frac{11}{9}\cdot\frac{3}{4}\cdot 2\frac{1}{2}$ c) $\frac{32}{5}\cdot\frac{1}{17}\cdot 4\frac{1}{2}$

d) $2\frac{1}{2}\cdot\frac{13}{8}\cdot\frac{3}{5}$ e) $\frac{42}{5}\cdot\frac{1}{12}\cdot\frac{3}{22}$ f) $\frac{1}{7}\cdot 2\frac{1}{2}\cdot\frac{7}{8}$

10 $\frac{4}{5}$ aller Kinder aus der Klasse 6b haben ein Handy. $\frac{1}{3}$ von diesen Kindern mit Handy muss die Gebühren selbst bezahlen.
Welcher Anteil von allen Kindern aus der 6b hat ein Handy *und* zahlt die Gebühren selbst?

10 Im letzten Jahr haben $\frac{3}{4}$ aller Deutschen eine Urlaubsreise unternommen. $\frac{1}{7}$ der deutschen Urlauber reiste nach Spanien.
Welcher Anteil von allen Deutschen ist im Urlaub nach Spanien gereist?

11 Berechne die Bruchteile der Größen.

Beispiel $\frac{1}{2}$ von $\frac{3}{4}$m $=\frac{1}{2}\cdot\frac{3}{4}$m $=\frac{1\cdot 3}{2\cdot 4}$m $=\frac{3}{8}$m

a) $\frac{1}{2}$ von $\frac{1}{2}$m b) $\frac{1}{3}$ von $\frac{1}{4}$kg

c) $\frac{1}{4}$ von $\frac{3}{8}$cm d) $\frac{2}{3}$ von $\frac{3}{4}$mm

11 Der menschliche Körper besteht zu ungefähr $\frac{13}{20}$ aus Wasser. Hier ist das Gewicht einiger Kinder und Jugendlicher angegeben. Stelle eine passende Frage und löse.

a) $17\frac{1}{2}$kg b) $25\frac{1}{4}$kg c) 50 kg

12 Ergänze im Heft und kürze das Ergebnis.

a) $\frac{3}{5}\cdot\frac{\square}{3}=\frac{6}{15}$ b) $\frac{1}{\square}\cdot\frac{2}{9}=\frac{2}{36}$ c) $\frac{\square}{3}\cdot\frac{2}{5}=\frac{8}{15}$

d) $\frac{7}{8}\cdot\frac{9}{\square}=\frac{63}{40}$ e) $\frac{6}{3}\cdot\frac{\square}{7}=\frac{6}{21}$ f) $\frac{5}{\square}\cdot\frac{9}{8}=\frac{45}{8}$

12 Ergänze im Heft den fehlenden Bruch.

a) $\frac{4}{5}\cdot\square=\frac{12}{25}$ b) $\frac{6}{7}\cdot\square=\frac{30}{49}$ c) $\frac{2}{9}\cdot\square=\frac{4}{27}$

d) $\square\cdot\frac{3}{4}=\frac{3}{8}$ e) $\square\cdot\frac{1}{2}=\frac{5}{12}$ f) $\square\cdot\frac{1}{4}=\frac{3}{20}$

13 Vergleiche. Wie rechnest du lieber?

a) $2\cdot\frac{1}{4}$ und $2\cdot 0{,}25$ b) $3\cdot\frac{1}{2}$ und $3\cdot 0{,}5$

c) $\frac{1}{8}\cdot 3$ und $0{,}125\cdot 3$ d) $\frac{1}{5}\cdot 4$ und $0{,}2\cdot 4$

13 Vergleiche. Wie rechnest du lieber?

a) $\frac{3}{8}\cdot 3$ und $0{,}375\cdot 3$ b) $\frac{3}{4}\cdot 4$ und $0{,}75\cdot 4$

c) $2\cdot\frac{4}{5}$ und $2\cdot 0{,}8$ d) $3\cdot 1\frac{1}{2}$ und $3\cdot 1{,}5$

Brüche dividieren

Entdecken

1 Beantworte die Fragen anhand der Zeichnungen.

a) Wie oft passt $\frac{1}{2}$ in 2?

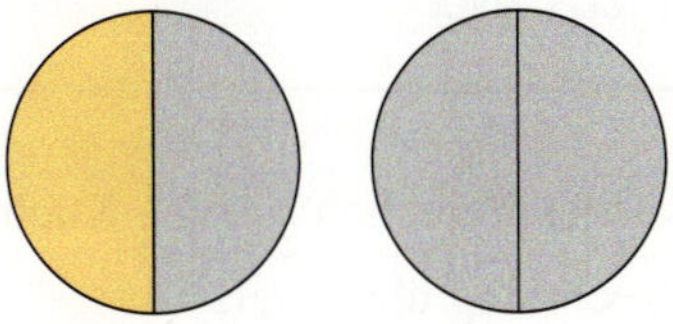

b) Wie oft passt $\frac{1}{3}$ in 2?

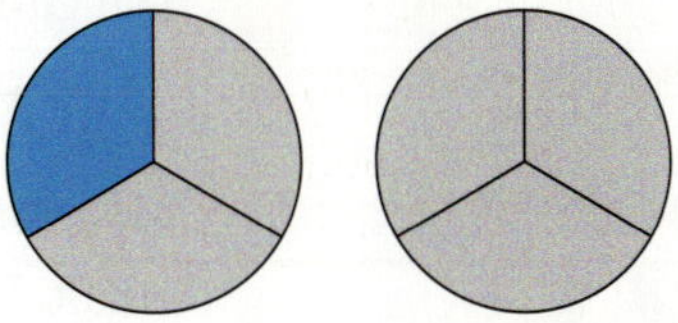

c) Wie oft passt $\frac{1}{3}$ in $2\frac{1}{3}$?

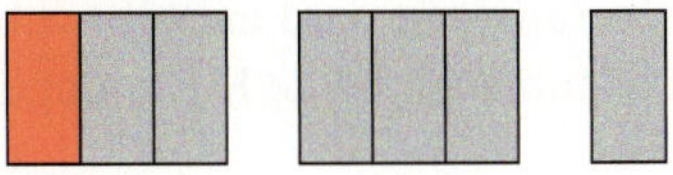

d) Wie oft passt $\frac{2}{3}$ in 4?

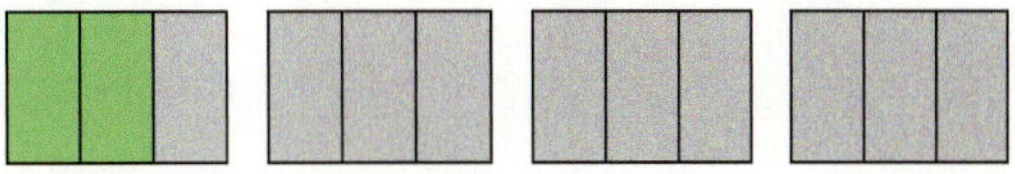

2 Gegeben sind zwei Aufgaben an den Zahlenstrahlen.
Löse die beiden Aufgaben mithilfe der Zeichnung.

a)

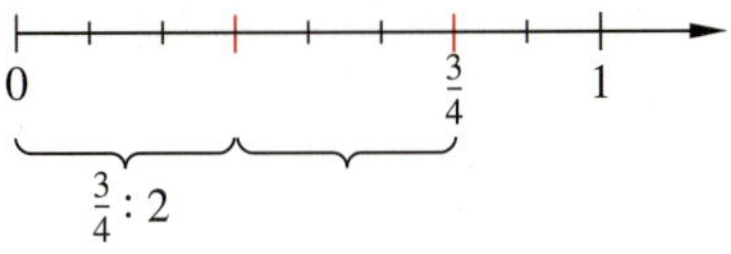

b)

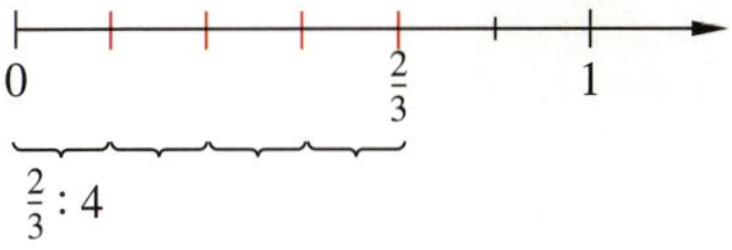

3 Uwe Zöller ist Winzer. Diese Woche füllt er 2700 l Traubensaft in $\frac{3}{4}$-l-Flaschen ab.

a) Bestimme die Anzahl der abgefüllten Flaschen mithilfe der Tabelle.

Liter Saft	$\frac{3}{4}$	$1\frac{1}{2}$	3	27	270	2700
Anzahl Flaschen	1					

b) Lies noch einmal die ersten beiden Sätze der Aufgabe. Schreibe dazu eine passende Frage, die gelöste Aufgabe und einen Antwortsatz.

4 Regeln finden

a) Löse folgende Aufgaben und kürze das Ergebnis:

① $\frac{2}{5} \cdot \frac{3}{7}$ ② $\frac{2}{3} \cdot \frac{1}{2}$ ③ $\frac{3}{4} \cdot \frac{2}{3}$

b) Schreibe jeweils die beiden zugehörigen Umkehraufgaben auf (Hinweis in der Randspalte).

c) Betrachte die sechs Divisionsaufgaben in deinem Heft: Versuche ein Muster zu erkennen und eine Regel aufzustellen, wie man einen Bruch durch einen Bruch dividiert.

d) Prüfe an den folgenden (richtigen) Rechnungen, ob deine Regel stimmt:

$\frac{4}{5} : \frac{1}{10} = 8$; $\frac{1}{3} : \frac{5}{6} = \frac{2}{5}$; $\frac{2}{7} : \frac{3}{4} = \frac{8}{21}$.

e) Erstelle ein kleines Plakat, auf dem du die Regel darstellst.

ZUM WEITERARBEITEN
Löse wie in Aufgabe 1 oder 2.

a) $\frac{2}{3} : 2$
b) $\frac{1}{4} : 2$
c) $\frac{1}{2} : 3$
d) $\frac{2}{3} : 6$
e) $\frac{3}{4} : 5$
f) $\frac{3}{4} : 9$

HINWEIS
Die ***Umkehraufgaben*** *zu* $8 \cdot 3 = 24$ *sind* $24 : 8 = 3$ *und* $24 : 3 = 8$

Verstehen

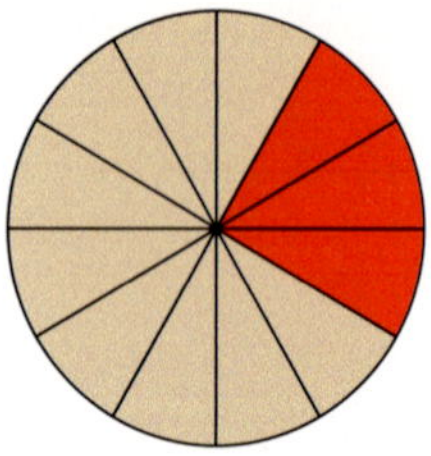

Nach Majas Geburtstagsfeier ist noch $\frac{1}{4}$ Torte übrig geblieben.

Am nächsten Tag kommen ihre zwei besten Freundinnen zu Besuch und sie essen die Reste.
Maja schneidet die Torte in drei gleich große Stücke.
Die Größe eines Stückes ist jetzt also:

$$\frac{1}{4} : 3 = \square$$

Man kann auch sagen, dass jedes Mädchen $\frac{1}{3}$ von $\frac{1}{4}$ Kuchen erhält. Das wird so in eine Rechnung übersetzt:

$$\frac{1}{3} \text{ von } \frac{1}{4} = \frac{1}{3} \cdot \frac{1}{4} = \frac{1}{4} \cdot \frac{1}{3} = \square$$

Mit beiden oben gezeigten Rechnungen wird dieselbe Situation beschrieben, deswegen haben auch beide Rechnungen dasselbe Ergebnis.
Also gilt:

$$\frac{1}{4} : 3 = \frac{1}{4} \cdot \frac{1}{3} = \frac{1 \cdot 1}{4 \cdot 3} = \frac{1}{12}$$

Beachte: $\frac{1}{4} : 3 = \frac{1}{4} : \frac{3}{1}$

kurz:

$$\frac{1}{4} : 3 = \frac{1}{4 \cdot 3} = \frac{1}{12}$$

Betrachte die letzte Rechnung: Der Zähler von $\frac{1}{4}$ bleibt unverändert, der Nenner wird mit der **3** multipliziert.

Später probieren die Freundinnen aus, wie viele Gläser sie mit einer Wasserflasche füllen können.

In der Flasche sind $1\frac{1}{2}$ l Wasser, ein Glas fasst $\frac{2}{5}$ l.

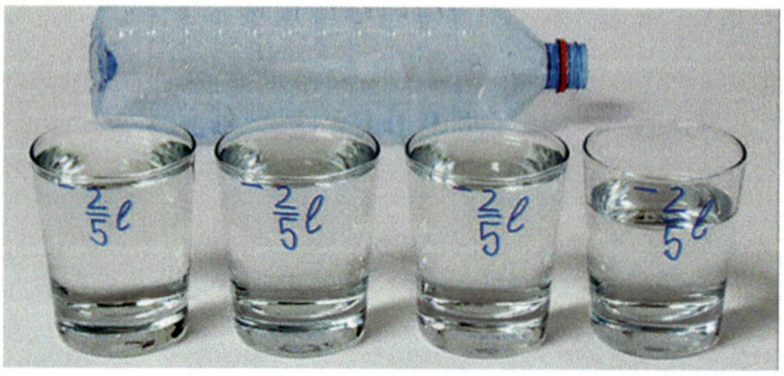

$$1\frac{1}{2} : \frac{2}{5} = \frac{3}{2} : \frac{2}{5} = \frac{3}{2} \cdot \frac{5}{2} = \frac{15}{4} = 3\frac{3}{4}$$

$3\frac{3}{4}$ Gläser zu $\frac{2}{5}$ l lassen sich mit dieser Flasche Wasser füllen.

Der Kehrbruch von $\frac{2}{5}$ ist $\frac{5}{2}$.

Probe: $3\frac{3}{4} \cdot \frac{2}{5} = \frac{15}{4} \cdot \frac{2}{5} = \frac{15 \cdot 2}{4 \cdot 5} = \frac{3 \cdot 1}{2 \cdot 1} = 1\frac{1}{2}$

HINWEIS
Umkehraufgaben:

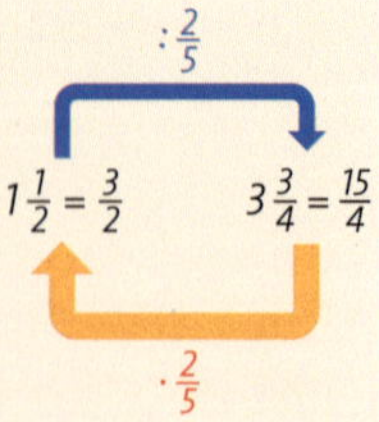

Merke Man **dividiert durch** einen **Bruch**, indem man mit seinem Kehrbruch multipliziert.
Den **Kehrbruch** (**Kehrwert**) eines Bruchs bildet man, indem man Zähler und Nenner tauscht.

Prüfe dein Ergebnis mit der **Probe** (Umkehraufgabe).

HINWEIS
*Der **Kehrbruch** von $6 = \frac{6}{1}$ ist $\frac{1}{6}$.*

Beispiel

a) $\frac{7}{3} : \frac{3}{4} = \frac{7}{3} \cdot \frac{4}{3} = \frac{7 \cdot 4}{3 \cdot 3} = \frac{28}{9} = 3\frac{1}{9}$; Probe: $3\frac{1}{9} \cdot \frac{3}{4} = \frac{28}{9} \cdot \frac{3}{4} = \frac{28 \cdot 3}{9 \cdot 4} = \frac{7 \cdot 1}{3 \cdot 1} = \frac{7}{3}$

b) $\frac{3}{4} : 6 = \frac{3}{4} : \frac{6}{1} = \frac{3}{4} \cdot \frac{1}{6} = \frac{3 \cdot 1}{4 \cdot 6} = \frac{1}{8}$; Probe: $\frac{1}{8} \cdot 6 = \frac{1}{8} \cdot \frac{6}{1} = \frac{1 \cdot 6}{8 \cdot 1} = \frac{6}{8} = \frac{3}{4}$

Üben und anwenden

1 Berechne im Kopf.

a) Dividiere $\frac{1}{4}$ durch 1; 2; 3; 4; 5; 6; 7; 8; 9.

b) Dividiere $\frac{1}{5}$ durch 10; 100; 1 000; 10 000.

1 Berechne im Kopf und kürze.

a) Dividiere $\frac{2}{3}$ durch 1; 2; 3; 4; 5; 6; 7; 8; 9.

b) Dividiere $\frac{4}{5}$ durch 10; 100; 1 000; 10 000.

2 Löse die Aufgaben zeichnerisch und schreibe die zugehörige Rechnung dazu.

Beispiel $\frac{1}{4} : 3$

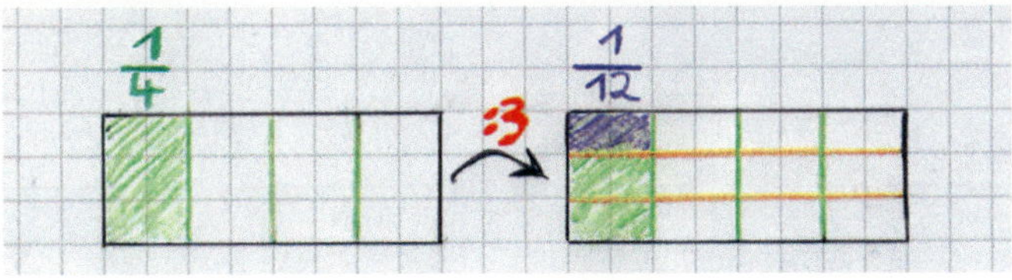

$\frac{1}{4} : 3 = \frac{1}{4} \cdot \frac{1}{3} = \frac{1}{12}$

oder

$\frac{1}{4} : 3 = \frac{1}{4 \cdot 3} = \frac{1}{12}$

a) $\frac{1}{2} : 4$ b) $\frac{1}{8} : 2$ c) $\frac{1}{6} : 2$ d) $\frac{3}{8} : 2$ e) $\frac{2}{5} : 4$ f) $\frac{1}{3} : 3$

3 Berechne im Kopf.

a) $\frac{3}{5} : 2$, $\frac{3}{7} : 2$, $\frac{5}{9} : 2$, $\frac{7}{11} : 2$

b) $\frac{2}{3} : 3$, $\frac{2}{5} : 3$, $\frac{4}{5} : 3$, $\frac{5}{12} : 3$

c) $\frac{3}{4} : 4$, $\frac{5}{6} : 4$, $\frac{7}{9} : 4$, $\frac{9}{13} : 4$

3 Berechne im Kopf.

a) $\frac{2}{6} : 4$ b) $\frac{3}{7} : 7$ c) $\frac{6}{7} : 8$

d) $\frac{2}{3} : 11$ e) $\frac{3}{4} : 12$ f) $\frac{4}{11} : 9$

g) $\frac{5}{12} : 7$ h) $\frac{7}{13} : 4$ i) $\frac{3}{16} : 8$

4 Ein Zierband hat eine Länge von 13 m. Tom schneidet Bänder ab, die alle $\frac{1}{4}$ m lang sind. Wie viele Bänder werden es?

4 In einer Mosterei werden 4 200 Liter Traubensaft in $\frac{7}{10}$-Liter-Flaschen abgefüllt. Wie viele Flaschen können gefüllt werden?

5 Schreibe jeweils beide Aufgaben auf und löse sie. Vergleiche die Ergebnisse.

a) Dividiere $\frac{1}{5}$ durch 4. Berechne $\frac{1}{4}$ von $\frac{1}{5}$.

b) Dividiere $\frac{2}{3}$ durch 5. Berechne $\frac{1}{5}$ von $\frac{2}{3}$.

c) Dividiere $\frac{3}{7}$ durch 9. Berechne $\frac{1}{9}$ von $\frac{3}{7}$.

d) Dividiere $\frac{8}{9}$ durch 3. Berechne □ von $\frac{8}{9}$.

5 Berechne und erkläre die Gemeinsamkeiten. Ergänze die fehlenden Angaben.

a) Berechne $\frac{1}{2}$ von $2\frac{1}{2}$. Dividiere $2\frac{1}{2}$ durch 2.

b) Berechne $\frac{2}{3}$ von $3\frac{1}{2}$. Teile $3\frac{1}{2}$ durch $\frac{3}{2}$.

c) Berechne $\frac{3}{5}$ von $6\frac{2}{3}$. Teile □ durch $\frac{5}{3}$.

d) Berechne □ von $\frac{1}{2}$. Dividiere $\frac{1}{2}$ durch $\frac{8}{3}$.

6 Berechne und vergleiche. Trage im Heft ein: >, < oder =?

a) $14 : \frac{3}{4}$ □ $14 : \frac{4}{3}$ b) $18 : \frac{5}{6}$ □ $18 : \frac{6}{5}$

c) $\frac{3}{5} : \frac{12}{10}$ □ $\frac{3}{5} : \frac{10}{12}$ d) $\frac{9}{14} : \frac{3}{7}$ □ $\frac{9}{14} : \frac{7}{3}$

6 Begründe ohne zu rechnen: Welche Ergebnisse sind gleich? Dann rechne genau.

a) $16 : 1\frac{3}{4}$ und $16 : \frac{7}{4}$ b) $2 : 1\frac{1}{2}$ und $3 : \frac{5}{2}$

c) $9 : \frac{11}{6}$ und $18 : \frac{11}{12}$ d) $8 : \frac{4}{3}$ und $4 : \frac{4}{6}$

7 Jakob hat eine kleine Gießkanne, die $\frac{3}{4}$ l fasst. Jakobs Vater stellt ihm einen Eimer mit 10 l Wasser zum Auffüllen bereit. Wie oft kann Jakob seine Kanne mit Wasser füllen?

7 Herr Ludwig ist mit seinem Rennrad eine Strecke von 52 km in $1\frac{1}{2}$ Stunden gefahren. Wie viel Kilometer ist er im Durchschnitt in einer Stunde gefahren?

8 Berechne im Kopf.
Die Ergebnisse sind natürliche Zahlen.

a) $4 : \frac{1}{4}$ b) $5 : \frac{1}{5}$ c) $6 : \frac{1}{2}$ d) $3 : \frac{3}{4}$

e) $8 : \frac{2}{5}$ f) $2 : \frac{2}{7}$ g) $9 : \frac{1}{6}$ h) $12 : \frac{2}{3}$

8 Berechne im Kopf.
Die Ergebnisse sind natürliche Zahlen.

a) $4\frac{1}{4} : \frac{1}{4}$ b) $3\frac{1}{2} : \frac{1}{4}$ c) $2\frac{1}{3} : \frac{1}{6}$ d) $1\frac{1}{2} : \frac{1}{6}$

e) $1\frac{1}{4} : \frac{5}{8}$ f) $2\frac{2}{7} : \frac{8}{7}$ g) $10\frac{1}{2} : \frac{7}{8}$ h) $12\frac{1}{3} : \frac{1}{3}$

9 Löse die Aufgaben zeichnerisch und schreibe die entsprechende Rechnung dazu.

Beispiel $2\frac{2}{5} : \frac{3}{5}$

Das bedeutet: „Wie oft passen $\frac{3}{5}$ in $\frac{12}{5}$?"

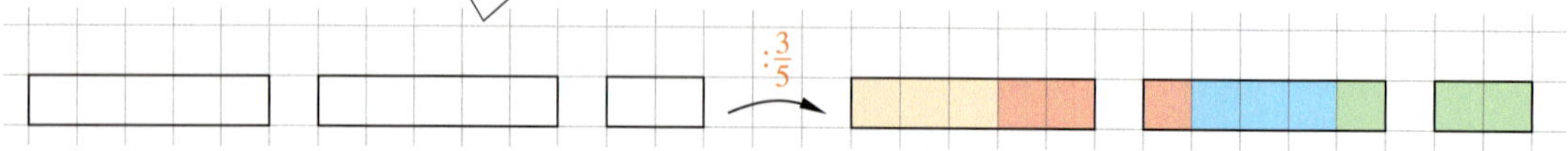

Rechnung: $2\frac{2}{5} : \frac{3}{5} = \frac{12}{5} : \frac{3}{5} = \frac{12 \cdot 5}{5 \cdot 3} = 4$

a) $2 : \frac{1}{4}$ b) $3 : \frac{1}{6}$ c) $2 : \frac{2}{3}$ d) $3 : \frac{1}{4}$ e) $3\frac{1}{3} : \frac{2}{3}$ f) $4\frac{1}{2} : \frac{3}{4}$

10 Ein Abwasserkanal von 9 m Länge soll mit $\frac{3}{4}$-m-langen Tonrohren gebaut werden. Weitere Abwasserkanäle sollen 15 m und 36 m lang werden.
Wie viele Rohre sind jeweils erforderlich?

10 Im Stadion probiert ein Jogger auf der Bahn einen Schrittzähler aus. Nach 3 750 m zeigt dieser 5 000 Schritte an.

a) Bestimme die Länge eines Schrittes.

b) Penelopes Schrittlänge beträgt $\frac{3}{5}$ m.
Wie viele Schritte wird der Schrittzähler bei dieser Einstellung nach 3 750 m anzeigen?

c) Vergleiche die Schrittzahl des Joggers mit der Schrittzahl von Penelope bei einem 3 000-m-Lauf.

11 Vervollständige die Aufgaben im Heft.
Kontrolliere mit der Probe.

Division	Probe
$\frac{1}{3} : \frac{1}{2} = \frac{2}{3}$	$\frac{2}{3} \cdot \frac{1}{2} = \frac{1}{3}$
$\frac{1}{3} : \frac{1}{4} =$	$\cdot \frac{1}{4} = \frac{1}{3}$
$\frac{1}{3} : \frac{1}{8} =$	$\cdot \frac{1}{8} = \frac{1}{3}$
$\frac{1}{3} : \frac{1}{16} =$	$\cdot \frac{1}{16} = \frac{1}{3}$

11 Vervollständige die Aufgaben im Heft.
Kontrolliere mit der Probe.

Division	Probe
$\frac{1}{2} : \frac{1}{16} =$	$\cdot \quad = \frac{1}{2}$
$\frac{1}{2} : \frac{1}{64} =$	$\cdot \quad = \frac{1}{2}$
$\frac{1}{2} : \frac{1}{256} =$	$\cdot \quad = \frac{1}{2}$
$\frac{1}{2} : \quad = 512$	$\cdot \quad = \frac{1}{2}$

HINWEIS
Schreibe zunächst als Multiplikationsaufgabe mit dem Kehrbruch. Erst danach kannst du kürzen.

12 Dividiere und überprüfe dein Ergebnis mit der Probe.

a) $\frac{6}{5} : \frac{2}{3}$ b) $\frac{3}{7} : \frac{14}{5}$ c) $\frac{3}{8} : \frac{1}{2}$ d) $\frac{5}{6} : \frac{3}{4}$

e) $\frac{7}{2} : \frac{3}{8}$ f) $\frac{1}{12} : \frac{1}{3}$ g) $\frac{13}{4} : \frac{7}{5}$ h) $\frac{11}{3} : \frac{2}{5}$

i) $\frac{7}{10} : \frac{4}{5}$ j) $\frac{1}{9} : \frac{1}{6}$ k) $\frac{1}{4} : \frac{3}{2}$ l) $\frac{12}{8} : \frac{3}{4}$

12 Denke daran, vor dem Multiplizieren zu kürzen. Kontrolliere mit der Probe.

a) $\frac{1}{2} : \frac{3}{4}$ b) $\frac{3}{8} : \frac{9}{10}$ c) $\frac{1}{4} : \frac{7}{8}$ d) $\frac{2}{3} : \frac{4}{9}$

e) $\frac{5}{6} : \frac{5}{12}$ f) $\frac{4}{5} : \frac{10}{11}$ g) $\frac{3}{7} : \frac{7}{3}$ h) $\frac{3}{12} : \frac{5}{6}$

i) $\frac{2}{3} : \frac{1}{3}$ j) $\frac{5}{8} : \frac{1}{5}$ k) $\frac{1}{8} : \frac{1}{4}$ l) $\frac{3}{4} : \frac{1}{2}$

Thema: Mit dem Jumbo nach Miami

Flugkapitän Borchers steuerte den Flug von Frankfurt nach Miami in den USA. Sein Flugzeug war eine Boeing 747 (Jumbojet).

Flugplan-Ausschnitt für den Flug nach Miami:

LH462/09	09 JAN	B747	10:55	20:48 KMIA
TIME	**G/S**	**FL**	**TP**	**FUEL**
00	–	–	+07	–
05	455	31000	-54	5118
18	455	31000	-54	8048
40	439	31000	-54	12671
45	452	31000	-54	13807
1:30	415	31000	-54	23247

TIME -- Flugzeit in min
G/S -- Geschwindigkeit in Knoten
FL -- Flughöhe in foot
TP -- Temperatur in °C
FUEL -- Treibstoff in kg

Vor dem Start besprach er mit dem Copiloten den Flugplan. In diesem Flugplansausschnitt kannst du z. B. erkennen, dass die Startzeit auf 10:55 festgelegt war und die Landung um 20:48 Uhr in Miami erfolgen sollte. Weiterhin ist abzulesen, dass die Boeing 747 fünf Minuten nach dem Start die Reiseflughöhe von 31 000 ft erreicht haben und mit einer Geschwindigkeit von 455 Knoten fliegen sollte. Der Treibstoffverbrauch sollte bis dahin 5 118 kg betragen.

"Ladies and gentlemen, this is your captain speaking from the flight-deck ..." So begann Kapitän Borchers seine Ansage und gab den Passagieren zunächst Informationen über den Flug in englischer Sprache. Dann wiederholte er diese auf deutsch und benutzte für Reiseflughöhe, Entfernungen und Geschwindigkeiten unsere Maßeinheiten.
Das Gewicht von 1 Liter Treibstoff hängt von der Temperatur ab und wird „Fuel Density“ genannt. An diesem Tag wog ein Liter Treibstoff 0,820 kg. Demnach hatte 1 kg Treibstoff ein Volumen von ca. 1,220 Liter. Flugzeuge tanken immer mehr Treibstoff, als sie für den planmäßigen Flug benötigen, denn Warteschleifen vor der Landung, schlechtes Wetter und notfalls der Flug zu einem Ausweichflughafen machen zusätzlichen Treibstoff nötig. Um das Gewicht seines Flugzeugs jederzeit berechnen zu können, benötigte Flugkapitän Borchers das Gewicht des Treibstoffes in Kilogramm.

Boeing 747: Flugzeugbemaßung

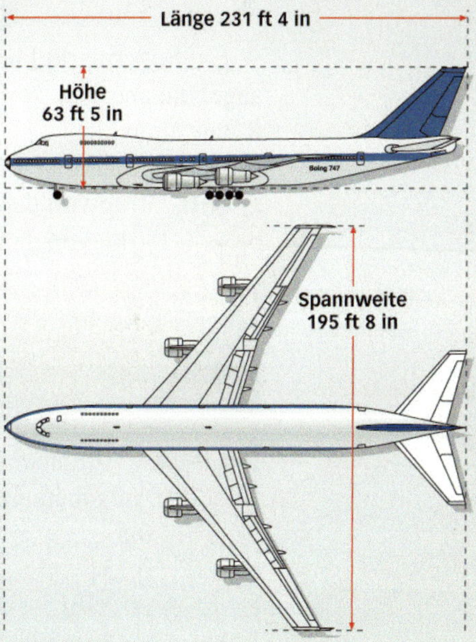

1 Beantworte verschiedene Fragen zum Flug.

a) Gib die Länge, Höhe und Spannweite des Jumbojets in Metern an.
b) Gib die Reiseflughöhe der B 747 in Metern an.
c) Gib die Entfernung von Frankfurt nach Miami (4 217 Seemeilen) in Kilometern an.
d) Welches ist die maximale und welches ist die minimale Geschwindigkeit, die im Flugplan angegeben werden?
Gib beide Werte in Kilometern pro Stunde (km/h) an.
e) Wie viel kg Treibstoff werden für den planmäßigen Flug benötigt?

2 Denkt euch weitere Aufgaben zu diesem Flug aus und bereitet Lösungen vor. Präsentiert die Aufgaben in eurer Klasse.

Mit diesen Angaben kannst du die Umrechnungen vornehmen.

planmäßiger Flug Frankfurt – Miami	135 610 Liter	1 foot (ft)	= 0,3048 m
		1 inch (in)	= 0,0254 m
zusätzlicher Treibstoff	21 690 Liter	1 Seemeile (sm)	= 1,8520 km
gesamter Treibstoff	157 300 Liter	1 Knoten (kn)	= 1,8520 $\frac{km}{h}$

Klar so weit?

→ Seite 118

Dezimalbrüche multiplizieren

1 Rechne schriftlich.
a) 0,2 · 17 b) 0,03 · 24
c) 12 · 0,06 d) 1,5 · 30
e) 25 · 0,4 f) 13 · 0,07

2 Überschlage zuerst das Ergebnis. Multipliziere schriftlich.
a) 0,025 · 0,3 b) 1,5 · 0,06
c) 0,19 · 0,007 d) 0,003 · 0,012

3 Ein Schweizer Franken (SFr.) ist etwa 0,82 € wert. Rechne die angegebenen Beträge in € um. Runde sinvoll.
a) 250 SFr. b) 35,75 SFr.
c) 64,50 SFr. d) 1 079,23 SFr.

4 Ein Supermarkt bietet Sonderangebote an.
Runde sinnvoll.
Berechne die Preise für …
a) je 0,750 kg von den Angeboten.
b) je 1,250 kg von den Angeboten.

1 Überschlage und multipliziere.
a) 0,9 · 0,7 b) 0,8 · 0,6
c) 1,7 · 0,5 d) 1,4 · 0,6
e) 3,5 · 0,04 f) 0,22 · 0,02

2 Überschlage zuerst und berechne dann das Ergebnis.
a) 0,059 · 7,03 b) 5,37 · 15,7
c) 0,141 · 8,3 d) 5,26 · 0,038

3 Frau Sommer hat ein rechteckiges Grundstück gekauft, das 26,5 m lang und 15,5 m breit ist.
Wie viel kostet es, wenn der Quadratmeterpreis 185,50 € beträgt?

→ Seite 122

Dezimalbrüche dividieren

5 Löse die Aufgaben im Kopf. Schreibe zu einer der Aufgaben eine Rechengeschichte.
a) 2,0 l : 0,5 l b) 0,8 l : 0,1 l
c) 3,0 l : 0,25 l d) 1,5 m : 0,5 m
e) 1,5 m : 0,25 m f) 0,75 m : 0,15 m

6 Dividiere schriftlich.
Prüfe dein Ergebnis mit der Probe.
a) 90,36 : 4 b) 2,421 : 9
c) 7,50 : 5 d) 0,364 : 7
e) 0,044 : 8 f) 9,018 : 9
g) 219,84 : 0,4 h) 0,171 02 : 0,17
i) 65,374 5 : 2,05 j) 0,125 05 : 2,501

7 Überschlage zuerst, dann löse und vergleiche mit deinem Überschlag.
Frau Hu zahlt 71,25 € für eine Tankfüllung von 62,5 l. Wie viel kostet 1 Liter Benzin?

5 Dividiere schriftlich. Prüfe mit der Probe.
a) 810,8 : 8 b) 627,9 : 6
c) 1184,1 : 15 d) 218,25 : 18
e) 666,6 : 12 f) 459,9 : 28
g) 0,4503 : 0,5 h) 42,012 6 : 2,1
i) 203,385 : 0,525 j) 27,002 7 : 1,000 1

6 Überschlage zuerst, dann löse und vergleiche mit deinem Überschlag.
Ein rechteckiges Zimmer ist 28,125 m^2 groß. Eine Seite des Zimmers ist 4,5 m lang. Berechne die Länge der anderen Seite.

7 Überschlage zuerst. Dann dividiere und runde das Ergebnis an der Zehntelstelle.
a) 13,1 : 0,4 b) 0,4 : 1,31
c) 24,6 : 3,25 d) 12,5 : 7,5
e) 7,5 : 12,5 f) 0,056 : 1,02

Brüche multiplizieren

→ Seite 126

8 Berechne. Kürze, wenn möglich.

a) $5 \cdot \frac{2}{7}$ b) $\frac{3}{10} \cdot 3$ c) $16 \cdot \frac{7}{8}$

d) $\frac{5}{6} \cdot 12$ e) $33 \cdot \frac{6}{11}$ f) $\frac{8}{15} \cdot 25$

9 Schreibe zunächst auf einen Bruchstrich. Kürze, wenn möglich, vor dem weiteren Multiplizieren.

a) $\frac{2}{5} \cdot \frac{1}{6}$ b) $\frac{2}{3} \cdot \frac{3}{5}$ c) $\frac{11}{24} \cdot \frac{6}{13}$

d) $\frac{15}{16} \cdot \frac{32}{60}$ e) $\frac{12}{17} \cdot \frac{1}{9}$ f) $\frac{5}{18} \cdot \frac{9}{10}$

10 $\frac{1}{9}$ von den 27 Kindern aus der Klasse 6 a fahren mit dem Fahrrad zur Schule. Wie viele Kinder sind das?

8 Berechne. Kürze, wenn möglich.

a) $\frac{12}{24} \cdot 2$ b) $\frac{5}{10} \cdot 3$ c) $\frac{11}{25} \cdot 2$

d) $\frac{5}{14} \cdot 6$ e) $\frac{7}{28} \cdot 11$ f) $\frac{15}{17} \cdot 5$

9 Wandle die gemischten Zahlen in Brüche um. Schreibe das Ergebnis wieder als gemischte Zahl.

a) $2\frac{1}{2} \cdot 3\frac{1}{4}$ b) $3\frac{2}{5} \cdot 4\frac{1}{6}$ c) $4\frac{1}{7} \cdot 5\frac{1}{8}$

d) $5\frac{2}{3} \cdot 2\frac{3}{4}$ e) $7\frac{2}{3} \cdot 4\frac{1}{5}$ f) $8\frac{1}{2} \cdot 9\frac{1}{3}$

10 $\frac{5}{14}$ von den 28 Kindern aus der Klasse 6 c haben eine andere Muttersprache als Deutsch. Wie viele Kinder sind das?

Brüche dividieren

→ Seite 130

11 Wandle die gemischten Zahlen in Brüche um. Schreibe das Ergebnis wieder als gemischte Zahl.

a) $\frac{3}{5} : 7$ b) $3 : \frac{2}{3}$ c) $\frac{5}{12} : 5$

d) $24 : \frac{4}{5}$ e) $\frac{4}{25} : 2$ f) $2\frac{2}{3} : 2$

g) $1 : \frac{1}{12}$ h) $1\frac{1}{2} : 3$ i) $1\frac{1}{2} : \frac{1}{2}$

12 Berechne und kürze vollständig. Prüfe dein Ergebnis mit der Probe.

a) $\frac{3}{4} : \frac{3}{8}$ b) $\frac{2}{7} : \frac{5}{9}$

c) $\frac{9}{14} : \frac{3}{10}$ d) $\frac{7}{8} : \frac{1}{8}$

e) $\frac{3}{5} : \frac{2}{5}$ f) $\frac{4}{7} : \frac{6}{11}$

13 Die Getränke sollen an sechs Kinder gerecht verteilt werden. Wie viel Liter erhält jedes Kind?

a) $1\frac{1}{2}$ l Cola b) $2\frac{3}{4}$ l Saft

c) $3\frac{1}{4}$ l Sprudel d) $\frac{2}{3}$ l Limonade

11 Wandle die gemischten Zahlen in Brüche um. Schreibe das Ergebnis wieder als gemischte Zahl.

a) $\frac{1}{2} : 1\frac{1}{4}$ b) $\frac{2}{3} : 1\frac{5}{6}$ c) $\frac{3}{5} : 2\frac{1}{4}$

d) $\frac{5}{7} : 7\frac{1}{2}$ e) $\frac{5}{8} : 3\frac{3}{4}$ f) $\frac{2}{9} : 1\frac{1}{3}$

g) $2\frac{1}{2} : 1\frac{1}{4}$ h) $1\frac{1}{3} : 1\frac{1}{10}$ i) $2\frac{1}{3} : 1\frac{3}{4}$

12 Übertrage in dein Heft und ergänze die Platzhalter. Prüfe deine Lösung mit der Probe.

a) $\frac{5}{6} : \frac{\blacksquare}{4} = 1\frac{1}{9}$ b) $\frac{\blacksquare}{8} : \frac{3}{4} = \frac{5}{6}$

c) $\frac{7}{\blacksquare} : \frac{14}{15} = \frac{5}{8}$ d) $1\frac{1}{6} : \frac{7}{\blacksquare} = 3$

13 Eine Flaschenfüllanlage füllt pro Minute 20 l Wasser in $1\frac{1}{2}$-l-Flaschen.

a) Wie viele Flaschen werden in einer Minute gefüllt?

b) Wie viele Sekunden dauert es, bis *eine* Flasche gefüllt ist?

Lösungen ab Seite 212

Vermischte Übungen

1 Berechne.

a) $4{,}2 \cdot 0{,}3$ b) $4{,}2 : 0{,}3$
c) $4{,}2 + 0{,}3$ d) $4{,}2 - 0{,}3$
e) $0{,}75 \cdot 0{,}4$ f) $0{,}75 : 0{,}4$
g) $0{,}75 + 0{,}4$ h) $0{,}74 - 0{,}4$

2 Denke an die Vorrangregeln.

a) $3{,}24 \cdot 0{,}5 + 0{,}5$
b) $2{,}5 - 2{,}5 \cdot 0{,}3$
c) $1{,}67 \cdot 2{,}5 + 0{,}5$
d) $3{,}8 - 0{,}8 \cdot 4{,}5$
e) $2{,}7 : 0{,}3 + 1{,}27$
f) $0{,}6 : 1{,}2 - 0{,}134$
g) $7 + 0{,}25 : 0{,}4$
h) $58{,}4 - 85{,}4 : 4$

3 Berechne und runde das Ergebnis auf zwei Nachkommastellen.

a) $\frac{3}{4} \cdot \frac{1}{8}$ b) $\frac{3}{4} : \frac{1}{8}$ c) $\frac{3}{4} + \frac{1}{8}$
d) $\frac{3}{4} - \frac{1}{8}$ e) $1\frac{1}{2} \cdot \frac{2}{3}$ f) $1\frac{1}{2} : \frac{2}{3}$
g) $1\frac{1}{2} + \frac{2}{3}$ h) $1\frac{1}{2} - \frac{2}{3}$ i) $\frac{1}{5} \cdot \frac{1}{5}$

4 Für ein Schulkonzert wurde Limonade in kleinen $\frac{1}{3}$-l-Flaschen gekauft.
Wie viel Liter Limonade sind in den folgenden Anzahlen von Limonadenflaschen?

a) 20 Flaschen
b) 24 Flaschen
c) 27 Flaschen
d) 111 Flaschen
e) Wie viele Flaschen benötigt man für 75 l Limonade?

5 Nutze den Rechenvorteil des Distributivgesetzes. Beachte die Randspalte.

a) $1{,}3 \cdot 2{,}5 + 0{,}7 \cdot 2{,}5$
b) $2{,}7 \cdot 3{,}5 + 6{,}5 \cdot 2{,}7$
c) $3{,}4 \cdot 0{,}8 - 0{,}4 \cdot 0{,}8$
d) $10{,}1 \cdot 4{,}1 - 10{,}1 \cdot 0{,}1$
e) $0{,}3 : 25 + 0{,}7 : 25$
f) $4\frac{1}{2} : 3\frac{2}{5} - \frac{1}{2} : 3\frac{2}{5}$
g) $\frac{3}{4} \cdot \frac{5}{8} + \frac{1}{4} \cdot \frac{5}{8}$

1 Berechne.

a) $0{,}8 \cdot 1{,}2$ b) $0{,}8 : 1{,}2$
c) $0{,}8 + 1{,}2$ d) $8 \cdot 0{,}12$
e) $8 : 0{,}12$ f) $8 - 0{,}12$
g) $3{,}25 \cdot 6{,}4$ h) $0{,}325 + 6{,}4$

2 Denke an die Vorrangregeln.

a) $2{,}7 \cdot 0{,}85 - 0{,}85$
b) $13{,}12 - 6{,}12 \cdot 2{,}05$
c) $67{,}3 + 12{,}7 \cdot 1{,}9$
d) $7{,}4 \cdot 12{,}6 - 2{,}6$
e) $18{,}9 - 14{,}57 : 3{,}1$
f) $11{,}374 : 0{,}47 - 0{,}45$
g) $59{,}66 : 3{,}8 + 6{,}2$
h) $267 - 1\,259{,}6 : 6{,}7$

3 Berechne und runde das Ergebnis auf zwei Nachkommastellen.

a) $1\frac{2}{3} \cdot \frac{2}{3}$ b) $1\frac{2}{3} : \frac{2}{3}$ c) $1\frac{2}{3} + \frac{2}{3}$
d) $1\frac{2}{3} - \frac{2}{3}$ e) $2\frac{1}{2} \cdot 1{,}25$ f) $2\frac{1}{2} : 1\frac{3}{4}$
g) $2\frac{1}{2} + 1\frac{3}{4}$ h) $2{,}5 - 1\frac{3}{4}$ i) $1\frac{1}{4} \cdot 0{,}5$

4 Wie viel Liter des Getränks sind in einem Kasten enthalten?

a) Sprudel mit 12 Flaschen zu je $\frac{7}{10}$ l
b) Limonade mit 24 Flaschen zu je $\frac{1}{3}$ l
c) Cola mit 12 Flaschen zu je $1\frac{1}{2}$ l
d) Wasser mit 10 Flaschen zu je $\frac{3}{4}$ l
e) Apfelsaft mit 12 Flaschen zu je $\frac{2}{10}$ l

5 Zeige mit der Tabelle, dass das Distributivgesetz auch für die Bruchrechnung gilt.

a	b	c	$a \cdot c$	$b \cdot c$	$a + b$	$(a + b) \cdot c$	$a \cdot c + b \cdot c$
0,3	0,4	0,5	0,15	0,20	0,7		
1,2	4,5	0,9					
$\frac{2}{3}$	$\frac{3}{4}$	$\frac{4}{5}$					
$\frac{2}{5}$	$\frac{1}{2}$	$\frac{3}{8}$					

ZU DEN AUFGABEN 5 UND 5
Genau wie bei den natürlichen Zahlen gilt das ***Distributivgesetz*** *(Verteilungsgesetz) auch für Dezimalbrüche und Brüche:*
$(a + b) \cdot c = a \cdot c + b \cdot c$
$(a - b) \cdot c = a \cdot c - b \cdot c$
$(a + b) : c = a : c + b : c$
$(a - b) : c = a : c - b : c$

6 Ein Blatt Papier ist 0,095 mm dick.
Wie hoch ist ein Stapel mit 10 (mit 100; mit 1 000, mit 10 000) Blatt Papier?

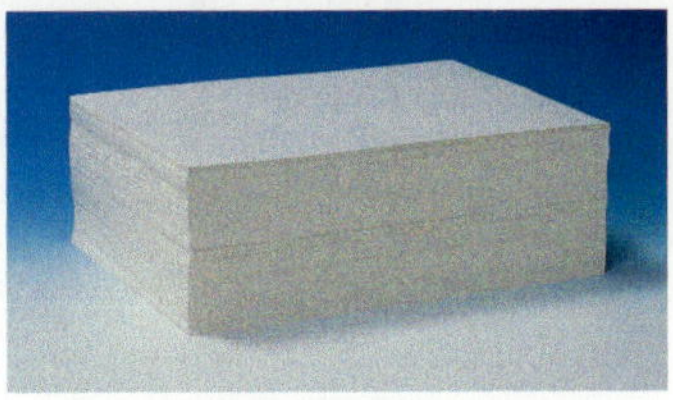

6 Rechts sieht man hundert 1-ct-Münzen.

a) Wie hoch ist ein Stapel mit nur zehn 1-ct-Münzen?
b) Wie dick ist *eine* 1-ct-Münze?
c) Eine 1-ct-Münze wiegt 2,3 g. Wie viel wiegen die abgebildeten Münzen?
d) Wie viel 1-ct-Münzen wiegen zusammen 1 kg? Gib als Geldbetrag in € an.

7 Herr Sonneborn kauft im Supermarkt ein. Schreibe die Ergebnisse in Form eines Kassenbons in dein Heft und berechne den Endbetrag.

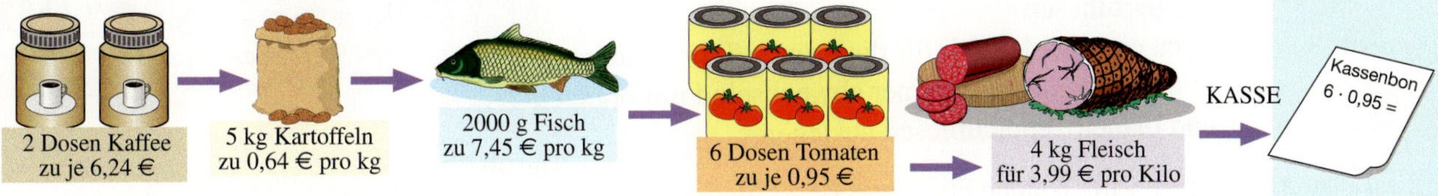

8 Setze die Ziffern 2; 3 und 5 so ein, dass das Ergebnis möglichst groß (möglichst klein) wird. Gibt es mehrere Möglichkeiten?

a) ■ · $\frac{■}{■}$ b) ■ : $\frac{■}{■}$

8 Setze die Ziffern 2; 3; 5 und 7 so ein, dass das Ergebnis möglichst groß (möglichst klein) wird. Gibt es mehrere Möglichkeiten?

a) $\frac{■}{■}$ · $\frac{■}{■}$ b) $\frac{■}{■}$: $\frac{■}{■}$

9 Erkläre den Unterschied zwischen der Division eines Bruchs durch eine natürliche Zahl und dem Kürzen eines Bruchs. Schreibe dazu passende Beispiele auf ein Plakat und präsentiere es.

10 Bei Schmuckstücken wird der enthaltene Gold- oder Silberanteil durch einen Stempeleindruck angegeben.
Die Zahl 333 bedeutet, dass $\frac{333}{1000}$ des Ringes aus Gold bestehen.

Berechne die Gold- oder Silberanteile in g.
a) Goldring von $9\frac{1}{2}$ g mit 585er-Stempel.
b) Goldring von $12\frac{3}{4}$ g mit 750er-Stempel.
c) Silberkette von $30\frac{1}{4}$ g, 835er-Stempel.
d) Silberohrring von 3 g mit 925er-Stempel.

10 Karat ist die Gewichtseinheit von Edelsteinen und Perlen. 1 Karat entspricht einem Gewicht von $\frac{1}{5}$ Gramm. Im Anhänger einer Kette wurden 6 Diamanten von $\frac{1}{50}$ Karat und 1 Diamant von $\frac{9}{100}$ Karat verarbeitet.
a) Berechne das Gesamtgewicht der Diamanten in Karat.
b) Berechne das Gewicht der Diamanten in g.

11 Für die Klassenfahrt benötigt Hanna 135 €. Von dem Betrag hat sie schon 60 % zusammen. Peter hat schon 85 % angespart.
a) Wie viel Euro haben sie bislang gespart?
b) Wie viel Euro müssen sie jeweils noch sparen?

11 Mareks Opa hat einen Fotoapparat, bei dem sich die Belichtungszeit entsprechend der Helligkeit automatisch einstellt.
Es gibt folgende Belichtungszeiten:
$\frac{1}{8}$ s; $\frac{1}{30}$ s; $\frac{1}{125}$ s; $\frac{1}{500}$ s.
Diese Zeiten kann Marek dann per Hand zusätzlich auf den
$\frac{1}{4}$-fachen; $\frac{1}{2}$-fachen; 2-fachen; 4-fachen Wert verändern. Berechne alle möglichen Belichtungszeiten.

ERINNERE DICH
$1\,\% = \frac{1}{100}$
6 % von 12 € sind $\frac{6}{100}$ von 12 €,
Rechnung:
$\frac{6}{100} \cdot 12$

Die Zwillinge Sophie und Luca Wendt wollen ihre Kinderzimmer zu Jugendzimmern umgestalten. Zusammen mit ihrem Vater gehen sie einkaufen.

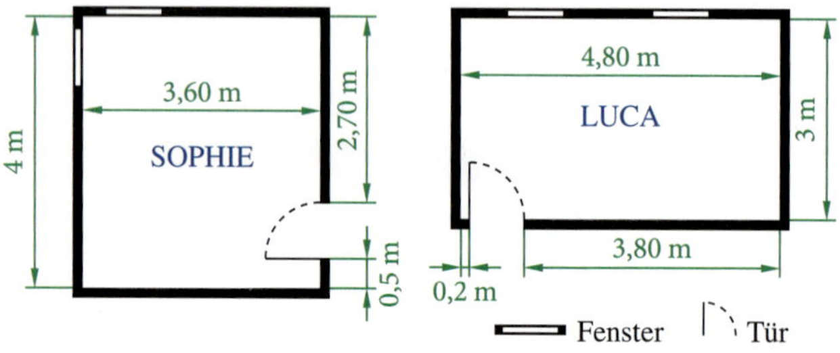

12 Alles für den Fußboden

Beide Geschwister wollen ihre Fußböden mit Teppichfliesen auslegen und neue Fußleisten anbringen.

TEPPICHKLEBER
0,7 kg zu 6,99 €
3 kg zu 17,58 €
5 kg zu 29,88 €
10 kg zu 49,96 €

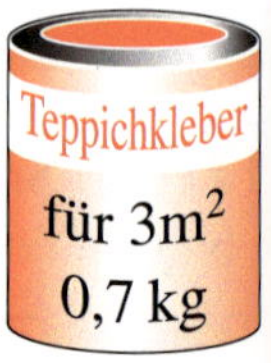

Teppichfliesen
Luca entscheidet sich für die grünen Teppichfliesen. Sophie möchte ihr Zimmer abwechselnd mit orangen und blauen Teppichfliesen auslegen.

TEPPICHFLIESEN
ab 15,96 € pro m²!
alle Größen in den Farben rot, grün, blau, orange
40 cm × 40 cm je Stück 2,79 €
40 cm × 60 cm je Stück 3,85 €
50 cm × 50 cm je Stück 3,99 €

a) Welche Fliesengröße ist für Sophies Zimmer am preiswertesten? Überlege zuerst, wie viele Fliesen sie von den angebotenen Fliesengrößen jeweils bräuchte.
Finde auch für Luca die günstigste Fliesengröße.
Berechne die Gesamtkosten.

b) Herr Wendt protestiert: „Aber diese Fliesen sind pro Quadratmeter teurer als die angegebenen 15,96 €!“. Wie hat Herr Wendt gerechnet? Berechne den Preis pro m² für alle drei Fliesengrößen.
Warum sind die Fliesen für 15,96 € pro m² trotzdem nicht die günstigsten für die Wendts?

c) Zeichne den Grundriss der Zimmer im Maßstab 1 : 50 ins Heft.
Zeichne die ausgewählten Fliesen so ein, dass möglichst wenig Abfall entsteht.

Teppichkleber
Die Teppichfliesen klebt man mit einem Spezialkleber auf den Fußboden.

a) Berechne die Bodenfläche der beiden Zimmer.

b) Wie viel kg Teppichkleber benötigen sie?

c) Sophie will schnell weiter: „Für alles zusammen nehmen wir den 10-kg-Eimer.“ Geht es preiswerter?

Fußleisten
Luca steht schon bei den Fußleisten: „Wir nehmen zusammen genau 12 Fußleisten. Dann bleibt kein Abfall übrig!“.

FUSSLEISTEN
Preise je Stück

2,40 m	6,99 €
2,50 m	7,28 €
2,55 m	7,43 €
2,70 m	7,86 €

a) Von welchen Fußleisten will er jeweils wie viele nehmen? Beachte, dass bei den Türen keine Fußleiste liegt.

b) Berechne die Kosten.

Ergiebigkeit: 10 m² pro l

13 Neue Farben für Wände und Decken

Sophie wünscht sich eine Zimmerdecke mit Glitzereffekt und weiße Wände.
Luca möchte seine beiden schmalen Wände gelb streichen, die beiden langen Wände und die Decke sollen weiß werden.

Die Zimmer sind 2,60 m hoch.

a) Wie viel zahlen sie für die glitzernde und wie viel für die gelbe Farbe?

b) Wie viel kostet sie die weiße Farbe? Ziehe je Fenster 1 m² und je Tür 2 m² von den Wandflächen ab.

Zusammenfassung

Dezimalbrüche multiplizieren

→ Seite 118

1. Man multipliziert die Faktoren wie natürliche Zahlen (also ohne die Kommas zu beachten).
2. Beim Ergebnis setzt man das Komma so, dass es genau so viele **Nachkommastellen** hat wie beide Faktoren zusammen.

Mache vor der Rechnung einen Überschlag und vergleiche dein Ergebnis mit dem Überschlag.

2 Nachkommastellen + 3 Nachkommastellen

3,	6	5	·	2,	7	2	3
		7	3	0	0	0	0
		2	5	5	5	0	0
				7	3	0	0
+			1	1	0	9	5
		9,	9	3	8	9	5

5 Nachkommastellen

Dezimalbrüche dividieren

→ Seite 122

1. Der **Divisor** soll eine natürliche Zahl werden, deswegen multipliziert man Dividend und **Divisor** mit derselben Zehnerpotenz (mit 10; mit 100; 1 000; …).
2. Dann dividiert man durch die natürliche Zahl indem man wie mit natürlichen Zahlen schriftlich rechnet.
3. In dem Rechenschritt, in dem man das Komma überschreitet, setzt man auch im Ergebnis ein Komma.

$1{,}85 : 2{,}5$ (· 10, · 10)

$= 18{,}5 : 25 = 0{,}74$

	–	0		
	1	8	5	
–	1	7	5	
		1	0	0
	–	1	0	0
				0

Probe:

0,	7	4	·	2,	5
		1	4	8	0
+			3	7	0
		1,	8	5	0

Brüche multiplizieren

→ Seite 126

Eine **natürliche Zahl wird mit einem Bruch multipliziert**, indem man den Zähler mit dieser Zahl multipliziert und den Nenner beibehält.

$$5 \cdot \frac{3}{4} = \frac{5 \cdot 3}{4} = \frac{15}{4} = 3\frac{3}{4}$$

Brüche werden multipliziert, indem man Zähler mit Zähler multipliziert und Nenner mit Nenner multipliziert.

$$\frac{2}{3} \cdot \frac{3}{5} = \frac{2 \cdot 3}{3 \cdot 5} = \frac{6}{15} = \frac{2}{5}$$

Brüche dividieren

→ Seite 130

Man **dividiert durch einen Bruch**, indem man mit seinem Kehrbruch multipliziert.

$$\frac{7}{3} : \frac{3}{4} = \frac{7}{3} \cdot \frac{4}{3} = \frac{7 \cdot 4}{3 \cdot 3} = \frac{28}{9} = 3\frac{1}{9}$$

Den **Kehrbruch** (**Kehrwert**) eines Bruchs bildet man, indem man Zähler und Nenner tauscht.

$$\frac{3}{4} : 6 = \frac{3}{4} : \frac{6}{1} = \frac{3}{4} \cdot \frac{1}{6} = \frac{3 \cdot 1}{4 \cdot 6} = \frac{1}{8}$$

Prüfe dein Ergebnis mit der **Probe**.

$$\frac{1}{8} \cdot 6 = \frac{1}{8} \cdot \frac{6}{1} = \frac{1 \cdot 6}{8 \cdot 1} = \frac{6}{8} = \frac{3}{4}$$

Teste dich!

8 Punkte

1 Multipliziere. Mache zunächst einen Überschlag im Kopf.

a) $3{,}14 \cdot 1\,000$ **b)** $100 \cdot 0{,}028$ **c)** $8{,}42 \cdot 8$ **d)** $0{,}87 \cdot 13$
e) $1{,}25 \cdot 2{,}7$ **f)** $3{,}56 \cdot 0{,}256$ **g)** $4{,}3 \cdot 0{,}55$ **h)** $2{,}36 \cdot 4{,}75$

8 Punkte

2 Dividiere. Mache zunächst einen Überschlag im Kopf.

a) $9{,}42 : 6$ **b)** $8{,}848 : 7$ **c)** $0{,}033 : 2$ **d)** $9{,}6 : 12$
e) $0{,}952 : 0{,}7$ **f)** $38{,}88 : 1{,}2$ **g)** $1{,}4688 : 0{,}24$ **h)** $0{,}425 : 0{,}125$

6 Punkte

3 Berechne die Multiplikationsaufgaben. Kürze, wenn möglich.

a) $\frac{1}{3} \cdot \frac{1}{2}$ **b)** $\frac{1}{5} \cdot \frac{4}{9}$ **c)** $\frac{3}{8} \cdot \frac{2}{3}$ **d)** $\frac{4}{9} \cdot \frac{3}{8}$ **e)** $1\frac{1}{8} \cdot \frac{3}{5}$ **f)** $2\frac{1}{5} \cdot 2\frac{7}{9}$

6 Punkte

4 Berechne die Divisionsaufgaben. Kürze, wenn möglich. Prüfe mit der Umkehraufgabe.

a) $5 : \frac{2}{3}$ **b)** $\frac{3}{5} : \frac{2}{3}$ **c)** $\frac{1}{2} : 2$ **d)** $\frac{3}{4} : \frac{5}{6}$ **e)** $\frac{2}{9} : \frac{4}{27}$ **f)** $1\frac{1}{2} : 3$

2 Punkte

5 Ein Bauer hat 585 kg Kartoffeln geerntet, die er in 12,5-kg-Säcke füllen möchte.

a) Wie viele Säcke erhält er und wie viel Kilogramm Kartoffeln bleiben übrig?
b) Die restlichen Kartoffeln füllt er in 1,25-kg-Säcke. Wie viele kleine Säcke füllt er?

1 Punkt

6 Ein Käfer mit einer Länge von 2,25 cm wird durch eine Lupe mit $4\frac{3}{4}$-facher Vergrößerung angeschaut. Wie groß ist das Bild des Käfers?

3 Punkte

7 Frau Tholen möchte ein Karnevalskostüm nähen. Dazu benötigt sie ein Stück Stoff, das $\frac{3}{4}$ m breit und $1\frac{1}{2}$ m lang ist.
Sie findet im Geschäft einen schönen Stoff, der 80 cm breit auf einer Stoffrolle aufgerollt ist. Dieser Stoff ist aber nur noch 1,75 m lang. Pro abgerolltem Meter Länge kostet der Stoff 18,50 €.

a) Reicht der Stoff aus, um das Kostüm zu schneidern?
b) Wie teuer ist das Stück, das Frau Tholen benötigt?
c) Frau Tholen entdeckt am Stoff einen Webfehler. Deshalb bietet die Händlerin ihr den Stoff zu $\frac{3}{4}$ des normalen Preises an. Wie viel muss Frau Tholen bezahlen? Runde sinnvoll.

3 Punkte

8 Auf einer Förderbandstraße füllt ein Automat pro Minute $10\frac{1}{2}$ l Limonade in $\frac{1}{3}$-l-Flaschen.

a) Wie viele Flaschen werden in einer Minute gefüllt?
b) In wie vielen Sekunden wird *eine* Flasche gefüllt?
c) Wie viel Zeit benötigt der Automat, um einen Kasten mit 12 Flaschen zu füllen?

Gold: 33–37 Punkte, Silber: 28–34 Punkte, Bronze: 22–27 Punkte

Lösungen ab Seite 212

Körper

Kennst du den Soma-Würfel?
Er besteht aus mehreren, unterschiedlich geformten Körpern, die wiederum aus 27 kleinen Würfeln zusammengesetzt sind. Die Körper sind z. B. L-, S- und T-förmig.

Ziel ist es, die Teile zu einem Würfel zusammenzusetzen. Hierfür gibt es 240 verschiedene Möglichkeiten.

Noch fit?

Einstieg

Aufstieg

1 Flächeneinheiten umwandeln

Wandle die Flächeneinheiten in die angegebenen Einheiten um.

a) $8\,m^2$ (dm^2) b) $30\,dm^2$ (cm^2) c) $4000\,m^2$ (cm^2) d) $6000\,dm^2$ (cm^2)
e) $340\,cm^2$ (mm^2) f) $90\,000\,mm^2$ (cm^2) g) $12\,m^2$ (dm^2) h) $14\,000\,cm^2$ (dm^2)

2 Vierecke benennen

Benenne die Vierecke.

2 Vierecke zeichnen

Zeichne ins Heft …

a) ein Quadrat mit $u = 20\,cm$
b) ein Parallelogramm mit $u = 14\,cm$
c) ein Rechteck mit $A = 12\,cm^2$
d) eine Raute mit $a = 3{,}5\,cm$

3 Umfang berechnen

Berechne den Umfang der Rechtecke.

	Seite *a*	Seite *b*	Umfang *u*
a)	3 dm	3 dm	
b)	15 cm	13 cm	
c)	44 m	96 m	
d)	12 cm	1,2 dm	
e)	8 dm	26 cm	

3 Rechtecke berechnen

Berechne die fehlenden Größen im Heft.

	Seite *a*	Seite *b*	Umfang *u*
a)	3,2 cm	2,4 cm	
b)		12 cm	48 cm
c)	4,7 cm		18,8 cm
d)	5,3 dm	24 dm	
e)		5,8 m	27,2 m

NACHGEDACHT
Wie viele verschiedene Rechtecke mit dem Flächeninhalt $A = 24\,cm^2$ und ganzzahligen Seitenlängen gibt es?

4 Flächeninhalt berechnen

Berechne den Flächeninhalt des Rechtecks.

	Länge	Breite	Flächeninhalt
a)	8 cm	7 cm	
b)	9 dm	18 dm	
c)	15 mm	21 mm	
d)	5 m	19 m	

4 Flächeninhalt berechnen

Wandle zuerst in dieselbe Einheit um und berechne den Flächeninhalt der Rechtecke.

a) $a = 6\,cm$; $b = 18\,mm$
b) $a = 4{,}5\,cm$; $b = 20\,mm$
c) $a = 750\,m$; $b = 1{,}6\,km$
d) $a = 1{,}2\,cm$; $b = 16\,dm$
e) $a = 2{,}08\,m$; $b = 2{,}8\,dm$

5 Flächen berechnen

Der quadratische Fußboden eines Raums soll mit Parkett ausgelegt werden.

a) Berechne den Flächeninhalt des Fußbodens, wenn seine Seitenlänge 6 m beträgt.
b) Wie viel muss man bezahlen, wenn ein m^2 Parkett 24,50 € kostet?

5 Flächen berechnen

Die Teppichknüpfer Kim und John arbeiten beide gleich schnell.
Kims Teppich ist 3,25 m lang und 2,77 m breit. Johns Teppich ist quadratisch mit einer Seitenlänge von 3,05 m.
Welcher Teppich ist zuerst fertig?

6 Kurz und knapp

1. Jedes Quadrat ist auch ein …
2. Wie lautet die Formel zur Flächenberechnung von Rechtecken?
3. Gib die Eigenschaften einer Raute an.
4. Die Umrechnungszahl bei Längeneinheiten lautet …
5. Die Umrechnungszahl bei Flächeneinheiten lautet …

Lösungen ab Seite 212

Körperformen erkennen und beschreiben

Entdecken

Vorbereitung: Bringt von zu Hause viele verschiedene Verpackungen mit, z. B. von Lebensmitteln, Süßigkeiten, Spielen usw.

1 Verpackungen sortieren
Arbeitet in Gruppen. Seht euch die mitgebrachten Verpackungen an. Gibt es Gemeinsamkeiten oder extreme Unterschiede?

a) Sortiert die Verpackungen. Nach welchen Kriterien habt ihr die Verpackungen sortiert?
b) Beschreibt die Formen der Verpackungen.
c) Überlegt euch, warum es unterschiedliche Verpackungen gibt.
d) Notiert eure Überlegungen zu a), b) und c) auf einem Plakat.

2 Verpackungsformen erraten (Spiel 1)
Spielt das Spiel zu zweit. Tauscht die Rollen nach jeder Spielrunde.
Spieler A beschreibt die Form einer Verpackung mit zwei Sätzen möglichst genau, z. B.:
„Meine Verpackung besteht aus fünf Flächen. Vier der Flächen sind gleich groß.“
Spieler B muss raten, welche Verpackung gemeint ist.

HINWEIS
Verwendet in euren Beschreibungen oder Fragen Begriffe wie z. B. Ecke, Kante, Fläche, Rechteck, Quadrat, Kreis, usw.

3 Verpackungsformen erfragen (Spiel 2)
Spielt das Spiel in einer 4er-Gruppe.
Eine Person denkt sich eine Verpackungsform aus.
Die anderen dürfen der Reihe nach Fragen stellen, bis sie erraten, welche Verpackung gemeint ist. Wer die geometrische Form erraten hat, darf sich den nächsten Körper überlegen.
Welche Fragen dürfen gestellt werden?
Es dürfen nur Fragen gestellt werden, die man mit „ja“ oder „nein“ beantworten kann, z. B.:
„Besteht deine Verpackung nur aus Rechtecken?“
Man darf nur so lange fragen, bis die Antwort „nein“ lautet.
Dann kommt der oder die nächste an die Reihe.

4 Kantenmodelle von Körpern herstellen
Baue mit Strohhalmen (Zahnstochern, Schaschlikstäben) und kleinen Kugeln aus Knete einige der oben abgebildeten Körper nach.

a) Welche der Körper kannst du nachbauen und bei welchen Körpern funktioniert das nicht?
b) Welche Bauteile benötigst du für den Bau der Körper?
c) Gibt es noch weitere Körper, die du mit den Bauteilen herstellen kannst? Beschreibe ihre Eigenschaften.
d) Begründe, warum manche Körper nicht mit den Bauteilen hergestellt werden können. Welche Bauteile würdest du für deren Herstellung noch benötigen?

HINWEIS
Falls es an der Schule einen Baukasten gibt, könnt ihr diesen nutzen.

Verstehen

Viele Verpackungen und auch verschiedene Lebensmittel haben annähernd die Form von geometrischen Körpern.

Das Eis hat z. B. eine Kegelform und Dosen sind meistens zylinderförmig.

Die wirklich im Alltag oder in der Natur vorkommenden Körper sehen meistens nicht ganz genau so aus wie die unten abgebildeten geometrischen Körper.

Die folgende Übersicht zeigt verschiedene geometrische Körper, die häufig bei Verpackungen vorkommen.

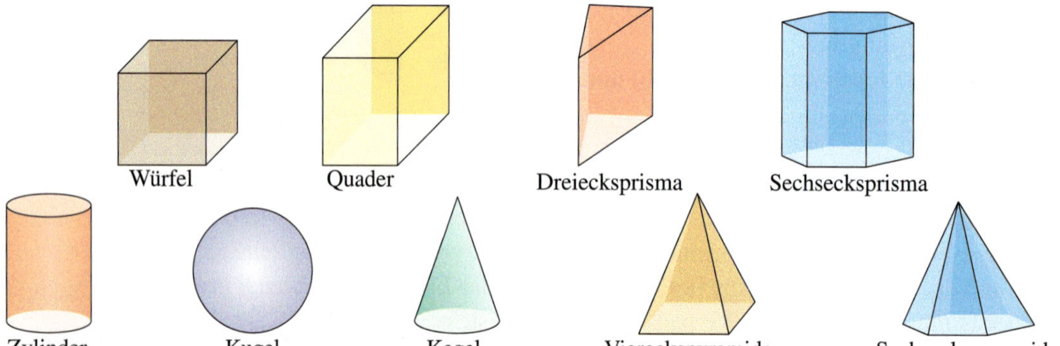

HINWEIS
Ein Quadrat ist eine Fläche, ein Quader ist ein Körper.

Zur Beschreibung von Körpern verwendet man Fachbegriffe.

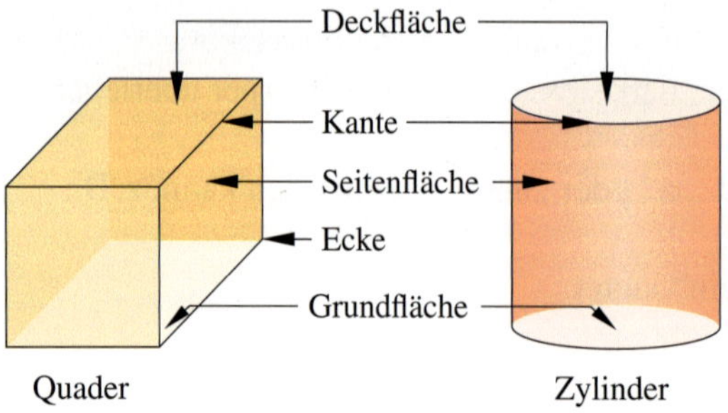

Merke Körper werden von Flächen begrenzt. Dabei werden **Grundfläche, Deckfläche** und **Seitenflächen** unterschieden.

Dort, wo zwei Flächen zusammenstoßen, entstehen **Kanten**.
Treffen mindestens drei Kanten aufeinander, entstehen **Ecken**.

Sehr häufig kommen in unserem Alltag die Körperformen Quader und Würfel vor.
Das Besondere an Quadern und Würfeln ist, dass alle Begrenzungsflächen rechteckig sind, beim Würfel sind alle Begrenzungsflächen sogar quadratisch.

HINWEIS
Gegenüberliegende Flächen eines Quaders sind gleich groß.

Merke
Ein **Quader** wird durch sechs rechteckige Flächen begrenzt.

Quader

Ein **Würfel** ist ein besonderer Quader. Er wird durch sechs quadratische Flächen begrenzt.

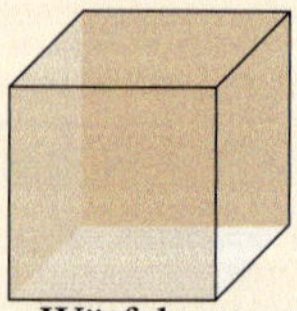
Würfel

Üben und anwenden

1 Häufig stellen die Gegenstände unserer Umgebung nur annähernd einfache Körper dar.
Ordne den Gegenständen Namen von geometrischen Körpern zu.

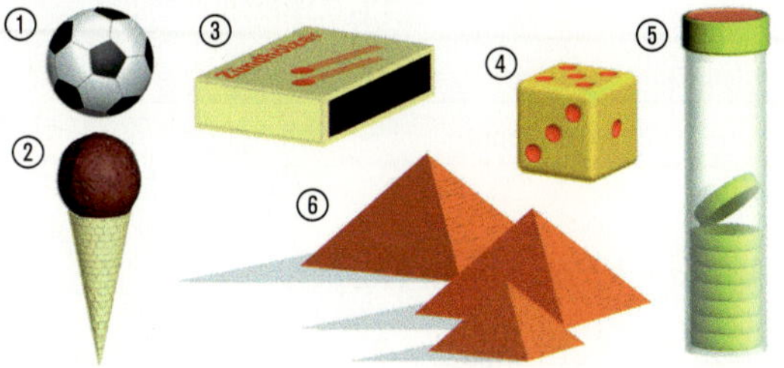

1 Welche geometrischen Körperformen erkennst du im Einkaufswagen?

2 Ergänze zu den gegebenen Körperformen weitere Beispiele aus deinem Umfeld.

Quader	Zylinder	Kegel	Pyramide	Kugel
Ziegelstein	Konservendose	Trichter	Turmdach	Melone
…	…	…	…	…

3 Julia hat einen Wasserturm und ein Männchen gebaut.
a) Notiere, welche Körper sie für die beiden Figuren verwendet hat.
b) Schreibe Sätze wie: „Die Spitze des Wasserturms besteht aus einem …"

3 Welche geometrischen Körper erkennst du in dem Foto?

4 Bei Wohnhäusern findet man oft geometrische Grundformen.
Welche Körperformen erkennst du?

4 Auch bei Burgen und Kirchen findet man oft geometrische Grundformen.
Welche Körperformen treten hier auf?

Methode: Schrägbilder zeichnen

Bevor ein Architekt ein Haus baut, zeichnet er zunächst einen Entwurf.
In der **Vorderansicht** zeichnet er das Haus von vorne, in der **Seitenansicht** von der Seite. Mithilfe eines **Schrägbilds** kann man sich das ganze Haus besser vorstellen.

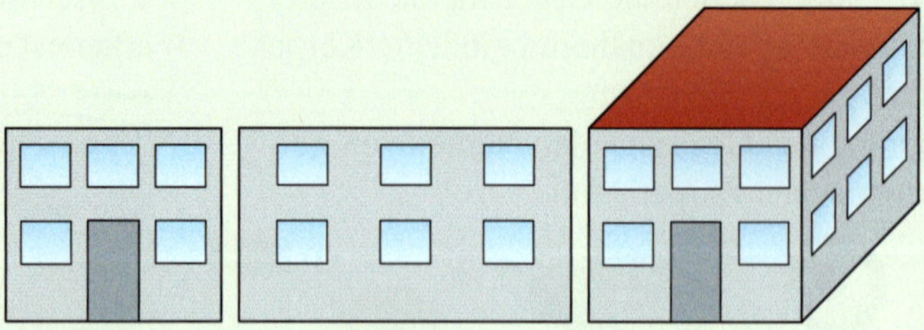

Ein **Schrägbild** vermittelt einen guten räumlichen Eindruck von einem Körper.

Das Schrägbild eines Quaders mit den Seiten $a = 4\,\text{cm}$, $b = 5\,\text{cm}$ und $c = 3\,\text{cm}$ kann nach den folgenden Regeln gezeichnet werden:

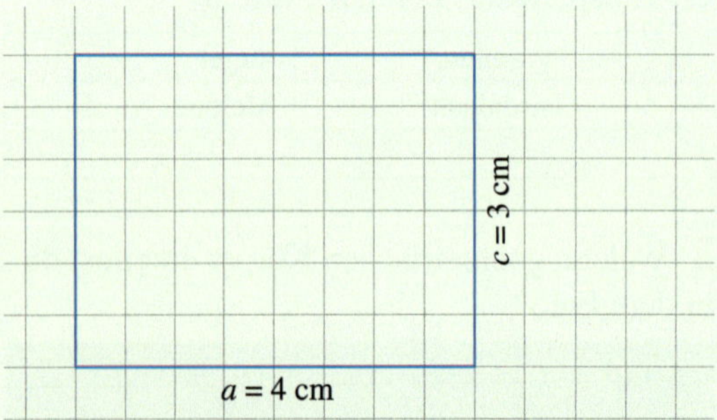

1. Zuerst wird die Vorderseite des Quaders in **Originalgröße** gezeichnet:

$a = 4\,\text{cm}$ und $c = 3\,\text{cm}$

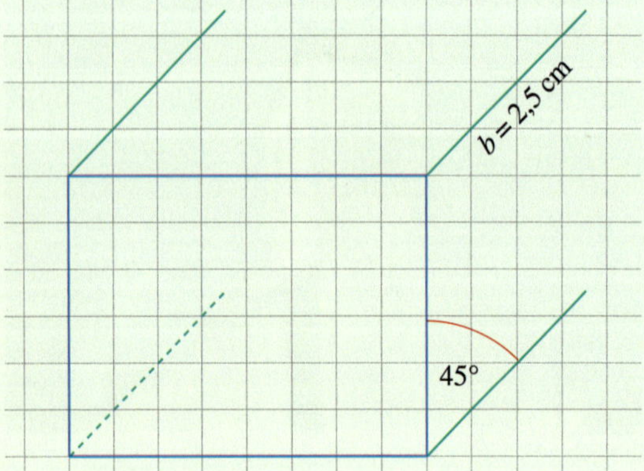

2. Die nach hinten verlaufenden Kanten werden an den Ecken der Vorderseite in einem Winkel von **45°** und in **halber Länge** angetragen.

$b = \frac{1}{2} \cdot 5\,\text{cm} = 2{,}5\,\text{cm}$

HINWEIS
Auf Karopapier kann man die nach hinten verlaufenden Kanten entlang der Kästchendiagonalen zeichnen. Nutze ansonsten dein Geodreieck.

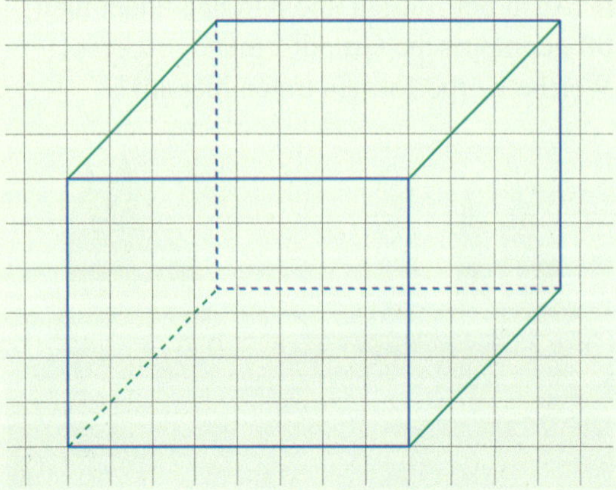

3. Die Eckpunkte werden verbunden. Alle verdeckten Kanten werden **gestrichelt** gezeichnet.

1 Überprüfe, ob der Würfel mit der Kantenlänge $a = 2\,\text{cm}$ im Schrägbild richtig dargestellt wurde.

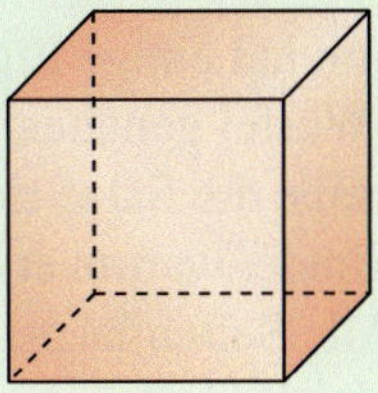

2 Bestimme aus dem Schrägbild des Quaders seine Kantenlängen.

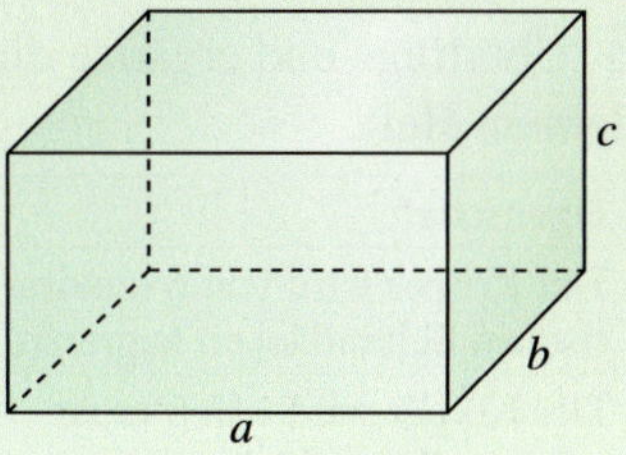

3 Im Kunstunterricht soll ein Würfel räumlich gezeichnet werden. Der Kunstlehrer ist jedoch mit einigen Bildern nicht zufrieden.

a) Begründe, warum in einigen Bildern der Würfel nicht richtig gezeichnet wurde.

b) Zeichne nun selbst einen Würfel mit einer Kantenlänge von 6 cm.

c) Erstelle eine räumliche Zeichnung eines beliebigen Quaders. Beschreibe, wie du vorgehst. Notiere zunächst die Längen.

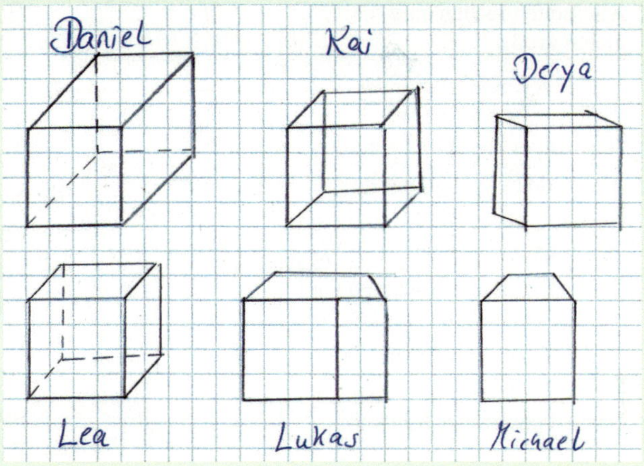

4 Arbeitet zu zweit.
Betrachtet die Schrägbilder. Was haben sie gemeinsam?

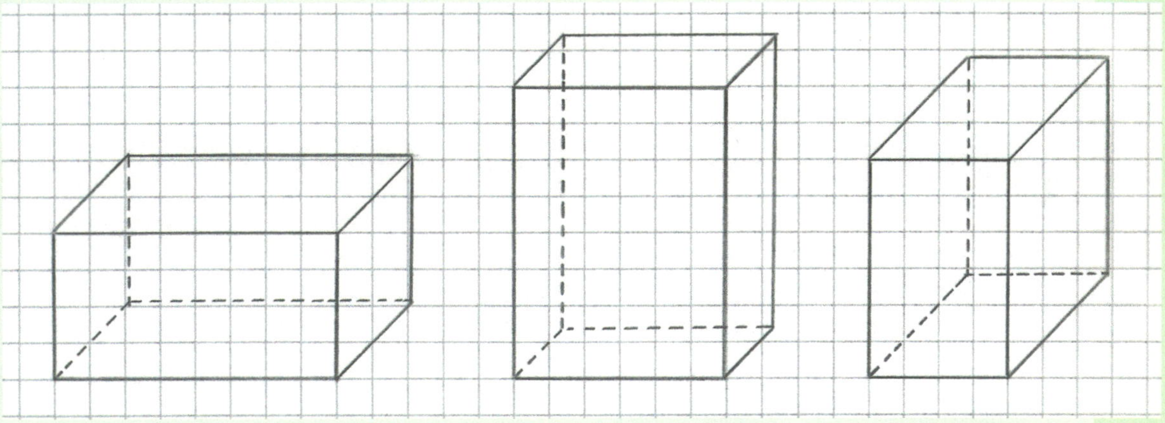

5 Mia hat ihren Namen in Druckschrift in ihr Heft geschrieben. Dabei hat sie jeden einzelnen Buchstaben als Schrägbild gezeichnet.
Schreibe selbst Buchstaben wie Mia ins Heft.
Welche Buchstaben lassen sich besonders einfach als Schrägbild schreiben? Begründe.

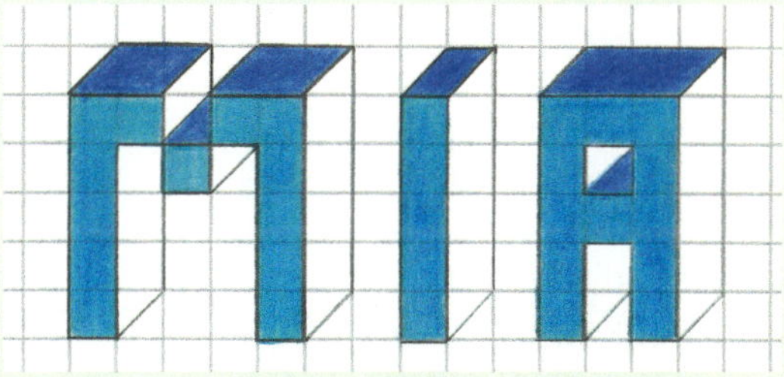

6 Zeichne das Schrägbild eines Würfels, dem ein zweiter kleinerer Würfel auf einer Seite aufgesetzt wurde. Die Kantenlänge des größeren Würfels beträgt $a = 6\,\text{cm}$, die Kantenlänge des kleineren Würfels beträgt $a = 4\,\text{cm}$.

5 Übertrage und ergänze die Tabelle in deinem Heft.

Eigenschaft	Würfel	Quader
Der Körper wird von 6 quadratischen Seitenflächen begrenzt.	✓	
Der Körper wird von 6 rechteckigen Seitenflächen begrenzt.		
Alle Seitenflächen sind gleich groß.		
Gegenüberliegende Seitenflächen sind gleich groß.		
Der Körper besitzt 12 Kanten.		
Alle Kanten sind gleich lang.		
Gegenüberliegende Kanten sind gleich lang.		
Gegenüberliegende Kanten sind parallel zueinander.		
Benachbarte Kanten sind senkrecht zueinander.		
Der Körper besitzt 8 Ecken.		

5 Tim hat einige Eigenschaften von Quader und Würfel genannt. Stimmt alles? Schreibe die Sätze richtig in dein Heft. Begründe, warum etwas nicht stimmt.

a) Alle Seitenflächen eines Würfels sind gleich groß.

b) Ein Quader hat acht Ecken und in jeder Ecke stoßen drei Kanten zusammen. Also hat der Quader $8 \cdot 3 = 24$ Kanten.

c) Ein Würfel hat sechs Flächen. Jede Fläche hat vier Ecken. Also hat der Würfel $6 \cdot 4 = 24$ Ecken.

d) Sind alle Kanten des Quaders gleich lang, dann ist es ein Würfel.

e) Hat ein Quader eine quadratische Grundfläche, dann sind acht Kanten dieses Quaders gleich lang.

f) Wenn ein Quader acht gleich lange Kanten besitzt, dann hat er zwei Quadrate als Begrenzungsflächen.

6 Welches der sechs Bilder ist das Schrägbild eines Quaders? Begründe, warum die anderen fünf Bilder keine Schrägbilder von Quadern sind.

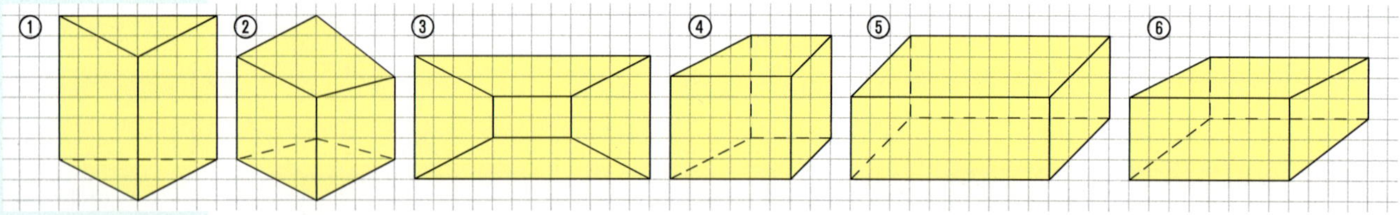

7 Übertrage ins Heft und vervollständige zum Schrägbild eines Quaders.

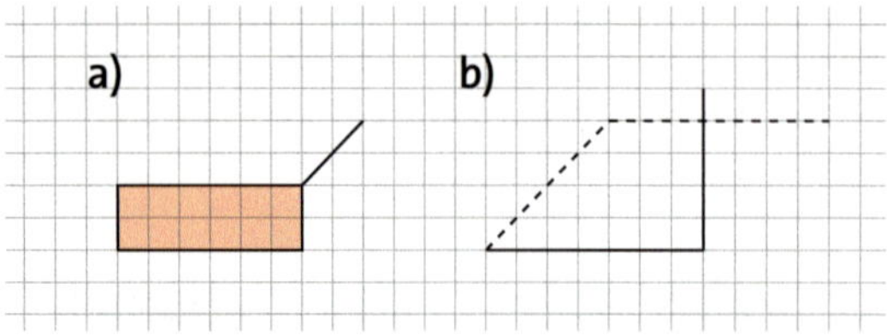

7 Ein Quader hat folgende Kantenlängen. Zeichne ein mögliches Schrägbild ins Heft. Vergleicht eure Ergebnisse miteinander und diskutiert verschiedene Darstellungen.

a) $a = 6\,\text{cm}$, $b = 4\,\text{cm}$, $c = 3\,\text{cm}$

b) $a = 8\,\text{cm}$, $b = 5\,\text{cm}$, $c = 2\,\text{cm}$

c) $a = 4\,\text{cm}$, $b = 5\,\text{cm}$, $c = 7\,\text{cm}$

d) $a = 3\,\text{cm}$, $b = 6\,\text{cm}$, $c = 4\,\text{cm}$

8 Zeichne ein Koordinatensystem in dein Heft.

a) Trage die Punkte $A(1|1)$, $B(4|1)$, $C(4|4)$, $F(5|2)$ ein.

b) Ergänze die Punkte D, E, G und H, sodass das Schrägbild eines Quaders entsteht und gib die Koordinaten der Punkte an.

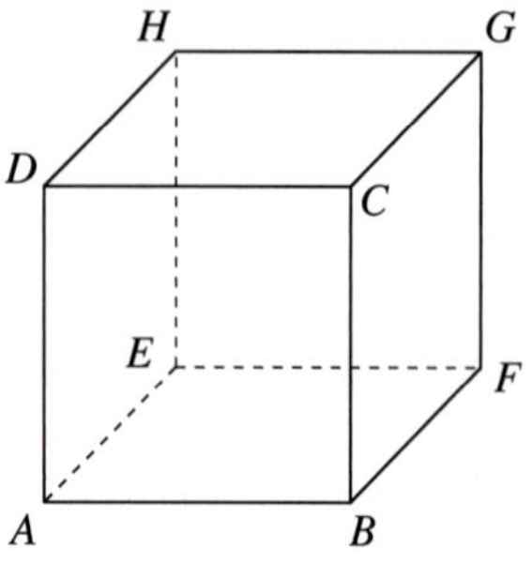

8 Zeichne ein Koordinatensystem in dein Heft.

a) Trage die Punkte $A(2|1)$, $B(7|1)$, $E(5|4)$, $C(7|7)$ ein.

b) Ergänze die Punkte D, F, G und H, sodass das Schrägbild eines Quaders entsteht und gib die Koordinaten der Punkte an.

Netz von Quader und Würfel

Entdecken

1 Einige Trinkpäckchen wurden an verschiedenen Kanten aufgeschnitten und auseinandergefaltet. Man sagt: Die Päckchen wurden abgewickelt.
Je nachdem, wie die Trinkpäckchen aufgeschnitten wurden, entstehen verschiedene Abwicklungen. Diese Abwicklungen nennt man auch Netze oder Körpernetze.

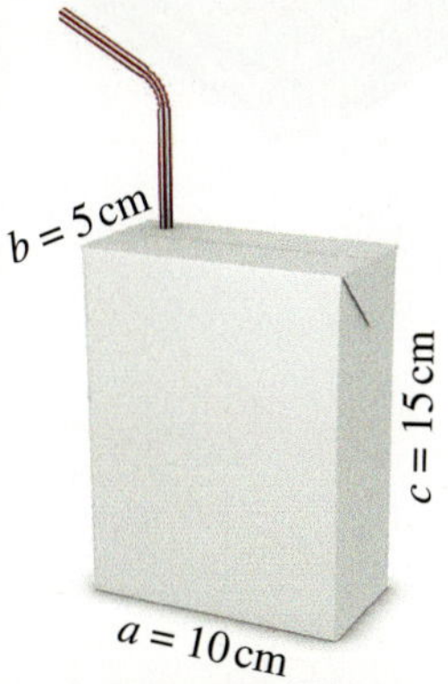

①
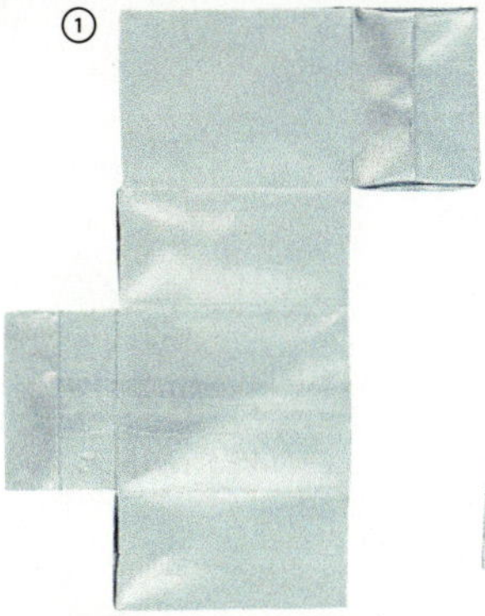

②
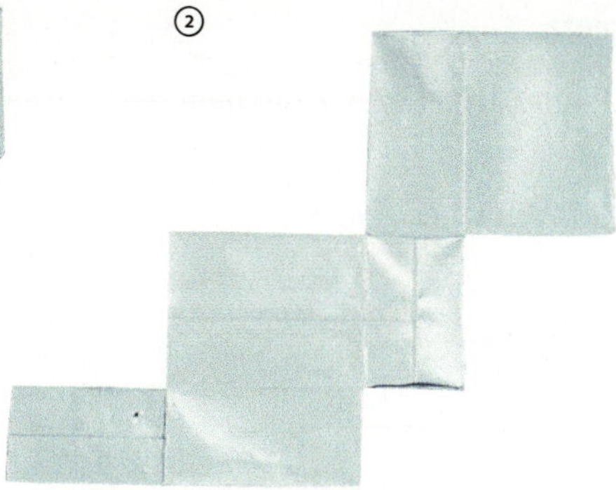

③

a) Welche der Abbildungen ① bis ③ können wieder zu einem Trinkpäckchen zusammengefaltet werden?
Bei welcher gelingt das nicht?

b) Zeichne die richtigen Netze des Trinkpäckchens ab. Verwende dabei jeweils nur die halben Längen, damit die Zeichnungen in dein Heft passen.

c) Man hätte das Trinkpäckchen auch anders aufschneiden können.
Zeichne ein weiteres Körpernetz dieser Verpackung.

2 Lara streitet oft mit ihrer Schwester Eva, ihrem Bruder Florian und ihren Eltern, wer bestimmte Hausarbeiten erledigen muss.
Daher möchte sie sich einen Entscheidungswürfel anfertigen. Sie zeichnet die sechs Würfelflächen auf Tonpapier und beschriftet sie.
Damit der Würfel gut zusammengeklebt werden kann, fügt sie Klebelaschen hinzu.

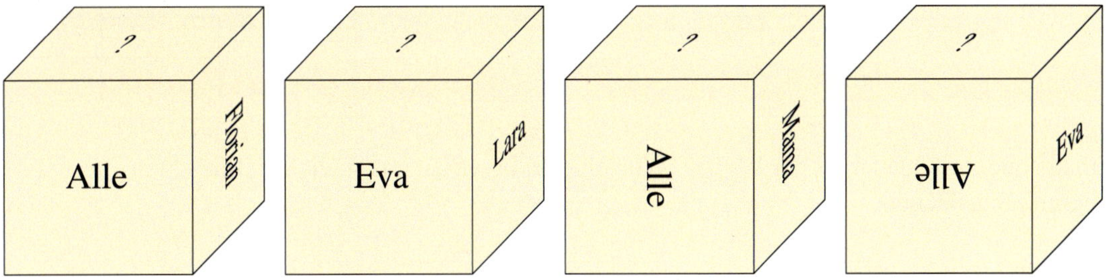

a) Weißt du, wer jeweils verloren hat?
Notiere die Namen, die anstelle von „?“ stehen müssen.

b) Baue den Würfel mit festem Papier nach.
1. Zeichne das Netz des Würfels aus der Randspalte ab. Die Seitenlänge beträgt 4 cm.
2. Achte auf die Klebelaschen. Beschrifte den Würfel wie in der Randspalte.
3. Schneide den Würfel aus und klebe ihn an den Klebelaschen zusammen.

c) Bringe deinen selbst gebastelten Würfel in die jeweilige Lage in der Zeichnung.
Überprüfe, ob du Teilaufgabe a) richtig gelöst hast.

Verstehen

Sarah möchte ein Geschenk für ihre Freundin Lilly in einem schönen Kästchen verpacken. Dazu beklebt sie eine quaderförmige Schachtel mit einem Stück buntem Filz.

Sie misst zuerst die Seitenlängen des Quaders und zeichnet ein zusammenhängendes Körpernetz.

Durch Falten des Netzes kann man den Körper herstellen.

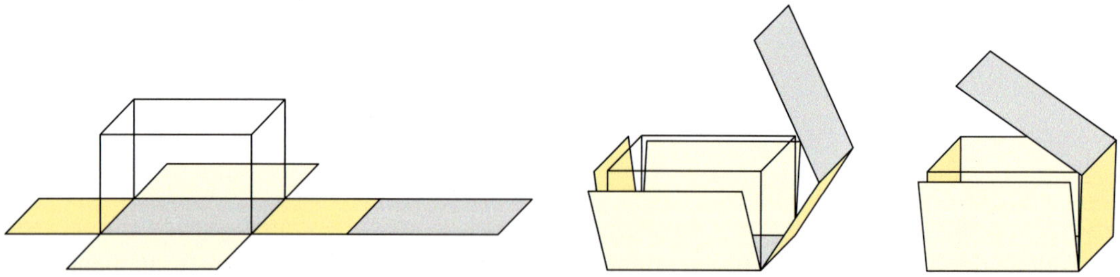

Merke Eine zusammenhängende Abwicklung aller Begrenzungsflächen eines Körpers nennt man auch **Körpernetz**.

Quadernetze bestehen aus sechs rechteckigen Begrenzungsflächen.

Beispiel 1

HINWEIS
Flächen mit gleicher Farbe liegen einander gegenüber.

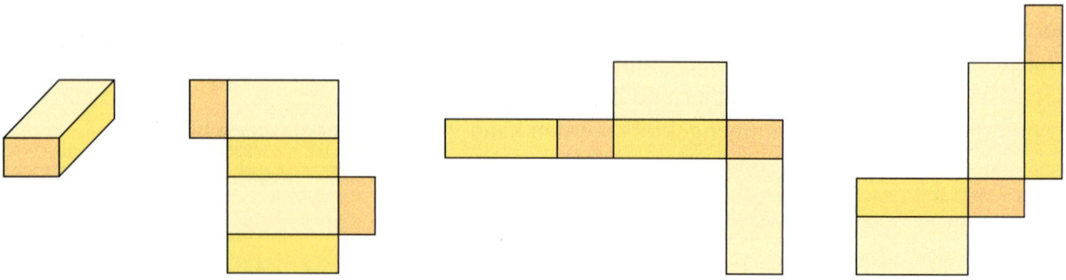

Ein besonderer Quader ist der Würfel. Würfelnetze bestehen aus sechs quadratischen Begrenzungsflächen.

Beispiel 2

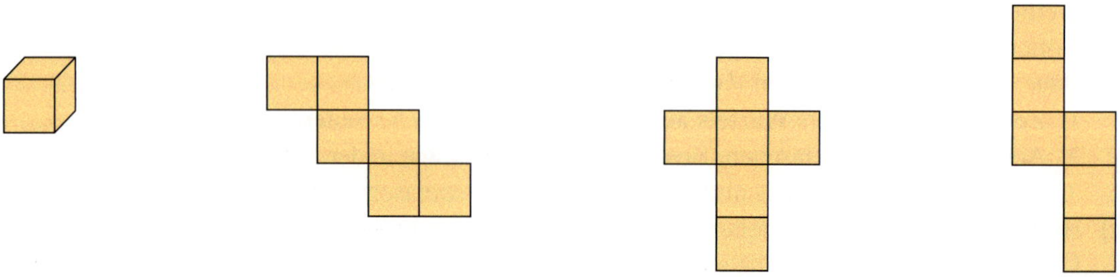

Üben und anwenden

1 Schneidet verschiedene Körpernetze aus und bastelt daraus die geometrischen Körper. Die Kanten werden mit Klebeband zusammengeklebt.

a) Welche Körper entstehen?

b) Zeichnet die Tabelle ab und füllt jeweils den Steckbrief des entstandenen Körpers aus.

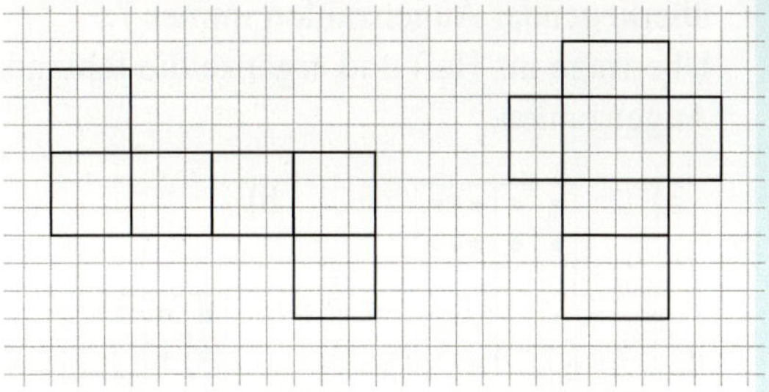

Name des Körpers	Anzahl der Flächen	Art der Fläche	Anzahl der Kanten	Anzahl der Ecken

2 Aus den Netzen werden Würfel gebaut. Welche Flächen liegen sich gegenüber?

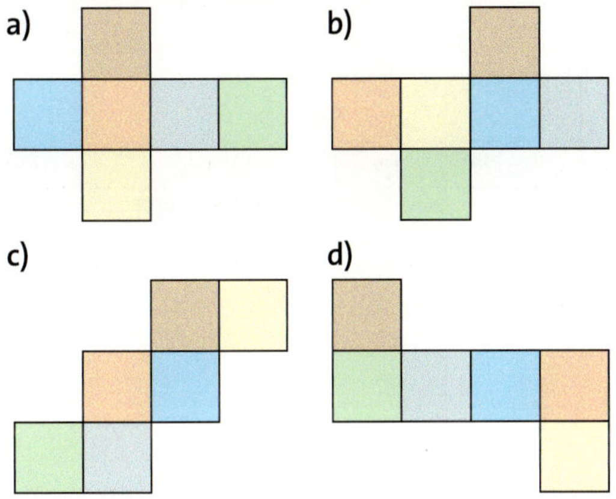

2 Welche der abgebildeten Netze sind keine Würfelnetze? Begründe.

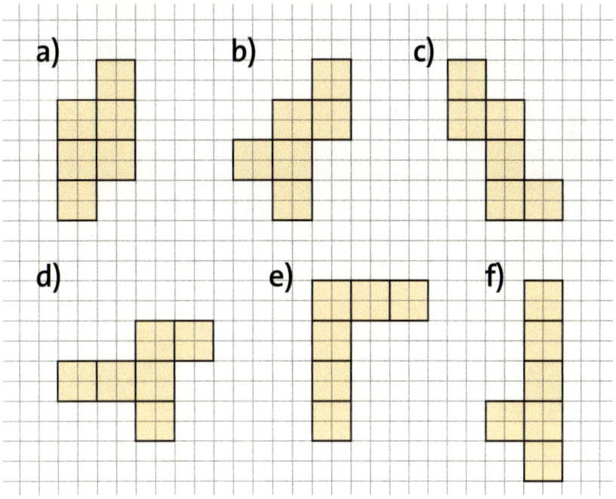

3 Welche der Figuren sind Netze von Quadern?
Wenn du dir nicht sicher bist, dann zeichne sie ab, schneide sie aus und falte die Netze.

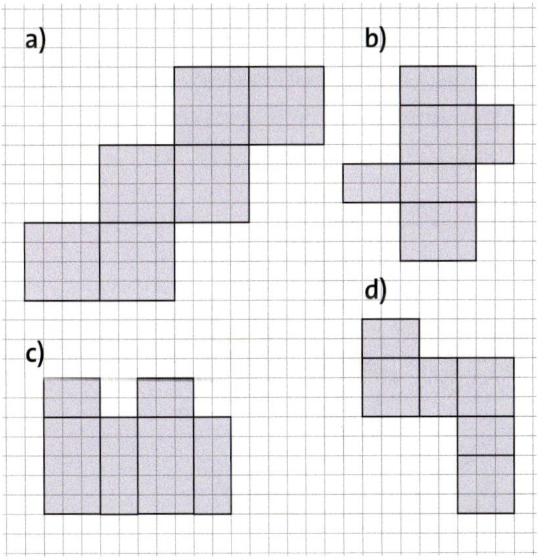

3 Übertrage die Zeichnungen in dein Heft. Ergänze jeweils die fehlenden Flächen, sodass ein Quadernetz entsteht.
Gibt es mehrere Möglichkeiten? Begründe.

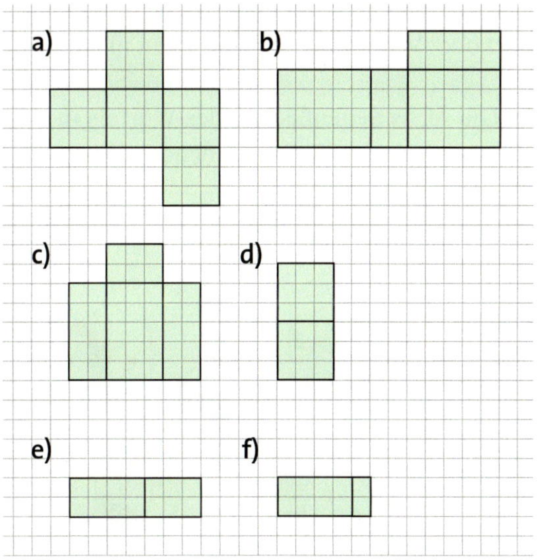

NACHGEDACHT
Es gibt verschiedene Netze für einen Quader und einen Würfel. Probiere doch einmal, wie viele verschiedene Netze du finden kannst.

HINWEIS
zu **4**
Nimm einen Würfel und „roll" ihn über das Netz.

4 Beim Spielwürfel ist die Summe gegenüberliegender Augenzahlen immer 7.
Übertrage ins Heft und ergänze die fehlenden Augenzahlen.

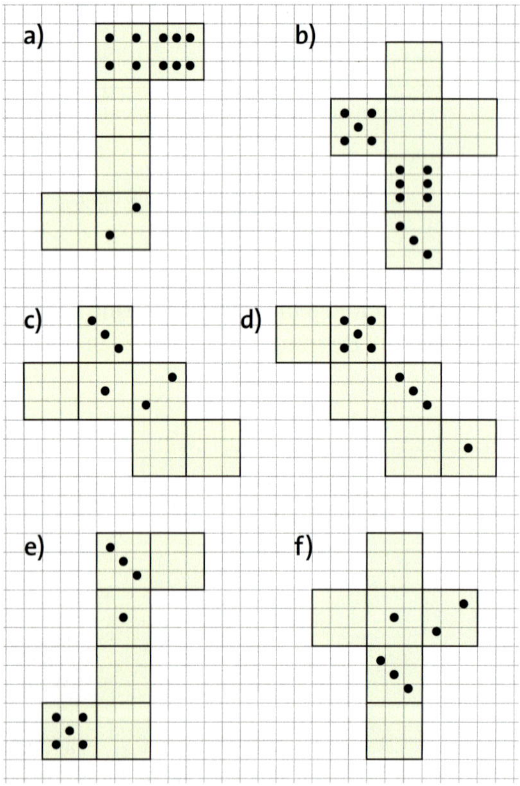

4 Ein Käfer krabbelt über einen Quader. Sein Weg ist eingezeichnet. Übertrage eines der Netze ins Heft. Zeichne den Weg des Käfers ein. Wie lang ist sein Weg etwa?

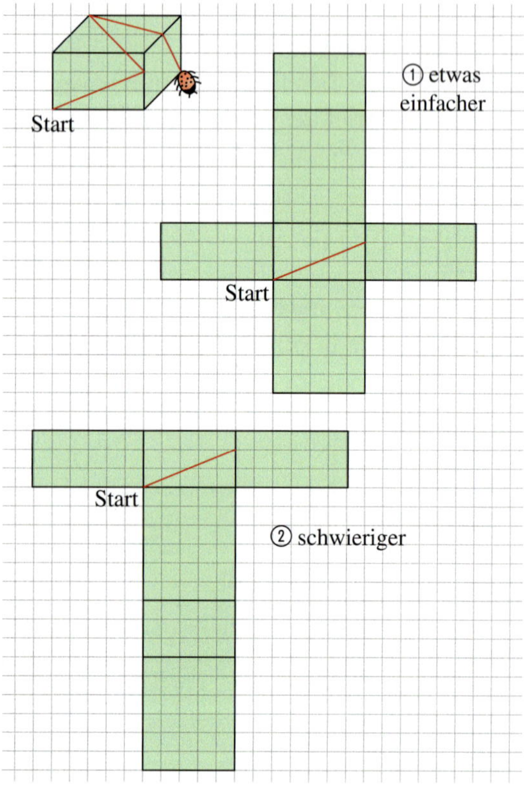

5 Stelle aus Tonpapier eine Verpackung für deinen Füller, Spitzer oder Radiergummi her.
Überlege dir eine Form und ermittle die Abmessungen.
Zeichne dann ein Netz und bastle die Verpackung. Vergiss die Klebelaschen nicht.

5 Bastle einen Würfel nach Joshuas Beschreibung (Denke an Klebelaschen):
„Eine Fläche ist rot. Eine blaue Fläche stößt mit allen drei gelben Flächen zusammen.
Eine andere blaue Fläche berührt nur zwei gelbe Flächen."

6 Die sechs Seitenflächen des Würfels in der Mitte sind unterschiedlich gestaltet.
Bei welchem der fünf umgebenden Würfeldarstellungen könnte es sich um den Würfel aus der Mitte handeln?

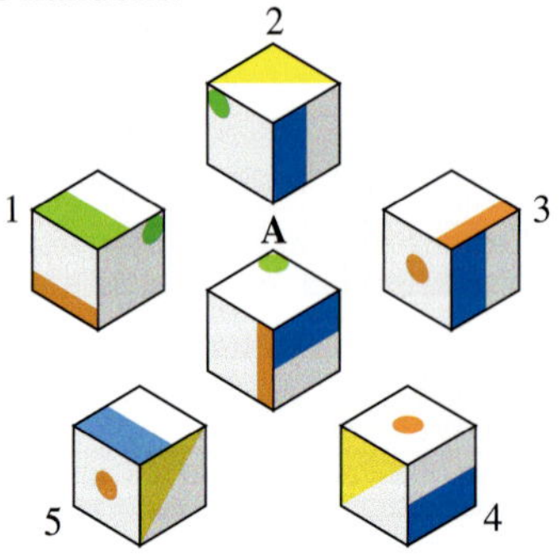

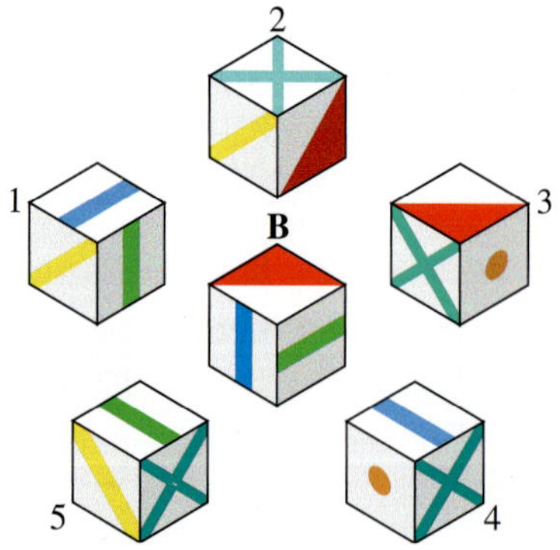

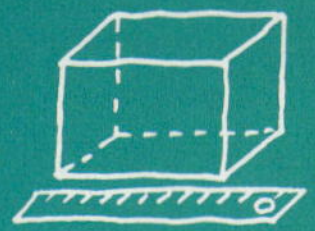

Oberfläche von Quader und Würfel

Entdecken

1 Nehmt eine leere, quaderförmige Verpackung, die ihr von zu Hause mitgebracht habt.

Berechnet die gesamte Verpackungsfläche:
- Schneidet die Verpackung so auf, dass ein Quadernetz entsteht.
- Zerschneidet das Quadernetz, bis die sechs Begrenzungsflächen einzeln vor euch liegen.
- Sortiert die Rechtecke.

Was fällt euch auf?

2 Die Theater-AG bereitet eine neue Aufführung vor. Für das Bühnenbild brauchen sie eine große Kiste. Die Kiste soll 120 cm breit, 180 cm hoch und 60 cm tief sein.
Die Schülerinnen und Schüler wollen die Kiste aus Presspappe herstellen und anschließend farbig bemalen.
Wie viel Quadratmeter Presspappe müssen sie mindestens kaufen?

3 Trinkpäckchen werden häufig in Zehnerpackungen angeboten. Die 10 Päckchen (jedes ist 6 cm lang, 4 cm breit und 8,5 cm hoch) werden in Folie eingeschweißt, um sie besser transportieren zu können.
Überlegt, wie viele Möglichkeiten es gibt, die 10 Trinkpäckchen anzuordnen. Skizziert alle Möglichkeiten.
Ihr könnt die verschiedenen Möglichkeiten auch mit 10 Streichholzschachteln nachbauen.

4 Die Siegertreppe soll farbig gestrichen werden.

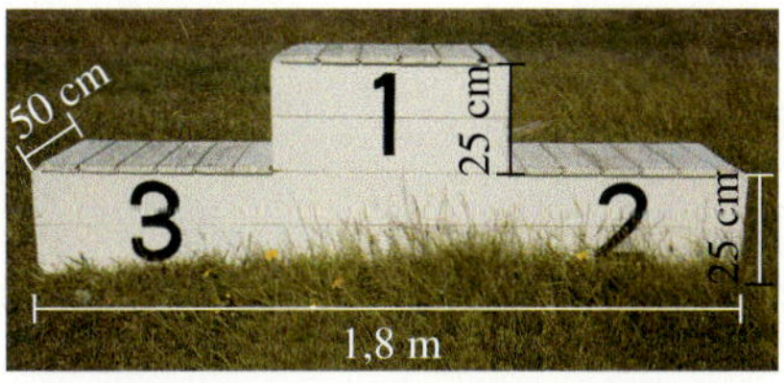

a) Zeichne das Netz des Körpers. Markiere alle Flächen, die gestrichen werden.
b) Wie groß ist die zu streichende Fläche?

ZUM WEITERARBEITEN
*zu Aufgabe **2***
Wie viel Farbe benötigen sie, um alle äußeren Kistenwände zu bemalen? Erkundigt euch nach möglichen Farben, ihren Preisen und der Fläche, die man damit streichen kann.

ZUM WEITERARBEITEN
*zu Aufgabe **3***
Vergleicht den Folienverbrauch bei den verschiedenen Verpackungsmöglichkeiten. Bei welcher Verpackungsmethode ist er am niedrigsten?

Verstehen

Laura beklebt eine quaderförmige und eine würfelförmige Schachtel mit Geschenkpapier.
Wie groß ist die Fläche, die Laura beklebt?

Die erste Schachtel ist quaderförmig.

Bei einem Quader besteht die Oberfläche aus drei verschiedenen Rechtecken, die jeweils zweimal vorkommen.

Zuerst berechnet man die Größe der drei verschiedenen Begrenzungsflächen des **Quaders**:

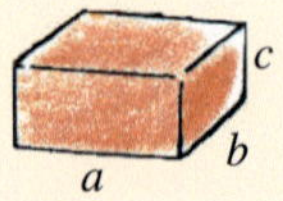

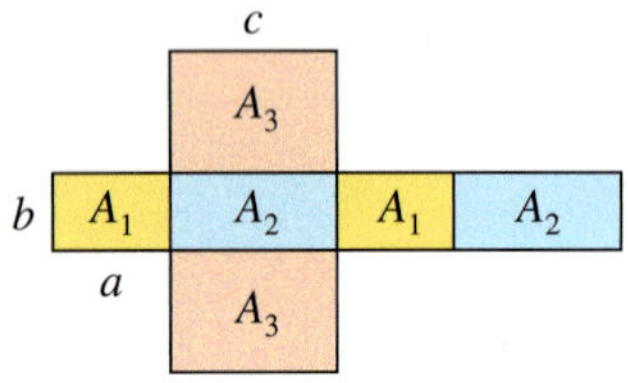

A_1: $a \cdot b = 25 \cdot 15\,\text{cm}^2 = 375\,\text{cm}^2$

A_2: $b \cdot c = 15 \cdot 35\,\text{cm}^2 = 525\,\text{cm}^2$

A_3: $a \cdot c = 25 \cdot 35\,\text{cm}^2 = 875\,\text{cm}^2$

Der Flächeninhalt aller Begrenzungsflächen beträgt:

$A_1 + A_2 + A_3 + A_1 + A_2 + A_3 =$
$375\,\text{cm}^2 + 525\,\text{cm}^2 + 875\,\text{cm}^2 + 375\,\text{cm}^2 + 525\,\text{cm}^2 + 875\,\text{cm}^2 = 3\,550\,\text{cm}^2$

Jede Begrenzungsfläche kommt zweimal vor. Daher kann man die Rechnung kürzer schreiben:
$2 \cdot (375\,\text{cm}^2 + 525\,\text{cm}^2 + 875\,\text{cm}^2) = 2 \cdot 1\,775\,\text{cm}^2 = 3\,550\,\text{cm}^2$

Der Oberflächeninhalt der quaderförmigen Schachtel beträgt $3\,550\,\text{cm}^2$.

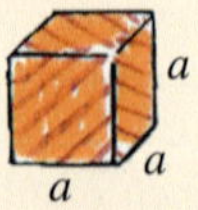

Die zweite Schachtel ist würfelförmig.

Laura berechnet die Größe einer Begrenzungsfläche des **Würfels**:

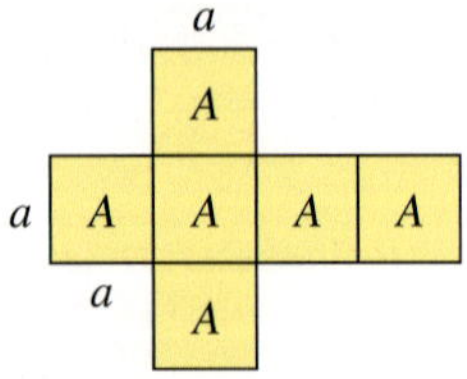

A: $a \cdot a = 30 \cdot 30\,\text{cm}^2 = 900\,\text{cm}^2$

Laura berechnet den Flächeninhalt der Begrenzungsflächen:

$A + A + A + A + A + A =$
$900\,\text{cm}^2 + 900\,\text{cm}^2 + 900\,\text{cm}^2 + 900\,\text{cm}^2 + 900\,\text{cm}^2 + 900\,\text{cm}^2 = 5\,400\,\text{cm}^2$

Alle sechs Begrenzungsflächen sind gleich groß, also kann man die Rechnung kürzer notieren:
$6 \cdot 30 \cdot 30\,\text{cm}^2 = 6 \cdot 900\,\text{cm}^2 = 5\,400\,\text{cm}^2$

Merke Der **Oberflächeninhalt *O*** eines Körpers ist die Summe der Flächeninhalte seiner Begrenzungsflächen.

Oberfläche des Quaders
$O = 2 \cdot a \cdot b + 2 \cdot a \cdot c + 2 \cdot b \cdot c$
oder kürzer
$O = 2 \cdot (a \cdot b + a \cdot c + b \cdot c)$

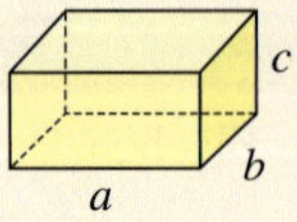

Oberfläche des Würfels
$O = 6 \cdot a \cdot a$
oder kürzer
$O = 6 \cdot a^2$

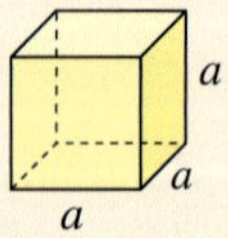

Üben und anwenden

1 Berechne den Oberflächeninhalt der Quader.

a)
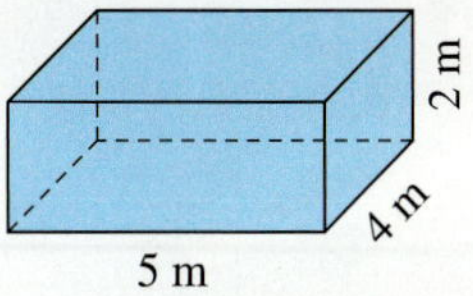

b)
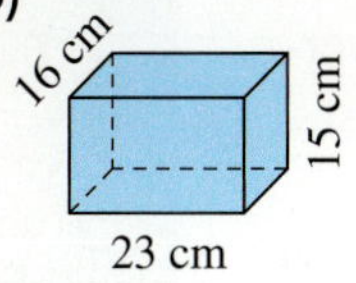

c)
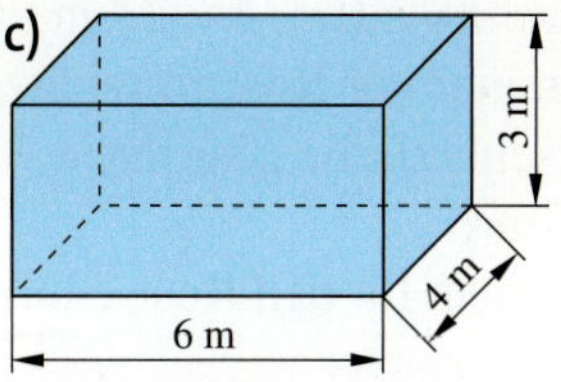

d)
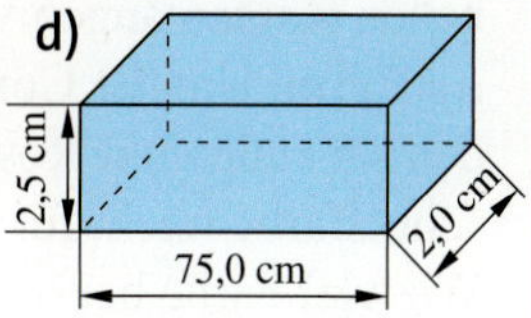

2 Berechne den Oberflächeninhalt der Quader mit den folgenden Kantenlängen.

a) $a = 4\,\text{cm}$, $b = 6\,\text{cm}$, $c = 3\,\text{cm}$
b) $a = 2\,\text{cm}$, $b = 10\,\text{cm}$, $c = 7\,\text{cm}$
c) $a = 5{,}0\,\text{mm}$, $b = 3{,}0\,\text{mm}$, $c = 8{,}5\,\text{mm}$

2 Berechne den Oberflächeninhalt der Quader mit den folgenden Kantenlängen.

a) $a = 9\,\text{cm}$, $b = 7\,\text{cm}$, $c = 10\,\text{cm}$
b) $a = 12\,\text{mm}$, $b = 15\,\text{mm}$, $c = 2\,\text{cm}$
c) $a = 15{,}0\,\text{cm}$, $b = 1{,}5\,\text{dm}$, $c = 2{,}0\,\text{mm}$

3 Berechne den Oberflächeninhalt der Würfel.

a)
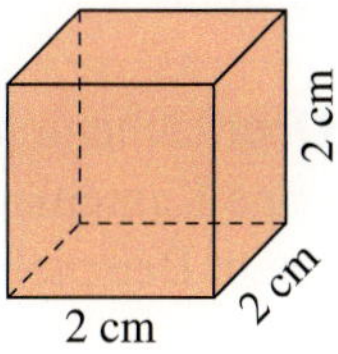

b)
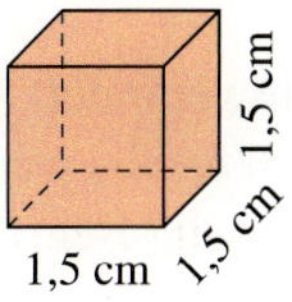

c)
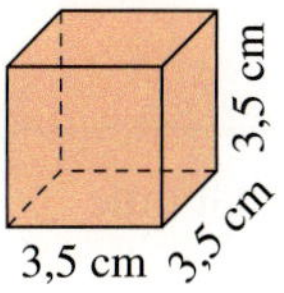

d)
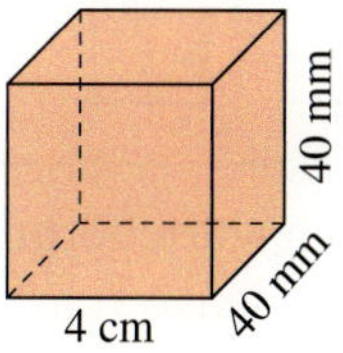

4 Berechne jeweils den Oberflächeninhalt der Würfel.

a) $a = 3\,\text{cm}$ b) $a = 10\,\text{cm}$ c) $a = 20\,\text{dm}$
d) $a = 15\,\text{mm}$ e) $a = 37\,\text{m}$ f) $a = 12\,\text{dm}$

4 Berechne jeweils den Oberflächeninhalt der Würfel.

a) $a = 2{,}5\,\text{m}$ b) $a = 12{,}3\,\text{cm}$
c) $a = 0{,}5\,\text{dm}$ d) $a = 1\,000\,\text{mm}$

5 Zeichne das Netz in dein Heft.
Berechne den Oberflächeninhalt des Quaders. Alle Seitenlängen kannst du an **deiner** Zeichnung messen.

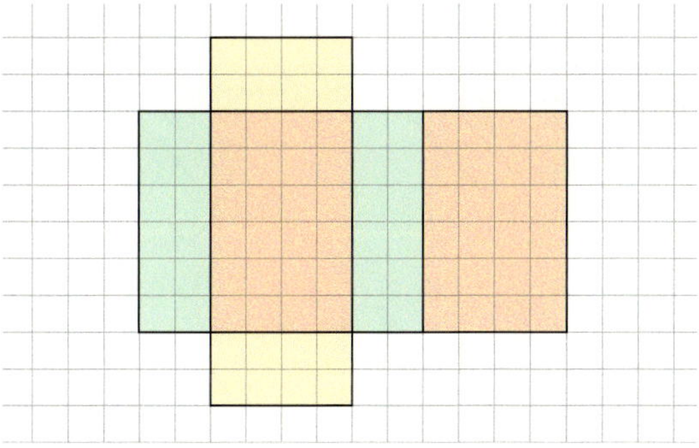

5 Berechne den Oberflächeninhalt der Quader. Entnimm die Maße der Zeichnung.

①

②
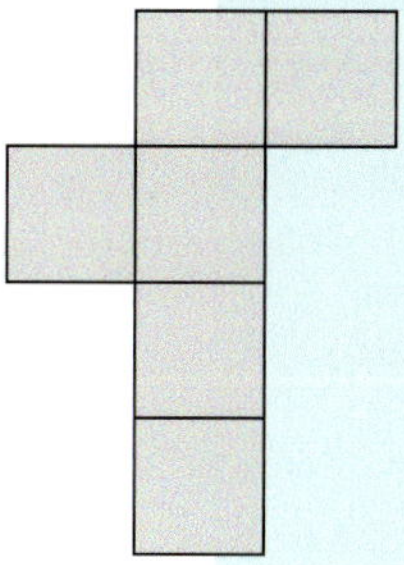

6 Arbeitet zu zweit.
Beschreibt, wie man den Oberflächeninhalt von diesem aus Würfeln zusammengesetzten Körper berechnen kann.
Vergleicht euer Ergebnis in der Klasse.

HINWEIS
Du kannst auch versuchen, diesen Körper nachzubauen.

7 Viele Waren werden mit Containerschiffen verschickt. Container haben die Form eines Quaders. Die Container haben Kantenlängen von $a = 6{,}0\,\text{m}$, $b = 2{,}5\,\text{m}$ und $c = 2{,}5\,\text{m}$. Um die Container vor Rost zu schützen, werden sie außen mit Rostschutzfarbe gestrichen. 1 l Rostschutzfarbe reicht für $6\,\text{m}^2$.
Wie viel Farbe benötigt man für den Rostschutzanstrich eines Containers?

8 Berechne den Oberflächeninhalt der Würfel. Entnimm die Maße den Netzen.

a)

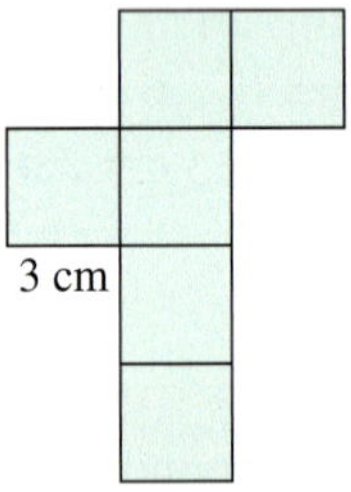

b)

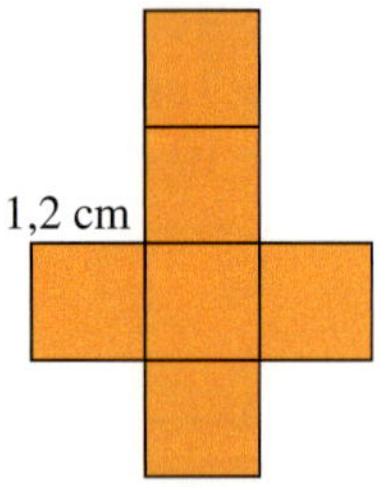

9 Ein würfelförmiger Behälter hat eine Kantenlänge von 1 dm.
Bestimme den Oberflächeninhalt des Behälters.

10 Herr Ritter möchte eine quaderförmige Truhe bauen. Die Wände, der Boden und der Deckel sind aus Holz.
Wie viel m^2 Holz muss er mindestens kaufen, wenn die Truhe 90 cm lang, 50 cm breit und 50 cm hoch sein soll?

11 Die abgebildeten Körper sind aus Würfeln zusammengesetzt. Die Würfel haben eine Kantenlänge von 1 cm.
Bestimme den Oberflächeninhalt der Körper.

a)

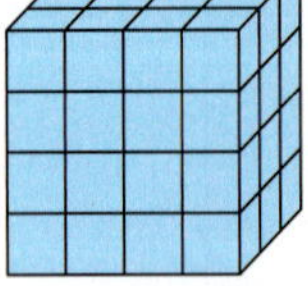

b)

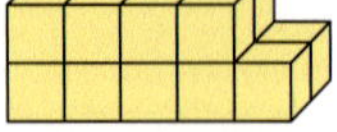

c)

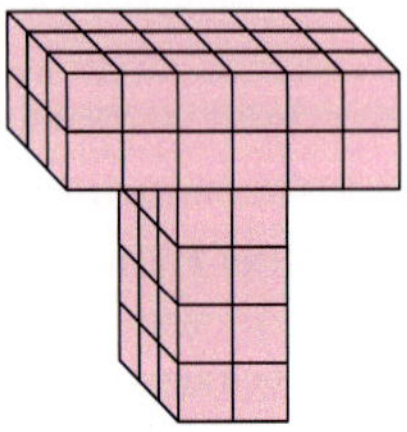

d)

8 Yasemin möchte einen leeren Karton mit Spiegelfolie bekleben. Der Karton ist 20 cm lang, 6 cm breit und 8 cm hoch.

a) Wie viel cm^2 Spiegelfolie braucht sie?

b) Braucht sie genauso viel Spiegelfolie, wenn sie statt des großen Kartons zwei kleine Kartons beklebt, die 10 cm lang, 6 cm breit und 8 cm hoch sind? Begründe.

9 Wie verändert sich der Oberflächeninhalt eines Würfels, wenn man seine Kantenlänge verdoppelt? Begründe an einem Beispiel.

10 Die Schüler der 6c sollen einen Würfel mit der Kantenlänge 3,5 dm mit roter Farbe anstreichen. Die Unterseite soll nicht gestrichen werden.
Genügt eine Farbdose, die für $1\,\text{m}^2$ reicht?

11 Berechne den Oberflächeninhalt der Werkstücke (Maße in cm).

a)

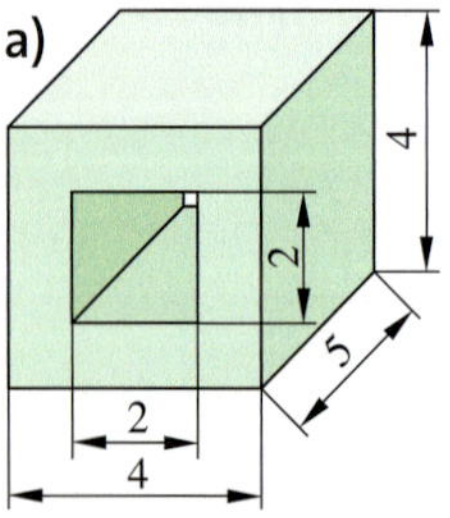

b)

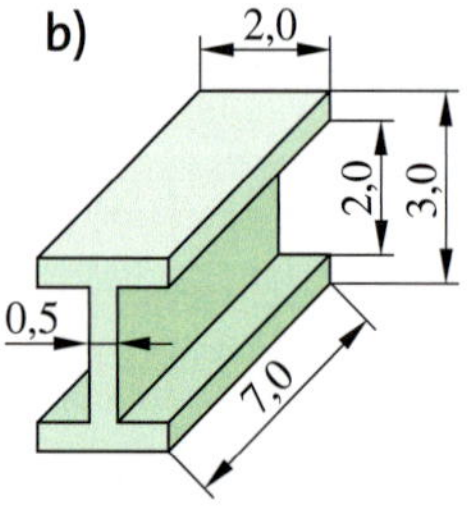

c)

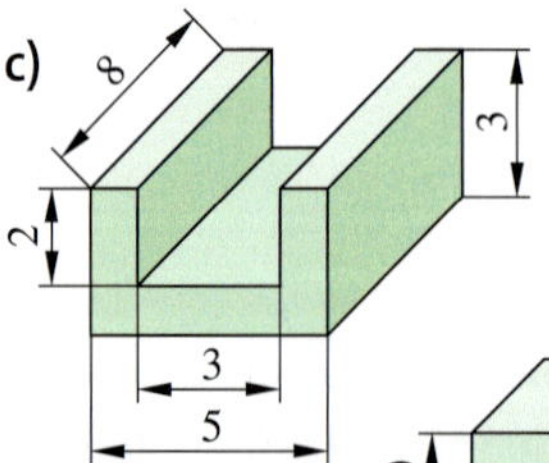

d)

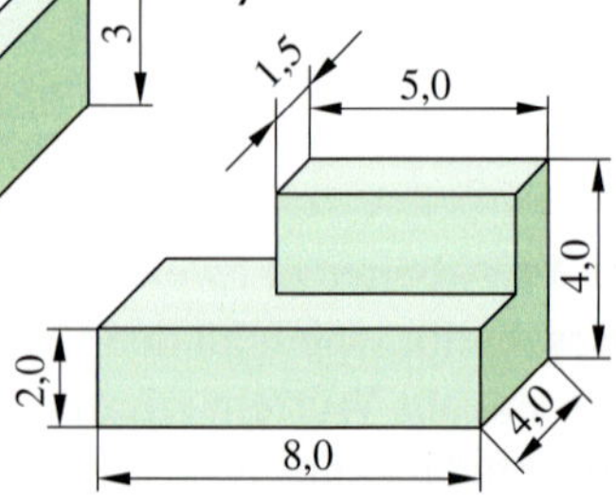

HINWEIS
zu **11**
Jede Seitenfläche, die man anstreichen könnte, gehört zum Oberflächeninhalt des Werkstücks.

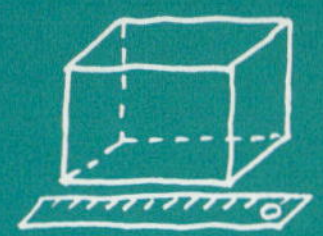

Vergleichen und Messen von Körpern

Entdecken

1 Flüssigkeiten werden oft mit Messbechern abgemessen.
Auf der Skala kann man die genaue Flüssigkeitsmenge ablesen.

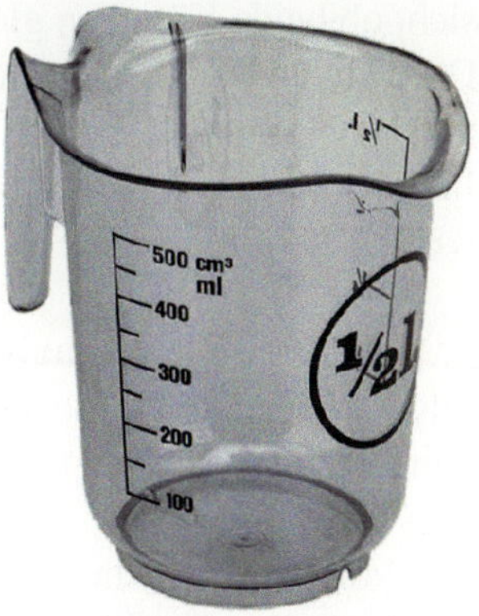

a) Erkläre die Bedeutung der Abkürzungen auf dem Messbecher in jeweils einem Satz.
b) Miss mit einem Messbecher ab, wie viel Wasser in die folgenden Gefäße passt: Tasse, Glas, Brotdose, Blumentopf. Notiere deine Ergebnisse in dein Heft.
c) Schätze, welche Menge Wasser man in einen Würfel mit der Kantenlänge 1 dm füllen kann.
d) Überlege, welche Gefäße so viel Wasser fassen wie der Würfel mit der Kantenlänge 1 dm.
e) Wie viele Würfel der Kantenlänge 1 dm passen in einen Würfel mit der Kantenlänge 1 m? Welche Wassermenge ist dann im großen Würfel enthalten? Fertige eine Skizze an.

2 Kai hat aus Zentimeterwürfeln verschiedene Körper gebaut.
a) Wie viele Würfel wurden in den einzelnen Körpern verbaut?
b) Welche Abmessungen müsste eine quaderförmige Kiste jeweils mindestens haben, damit die abgebildeten Körper dort aufbewahrt werden können?

HINWEIS
Alle Kanten eines ***Zentimeterwürfels*** *sind 1 cm lang.*

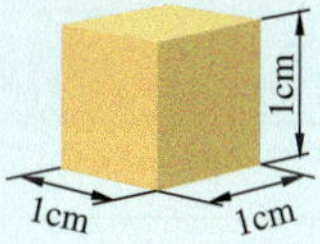

①

②

③
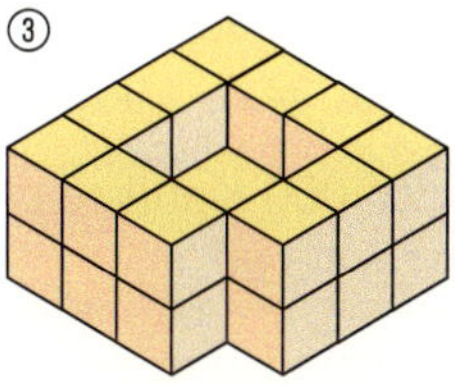

④

3 Einen Würfel mit der Kantenlänge 1 m nennt man Meterwürfel. Sein Volumen beträgt 1 Kubikmeter (man schreibt: $1\,m^3$).
In einen Meterwürfel passen etwa sieben Kinder und eine Katze.

a) Nenne Gegenstände, die etwa ein Volumen von $1\,m^3$ haben.
b) Schätze, wie viele Meterwürfel in deinen Klassenraum oder eure Turnhalle passen.
c) Wie viele Würfel mit der Kantenlänge 1 dm passen in einen Meterwürfel?
d) Wie viele Zentimeterwürfel passen in den Meterwürfel?

Verstehen

David und Jelena vergleichen einen Quader und einen Würfel. Sie fragen sich, ob beide Kästchen gleich groß sind. Dazu füllen sie beide Kästchen mit Zentimeterwürfeln.
In jedes Kästchen passen 64 Zentimeterwürfel, also sind sie gleich groß.

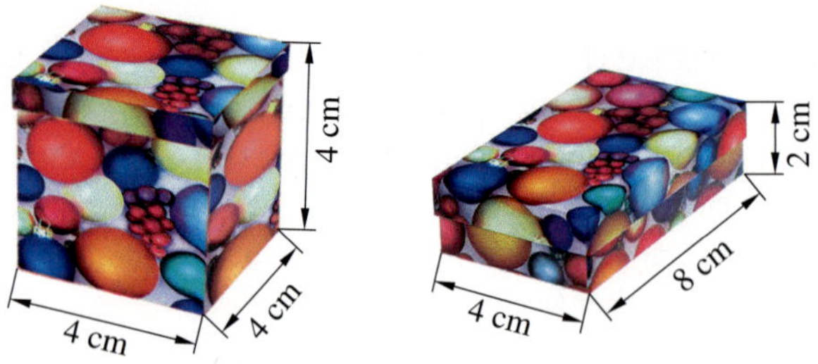

Merke Der **Rauminhalt** eines Körpers wird auch **Volumen** genannt. Das Volumen gibt die Größe eines Körpers an. Können zwei Körper mit gleich vielen, gleich großen Teilkörpern ausgelegt werden, so haben sie dasselbe Volumen.

Das Volumen wird durch Vergleich mit Einheitskörpern gemessen. Als Einheitsvolumen eignen sich besonders gut Würfel, zum Beispiel mit der Kantenlänge 1 m oder 1 cm.

Volumeneinheiten und ihre Umrechnung

$1\,m^3$

Mülltonne

$1\,dm^3$

Milchkarton

$1\,cm^3$

Zuckerwürfel

$1\,mm^3$

Salzkorn

$1\,m^3 = 1\,000\,dm^3$

$1\,dm^3 = 1\,000\,cm^3$

$1\,cm^3 = 1\,000\,mm^3$

Beispiel 1

Wie viel Kubikzentimeter sind 2 Kubikmeter?

$2\,m^3 = 2 \cdot 1\,m^3 = 2 \cdot 1\,000\,dm^3 = 2 \cdot 1\,000\,000\,cm^3 = 2\,000\,000\,cm^3$

Wie viel Kubikmeter sind 4 500 000 Kubikzentimeter?

$4\,500\,000\,cm^3 = 4\,500\,dm^3 = 4{,}5\,m^3$

HINWEIS
Wird eine Größe in eine kleinere Maßeinheit umgerechnet, dann vergrößert sich die Maßzahl und umgekehrt.

Merke Wandelt man **Volumenmaße** in eine benachbarte Volumeneinheit um, so ist die **Umrechnungszahl 1 000**.

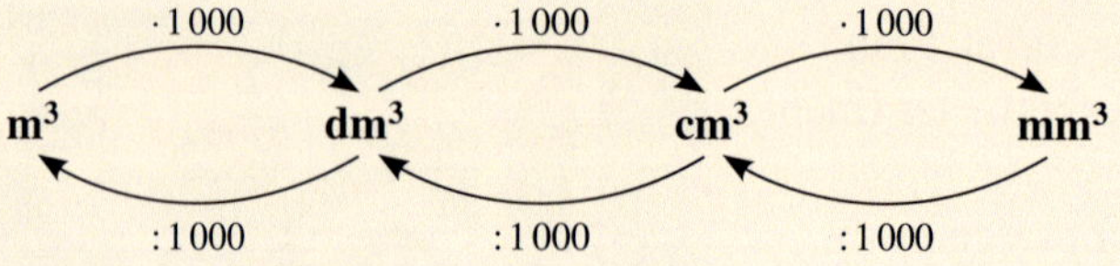

Ein Liter Wasser passt genau in einen Würfel mit dem Volumen $1\,dm^3$.

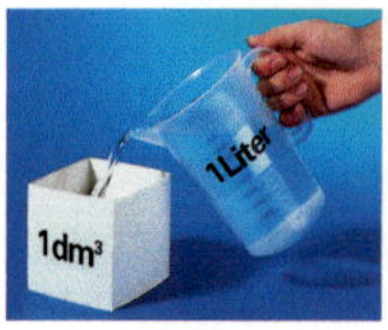

Beispiel 2

Wie viel Liter sind 3 Kubikmeter? $3\,m^3 = 3\,000\,dm^3 = 3\,000\,l$

Wie viel Kubikzentimeter sind 1,5 Liter? $1{,}5\,l = 1{,}5\,dm^3 = 1\,500\,cm^3$

Merke Für Flüssigkeiten verwendet man **Hohlmaße**.
1 Liter (l) hat 1 000 Milliliter (ml).
Volumenmaße und Hohlmaße können nach der Tabelle ineinander umgerechnet werden.

Volumenmaß	Hohlmaß
$1\,dm^3$	1 l
$1\,cm^3$	1 ml

Margarinewürfel mit einer Kantenlänge von 1 dm werden in einem Karton verpackt.
Der Karton ist 5 dm lang, 3 dm breit und 2 dm hoch.

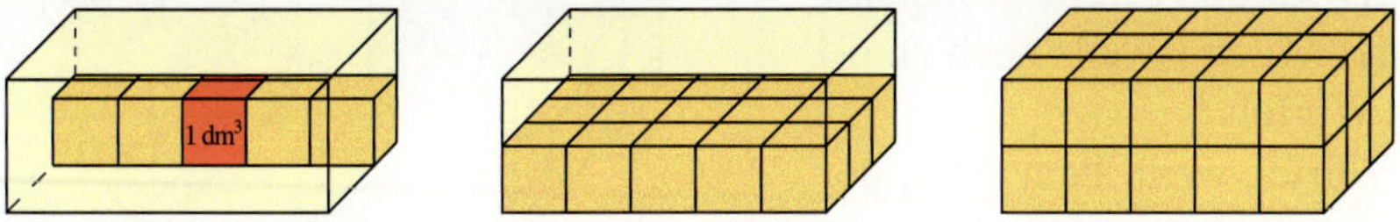

Der Karton kann mit 3 Reihen mit jeweils 5 Margarinewürfeln ausgelegt werden. Es passen 2 Lagen übereinander.

Der Karton hat ein Volumen von $5 \cdot 3 \cdot 2 \cdot \boxed{1\,\text{dm}^3} = 30\,\text{dm}^3$.

Merke

Das **Volumen *V* eines Quaders** wird mit der Formel $V = a \cdot b \cdot c$ berechnet.

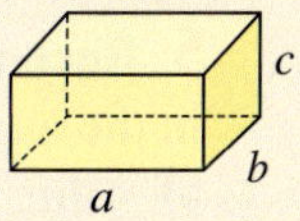

Das **Volumen *V* eines Würfels** wird mit der Formel $V = a \cdot a \cdot a = a^3$ berechnet.

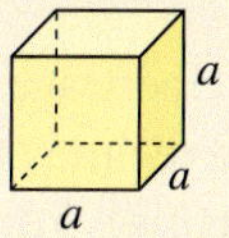

HINWEIS
„Länge mal Breite mal Höhe" ergibt das Volumen eines Quaders.

Üben und anwenden

1 Aus wie vielen Würfeln bestehen diese Körper? Ordne sie nach der Größe ihres Volumens. Beginne mit dem Kleinsten.

a)

b)
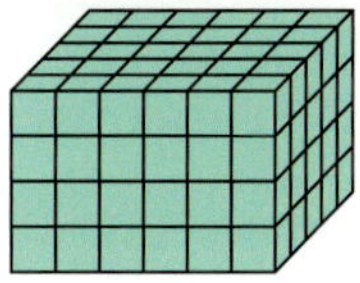

c)
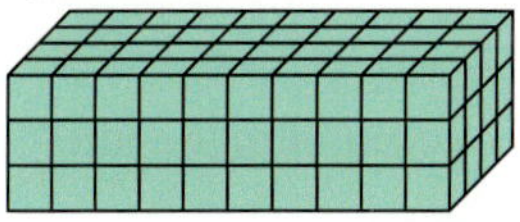

1 Gib das Volumen des abgebildeten Körpers in Kubikzentimeter (cm^3) an. Jeder Teilwürfel hat die Kantenlänge 1 cm.

a)

b)
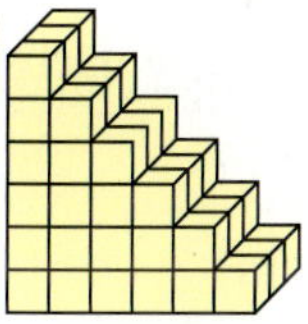

c)
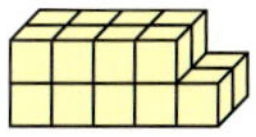

d)
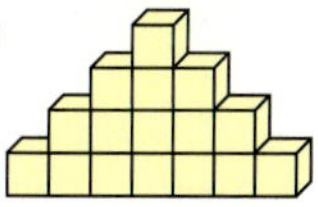

2 Wie viele kleine Würfel benötigt man, um aus ihnen den großen Würfel zusammenzusetzen?

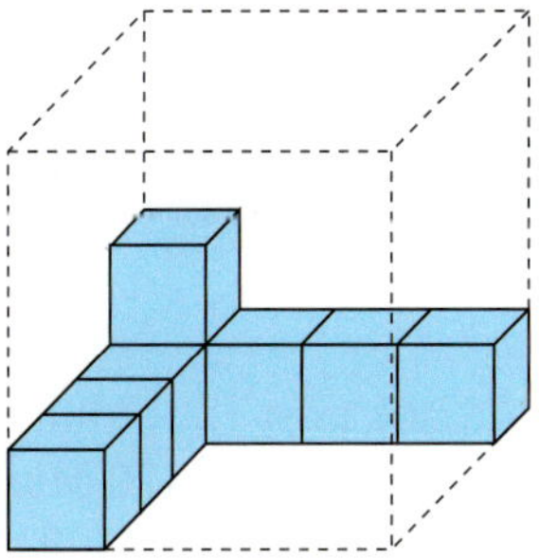

2 Wie viele Würfel mit der Kantenlänge 1 cm benötigt man, um mit ihnen den Quader zu füllen?

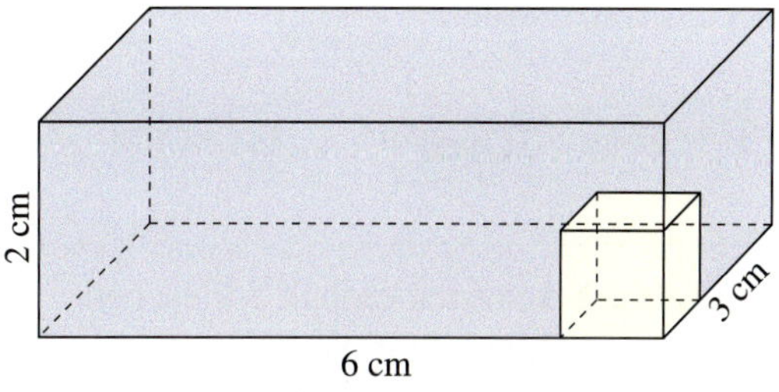

ZUM WEITERARBEITEN
Wie viele Zentimeterwürfel fehlen am Dezimeterwürfel?

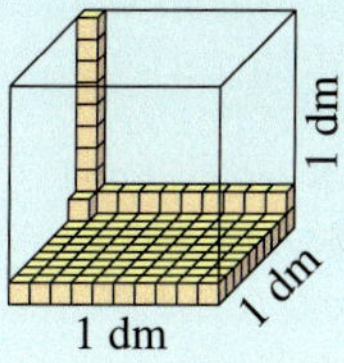

3 Aus kleinen Styroporwürfeln mit der Kantenlänge 1 cm soll ein großer Würfel zusammengesetzt werden. Betrachte die Zeichnungen ① und ②.

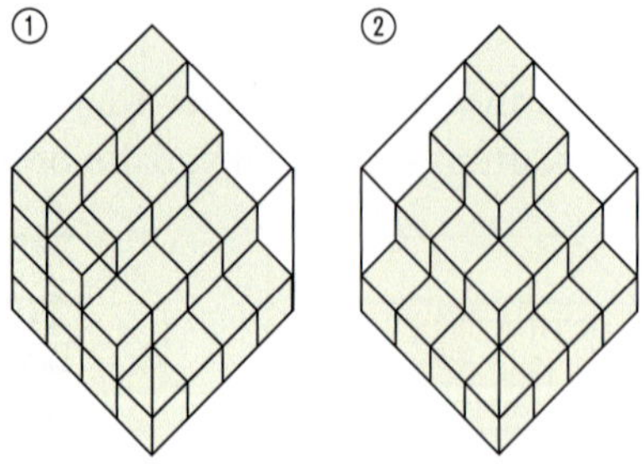

a) Wie viele kleine Würfel wurden bereits gestapelt?
b) Wie viele kleine Würfel fehlen jeweils noch zum Ausfüllen des großen Würfels?
c) Was wiegt der große Würfel, wenn $1\,cm^3$ Styropor 30 mg wiegt?

---

4 In welcher Volumeneinheit würdest du das Volumen der folgenden Körper angeben?

a) Schwimmbecken b) Würfelzucker
c) Schuhkarton d) Wassereimer
e) Trinkpäckchen f) Wassertropfen

4 Schätze das Volumen der Gegenstände.

a) Saftglas b) Kochtopf
c) Mülltonne d) Blumenvase
e) Badewanne f) Parfüm/Deo
g) Tintenpatrone h) Thermoskanne

---

5 Übertrage die Stellenwerttafel ins Heft und rechne mit ihrer Hilfe um.

Beispiel $5\,dm^3 = \square\,cm^3$

dm^3			cm^3			mm^3		
H	Z	E	H	Z	E	H	Z	E
		5						
		5	0	0	0			

$5\,dm^3 = 5\,000\,cm^3$

a) $18\,dm^3 = \square\,cm^3$ b) $33\,cm^3 = \square\,mm^3$
c) $10\,cm^3 = \square\,mm^3$ d) $125\,cm^3 = \square\,mm^3$
e) $15\,dm^3 = \square\,cm^3$ f) $350\,dm^3 = \square\,cm^3$

5 Rechne mithilfe einer Stellenwerttafel in die angegebene Einheit um.

a) $4\,dm^3$ (cm^3) b) $50\,cm^3$ (mm^3)
c) $39\,m^3$ (dm^3) d) $108\,m^3$ (dm^3)
e) $75\,cm^3$ (mm^3) f) $88\,m^3$ (dm^3)
g) $65\,m^3$ (dm^3) h) $34\,dm^3$ (cm^3)
i) $80\,cm^3$ (mm^3) j) $1\,047\,cm^3$ (mm^3)

---

6 Rechne in die nächstkleinere Einheit um.

a) $2{,}5\,dm^3$ b) $8{,}8\,cm^3$
c) $15{,}4\,cm^3$ d) $20{,}8\,cm^3$
e) $40{,}04\,dm^3$ f) $102{,}005\,dm^3$
g) $6{,}025\,5\,dm^3$ h) $0{,}875\,cm^3$

HINWEIS
zu Aufgabe 6
Du kannst dir zur Hilfe eine Stellenwerttafel ins Heft zeichnen.

6 Fülle die Tabelle im Heft aus.

	dm^3	cm^3	mm^3
a)	44,8		
b)		2 005,2	
c)			120 080
d)	125,05		
e)		0,75	
f)			555,55

---

7 Wähle fünf Artikel und rechne die Hohlmaße in Volumenmaße um.

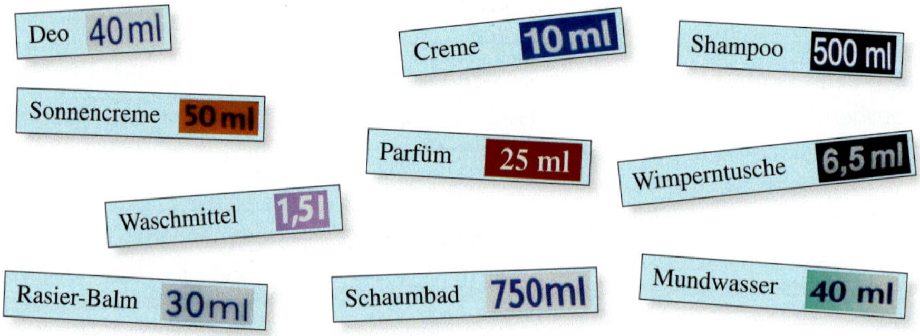

---

8 Ein Getränkekasten enthält 8 Flaschen Limonade zu 1,5 l Inhalt. Wie viele Gläser zu je 200 ml kann man damit füllen?

8 Eine Mülltonne fasst 120 l Müll. In einem Dorf werden an einem Tag 420 Mülltonnen geleert. Wie viel Kubikmeter Müll ergibt das?

9 Berechne das Volumen der Quader.

a)

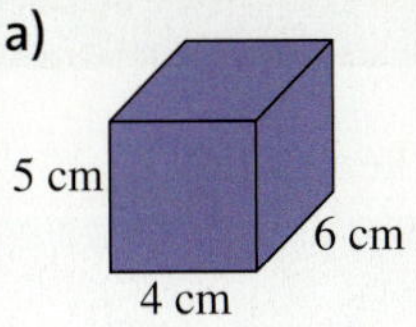

b)

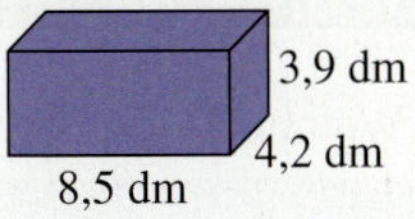

10 Berechne das Volumen der Quader in Kubikzentimeter (cm^3). Welche Quader haben dasselbe Volumen?

a) $a = 4\,cm$, $b = 5\,cm$, $c = 6\,cm$
b) $a = 3\,cm$, $b = 6\,cm$, $c = 6\,cm$
c) $a = 2\,cm$, $b = 5\,cm$, $c = 12\,cm$
d) $a = 6\,cm$, $b = 3\,cm$, $c = 12\,cm$

11 Übertrage die Tabelle in dein Heft und vervollständige sie.

	Länge	Breite	Höhe	Volumen
a)	2 cm	3 cm	4 cm	
b)		3 m	2 m	$30\,m^3$
c)	3 dm		7 dm	$21\,dm^3$
d)	5 cm	7 cm		$210\,cm^3$
e)	5 cm	0,6 dm	0,4 dm	

12 Wie ändert sich das Volumen eines Würfels, wenn man die Kantenlängen verdoppelt? Stelle eine Vermutung auf und überprüfe sie am Beispiel von Würfeln mit den Kantenlängen $a = 4\,m$ und $a = 6\,m$.

13 Berechne das Volumen der zusammengesetzten Körper.

a)

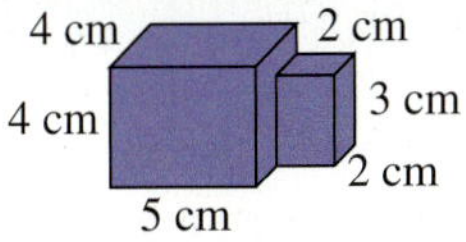

b)

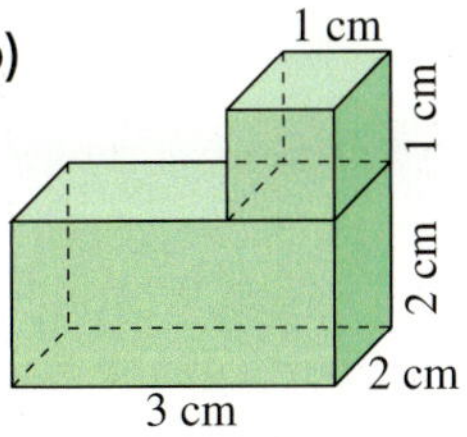

14 Arbeitet zu zweit. Berechnet das Volumen der Körper. Die Maße sind in cm angegeben.

a)

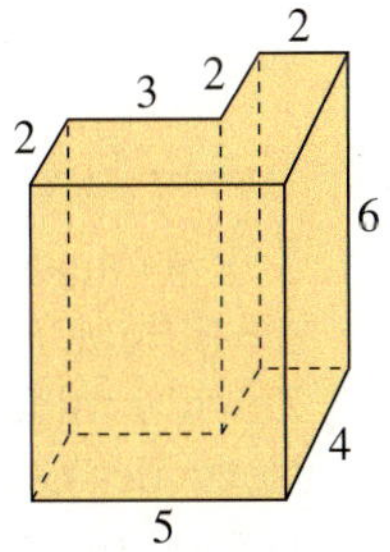

b)

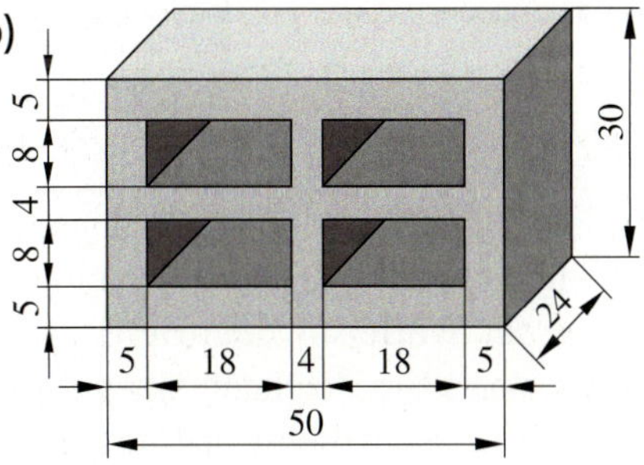

9 Berechne das Volumen der Quader. Achte auf die Einheiten.

a)

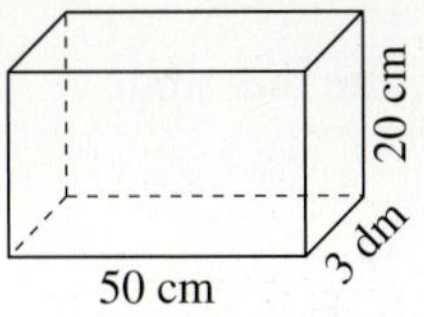

b)

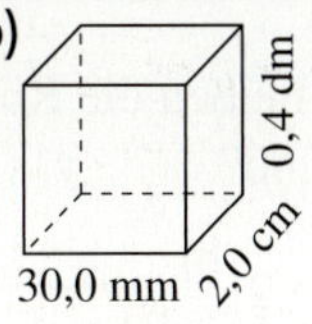

10 Berechne das Volumen der Quader. Sortiere die Ergebnisse der Größe nach.

a) $a = 5\,cm$, $b = 7\,cm$, $c = 8\,cm$
b) $a = 12\,cm$, $b = 9\,cm$, $c = 4{,}5\,cm$
c) $a = 4\,m$, $b = 20\,dm$, $c = 300\,cm$
d) $a = 2{,}5\,m$, $b = 1{,}5\,m$, $c = 0{,}5\,m$

11 Übertrage die Tabelle und berechne die fehlenden Angaben im Heft.

	Länge	Breite	Höhe	Volumen
a)	6,6 cm	5,2 cm	2,9 cm	
b)		2 cm	1,5 dm	$90\,cm^3$
c)	50 cm		120 cm	$300\,dm^3$
d)	7,2 cm	7,5 dm		$54\,dm^3$
e)	1,2 dm	13 cm	3,4 dm	

12 Wie ändert sich das Volumen eines Würfels, wenn seine Kantenlängen verdoppelt werden?
Wie ändert sich das Volumen, wenn sie halbiert werden?

13 Berechne das Volumen der zusammengesetzten Körper (Maße in cm).

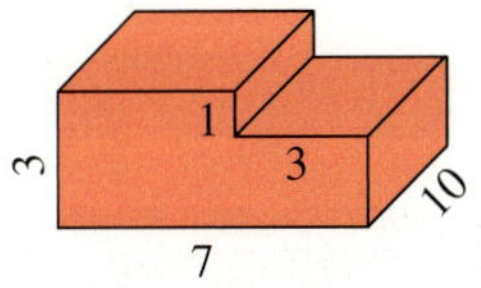

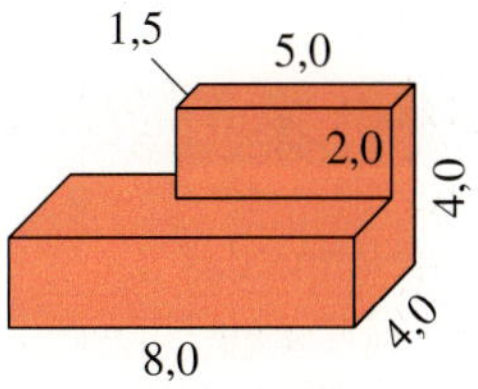

ZUM WEITERARBEITEN
Ein Würfel hat ein Volumen von $27\,000\,cm^3$. Wie lang sind seine Kantenlängen?

Klar so weit?

→ Seite 144

Körperformen erkennen und beschreiben

1 Wie heißen die Körper, die hier abgebildet sind?

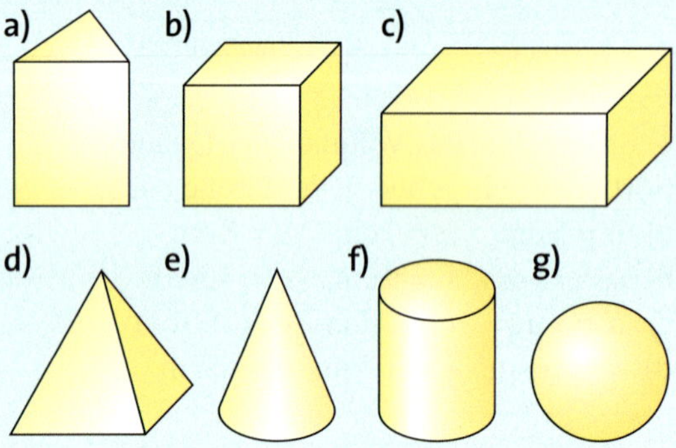

1 Welche Körperformen erkennst du?

2 Körperformen im Alltag
a) Welche Körperformen haben folgende Gegenstände?
Schuhkarton, Apfelsine, Eistüte, Ziegelstein, CD, Telefonbuch, Würfelzucker, 1-€-Münze, Seifenblase, Schultüte
b) Nenne zu jeder Körperform ein weiteres Beispiel.

2 Ermittle für einen Quader, ein Dreiecksprisma und eine Kugel die Anzahl der Ecken, Kanten und Flächen.
a) Welcher Körper hat besonders viele und welcher besonders wenige Ecken bzw. Kanten und Flächen?
b) Welcher Körper hat drei Flächen, zwei Kanten und keine Ecke?

3 Stammen die abgebildeten Schrägbilder alle von demselben Quader? Begründe.

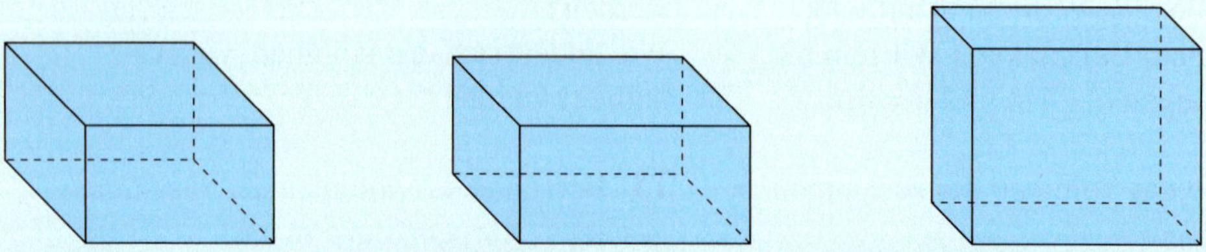

→ Seite 150

Netz von Quader und Würfel

4 Zeichne das Netz der abgebildeten Verpackung.

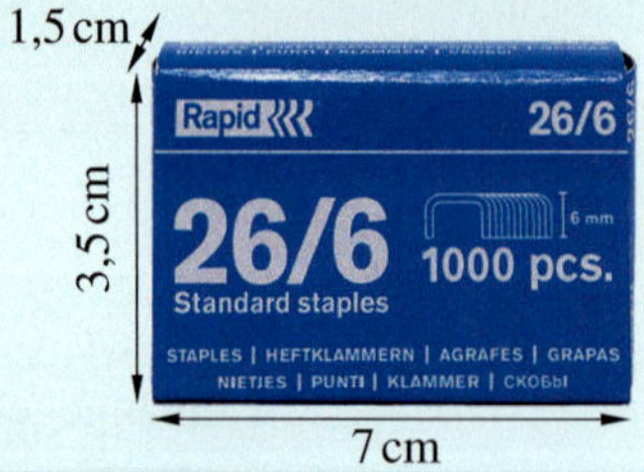

4 Bei einem Würfel haben jeweils zwei gegenüberliegende Seiten zusammen die Augensumme 7.
Skizziere zwei verschiedene Netze des Würfels und zeichne die Augenzahlen ein.

5 Ein Würfel hat eine Kantenlänge von 2 cm. Zeichne mindestens drei unterschiedliche Netze des Würfels in dein Heft.
Kann man beim Zeichnen eines Körpernetzes die Teilflächen beliebig aneinanderzeichnen?

5 Ein Quader hat die folgenden Seitenlängen: $a = 3{,}5\,\text{cm}$, $b = 5{,}2\,\text{cm}$ und $c = 4{,}8\,\text{cm}$.
Zeichne mindestens drei unterschiedliche Netze des Quaders ins Heft.
Worauf musst du beim Zeichnen achten?

Oberfläche von Quader und Würfel

→ Seite 154

6 Das ist das Netz eines Quaders. Entnimm der Zeichnung die notwendigen Maße und berechne den Oberflächeninhalt.

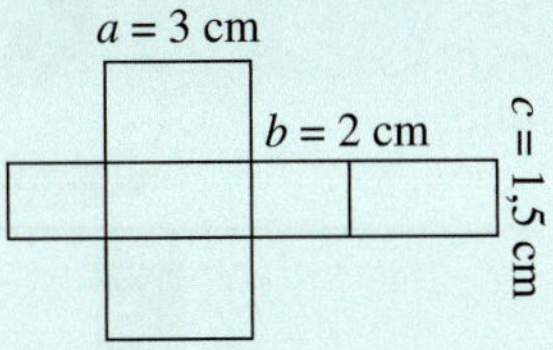

6 Berechne den Oberflächeninhalt des Quaders.

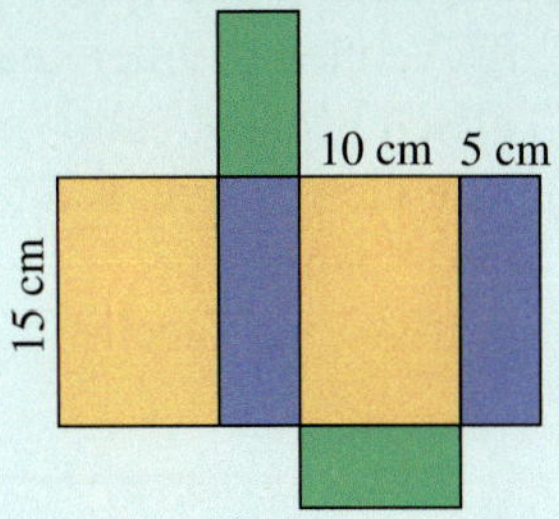

7 Vergleiche den Oberflächeninhalt der Körper durch Abzählen oder Berechnen.

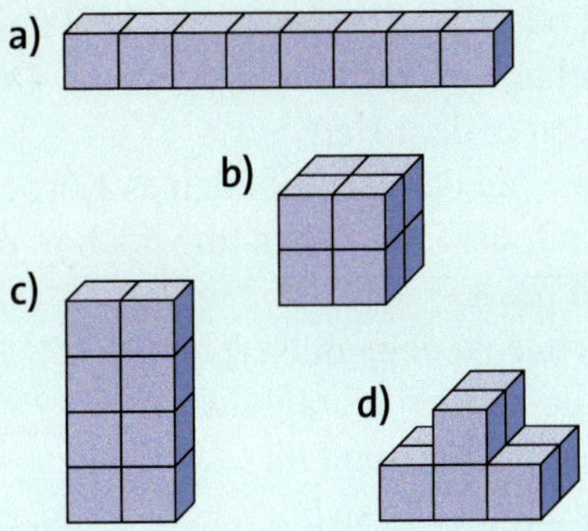

7 Berechne den Oberflächeninhalt der Werkstücke. Entnimm die Maße der Zeichnung.

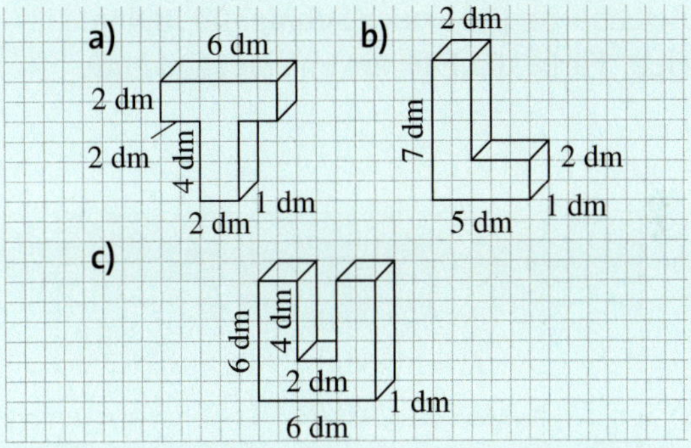

Vergleichen und Messen von Körpern

→ Seiten 158/159

8 Berechne das Volumen.

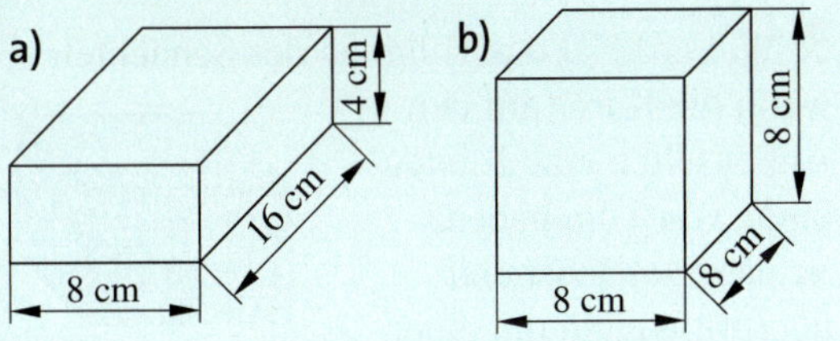

8 Berechne die fehlenden Angaben des Quaders im Heft.

	Länge	Breite	Höhe	Volumen
a)		20 mm	15 mm	7500 mm^3
b)	34 cm	20 cm	6 cm	
c)	2,3 m	310 cm		4278 m^3
d)	4 dm		1,3 m	780 dm^3

9 Guinness-Rekord: Der kleinste und leichteste Farbfernseher der Welt besitzt die Abmessungen 60 mm × 91 mm × 24 mm. Welches Volumen hat er?

9 Ein Quader mit einer quadratischen Grundfläche hat ein Volumen von 240 cm^3. Wie lang könnten die Seitenlängen der Grundfläche sein? Gib ganzzahlige Längen an.

10 Berechne das Volumen des Körpers. Alle Maße sind in cm angegeben.

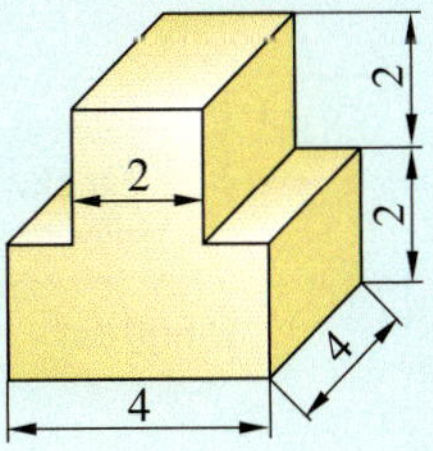

10 Berechne das Volumen des Körpers. Alle Maße sind in cm angegeben.

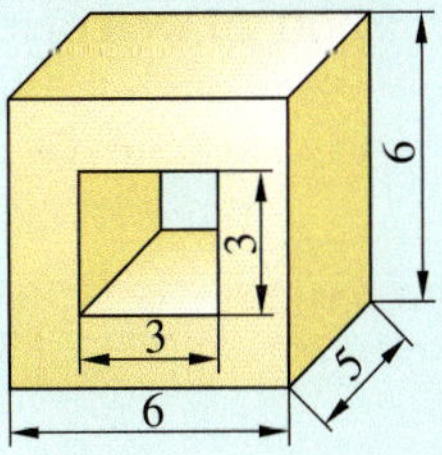

Vermischte Übungen

1 Welche Körper siehst du im Bild?

a) Benenne die Körper.
Vergleicht untereinander, ob ihr alle Körper gleich benannt habt.

b) Wie viele Ecken, Kanten und Flächen besitzen die einzelnen Körper?
Fertige eine Tabelle in deinem Heft an.

2 Du siehst das Netz eines Quaders. Entnimm die Maße der Zeichnung. Zeichne ein passendes Schrägbild in dein Heft. Färbe die Flächen entsprechend ein.

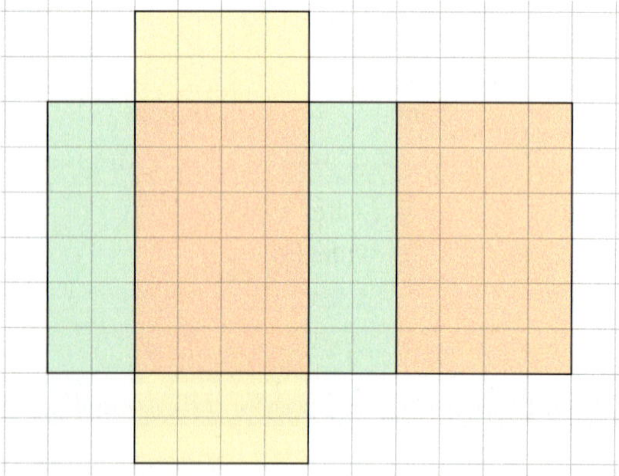

2 Suche dir in dem Zimmer, in dem du dich befindest, einen kleinen Körper, der einem Würfel oder Quader gleicht, wie z. B ein Buch.

a) Zeichne ein Netz des Körpers mit Originalmaßen in dein Heft.
Achte bei der Auswahl deines Körpers darauf, dass die Zeichnung noch in dein Heft passt.

b) Zeichne zu deinem Netz ein passendes Schrägbild.

c) Färbe im Netz und im Schrägbild alle sich entsprechenden Flächen mit der gleichen Farbe.
Überprüft euch gegenseitig.

3 Welcher Sandkasten hat das größte Volumen? Ordne die Kästen nach der Größe ihres Volumens.

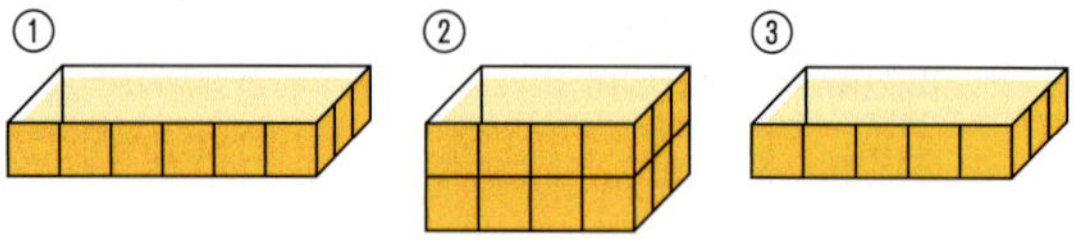

3 Wie groß ist das Volumen der Schachtel, wenn die Karos auf den Außenseiten eine Kantenlänge von 1 cm haben? Schätze zunächst und überprüfe dann mit einer Rechnung.

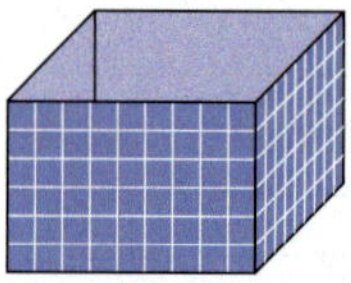

4 Miss die folgenden Gegenstände aus. Berechne ihren Oberflächeninhalt.

a) Butterstück
b) Schuhkarton
c) Streichholzschachtel
d) Zimmertür
e) Kühlschrank
f) Trinkpäckchen

4 Wie groß ist ungefähr die Oberfläche der folgenden Gegenstände? Erkläre, wie du vorgegangen bist.

a) Radiergummi
b) Rucksack
c) Federmäppchen
d) Mathebuch

5 Welcher Körper gehört zu welchem Volumen? Ordne zu.

Brotdose | 0,8 cm³ | Würfelzucker | 1 dm³ | 0,8 m³ | Stecknadelkopf | 2 mm³ | Sandkasten | Kühlschrank | 0,25 m³ | Milchtüte | 600 cm³

6 Rechne mithilfe einer Stellenwerttafel in die angegebene Einheit um.

a) $4\,dm^3$ (cm^3) b) $50\,cm^3$ (mm^3)
c) $39\,m^3$ (dm^3) d) $108\,m^3$ (dm^3)
e) $75\,cm^3$ (mm^3) f) $88\,m^3$ (dm^3)
g) $65\,m^3$ (dm^3) h) $34\,dm^3$ (cm^3)

7 Berechne das Volumen und den Oberflächeninhalt des Werkstücks.
Alle Maße sind in cm angegeben.

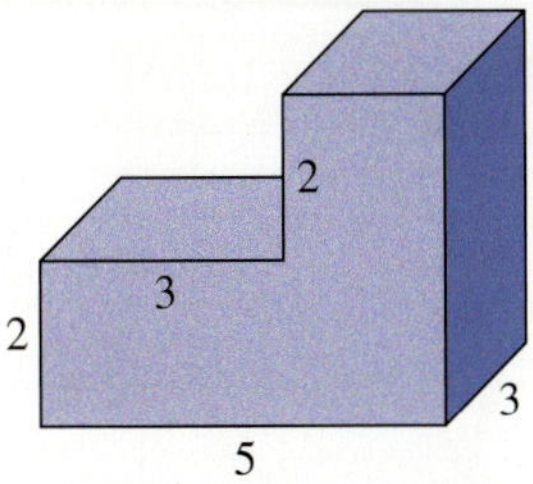

8 Die Wetterkunde-AG hat ein Regenmessgerät gebaut und meldet: „Gestern stand das Regenwasser 12 mm hoch.“
Wie viel Liter Regenwasser fielen auf $1\,m^2$ Bodenfläche?

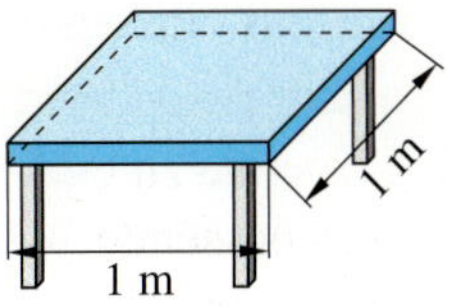

9 Aus Versehen hat jemand im Packraum den Zettel mit den Maßen der Kartons zerrissen. Ein Teil der Maße ging dabei verloren.
Ergänze im Heft die fehlenden Angaben (Maße in cm).
Kontrolliert eure Rechnungen gegenseitig.

	Länge	Breite	Höhe	Inhalt
Karton A	35	19	11	cm^3
Karton B	51	24		14 688 cm^3
Karton C	60		15	23 400 cm^3
Karton D		25	12	30 000 cm^3

10 Sarah möchte das Volumen eines Steins bestimmen. Sie füllt 0,5 l Wasser in einen Messbecher und wirft den Stein in den Becher. An der Skala liest sie nun den Wasserstand ab. Er beträgt 650 ml. Gib das Volumen des Steins in cm^3 an.

6 Schreibe in der angegebenen Einheit.

Beispiele $1{,}5\,dm^3 = 1\,500\,cm^3$
$750\,cm^3 = 0{,}75\,dm^3$

a) $2{,}5\,dm^3 = \square\,cm^3$ b) $4{,}52\,dm^3 = \square\,cm^3$
c) $0{,}075\,dm^3 = \square\,cm^3$ d) $75\,cm^3 = \square\,dm^3$
e) $5\,cm^3 = \square\,dm^3$ f) $1\,800\,cm^3 = \square\,dm^3$

7 Berechne das Volumen und den Oberflächeninhalt des Werkstücks.
Alle Maße sind in cm angegeben.

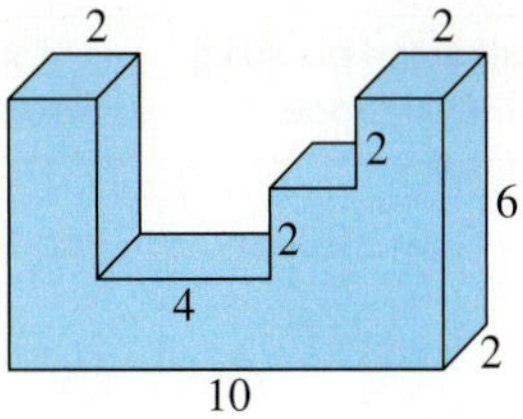

8 Ermittle über einen Wetterdienst z. B. im Internet die durchschnittliche Niederschlagsmenge pro Jahr in deinem Heimatort.
Berechne, wie viel Liter Wasser insgesamt auf $1\,m^2$ gefallen sind.

10 Florian möchte das Volumen eines Wassertropfens bestimmen.
a) Erkläre, wie er das machen könnte.
b) Sein Vater behauptet, dass ein tropfender Wasserhahn täglich 100 l Wasser verbraucht. Kann das stimmen? Begründe.

HINWEIS
*zu Aufgabe **10***
Wandle zuerst die Einheiten um.

11 Volumenberechnung einmal anders.
Erkläre, wie die beiden Mädchen ihr Volumen vergleichen. Welches Volumen hat Anna?

Wir ziehen um

Bei einem Umzug muss man alle Einrichtungsgegenstände gut verpacken, damit sie beim Transport nicht beschädigt werden. In Baumärkten oder bei Umzugsunternehmen kann man dafür spezielle Umzugskartons kaufen.
Ein Umzugsunternehmen bietet einzelne Umzugskartons oder ein Set für den Umzug an.

Set für 37,50 €	
10 ×	Bücherkarton bis 30 kg
10 ×	Universalkarton bis 30 kg
1 ×	Luftpolsterfolie Kurzrolle 40 cm breit, 5 m lang

Universalkarton bis 30 kg Material: Wellpappe Farbe: braun	*L* × *B* × *H* 60 cm × 35 cm × 35 cm	
	ab 1 Stück	ab 30 Stück
Preis	2,05 €	1,40 €

Bücherkarton bis 30 kg Material: Wellpappe Farbe: braun		*L* × *B* × *H* 40 cm × 35 cm × 35 cm	
	ab 1 Stück	ab 20 Stück	ab 80 Stück
Preis	1,75 €	1,55 €	1,45 €

12 Vergleiche den Set-Preis mit den Preisen für die einzelnen Kartons.

a) Wie viel Geld spart man, wenn man ein Set statt alle enthaltenen Teile einzeln kauft?

b) Für einen größeren Umzug werden mindestens 30 Bücherkartons und 30 Universalkartons benötigt. Sollte man drei Sets nehmen oder die Kartons einzeln bestellen?

13 In Umzugskartons passt eine Menge hinein.

a) Gib das Volumen der Bücherkartons und der Universalkartons in cm^3, in dm^3 und in l an.

b) Wie groß ist das Volumen aller Kartons eines Sets zusammen?
Welches Gewicht können sie maximal aufnehmen?

14 Vergleiche mit deinem Mathematikbuch.

a) Schätze zuerst, wie viele Bücher in der Größe deines Mathematikbuchs in einen Bücherkarton passen.

b) Miss nun Länge, Breite und Dicke deines Mathematikbuchs und berechne, wie viele Bücher dieser Größe man in etwa in einen Bücherkarton packen kann.

c) Bestimme das Gewicht deines Mathematikbuchs und berechne, wie schwer der Bücherkarton dann wird.

d) Skizziere, wie man die Bücher in den Karton stapeln kann. Finde verschiedene Möglichkeiten und vergleiche sie.

15 Mit Luftpolsterfolie kann man Umzugsgut vor Schäden und Schmutz schützen. Sie wird auf 40 cm breiten Rollen verkauft. Auf einer Rolle befinden sich 5 laufende Meter Folie.
Max hat ein Aquarium mit den folgenden Maßen: 80 cm × 35 cm × 40 cm. Vor dem Umzug soll das Aquarium in Luftpolsterfolie eingepackt werden.

a) Zeichne ein Netz des Aquariums und berechne seinen Oberflächeninhalt in m^2.

b) Wie viel Meter Folie muss man mindestens abschneiden, um das Aquarium mit einer Schicht Folie zu umwickeln?

c) Max möchte auch seinen Scanner mit Luftpolsterfolie schützen. Der Scanner hat die Maße: Länge 45 cm, Breite 30 cm, Höhe 10 cm. Reicht der Rest der Folie, um den Scanner zu verpacken?

Zusammenfassung

Körperformen erkennen und beschreiben

→ Seite 144

Körper werden von Flächen begrenzt. Dabei wird zwischen **Grundfläche**, **Deckfläche** und **Seitenflächen** unterschieden.

Ein **Quader** wird durch sechs rechteckige Flächen begrenzt. Ein **Würfel** ist ein besonderer Quader, alle Flächen sind Quadrate.

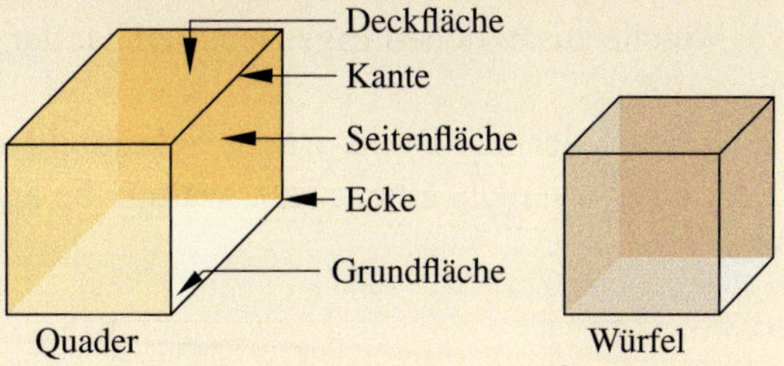

Netz von Quader und Würfel

→ Seite 150

Eine zusammenhängende Abwicklung aller Begrenzungsflächen eines Körpers nennt man auch **Körpernetz**.
Zu einem Körper gibt es verschiedene Netze.

Oberfläche von Quader und Würfel

→ Seite 154

Oberflächeninhalt O: Quader
$O = 2 \cdot a \cdot b + 2 \cdot a \cdot c + 2 \cdot b \cdot c$
oder kürzer
$O = 2 \cdot (a \cdot b + a \cdot c + b \cdot c)$

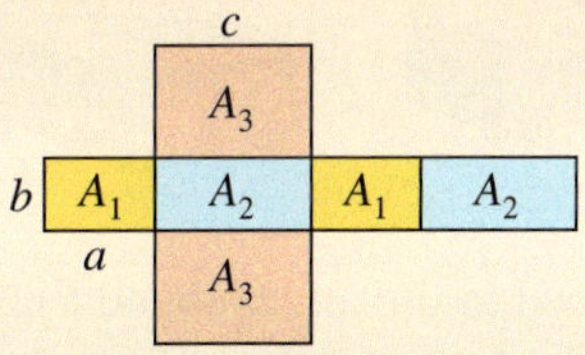

Würfel
$O = 6 \cdot a \cdot a$
oder kürzer
$O = 6 \cdot a^2$

Vergleichen und Messen von Körpern

→ Seiten 158/159

Das **Volumen** gibt die Größe eines Körpers an. Können zwei Körper mit gleich vielen, gleich großen Teilkörpern ausgelegt werden, so haben sie dasselbe Volumen.

Wandelt man **Volumenmaße** in eine benachbarte Volumeneinheit um, so ist die **Umrechnungszahl 1 000**.

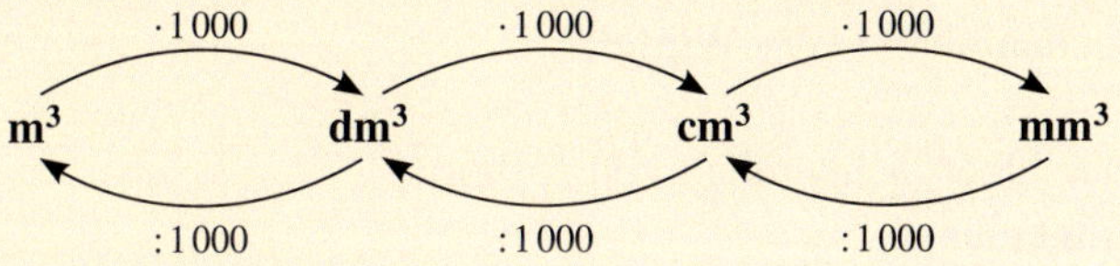

Für Flüssigkeiten werden **Hohlmaße** verwendet. 1 Liter hat 1 000 Milliliter. Volumenmaße und Hohlmaße können ineinander umgerechnet werden: **1 l = 1 dm^3, 1 ml = 1 cm^3**

Das **Volumen V eines Quaders** wird mit der Formel $V = a \cdot b \cdot c$ berechnet.

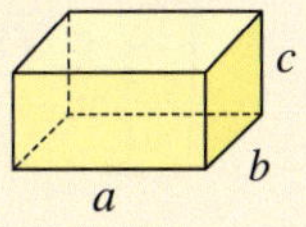

Das **Volumen V eines Würfels** wird mit der Formel $V = a \cdot a \cdot a = a^3$ berechnet.

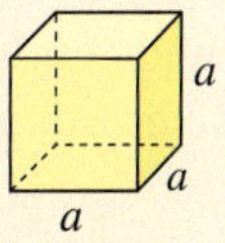

Teste dich!

2 Punkte

1 Vergleiche Quader und Würfel.

a) Gib die gemeinsamen Eigenschaften von Quader und Würfel an.

b) Welche zusätzlichen Eigenschaften hat der Würfel?

2 Punkte

2 Welches der vier Bilder ist das Schrägbild eines Würfels?
Begründe jeweils in einem Satz, warum die anderen drei Bilder keine Schrägbilder von Würfeln sind.

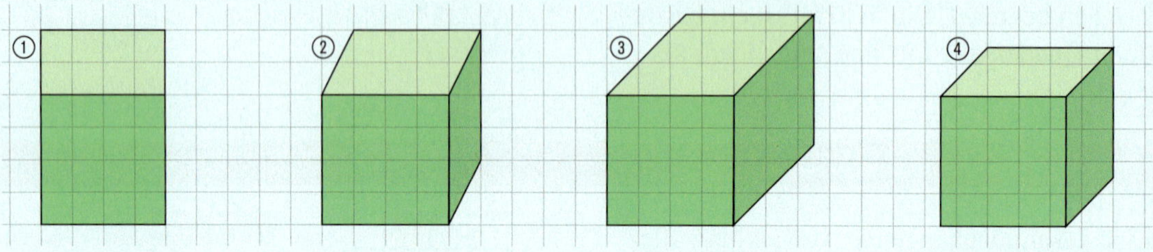

5 Punkte

3 Die abgebildeten Körper sind aus Einheitswürfeln (Kantenlänge = 1 cm) zusammengesetzt.
Wie groß ist ihr Volumen V?

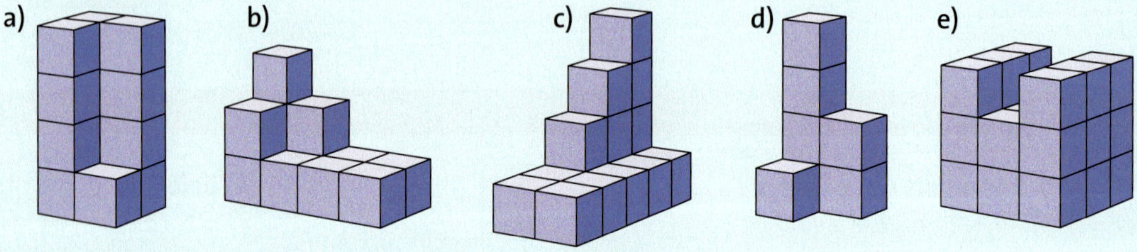

12 Punkte

4 Rechne die Volumenangaben in die angegebene Einheit um.

a) $65\,\text{cm}^3$ (mm^3)	b) $15\,\text{m}^3$ (dm^3)	c) $7\,000\,\text{mm}^3$ (cm^3)	d) $72\,\text{dm}^3$ (mm^3)
e) $5\,\text{m}^3$ (l)	f) $450\,\text{dm}^3$ (ml)	g) $7{,}2\,\text{cm}^3$ (mm^3)	h) $1{,}5\,\text{m}^3$ (dm^3)
i) $7\,500\,\text{mm}^3$ (cm^3)	j) $85\,\text{cm}^3$ (dm^3)	k) $3{,}5\,\text{m}^3$ (l)	l) $4{,}75\,\text{dm}^3$ (ml)

2 Punkte

5 Ein Quader hat die folgenden Maße.
Berechne das Volumen V und den Oberflächeninhalt O des Quaders.

a) $a = 3\,\text{cm}$; $b = 5\,\text{cm}$; $c = 4\,\text{cm}$ b) $a = 3{,}5\,\text{dm}$; $b = 15\,\text{cm}$; $c = 2{,}5\,\text{dm}$

1 Punkt

6 Ein Würfel hat eine Kantenlänge von 41 mm.
Berechne den Oberflächeninhalt O des Würfels.

2 Punkte

7 Ein Würfel hat einen Oberflächeninhalt von $150\,\text{cm}^2$.

a) Berechne seine Kantenlänge.

b) Berechne das Volumen des Würfels.

4 Punkte

8 Parfüm ist häufig aufwändig verpackt.
Gib jeweils das Volumen der Schachtel an und vergleiche es mit der Angabe auf der Verpackung.

Gold: 28–30 Punkte, Silber: 24–27 Punkte, Bronze: 18–23 Punkte

Lösungen ab Seite 212

Daten

Manchmal sind Datenmengen sehr groß.
Im Schulsekretariat sind zum Beispiel die Namen,
die Anschrift, das Geburtsdatum, die Klasse,
die Fächerwahl und die Noten aller Schülerinnen
und Schüler gespeichert.
Um Daten miteinander zu vergleichen,
sind einige Werte von besonderer Bedeutung.
Außerdem ist eine übersichtliche
Darstellung der Daten wichtig.

Noch fit?

Einstieg

1 Daten aus Tabellen entnehmen

In einem Zoo leben acht Elefanten.

a) Sortiere die Elefanten nach ihrem Gewicht.
b) Sortiere die Elefanten nach ihrem Alter. Vergleiche mit a).

Name	Gewicht	Alter
Jenny	4200 kg	44
Ganesh	4900 kg	24
Bala	450 kg	2
Tuffi	3400 kg	13
Calvin	4500 kg	20
Indra	3800 kg	33
Dunja	3600 kg	25
Farina	470 kg	2

2 Kenngrößen von Daten

Gib die höchste Temperatur und die niedrigste an.

a) Wie groß ist der Unterschied?
b) Welche Fachbegriffe kannst du verwenden?

3 Daten aus Umfragen darstellen

Erstelle eine Tabelle mit Strichliste und Häufigkeit zur Umfrage „Lieblingsfarben“.

Teresa:	lila	Cem:	rot
Ilaria:	blau	Luca:	grün
Lotte:	gelb	Fynn:	blau
Chloe:	rot, blau	Samuel:	gelb, grün
Canan:	lila, blau, gelb	Anton:	grün, rot

4 Diagramme lesen

Beschreibe den Inhalt des Diagramms mit eigenen Worten.
Welche Fragestellung könnte über dem Diagramm stehen?

Aufstieg

1 Daten aus Tabellen entnehmen

Sortiere die Lebensmittel nach den Nährstoffen Eiweiß, Fett und Kohlenhydrate sowie nach ihrem Energiegehalt (in Kilokalorien).

je 100 g	Eiweiß	Fett	Kohlenhydrate	Energiegehalt
Butter	1 g	80 g	1 g	764 kcal
Bananen	1 g	0 g	18 g	81 kcal
Chips	5 g	40 g	46,1 g	530 kcal
Würstchen	15 g	26 g	0 g	292 kcal
Brötchen	9,2 g	2 g	50 g	262,8 kcal

2 Kenngrößen von Daten

Entnimm folgende Daten der Tabelle:

a) Minimum und Maximum beim Alter
b) größtes Mädchen und kleinster Junge
c) Spannweite beim Gewicht

Name	Geburtstag	Körpergröße	Gewicht
Max	18.05.04	139 cm	42 kg
Julian	15.06.04	141 cm	39 kg
Tom	12.03.03	131 cm	40 kg
Sina	22.02.04	134 cm	28 kg
Delia	27.09.03	128 cm	27 kg
Anna	24.11.04	132 cm	34 kg

3 Daten aus Umfragen darstellen

Die Frage „Sind Raucher cooler als Nichtraucher?“ wurde wie folgt beantwortet.

Mädchen: 10 × „nein“, 3 × „ja“ und 2 × „keine Meinung“.
Jungen: 8 × „nein“, 4 × „ja“ und 2 × „keine Meinung“.

Erstelle eine Strichliste mit Häufigkeitstabelle.

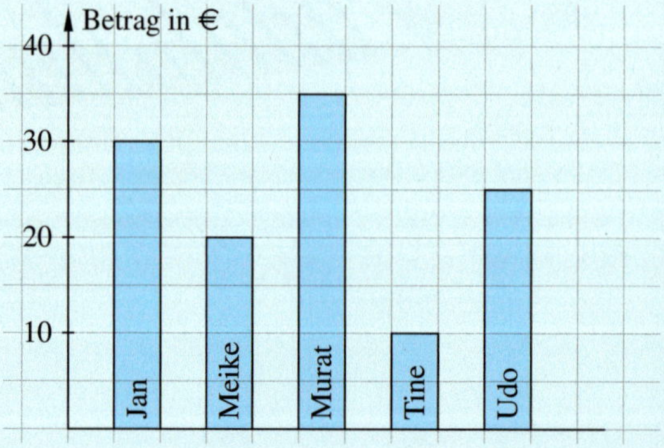

Lösungen ab Seite 212

Negative Zahlen

Entdecken

1 Die Karte zeigt die Temperaturen in einigen europäischen Städten an einem Wintertag.

a) Zeichne ein Thermometer und markiere die Temperaturangaben.

b) Bestimme den Unterschied zwischen der höchsten und der niedrigsten Temperatur.

c) Die höchste je in Deutschland gemessene Temperatur liegt bei 40 °C, die tiefste bei – 38 °C.
Überlege mit einem Partner oder einer Partnerin, wie eine Skala aussehen sollte, auf der sich die beiden Temperaturen markieren lassen.

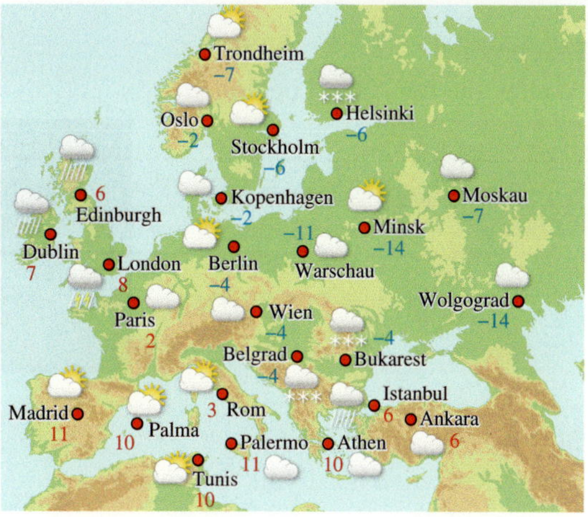

2 Caesar war ein berühmter Herrscher im alten Rom. Sein Adoptivsohn hieß Oktavian. Dieser wurde später Augustus genannt. Er lebte von 63 v. Chr. bis 14 n. Chr.

a) Schau dir die Zeitskala an. Beschreibe die Bedeutung der 0. Wie könnte man das Todesdatum von Oktavian schreiben?

b) Wie alt wurde Caesar?

c) Wie alt war Oktavian zu Christi Geburt?

d) Wie alt wurde Oktavian?

e) Oktavian führte den Ehrennamen „Augustus“ 41 Jahre lang bis zu seinem Tod. Wann bekam er den Ehrenname verliehen?

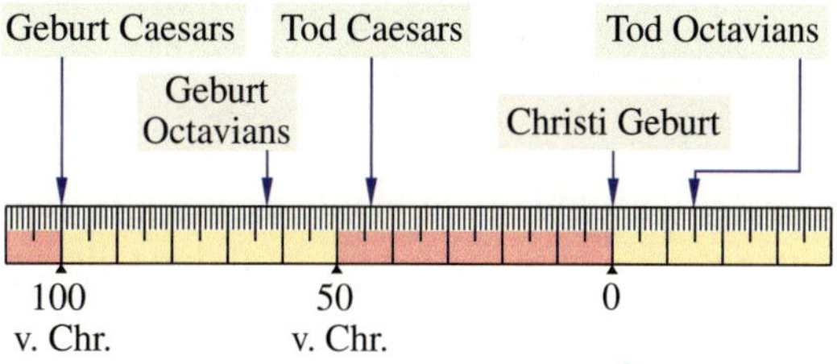

Gaius Julius Caesar: geboren 100 v. Chr., gestorben 44 v. Chr.

3 Die Zeitzonen der Erde sind Bereiche, in denen jeweils eine gemeinsame Uhrzeit gilt. In der Weltkarte sind die Zeitzonen dargestellt.

a) Was bedeuten die Zahlen am unteren Rand der Karte?

b) „Je weiter zwei Städte voneinander entfernt sind, desto größer ist der Zeitunterschied.“ Stimmt das?

c) Übertrage die Städte in der Randspalte ins Heft. Ergänze die Uhrzeiten.

d) Schreibe auf eine Karteikarte eigene Aufgaben und auf die Rückseite die Lösung.
Tausche die Karteikarten mit deinen Mitschülern aus.

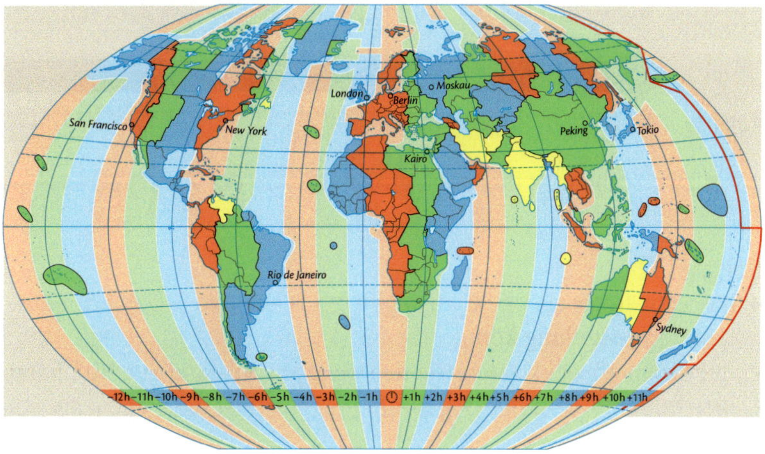

HINWEIS
*Städte zu Aufgabe **3**:*
London: 10:30
Berlin: 11:30
San Francisco:
Tokio:
New York:
Sydney:
Moskau:

Verstehen

Messungen werden häufig an Skalen dargestellt. Diese können verschieden aussehen. Die „Nullmarke“ liegt manchmal an unterschiedlichen Stellen der Skala.

Beispiel 1

Skalen, die bei „Null“ beginnen

*Beim **Weitsprung** liegt die Nullmarke am Absprungbalken.*

*Die Skalen von **Tachometer** und **Reifendruckmessgerät** sind meistens kreisförmig. Die Messung beginnt bei der Nullmarke.*

Beispiel 2

Skalen, die *nicht* bei „Null“ beginnen

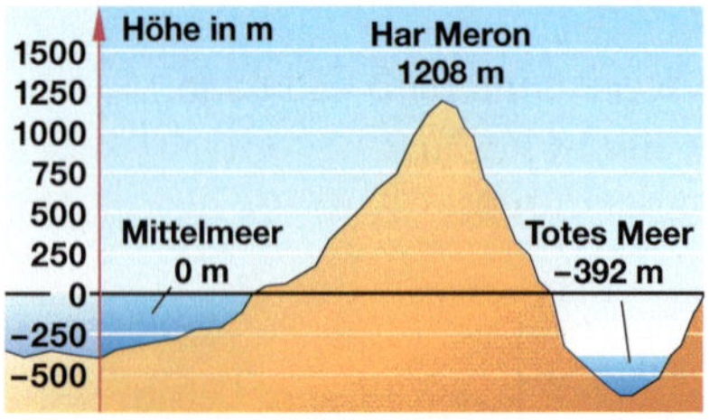

Das Bild zeigt den höchsten und tiefsten Punkt in Israel. Die Wasseroberfläche des Toten Meeres liegt 392 m unter dem Meeresspiegel.

Das Thermometer zeigt 25 Grad unter Null an. Man sagt dazu auch minus 25 Grad Celsius und schreibt −25 °C.

Der Zahlenstrahl reicht nicht aus, um alle Temperaturen oder Höhen anzuzeigen.
Um auch kleinere Zahlen als Null darstellen zu können, muss der Zahlenstrahl über die Null hinaus nach links erweitert werden.
So wird aus dem Zahlenstrahl eine **Zahlengerade**.

Merke Negative Zahlen sind kleiner als Null und werden mit einem Minuszeichen (−) gekennzeichnet. Sie stehen auf der Zahlengeraden links von der Null.

Positive Zahlen sind größer als Null und können mit einem Pluszeichen (+) gekennzeichnet werden. Sie stehen auf der Zahlengeraden rechts von der Null.

Zahlen werden kleiner

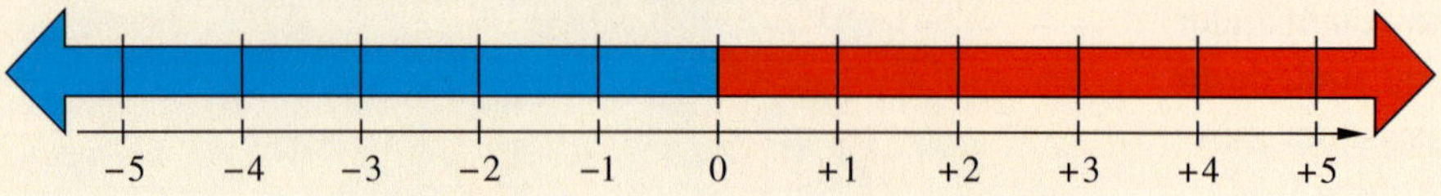

Zahlen werden größer

Von zwei Zahlen ist diejenige größer, die auf der Zahlengeraden weiter rechts liegt.

HINWEIS
Die Null ist weder positiv noch negativ.

Beispiel 3

+5 °C ist wärmer als −5 °C, also gilt $+5 > -5$ und $-5 < +5$

Es gibt immer zwei Zahlen, die den gleichen Abstand zur Null haben. Diese Zahlen nennt man **Gegenzahlen**. −5 ist die Gegenzahl von 5, −2 ist die Gegenzahl von 2, …

Die natürlichen Zahlen ($\mathbb{N}$) und die negativen Zahlen nennt man zusammen **ganze Zahlen** ($\mathbb{Z}$).
$\mathbb{Z} = \{…; -2; -1; 0; 1; 2; …\}$

HINWEIS
Positive Zahlen schreibt man meist ohne Vorzeichen. Man kann aber auch ein Pluszeichen vor sie setzen.

Üben und anwenden

1 Kontostände gibt man mithilfe von positiven und negativen Zahlen an.
Was bedeuten die Angaben +548,87 € und −366,05 €?

1 Was bedeuten die negativen Zahlen auf dem Kassenbon? Erklärt sie euch gegenseitig.

```
----------------------
EUR
Apfelschorle      1    1,17
Pfand           * 1    0,25
Leergut         * 1   -5,34
----------------------
        Summe EUR     -4,02
----------------------
     Rückgeld EUR      4,02
```

2 Arbeitet in Gruppen zusammen. Sammelt Beispiele, in denen negative Zahlen eine Rolle spielen.
Gestaltet dazu ein Plakat und präsentiert es vor der Klasse.

2 Sucht euch die Informationen aus dem Internet und präsentiert sie vor der Klasse.
Wo wurden die bisher höchsten und niedrigsten Temperaturen gemessen?

3 Schreibe die Zahlenangaben mit dem entsprechenden Vorzeichen.
a) Fische leben im Meer in einer Tiefe bis zu 7 190 m.
b) Die Stadt Winterberg liegt 670 m über dem Meeresspiegel.
c) Das Tote Meer liegt 392 m unter dem Meeresspiegel.
d) Das Kaspische Meer liegt 28 m unter dem Meeresspiegel.
e) Die tiefste Bohrung in Deutschland endet bei 9 101 m unter dem Meeresspiegel.

4 Übertrage die Zahlengerade in dein Heft. Markiere die Temperaturen.

−7 −6 −5 −4 −3 −2 −1 0 +1 +2 +3 +4 +5 +6 +7 °C

a) −7 °C	b) +5 °C	c) 0 °C	d) −3 °C
e) +7 °C	f) −1 °C	g) −6 °C	h) +6 °C
i) −0,5 °C	j) −1,5 °C	k) +2,5 °C	l) −2,5 °C

5 Welche Zahlen sind rot markiert?

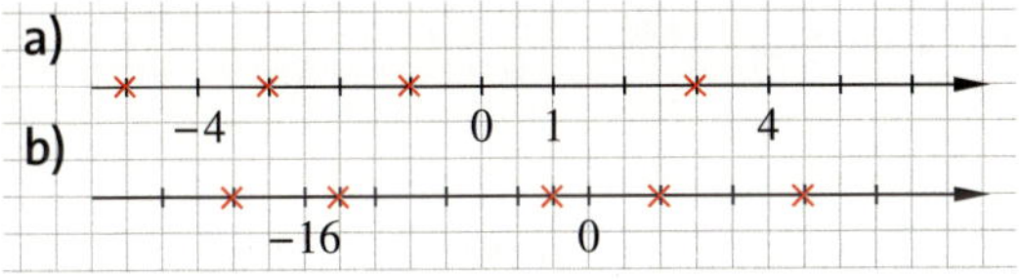

5 Welche Zahlen sind rot markiert?

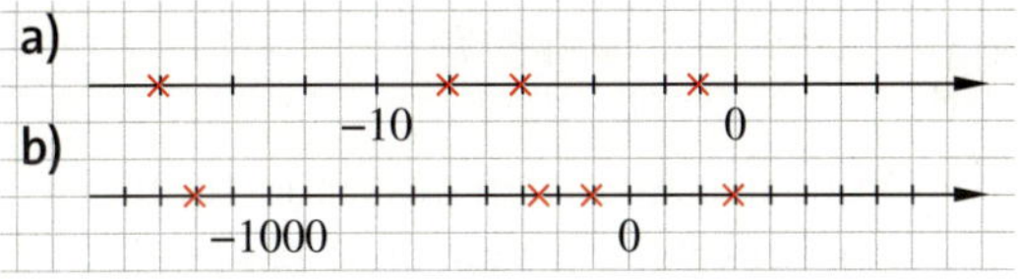

6 Lies aus dem Diagramm die durchschnittlichen monatlichen Lufttemperaturen des Ortes Inari (Finnland) ab.
Erstelle eine Tabelle mit Spalten für Monat und Temperatur.

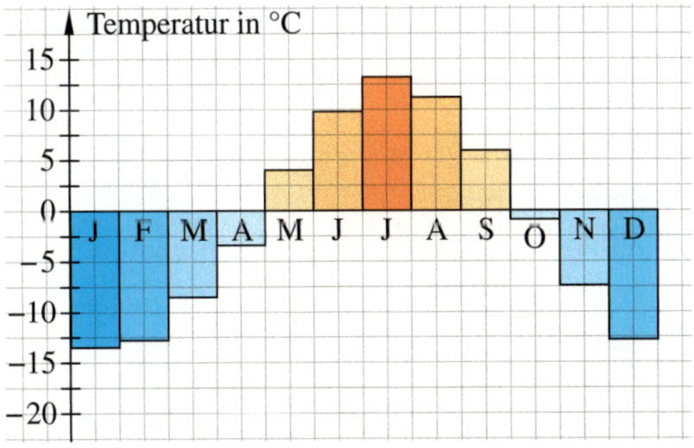

6 Die Tabelle zeigt die durchschnittlichen monatlichen Lufttemperaturen im sibirischen Oimjakon, dem kältesten Ort auf der Nordhalbkugel.
Zeichne ein Säulendiagramm mit den Temperaturen für die Monate Januar bis Dezember.

Monat	Temperatur	Monat	Temperatur
Januar	−50 °C	Juli	15 °C
Februar	−44 °C	August	10 °C
März	−32 °C	September	2 °C
April	−15 °C	Oktober	−15 °C
Mai	−2 °C	November	−26 °C
Juni	11 °C	Dezember	−47 °C

7 Übertrage die Zahlengerade in dein Heft. Ordne die Fahrstuhlanzeigen zu.

−4 −3 −2 −1 0 +1 +2 +3 +4

1. Untergeschoss | 2. Obergeschoss | 3. Obergeschoss | 1. Obergeschoss | Erdgeschoss | 2. Untergeschoss

7 Sortiere die Kontostände aufsteigend in deinem Heft.

20 € | 0 | −22 € | 6 € | −6 € | −0,5 € | −2,50 € | 4,25 € | −5,80 € | −1 € | 3,20 €

8 Beantworte mithilfe einer Zahlengeraden.

a) Liegt −1 näher an −3 oder +3?
b) Liegt 0 näher an −5 oder +5?
c) Liegt +2 näher an −2 oder +3?
d) Liegt −2 näher an 0 oder −3?
e) Liegt −3 näher an −5 oder 0?

8 Beantworte die Fragen.

a) Liegt −10 näher an +10 oder −100?
b) Liegt −2 näher an −7 oder +7?
c) Liegt −5 näher an −9 oder 0?
d) Liegt 4 näher an −2 oder −3?
e) Liegt 100 näher an −99 oder 2?

9 Zeichne eine Temperaturskala, die von −15 °C bis +15 °C geht (1 °C ≙ 5 mm). Löse mithilfe der Skala die folgenden Aufgaben.

a) 0 °C —7 Grad wärmer→ ▢
c) −3 °C —7 Grad wärmer→ ▢
e) +4 °C —10 Grad wärmer→ ▢
g) ▢ —4 Grad wärmer→ 0 °C
i) ▢ —9 Grad wärmer→ +2 °C
k) ▢ —5 Grad wärmer→ +5 °C

b) ▢ ←7 Grad kälter— 0 °C
d) ▢ ←7 Grad kälter— −3 °C
f) ▢ ←10 Grad kälter— +4 °C
h) 0 °C ←4 Grad kälter— ▢
j) +2 °C ←9 Grad kälter— ▢
l) +5 °C ←5 Grad kälter— ▢

10 Ordne den Aussagen passende Terme zu.
Stelle anschließend jeweils eine passende Frage und beantworte sie mithilfe der Terme.

① Der Kontostand liegt bei −5 €. Es werden 15 € auf das Konto eingezahlt.
② Ein U-Boot befindet sich 5 m unter dem Meeresspiegel. Es taucht noch 15 m tiefer.
③ Am Mittag sind es 5 °C. Bis zum Abend sinkt die Temperatur um 15 °C.
④ Malte macht fünf Wochen hintereinander 15 € Schulden.
⑤ 15 € Schulden werden in 5 gleich großen Raten zurückgezahlt.

Ⓐ 5 − 15 | Ⓑ −5 + 15 | Ⓒ −5 − 15 | Ⓓ 15 − 5 | Ⓔ 5 − 5 | Ⓕ −15 : 5 | Ⓖ −15 · 5

11 Zähle.
Eine Zahlengerade kann helfen.

a) Zähle in 2er-Schritten von −10 bis +10.
b) Zähle in 5er-Schritten von −15 bis +5.
c) Zähle von −12 in vier gleich großen Schritten bis 0.
d) Zähle in 10er-Schritten von −80 bis 20.

11 Zähle.

a) Zähle von −20 in vier gleich großen Schritten bis 0.
b) Zähle von −100 in fünf gleich großen Schritten bis 0.
c) Zähle von −60 in vier gleich großen Schritten bis 0.
d) Stellt euch gegenseitig ähnliche Aufgaben.

Häufigkeiten

Entdecken

1 Die Polizei kontrolliert an den Schulen die Verkehrssicherheit von Fahrrädern.

Schule	Realschule	Gesamtschule	Förderschule	Gymnasium
Gesamtanzahl der untersuchten Fahrräder	120	120	60	90
Anzahl der Fahrräder mit Mängeln	18	24	15	18

a) Die Schulleiterin der Förderschule lobt ihre Schüler, weil an ihren Fahrrädern die wenigsten Mängel festgestellt wurden. Die Direktorin der Gesamtschule ist verärgert, weil die Polizei bei den Fahrrädern ihrer Schüler die meisten Mängel gefunden hat.
Die Polizei ist anderer Meinung. Schreibe ein mögliches Gespräch zwischen dem Polizisten und den Schulleiterinnen.

b) Welche Schulen lassen sich problemlos miteinander vergleichen? Begründe.

2 Der amerikanische Statistiker John Tukey hat einzelne Daten geschickt zusammengefasst, ohne dass eine Angabe verloren geht. Er nannte seine Darstellung **Stängel-Blätter-Diagramm**.
In den vier Kästen stehen die Körpergrößen von 15 Basketballspielerinnen einer sechsten Klasse. Das Diagramm zeigt einen Kasten.

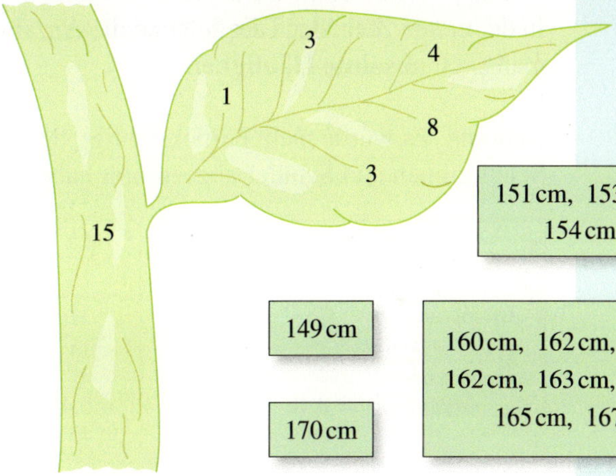

151 cm, 153 cm, 153 cm, 154 cm, 158 cm

149 cm

160 cm, 162 cm, 162 cm, 162 cm, 163 cm, 164 cm, 165 cm, 167 cm

170 cm

a) Überlege, welche Längen im Stängel und welche in den Blättern dargestellt sind.

b) Lies im Diagramm ab: Wie groß ist die kleinste (größte) Spielerin?
Wie viele Mädchen sind gleich groß?

c) Stell die Körpergröße der anderen Spielerinnen im Stängel-Blätter-Diagramm dar.

3 Bei den Bundesjugendspielen erreichten die Jungen der Klasse 6 a folgende Punktzahlen: 784, 698, 790, 812, 770, 724, 956, 756, 708, 732, 911, 925, 880, 992.
Die Jungen der Parallelklasse 6 b erzielten diese Ergebnisse: 687, 722, 740, 964, 1 043, 996, 632, 1 009, 653, 871, 692.

a) Sortiere die Punktzahlen für beide Klassen. Beginne jeweils bei der kleinsten Punktzahl.

b) Bestimme die Anzahl der Schüler, die keine Urkunde, eine Siegerurkunde und eine Ehrenurkunde erhalten.

c) Welche Klasse war erfolgreicher? Finde Argumente für beide Klassen.

Verstehen

Die Fußballmannschaft der Pestalozzi-Schule hat das Endspiel um die Stadtmeisterschaft erreicht. Vor dem Spiel befragte Marisa für die Schülerzeitung einige Klassen, ob sie Jannik für den erfolgreichsten Stürmer halten.

	7a	7b	8a	8b	9a	9b	10a	10b
ja	13	17	14	11	13	12	15	13
nein	12	11	15	16	6	9	10	13
weiß nicht	3	1	2	2	8	5	0	0
Gesamtzahl der Befragten	28	29	31	29	27	26	25	26

Am *häufigsten* wurde Jannik in der Klasse 7b genannt. — 17 ist das *Maximum* der Nennungen.
Am *seltensten* wurde er in der 8b genannt. — 11 ist das *Minimum* der Nennungen.
Der *Unterschied* beträgt 6 Nennungen: $17 - 11 = 6$ — 6 ist die *Spannweite* der Nennungen.

In der ersten Zeile der Tabelle steht die Anzahl der Nennungen für Jannik. Die Anzahl nennt man auch **absolute Häufigkeit**.

Achtung: Es wurde nicht berücksichtigt, dass in den einzelnen Klassen unterschiedlich viele Schülerinnen und Schüler abgestimmt haben.

	7a	7b	8a	8b	9a	9b	10a	10b
ja	13	17	14	11	13	12	15	13
Gesamtzahl	28	29	31	29	27	26	25	26
Anteil an der Gesamtzahl	$\frac{13}{28} \approx 0{,}46 = 46\,\%$	$\frac{17}{29} \approx 0{,}59 = 59\,\%$	$\frac{14}{31} \approx 0{,}45 = 45\,\%$	$\frac{11}{29} \approx 0{,}38 = 38\,\%$	$\frac{13}{27} \approx 0{,}48 = 48\,\%$	$\frac{12}{26} \approx 0{,}46 = 46\,\%$	$\frac{15}{25} \approx 0{,}60 = 60\,\%$	$\frac{13}{26} \approx 0{,}50 = 50\,\%$

In der Tabelle kann man die Anteile der Nennungen für Jannik an der Gesamtzahl der Befragten ablesen.

Beispiel

In der Klasse 7a haben 13 von 28 Befragten Jannik genannt. Das sind $\frac{13}{28} \approx 0{,}46$ der Befragten.
Die absolute Häufigkeit beträgt 13 und die relative Häufigkeit $\frac{13}{28}$, also ungefähr $0{,}46 = 46\,\%$.

Merke Die **absolute Häufigkeit** gibt eine Anzahl an.
Die **relative Häufigkeit** ist ein Anteil an der Gesamtzahl.

$$\text{Relative Häufigkeit} = \frac{\text{absolute Häufigkeit}}{\text{Gesamtzahl}}$$

Die relative Häufigkeit kann man als Bruch, als Dezimalbruch oder als Prozentsatz angeben.

Üben und anwenden

1 Alina hat 100-mal gewürfelt. Übertrage die Tabelle in dein Heft. Gib die relative Häufigkeit für die Augenzahlen als Bruch an.

Augenzahl	1	2	3	4	5	6
absolute Häufigkeit	16	20	14	16	16	18
relative Häufigkeit						

1 Kira hat 25-mal gewürfelt. Übertrage die Tabelle ins Heft. Gib die relative Häufigkeit für die Augenzahlen als Prozentzahl an.

Augenzahl	1	2	3	4	5	6
absolute Häufigkeit	4	6	2	7	2	4
relative Häufigkeit						

2 Lucia dreht an einem Glücksrad. Sie hat notiert, wie oft das Glücksrad bei den verschiedenen Farben stehengeblieben ist.

grün: 𝍸 𝍸 𝍸 𝍸 𝍸 𝍸 𝍸
gelb: 𝍸 ||
rot: 𝍸 𝍸 ||||
blau: 𝍸 𝍸 ||||

a) Wie groß ist die absolute Häufigkeit für jede einzelne Farbe?
b) Wie oft wurde das Glücksrad gedreht?
c) Wie groß ist die relative Häufigkeit für jede einzelne Farbe? Gib die Werte als Prozentzahl an.
d) Auf welche Farbe würdest du bei einer Wette setzen? Begründe.

2 Mit zwei Würfeln wurde 72-mal gleichzeitig geworfen. In der Strichliste wurde die Augensumme notiert.

2: |||
3: ||||
4: 𝍸 |||
5: 𝍸 ||
6: 𝍸 𝍸
7: 𝍸 𝍸 ||
8: 𝍸 ||||
9: 𝍸 ||
10: 𝍸 |
11: ||||
12: ||

a) Gib die absoluten Häufigkeiten für die einzelnen Augensummen an.
b) Berechne die relative Häufigkeit für jede Augensumme.
c) Warum kann die Zahl 1 nicht als Augensumme auftreten? Warum erscheint die 13 nicht in der Liste?
d) Auf welche Augensumme würdest du bei einer Wette setzen, um eine möglichst hohe Gewinnchance zu haben?

3 👥 Würfelt 36-mal mit zwei Würfeln gleichzeitig.

a) Fertigt eine Strichliste an, in der ihr nach jedem Wurf die Augensumme notiert.
b) Berechnet die relative Häufigkeit für die Augensummen.
c) Warum müssen bei dieser Untersuchung nicht alle dasselbe Ergebnis haben?
d) Wiederholt das Experiment noch einmal. Warum muss das Ergebnis in beiden Experimenten nicht gleich sein? Begründet.

3 Auf der Fahrt in den Urlaub zählen Sina und Eileen aus Langeweile Autos.
Eileen hat 8 blaue, 10 schwarze, 8 weiße und 6 rote gezählt.
Sina hat 5 Mercedes, 8 VW, 6 Renault, 3 Fiat und 2 BMW gezählt.
Überprüfe die folgenden Behauptungen:
a) Auf der Autobahn sind mehr blaue Autos als VW unterwegs.
b) Die relative Häufigkeit für einen Fiat ist größer als für ein rotes Auto.
c) 👥 Überlege dir ähnliche Aufgaben und lass sie von deinem Lernpartner lösen.

4 Vergleiche jeweils beide relativen Häufigkeiten.
a) Losbude: 5 Gewinne bei 20 Losen und 7 Gewinne bei 25 Losen
b) Basketball: 4 Körbe bei 8 Würfen und 6 Körbe bei 15 Würfen
c) Klassensprecherwahl: 9 von 30 Stimmen und 7 von 28 Stimmen

5 Eine Zeitschrift befragt ihre Leser über die Zuverlässigkeit gebraucht gekaufter Autos.

Autofabrikat	A	B	C	D
Autos, die mit einer Panne liegen blieben	55	28	30	51
untersuchte Autos	275	280	120	170

a) Berechne für jede Automarke die relative Häufigkeit, mit der die Autos eine Panne hatten.

b) Welche dieser vier Automarken ist am zuverlässigsten?

5 Die Polizei kontrolliert häufig die Geschwindigkeit der Kraftfahrzeuge in der Nähe von Schulen und Kindergärten. Folgende Daten hat die Polizei bei der Fahrzeugkontrolle bisher gesammelt.

Straße	kontrollierte Fahrzeuge	Fahrzeuge mit überhöhter Geschwindigkeit
Boxgraben	550	11
Lindenstr.	800	20
Kiefernweg	600	30
Tulpenweg	900	54
Jahnstr.	520	26
Südring	1 300	39
Berliner Weg	500	35

In welchen vier Straßen sollte die Polizei ihre Geschwindigkeitskontrollen verstärkt durchführen?

6 Die Buchstaben D, E und N gehören zu den Buchstaben, die in der deutschen Sprache am häufigsten vorkommen.
Untersuche, ob dies auch für den folgenden Text gilt.

Der Airbus A380 zählt zu den größten Verkehrsflugzeugen der Welt. Wegen der verwendeten Baustoffe hat das Flugzeug einen geringeren Treibstoffverbrauch als herkömmliche Flugzeuge und besitzt dadurch bei geringeren Kosten eine größere Reichweite.

a) Wie groß ist die relative Häufigkeit, mit der jeder der drei Buchstaben D, E und N im Text vorkommt?
Gib jeweils in Prozent an.

b) Welche Buchstaben im Text haben die kleinste absolute Häufigkeit?

6 Untersuche verschiedene Texte.

a) Untersuche einen kurzen deutschsprachigen Text mit mindestens 30 Wörtern.
Zähle zunächst alle Buchstaben insgesamt.
Erstelle eine Häufigkeitstabelle für die im Text vorkommenden Buchstaben E, N, R, A und Y.

b) Bestimme die relative Häufigkeit, mit der jeder Buchstabe E, N, R, A und Y im Text vorkommt.

c) Präsentiere dein Ergebnis und vergleiche es mit deinen Mitschülern.

d) Untersuche nun die relative Häufigkeit der Buchstaben E, N, R, A und Y in einem kurzen englischsprachigen Text mit mindestens 30 Wörtern.

e) Sucht im Internet nach Angaben über relative Häufigkeiten für Buchstaben in der deutschen sowie der englischen Sprache und vergleicht die Resultate mit euren Ergebnissen.

7 Im Stängel-Blätter-Diagramm sind die Zeiten der zehnten Klassen beim 100-m-Lauf notiert.

a) Wie viele Schülerinnen und Schüler haben am Lauf teilgenommen?

b) In welchem Bereich liegen die Ergebnisse der meisten Läufer?

Klasse 10 a		Klasse 10 b
9 7	**11**	8
8 8 5 5 2	**12**	3 7 7 9
9 9 7 6 4 4 4 1	**13**	0 1 3 4 4 5 5 6 9
8 6 0 0	**14**	0 0 1 3 5 6 6 7 8
7 6 2 2 3 1	**15**	0 1 4 9

HINWEIS
So wird die erste Zeile im Stängel-Blätter-Diagramm gelesen: In der Klasse 10 a wurden die Zeiten 11,9 s und 11,7 s erreicht, in der Klasse 10 b 11,8 s.

Mittelwerte bilden

Entdecken

1 Du findest hier die Ergebnisse von drei unterschiedlichen Klassenarbeiten:
- die Ergebnisse der 1. Klassenarbeit als Eintrag im Notenbuch eines Lehrers
- die Ergebnisse der 2. Klassenarbeit als Häufigkeitstabelle (Klassenspiegel)
- die Ergebnisse der 3. Arbeit als Säulendiagramm

1. Klassenarbeit

Klasse: 6a Kl.-Arbeit		1	2	11	Littmann, Michael	5	
Nr.	Name			12	Mencük, Mehmet	4	
1	Albrecht, Tanja	4		13	Niessen, Lisa	3	
2	Bülbül, Reham	3		14	Özyurt, Adi	2	
3	Cipollo, Daniela	2		15	Paglino, Vita	4	
4	Dammer, Tim	4		16	Reimers, Sebastian	2	
5	Ehlers, Jessica	3		17	Schuster, Jens	4	
6	Faber, Denis	3		18	Sentürk, Yüksel	3	
7	Grabitzky, Anna	4		19	Starowicz, Claudia	3	
8	Hansen, Katharina	1		20	Theißen, Florian	3	
9	Hartmann, Moritz	3		21	Wynhoff, Simone	5	
10	Kamps, Tobias	4		22	Ziegler, Jan	2	

2. Klassenarbeit

1	2	3	4	5	6
1	4	9	9	6	0

3. Klassenarbeit

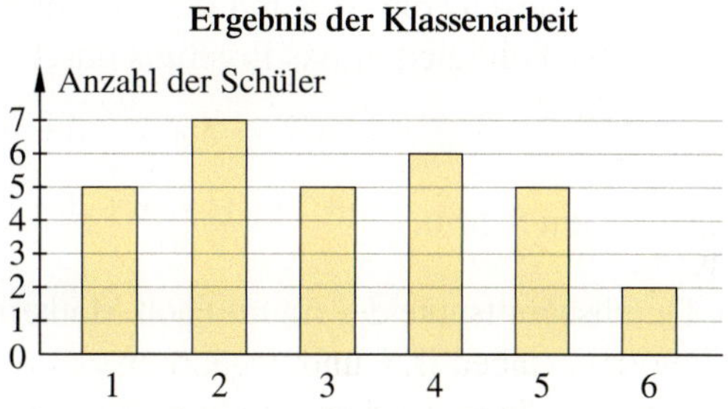

a) Welche Darstellungsform findest du am übersichtlichsten?
b) Stell die Ergebnisse der drei Klassenarbeiten als Häufigkeitstabelle und als Säulendiagramm dar.
c) Welche Klassenarbeit ist am besten ausgefallen? Begründe.

2 Lies den Zeitungsartikel.

Geburtenrate in Deutschland

Die Geburtenrate in Deutschland ist Forschern zufolge höher als bisher angenommen. Wissenschaftler des Max-Planck-Instituts gehen laut einer am Montag veröffentlichten Untersuchung von einer Durchschnittsrate von 1,6 Kindern pro Frau aus. Sie korrigierten damit die amtlichen Geburtenraten nach oben, die bezogen auf das Jahr 2010 bislang von 1,46 Kindern pro Frau im Osten und 1,39 Kindern pro Frau im Westen ausgingen.

a) Erkläre, was mit „Durchschnittsrate von 1,6 Kindern pro Frau" gemeint sein kann.
b) Wie groß waren die bisher für 2010 angenommenen Geburtenraten?

3 Betrachte das Diagramm.
a) Beschreibe, was du aus dem Diagramm ablesen kannst.
b) Was könnte die rote Linie bedeuten? Tausche dich mit einem Lernpartner aus.
c) Stell dir eine Situation vor, auf die das Diagramm zutreffen kann.

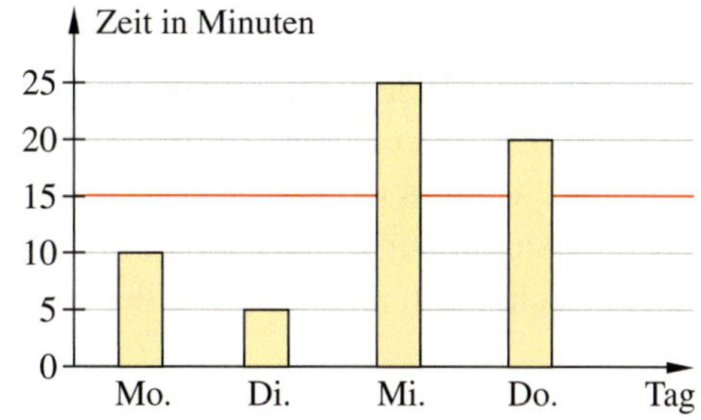

Verstehen

Bei vielen Untersuchungen von Daten sind Mittelwerte von Bedeutung.
Mittelwerte geben Auskunft über eine Datenreihe. Man unterscheidet **zwei verschiedene Arten von Mittelwerten**.

In der Tabelle steht der Notenspiegel der letzten Klassenarbeit der 6a im Fach Mathematik. Tom möchte die Durchschnittsnote berechnen.

Note	1	2	3	4	5	6
Anzahl der Klassenarbeiten	4	10	6	4	4	2

Beispiel 1

Tom addiert jeweils die Note mit der Anzahl der Klassenarbeiten.
Anschließend dividiert er das Ergebnis durch die Anzahl der Schülerinnen und Schüler:

$(4 \cdot 1 + 10 \cdot 2 + 6 \cdot 3 + 4 \cdot 4 + 4 \cdot 5 + 2 \cdot 6) = 90$ und $90 : 30 = 3$

oder in einem Schritt: $\frac{4 + 20 + 18 + 16 + 20 + 12}{30} = \frac{90}{30} = 3$

Die Durchschnittsnote der 6a im Fach Mathematik ist 3.

Merke Der Durchschnitt (Zeichen: ∅) wird auch als **arithmetisches Mittel** bezeichnet.

Berechnung des Durchschnitts:
1. Alle Werte werden addiert.
2. Die Summe wird durch die Anzahl der Werte dividiert.

Tom möchte das Ergebnis seiner Klasse mit dem Ergebnis der Parallelklasse vergleichen.

Note	1	2	3	4	5	6
Anzahl der Klassenarbeiten	3	14	2	3	4	3

∅ = 3

Beide Klassenarbeiten sind unterschiedlich ausgefallen. Trotzdem ergibt der Durchschnitt jeweils die Note 3. Zum Vergleichen reicht der Durchschnitt allein also nicht aus.
Zur Berechnung eines anderen Mittelwerts werden alle Daten der Größe nach geordnet und der Wert in der Mitte der Datenreihe betrachtet.

Beispiel 2

6a: 1 1 1 1 2 2 2 2 2 2 2 2 2 2 **3 3** 3 3 3 3 4 4 4 4 5 5 5 5 6 6

6b: 1 1 1 2 2 2 2 2 2 2 2 2 2 2 **2** 2 2 3 3 4 4 4 5 5 5 5 6 6 6

Der mittlere Wert der Klasse 6b ist 2 und somit besser als der mittlere Wert (3) der Klasse 6a, denn $(3 + 3) : 2 = 6 : 2 = 3$.

Merke Der Wert in der Mitte aller, der Größe nach geordneten Daten einer Datenreihe wird als **Median (Zentralwert)** bezeichnet.
Ist die Anzahl der Daten gerade, liegen zwei Werte in der Mitte. Dann ist der Zentralwert der Durchschnitt aus diesen beiden Werten.

HINWEIS
Bei einer ungeraden Anzahl an Daten gibt es nur einen einzigen mittleren Wert. Dann kann man den Median ohne zu berechnen einfach ablesen.

Üben und anwenden

1 Berechne das arithmetische Mittel der beiden Daten.

a) 26 und 44 b) 13 und 37
c) 104 und 12 d) 35 und 65
e) 79 und 18 f) 23 und 12
g) 45 und 31 h) 75 und 20

1 Berechne das arithmetische Mittel der beiden Daten.

a) 125 cm und 65 cm
b) 85 kg und 60 kg
c) 245 mm und 187 mm
d) 79 ct und 95 ct

2 Berechne das arithmetische Mittel.

a) 25 mm; 29 mm; 36 mm und 14 mm
b) 125 g; 218 g und 59 g
c) 25 s; 63 s; 48 s und 24 s
d) 268 m; 143 m und 129 m
e) 45 min; 36 min; 18 min und 21 min

2 Berechne das arithmetische Mittel.

a) 4,5; 6,8; 11,4 und 13,3
b) 17,8; 25,4; 14,12 und 38,68
c) 7,3; 9,56; 24,16 und 18,98
d) 104,2; 212,6; 134,7 und 68,5
e) 2,55; 3,15 und 3,15

3 Familie Sauer macht mit ihren Kindern in den Osterferien eine viertägige Fahrradtour. Christiane liest jeden Abend auf ihrem Tachometer die gefahrene Streckenlänge ab:

1. Tag: 48 km;
2. Tag: 52 km;
3. Tag: 40 km und
4. Tag: 36 km.

Wie viele Kilometer ist Familie Sauer im Durchschnitt täglich gefahren?

3 Welche Größe liegt genau dazwischen?
Überprüft eure Ergebnisse gegenseitig.

a) 2,50 m und 2,80 m
b) 1200 g und 1360 g
c) 21 cm und 2,2 dm
d) 310 g und 245 g
e) 45 t und 60 t
f) 92,2 kg und 52,8 kg
g) 16,01 € und 999 ct
h) 1 h 20 min und 80 min

4 Nimm Stellung zum Klassenspiegel und der folgenden Rechnung.

$$\varnothing = \frac{3+5+9+10+2+1}{6} = 5$$

4 Berechne das arithmetische Mittel.
Beachte dabei, wie oft die einzelnen Noten vergeben wurden.

5 Das ist der Klassenspiegel der letzten Mathematikarbeit der 6c:

Note	1	2	3	4	5	6
Anzahl	2	7	9	9	3	0

Berechne das arithmetische Mittel.

5 Kevin hat den Klassenspiegel nicht vollständig abgeschrieben:

1	2	3	4	5	6
4	7	8			2

$\varnothing = 3{,}1$

30 Schüler haben die Arbeit mitgeschrieben.

6 Ordne die Daten der Größe nach und bestimme jeweils den Median der Datenreihen.

a) 4; 6; 8; 12; 1; 12; 12; 24; 46; 52; 89
b) 17; 19; 19; 32; 34; 35; 38; 38; 44; 51
c) 28; 22; 17; 29; 16; 24; 24; 19; 16

6 Bestimme jeweils den Median der Datenreihen.

a) 99; 140; 187; 231; 299; 312; 500
b) 1,6; 1,7; 1,7; 1,7; 1,8; 2,1; 2,1; 2,4; 8,2
c) 3,4; 4,5; 1; 8,33; 9,2; 27,34; 47; 17,1; 48,5; 17,657

7 Gebt jeweils Datenreihen mit 10 (15) Daten zu den folgenden Eigenschaften an.

Der Median ist 5.

Der Durchschnitt ist 10.

Der Median ist 5 und der Durchschnitt ist 10.

8 Das Diagramm veranschaulicht, wie viele Abendessen ein Gasthof an jedem Tag einer Woche ausgegeben hat.
Bestimme den Durchschnitt.

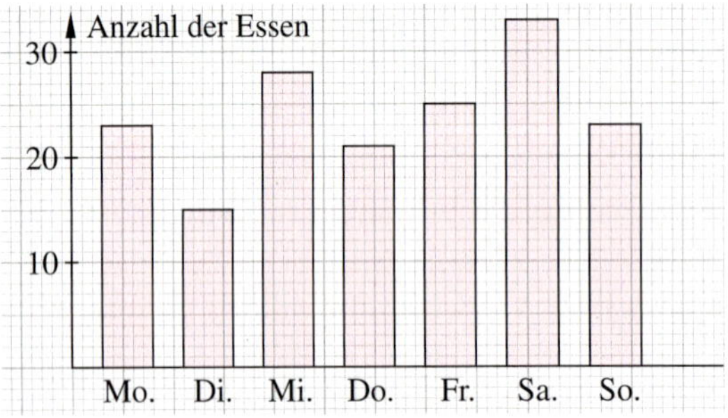

8 Ein Gasthof hat für jeden Monat eines Halbjahrs die Zahl der Übernachtungen notiert.

Januar	Februar	März	April	Mai	Juni
124	132	98	70	84	116

a) Erstelle ein Diagramm (2 Übernachtungen entsprechen 1 mm).
b) Berechne den Durchschnitt. Bestimme den Median und vergleiche mit dem Durchschnitt.
c) Trage den Durchschnitt und den Zentralwert jeweils als Linie im Diagramm ein.

9 Eine Ferienwoche mit dem Fahrrad am Bodensee hatte diese Tagesetappen.
Gib den Median an und berechne die durchschnittliche Länge einer Etappe.

9 Im Zusammenhang mit der starken Lärmbelästigung wurde an fünf Wochentagen in einem Wohngebiet die Verkehrsdichte für Züge und Kraftfahrzeuge ermittelt.

Anzahl der Züge

Mo.	Di.	Mi.	Do.	Fr.
300	320	350	340	290

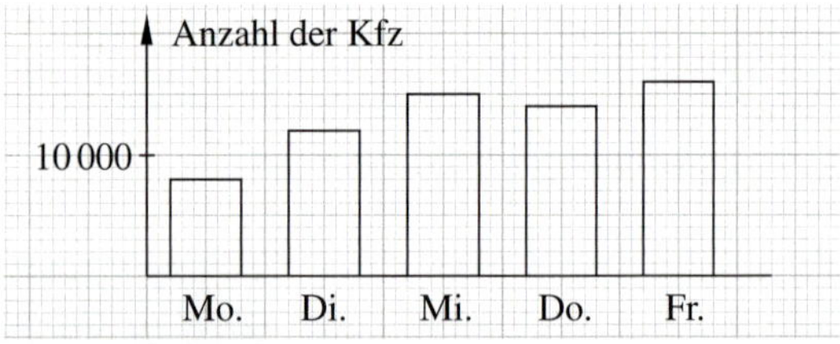

Berechne Durchschnittswerte.

10 Denkt euch zu einer Umfrage zum Thema „Taschengeld" fünf Antworten aus, die zu demselben Durchschnitt und Median führen. Wählt fünf andere Werte, die denselben Durchschnitt wie eben, aber einen anderen Median haben.

11 Niederschlag in Deutschland und Mexiko
a) Die Tabelle zeigt die Niederschlagsmengen (in mm) in einem Jahr in Wiesbaden.
Bestimme die durchschnittliche Niederschlagsmenge und den Median.

Januar	Februar	März	April	Mai	Juni	Juli	August	September	Oktober	November	Dezember
60	45	35	45	60	75	70	80	55	50	55	54

b) Das Diagramm zeigt die Niederschlagsmengen in Acapulco (Mexiko).
Bestimme für Acapulco den Durchschnitt und den Median.
c) Welcher Mittelwert ist bei den beiden Beispielen für Vergleichszwecke besser geeignet? Diskutiert darüber in kleinen Gruppen und präsentiert euer Ergebnis in der Klasse.

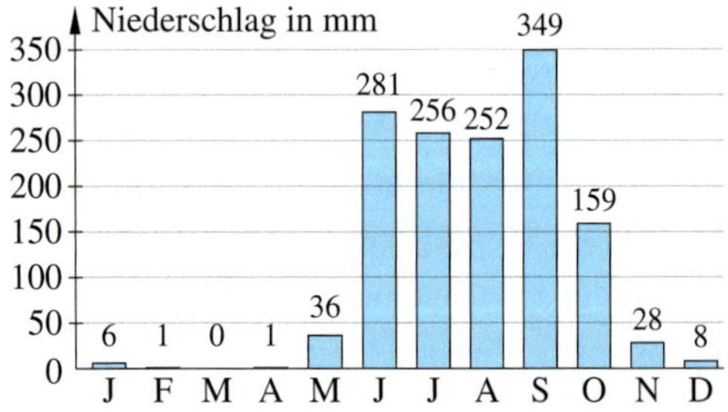

Relative Häufigkeit und Wahrscheinlichkeit

Entdecken

1 Im Wetterbericht wird folgende Vorhersage gemacht:

„Heute ist am Mittelrhein in den Nachmittagsstunden mit heftigem Regen zu rechnen."

Würdest du dort um 11 Uhr vormittags mit Regenkleidung Fahrrad fahren?
Begründe deine Meinung.

2 Ben spielt „Mensch ärgere dich nicht".
Er ist sauer, denn schon seit 5-mal Würfeln wartet er auf eine „6".
Er glaubt, einen schlechten Würfel erwischt zu haben.
Was meinst du dazu?

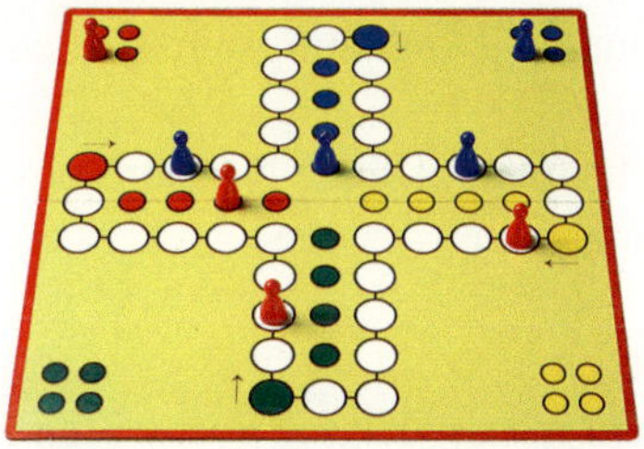

3 Tom und Mia möchten beim Auslosen etwas schummeln.
Sie überlegen, ob das mit einem Quaderwürfel klappen kann. Zur Sicherheit führen sie ein Zufallsexperiment mit 1 000 Würfen durch.

Augenzahl	1	2	3	4	5	6
absolute Häufigkeit	192	78	207	214	90	
relative Häufigkeit	19,2 %					

Was hältst du von der Idee? Was rätst du den beiden?
Diskutiere darüber mit einem Partner.

4 Setzt euch um einen Tisch herum. Dreht einen Bleistift in der Mitte des Tischs. Notiert euch, auf wen die Bleistiftspitze zeigt.

a) Diskutiert, ob das Verfahren geeignet ist, einen Schüler aus eurer Gruppe zufällig auszuwählen. Wie kann man das genauer herausfinden?
b) Wie könnt ihr erreichen, dass der Bleistift häufiger auf einen bestimmten Schüler zeigt als auf die anderen?
c) Findet weitere Möglichkeiten, zufällig einen von eurer Gruppe auszuwählen. Diskutiert Vor- und Nachteile der unterschiedlichen Verfahren.

5 Mit dem Befehl **=ZUFALLSZAHL()*A+B** kann man bei einer Tabellenkalkulation eine Zufallszahl erzeugen (für **A** und **B** kannst du dabei beliebige Zahlen eingeben).
Finde heraus, wie das genau funktioniert:

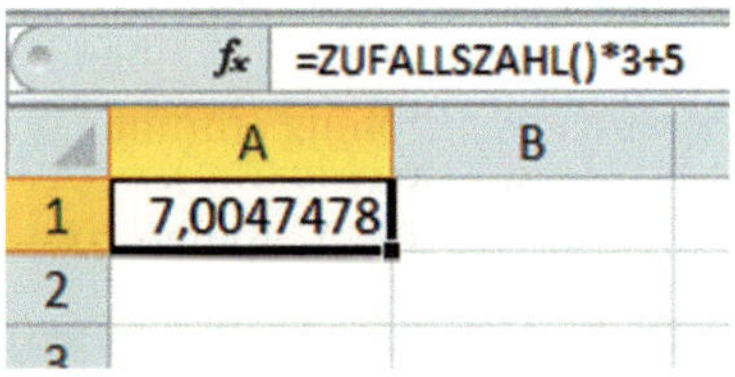

a) Gib den Befehl in eine Tabellenzelle ein.
Wähle für **A** und **B** natürliche Zahlen zwischen 0 und 10.
b) Kopiere den Befehl. Erstelle auf diese Weise eine Liste mit 10 Zufallszahlen.
Welches ist der größte, welches der kleinste Wert in der Liste?
c) Wähle für **A** und **B** andere Zahlen. Was stellst du fest? Wie verändert sich der größte bzw. kleinste Wert abhängig davon, welche Zahlen du für **A** und **B** wählst?

HINWEIS
Kopiere die Zeilen, indem du das kleine Quadrat an der unteren rechten Ecke nach unten ziehst.

Verstehen

Jana und Martin werfen in einem **Zufallsexperiment** einen Legostein.
Folgende **Ergebnisse** sind möglich:

– Noppen oben  – Boden oben  – Seite oben 

HINWEIS
*Beispiel für ein **Ergebnis**: mit einem Würfel wird eine „1“ geworfen.*
*Beispiel für ein **Ereignis**: mit einem Würfel wird eine gerade Zahl geworfen.*

> Merke **Zufallsexperimente** sind immer vom Zufall abhängig.
> Man kann sie beliebig oft wiederholen.
> Bei Zufallsexperimenten sind immer verschiedene **Ergebnisse** möglich.
> Welches Ergebnis beim Experiment eintritt, kann man nicht sicher vorhersagen.
> Mehrere Ergebnisse können zu einem **Ereignis** zusammengefasst werden.

Jana behauptet: „Am häufigsten werden die Noppen oben liegen bleiben, da die Unterseite am größten ist.“
Martin behauptet: „Da die Noppen schwerer sind, wird der Legostein häufiger mit dem Boden nach oben landen.“

Beispiel 1

Gemeinsam mit der Klasse überprüfen Jana und Martin ihre Aussagen.
Nach je 25 Würfen notieren sie, wie oft die Ergebnisse „Boden oben“ und „Noppen oben“ eintraten.

Würfe	50	100	150	200	250	300	350	400	450	500
absolute Häufigkeit für „Boden oben“	26	50	66	89	111	136	161	185	210	236
relative Häufigkeit für „Boden oben“	**0,52**	**0,50**	**0,44**	**≈ 0,45**	**≈ 0,44**	**≈ 0,45**	**≈ 0,46**	**≈ 0,46**	**≈ 0,47**	**0,47**
absolute Häufigkeit für „Noppen oben“	8	24	35	49	63	77	92	107	122	133
relative Häufigkeit für „Noppen oben“	**0,16**	**0,24**	**≈ 0,23**	**≈ 0,25**	**≈ 0,25**	**≈ 0,26**	**≈ 0,26**	**≈ 0,27**	**≈ 0,27**	**≈ 0,27**

Nach 500 Würfen stellen sie fest, dass sich die relative Häufigkeit kaum noch ändert.
Die Ergebnisse haben sie in einem Diagramm festgehalten.

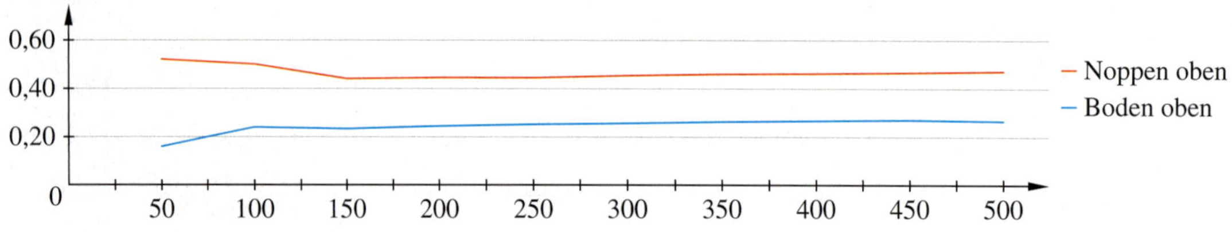

Rund 47 % der Steine bleiben mit dem Boden oben liegen.
Mit den Noppen oben bleiben nur rund 27 % liegen.
Martins Behauptung stimmt also.

Oft ist es sinnvoll, die **relative Häufigkeit** eines Ergebnisses zu berechnen.

$$\textbf{relative Häufigkeit eines Ergebnisses} = \frac{\textbf{absolute Häufigkeit des Ergebnisses}}{\textbf{Gesamtzahl der Versuche}}$$

> Merke Bei häufigen Wiederholungen eines Zufallsexperiments ist die **relative Häufigkeit** eines Ergebnisses ein **Schätzwert für die Wahrscheinlichkeit** des Ergebnisses.

Üben und anwenden

1 Entscheidet jeweils, ob oder unter welchen Umständen es sich bei den folgenden Auswahlverfahren um ein Zufallsexperiment handelt oder nicht. Es wird derjenige ausgewählt, …

a) der einen Tennisball am weitesten wirft.
b) der beim 10-maligen Werfen einer Münze am häufigsten „Zahl“ wirft.
c) der bei der Mathematikarbeit die höchste Punktzahl hat.
d) der beim 5-maligen Elfmeterschießen die meisten Tore schießt.
e) der mit verbundenen Augen das kürzeste Streichholz zieht.
f) der beim Raten des Geburtsjahres der Lehrerin am genauesten trifft.
g) der beim Ziehen einer Karte aus einem Kartenspiel den kleinsten Wert zieht.
h) der eine zufällig mit zwei Würfeln geworfene Zahl am genauesten vorhersagt.

2 Eine Schachtel mit 33 Reißzwecken wurde ausgeschüttet. Das Bild kann als Ergebnis eines 33-mal ausgeführten Zufallsversuchs aufgefasst werden.

a) Wie lauten die beiden möglichen Ergebnisse für das Werfen einer Reißzwecke?
b) Gib jeweils einen Schätzwert für beide Wahrscheinlichkeiten an.

3 Bei einem Würfelspiel wurde protokolliert, wie häufig die jeweiligen Augenzahlen bei insgesamt 30 Würfen vorkamen:

Augenzahl	1	2	3	4	5	6
absolute Häufigkeit	3	6	4	2	7	8
relative Häufigkeit						

a) Gib die relative Häufigkeit in Prozent an. Beachte den Hinweis in der Randspalte.
b) Kann man genau vorhersagen, wie oft die „2“ bei 300 Würfen geworfen wird? Begründe.
c) Nach 300 Würfen wurde 73-mal die Augenzahl „6“ geworfen. Glaubst du, dass der Würfel fair ist? Begründe deine Meinung.
d) Welche absolute Häufigkeit kann man für die einzelnen Augenzahlen nach 300 000 Würfen erwarten, wenn mit einem fairen Spielwürfel geworfen wurde?

HINWEIS
zu Aufgabe 3: So berechnet mit die relative Häufigkeit für die Augenzahl 1: $\frac{3}{30} = 0{,}1 = 10\,\%$

4 Bei einer Verkehrszählung wurde ermittelt, wie viele Personen in einem Pkw sitzen.

Personen im Pkw	1	2	3	4 und mehr
absolute Häufigkeit	936	90	44	130

a) Wie viele Autos wurden beobachtet?
b) Überschlage die Wahrscheinlichkeiten folgender Ereignisse:
– Im Pkw sitzen höchstens zwei Personen.
– Im Pkw sitzen mehr als zwei Personen.
c) Berechne jeweils die Wahrscheinlichkeit für die beiden Ereignisse aus b).

4 In der Tabelle stehen die Ergebnisse einer technischen Sicherheitskontrolle von Autos.

Alter des Autos in Jahren	Anzahl der Untersuchungen	Anzahl der Autos ohne Mängel
0 bis 3	365 458	264 598
4 bis 5	325 489	214 887
6 bis 7	274 334	138 790
8 bis 9	279 884	117 589
10 bis 11	468 664	139 822

a) Mit welcher Wahrscheinlichkeit hatte ein 6 bis 7 Jahre altes Auto einen Mangel?
b) Mit welcher Wahrscheinlichkeit hatte ein 8 bis 9 Jahre altes Auto *keinen* Mangel?

ZUM WEITERARBEITEN
Ermittelt auch die Buchstabenhäufigkeit in anderssprachigen Texten. Was fällt euch auf?

5 Führt ein Experiment zur Buchstabenhäufigkeit in deutschsprachigen Texten durch.
a) Nehmt verschiedene Texte und zählt, wie häufig bestimmte Buchstaben darin vorkommen.
b) Vergleicht eure Ergebnisse untereinander und mit Angaben im Internet.

6 In einer Fabrik werden Monitore hergestellt. Während der Produktion wird die Qualität von zufällig ausgewählten Geräten überprüft. Von 800 Monitoren waren 16 fehlerhaft.
Wie viele fehlerhafte Artikel sind bei einer Gesamtproduktion von 1 000 (10 000; 1 450) Artikeln zu erwarten?
Nutze die relative Häufigkeit als Schätzwert.

6 Wetterstationen messen, wie viele Stunden an einem Ort die Sonne scheint.

Ort	Sonnenscheindauer in einem Jahr
Göttingen	1 422 Stunden
Arkona (Rügen)	1 806 Stunden
Kempten (Allgäu)	1 721 Stunden

Ohne Bewölkung wären an jedem der drei Orte 4 464 Sonnenstunden möglich gewesen. Gib jeweils die relative Häufigkeit für Sonnenstunden an.

7 Die Tabelle enthält für die angegebenen Jahre die Anzahl an Geburten in Deutschland.

Jahr	Jungen	Mädchen	insgesamt
2012	345 629	327 915	673 544
2013	349 820	332 249	682 069
2014	366 835	348 092	714 927
2015	378 503	359 127	737 630

a) Berechne für jedes Jahr die relativen Häufigkeiten für die Geburt eines Jungen und eines Mädchens.
b) Welche Werte konnte man 2015 für Rheinland-Pfalz erwarten? Insgesamt wurden dort 34 946 Kinder geboren.

8 Die Grafik zeigt die Wahrscheinlichkeit für weiße Weihnachten in verschiedenen Regionen von Deutschland.

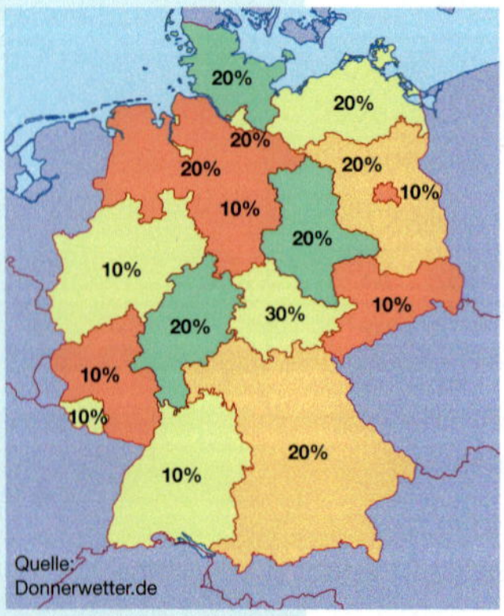

a) Wie wahrscheinlich sind weiße Weihnachten in deinem Wohnort? Lies in der Grafik ab.
b) In welcher Region ist die Wahrscheinlichkeit für weiße Weihnachten am geringsten, in welcher Region am höchsten?
c) Wie lässt sich die Wahrscheinlichkeit für weiße Weihnachten ermitteln? Diskutiert in Gruppen und beschreibt ein mögliches Verfahren.

8 In Deutschland liegt die Wahrscheinlichkeit dafür, dass ein Mann farbenblind ist, bei 8 %. Bei Frauen ist die Wahrscheinlichkeit für Farbenblindheit nur halb so groß.
2015 lebten in Deutschland 40,2 Mio. Männer und 41,5 Mio. Frauen.

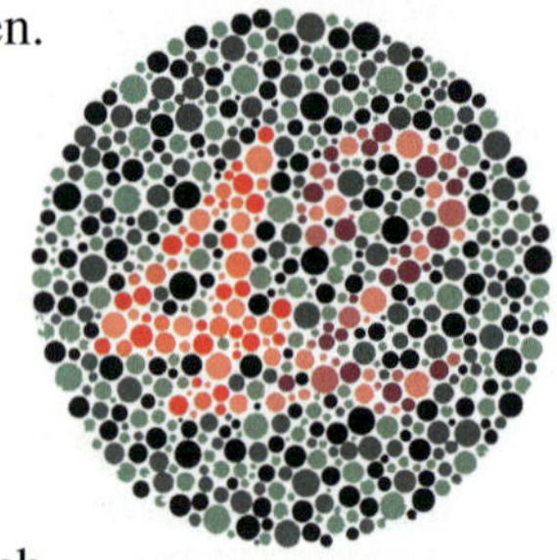

a) Bestimme die Anzahl der farbenblinden Frauen und Männer in Deutschland.
b) Wie lässt sich die Wahrscheinlichkeit für Farbenblindheit ermitteln?

Thema: Glücksspiele

Man unterscheidet zwischen Glücksspielen und Gewinnspielen. Anders als bei Gewinnspielen muss man bei Glücksspielen zuerst Geld einsetzen, um teilnehmen zu können. Damit erhält man die Möglichkeit, mehr Geld zu gewinnen.
Glücksspiele sind in Deutschland für Kinder und Jugendliche unter 18 Jahren verboten.

Beim **Lotto** werden aus 49 nummerierten Kugeln sechs Gewinnzahlen und eine Zusatzzahl aus einer Lostrommel gezogen. Für „sechs Richtige“ braucht man eine Menge Glück.
Am Lottospiel gewinnt vor allem der Staat über Steuern und Abgaben.

Ein **Rubbellos** enthält Zahlen oder Symbole unter einer Deckschicht. Diese Schicht wird z. B. mithilfe einer Münze freigerubbelt. Bei gleichen Symbolen erhält man einen Gewinn.

In Kneipen findet man häufig **Geldspielautomaten**, man nennt sie auch einarmige Banditen. Ein Gewinn wird durch die richtige Kombination von Symbolen auf Walzen oder Scheiben ausgelöst.
Die Bundeszentrale für gesundheitliche Aufklärung schreibt dazu: „Der Verlust pro Stunde beträgt beim Automatenspiel durchschnittlich 33 €.“

1 Nennt Beispiele für Gewinnspiele. Diskutiert darüber, warum große Firmen Gewinnspiele veranstalten.

2 Die Bundeszentrale für gesundheitliche Aufklärung schreibt zum Thema Geldspielautomaten: „Die Ausschüttungsquote pro Automat beträgt ungefähr 60 %, das heißt, dass 40 % aller Geldeinsätze der Automatenindustrie zufließen.“
Welche Aussagen sind richtig? Begründe.
① Beim Einsatz von 10 € werden durchschnittlich nur 6 € wieder als Gewinn ausgegeben. Den Rest behält der Automat.
② Bei Geldspielautomaten verliert man auf lange Sicht mehr Geld als man gewinnt.
③ Bei 40 € Einsatz gewinnt man durchschnittlich 60 €.

3 Herr Meyer meint: „Gestern habe ich 2 € in einen Geldspielautomaten geworfen und sofort 14 € gewonnen. Also stimmt die Behauptung nicht, dass man pro Stunde 33 € verliert.“
Was meinst du dazu? Diskutiere darüber mit deinem Sitznachbarn oder deiner Sitznachbarin.

4 Arbeit zu zweit oder in Kleingruppen.
a) Welche anderen Glücksspiele kennt ihr?
b) Wie hoch ist die Gewinnwahrscheinlichkeit bei diesen Glücksspielen? Haltet ihr die Glücksspiele für fair? Begründet eure Antworten.
c) Sammelt im Internet oder im Lexikon Informationen zu Glücksspielen.
Stellt die Informationen auf einem Plakat zusammen und präsentiert eure Plakate in der Klasse.

Klar so weit?

→ Seite 172

Negative Zahlen

1 Welche Werte kannst du hier ablesen?

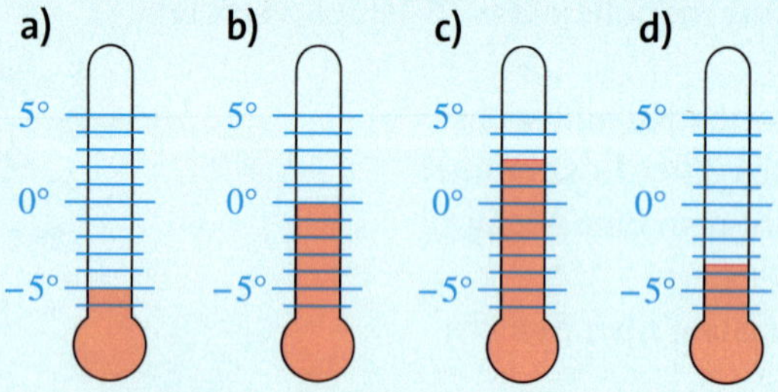

2 Betrachte die Wetterkarte.

a) In welchen Städten sank die Temperatur unter den Gefrierpunkt?

b) Nenne das Minimum, das Maximum und die Spannweite der Temperaturen.

1 Negative Zahlen an der Zahlengerade

a) Welche Zahlen sind rot markiert?

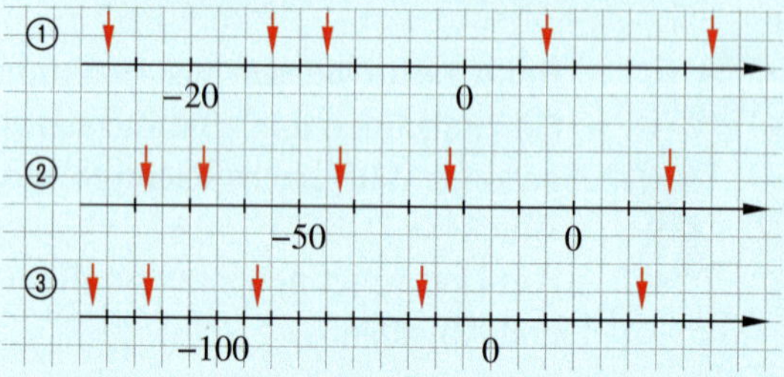

b) Zeichne eine Zahlengerade von −8 bis 8 in dein Heft. Wähle pro Einheit 2 Kästchen. Markiere folgenden Zahlen:

$-6;\ 0;\ 3;\ -4;\ \frac{14}{2};\ -\frac{7}{7};\ \frac{9}{3};\ 6$

2 Fülle die Tabelle im Heft aus.
Falls du Hilfe brauchst, kannst du die Temperaturen an einer Zahlengeraden darstellen.

Nacht-temperatur	Tageshöchst-temperatur	Temperatur-änderung
−5 °C	4 °C	*9° wärmer*
−1 °C	3 °C	
−15 °C	−4 °C	
0 °C		3° kälter
−8 °C		5° wärmer
	7 °C	8° kälter
	−1 °C	8° wärmer

→ Seite 176

Häufigkeiten

3 Eine Umfrage unter Erwachsenen führte zu den folgenden Schuhgrößen:
41; 36; 39; 42; 44; 35; 42; 45; 44; 38

a) Bestimme Minimum, Maximum und Spannweite.

b) Welche Größe kommt am häufigsten vor?

4 Marvin und Jan sind Torhüter. Marvin hat drei der letzten zehn Elfmeter gehalten, Jan hat zwei von acht Elfmetern gehalten.

a) Gib die relativen Häufigkeiten der von Marvin und Jan gehaltenen Elfmeter an.

b) Für wen entscheidet sich der Trainer?

3 Die Umfrage „Mit wie vielen Haustieren lebst du zusammen?" ergab die folgenden Antworten: 1; 0; 0; 2; 1; 0; 1; 0; 0; 2; 1; 3; 0; 1; 1; 2

a) Bestimme Minimum, Maximum und Spannweite.

b) Welche Angabe kommt am häufigsten vor?

4 Bestimme die relative Häufigkeit jeder Note als Dezimalbruch. Runde auf Hundertstel.

Note	1	2	3	4	5	6
Anzahl	1	3	9	9	6	1

Mittelwerte bilden

→ Seite 180

5 Berechne den Durchschnitt von …

a) 60 und 80 b) 125 und 175
c) 133 und 137 d) 404 und 496
e) 99 und 203 f) 1 200 und 4 200
g) 397 und 1 519 h) 8 und 3 366

5 Gib das arithmetische Mittel an.

a) 13 cm, 46 cm, 49 cm und 28 cm
b) 1,25 kg, 2,5 kg, 3 kg und 2,25 kg
c) 17 min, 42 min, 9 min und 28 min
d) 1,8 km, 950 m, 0,5 km und 1 250 m

6 Bei Vergleichsarbeiten der sechsten Klassen wurden in Mathematik diese Noten erreicht:

a) Berechne den Notendurchschnitt und den Median für jede einzelne Klasse.
b) Berechne den Notendurchschnitt und den Median für die ganze Stufe 6.
c) Gibt es Klassen, in denen du den Durchschnitt nicht als brauchbaren Mittelwert angeben würdest?

Klasse \ Note	1	2	3	4	5	6
6a	1	6	9	8	3	2
6b	0	5	12	8	5	1
6c	2	7	7	9	4	0
6d	5	7	5	6	4	1

7 Bilde den Mittelwert der Zahlen 1 bis 19. Überlege, ob es dafür einen Rechentrick gibt.

Relative Häufigkeit und Wahrscheinlichkeit

→ Seite 184

8 Wie groß ist jeweils die Wahrscheinlichkeit, bei einmaligem Drehen einen Hauptgewinn, einen Kleingewinn oder eine Niete zu erreichen?

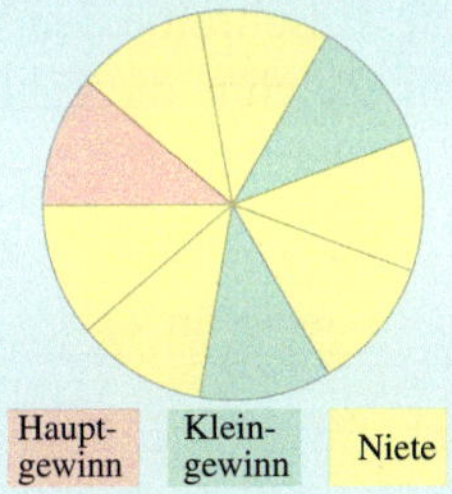

8 Wie viele Frauen könnten 2015 in Frankfurt gelebt haben? Nutze die relative Häufigkeit bezogen auf ganz Deutschland.

Einwohner 2015	insgesamt	davon Frauen
Deutschland	82 200 000	41 661 000
Frankfurt	731 000	

9 Ohne hinzusehen wird eine Kugel gezogen.

Berechne die Wahrscheinlichkeit, zufällig …

a) eine gelbe Kugel zu ziehen.
b) eine rote oder blaue Kugel zu ziehen.
c) keine rote und keine blaue Kugel zu ziehen.

9 Die Flächen des Spielwürfels sind mit den Zahlen 1 bis 12 beschriftet. Berechne die Wahrscheinlichkeit für folgende Ereignisse.

a) eine 3 b) eine 7
c) eine Primzahl d) eine Zahl kleiner 9
e) eine ungerade Zahl
f) eine durch 4 teilbare Zahl
g) ein Vielfaches von 2

Vermischte Übungen

1 Ordne. Beginne mit der kleinsten Zahl. Die Zahlengerade kann dir dabei helfen.

a) 0; −5; 2; 20; −15; −8; −6; 7; 1

b) −2; 6; −9; 7; −4; 9; 3; −12; 11

c) 7; −5; −10; 12; −9; 8; −4; 13

1 Ordne. Beginne mit der kleinsten Zahl.

a) −1; 0; 13; −3; −6; −4; 9; −5; 17

b) 0; −7; 3; 5; −2; −8; 7; −12; 12

c) −1; 3; 7; 10; −2; 5,5; 13; −4

d) $\frac{6}{3}$; −3; $\frac{20}{2}$; −1; $\frac{35}{7}$; −12; $\frac{30}{5}$, −8

2 Das Diagramm zeigt die Temperaturen, die an einem Februartag an einer Wetterstation in Schlüchtern gemessen wurden.

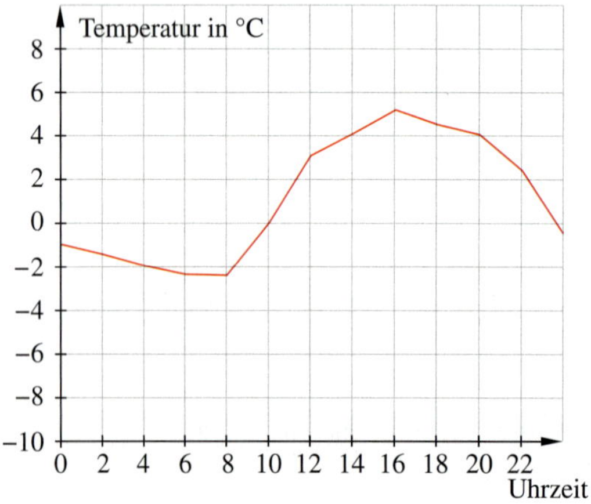

a) Beschreibe den Verlauf der Temperatur.

b) Bestimme die höchste (niedrigste) Temperatur im Tagesverlauf.

c) Bestimme den Temperaturunterschied zwischen der Tagestiefst- und Tageshöchsttemperatur.

d) Übertrage die Tabelle in dein Heft und fülle sie für 0 Uhr bis 24 Uhr aus.

Uhrzeit	0	2	4	…	24
Temp. (in °C)	−1				

e) Ergänze: Zwischen 11 Uhr und 16 Uhr stieg die Temperatur um ▒ ° an.

2 Das Diagramm zeigt den Temperaturverlauf an zwei Tagen in Waldeck.

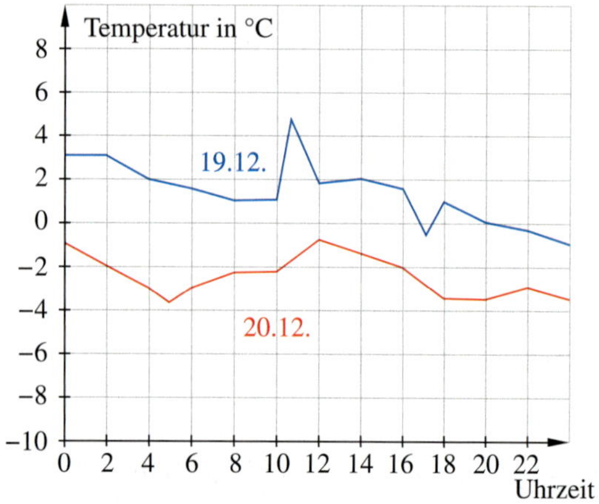

a) Beschreibe den Verlauf der Temperaturen.

b) Zeichne die Tabelle für beide Tage in dein Heft und fülle sie aus.

Uhrzeit	0	2	4	…	24
Temp. (in °C)	−1				

c) Bestimme die jeweilige Tageshöchst- und Tagestiefsttemperatur.

d) In welchem Zeitraum schien am 19. 12. offensichtlich kurzzeitig die Sonne?

e) Marc meint: „Die Datumsangaben sind nicht nötig. Es ist doch klar, dass die blaue Linie die Temperaturen des ersten Tages zeigen." Hat Marc recht?

3 Taifun ist krank. In der Nacht wird jede Stunde bei ihm Fieber gemessen. Zeichne eine Fieberkurve zum Temperaturverlauf bei Taifun.

Uhrzeit	1 Uhr	2 Uhr	3 Uhr	4 Uhr	5 Uhr	6 Uhr	7 Uhr	8 Uhr	9 Uhr
Temp. (in °C)	38,2	38,4	38,8	39,1	39,2	38,9	38,6	38,7	39,0

4 Wie groß ist die Wahrscheinlichkeit, dass die grüne Spielfigur beim nächsten Zug ins Haus gerettet wird? Begründe.

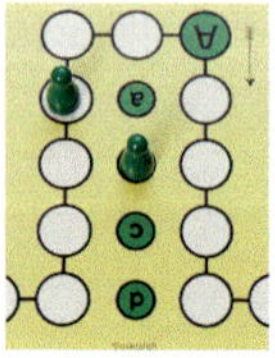

4 Wie groß ist die Wahrscheinlichkeit mit einem Spielwürfel 3-mal hintereinander eine „6" zu würfeln?
Wie sieht es bei der „3" aus?

5 Arbeitet zu zweit. Mithilfe von Automaten werden Pistazien in Tüten verpackt. Auf die Tüten wird „Mindesteinwaage 150 g“ gedruckt. Beim Wiegen wurden folgende Gewichte ermittelt:
147 g; 156 g; 162 g; 145 g; 150 g; 155 g; 164 g; 153 g; 151 g.

a) Ist der Aufdruck zur Mindesteinwaage auf den Tüten richtig? Begründe.
b) Welches Durchschnittsgewicht ergibt sich aus den überprüften Tüten? Runde auf zehntel Gramm.
c) Bestimme den Median der Einwaagen bei den überprüften Tüten.

6 Welche Zahlen sind hier mit Buchstaben bezeichnet?

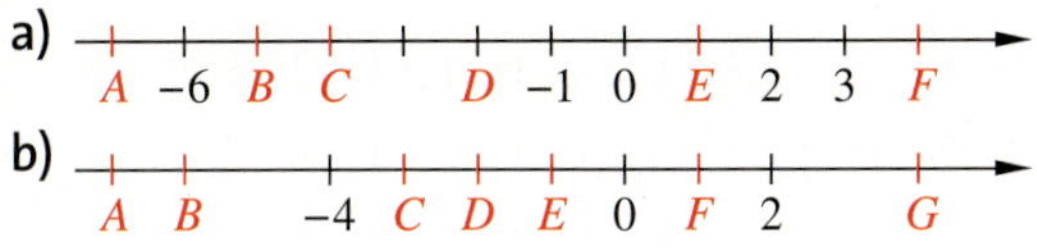

6 Welche Zahlen sind hier mit Buchstaben bezeichnet?

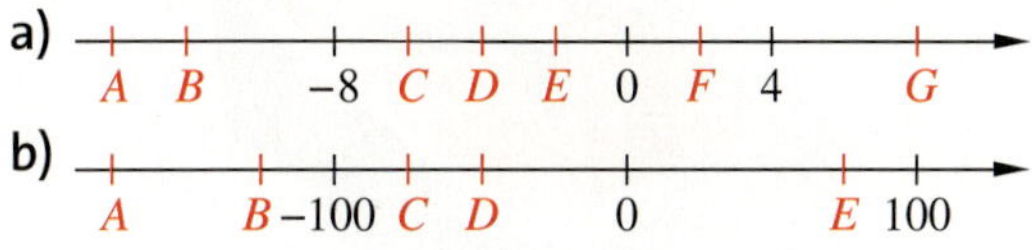

7 Die Tabelle gibt den Gewinn einer Tischlerei in den Jahren von 2004 bis 2011 an.

Jahr	2004	2005	2006	2007	2008	2009	2010	2011
Gewinn (in €)	12 000	25 000	22 000	39 000	35 000	5 000	7 000	24 000

a) Gib das Maximum, das Minimum und die Spannweite der Gewinne an.
b) Vergleiche den Durchschnitt und den Median der Gewinne.
c) Stell die Entwicklung der Gewinne in einem Säulendiagramm dar.
d) Konnte die Tischlerin ihren Gewinn jedes Jahr steigern?

8 Gib zu den Beispielen jeweils die relative Häufigkeit an.
a) 16 Lose von 64 gewinnen.
b) Es sind unter 125 Menschen 3 Rothaarige.
c) 5 von 120 Schrauben sind defekt.
d) 7 von 25 Bäumen sind krank.

8 Finde zu den Beispielen jeweils andere Angaben mit derselben relativen Häufigkeit.
a) 8 von 10 Befragten fahren mit dem Rad.
b) 4 Schülerinnen von 32 fehlen.
c) 65 von 200 neuen Autos waren 2010 grau.
d) 6 268 von 7 835 Familien haben einen PC.

9 Dies ist der Klassenspiegel der letzten Mathematikarbeit der 6 c.

Note	1	2	3	4	5	6
Anzahl	1	5	11	7	6	0

a) Bestimme die relativen Häufigkeiten jeder Note als Bruch.
b) Gib die Ergebnisse in Prozent an. Runde an der Zehntelstelle.
c) Mit welcher relativen Häufigkeit ist eine Arbeit schlechter als „ausreichend“ ausgefallen?
d) Mit welcher relativen Häufigkeit ist eine Arbeit besser als „4“ ausgefallen?

9 Stell dir vor, du würdest die Zahlen von 1 bis 99 aufschreiben.

1, 2, 3, 4, 5, … 10, 11, 12, … 97, 98, 99

Arbeitet im Team. Diskutiert und beantwortet nacheinander die folgenden Fragen:
– Wie viele unterschiedliche Ziffern musst du notieren?
– Wie oft kommt die Ziffer 1 in allen Zahlen vor?
– Mit welcher relativen Häufigkeit kommt die Ziffer 1 in den Zahlen vor?
– Kommen die Ziffern 1 bis 9 mit der gleichen absoluten Häufigkeit vor?

HINWEIS ZU 9
Zahlen und Ziffern sind nicht dasselbe

10 Berechne jeweils das arithmetische Mittel und den Median.
Welcher Wert kommt am häufigsten vor?

a) 12; 16; 16; 21; 28; 29; 31; 35; 37; 49

b) 38; 59; 60; 60; 78; 92; 92; 102; 108; 129; 129; 129; 148; 189; 189; 219; 248

c) 2,5; 3,8; 4,25; 4,5; 4,5; 5,74; 6,9; 7,45

11 Eine Streichholzschachtel wurde wie ein Würfel geworfen.

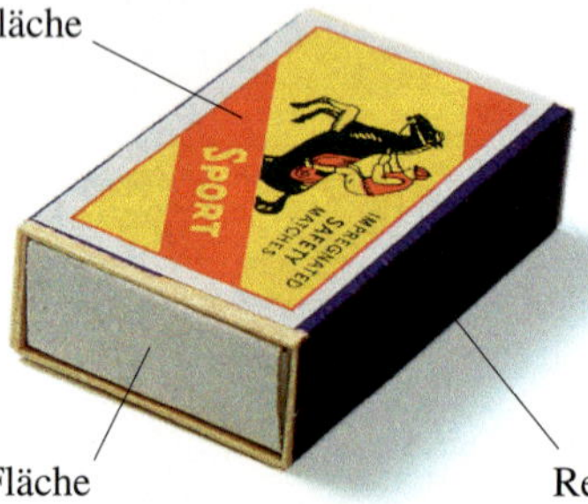

Die Tabelle zeigt, wie oft die Schachtel auf der großen Fläche, auf der kleinen Fläche und auf der Reibefläche gelandet ist.

Ergebnis	große Fläche	kleine Fläche	Reibfläche
Anzahl	124	28	48

a) Gib die relativen Häufigkeiten der einzelnen Ergebnisse an.

b) Ist die relative Häufigkeit ein Schätzwert für die Wahrscheinlichkeit der einzelnen Ergebnisse? Begründe.

12 In einem Gefäß liegen eine weiße und drei schwarze Kugeln. Es wird ohne hinzusehen eine Kugel gezogen.

a) Wie groß ist die Wahrscheinlichkeit, dass die gezogene Kugel …
- weiß,
- schwarz ist?

b) Die erste Kugel war schwarz. Sie wird *nicht* wieder ins Gefäß zurückgelegt. Bestimme die Wahrscheinlichkeit, beim zweiten Ziehen eine …
- weiße,
- schwarze Kugel zu ziehen.

10 Betrachte die beiden Datenreihen. Gib ohne zu rechnen an, welche der beiden Reihen vermutlich das größere arithmetische Mittel und welche Reihe den größeren Median hat. Überprüfe deine Vermutung.

① 2; 5; 10; 14; 25; 39; 42; 58

② 2; 5; 9; 21; 35; 39; 42; 58

11 Ein Drehwürfel hat drei gleich große Felder. Bei einem Zufallsversuch wurde er 120-mal gedreht.

Die Urliste zeigt die Ergebnisse:

1; 1; 3; 3; 2; 1; 3; 1; 1; 1; 2; 1;
2; 2; 1; 1; 3; 3; 3; 1; 2; 1; 3; 2;
1; 1; 1; 2; 3; 3; 3; 3; 3; 3; 2; 2;
1; 1; 1; 2; 2; 2; 2; 3; 2; 1; 2; 1;
3; 3; 1; 2; 2; 2; 1; 1; 1; 1; 3; 3;
1; 2; 1; 2; 1; 2; 3; 1; 1; 1; 1; 2;
1; 3; 2; 1; 3; 2; 1; 3; 2; 1; 3; 3;
3; 1; 1; 3; 1; 2; 3; 1; 2; 1; 1; 1;
2; 2; 1; 1; 1; 3; 1; 1; 1; 1; 2; 1;
1; 1; 1; 2; 1; 2; 1; 2; 1; 2; 1; 1

a) Fertige eine Strichliste an.

b) Gib die absoluten Häufigkeiten der einzelnen Ergebnisse an.

c) Gib Schätzwerte für die Wahrscheinlichkeiten der einzelnen Ergebnisse an.

12 In einer Lostrommel befinden sich insgesamt 112 Nieten, 69 Kleingewinne und 19 Hauptgewinne.

a) Wie groß ist die Wahrscheinlichkeit, beim ersten Ziehen …
- einen Kleingewinn,
- eine Niete oder einen Kleingewinn,
- einen Hauptgewinn zu ziehen?

b) Es wurden bereits 50 Lose verkauft und es wurde 3-mal ein Hauptgewinn gezogen. Hat sich die Wahrscheinlichkeit, einen Hauptgewinn zu ziehen, verbessert oder verschlechtert? Begründe.

Zusammenfassung

Negative Zahlen

→ Seite 172

Für negative Zahlen wird der Zahlenstrahl über die Null hinaus nach links zur **Zahlengeraden** erweitert.

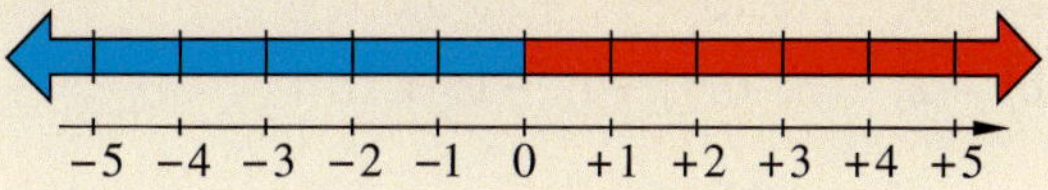

Negative Zahlen sind kleiner als Null und stehen daher links von der Null. Sie werden mit einem Minuszeichen (−) gekennzeichnet.
−3 ist die **Gegenzahl** von +3, +12 ist die Gegenzahl von −12.

Häufigkeiten

→ Seite 176

Die **absolute Häufigkeit** gibt eine Anzahl an.
Die **relative Häufigkeit** ist ein Anteil.

Relative Häufigkeit $= \frac{\text{absolute Häufigkeit}}{\text{Gesamtzahl}}$

Die relative Häufigkeit kann man als Bruch, als Dezimalbruch oder als Prozentsatz angeben.

Bei der Klassensprecherwahl erhielt Lisa 9 Stimmen von insgesamt 30.

absolute Häufigkeit: 9 Stimmen

relative Häufigkeit: $\frac{9}{30} = \frac{3}{10} = 0{,}3 = 30\,\%$

Mittelwerte bilden

→ Seite 180

Addiert man alle Werte und teilt durch die Anzahl der Werte, so erhält man das **arithmetische Mittel (Durchschnitt)**.

3 cm + 8 cm + 12 cm + 7 cm + 10 cm = 40 cm
und 40 cm : 5 = 8 cm
8 cm ist das arithmetische Mittel der Datenreihe.

Der **Median (Zentralwert)** ist der Wert in der Mitte aller nach der Größe geordneten Werte einer Datenreihen.
Bei einer geraden Anzahl von Daten ist der Median das arithmetische Mittel aus den beiden mittleren Werten.

- Anzahl ungerade: 3 cm; 7 cm; [8 cm]; 10 cm; 12 cm
  Der Median ist 8 cm.
- Anzahl gerade: 7 €; 10 €; [12 €; 18 €]; 20 €; 25 €

$\frac{12\,€ + 18\,€}{2} = 15\,€$ Der Median ist 15 €.

Relative Häufigkeit und Wahrscheinlichkeit

→ Seite 184

Die relative Häufigkeit gibt an, welchen Anteil ein bestimmtes Ergebnis an der Gesamtzahl aller Versuchsausgänge hat.

relative Häufigkeit eines Ergebnisses $= \frac{\textbf{absolute Häufigkeit des Ergebnisses}}{\textbf{Gesamtzahl der Versuche}}$

Bei einer großen Anzahl von **Versuchsdurchgängen** ist die **relative Häufigkeit** für ein Ergebnis ein **Schätzwert für die Wahrscheinlichkeit** des Ergebnisses.

Teste dich!

2 Punkte

1 Ordne die Zahlen der Größe nach.

a) $-6;\ 7;\ -15;\ \frac{24}{4};\ -5;\ 5{,}001$

b) $-2;\ 0{,}3;\ 0{,}9;\ -9;\ -1;\ 1{,}1;\ 1$

2 Punkte

2 An einem Märztag wurden in einigen Orten Nordrhein-Westfalens die Höchsttemperaturen und Tiefsttemperaturen gemessen.

a) Wie groß ist für jeden Ort die Spannweite?

b) Gib jeweils den Median der Höchsttemperaturen und Tiefsttemperaturen an.

Kassel	8 °C	−3 °C
Hanau	7 °C	−1 °C
Fulda	9 °C	−4 °C
Wetzlar	8 °C	−2 °C
Marburg	5 °C	−4 °C

4 Punkte

3 Die Tabelle zeigt die Platzierungen einiger Mannschaften der 1. Bundesliga nach 12 Spieltagen.
Bestimme für vier Vereine die relative Häufigkeit, mit der …

a) ein Spiel gewonnen (g) wurde.

b) ein Spiel unentschieden (u) endete.

c) ein Spiel verloren (v) ging.

d) ein Spiel *nicht* verloren wurde.

Platz	Verein	g	u	v
1	FC Bayern München	9	1	2
2	Bor. Dortmund	7	2	3
3	Werder Bremen	7	2	3
5	FC Schalke 04	7	1	4
6	Hannover 96	5	4	3
13	Vfl Wolfsburg	4	1	7
18	FC Augsburg	1	5	6

3 Punkte

4 Gib zu jeder Datenreihe Maximum, Minimum, Spannweite, das arithmetische Mittel und den Median an.

a) 12; 26; 28; 51; 52; 56; 57; 79; 82; 96; 44

b) 740; 824; 824; 729; 283; 391; 284; 285, 685, 825

c) 86; 2903; 5778; 6209; 7357; 59 872

3 Punkte

5 Miriam hat 15 Klassenkameradinnen gefragt, wie ihnen ihr Urlaub gefiel. Zur Bewertung wurden Schulnoten benutzt.

a) Bestimmen die Anteile als Brüche.

b) Bestimme jeweils die Anteile als Prozent. Runde sinnvoll.

c) Wie war die durchschnittliche Bewertung der Schüler?

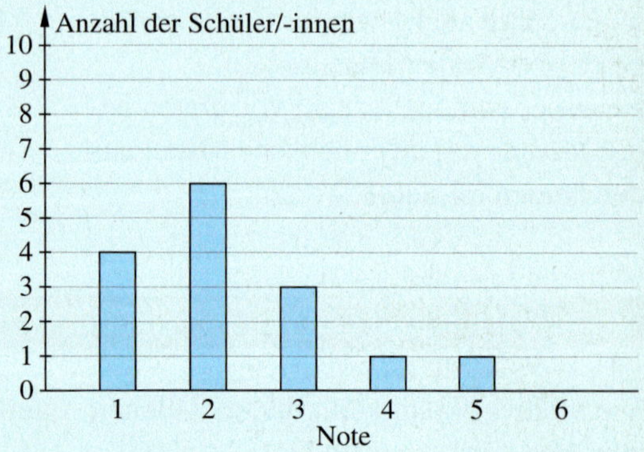

6 Punkte

6 Es wird mit einem Würfel geworfen. Wie groß ist die Wahrscheinlichkeit dafür, dass das folgende Ereignis eintrifft? Die Augenzahl ist …

a) gerade **b)** größer als zwei **c)** kleiner als zwei

d) kleiner als sieben **e)** größer als eins **f)** eine Primzahl

1 Punkt

7 Der Würfel hat acht Flächen. Wie groß ist die Wahrscheinlichkeit, eine der Zahlen zu würfeln.

Gold: 19–21 Punkte, Silber: 16–18 Punkte, Bronze: 13–15 Punkte

Lösungen ab Seite 212

Zuordnungen

Bei Zuordnungen werden verschiedene Daten miteinander in Beziehung gebracht. Dabei spielen Fragen wie diese eine Rolle: Zu welcher Zeit fahren wie viele Autos auf der Autobahn? In welcher Zeit kann eine bestimmte Strecke zurückgelegt werden?

Noch fit?

Einstieg

1 Zahlenreihen

Ergänze die Zahlenreihen um sechs Zahlen.

a) 2; 4; 6; 8; …
b) 7; 14; 21; 28; …
c) 3; 7; 11; 15; …
d) 105; 99; 93; 87; …

2 Paare von Werten ablesen

Erkläre die Einträge in der Tabelle.

a) Mathematikbücher wurden zu einem Turm gestapelt. Die Höhe des Turmes wurde mehrmals gemessen.

Anzahl der Bücher	0	1	10	20
Turmhöhe (in cm)	0	1,2	12	24

b) Nach der Geburt eines Babys wurde die durchschnittliche Schlafzeit pro Tag in einer Tabelle notiert.

Alter (in Monaten)	0	1	3	6
Schlafzeit (in Stunden)	18	17	15	12

3 Sachaufgaben

Berechne.

a) Ein Stück Kuchen kostet 1,20 €.
Wie viel kosten drei Stücke Kuchen?

b) An der Kinokasse zahlen drei Schüler zusammen 13,50 €.
Wie viel muss ein Schüler bezahlen?

c) 5 € pro Monat sind so viel wie ■ pro Jahr.

d) Das Paket wiegt 450 g. Die Verpackung wiegt 55 g.
Wie schwer ist der Inhalt?

4 Punkte im Koordinatensystem

a) Lies jeweils den Mittelpunkt der beiden Kreise ab.
Gib die Koordinaten der Punkte an.

b) Übertrage das Koordinatensystem ins Heft.
Zeichne die Punkte ein und verbinde sie.
(0|7); (2|8); (9|8); (8|7); (5|7); (5|5); (7|4); (8|2); (7|1,5); (6|4); (6|0); (5|0); (5|4); (3|4); (3|5); (2|7); (1|6); (1|4); (0|4)

Aufstieg

1 Zahlenreihen

Ergänze die Zahlenreihen um sechs Zahlen.

a) 8; 16; ■; 32; 40; ■; 56; …
b) ■; 74; 67; 60; ■; 46; …

2 Paare von Werten ablesen

In dem Diagramm sind Gewicht und Preis von Apfelsinen dargestellt. Lies die Preise für 1 kg, 2 kg, 3 kg, 4 kg und 5 kg ab.

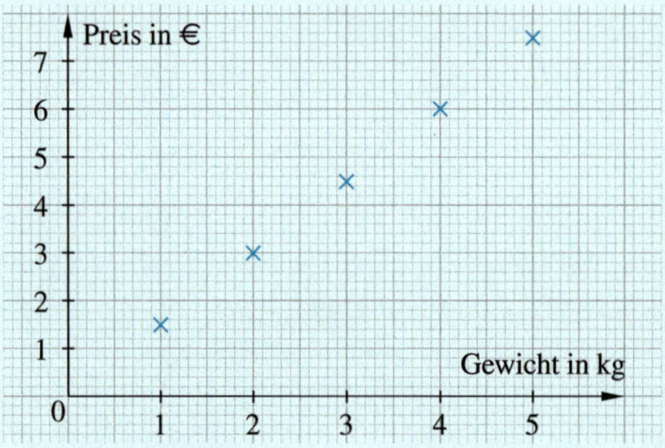

3 Sachaufgaben

Berechne und beantworte die Frage.

a) Marvin fährt 3 km. Die Fahrt dauert 20 Minuten. Wie lange ist er unterwegs, wenn er mit gleicher Geschwindigkeit 9 km weit fährt?

b) Ein Gärtner pflanzt pro Stunde zehn Blumen. Wie viele Blumen pflanzen zwei Gärtner in einer Stunde?

c) Ein Foto kostet 19 ct, der Versand 2,50 €. Wie teuer sind 12 Fotos mit Versand?

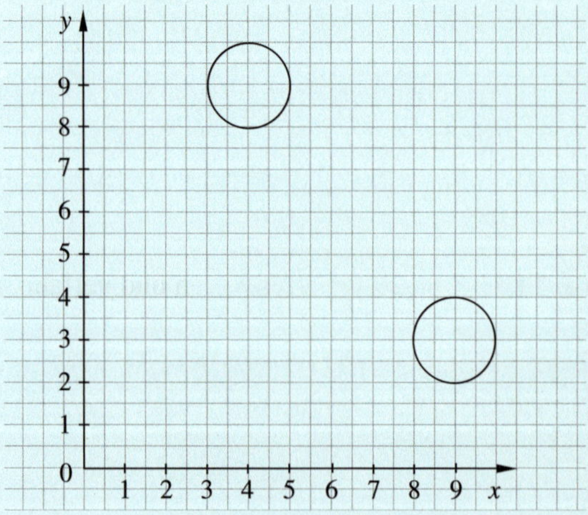

Lösungen ab Seite 212

Zuordnungen erkennen und beschreiben

Entdecken

Füllexperimente

Material:

Ihr benötigt für den Versuch mindestens drei unterschiedlich geformte kleine Vasen mit möglichst gleichem Volumen, einen Messbecher, ein langes Lineal oder einen Zollstock und Wasser.

HINWEIS
Achtet darauf, dass euer Messbecher eine 50-ml-Unterteilung besitzt.

Vorbereitung:

1. Platziert das Lineal oder den Zollstock in einer der drei Vasen.
2. Übertragt die folgende Wertetabelle in euer Heft:

Wassermenge (in ml)	0	50	100	150	200	250	300	350	400	…
Höhe der Wassersäule (in cm)										

1 Messt die Vase mit dem Lineal bzw. Zollstock aus und füllt mit dem Messbecher 50 ml Wasser hinein. Lest die Füllhöhe ab und tragt sie in die Tabelle ein.
Gießt weitere 50 ml Wasser nach, lest die neue Füllhöhe ab und tragt in die Tabelle ein. Fahrt so fort, bis die Vase voll ist.

2 Nehmt die weiteren Vasen und verfahrt wie bei Aufgabe 1.

3 Präsentiert eure Ergebnisse euren Mitschülern.
Zeichnet dazu Diagramme auf eine Folie oder ein Plakat und lasst eure Mitschüler die Vasen den zugehörigen Diagrammen zuordnen.
Dabei sollen sie ihre Aussagen verständlich begründen.

Verstehen

Julius, Marlies, Betti und Simon füllen eine quadratische Vase mehrmals mit 50 ml Wasser. Der Wasserstand steigt nach jedem Einfüllen um 3 cm.

1. Füllung 2. Füllung 3. Füllung

Die Schüler ordnen der *eingefüllten Wassermenge* die *Höhe der Wassersäule* in der Vase zu.

Beispiel 1

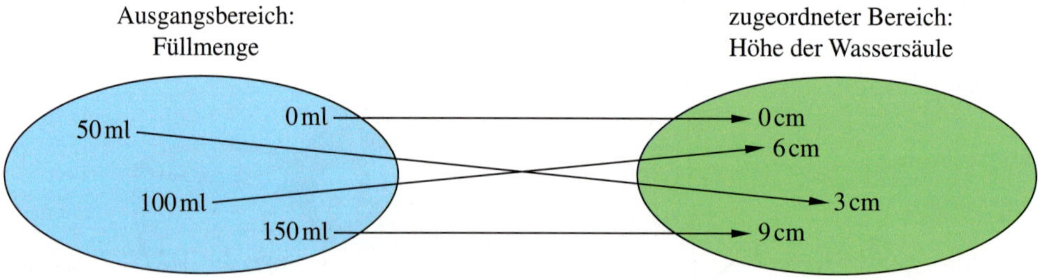

HINWEIS
Der Pfeil bedeutet „zugeordnet".

Für die Zuordnung schreibt man auch kurz: *Füllmenge → Höhe der Wassersäule.*

Merke Bei Zuordnungen wird jedem Wert aus einem Bereich ein Wert aus einem anderen Bereich zugeordnet. Beide Werte ergeben zusammen ein **Wertepaar**.

Julius, Marlies, Betti und Simon wählen jeweils eine andere Form, um die Messergebnisse vorzustellen.

Beispiel 2

Wortvorschrift
Werden mehrmals 50 ml Wasser in die Vase gefüllt, steigt die Höhe der Wassersäule jeweils um 3 cm.

Tabelle

Füllmenge (in ml)	0	50	100	150
Höhe der Wassersäule (in cm)	0	3	6	9

Diagramm, z. B. Säulendiagramm

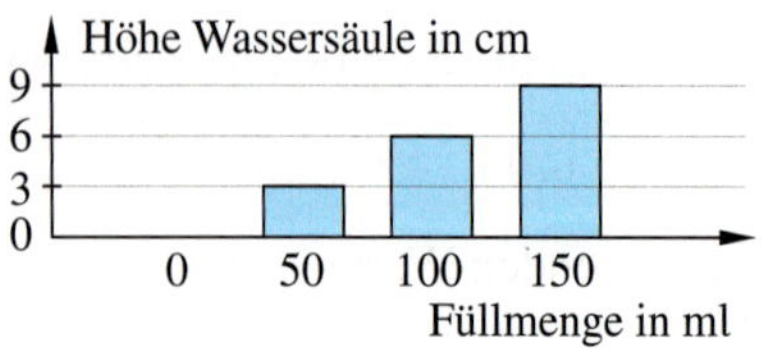

Koordinatensystem

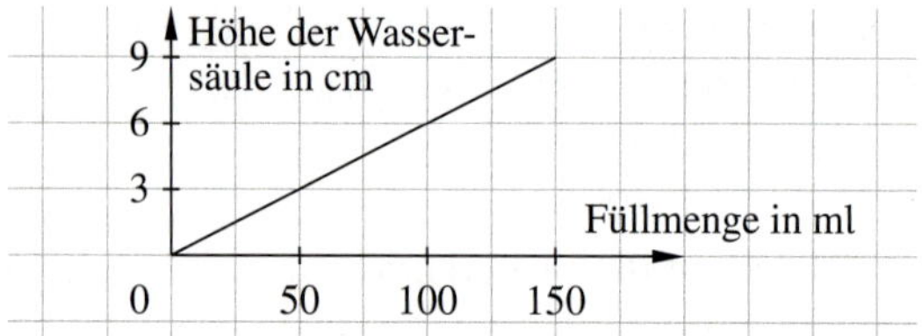

Merke Zuordnungen lassen sich als Wortvorschrift, Tabelle, Diagramm und im Koordinatensystem darstellen.

Üben und anwenden

1 Ergänze die folgenden Aussagen.
Findest du mehrere Lösungen?
Notiere mithilfe eines Pfeils wie im Beispiel.

Beispiel Jedem T-Shirt kann … zugeordnet werden: *T-Shirt* → *Preis*

a) Jedem Kind kann … zugeordnet werden.
b) Jedem Tag kann … zugeordnet werden.
c) Jedem … kann seine Einwohnerzahl zugeordnet werden.
d) Jedem Auto kann … zugeordnet werden.
e) Jedem … kann seine Höhe zugeordnet werden.
f) Erfinde eigene Aussagen zu Zuordnungen und lass sie von deinem Lernpartner lösen.

2 Welche Größen sind einander zugeordnet?
a) Fieberkurve

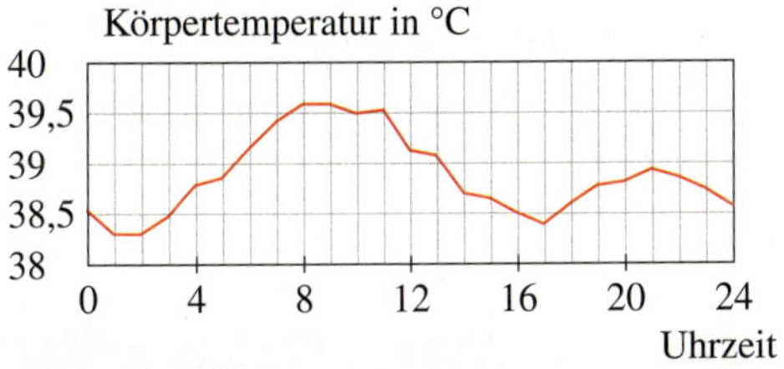

b) Wettervorhersage

3 Die 6b verkauft auf dem Schulfest Waffeln und notiert jede Stunde den Kassenbestand.

a) Schreibe eine Zuordnungstabelle für die Zuordnung *Uhrzeit* → *Kassenbestand*.
b) Berechne, wie viel in jeder Stunde eingenommen wurde.

1 Entnimm die fehlenden Daten dem Koordinatensystem und ergänze die Tabelle im Heft.

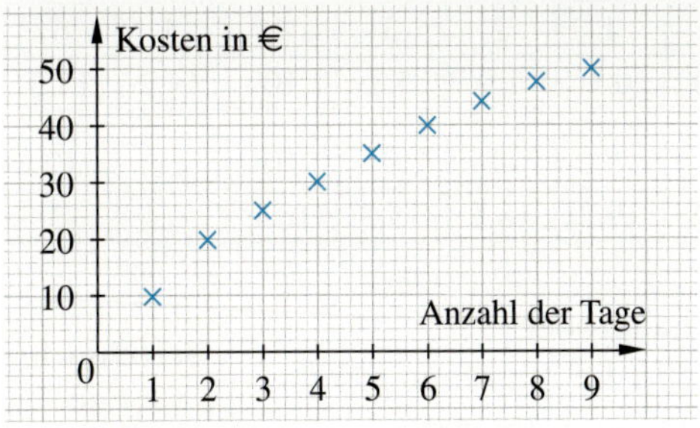

a)

Tage	2	4	6	7
Kosten (in €)				

b)

Tage				
Kosten (in €)	10	30	48	50

2 Das Diagramm zeigt den Verlauf einer Wanderung. Übertrage die Tabelle ins Heft und lies die Werte ab.

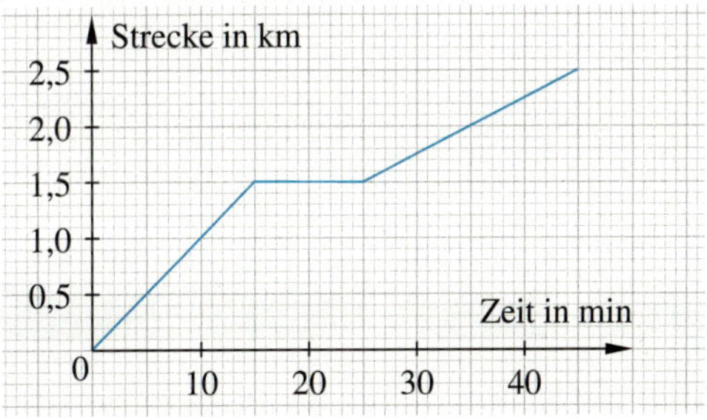

Zeit (in min)	10	20	25	35				
Strecke (in km)					0,5	1,2	2,0	2,5

3 Das Diagramm zeigt den Zusammenhang zwischen Füllhöhe und Volumen einer Vase.

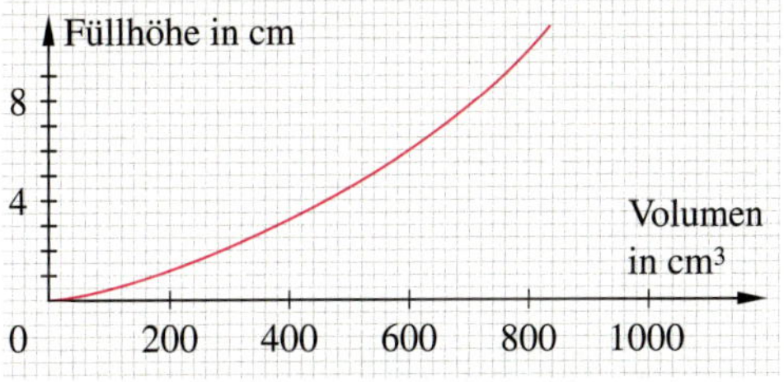

a) Ergänze die fehlenden Werte im Heft.

Volumen in (cm³)	200	400	600	800
Füllhöhe (in cm)				

b) Überlegt zu zweit, welche Form die Vase haben könnte. Skizziert und begründet.

4 Die Tabelle zeigt die durchschnittlichen Monatstemperaturen in Bensheim.
Zeichne ein Temperaturdiagramm.

Monat	1	2	3	4	5	6
Temperatur (in °C)	0,7	1,9	5,8	10	14,2	17,5

Monat	7	8	9	10	11	12
Temperatur (in °C)	19,2	18,5	15,3	10,1	5,2	1,9

4 Was meinst du dazu? Begründe.

a) Bei Zuordnungen werden die Werte der zugeordneten Größe immer größer.
b) Handynummern sind eine Zuordnung.
c) In der Punktetabelle der Bundesjugendspiele findet man Zuordnungen.
d) Hinter jeder Währungstabelle verbirgt sich eine Zuordnung.

5 Schuhgrößen

a) Stelle die Zuordnung *Fußlänge → Schuhgröße* in einer Tabelle dar (von 20 bis 30 cm).
b) Berechne deine Schuhgröße. Stimmt sie mit deiner tatsächlichen Schuhgröße überein?

Berechnung der Schuhgröße
Zur exakten in cm gemessenen Fußlänge werden 1,5 cm addiert. Die Summe wird dann mit 1,5 multipliziert.

5 Arbeite mit einer Tabelle.

a) Welche Schuhgröße entspricht einer Fußlänge von 25,5 cm?
b) Der Amerikaner Matthew McGrory hält mit Schuhgröße 63 bislang den Weltrekord. Wie lang sind seine Füße?

6 Mit einer Kerze, die gleichmäßig Wachs verbrennt, kann man Zeitspannen messen. Die Kerze wurde jeweils im Abstand von 30 Minuten fotografiert.

a) Miss die Kerzenlängen und notiere sie zusammen mit der Brenndauer in einer Tabelle.
b) Gib die Wortvorschrift der Zuordnung an.
c) Stell die Zuordnung im Koordinatensystem dar.
Kannst du vorhersagen, wann die Kerze heruntergebrannt sein wird? Begründe.

①
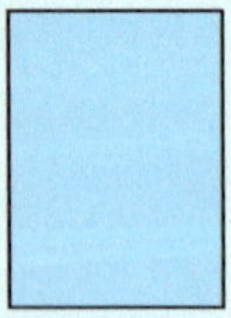
②
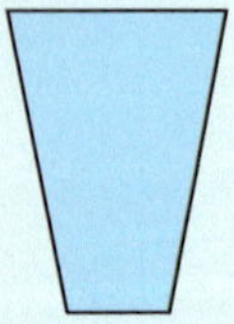
③

7 Ordne den Vasen eine Wertetabelle zu.

Ⓐ

Füllmenge (in ml)	0	100	200	300	400	500
Füllhöhe (in cm)	0	3	7	12	17	22

Ⓑ

Füllmenge (in ml)	0	100	200	300	400	500
Füllhöhe (in cm)	0	5	10	15	20	25

Ⓒ

Füllmenge (in ml)	0	100	200	300	400	500
Füllhöhe (in cm)	0	6	11	15	18	20

7 Drei Vasen wurden mit Wasser gefüllt. Ordne den Vasen jeweils das richtige Diagramm zu.

①
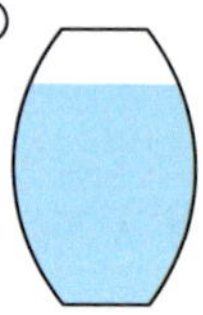
②
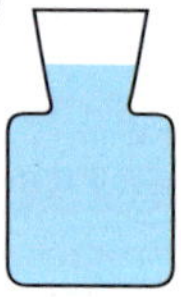
③

Ⓐ
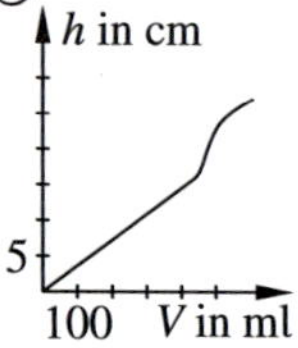

Ⓑ
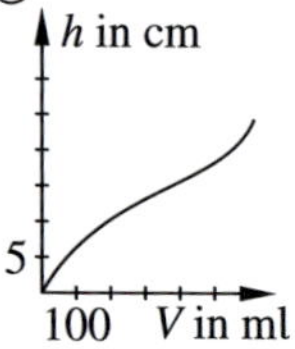

Ⓒ
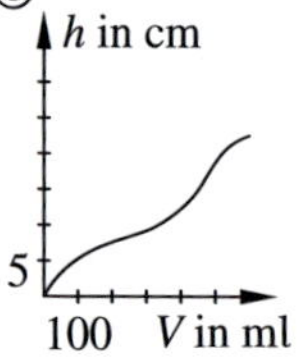

Bewegungsgeschichten

1 Arbeitet zu zweit.
Seht euch den Graphen rechts genau an. Versucht, die Bewegung, die der Graph beschreibt, nachzustellen.
Nehmt dazu einen Stuhl und einer entfernt sich vom Stuhl, wie der Graph es darstellt. Der andere kontrolliert, ob er richtig gelaufen ist. Achtet dabei auf die Entfernung vom Stuhl, auf die Geschwindigkeit beim Laufen und auch auf Pausen.

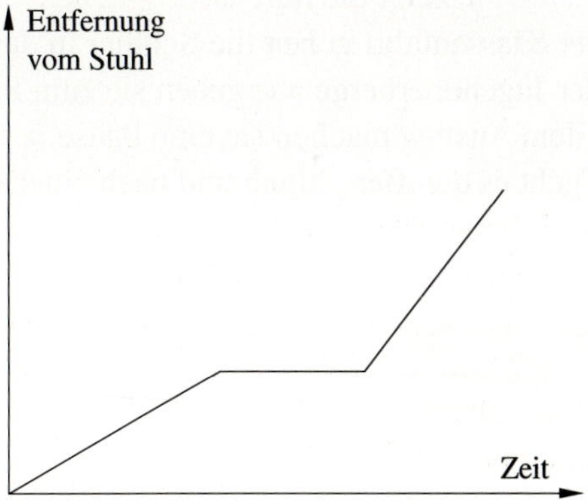

2 Ordne den Graphen Ⓐ–Ⓓ einen der Texte ① bis ④ zu.

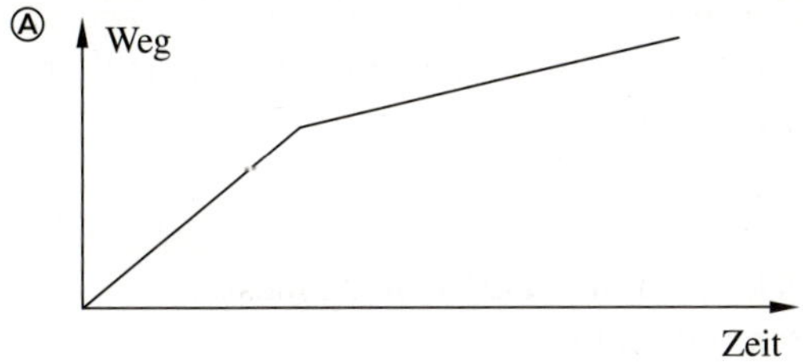

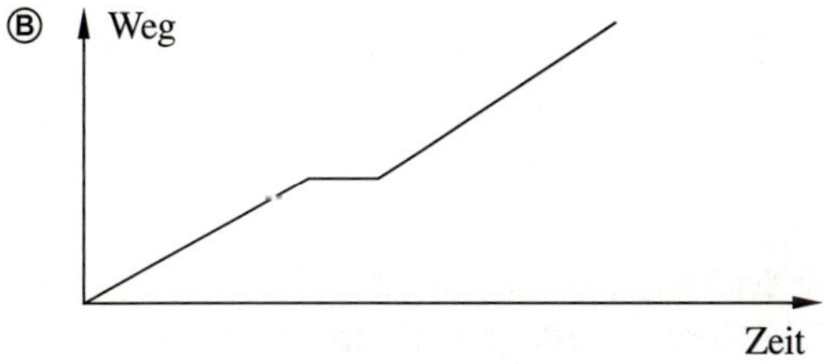

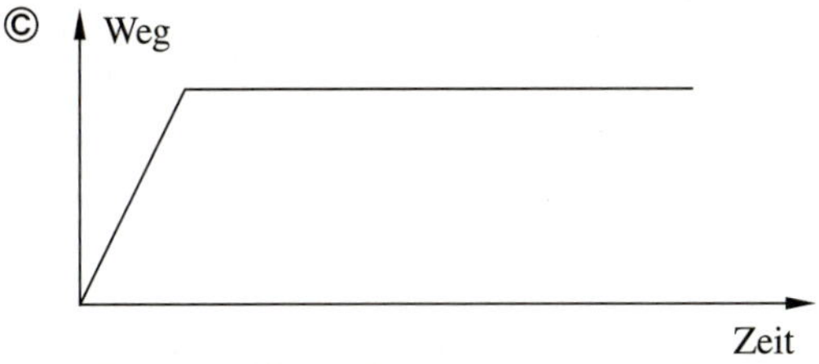

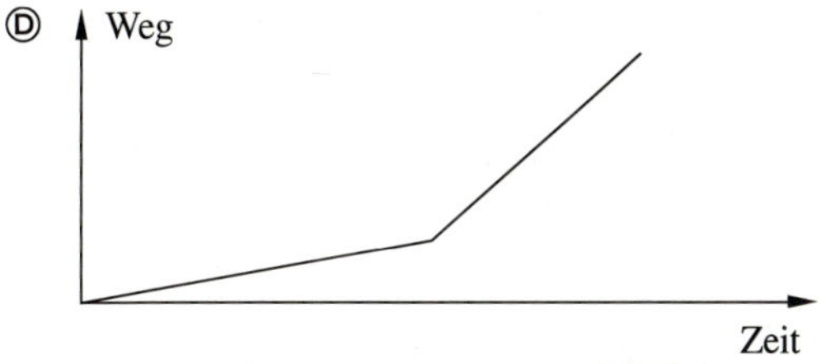

① Zunächst kamen wir sehr gut voran. Aber in Kiel überraschte uns zähfließender Verkehr.

② Matthias lief den ersten Streckenabschnitt recht langsam, setzte dann aber zu einem Spurt an.

③ Kevin rannte los wie die Feuerwehr, bis ihm die Puste ausging und er stehen blieb.

④ Die Straßenbahn fuhr zur Haltestelle „Opernplatz“, er ließ die Fahrgäste ein- und aussteigen und fuhr dann weiter.

3 Erfinde zu den Graphen eigene Geschichten, z. B. über einen Schulweg, über einen Marathonlauf oder über eine Zugfahrt. Lies sie deinen Mitschülern vor.
Sie können dann raten, welcher Graph zu deiner Geschichte gehört.

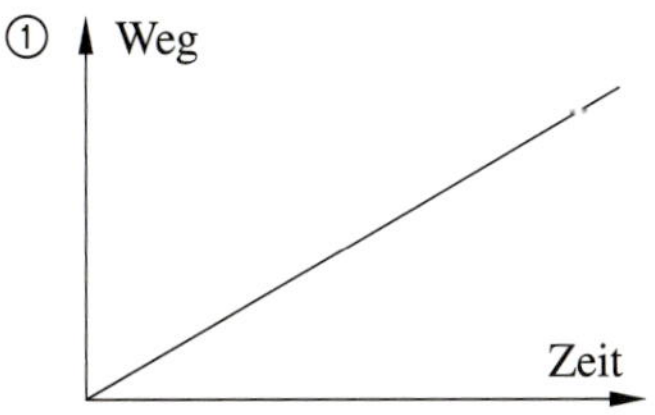

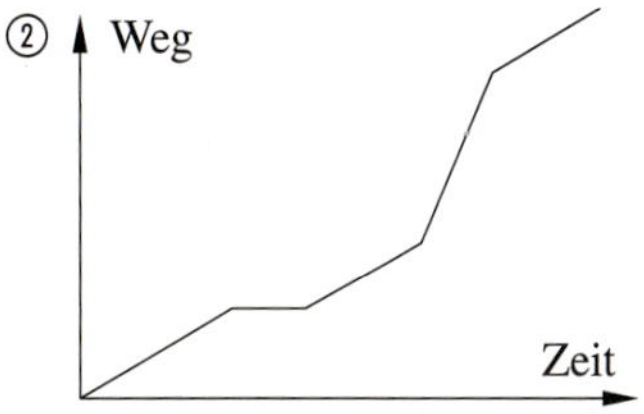

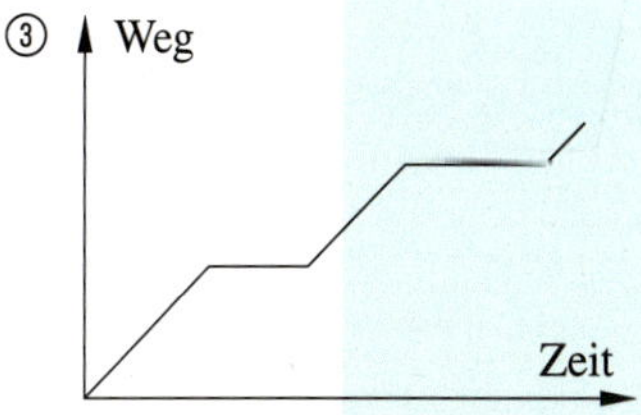

Verstehen

Auf der Klassenfahrt gehen die Schüler in den Bergen wandern.
Von der Jugendherberge aus gehen sie zum Fuß des Berges.
Nach dem Anstieg machen sie eine Pause.
Dann geht es den Berg hinab und nach einer Pause wieder in die Jugendherberge. Die Schüler sollen die Bewegung festhalten.
Rick und Tina haben folgendes notiert:

vergangene Zeit	40 min	1 h 40 min	2 h	2 h 30 min	2 h 40 min	3 h 30 min
insgesamt gelaufene Strecke	3 km	5 km	5 km	7 km	7 km	10 km
Aktion	Hinweg	Anstieg	Pause	Abstieg	Pause	Rückweg

Beide zeichnen ein Diagramm.

Beispiel 1
Rick stellt in seinem Diagramm die Entfernung zum Ausgangspunkt (der Jugendherberge) in km dar.

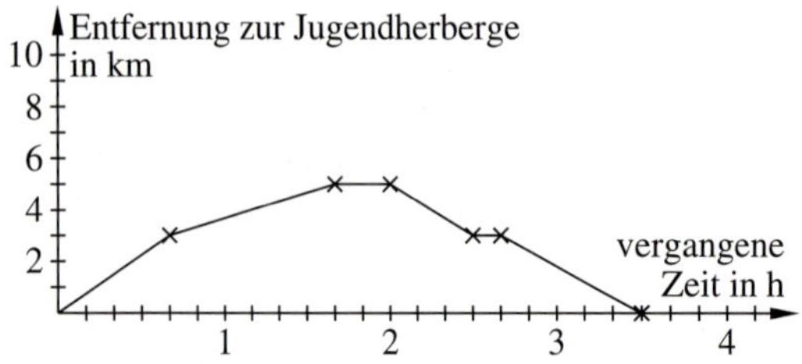

Beispiel 2
Tina stellt in ihrem Diagramm die gelaufene Strecke in km dar.

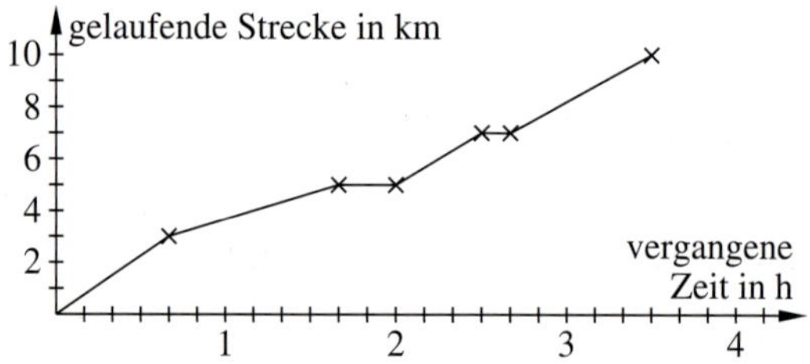

Beide Diagramme ordnen der Zeit den Weg zu. Die Pausen sehen gleich aus.

> **Merke** In **Weg-Zeit-Diagrammen** wird die Zeit auf der x-Achse und der Weg auf der y-Achse eingetragen.
> Ist der Graph parallel zur x-Achse gibt es **keine Bewegung**.
> Wird die Bewegung **langsamer**, so wird der Graph flacher.
> Wird die Bewegung **schneller**, so wird der Graph steiler.

Üben und anwenden

1 Die Bewegung eines Radfahrers wird im Weg-Zeit-Diagramm dargestellt.
Zu welchen der Zeitpunkte ① bis ⑤ stand er an einer Ampel?

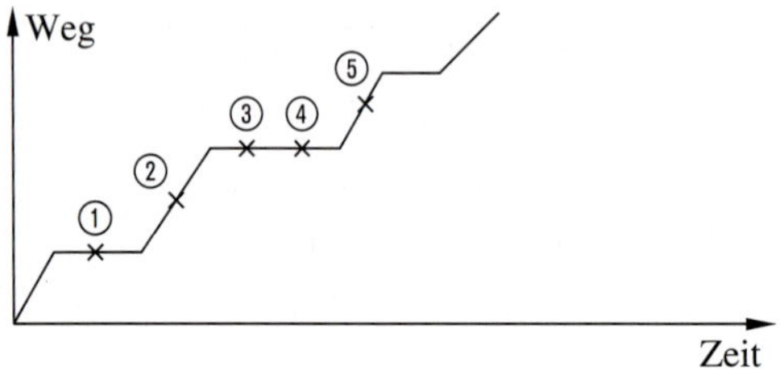

1 Die Bewegung eines Radfahrers wird im Weg-Zeit-Diagramm dargestellt.
Zwischen welchen Zeitpunkten stand er an einer Ampel?

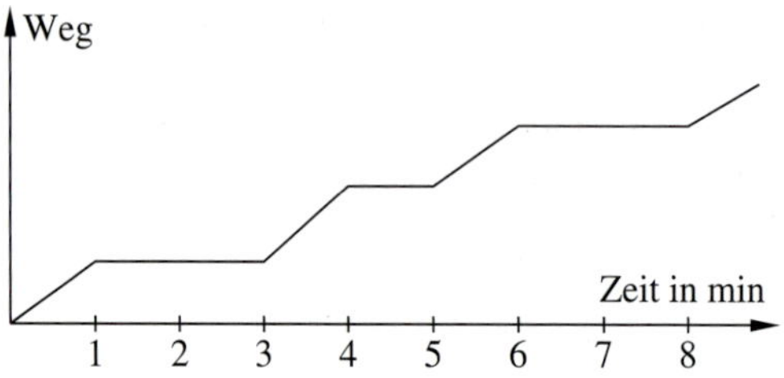

2 Übertrage die Zeitpunkte und den Weg in ein Weg-Zeit-Diagramm.
Verbinde anschließend die Punkte.

Zeit (x)	1 h	2 h	3 h	4 h
Gesamtweg (y)	2 km	8 km	12 km	14 km

2 Übertrage die Zeitpunkte und den Weg in ein Weg-Zeit-Diagramm.
Verbinde anschließend die Punkte.

Zeit in h	1	1,5	3	3,5
Gesamtweg in km	6,2	8,8	9,2	10,7

3 Zeichne ein Weg-Zeit-Diagramm für die folgende Situation.
Ein Auto fährt erst eine Stunde. Dann legt der Fahrer eine Pause von 30 Minuten ein. Anschließend fährt er noch 2 Stunden.

3 Zeichne ein Weg-Zeit-Diagramm.
Ein Auto fährt 30 Minuten. Dann legt der Fahrer eine Pause von 10 Minuten ein. Danach fährt das Auto 15 Minuten schneller als zuvor und dann 30 Minuten ganz langsam.

4 Mit seinen Siebenmeilenstiefeln kann der Riese genau 7 Meilen in 10 Sekunden zurücklegen.

a) Ergänze die Tabelle im Heft.

Zeit	10 s	20 s	30 s	40 s
Strecke in Meilen	7	14		

b) Zeichne ein Weg-Zeit-Diagramm.

4 Im Meilenstiefelrennen kann der Riese alle zwei Sekunden 7 Meilen laufen. Der Oger schafft nur 4 Meilen, kann aber jede Sekunde einen Schritt machen.

a) Erstelle eine Tabelle mit den Zeitpunkten von 0 bis 10 Sekunden und den gelaufenen Meilen von Riese und Oger.

b) Zeichne beide Bewegungen in dasselbe Weg-Zeit-Diagramm. Was fällt dir auf?

5 GPS-Geräte in Smartphones können den Aufenthaltsort erkennen und wann man dort war. Es kann dadurch auch die Entfernungen bestimmen. Herr Müller hat von seinem Smartphone folgende Daten bekommen.

a) Beschreibe den Vormittag von Herrn Müller in zeitlicher Reihenfolge.

b) Wie viele Kilometer hat er insgesamt zurückgelegt?

c) Erstelle ein Weg-Zeit-Diagramm zu den Werten.

d) Kann man sagen, wann Herr Müller schneller und wann langsamer war?
Wenn nein, was müsste man noch wissen?

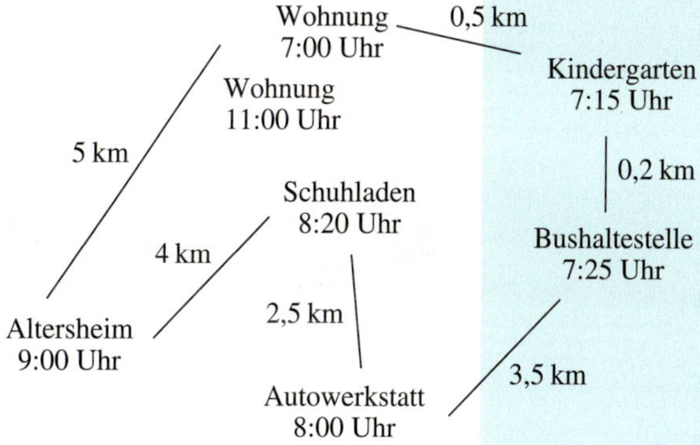

6 Auf einer Klassenfahrt gehen die Schüler erst zum Strand baden. Danach gehen sie zum Leuchtturm. Von dort geht es zurück.

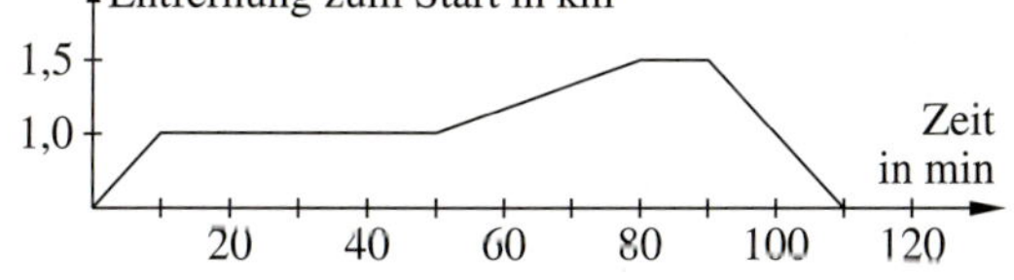

a) Wie lange haben sie gebadet?

b) Wie weit war es vom Baden zum Leuchtturm.

c) Auf welchem Weg waren sie schneller, vom Start zum Strand oder vom Strand zum Leuchtturm?

6 Auf einer Klassenfahrt gehen die Schüler erst in eine Burg. Nach der Besichtigung geht es ins Café und dann zurück.

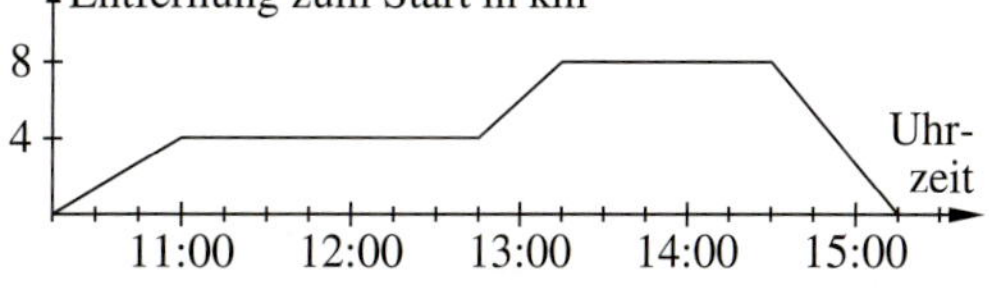

a) Wie lange waren sie im Café?

b) Waren Sie schneller auf dem Weg zur Burg oder zum Café?

c) Vergleiche die Geschwindigkeiten auf dem Hin- und Rückweg.
Wie gehst du vor?

Klar so weit?

→ Seite 188

Zuordnungen erkennen und beschreiben

1 Stefanie hat eine Woche lang jeden Tag um 14 Uhr die Temperatur gemessen.

Tag	10.6.	11.6.	12.6.	13.6.	14.6.	15.6.	16.6.
Temperatur (in °C)	25	23	22	18	17	19	23

a) Welche Größen sind einander zugeordnet?
b) Zeichne ein Säulendiagramm.
c) Zeichne die Wertepaare in ein Koordinatensystem.

1 Frau Rastinowski hat sich in einem Reisebüro nach Flugpreisen für eine Wochenendreise informiert:

Dublin:	269 €	Rom:	245 €
Madrid:	199 €	Wien:	187 €
Venedig:	289 €	London:	175 €
Paris:	186 €	Amsterdam:	215 €

a) Welche Größen sind einander zugeordnet?
b) Stelle die Zuordnung in einer Tabelle dar.
c) Zeichne ein Säulendiagramm.

2 Das Koordinatensystem zeigt die Fieberkurve eines Patienten im Krankenhaus.

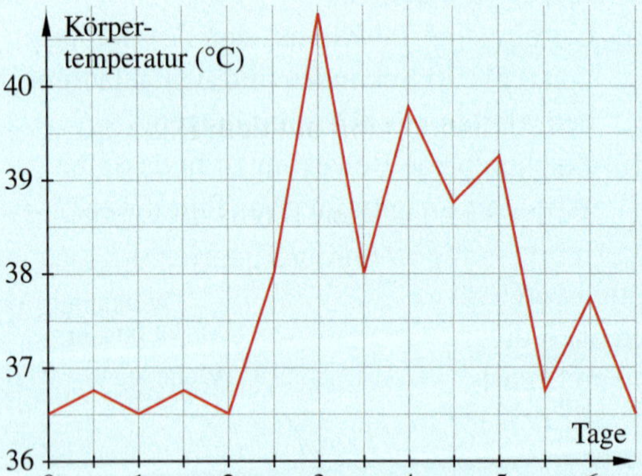

a) Welche Größen sind einander zugeordnet?
b) Lies jeweils die Körpertemperatur an den Tagen 0, 1, 2, …, 6 ab.
c) Erstelle eine Wertetabelle.
d) An welchen Tagen hat der Patient eine höhere Temperatur als 37 °C?

2 Die Vase wird gleichmäßig mit Wasser gefüllt. Was für einen Füllgraphen erwartest du für die Zuordnung *Füllmenge → Füllhöhe*?

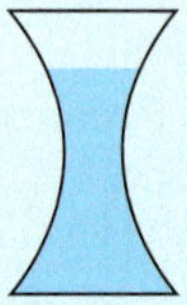

a) Beschreibe, wie sich die Füllhöhe verändert. Verwende Begriffe wie „steigt schneller an“ oder „steigt langsamer an“.
b) Überprüfe für beide Graphen, ob er zu der abgebildeten Vase passen kann. Begründe.

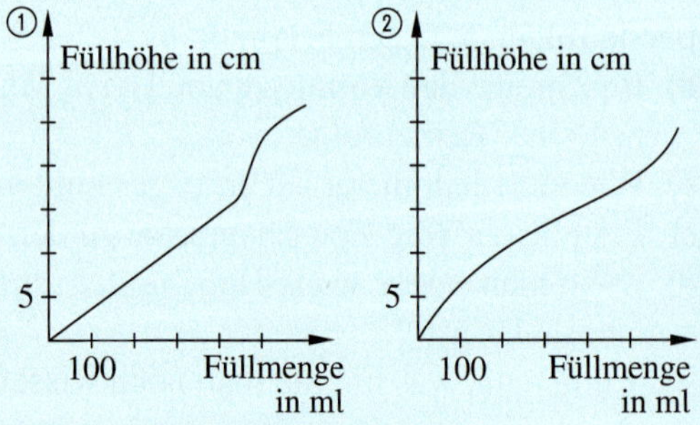

3 Apfelpreise

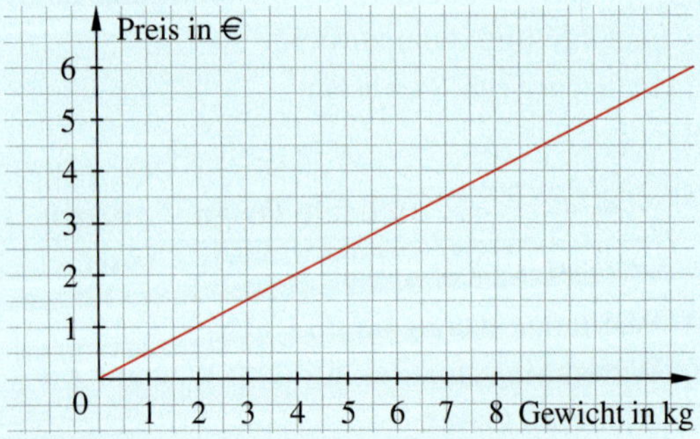

Stelle eine Zuordnungstabelle für zehn Wertepaare auf.

3 Stelle eine Zuordnungstabelle für zehn Wertepaare auf.

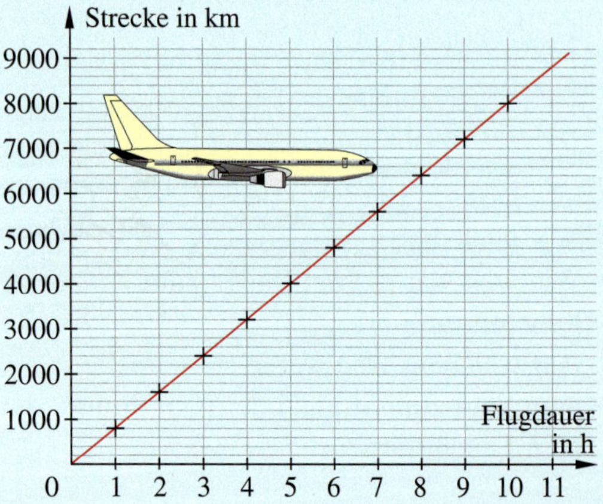

Bewegungsgeschichten

→ Seite 192

4 Ordne den Graphen die passende Aussage zu.

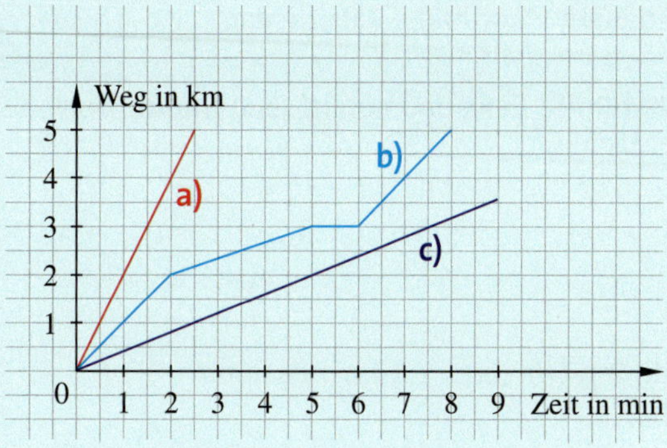

① Ein Auto fährt in einer Tempo-30-Zone.
② Ein Auto fährt auf der Autobahn.
③ Ein Auto fährt im Stadtverkehr und steht eine Minute im Stau.

4 Ordne den Graphen die passende Aussage zu.

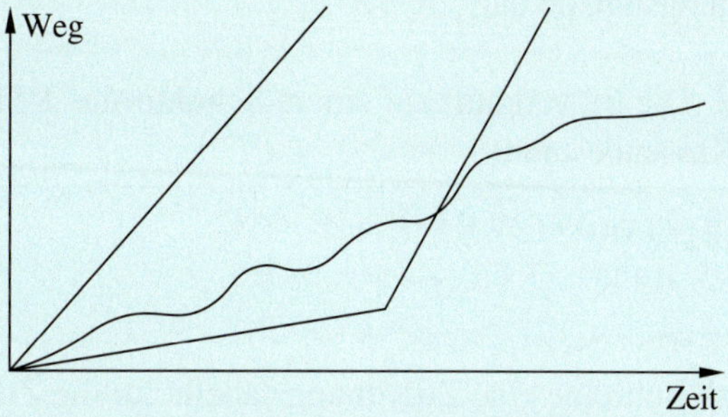

① Ein Radfahrer fährt erst durch tiefen Schlamm, dann auf dem Radweg.
② Ein Radfahrer fährt durch eine Menschenmenge.
③ Ein Radfahrer fährt auf dem Radweg.

5 Michael und Anke wärmen sich beim Tennis auf.
Der Ort des Balles wird aufgezeichnet.

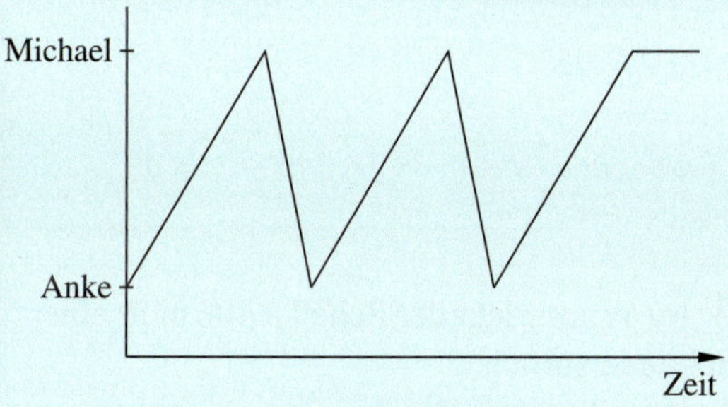

a) Beschreibe, was im Diagramm dargestellt ist.
b) Warum ist der Graph am Ende parallel zur x-Achse? Was ist mit dem Ball?

5 Ben und Mia spielen Tennis gegeneinander. Der Ort des Balles wird aufgezeichnet.

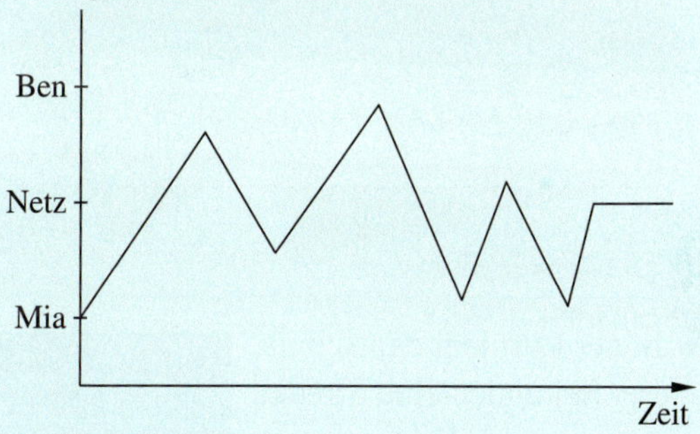

a) Beschreibe den Ballwechsel.
b) Welche Schläge waren kürzer und welche länger? Woran erkennst du das?
c) Wie endete wohl der Ballwechsel?

6 Anna geht zu Fuß zur Schule. Sie muss an einer roten Ampel warten. Bei grün läuft sie weiter. Sie sieht einen Schulfreund und rennt zu ihm. Gemeinsam laufen sie weiter zur Schule. Zeichne ein Weg-Zeit-Diagamm.

6 Tim läuft viermal zwischen zwei Linien, die einen Abstand von 10 m haben. Er braucht für die Durchgänge 3 s, 2 s, 5 s, 6 s. Trage die Bewegung im Heft in beide Diagramme ein.

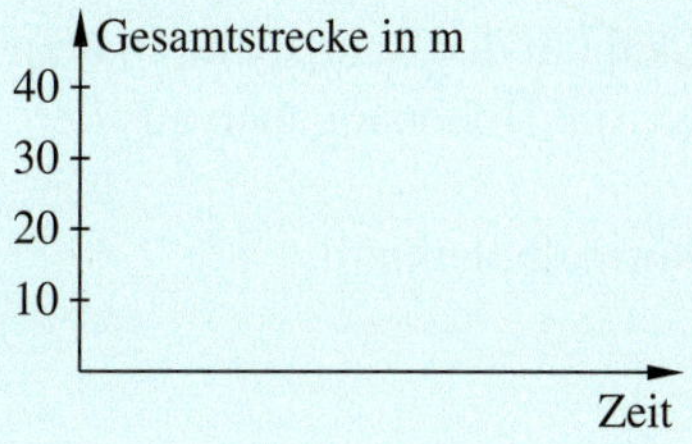

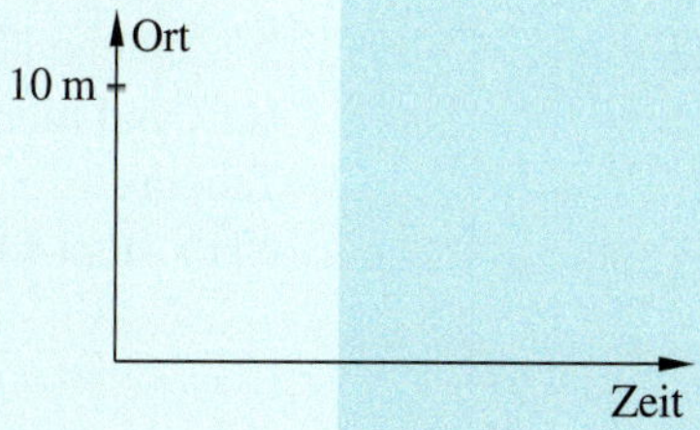

Vermischte Übungen

ZU AUFGABE 5

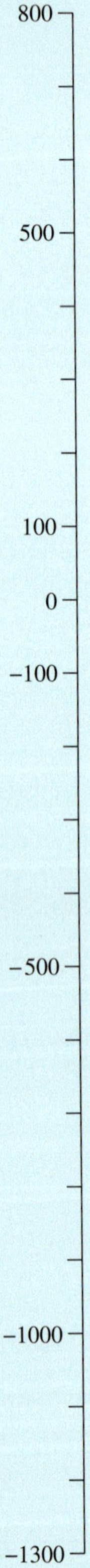

1 Tee wird zu 2,25 € je 100 g verkauft.
Stelle die Zuordnung
Gewicht (in g) → Preis (in €)
für 100 g; 200 g; … ; 1000 g in einer Zuordnungstabelle dar.

1 Eine Kerze ist 20 cm lang. Sie brennt gleichmäßig alle 15 Minuten 1 cm ab.
Stelle die Zuordnung
Zeit (in min) → Kerzenhöhe (in cm)
in einer Zuordnungstabelle dar.

2 Die 6 a verkauft auf einem Schulturnier T-Shirts für die Fans und notiert jede Stunde den Kassenbestand.

1. Stunde: 27,50 € 2. Stunde: 44 €
3. Stunde: 77 € 4. Stunde: 110 €

a) Schreibe eine Zuordnungstabelle für die Zuordnung *Uhrzeit → Kassenbestand.*
b) Stelle die Zuordnung im Koordinatensystem dar.

3 Erstelle eine Wertetabelle für die Zuordnung von 1 bis 10, in der man den Preis für eine bis zehn Eintrittskarten ablesen kann.

3 Zutaten für Pilzpfannkuchen
Berechne die Mengen, wenn 10 (15; 12) Pfannkuchen gebacken werden sollen.

Für fünf Pfannkuchen brauchst du:
- 4 Eier
- $\frac{1}{8}$ l Milch
- 100 g Mehl
- 500 g Champignons
- eine Zwiebel
- 150 g Schinken

(außerdem Salz, Pfeffer, Butter und Öl).

4 In der Luft legt der Schall in drei Sekunden eine Strecke von etwa einem Kilometer zurück.
a) Erstell eine Wertetabelle für die Zuordnung.
b) Wie weit ist ein Gewitter entfernt, wenn man 14 Sekunden nach dem Aufleuchten des Blitzes den Donner hört?

4 Im Wasser legt der Schall 1 500 m in einer Sekunde zurück.
Taucher können sich über Klopfsignale verständigen.
a) Erstell eine Wertetabelle für die Zuordnung.
b) Wie weit sind zwei Taucher voneinander entfernt, wenn einer nach 0,02 Sekunden ein Klopfsignal von seinem Tauchpartner hört?

5 Zeichne die Skala in der Randspalte in dein Heft und markiere die Höhenangaben aus der Tabelle.
NHN steht für Normalhöhennull.

See	Oberfläche	Seegrund
Baikalsee	455 m über NHN	1 286 m unter NHN
Bodensee	395 m über NHN	141 m über NHN
Kaspisches Meer	28 m unter NHN	1 023 m unter NHN
Tanganjikasee	782 m über NHN	688 m unter NHN
Totes Meer	396 m unter NHN	794 m unter NHN

6 Die 400 m Staffel lief so:
Läufer 1 war der schnellste, Läufer 2 und Läufer 3 etwas langsamer als er, Läufer 4 war der Langsamste.
Zeichne ein Weg-Zeit-Diagramm.

6 Pia fährt von Giessen nach Wiesebaden.
Zeichne ein Weg-Zeit-Diagramm.

	Strecke	RE	IC
Giessen	0 km	16:11	
Frankfurt	41 km	16:37	16:46
Wiesbaden	115 km		17:41

7 Tanja fährt mit dem Fahrrad zur 10 km entfernten Schule.
Ihre Fahrt ist dargestellt.

a) Denk dir eine Geschichte aus, die zur Grafik passt.
b) Wie lange braucht Tanja für den Weg?

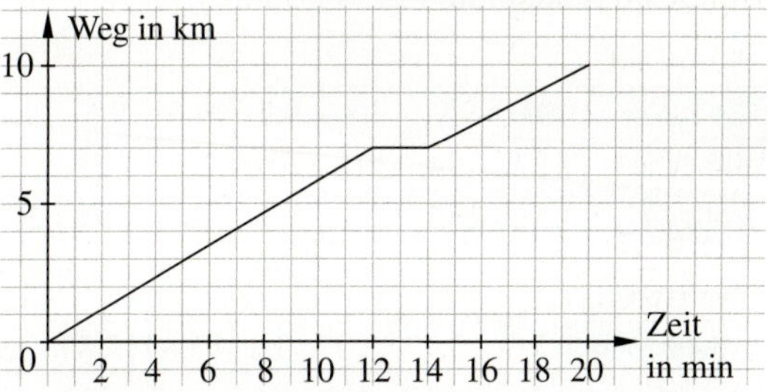

8 Arbeitet zu zwei.
Zeichnet ein Diagramm. Auf der x-Achse trage die Zeiten 12 Uhr bis 15 Uhr ein. Wähle pro Stunde einen Zentimeter.
Auf der y-Achse die Strecke von 0 km bis 50 km. Wähle pro 10 km einen Zentimeter.
Einer erzählt nun eine Geschichte wie:
„Der Zug fährt um 12 los, um … ist er in Steinau. Er hält bis… und fährt dann bis … nach Bad Hersfeld.“
Er andere trägt die Geschichte ins Weg-Zeit-Diagramm ein. Wechselt dann die Rollen.

8 Arbeitet zu zwei.
Zeichnet ein Diagramm mit den Zeiten 12 Uhr bis 15 Uhr und der Strecke von 0 km bis 150 km. Einer erzählt nun eine Geschichte wie:
„Der Zug fährt um 12 los,
um … ist er in Fulda.
Er hält bis… und fährt dann bis … nach Hanau.“
Der andere trägt die Geschichte ins Weg-Zeit-Diagramm ein.
Wechselt dann die Rollen.

9 Das Diagramm zeigt die Zug planmäßig Fahrt eines Zuges.

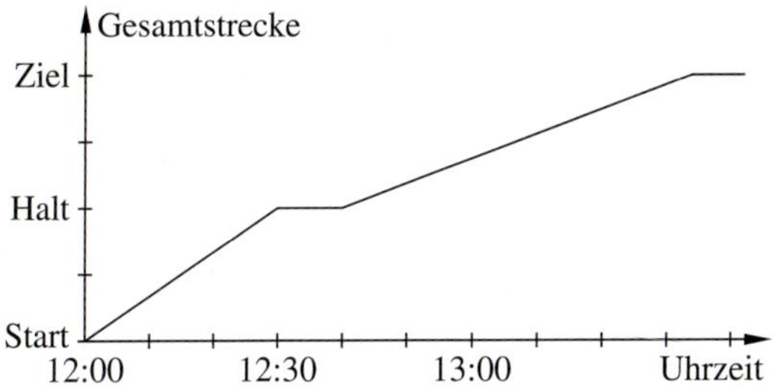

Was ändert sich im Diagramm, wenn er heute…

a) …10 Minuten später losfährt?
b) …am Halt 10 Minuten länger warten muss?

9 Das Diagramm zeigt die Zug planmäßig Fahrt eines Zuges.

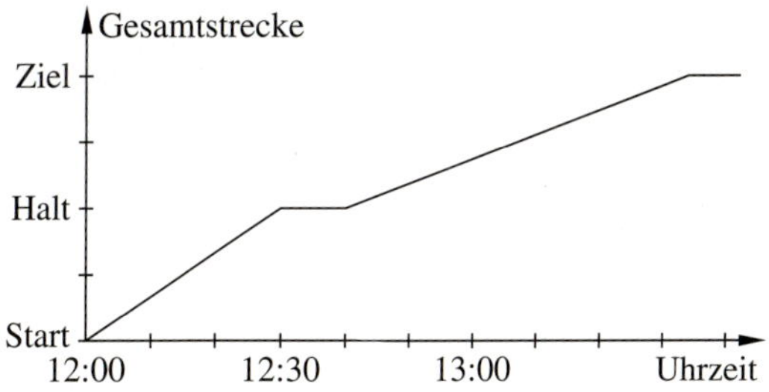

Was ändert sich im Diagramm, wenn er heute…

a) …10 Minuten länger bis zum Halt braucht?
b) …die Strecke vom Ziel zum Start fährt?

10 Ein GPS-Gerät hat die Bewegung eines Joggers aufgezeichnet.

a) Erstelle ein Weg-Zeit-Diagramm.
b) Auf welcher Teilstrecke war der Jogger am schnellsten und wo am langsamsten?

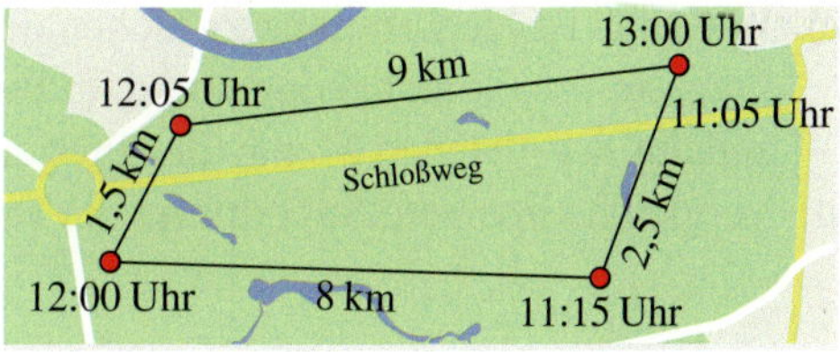

11 Bundesjugendspiele

Bei den Sommer-Bundesjugendspielen der 11- bis 12-jährigen Mädchen und Jungen wird ein Dreikampf aus 50-m-Lauf, Weitsprung und Ballwurf durchgeführt. Jede Disziplin wird mit Punkten bewertet, die zur Gesamtpunktzahl zusammengefasst werden.
Die Tabelle zeigt einen Ausschnitt aus den Wettkampflisten der Bundesjugendspiele (11–12 Jahre):

50 m-Lauf																
Zeit in s	10,0	9,9	9,8	9,7	9,6	9,5	9,4	9,3	9,2	9,1	9,0	8,9	8,8	8,7	8,6	8,5
Mädchen	187	194	201	209	217	225	233	241	249	258	267	276	285	294	304	314
Jungen	158	165	172	179	187	194	202	210	218	226	234	243	252	261	270	279

Weitsprung																
Weite in m	3,69	3,73	3,77	3,81	3,85	3,89	3,93	3,97	4,01	4,05	4,09	4,13	4,17	4,21	4,25	4,29
Mädchen	397	402	407	412	417	422	427	432	437	441	446	451	456	460	465	470
Jungen	351	356	361	366	370	375	379	384	389	393	398	402	407	411	416	420

Ballwurf (Mädchen 80 g Schlagball, Jungen 200 g Ball)																
Weite in m	28	28,5	29	29,5	30	30,5	31	31,5	32	32,5	33	33,5	34	34,5	35	35,5
Mädchen	373	379	384	389	395	400	405	410	415	420	425	430	435	440	445	450
Jungen	270	274	278	281	285	289	292	296	300	303	307	310	314	317	320	324

a) Was wird in den Tabellen jeweils einander zugeordnet?

b) Es gibt eine Sieger- oder eine Ehrenurkunde, wenn insgesamt die Mindestpunktzahlen der linken Tabelle erreicht werden. Betrachte die rechte Tabelle. Wer erhält welche Urkunde?

	Jungen		Mädchen	
Alter	Siegerurkunde	Ehrenurkunde	Siegerurkunde	Ehrenurkunde
11	700	900	675	875
12	775	975	750	975

	Anne	Kai	Jana	Deniz
Alter	11	11	12	12
50-m-Lauf	10,0 s	9,5 s	9,7 s	9,0 s
Weitsprung	3,85 m	4,28 m	3,71 m	3,69 m
Ballwurf	32 m	28,5 m	29 m	35,5 m

c) Gib mögliche Ergebnisse an, mit denen ein 11-jähriger Junge (ein 12-jähriges Mädchen) eine Ehrenurkunde erreicht.

d) Leo ist 12 Jahre alt und hat beim 50-m-Lauf 9,2 s gebraucht. Kann er laut Tabelle noch eine Ehrenurkunde erreichen? Begründe.

12 Mogelpackungen

Häufig geht man beim Einkaufen davon aus, dass große Packungen günstiger sind als kleine.
Die Tabelle zeigt die Preise für verschiedene Packungsgrößen einiger Produkte.

a) Bei welchen Produkten lassen sich die Preise leicht vergleichen? Begründe.

c) Wie groß ist die Differenz zwischen dem Preis für die Großpackung und dem Einzelkauf der gleichen Menge der Produkte?

d) Vergleiche in einem Supermarkt die Preise.

Produkte	Packungsgröße	Preis (in €)
Duschgel	250 ml 2 × 250 ml	1,25 2,65
Lollipop	1 Stück 6 Stück	0,55 3,79
Schokolade	100 g 4 × 100 g	0,75 3,48
Pralinen	200 g 250 g	2,59 3,49
Bonbons	125 g 400 g	0,93 2,99
DVD-Rohlinge	25 Stück 50 Stück	16,99 34,99
Kekse	237 g 310 g	1,80 2,69

Zusammenfassung

Zuordnungen erkennen und beschreiben

→ Seite 188

Bei Zuordnungen wird jedem Wert aus einem Bereich ein Wert aus einem anderen Bereich zugeordnet.

Die beiden zugeordneten Werte bilden ein **Wertepaar**.

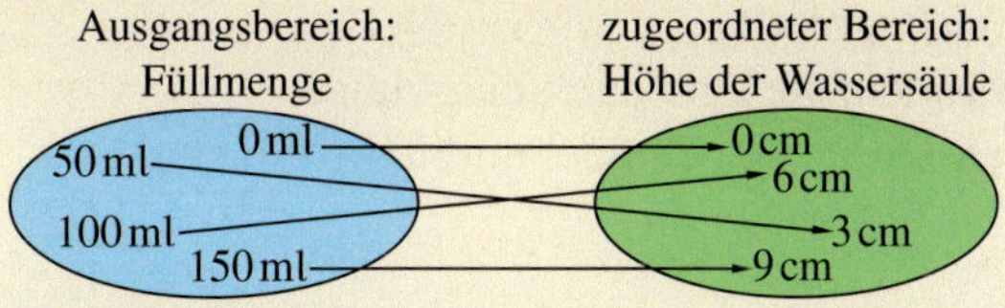

Zuordnungen werden in verschiedenen Formen dargestellt.

Wortvorschrift
Eine Kerze brennt in einer Stunde 5 mm herunter.

Tabelle

Zeit (in h)	0	1	2	3	4
Höhe (in mm)	0	5	10	15	20

Säulendiagramm

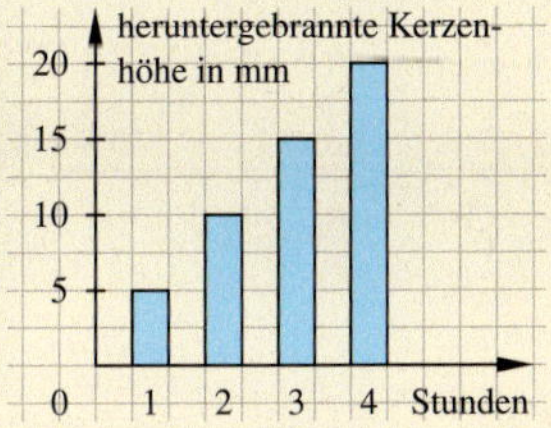

Koordinatensystem

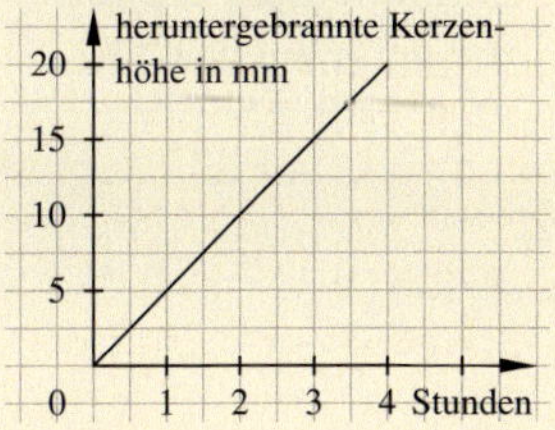

Bewegungsgeschichten

→ Seite 192

In **Weg-Zeit-Diagrammen** wird die Zeit auf der x-Achse und der Weg auf der y-Achse eingetragen.
Ist der Graph parallel zur x-Achse gibt es **keine Bewegung**.
Wird die Bewegung **langsamer**, so wird der Graph flacher.
Wird die Bewegung **schneller**, so wird der Graph steiler.

Es gibt zwei unterschiedliche Diagramme die der Zeit den Weg zuordnen.

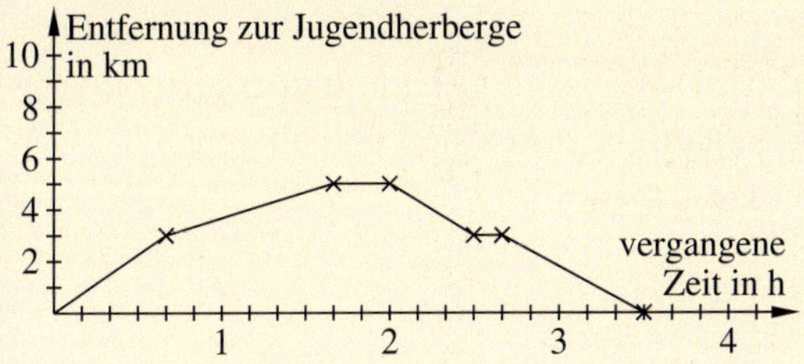

In diesem Diagramm wird der Zeit der Weg als Entfernung zum Ausgangspunkt zugeordnet.

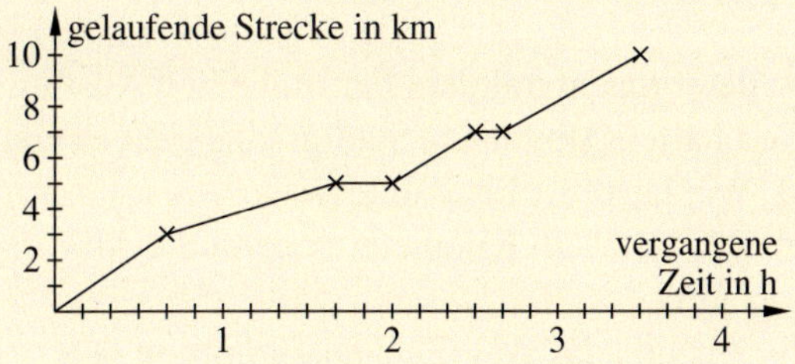

In diesem Diagramm wird der Zeit der Weg als gelaufene Strecke zugeordnet.

Teste dich!

3 Punkte

1 An einem Märztag wurden in einigen Orten Hessens die Höchsttemperaturen gemessen.

a) Handelt es sich um eine Zuordnung? Begründe.
b) Zeichne ein Säulendiagramm
c) Ordne den Temperaturen die Orte zu. Was stellst du fest?

Schlüchtern	8 °C
Darmstadt	7 °C
Marburg	9 °C
Kassel	8 °C
Wiesbaden	5 °C

3 Punkte

2 Im Fußballstadion soll neuer Rasen verlegt werden.
Die grafische Darstellung zeigt, wie viel m^2 Rasenfläche in der Zeit von einer Stunde bis 5 Stunden verlegt werden kann.

a) Welche Größen werden einander zugeordnet?
b) Ergänze die Tabelle im Heft. Lies die fehlenden Werte im Koordinatensystem ab.

Zeit (in h)	1	2	3	4	5
Fläche (in m^2)	500				

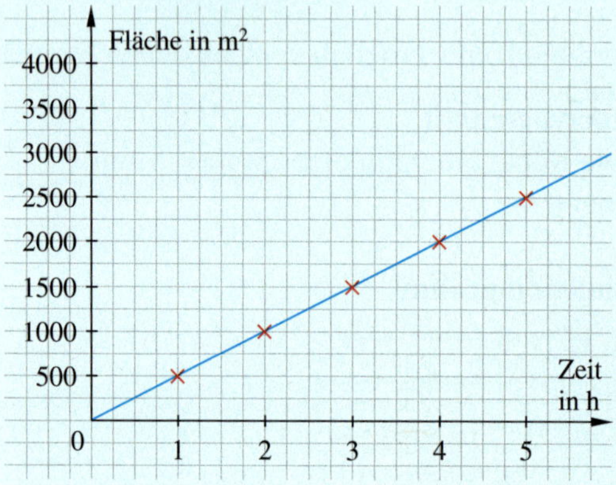

5 Punkte

3 Im Eiscafe:

a) Erstelle eine Tabelle, aus der man die Preise für eine bis zehn Kugeln Eis ablesen kann.
b) Erstelle eine Tabelle für die Preise für eine bis zehn Kugeln Diät-Eis.
c) Stelle die Zuordnungen
Anzahl der Kugeln → Preis für Eis
Anzahl der Kugeln → Preis für Diät-Eis
in einem Säulendiagramm dar.
d) Vergleiche die Säulendiagramme.
e) Wie ändern sich die Diagramme, wenn eine Eiswaffel 0,30 € kostet?

3 Punkte

4 Peter macht mit dem Fahrrad einen Ausflug. Auf dem Weg aus der Stadt, hält er an zwei Geschäften. Hinter der Stadtgrenze geht es erstmal bergauf, bevor es steil bergab geht.

a) Wie lange ist Peter unterwegs?
b) Bei welchem Kilometer begann die Abfahrt?
c) Zeichne das Weg-Zeit-Diagramm in dein Heft. Ergänze im gleichen Koordinatensystem einen zweiten Grafen, in dem du die folgenden Punkte änderst bzw. ergänzt.
① Peter macht bei Kilometer 30 eine Pause von 15 Minuten
② In der Stadt ist die erste Ampel grün und die Zweite rot.

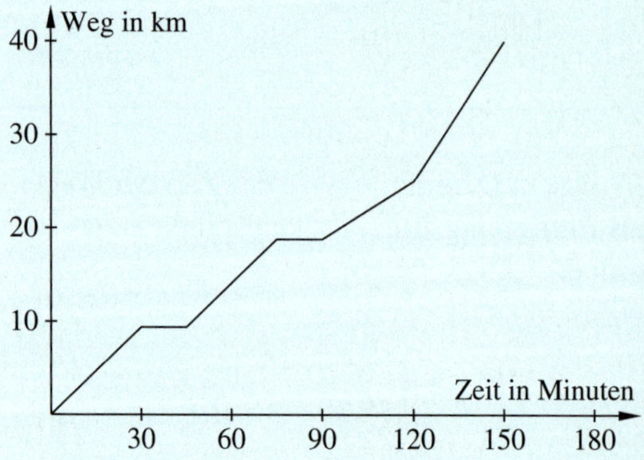

 Gold: 13–13 Punkte, Silber: 11–12 Punkte, Bronze: 7–10 Punkte Lösungen ab Seite 212

Anhang

Teilbarkeit

Seite 8

Noch fit?

1 individuell, z. B.
a) 4, 8, 16, 20 b) 6, 9, 21, 27
c) 8, 12, 36, 40 d) 15, 20, 25, 50
e) 20, 50, 100, 1 000 f) 40, 100, 200, 1 000
g) 1 000, 2 000, 2 100, 10 000 h) 1 000, 2 500, 5 000, 50 000
i) 3 000, 6 000, 10 000, 11 000

2 a) 3 b) 5 c) 7 d) 11

3

:	2	3	4	6	8	12
48	24	16	12	8	6	4
240	120	80	60	40	30	20
960	480	320	240	160	120	80

4 a) 126 R: 0 b) 84 R: 0 c) 63 R: 0 d) 50 R: 2

5 14 : 7 = 2, 14 : 1 = 14, 30 : 3 = 10,
72 : 8 = 9, 78 : 26 = 3, 78 : 6 = 13,
9 : 1 = 9, 36 : 3 = 12, 49 : 7 = 7,

6 a) Wert des Quotienten b) Divisor c) Dividend
d) 18 : 3; 12 : 2; 6 : 1 e) 11 und 12 f) 123, 132, 213, 231, 312, 321
g) 2er: 2; 4; 6; 8; 10; 12; 14; 16; 18; 20 3er: 3; 6; 9; 12; 15; 18; 21; 24; 27; 30 5er: 5; 10; 15; 20; 25; 30; 35; 40; 45; 50
7er: 7; 14; 21; 28; 35; 42; 49; 56; 63; 70 10er: 10; 20; 30; 40; 50; 60; 70; 80; 90; 100

1
a) 14, 28, 42, 63 b) 16, 64, 80, 888
c) 18, 27, 81, 90 d) 24, 36, 48, 60
e) 50, 100, 200, 250 f) 36, 90, 180, 234
g) 250, 375, 500, 750 h) 560, 1 120, 2 800, 5 600
i) 292, 584, 1 022, 1 314

2 a) 13 b) 7 c) 17 d) 23

3

:	2	3	4	6	12	36
72	36	24	18	12	6	2
180	90	60	45	30	15	5
252	126	84	63	42	21	7

4 a) 210 R: 0 b) 193 R: 11 c) 180 R: 0 d) 168 R: 0

30 : 15 = 2, 72 : 6 = 12,
9 : 3 = 3, 9 : 9 = 1,
154 : 11 = 14, 1 : 1 = 1

Seite 18/19

Klar so weit?

1 a) nicht teilbar b) teilbar c) nicht teilbar
d) teilbar e) nicht teilbar f) nicht teilbar
g) teilbar h) nicht teilbar i) teilbar

2 a) 4 | 36 b) 6 ∤ 74 c) 7 ∤ 82
d) 3 | 330 e) 5 ∤ 501 f) 8 | 56

3 a) falsch b) wahr c) falsch d) falsch
e) wahr f) wahr

4 a) $T_4 = \{1; 2; 4\}$
b) $T_6 = \{1; 2; 3; 6\}$
c) $T_7 = \{1; 7\}$
d) $T_{12} = \{1; 2; 3; 4; 6; 12\}$
e) $T_{20} = \{1; 2; 4; 5; 10; 20\}$

5 a) 5 b) 2 c) 2
d) – e) 2; 5; 10 f) 2; 5; 10
g) 2 h) – i) 2; 5; 10
j) 2 k) 2; 5; 10 l) 2

6 a) 30 b) 18 c) 64; 100

7 a) 13 ist eine Primzahl, da 13 nur die Teiler 1 und 13 hat.
b) $T_{15} = \{1; 3; 5; 15\}$; 15 ist keine Primzahl, da 15 mehr Teiler als 1 und sich selbst hat.

1 a) – b) 2; 5; 10 c) 2; 5; 10
d) – e) 5 f) 2; 5; 10
g) 2; 5; 10 h) – i) 2; 5; 10

2 a) 11 | 352 b) 13 ∤ 263 c) 24 | 576
d) 31 ∤ 810 e) 49 | 980 f) 21 ∤ 221

3 a) wahr b) falsch c) wahr d) wahr
e) falsch f) falsch

4 a) $T_{24} = \{1; 2; 3; 4; 6; 8; 12; 24\}$
b) $T_{16} = \{1; 2; 4; 8; 16\}$
c) $T_{17} = \{1; 17\}$
d) $T_{52} = \{1; 2; 4; 13; 26; 52\}$
e) $T_{125} = \{1; 5; 25; 125\}$

5 Für ■ kann jede beliebige Ziffer von 0 bis 9 eingesetzt werden.
a) 77**0**; 5■**0**; 6■0; 4■**0**; 337■51**0**
b) 5**0** oder 5**5**; 7■0; 33■5; 6■0**0** oder 6■0**5**; 7■■0; ■800
c) Für ● kann eine der Ziffern 2; 4; 6 oder 8 eingesetzt werden, für ▲ kann jede beliebige Ziffer von 1 bis 9 eingesetzt werden. ●; 15●; 80●; ▲7■●; ▲■9■9●

7 a) Primzahl b) Primzahl c) 17 | 51
d) 7 | 63 e) 7 | 91 f) 3 | 27

8 Der ggT ist unterstrichen.
a) $T = \{1; 2; 3; \underline{6}\}$ b) $T = \{1; \underline{2}\}$
c) $T = \{1; \underline{3}\}$ d) $T = \{1; 2; 4; \underline{8}\}$
e) $T = \{1; 2; 3; 4; 6; \underline{12}\}$ f) $T = \{1; \underline{7}\}$

9 a) 4 b) 12 c) 2 d) 1
e) 27 f) 30 g) 25 h) 1

10 a) $V_4 = \{4; 8; \underline{12}; 16; 20\}$ $V_6 = \{6; \underline{12}; 18; 24; 30\}$
b) $V_7 = \{7; \underline{14}; 21; 28; 35\}$ $V_{14} = \{\underline{14}; 28; 42; 56; 70\}$
c) $V_{12} = \{12; 24; 36; 48; \underline{60}\}$ $V_{15} = \{15; 30; 45; \underline{60}; 75\}$
d) $V_{14} = \{14; 28; 42; 56; 70\}$ $V_8 = \{8; 16; 24; 32; 40\}$; kgV = 56
e) $V_{15} = \{15; 30; 45; \underline{60}; 75\}$ $V_{20} = \{20; 40; \underline{60}; 80; 100\}$
f) $V_9 = \{9; 18; 27; \underline{36}; 45\}$ $V_{12} = \{12; 24; \underline{36}; 48; 60\}$
g) $V_4 = \{4; 8; 12; 16; 20\}$ $V_{18} = \{18; 36; 54; 72; 90\}$ kgV = 36
h) $V_8 = \{8; 16; 24; 32; \underline{40}\}$ $V_{10} = \{10; 20; 30; \underline{40}; 50\}$
i) $V_{16} = \{16, 32, 48, 64, \underline{80}\}$ $V_{40} = \{40, \underline{80}, 120, 160, 200\}$

11 Gesucht sind alle gemeinsamen Teiler der Zahlen 280, 490 und 910.
Es können 1, 2, 5, 7, 10, 14, 35 oder 70 Seeräuber auf dem Schiff gewesen sein.

8 Der ggT ist unterstrichen.
a) $T = \{1; 2; 4; 8; \underline{16}\}$
b) $T = \{1; 2; 3; 6; 7; 14; 21; \underline{42}\}$
c) $T = \{1; 2; \underline{4}\}$
d) $T = \{1; 2; 3; 4; 6; \underline{12}\}$
e) $T = \{1; 2; 3; \underline{6}\}$
f) $T = \{1; 2; 3; 6; 7; 14; 17; 21; 34; 42; 51; 102; 119; 238; 357; \underline{714}\}$

9 a) 4 b) 17 c) 12 d) 8
e) 9 f) 6 g) 54 h) 25

10 a) 36 b) 75 c) 42 d) 120
e) 221 f) 180 g) 84 h) 720
i) 756 j) 182

Teste dich!

Seite 24

1 a) $T_{18} = \{1, 2, 3, 6, 9, 18\}$ b) $T_{20} = \{1, 2, 4, 5, 10, 20\}$ c) $T_{35} = \{1, 5, 7, 35\}$
d) $T_{48} = \{1, 2, 3, 4, 6, 8, 12, 16, 24, 48\}$ e) $T_{98} = \{1, 2, 7, 14, 49, 98\}$ f) $T_{111} = \{1, 3, 37, 111\}$

2 a)

	2	3	5	10
16	×			
30	×	×	×	×
37				
48	×	×		
100	×		×	×

b)

	2	3	5	10
25			×	
22	×			
50	×		×	×
128	×			
175			×	

3 a) **40** b) **30**; **35** c) **22**; **52**; **82** d) Jede Ziffer von 0 bis 9 kann eingesetzt werden.
e) **30** oder **36** f) **45** g) **12**; **14**; **16**; **18** h) **20**

4 a) 2 b) 4 c) 12 d) 15

5 a) 28 b) 60 c) 60 d) 120

6 a) 2, 3, 5, 7, 11, 13, 17, 19
b) 31, 37
c) individuell, es gibt 21 Primzahlen zwischen 100 und 200:
101, 103, 107, 109, 113, 127, 131, 137, 139, 149, 151, 157, 163, 167, 173, 179, 181, 191, 193, 197, 199
d) 5
e) Zahlen, deren letzte Ziffer eine 0 ist, sind immer auch durch 2 und 5 teilbar.

7 Gesucht ist das kgV der Zahlen 1, 2, 3 und 4, kgV = 12. An jedem 12. Sonntag kommen alle Kinder bei der Mutter zusammen.

8 Die Zaunteile dürfen höchstens 6 m lang sein. Es werden 26 Zaunteile benötigt.

Brüche – Vergleichen, Addieren und Subtrahieren

Seite 26

Noch fit?

1 Der Nenner entspricht der Anzahl aller Teile, der Zähler der Anzahl der farbigen Teile.
a) $\frac{1}{2}$ b) $\frac{3}{8}$ c) $\frac{1}{4}$ d) $\frac{2}{8}$ e) $\frac{2}{8}$

2 a) $\frac{3}{4}+\frac{1}{4}=1$ b) $\frac{4}{7}+\frac{3}{7}=1$
c) $\frac{2}{9}+\frac{7}{9}=1$ d) $\frac{10}{11}+\frac{1}{11}=1$

2 a) $4\frac{3}{4}+\frac{1}{4}=5$ b) $1\frac{4}{9}+3\frac{5}{9}=5$
c) $3\frac{2}{7}+1\frac{5}{7}=5$ d) $\frac{5}{6}+4\frac{1}{6}=5$

3 a) $1\frac{1}{2}$ m = **150** cm b) $3\frac{3}{4}$ m = **375** cm
c) $3\frac{1}{5}$ kg = **3200** g d) $5\frac{1}{10}$ kg = **5100** g

3 a) $1\frac{1}{2}$ h = **90** min b) $5\frac{2}{5}$ km = **5400** m
c) $12\frac{3}{4}$ g = **12750** mg d) $10\frac{1}{4}$ l = **10250** ml

4 a) 20 b) 24 c) 42
d) 6 e) 10 f) 1

4 a) 30 b) 80 c) 60
d) 3 e) 20 f) 1

5 a) Ⓐ = 6, Ⓑ = 19, Ⓒ = 35, Ⓓ = 43, Ⓔ = 56, Ⓕ = 61
b)

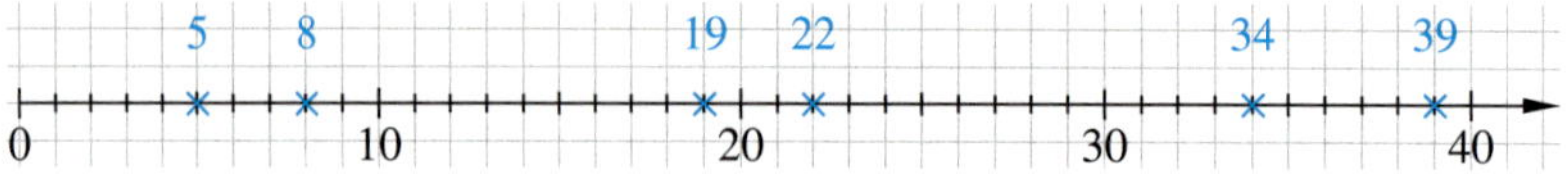

5 a) Ⓐ = 8000, Ⓑ = 14500, Ⓒ = 22500, Ⓓ = 26500, Ⓔ = 33000, Ⓕ = 35500
b)

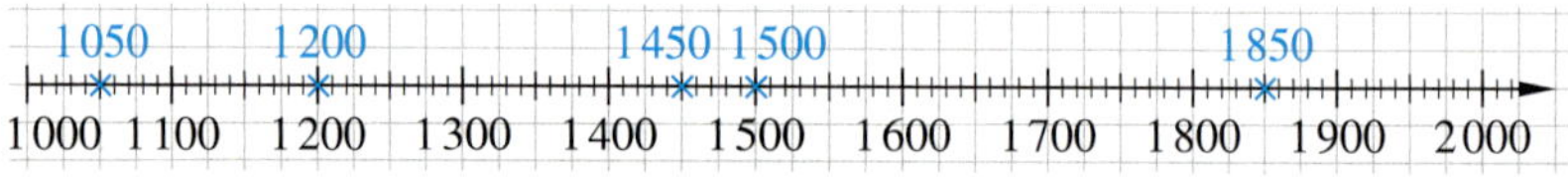

6 a) 45 b) 175 c) 72
d) 4 e) 6 f) 50

6 a) 500 b) 360 c) 168
d) 5 e) 4 f) 3

7 a) Es sind schon 40 Minuten gespielt worden und noch 20 Minuten zu spielen.
b) Der Kampf dauert maximal 36 Minuten. Es wurden 2 Runden geboxt.
c) Der Gewichtheber hebt 123 kg.
d) Die Radfahrer haben schon 49 km geschafft, es sind noch 147 km zu fahren.

Nachgedacht
kgV: kleinstes gemeinsames Vielfaches; ggT: größter gemeinsamer Teiler. Der kleinste gemeinsame Teiler (kgT) ist immer 1. Ein größtes gemeinsames Vielfaches (ggV) gibt es nicht (es liegt im Unendlichen).

Seite 40/41

Klar so weit?

1 a) $\frac{1 \cdot 2}{3 \cdot 2}=\frac{2}{6}$
b) $\frac{1 \cdot 3}{4 \cdot 3}=\frac{3}{12}$
c) $\frac{1 \cdot 4}{2 \cdot 4}=\frac{4}{8}$
d) $\frac{1 \cdot 3}{2 \cdot 3}=\frac{3}{6}$

1 a) $\frac{6}{24}, \frac{3}{12}, \frac{2}{8}, \frac{1}{4}$ (grün) $\frac{18}{24}, \frac{9}{12}, \frac{6}{8}, \frac{3}{4}$ (rot)
b) $\frac{12}{16}, \frac{3}{4}, \frac{6}{8}$ (grün) $\frac{4}{16}, \frac{2}{8}, \frac{1}{4}$ (rot)
c) $\frac{4}{12}, \frac{2}{6}, \frac{1}{3}$ (grün) $\frac{8}{12}, \frac{4}{6}, \frac{2}{3}$ (rot)
d) $\frac{6}{18}, \frac{3}{9}, \frac{1}{3}$ (grün) $\frac{12}{18}, \frac{6}{9}, \frac{2}{3}$ (rot)

2 a) $\frac{1}{2}=\frac{\mathbf{15}}{30}$; $\frac{4}{5}=\frac{\mathbf{24}}{30}$; $\frac{2}{3}=\frac{\mathbf{20}}{30}$; $\frac{5}{6}=\frac{\mathbf{25}}{30}$; $\frac{14}{15}=\frac{\mathbf{28}}{30}$
b) $\frac{1}{4}=\frac{\mathbf{6}}{24}$; $\frac{1}{6}=\frac{\mathbf{4}}{24}$; $\frac{2}{3}=\frac{\mathbf{16}}{24}$; $\frac{3}{8}=\frac{\mathbf{9}}{24}$; $\frac{5}{6}=\frac{\mathbf{20}}{24}$; $\frac{7}{12}=\frac{\mathbf{14}}{24}$
c) $\frac{1}{2}=\frac{\mathbf{18}}{36}$; $\frac{1}{3}=\frac{\mathbf{12}}{36}$; $\frac{1}{4}=\frac{\mathbf{9}}{36}$; $\frac{1}{6}=\frac{\mathbf{6}}{36}$; $\frac{1}{12}=\frac{\mathbf{3}}{36}$
d) $\frac{3}{4}=\frac{\mathbf{54}}{72}$; $\frac{2}{3}=\frac{\mathbf{48}}{72}$; $\frac{5}{6}=\frac{\mathbf{60}}{72}$; $\frac{3}{8}=\frac{\mathbf{27}}{72}$; $\frac{4}{9}=\frac{\mathbf{32}}{72}$; $\frac{11}{18}=\frac{\mathbf{44}}{72}$

2 a) $\frac{3}{11}=\frac{\mathbf{9}}{33}$ b) $\frac{4}{7}=\frac{24}{\mathbf{42}}$
c) $\frac{5}{8}=\frac{20}{\mathbf{32}}$ d) $\frac{4}{13}=\frac{\mathbf{16}}{52}$
e) $\frac{3}{7}=\frac{\mathbf{45}}{105}$ f) $\frac{3}{4}=\frac{99}{\mathbf{132}}$
g) $\frac{1}{3}=\frac{\mathbf{8}}{24}$ h) $\frac{2}{5}=\frac{50}{\mathbf{125}}$

3 a) $\frac{1}{3}$ b) $\frac{2}{3}$ c) $\frac{2}{3}$
d) $\frac{9}{8}$ e) $\frac{1}{6}$ f) nicht möglich

3 a) $\frac{1}{20}$ b) $\frac{2}{27}$ c) $\frac{1}{3}$
d) $\frac{2}{15}$ e) nicht möglich f) $\frac{1}{5}$

4 $\frac{18}{24}=\frac{15}{20}$, gekürzt: $\frac{3}{4}$; $\frac{7}{28}=\frac{3}{12}$, gekürzt: $\frac{1}{4}$;
$\frac{7}{21}=\frac{5}{15}$, gekürzt: $\frac{1}{3}$; $\frac{4}{6}=\frac{16}{24}$, gekürzt: $\frac{2}{3}$

4 $\frac{42}{35}=1\frac{2}{10}=\frac{6}{5}$; $\frac{6}{16}=\frac{15}{40}=\frac{3}{8}$;
$1\frac{2}{12}=\frac{56}{48}=\frac{7}{6}$; $\frac{8}{18}=\frac{20}{45}=\frac{4}{9}$

5 a) $A=\frac{1}{6}$; $B=\frac{3}{6}$; $C=\frac{4}{6}$ b) $A=\frac{2}{12}$; $B=\frac{4}{12}$; $C=\frac{5}{12}$; $D=\frac{7}{12}$; $E=\frac{9}{12}$; $F=\frac{11}{12}$ c) $A=\frac{2}{8}$; $B=\frac{3}{8}$; $C=\frac{5}{8}$; $D=\frac{6}{8}$; $E=\frac{7}{8}$

6 a) $\frac{14}{21} > \frac{12}{21}$ b) $\frac{45}{36} > \frac{44}{36}$ c) $\frac{15}{25} > \frac{7}{25}$
d) $\frac{21}{24} < \frac{22}{24}$ e) $\frac{15}{42} < \frac{20}{42}$ f) $\frac{32}{60} > \frac{27}{60}$

6 a) $\frac{3}{11} < \frac{3}{5}$ b) $\frac{85}{5} = 17$ c) $\frac{57}{35} > \frac{11}{7}$
d) $\frac{5}{12} < \frac{13}{18}$ e) $\frac{12}{14} > \frac{30}{70}$ f) $\frac{7}{20} < \frac{3}{8}$

7 a) $\frac{4}{12} = \frac{3}{9}$ b) $\frac{2}{5} = \frac{18}{45}$ c) $\frac{7}{12} < \frac{5}{6}$
d) $\frac{12}{14} < \frac{40}{35}$ e) $\frac{27}{18} = \frac{6}{4}$ f) $\frac{44}{48} > \frac{30}{36}$

7 a) $\frac{3}{10} < \frac{7}{10} < \frac{4}{5}$ b) $\frac{2}{3} < \frac{5}{6} < \frac{7}{6}$
c) $\frac{1}{12} < \frac{1}{6} < \frac{1}{3} < \frac{7}{12} < \frac{3}{4} < \frac{5}{6} < \frac{11}{12} < \frac{7}{6} < \frac{4}{3} < \frac{3}{2} < \frac{5}{3}$

8 a) $3\frac{2}{3}$ b) 25 c) 6 d) $77\frac{1}{2}$ e) $5\frac{2}{11}$ f) 1 g) $6\frac{5}{12}$ h) 16 i) $9\frac{4}{13}$ j) $17\frac{3}{8}$

9 a) $\frac{3}{8} + \frac{4}{8} = \frac{7}{8}$
b) $\frac{7}{16} + \frac{5}{16} = \frac{12}{16}$
c) $\frac{3}{6} + \frac{2}{6} = \frac{5}{6}$

9
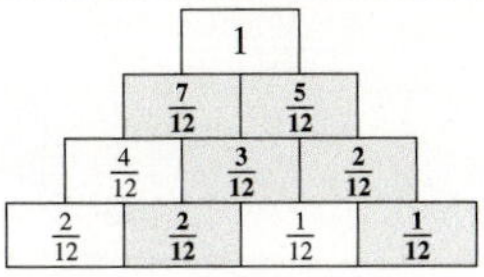

10 a) $\frac{3}{5}$ b) $\frac{6}{8} = \frac{3}{4}$ c) $\frac{8}{12} = \frac{2}{3}$
d) $\frac{7}{7} = 1$ e) $\frac{3}{9} = \frac{1}{3}$ f) $\frac{2}{11}$

10 a) $\frac{2}{5} + \frac{4}{5} \neq \frac{3}{8} + \frac{5}{8}$ b) $\frac{7}{3} - \frac{5}{3} = \frac{11}{6} - \frac{7}{6}$
c) $\frac{9}{30} + \frac{6}{30} = \frac{11}{28} + \frac{3}{28}$ d) $\frac{5}{4} + \frac{1}{4} \neq \frac{5}{6} - \frac{1}{6}$

11 a) $\frac{5}{6}$ b) $\frac{9}{10}$ c) $1\frac{2}{21}$
d) $1\frac{13}{28}$ e) $\frac{1}{20}$ f) $\frac{1}{6}$

11 a) $2\frac{41}{56}$ b) $\frac{31}{35}$ c) $1\frac{5}{16}$
d) $\frac{59}{65}$ e) $1\frac{13}{50}$ f) $1\frac{7}{36}$

12 a) $1\frac{2}{3}$ b) 2

12 a) $1\frac{1}{3}$ b) $\frac{7}{10}$

13 a) $1\frac{5}{6}$ b) $1\frac{1}{15}$ c) $1\frac{1}{10}$
d) $1\frac{1}{7}$ e) $\frac{1}{4}$ f) $\frac{1}{2}$

13 a) $\frac{1}{5}$ b) $\frac{2}{7}$ c) $\frac{5}{6}$
d) $\frac{1}{5}$ e) $1\frac{5}{9}$ f) $\frac{1}{4}$

14 a) $2\frac{7}{12}$ b) $5\frac{3}{8}$ c) $5\frac{3}{14}$ d) 14

14 a) $9\frac{1}{2}$ b) $7\frac{2}{3}$ c) $3\frac{1}{5}$ d) $7\frac{3}{4}$

Teste dich!

Seite 46

1 a) $\frac{15}{18}$; $\frac{35}{42}$; $\frac{60}{72}$ b) $\frac{9}{33}$; $\frac{21}{77}$; $\frac{36}{132}$ c) $4\frac{21}{30}$; $4\frac{49}{70}$; $4\frac{84}{120}$

2 a) $\frac{2}{3}$ b) $\frac{3}{4}$ c) $\frac{1}{4}$ d) $3\frac{2}{3}$ e) $\frac{2}{7}$ f) $12\frac{7}{12}$

3 a) $\frac{1}{5} = \frac{\mathbf{2}}{10}$ b) $\frac{5}{15} = \frac{1}{\mathbf{3}}$ c) $\frac{18}{24} = \frac{\mathbf{3}}{4}$ d) $\frac{2}{\mathbf{5}} = \frac{12}{30}$ e) $\frac{\mathbf{2}}{3} = \frac{16}{24}$ f) $\frac{3}{4} = \frac{21}{\mathbf{28}}$
g) $\frac{49}{63} = \frac{7}{\mathbf{9}}$ h) $\frac{132}{180} = \frac{11}{\mathbf{15}}$ i) $\frac{2}{9} = \frac{\mathbf{18}}{81}$ j) $\frac{7}{8} = \frac{49}{\mathbf{56}}$ k) $\frac{17}{5} = \mathbf{3}\frac{\mathbf{2}}{5}$ l) $\frac{14}{8} = \mathbf{1}\frac{3}{\mathbf{4}}$

4 a) $6\frac{4}{7}$ b) 14 c) $4\frac{9}{17}$ d) $2\frac{17}{26}$

5
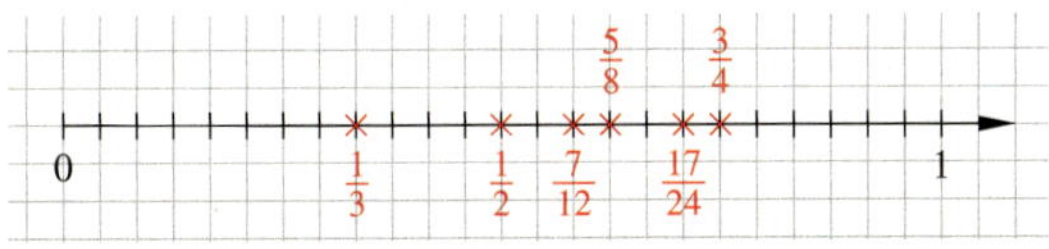

6 a) $\frac{9}{8} > \frac{8}{8} > \frac{7}{8} > \frac{6}{8} > \frac{5}{8} > \frac{4}{8} > \frac{3}{8} > \frac{2}{8} > \frac{1}{8}$ b) $\frac{47}{48} > \frac{23}{24} > \frac{11}{12} > \frac{7}{8} > \frac{5}{6} > \frac{3}{4} > \frac{2}{3} > \frac{1}{2}$ c) $\frac{5}{6} > \frac{7}{10} > \frac{2}{3} > \frac{3}{5} > \frac{8}{15} > \frac{1}{2} > \frac{13}{30} > \frac{3}{10} > \frac{4}{15} > \frac{1}{6}$

7 a)
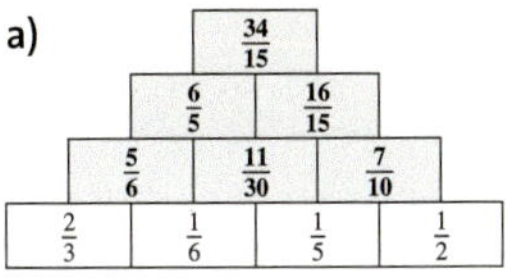

b)
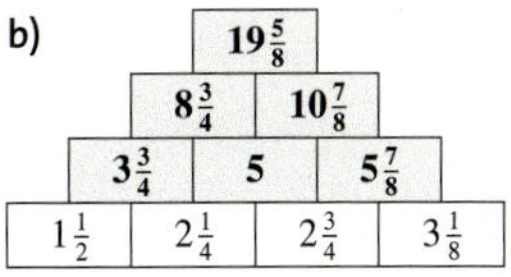

8 a) $2\frac{7}{8}$ b) $\frac{2}{5}$ c) $\frac{2}{5}$ d) $9\frac{13}{18}$

9 Frage: Trinkt Corinna 2 Liter am Tag?
$\frac{1}{4}\,l + \frac{1}{2}\,l + \frac{1}{8}\,l + \frac{1}{8}\,l + \frac{3}{4}\,l = 1\frac{3}{4}\,l = 1{,}75\,l$, also trinkt Corinna weniger als 2 Liter am Tag.

Winkel

Seite 48

Noch fit?

1 a) zwei zueinander parallele Geraden
b) zwei Geraden, die sich in einem gemeinsamen Punkt schneiden
c) Strecke mit den Endpunkten A und B
d) Halbgerade und Gerade, die zueinander senkrecht sind
e) gebogene Linie mit den Endpunkten G und H

2

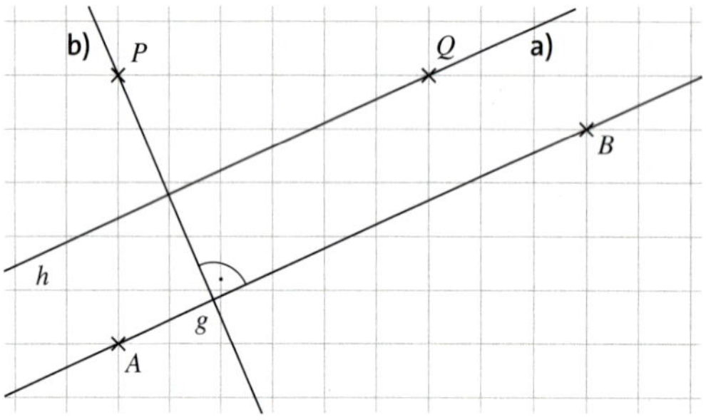

c) ebenfalls 90°

2 a) blaue Geraden
b) rote Geraden

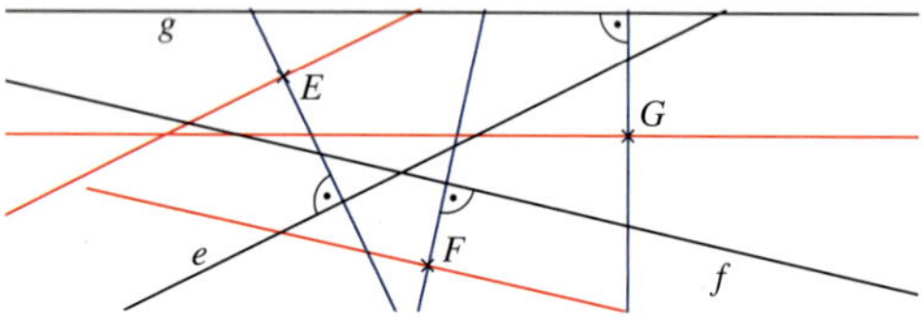

3

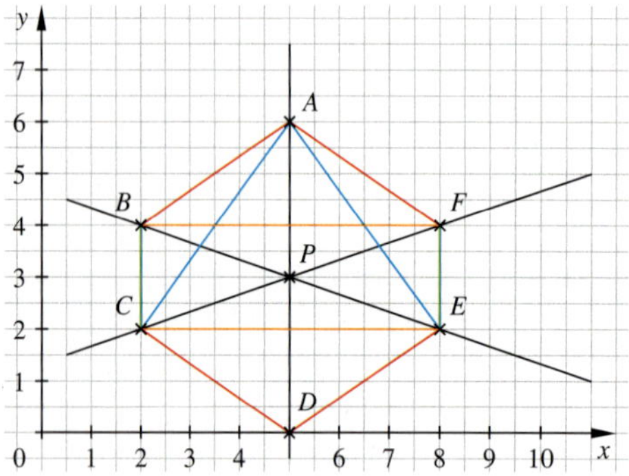

e) Abstand von P zu $\overline{CE}$: 1 cm
Abstand von P zu $\overline{AC}$: ≈ 1,8 cm

3 verkleinerte Darstellung

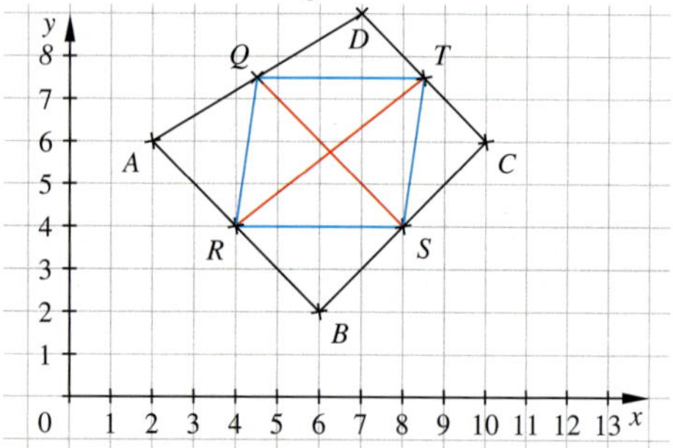

c) Abstand von A zu $\overline{QR}$: ≈ 2,3 cm
Abstand von P zu $\overline{RS}$: = 2 cm
Abstand von A zu $\overline{ST}$: ≈ 1,7 cm
Abstand von P zu $\overline{QT}$: = 1,5 cm
d) nein
e) $QRST$ ist ein Parallelogramm.

Klar so weit?

1 a) α: überstumpfer Winkel; β: spitzer Winkel;
γ: stumpfer Winkel; δ: rechter Winkel

b)

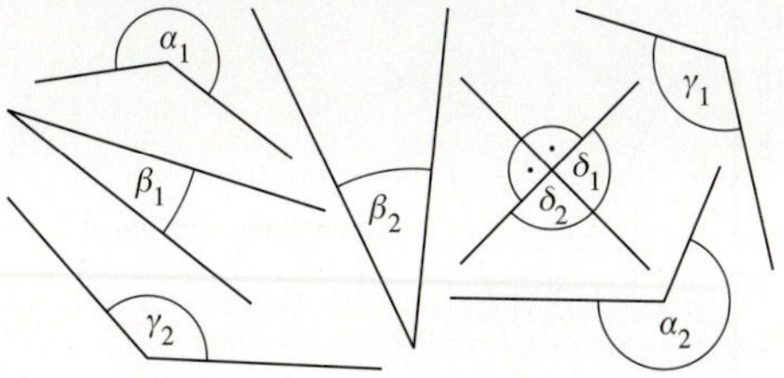

2 gestreckter Winkel

Vollwinkel

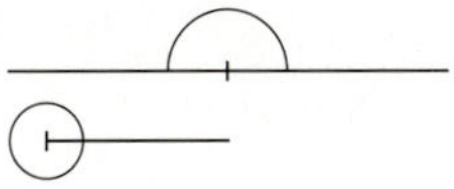

3 $\alpha = 220°$ $\beta = 70°$ $\gamma = 120°$ $\delta = 90°$

4

Winkel	Winkelart	geschätzte Größe	gemessene Größe
α_1	stumpfer Winkel	z. B. 110°	108°
β_1	stumpfer Winkel	z. B. 130°	131°
γ_1	überstumpfer Winkel	z. B. 270°	270°
δ_1	rechter Winkel	z. B. 90°	90°

Winkel	Winkelart	geschätzte Größe	gemessene Größe
α_2	spitzer Winkel	z. B. 70°	74°
β_2	überstumpfer Winkel	z. B. 350°	344°
γ_2	spitzer Winkel	z. B. 15°	16°
δ_2	gestreckter Winkel	z. B. 180°	180°

5 a) rosa: 38° lila: 26° gesamt: 64°
b) rosa: 93° lila: 17° gesamt: 110°
c) rosa: 47° lila: 37° gesamt: 84°
Addiert man jeweils beide Winkelgrößen, so erhält man die Größe des Gesamtwinkels.

6 a)

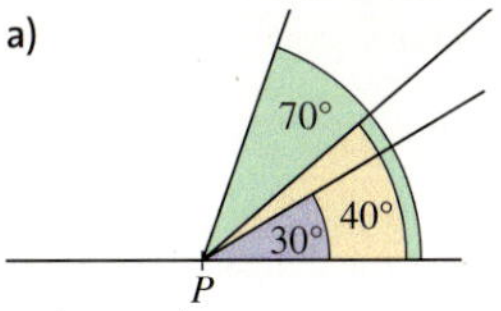

b)

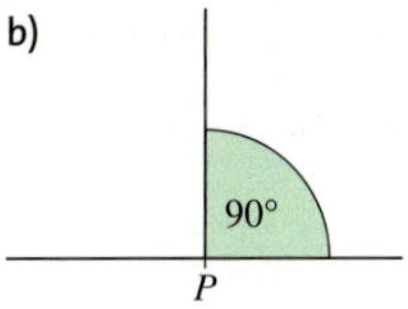

c)

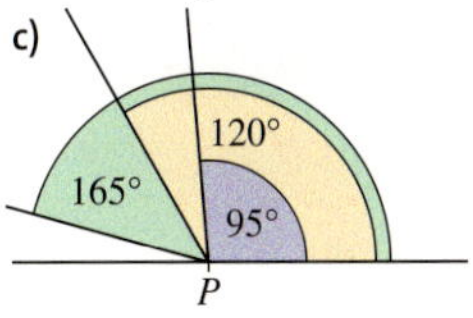

d)

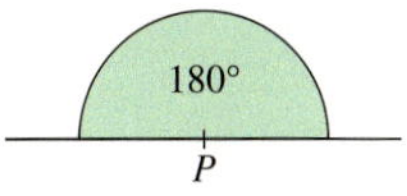

---

1 a)

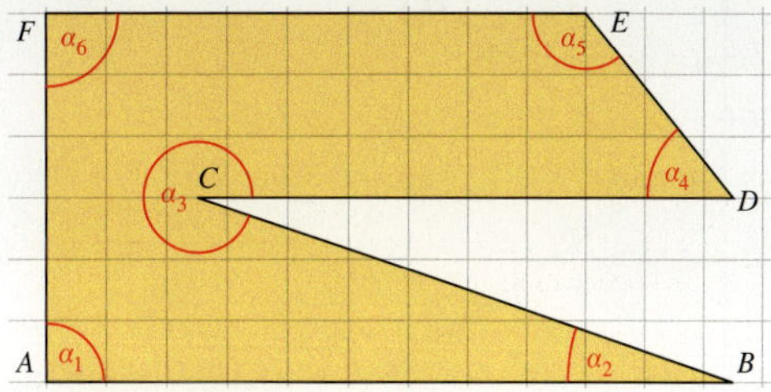

b) α_1: rechter Winkel, 90°
α_2: spitzer Winkel, ca. 25°
α_3: überstumpfer Winkel, ca. 340°
α_4: spitzer Winkel, ca. 45°
α_5: stumpfer Winkel, ca. 120°
α_6: rechter Winkel, 90°

c) individuell

2 gestreckter Winkel

Vollwinkel

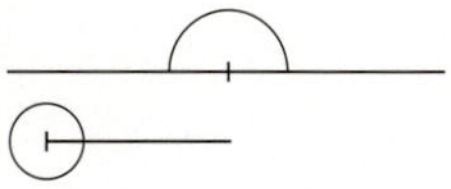

Bei diesenWinkelarten gibt es keinen Eckpunkt der Figur.

3 $\alpha_1 = 90°$ $\alpha_2 = 18°$ $\alpha_3 = 342°$
$\alpha_4 = 50°$ $\alpha_5 = 130°$ $\alpha_6 = 90°$

6 a)

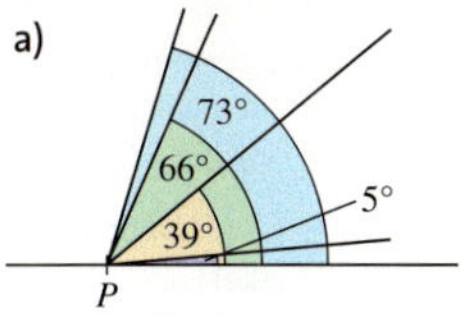

b)

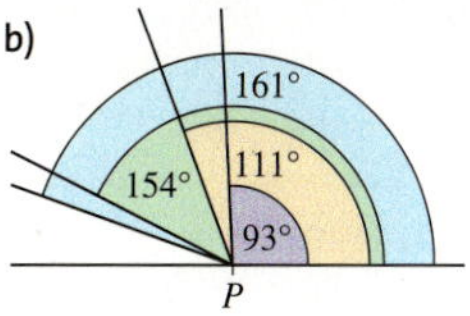

c)

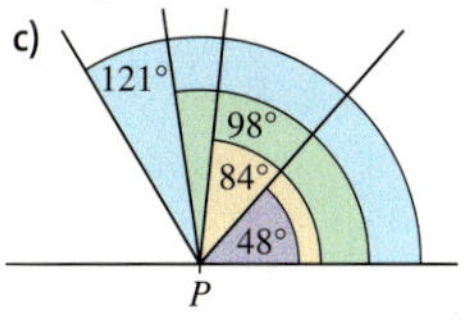

d)

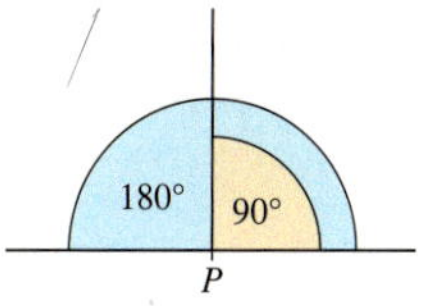

7 $\alpha = 71°$ $\beta = 40°$ $\gamma = 69°$

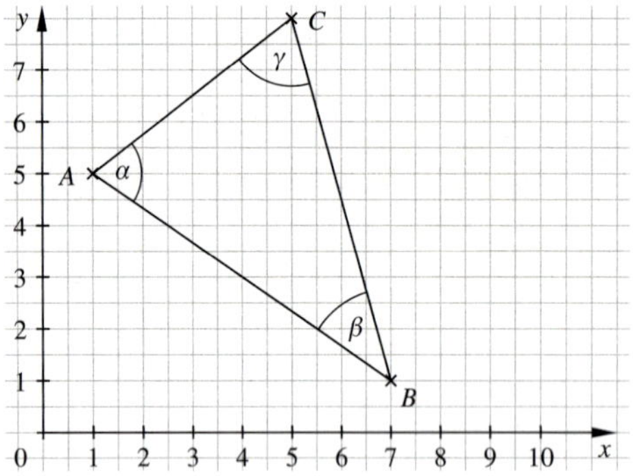

7 $\alpha \approx 111{,}1°$ $\beta \approx 47{,}5°$ $\gamma = 135°$ $\delta \approx 66{,}4°$

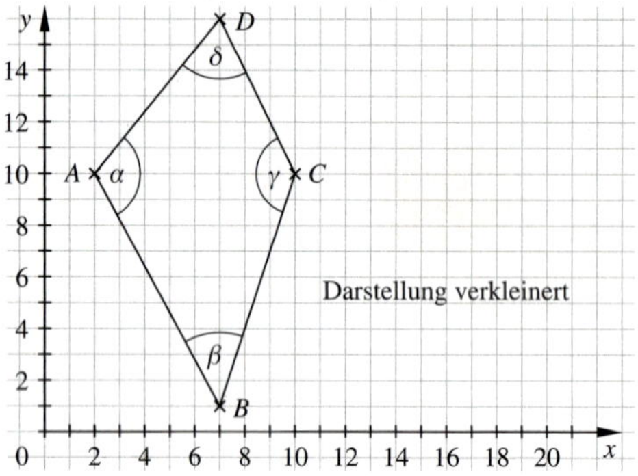

8 a) b) c) d) e) f)

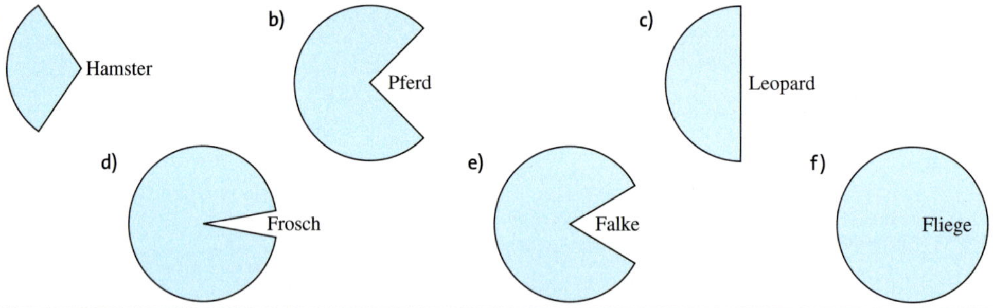

9 Zeichenübung; 49°

9 Zeichenübung

Seite 68

Teste dich!

1 Zwei Strahlen mit einem gemeinsamen Anfangspunkt bilden einen Winkel. Die beiden Strahlen heißen „Schenkel eines Winkels". Ihr gemeinsamer Anfangspunkt heißt „Scheitelpunkt eines Winkels".
Die drei Ecken des Schildes können somit jeweils als Scheitelpunkt und die davon ausgehenden Linien als Schenkel des Winkels gedeutet werden.

2 z. B.

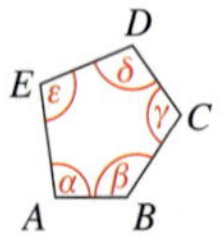

3 **a)** spitzer Winkel **b)** überstumpfer Winkel **c)** spitzer Winkel **d)** rechter Winkel
e) stumpfer Winkel **f)** Vollwinkel **g)** gestreckter Winkel **h)** überstumpfer Winkel

4 $\alpha = 220°$ $\beta = 70°$ $\gamma = 120°$

5 $\alpha = 61°$ $\beta = 125°$ $\gamma = 215°$

6 a) b) c) d) e) f) g) h)

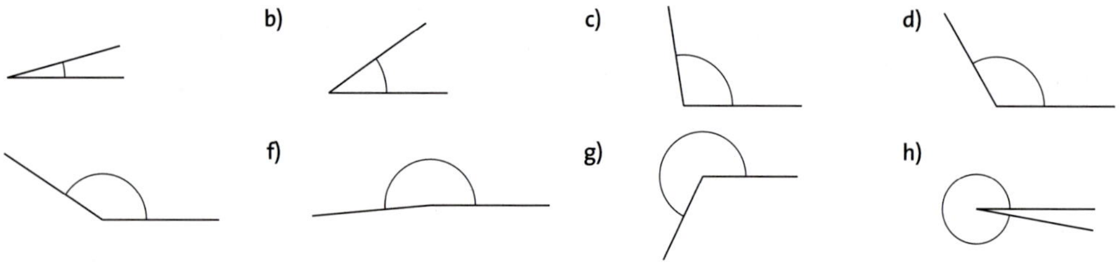

7 a) 360° : 6 = 60°

z. B.

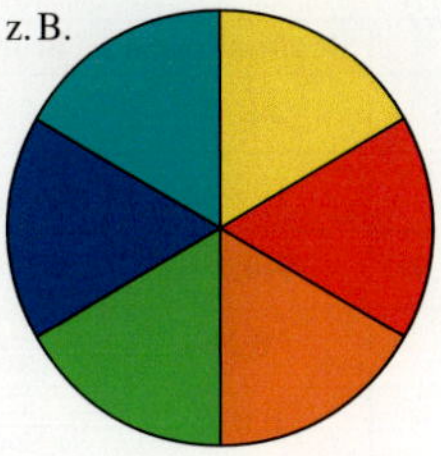

b) 360° : 9 = 40°

z. B.

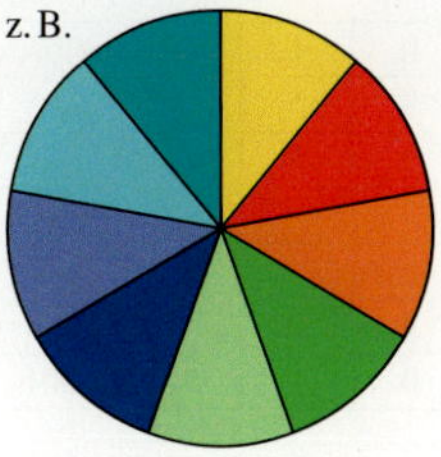

8 a) $\alpha = 30° - 18° = 12°$ b) $\gamma = 160° - 70° = 90°$ c) $\beta = 45° - 22° = 23°$ d) $\delta = 180° + 27° = 207°$

Dezimalbrüche – Umwandeln, Addieren und Subtrahieren

Noch fit?

Seite 70

1

Tausender			Einer		
HT	ZT	T	H	Z	E
				5	6
		4	9	8	3
1	1	0	9	7	6
	7	0	0	0	4

1

Millionen			Tausender			Einer		
HM	ZM	EM	HT	ZT	T	H	Z	E
							6	4
						7	0	9
					1	8	0	4
				3	3	7	8	9
			6	9	8	8	7	3
			1	1	0	0	0	5
		6	2	1	3	6	8	7
4	0	6	8	8	3	7	2	9

2

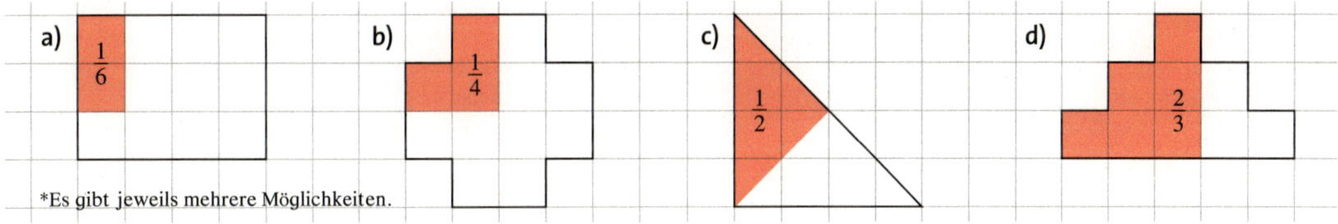

Es gibt jeweils mehrere Möglichkeiten. Diese sind die günstigsten.

3 a) $\frac{1}{4}$m = **25** cm b) $\frac{3}{5}$kg = **600** g c) $\frac{3}{4}$h = **45** min

3 a) $\frac{3}{4}$m = **75** cm b) $\frac{7}{8}$kg = **875** g c) $\frac{5}{12}$h = **25** min

4 a) $\frac{8}{40} : \frac{4}{4} = \frac{2}{10}$ b) $\frac{49}{70} : \frac{7}{7} = \frac{7}{10}$
c) $\frac{18}{60} : \frac{6}{6} = \frac{3}{10}$ d) $\frac{30}{50} : \frac{5}{5} = \frac{6}{10}$

4 a) $\frac{14}{200} : \frac{2}{2} = \frac{7}{100}$ b) $\frac{51}{300} : \frac{3}{3} = \frac{17}{100}$
c) $\frac{125}{500} : \frac{5}{5} = \frac{25}{100}$ d) $\frac{210}{375} : \frac{375}{375} \cdot \frac{100}{100} = \frac{56}{100}$

5 a) $\frac{1}{2} \cdot \frac{5}{5} = \frac{5}{10}$; $\frac{1}{5} \cdot \frac{2}{2} = \frac{2}{10}$; $\frac{3}{5} \cdot \frac{2}{2} = \frac{6}{10}$
b) $\frac{1}{10} \cdot \frac{10}{10} = \frac{10}{100}$; $\frac{1}{20} \cdot \frac{5}{5} = \frac{5}{100}$; $\frac{1}{25} \cdot \frac{4}{4} = \frac{4}{100}$

5 a) $\frac{4}{\mathbf{10}}$; mit 2 b) $\frac{\mathbf{5}}{10}$; mit 5 c) $\frac{75}{\mathbf{100}}$; mit 25
d) $\frac{\mathbf{24}}{100}$; mit 4 e) $\frac{2}{\mathbf{10}}$; mit $\frac{1}{2}$ f) $\frac{\mathbf{8}}{100}$; mit $\frac{1}{2}$

6 a) $\frac{3}{10} < \frac{4}{10}$ b) $\frac{10}{12} > \frac{10}{15}$ c) $\frac{5}{10} = \frac{1}{2}$

6 a) $\frac{4}{10} > \frac{39}{100}$ b) $\frac{4}{25} = \frac{16}{100}$ c) $\frac{1000}{10000} > \frac{1000}{20000}$

7 a) 4290; 4300; 4000
b) 25500; 25500; 25000
c) 300500; 300500; 301000
d) 4510; 4500; 5000

7 a) 2570000; 2600000; 3000000
b) 23400000; 23400000; 23000000
c) 9900000; 9900000; 10000000

Seite 90/91

Klar so weit?

1

H	Z	E	z	h	t	Dezimalbruch
		5	2	8		5,28
1	1	7	8	0	9	**117,809**
		0	4	7		**0,47**
2	**7**	**0**	**5**			270,5
	8	**1**	**9**	**2**	**7**	81,927
1	**0**	**0**	**0**	**0**	**1**	100,001

2 a)

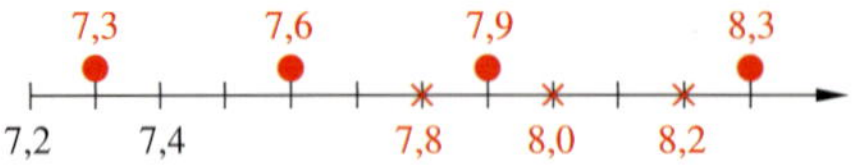

b)

3 a) 0,5 > 0,1 b) 0,2 < 0,25; c) 0,6 = 0,6

4 a) 3 % b) 27 % c) 70 %

5 a) $\frac{1}{2}$; 0,5 b) $\frac{2}{100}$; 0,02 c) $\frac{35}{100}$; 0,35
d) $\frac{8}{100}$; 0,08 e) $\frac{11}{100}$; 0,11 f) $\frac{95}{100}$; 0,95

6 a) $\frac{5}{10}$; 0,5 b) $\frac{4}{10}$; 0,4 c) $\frac{24}{100}$; 0,24

7 a) $\frac{2}{10} = \frac{1}{5}$ b) $\frac{4}{10} = \frac{2}{5}$ c) $\frac{15}{100} = \frac{3}{20}$
d) $\frac{4}{100} = \frac{1}{25}$ e) $\frac{19}{100}$ f) $\frac{154}{100} = 1\frac{27}{50}$

8 a) $0,\overline{6}$ b) $0,\overline{4}$ c) 0,125 d) $0,\overline{45}$

9 a) 5,**8**7 > 5,**7**8 b) 2,9**3** > 2,9**1**
c) 0,6**4** > 0,6**3**4 d) 0,6**9** > 0,6**0**9
Es wurde jeweils stellenweise verglichen.

10 a) z. B. 1,2; 1,8; 1,9
b) z. B. 3,81; 3,82; 3,89
c) z. B. 1,521; 1,524; 1,528
d) z. B. 3,891; 3,802; 3,893

11

Zahl	Rundungsstelle	gerundete Zahl
5,58	Zehntel	**5,6**
6,789	**Hundertstel**	6,79
3,6 bis 4,4	Zehntel	3,4

12 a) 0,9 b) 1,0 c) 9,1
d) 0,4 e) 8,1 f) 0,4

13 a) 6,76 b) 10,545 c) 6,08
d) 6,58 e) 1,307 f) 3,848
g) 823,23 h) 13 365,021 i) 960,42

14 a) 5,4 b) 47,8 c) 41,7 d) 67,2
e) 134,4 f) 148,7 g) 5,1 h) 29,2

1

H	Z	E	z	h	t	Dezimalbruch	Bruch
	2	6	0	8		26,08	$26\frac{8}{100}$
1	**0**	**0**	**9**	**5**		100,95	$\mathbf{100\frac{95}{100}}$
8	4	0	9	0	1	**840,901**	$\mathbf{840\frac{901}{1000}}$
		0	**2**	**4**		**0,24**	$\frac{24}{100}$
		0	**0**	3	5	**0,035**	$\mathbf{\frac{35}{1000}}$

2 a)

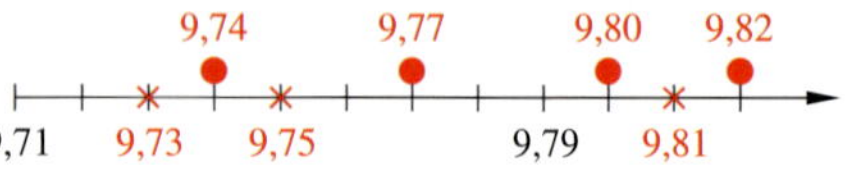

b)

3 a) 0,8 < 0,9 b) 2,5 > 0,25 c) 0,13 = 0,13

4 a) 22 % b) 1 % c) 9 % d) 75 % e) 10 % f) 6 %

5 a) $\frac{3}{10}$; 0,3 b) $\frac{11}{20}$; 0,55 c) $\frac{3}{50}$; 0,06

6 a) 3,75 b) 5,75 c) 0,45
$5\frac{3}{4}$ ist die größte der drei Zahlen.

7 a) $\frac{1}{4}$ b) $\frac{13}{20}$ c) $\frac{33}{100}$
d) $\frac{251}{500}$ e) $\frac{251}{200}$ f) $\frac{3}{2} = 1\frac{1}{2}$

8 a) $0,\overline{3}$ b) $0,\overline{846\,153}$ c) $0,02\overline{27}$ d) $0,\overline{259}$

9 a) 2,341 < 2,347 < 2,417 < 2,437 < 2,440,
stellenweise verglichen
b) 0,056 < 0,24 < 0,365 < 0,47 < 0,5, stellenweise verglichen

10 a) z. B. 3,611; 3612; 3,6129
b) z. B. 7,91; 7,912; 7,918
c) z. B. 5,001 2; 5,001 4; 5,001 6
d) z. B. 4,121; 4,122; 4,126

11 a) 2 g; 1,9 g; 1,87 g; 1,866 g
b) 6 g; 6,0 g; 6,01 g; 6,005 g;
c) 1 km; 1,0 km; 0,99 km; 0,992 km
d) 0 t; 0,1 t; 0,07 t; 0,066 t
e) 16 m; 15,8 m; 15,77 m; 15,770 m
f) 11 €; 11,0 €; 10,99 €; 10,990 €

12 a) 9,1 b) 8,1 c) 23,1
d) 0,4 e) 1,2 f) 12,9

13 a) 924,677 b) 10,810 1 c) 20,557
d) 8,509 e) 2,2704 f) 47,292
g) 9,628 9 h) 213,261 i) 4 542,036

14 a) 5,2 b) 226,6 c) 5,3 d) 62,38
e) 0,647 + **1**,258 + 3,**4**00 + 7,012 = 12,317

15 a) $a = 1{,}5$ b) $a = 7{,}4$ c) $a = 15{,}7$ d) $a = 4{,}6$
e) $a = 13{,}2$ f) $a = 9{,}7$ g) $a = 20$ h) $a = 14$

15 a) $x = 4{,}5$ b) $x = 2{,}8$ c) $x = 15{,}8$ d) $x = 7{,}2$

Teste dich!

Seite 96

1 a)

13,68			
3,98	9,7		
0,84	3,14	6,56	
0,2	0,64	2,5	4,06

b)

5,45			
1,6	3,85		
1,25	0,35	3,5	
1	$\frac{1}{4}$	0,1	$3\frac{2}{5}$

2 a) Ü: 30; 28,727 b) Ü: 25; 25,15

3 a) 20%; 58%; 61,5%; 7%; 50,3% b) 75%; 25%; 80%; 24%; 2%

4 a) Madrid: 3,2 Mio.; Hamburg: 1,8 Mio.; Rom: 2,6 Mio.
b) Istanbul: 13,8 Mio.; London: 7,9 Mio.; Delhi: 11,0 Mio.
c) Hongkong: 7,0 Mio.; Peking: 15,8 Mio.; Essen: 0,6 Mio.

5 a) $\frac{1}{8}\,(= 0{,}125) < 0{,}25 < 0{,}5 < 0{,}75 < \frac{4}{5}\,(= 0{,}8)$

b) $0{,}3 < 0{,}\overline{30} < 0{,}33 < 0{,}3304 < 0{,}333 < 0{,}\overline{3}$

6 a) 5,1 t b) 9,9 t c) 17 Säcke
d) 2 Fahrten reichen aus, z. B.
1. Fahrt: 3 m^3 Sand (1700 kg) + 1,95 t Kalksandsteine + 29 Zementsäcke (1450 kg) + Leergewicht (2400 kg) = 7,5 t
2. Fahrt: 3 Eisenträger (4250 kg) + 11 Zementsäcke (550 kg) + Leergewicht (2400 kg) = 7,2 t

7 $\frac{1}{5} + \frac{3}{4} + 40\% = 20\% + 75\% + 40\% = 135\%$, dann hätte die Klasse mehr als 100% Schüler.

8 a) 359,9 km b) 14,7 km

Symmetrie

Noch fit?

Seite 98

1 a) Beide Spielfelder sind achsensymmetrisch.
b) individuell, z. B. Fußball, Tennis, Basketball, Eishockey, Volleyball

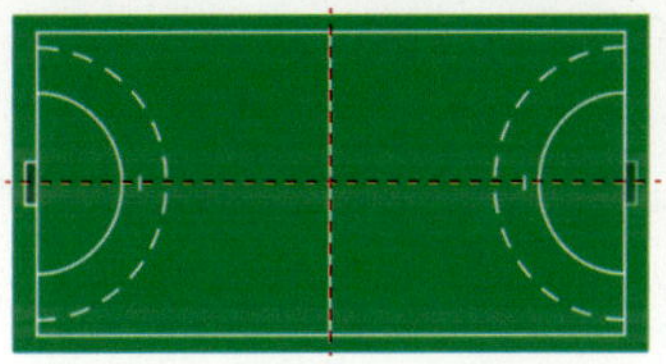

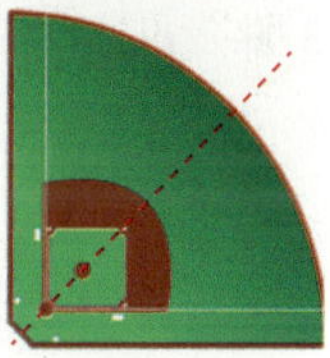

2

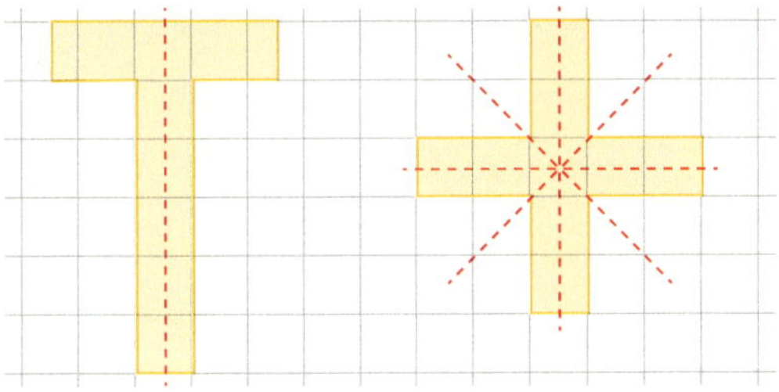

2

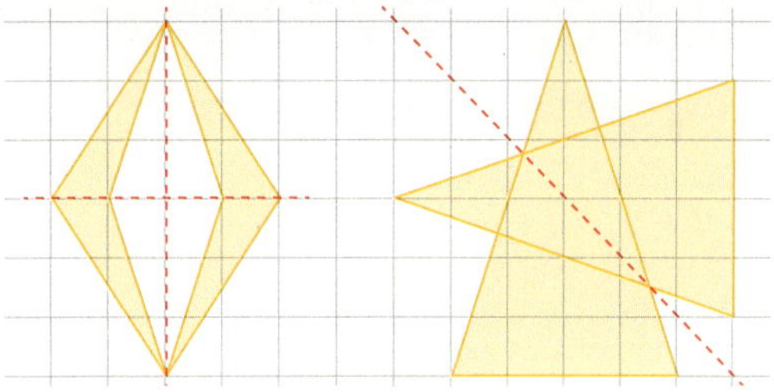

3 a)

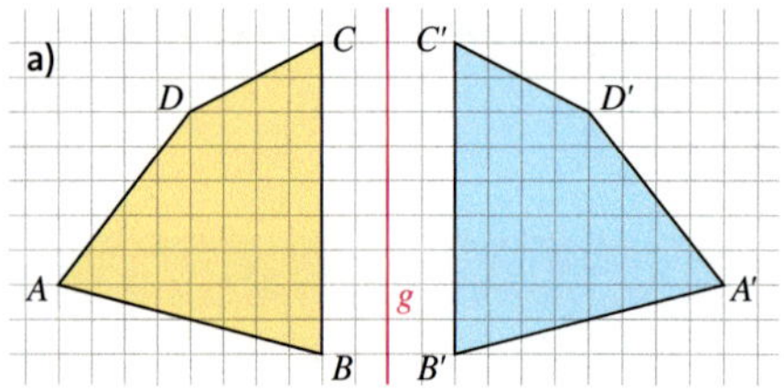

b)

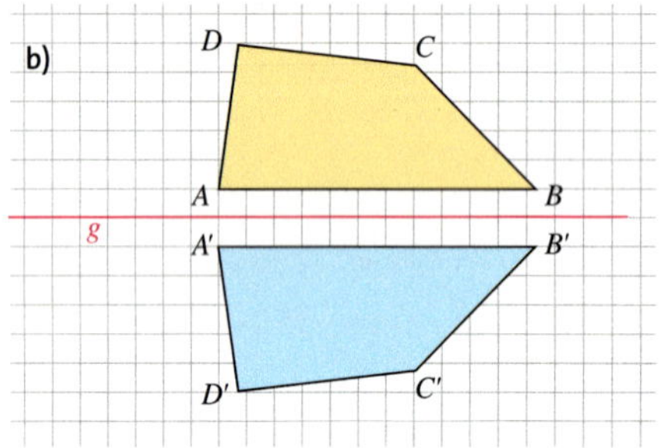

3 a)

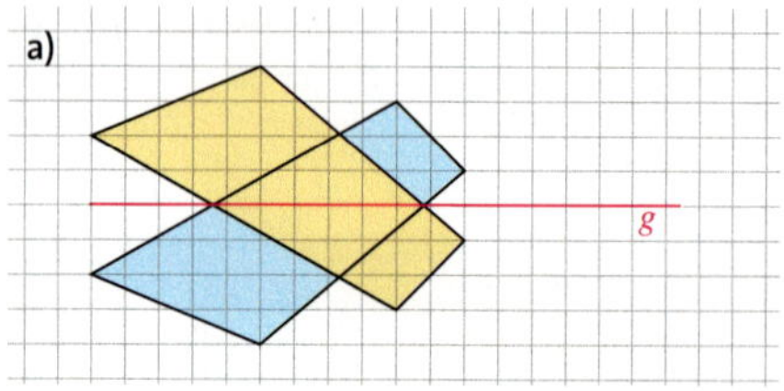

b)

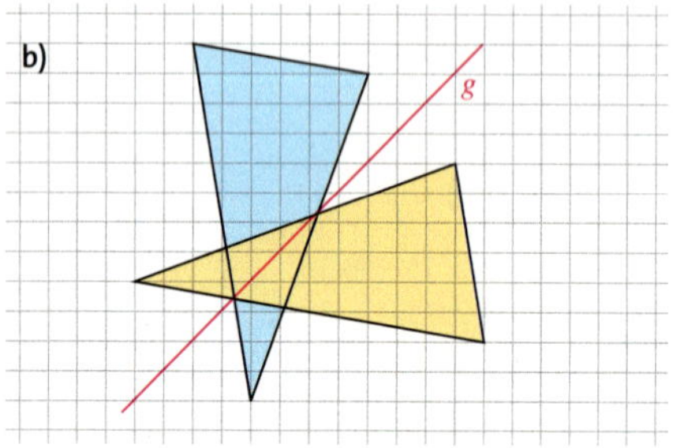

4 **a)** z. B. (6|0,5); (6|4,5); (6|6) **b)** z. B. (1|5); (3,5|5); (5,5|5)
c) z. B. (7,5|7); (9|5,5); (10,5|4)

Nachgedacht
Die Tänzerinnen ① und ③ stehen annähernd achsensymmetrisch.

Seite 108/109

Klar so weit?

1 **a)** Karte ② ist punktsymmetrisch und somit die richtige Spielkarte.
b) ① Die obere Hälfte der Karte wurde kopiert und unten angesetzt.
② Die obere Hälfte der Karte wurde kopiert, um 180° gedreht und unten angesetzt.
③ Die obere Hälfte der Karte wurde an ihrem unteren Rand (= Spiegelachse) gespiegelt.

2 **a)** Zeichenübung, individuell
Rechtecke und Quadrate sind punktsymmetrisch.
b) Bei allen Rechtecken liegt der Symmetriepunkt im Schnittpunkt der Diagonalen.

2 Zeichenübung, individuell
Bei punktsymmetrischen Vielecken liegt der Symmetriepunkt im Schnittpunkt der Verbindungen aller zueinander symmetrischer Punkte (Original- und Bildpunkt).

3 **a)**

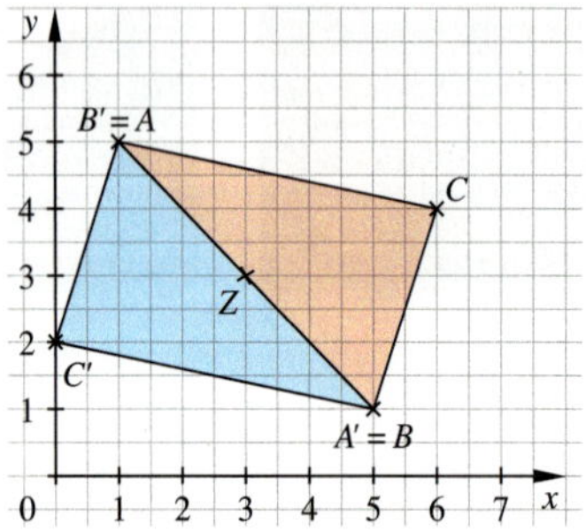

b) Man zeichnet einen Strahl vom Originalpunkt durch den Symmetriepunkt. Der Bildpunkt liegt auf der Halbgeraden und hat denselben Abstand zum Symmetriepunkt wie der Originalpunkt.
c) $A'(5|1)$, $B'(1|5)$, $C'(0|2)$;
$A = B'$ und $B = A'$

4 a)

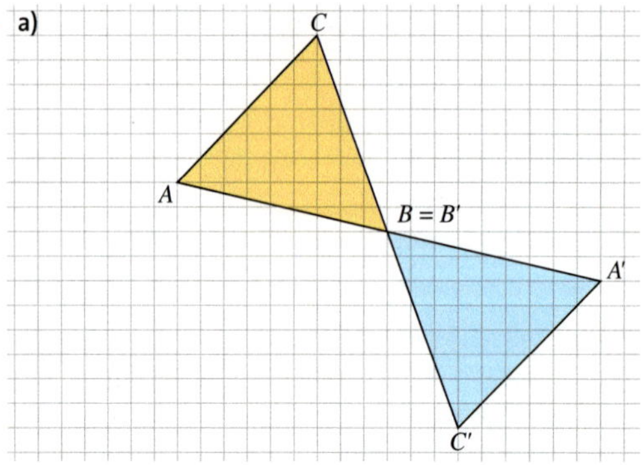

4 a) b)

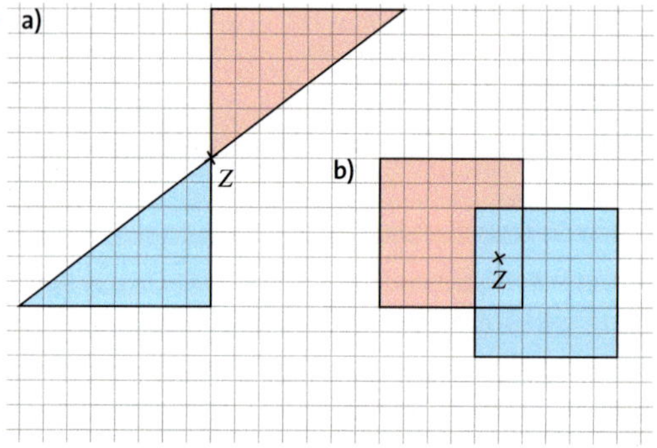

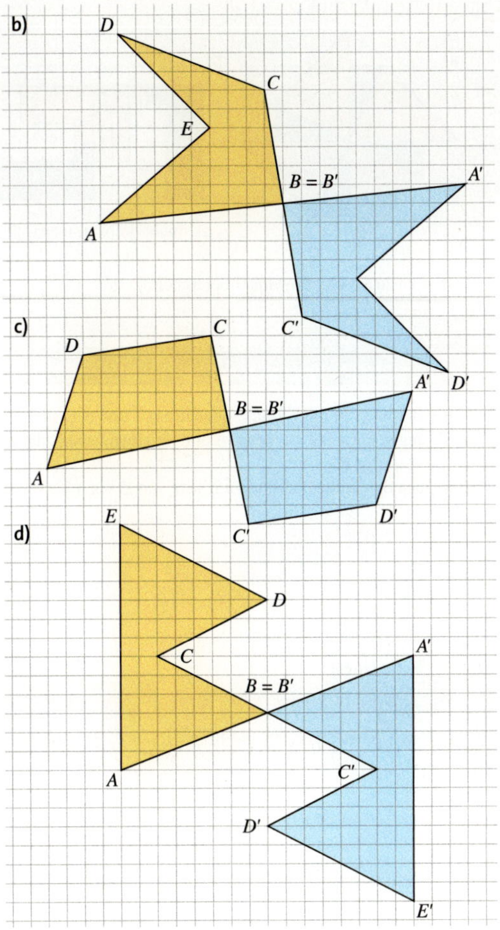

5 a) drehsymmetrisch; 90°
b) drehsymmetrisch; 45°
c) drehsymmetrisch; 72°

6

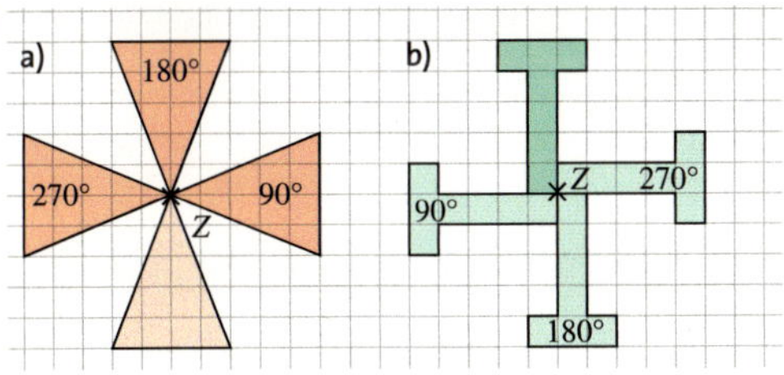

7 a) Das Glücksrad ist drehsymmetrisch, bei einer Drehung um 120° um den Mittelpunkt kommt es zur Deckung.
b) Das Glücksrad ist nicht drehsymmetrisch, da es erst bei einer Drehung um 360° um den Mittelpunkt zur Deckung kommt.
c) Das Glücksrad ist drehsymmetrisch, bei einer Drehung um 90° um den Mittelpunkt kommt es zur Deckung.
d) Das Glücksrad ist nicht drehsymmetrisch, da es erst bei einer Drehung um 360° um den Mittelpunkt zur Deckung kommt.

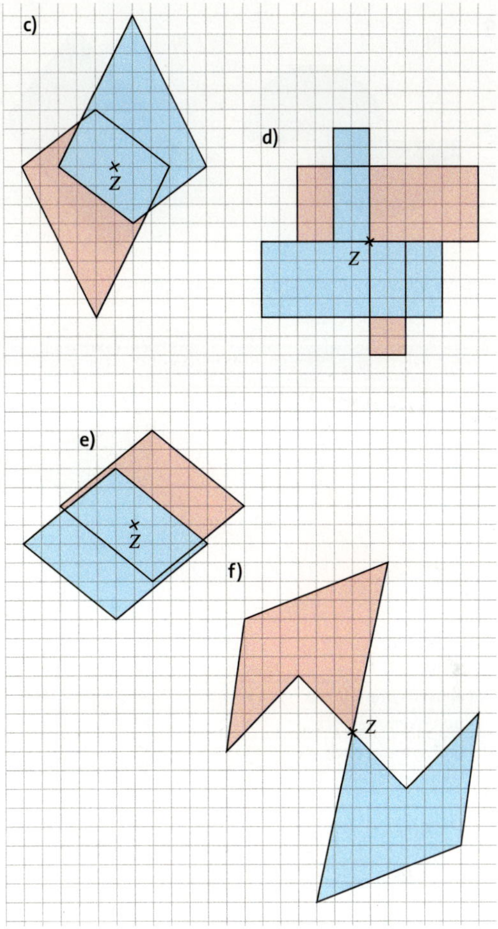

5 a) **180**°; 360°
b) **120**°; 240°; 360°
c) **60**°; 120°; 180°; 240°; 300°; 360°
d) **90**°; 180°; 270°; 360°

6

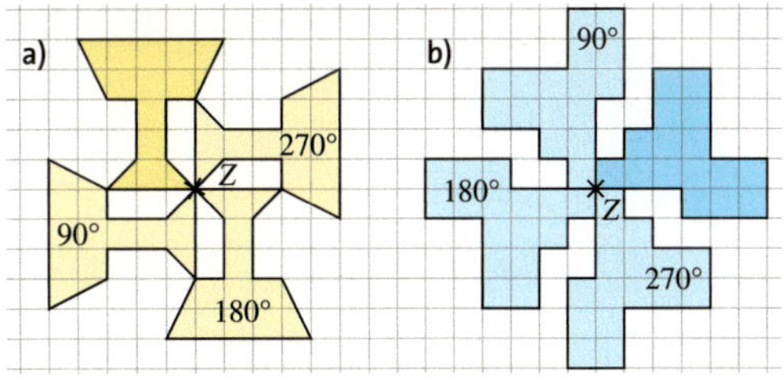

7 a) Die Figur ist drehsymmetrisch, bei einer Drehung um 120° um den Mittelpunkt kommt die Figur zur Deckung.
b) Die Figur ist drehsymmetrisch, bei einer Drehung um 180° um den Schnittpunkt der Diagonalen kommt die Figur zur Deckung.

8

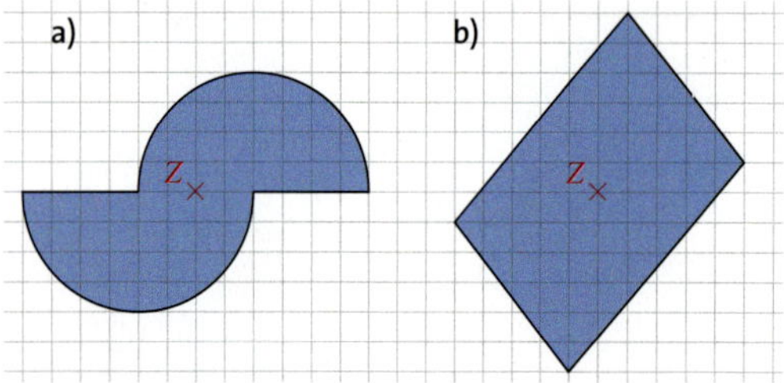

Der kleinste Symmetriewinkel beträgt jeweils 180°.

8

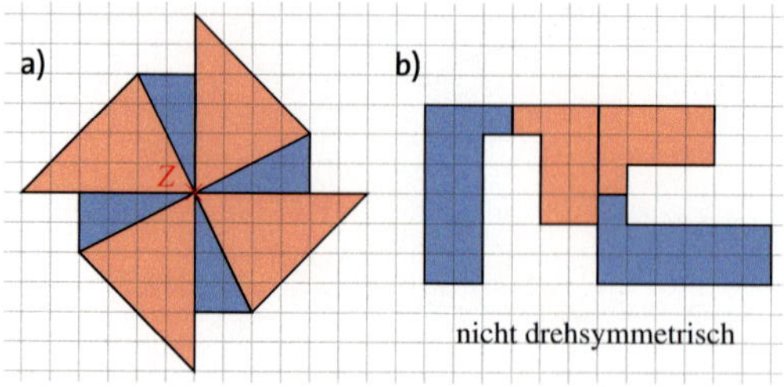

Der kleinste Symmetriewinkel bei a) beträgt 90°.

Seite 114

Teste dich!

1

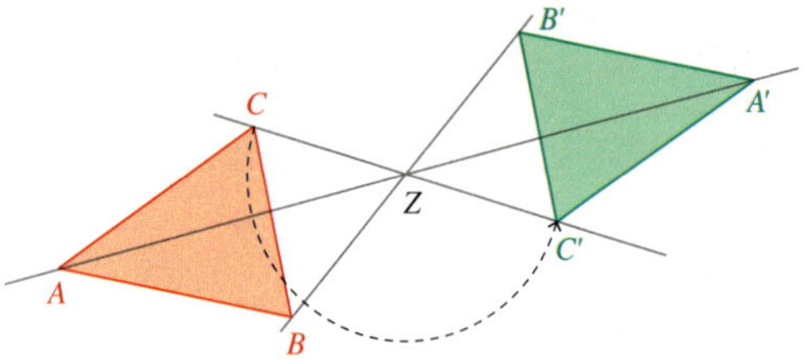

Der Originalpunkt A, das Symmetriezentrum Z und der Bildpunkt A' liegen auf einer Geraden. A und A' haben jeweils denselben Abstand zu Z.
A' kann auch durch eine Drehung um 180° um Z aus A hervorgehen.

2

Name	Seestern	Blüte	Orange	Eichenblatt	Bumerang
achsensymmetrisch	×	×	×	×	nein
punktsymmetrisch	×	×	×	nein	×
drehsymmetrisch	×	×	×	nein	×
Symmetriewinkel	72°	72°	45°	–	120°

3 **a)** achsensymmetrisch: 0; 1; 3; 8
punktsymmetrisch: 0; 2; 5; 8
b) z. B. 12:21; 21:12; 01:10; 10:01; 15:51

4

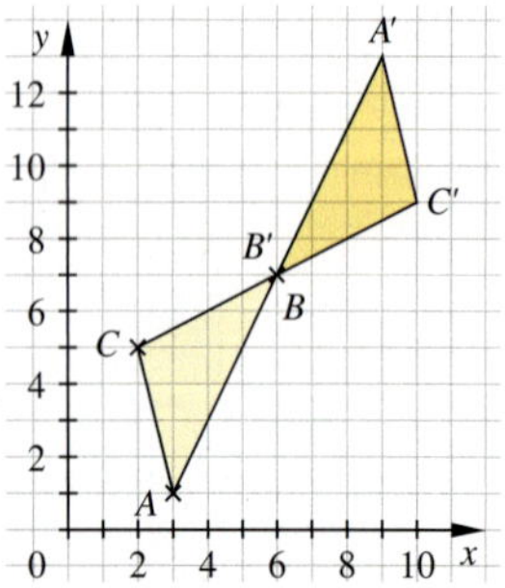

5

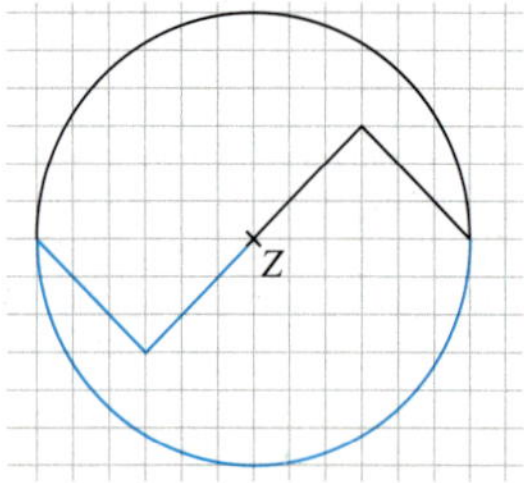

6

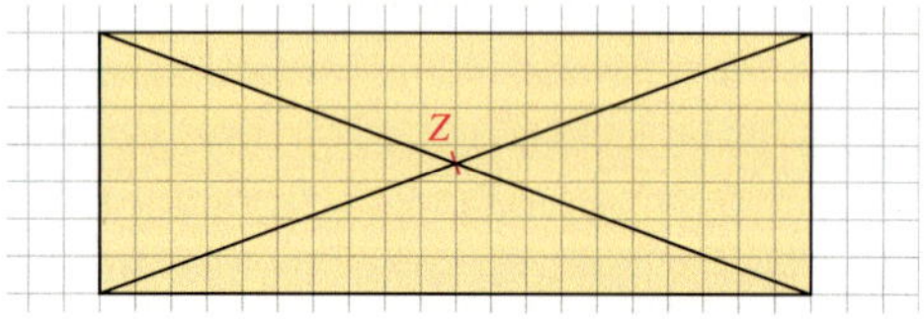

Die Figur ist achsensymmetrisch sowie punktsymmetrisch.

7 einfachste Möglichkeit mit dem Drehwinkel 180°

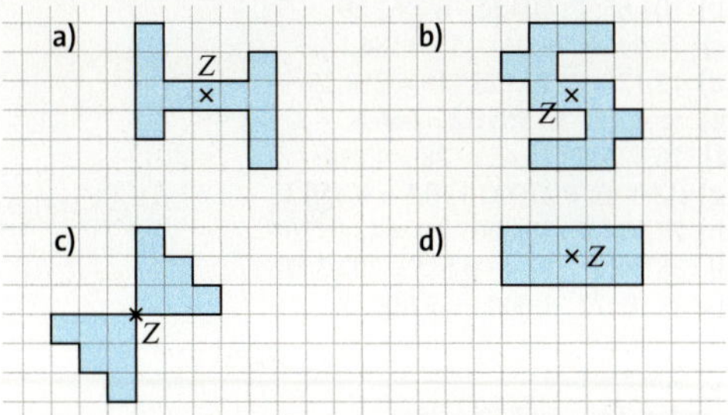

a) 4 Kästchen
b) 1 Kästchen
c) genau 6 Kästchen
d) kein Kästchen

Der Drehwinkel kann auch 90° sein. Dann sind mehr Kästchen zu ergänzen.

Dezimalbrüche und Brüche – Multiplizieren und Dividieren

Noch fit?

Seite 116

1 a) $\frac{6}{12}$ wird gekürzt auf $\frac{3}{6}$ und auf $\frac{1}{2}$.
b) $\frac{7}{4}$ wird als gemischte Zahl $1\frac{3}{4}$ geschrieben.

2 a) $\frac{1}{3}$ b) $\frac{1}{5}$ c) nicht möglich d) $\frac{3}{11}$
e) $\frac{3}{10}$ f) nicht möglich g) $\frac{3}{11}$ h) $\frac{1}{4}$

3 a) 0,3 b) 0,7 c) 0,37 d) 0,831
e) 3,875 f) 0,75 g) 2,5 h) 1,6

4 a) 1260; 12600; 126000
b) 38400; 3840; 384
Die Ergebnisse unterscheiden sich jeweils um die Anzahl der endständigen Nullen.

5 a) ① Ü: z. B. 250 · 2 = 500; 468; ② Ü: 920; 912;
③ Ü: 60000; 59220; ④ Ü: 18000; 20672;
⑤ Ü: 48000; 46020; ⑥ Ü: 900000; 882882
b) ① 47; P: 47 · 5 = 235; ② 236; P: 4 · 236 = 944;
③ 108; P: 108 · 7 = 756 ④ 1235; P: 1235 · 4 = 4940

6 a)
```
  127 · 453
    50800
     6350
+     381
    57531
```

1 a) $\frac{1}{3}$ wird erweitert auf $\frac{2}{6}$ und auf $\frac{4}{12}$.
b) $\frac{6}{3}$ werden als natürliche Zahl 2 geschrieben.

2 a) $\frac{1}{12}$ b) $\frac{5}{6}$ c) $\frac{2}{5}$ d) $\frac{5}{2} = 2\frac{1}{2}$
e) $\frac{11}{3} = 3\frac{2}{3}$ f) $1\frac{3}{10}$ g) $\frac{11}{30}$ h) $\frac{13}{4} = 3\frac{1}{4}$

3 a) 0,08 b) 0,5 c) 0,125 d) 0,12
e) $2{,}41\overline{6}$ f) $1{,}\overline{81}$ g) $12{,}\overline{6}$ h) $5{,}08\overline{3}$

4 a) 1080; 10800; 108000
b) 9000; 900; 90

5 a) ① Ü: z. B. 250 · 7 = 1750; 1638; ② Ü: 4800; 4536;
③ Ü: 140000; 139668; ④ Ü: 90000; 91809;
⑤ Ü: 65000; 67200; ⑥ Ü: 540000; 552420
b) ① 567 R1; P: 567 · 3 = 1701 und 1701 + 1 = 1702;
② 963 R4; ③ 1023 R4; ④ 257 R10

b)
```
 38036 : 37 = 1028
-37
  10
 - 0
  103
 - 74
   296
 - 296
     0
```

Klar so weit?

Seite 134/135

1 a) 3,4 b) 0,72
c) 0,72 d) 45
e) 10 f) 0,91

2 a) Ü: 0,03 · 0,3 = 0,009; 0,0075
b) Ü: 2 · 0,05 = 0,1; 0,09
c) Ü: 0,2 · 0,007 = 0,0014; 0,00133
d) Ü: 0,003 · 0,01 = 0,00003; 0,000036

3 a) 227,50 € b) ≈ 32,53 €
c) ≈ 58,70 € d) ≈ 982,10 €

4 a) Fisch: ≈ 4,49 € Tomaten: ≈ 1,27 € Trauben: ≈ 1,19 €
b) Fisch: ≈ 7,49 € Tomaten: ≈ 2,11 € Trauben: ≈ 1,99 €

1 a) Ü: z. B. 1 · 0,6 = 0,6; 0,63 b) Ü: 1 · 0,5 = 0,5; 0,48
c) Ü: 1,8 · 0,5 = 0,9; 0,85 d) Ü: 1,4 · 0,5 = 0,7; 0,84
e) Ü: 4 · 0,04 = 0,16; 0,14 f) Ü: 0,2 · 0,02 = 0,004; 0,0044

2 a) Ü: 0,06 · 7 = 0,42; 0,41477 b) Ü: 5 · 16 = 80; 84,309
c) Ü: 0,2 · 8 = 1,6; 1,1703 d) Ü: 5 · 0,004 = 0,2; 0,19988

3 26,5 · 15,5 = 410,75; Das Grundstück hat einen Flächeninhalt von 410,75 m^2.
410,75 · 185,50 ≈ 76194,13; Das Grundstück kostet 76194,13 €.

5 **a)** 4 l; **b)** 8 l
c) 12 l **d)** 3 m
e) 6 m **f)** 5 m
individuelle Rechengeschichte z. B. zu a)
Der Inhalt einer 2-l-Flasche wird auf Gläser mit je 0,5 l Fassungsvermögen verteilt, dabei können insgesamt vier Gläser gefüllt werden.

6 **a)** 22,59; P: 22,59 · 4 = 90,36
b) 0,269; P: 0,269 · 9 = 2,421
c) 1,5; P: 1,5 · 5 = 7,50
d) 0,052; P: 0,052 · 7 = 0,364
e) 0,005 5; P: 0,005 5 · 8 = 0,044
f) 1,002; P: 1,002 · 9 = 9,018
g) 549,6; P: 549,6 · 0,4 = 219,84
h) 1,006; P: 1,006 · 0,17 = 0,171 02
i) 31,89; P: 31,89 · 2,05 = 65,374 5
j) 0,05; P: 0,05 · 2,501 = 0,125 05

7 Ü: 70 : 60 ≈ $1,1\overline{6}$
1 l Benzin kostet 1,14 €.

8 **a)** $1\frac{3}{7}$ **b)** $\frac{9}{10}$ **c)** 14
d) 10 **e)** 18 **f)** $13\frac{1}{3}$

9 **a)** $\frac{1 \cdot 1}{5 \cdot 3} = \frac{1}{15}$ **b)** $\frac{2 \cdot 1}{1 \cdot 5} = \frac{2}{5}$
c) $\frac{11 \cdot 1}{4 \cdot 13} = \frac{11}{52}$ **d)** $\frac{1 \cdot 2}{1 \cdot 4} = \frac{1}{2}$
e) $\frac{4 \cdot 1}{17 \cdot 3} = \frac{4}{51}$ **f)** $\frac{1 \cdot 1}{2 \cdot 2} = \frac{1}{4}$

10 27 : 9 = 3
3 Kinder fahren mit dem Fahrrad zur Schule.

11 **a)** $\frac{3}{35}$ **b)** $4\frac{1}{2}$ **c)** $\frac{1}{12}$
d) 30 **e)** $\frac{2}{25}$ **f)** $\frac{8}{3} : 2 = \frac{4}{3} = 1\frac{1}{3}$
g) 12 **h)** $\frac{3}{2} : 3 = \frac{1}{2}$ **i)** $\frac{3}{2} : \frac{1}{2} = 3$

12 **a)** 2; P: $2 \cdot \frac{3}{8} = \frac{3}{4}$ **b)** $\frac{18}{35}$; P: $\frac{18}{35} \cdot \frac{5}{9} = \frac{2}{7}$
c) $\frac{15}{7} = 2\frac{1}{7}$; P: $\frac{15}{7} \cdot \frac{3}{10} = \frac{9}{14}$
d) 7; P: $7 \cdot \frac{1}{8} = \frac{7}{8}$ **e)** $1\frac{1}{2}$; P: $\frac{3}{2} \cdot \frac{2}{5} = \frac{3}{5}$
f) $1\frac{1}{21}$; P: $\frac{22}{21} \cdot \frac{6}{11} = \frac{4}{7}$

13 **a)** $\frac{1}{4}$ l **b)** $\frac{11}{24}$ l
c) $\frac{13}{24}$ l **d)** $\frac{1}{9}$ l

5 **a)** 101,35; P: 101,35 · 8 = 810,8
b) 104,65; P: 104,65 · 6 = 627,9
c) 78,94; P: 78,94 · 15 = 1184,1
d) 12,125; P: 12,125 · 18 = 218,25
e) 55,55; P: 55,55 · 12 = 666,6
f) 16,425; P: 16,425 · 28 = 459,6
g) 0,900 6; P: 0,900 6 · 0,5 = 0,450 3
h) 20,006; P: 20,006 · 2,1 = 42,0126
i) 387;4; P: 387,4 · 0,525 = 203,385
j) 27; P: 27 · 1,000 1 = 27,002 7

6 Ü: 30 : 5 = 6
Die andere Seite ist 6,25 m lang.

7 **a)** Ü: 13 : 0,5 = 260; ≈ 32,8
b) Ü: 0,5 : 1 = 0,5; 0, ≈ 0,3
c) Ü: 24 : 3 = 8; ≈ 7,6
d) Ü: 14 : 7 = 2; ≈ 1,7
e) Ü: 7 : 14 = 0,5; 0,6
f) Ü: 0,06 : 1 = 0,06; 9 ≈ 0,1

8 **a)** 1 **b)** $1\frac{1}{2}$ **c)** $\frac{22}{25}$
d) $2\frac{1}{7}$ **e)** $2\frac{3}{4}$ **f)** $4\frac{7}{17}$

9 **a)** $\frac{5}{2} \cdot \frac{13}{4} = 8\frac{1}{8}$ **b)** $\frac{17}{5} \cdot \frac{25}{6} = 14\frac{1}{6}$
c) $\frac{29}{7} \cdot \frac{41}{8} = 21\frac{13}{56}$ **d)** $\frac{17}{3} \cdot \frac{11}{4} = 15\frac{7}{12}$
e) $\frac{23}{3} \cdot \frac{21}{5} = 32\frac{1}{5}$ **f)** $\frac{17}{2} \cdot \frac{28}{3} = 79\frac{1}{3}$

10 $\frac{5}{14} \cdot \frac{28}{1} = 10$
10 Kinder haben eine andere Muttersprache als Deutsch.

11 **a)** $\frac{1}{2} : \frac{5}{4} = \frac{2}{5}$ **b)** $\frac{2}{3} : \frac{11}{6} = \frac{4}{11}$ **c)** $\frac{3}{5} : \frac{9}{4} = \frac{4}{15}$
d) $\frac{5}{7} : \frac{15}{2} = \frac{2}{21}$ **e)** $\frac{5}{8} : \frac{15}{4} = \frac{1}{6}$ **f)** $\frac{2}{9} : \frac{4}{3} = \frac{1}{6}$
g) $\frac{5}{2} : \frac{5}{4} = 2$ **h)** $\frac{4}{3} : \frac{11}{10} = \frac{40}{33} = 1\frac{7}{33}$ **i)** $\frac{7}{3} : \frac{7}{4} = \frac{4}{3} = 1\frac{1}{3}$

12 **a)** $\frac{5}{6} : \frac{\mathbf{3}}{4} = 1\frac{1}{9}$; P: $1\frac{1}{9} \cdot \frac{3}{4} = \frac{5}{6}$
b) $\frac{\mathbf{5}}{8} : \frac{3}{4} = \frac{5}{6}$; P: $\frac{5}{8} : \frac{5}{6} = \frac{3}{4}$
c) $\frac{7}{\mathbf{12}} : \frac{14}{15} = \frac{5}{8}$; P: $\frac{7}{12} : \frac{5}{8} = \frac{14}{15}$
d) $1\frac{1}{6} : \frac{7}{\mathbf{18}} = 3$; P: $3 \cdot \frac{7}{18} = 1\frac{1}{6}$

13 **a)** $20 : \frac{3}{2} = 13\frac{1}{3}$; Es werden $13\frac{1}{3}$ Flaschen pro Minute abgefüllt.
b) $60 : \frac{40}{3} = 4\frac{1}{2}$; Es dauert $4\frac{1}{2}$ Sekunden, bis eine Flasche gefüllt ist.

Seite 140

Teste dich!

1 **a)** 3 140 **b)** 2,8 **c)** 67,36 **d)** 11,31
e) 3,375 **f)** 0,911 36 **g)** 2,365 **h)** 11,21

2 **a)** 1,57 **b)** 1,264 **c)** 0,0165 **d)** 0,8
e) 1,36 **f)** 32,4 **g)** 6,12 **h)** 3,4

3 a) $\frac{1}{6}$ b) $\frac{4}{45}$ c) $\frac{1}{4}$
d) $\frac{1}{6}$ e) $\frac{27}{40}$ f) $\frac{11}{5} \cdot \frac{25}{9} = 6\frac{1}{9}$

4 a) $7\frac{1}{2}$; P: $\frac{15}{2} \cdot \frac{2}{3} = 5$ b) $\frac{9}{10}$; P: $\frac{9}{10} \cdot \frac{2}{3} = \frac{3}{5}$ c) $\frac{1}{4}$; P: $\frac{1}{4} \cdot 2 = \frac{1}{2}$
d) $\frac{9}{10}$; P: $\frac{9}{10} \cdot \frac{5}{6} = \frac{3}{4}$ e) $1\frac{1}{2}$; P: $\frac{3}{2} \cdot \frac{4}{27} = \frac{2}{9}$ f) $\frac{1}{2}$; P: $\frac{1}{2} \cdot 3 = \frac{3}{2} = 1\frac{1}{2}$

5 a) 585 kg : 12,5 kg = 46,8 Er erhält 46 Säcke und es bleiben 10 kg Kartoffeln übrig.
b) 10 kg : 1,125 kg = 8 Er füllt acht kleine Säcke.

6 Das Bild des Käfers ist ca. 10,7 cm groß.

7 a) Der Stoff reicht aus, da er mit 80 cm breiter als 75 cm und mit 1,75 m länger als 1,5 m ist.
b) 1,5 laufende Meter des Stoffs kosten 27,75 €.
c) Frau Tholen bezahlt nur noch 20,81 €.

8 a) In einer Minute werden $31\frac{1}{2}$ Flachen gefüllt.
b) Für eine Flasche benötigt die Maschine ca. 1,9 Sekunden.
c) Für einen Kasten mit zwölf Flaschen benötigt der Automat ca. 22,8 Sekunden.

Körper

Noch fit?

Seite 142

1 a) 800 dm² b) 3 000 cm² c) 40 000 000 cm² d) 600 000 cm²
e) 34 000 mm² f) 900 cm² g) 1 200 dm² h) 140 dm²

2 ① Rechteck ② Quadrat
③ Parallelogramm ④ Raute

2 Zeichenübung, die Seitenlängen betragen …
a) $a = 5$ cm
b) z. B. $a = 2$ cm, $b = 5$ cm
c) z. B. $a = 3$ cm, $b = 4$ cm
d) $a = 3{,}5$ cm (wie angegeben)

3

	Seite *a*	Seite *b*	Umfang *u*
a)	3 dm	3 dm	**12 dm**
b)	15 cm	13 cm	**56 cm**
c)	44 m	96 m	**280 m**
d)	12 cm	1,2 dm	**48 cm**
e)	8 dm	26 cm	**212 cm**

3

	Seite *a*	Seite *b*	Umfang *u*
a)	3,2 cm	2,4 cm	**11,2 cm**
b)	**12 cm**	12 cm	48 cm
c)	4,7 cm	**4,7 cm**	18,8 cm
d)	5,3 dm	24 dm	**58,6 cm**
e)	**7,8 m**	5,8 m	27,2 m

4

	Länge	Breite	Flächeninhalt
a)	8 cm	7 cm	**56 cm²**
b)	9 dm	18 dm	**162 dm²**
c)	15 mm	21 mm	**315 mm²**
d)	5 m	19 m	**95 m²**

4 a) $A = 10{,}8\,\text{cm}^2 = 1\,080\,\text{mm}^2$
b) $A = 9\,\text{cm}^2 = 900\,\text{mm}^2$
c) $A = 1\,200\,000\,\text{m}^2 = 1{,}2\,\text{km}^2$
d) $A = 192\,\text{cm}^2 = 1{,}92\,\text{dm}^2$
e) $A = 0{,}5824\,\text{m}^2 = 58{,}24\,\text{dm}^2$

5 a) Der Flächeninhalt des Fußbodens hat eine Größe von 36 m².
b) Das Parkett kostet 882 €.

5 Kims Teppich: $A = 9{,}0025\,\text{m}^2$
Johns Teppich: $A = 9{,}3025\,\text{m}^2$
Kims Teppich ist zuerst fertig.

6 1. Rechteck und Parallelogramm.
2. $A = a \cdot b$
3. Alle Seiten sind gleich lang, gegenüberliegende Seiten sind parallel.
4. 10
5. 100

Nachgedacht
Es gibt acht verschiedenen Rechtecke, wobei sich jeweils zwei nur durch die Benennung der Seiten unterscheiden.

a in cm	1	2	3	4	6	8	12	24
b in cm	24	12	8	6	4	3	2	1

Seite 162/163

Klar so weit?

1 **a)** Dreiecksprisma **b)** Würfel **c)** Quader
d) Pyramide **e)** Kegel **f)** Zylinder **g)** Kugel

2 **a)** Schuhkarton: Quader Apfelsine: Kugel Eistüte: Kegel
Ziegelstein: Quader CD: Zylinder Telefonbuch: Qauder
Würfelzucker: Würfel Münze: Kreis Seifenblase: Kugel
Schultüte: Kegel

b) individuell, z. B.
Würfel: Spielwürfel
Quader: Getränkekarton
Pyramide: Hausdach
Kegel: Pylon
Kugel: Ball
Zylinder: Hutschachtel

1 Pyramide, Dreiecksprisma, Sechseckprisma, Quader, Halbkugel, Kegel

2

Körper	Ecken	Kanten	Flächen
Quader	8	12	6
Dreiecksprisma	6	9	5
Kugel	0	0	1

a) Der Quader hat besonders viele Flächen, Ecken und Kanten.
b) Zylinder

3 Die Schrägbilder stammen alle von dem gleichen Quader, da ihre Seitenlängen übereinstimmen.

4

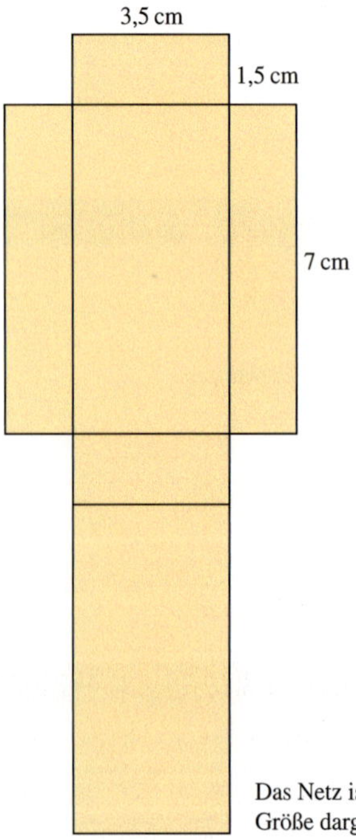

Das Netz ist in halber Größe dargestellt.

4 z. B.

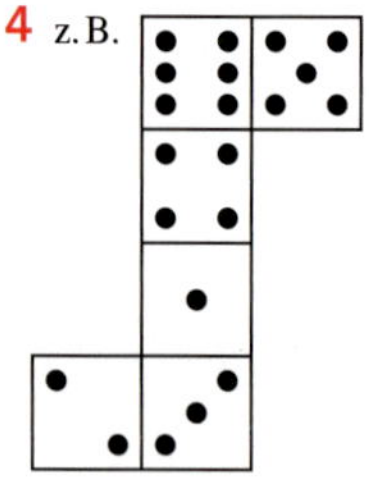

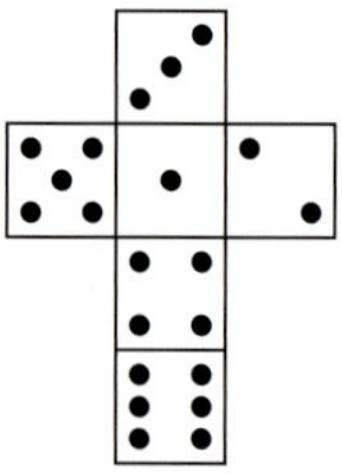

5 Die Netze sind verkleinert dargestellt. Es gibt elf mögliche Würfelnetze.

Die Seitenflächen können nicht beliebig aneinandergezeichnet werden, da sonst beim Zusammenfalten eventuell kein Würfel entsteht.

5 z. B.

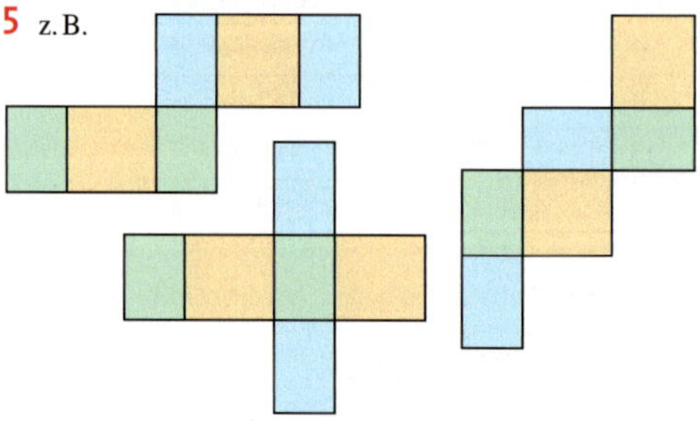

Beim Zeichnen muss darauf geachtet werden, dass alle Seiten, die beim Zusammenfalten aneinanderstoßen, dieselbe Länge haben und sich keine Flächen überdecken.

6 $O = 27\,cm^2$

6 $O = 550\,cm^2$

7 **a)** 34 Flächeneinheiten **b)** 24 Flächeneinheiten
c) 28 Flächeneinheiten **d)** 28 Flächeneinheiten
b) < c) = d) < a)

8 **a)** $V = 512\,\text{cm}^3$ **b)** $V = 512\,\text{cm}^3$

9 $V = 131\,040\,\text{mm}^3$

10 $V = 48\,\text{cm}^3$

7 **a)** $O = 64\,\text{dm}^2$
b) $O = 64\,\text{dm}^2$
c) $O = 88\,\text{dm}^2$

8 **a)** 25 mm **b)** $4\,080\,\text{cm}^3$ **c)** 600 m **d)** 15 dm

9 Es gibt drei Möglichkeiten:
$a = 1\,\text{cm}$; $b = 1\,\text{cm}$; $c = 240\,\text{cm}$
$a = 2\,\text{cm}$; $b = 2\,\text{cm}$; $c = 60\,\text{cm}$
$a = 4\,\text{cm}$; $b = 4\,\text{cm}$; $c = 15\,\text{cm}$

10 $V = 135\,\text{cm}^3$

Teste dich!

Seite 168

1 **a)** Gegenüberliegende Flächen sind jeweils gleich. Würfel und Quader haben jeweils 8 Ecken, 6 Flächen und 12 Kanten.
b) Alle Kanten sind gleich lang. Alle Flächen sind gleich groß.

2 ④ ist das Schrägbild eines Würfels, denn nach hinten verlaufende Kanten sind in halber Länge und in einem Winkel von 45° angetragen. ① enthält keine schräg verlaufenden Linien. In ② sind die schrägen Linien mit 45° gezeichnet. In ③ sind die schrägen Linien nicht halb so lang wie die Würfellänge.

3 **a)** $V = 13\,\text{cm}^3$ **b)** $V = 12\,\text{cm}^3$ **c)** $V = 16\,\text{cm}^3$ **d)** $V = 7\,\text{cm}^3$ **e)** $V = 24\,\text{cm}^3$

4 **a)** $65\,000\,\text{mm}^3$ **b)** $15\,000\,\text{dm}^3$ **c)** $7\,\text{cm}^3$ **d)** $72\,000\,000\,\text{mm}^3$ **e)** 5 000 l **f)** 450 000 ml
g) $7\,200\,\text{mm}^3$ **h)** $1\,500\,\text{dm}^3$ **i)** $7{,}5\,\text{cm}^3$ **j)** $0{,}085\,\text{dm}^3$ **k)** 3 500 l **l)** 4 750 ml

5 **a)** $V = 60\,\text{cm}^3$ $O = 94\,\text{cm}^2$ **b)** $V = 13\,125\,\text{cm}^3$ $O = 3\,550\,\text{cm}^2$

6 $O = 10\,086\,\text{mm}^2$

7 **a)** 5 cm **b)** $V = 125\,\text{cm}^3$

8 Lady: $270\,\text{cm}^3$ ca. 5× größer Feeling: $595\,\text{cm}^3$ fast 6× größer

Daten

Noch fit?

Seite 170

1 **a)** Gewicht (absteigend): Ganesh, Calvin, Jenny, Indra, Dunja, Tuffi, Farina, Bala
b) Alter (absteigend): Jenny, Indra, Dunja, Ganesh, Calvin, Tuffi, Farina/Bala
Das Gewicht ist nicht vom Alter abhängig.

2 **a)** Unterschied 12 Grad
b) Fachbegriffe
Maximum: 12 °C
Minimum: 0 °C
Spannweite: 12 Grad

3

Farbe	Strichliste	Häufigkeit
lila	ǀǀ	2
blau	ǀǀǀǀ	4
gelb	ǀǀǀ	3
rot	ǀǀǀ	3
grün	ǀǀǀ	3

1 Eiweiß (absteigend): Würstchen, Brötchen, Chips, Bananen, Butter
Fett (absteigend): Butter, Chips, Würstchen, Brötchen, Bananen
Kohlenhydrate (absteigend): Brötchen, Chips, Bananen, Butter, Würstchen
Energiegehalt (absteigend): Butter, Chips, Würstchen, Brötchen, Bananen

2 **a)** Maximum: 12.03.03 (Tom)
Minimum: 24.11.04 (Anna)
b) größtes Mädchen: 134 cm (Sina)
kleinster Junge: 131 cm (Tom)
c) Spannweite beim Gewicht: 42 kg bis 27 kg = 15 kg

3

Antwort (Mädchen)	Strichliste	Häufigkeit
nein	卌 卌	10
ja	ǀǀǀ	3
keine Meinung	ǀǀ	2

Antwort (Jungen)	Strichliste	Häufigkeit
nein	卌 ǀǀǀ	8
ja	ǀǀǀǀ	4
keine Meinung	ǀǀ	2

4 individuell, z. B.:
Das Balkendiagramm zeigt für fünf Personen einen Betrag in Euro an.
Mögliche Fragestellung: „Wie viel Taschengeld erhält jedes der fünf Kinder im Monat?“

Seite 188/189

Klar so weit?

1 **a)** −5 °C **b)** 0 °C **c)** 2,5 °C **d)** −3,5 °C

1 **a)** ① −26; −14; −10; 6; 18
② −62; −54; −34; −18; 14
③ −145; −125; −85; −25; 55
b)

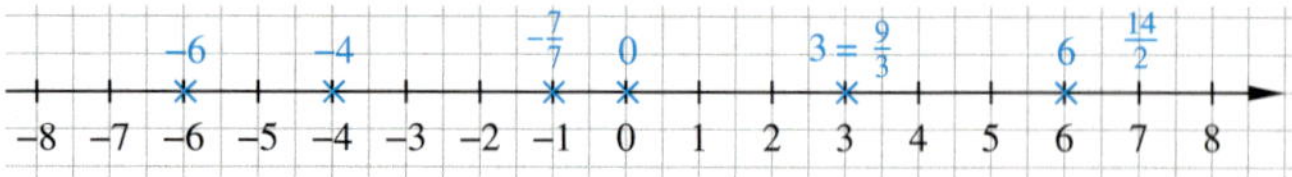

2 **a)** Moskau, Warschau, Hamburg, Berlin, Dresden, Frankfurt, München
b) Minimum: −5 °C (Moskau), Maximum: 17 °C (Palma)
Spannweite der Temperaturen: 22 °C

2

Nacht-temperatur	Tageshöchst-temperatur	Temperatur-änderung
−5 °C	4 °C	9 Grad wärmer
−1 °C	3 °C	**4 Grad wärmer**
−15 °C	−4 °C	**11 Grad wärmer**
0 °C	**−3 °C**	3 Grad kälter
−8 °C	**−3 °C**	5 Grad wärmer
15 °C	7 °C	8 Grad kälter
−9 °C	−1 °C	8 Grad wärmer

3 **a)** Minimum: 35 Maximum: 45 Spannweite: 10
b) 42 und 44 jeweils 2-mal

3 **a)** Minimum: 0 Maximum: 3 Spannweite: 3
b) 0 und 1 jeweils 6-mal

4 **a)** Marvin: 0,3 Jan: 0,25
b) vermutlich für Marvin

4 Note 1: 0,03 Note 2: 0,10 Note 3: 0,31 Note 4: 0,31
Note 5: 0,21 Note 6: 0,03

5 **a)** 70 **b)** 150 **c)** 135 **d)** 450
e) 151 **f)** 2 700 **g)** 958 **h)** 1 687

5 **a)** 34 cm **b)** 2,25 kg **c)** 24 min **d)** 1,125 km

6 **a)** 6 a: Notendurchschnitt = 3,4 Zentralwert: 3
6 b: Notendurchschnitt = 3,5 Zentralwert: 3
6 c: Notendurchschnitt = 3,2 Zentralwert: 3
6 d: Notendurchschnitt = 3,0 Zentralwert: 3
b) Notendurchschnitt der gesamten Stufe 6 = 3,3 Zentralwert: 3
c) Alle Durchschnittswerte sind im Bereich 3. Genauere Übereinstimmung in Klasse 6 d.
Brauchbarer Mittelwert in Klasse 6 a und 6 b.

7 Die Lösung ist 10. Man kann Paare bilden: 1 und 19, 2 und 18 …
Jedes dieser Paare hat den Mittelwert 10, daher ist auch der Mittelwert aller Paare 10.

8 Hauptgewinn: $\frac{1}{9} \approx 11{,}1\,\%$
Kleingewinn: $\frac{2}{9} \approx 22{,}2\,\%$
Niete: $\frac{6}{9} = \frac{2}{3} \approx 66{,}7\,\%$

8 Für Deutschland liegt die relative Häufigkeit bei 50,7 %, d. h. dass 2015 in Frankfurt 370 489 Frauen gelebt haben könnten.

Seite 194

Teste dich!

1 **a)** −15; −6; −5,001; 5,001; $\frac{24}{4}$; 7
b) −9; −2; −1; 0,3; 0,9; 1; 1,1

2 **a)** Kassel: 11 °C Hanau: 8 °C Fulda: 13 °C Wetzlar: 10 °C Marburg: 9 °C
b) Median Höchsttemperaturen: 8 °C Median Tiefsttemperaturen: −3 °C

3

	a)	b)	c)	d)
Verein	gewonnen	unentschieden	verloren	*nicht* verloren
FC Bayern München	75 %	≈ 8,3 %	≈ 16,7 %	≈ 83,3 %
Bor. Dortmund	≈ 58,3 %	≈ 16,7 %	25 %	75 %
Werder Bremen	≈ 58,3 %	≈ 16,7 %	25 %	75 %
FC Schalke 04	≈ 58,3 %	≈ 8,3 %	≈ 33,3 %	≈ 66,7 %
Hannover 96	≈ 41,7 %	≈ 33,3 %	25 %	75 %
Vfl Wolfsburg	≈ 33,3 %	≈ 8,3 %	≈ 58,3 %	41,7 %
FC Augsburg	≈ 8,3 %	≈ 41,7 %	50 %	50 %

4 **a)** Maximum: 96 Minimum: 12 Spannweite: 84 arithmetisches Mittel: 53 Median: 52
b) Maximum: 825 Minimum: 283 Spannweite: 542 arithmetisches Mittel: 587 Median: 707
c) Maximum: 59 872 Minimum: 86 Spannweite: 59 786 arithmetisches Mittel: 13 701 Median: 5 993,5

5 **a)** $1 : \frac{4}{15}$ $2 : \frac{2}{5}$ $3 : \frac{1}{5}$ $4 : \frac{1}{15}$ $5 : \frac{1}{15}$ $6 : 0$
b) 1 : 26,7%   2 : 40%   3 : 20%   4 : 6,7%   5 : 6,7%   6 : 0%
c) Die durchschnittliche Bewertung lag bei $2{,}2\overline{6}$

6 **a)** $\frac{1}{2} = 50\%$ **b)** $\frac{2}{3} \approx 66{,}7\%$ **c)** $\frac{1}{6} \approx 16{,}7\%$ **d)** $1 = 100\%$ **e)** $\frac{5}{6} \approx 83{,}3\%$ **f)** $\frac{1}{2} = 50\%$

7 Die Wahrscheinlichkeit beträgt jeweils $\frac{1}{8} = 12{,}5\%$.

Zuordnungen

Noch fit?

Seite 196

1 **a)** 2; 4; 6; 8; **10; 12; 14; 16; 18; 20**
b) 7; 14; 21; 28; **35; 42; 49; 56; 63; 70**
c) 3; 7; 11; 15; **19; 23; 27; 31; 35; 39**
d) 105; 99; 93; 87; **81; 75; 69; 63; 57; 51**

2 **a)** Die Anzahl der Bücher bestimmt die Turmhöhe. Je mehr Bücher aufgestapelt werden, desto höher wird der Turm.
b) Das Alter des Babys bestimmt die Schlafzeit. Je älter das Baby wird, desto geringer wird die Schlafzeit in den ersten sechs Monaten.

3 **a)** 3,60€   **b)** 18€   **c)** 60€   **d)** 395 g

4 **a)** $M_1(4|9)$; $M_2(9|3)$ **b)**

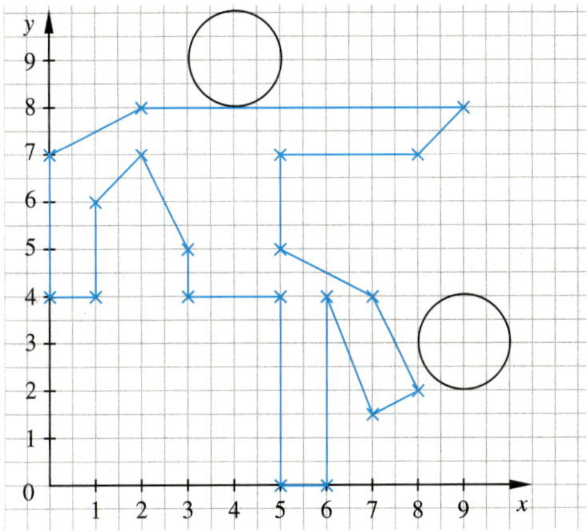

1 **a)** 8; 16; **24**; 32; 40; **48**; 56; **64**; **72**; **80**; **88**
b) **81**; 74; 67; 60; **53**; 46; **39**; **32**; **25**; **18**

2 1 kg Apfelsinen kosten 1,50€;
2 kg Apfelsinen kosten 3,00€;
3 kg Apfelsinen kosten 4,50€;
4 kg Apfelsinen kosten 6,00€;
5 kg Apfelsinen kosten 7,50€.

3 **a)** 60 min   **b)** 20 Blumen   **c)** 4,78€

Seite 204/205

Klar so weit?

1 a) Die Temperatur in °C wird dem Tag zugeordnet.

b)

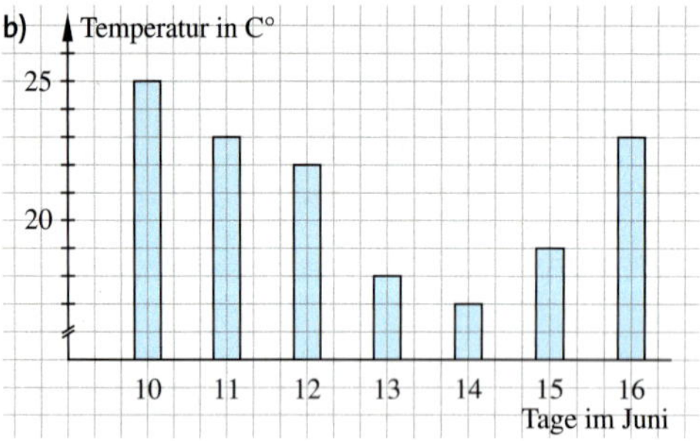

c)

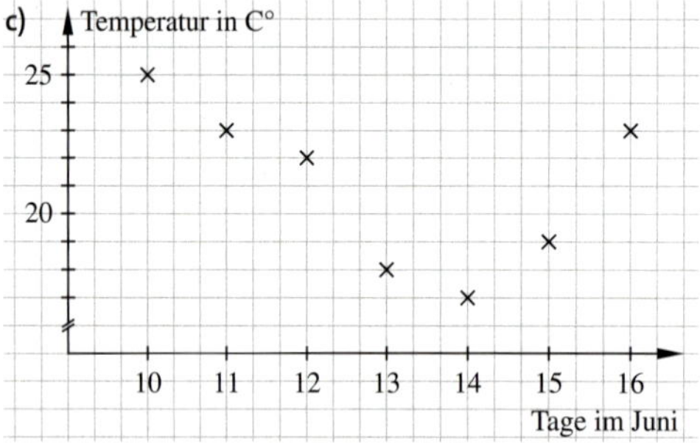

2 a) Die Körpertemperatur (°C) wird den Tagen zugeordnet.

b) + c)

Tag	Körpertemperatur (in °C)
0	36,5
1	36,5
2	36,5
3	40,8
4	39,8
5	39,3
6	37,8

d) An den Tagen 3, 4, 5 und 6 hat der Patient eine höhere Körpertemperatur als 36,8 °C.

3

Gewicht in kg	1	2	3	4	5	6	7	8	9	10
Preis in €	0,5	1	1,5	2	2,5	3	3,5	4	4,5	5

4 a) ② **b)** ③ **c)** ①

5 a) Für jeden Zeitpunkt wurde festgehalten, wo zwischen Michael und Anke sich der Ball befunden hat.

b) Am Ende bleibt der Ball bei Michael und wird nicht zurückgeschlagen. Wahrscheinlich ist er dort ins Aus gegangen und/oder Michael hat einen neuen Aufschlag machen müssen.

6

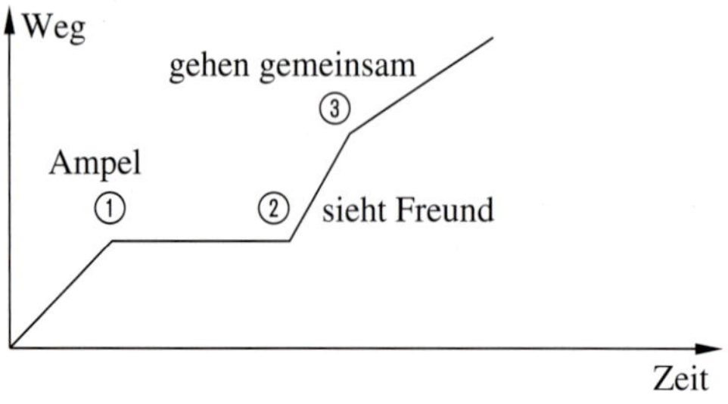

1 a) Der Preis (in €) wird dem Reiseziel zugeordnet.

b)

Reiseziel	Preis (in €)
Dublin	269
Madrid	199
Venedig	289
Paris	186
Rom	245
Wien	187
London	175
Amsterdam	215

c)

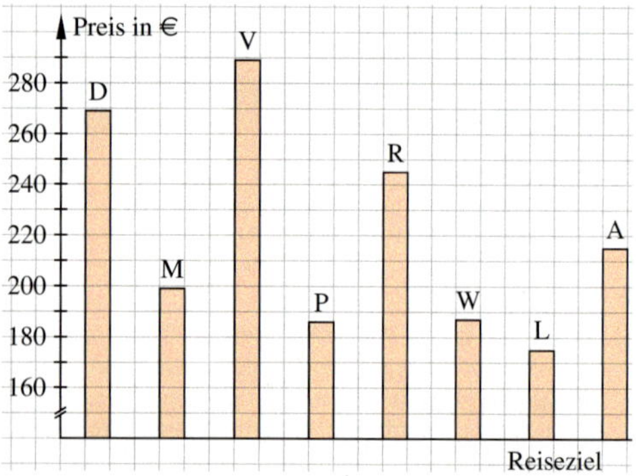

2 a) Je schmaler die Vase ist, desto schneller steigt das Wasser an, d. h. dass vom Anfang bis zur Mitte das Wasser immer schneller ansteigt, danach aber wieder langsamer ansteigt.

b) Graph ② passt zu der abgebildeten Vase: zuerst nimmt die Füllhöhe schneller zu, dann wieder weniger schnell.

3

Flugdauer in h	1	2	3	4	5	6	7	8	9	10
Strecke in km	800	1600	2400	3200	4000	4800	5600	6400	7200	8000

4 a) ③ **b)** ② **c)** ①

5 a) Mia begann. Dann ging der Ball mehrfach hin und her bis nach dem vierten Schlag von Mia der Ball im Netz landete.

b) Der erste Schlag von Mia und der zweite Schlag von Ben waren sehr lang. Das sieht man daran, dass der Abstand (also die Strecke) zwischen den Spitzen länger ist als bei den anderen Schlägen.

c) Im Diagramm bleibt der Ball auf der Höhe des Netzes. Das heißt, der Ball ist wohl ins Netz gegangen. Da Mia davor geschlagen hat, hat sie den Ball wohl ins Netz geschlagen.

6

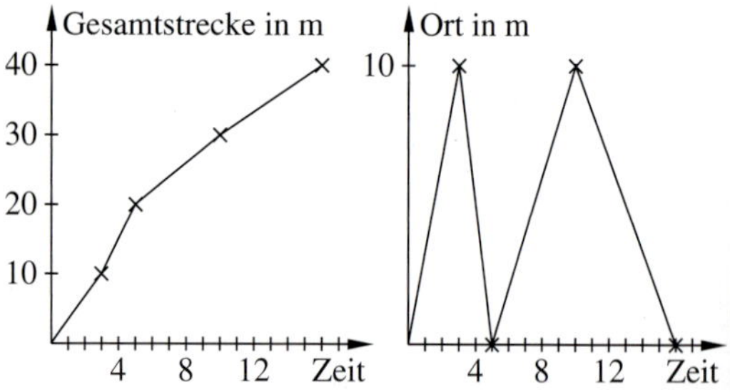

Teste dich!

Seite 210

1 **a)** Ja, denn jedem Ort wird die Temperatur zugeordnet.

b)

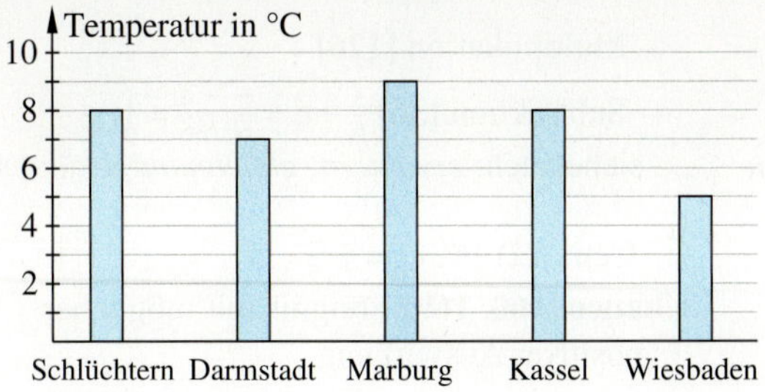

c)

5°C	7°C	8°C	9°C
Wiesbaden	Darmstadt	Schlüchtern, Kassel	Marburg

2 **a)** Der Zeit wird die Größe der verlegten Rasenfläche zugordnet.

b)

Zeit (in h)	1	2	3	4	5
Fläche (in m²)	500	1000	1500	2000	2500

3 **a)**

Anzahl Kugeln	1	2	3	4	5	6	7	8	9	10
Preis in €	0,90	1,80	2,70	3,60	4,50	5,40	6,30	7,20	8,10	9,00

b)

Anzahl Kugeln	1	2	3	4	5	6	7	8	9	10
Preis in €	1,10	2,20	3,30	4,40	5,50	6,60	7,70	8,80	9,90	11,00

c) Normaleis:

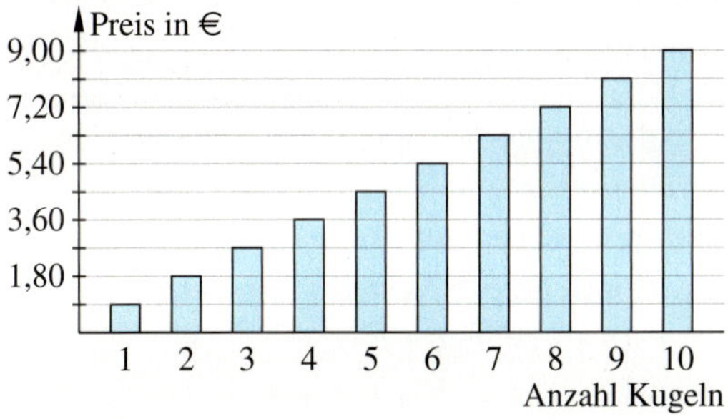

Diäteis:

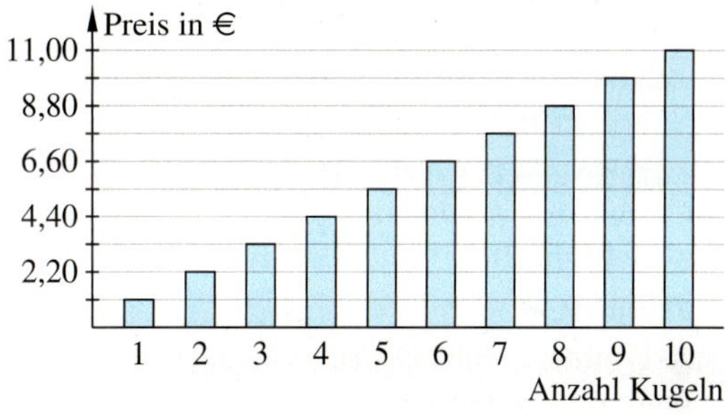

d) Die Säulen für das Diäteis sind höher. Bei beiden steigt es von links nach rechts Schritt für Schritt an.

e) Alle Säulen werden um 0,30 € höher.

4 **a)** Er ist 2:30 h unterwegs.

b) Bei 25 km begann die Abfahrt.

c)

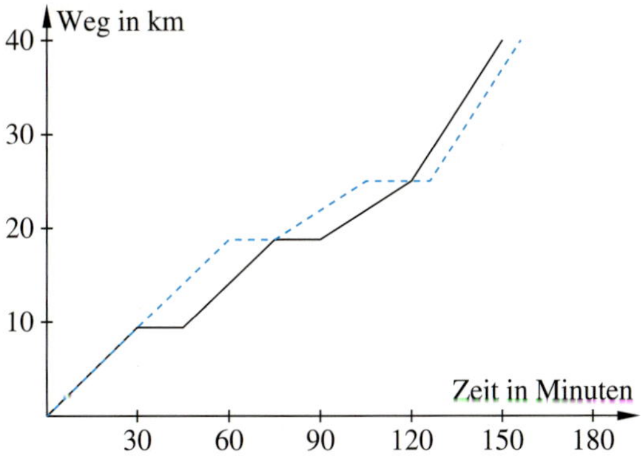

Mathelexikon und Stichwortverzeichnis

Ereignis (*E*) [184] Mehrere *Ergebnisse* eines *Zufallsexperiments* können zu einem Ereignis zusammengefasst werden; Beispiel: mit einem Würfel eine *gerade Zahl* werfen

Ergebnis (*e*) [184] Ausgang eines *Zufallsexperiments*; Beispiel: mit einem Würfel eine 2 werfen

erweitern Beispiel: erweitern mit 4:
$\frac{2}{5} = \frac{2 \cdot 4}{5 \cdot 4} = \frac{8}{20}$

Euro (€) 100 ct = 1 €

F

Faktor siehe *Multiplikation*

Figurendiagramm Beispiel:

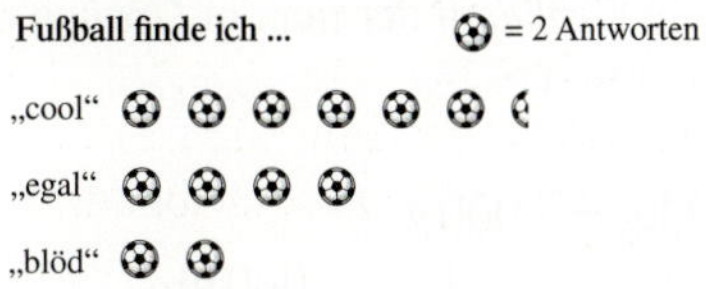

Flächeninhalt (*A*) *Maßeinheiten* des Flächeninhalts sind z. B. km², ha, a, m²

G

ganze Zahlen [172] *natürliche Zahlen* und ihre *Gegenzahlen* (zusammen mit der Null), $\mathbb{Z} = \{\ldots; -2; -1; 0; 1; 2; \ldots\}$

Gegenzahl [172, 193] Gegenzahlen haben den gleichen Abstand zur Null. Beispiel:
−3 ist die Gegenzahl von +3;
+12 ist die Gegenzahl von −12

Geld siehe *Euro* und *Cent*

gemischte Zahl [28, 30] Beispiel: $1\frac{1}{2}$, $3\frac{1}{4}$

Geodreieck Werkzeug zum Messen und Zeichnen von *Winkeln*, *Parallelen* und *Senkrechten*

Gerade gerade Linie ohne Anfangspunkt und ohne Endpunkt

gerade Zahl alle *ganzen Zahlen*, die durch 2 teilbar sind; Beispiel: −2, 4, 6, −8, 10, 12, −12

gestreckter Winkel [50, 67] ein *Winkel* von 180°; siehe *Winkel*

Gewicht (Masse) *Maßeinheiten* des Gewichts (der *Masse*) sind z. B. t, kg, g, mg

ggT siehe *größter gemeinsamer Teiler*

gleichnamig *Brüche* mit gleichem Nenner nennt man gleichnamig; Beispiel: $\frac{3}{5}$ und $\frac{4}{5}$

Glücksspiele [187] Bei Glückspielen wird ein Einsatz gezahlt. Das Ergebnis eines Glücksspiels hängt vom Zufall ab.

Grad (°) Die Größe eines *Winkels* wird in Grad gemessen.

Gramm (g) 1000 g = 1 kg

Größe besteht aus Maßzahl und Maß*einheit*.
Beispiel: 6 € (*Geld*), 30 min (*Zeit*), 3,26 kg (*Masse*), weitere Größen: *Länge*, *Fläche*, *Volumen*

größer als (>) Beispiel: 13 > 11 bedeutet: 13 ist größer als 11

größter gemeinsamer Teiler die größte Zahl, die in den Teilermengen zweier Zahlen vorkommt;
Beispiel: $T_8 = \{1; 2; 4; 8\}$;
$T_{12} = \{1; 2; 3; 4; 6; 12\}$; ggT (8; 12) = 4

Grundfläche siehe *Körper*

H

Halbgerade gerade Linie mit einem Anfangspunkt, aber ohne Endpunkt

Häufigkeit Anzahl, wie oft eine Art von Ergebnissen bei einer *Daten*erhebung aufgetreten ist
- **relative [176, 184, 193]**
  $\text{relative Häufigkeit} = \frac{\text{absolute Häufigkeit}}{\text{Gesamtzahl}}$
- **absolute [176, 193]** gibt an, wie oft ein bestimmtes Ergebnis vorkommt

Hauptnenner Der Hauptnenner ist der kleinste gemeinsame Nenner zweier *Brüche*.

Hektar (ha) 1 ha = 100 · 100 m² = 10 000 m²

Hohlmaß Um Volumenmaße von Flüssigkeiten anzugeben, verwendet man die Hohlmaße Liter (l) und Milliliter (ml).
Beispiel: 1 l = 1 000 ml; 1 l = 1 dm³

J

Jahr (a) 1 a = 365 d (Tage)

K

Kante siehe *Körper*

Kehrbruch [130, 139] Beispiel: der Kehrbruch von $\frac{2}{5}$ ist $\frac{5}{2}$

Kehrwert siehe *Kehrbruch*

Kenngrößen *Minimum*, *Maximum*, *Median*, *Quartile* und *Spannweite* sind Kenngrößen von *Daten*.

kgV, kleinstes gemeinsames Vielfaches die kleinste Zahl, die in beiden *Vielfachen*mengen zweier Zahlen vorkommt; Beispiel:
$V_8 = \{8; 16; 24; 32; \ldots\}$; $V_{12} = \{12; 24; 36; \ldots\}$;
kgV (8; 12) = 24

Kilogramm (kg) 1 kg = 1000 g

Kilometer (km) 1 km = 1000 m

Klammer siehe *Vorrangregeln*

kleiner als (<) Beispiel: 9 < 11 bedeutet: 9 ist kleiner als 11

Kommutativgesetz (Vertauschungsg.)
- Addition: $a + b = b + a$
- Multiplikation: $a \cdot b = b \cdot a$

Koordinate gibt die Lage eines Punktes an

Koordinatensystem Zwei zueinander senkrecht stehende *Zahlenstrahlen*, die sich im Nullpunkt (0|0) schneiden.

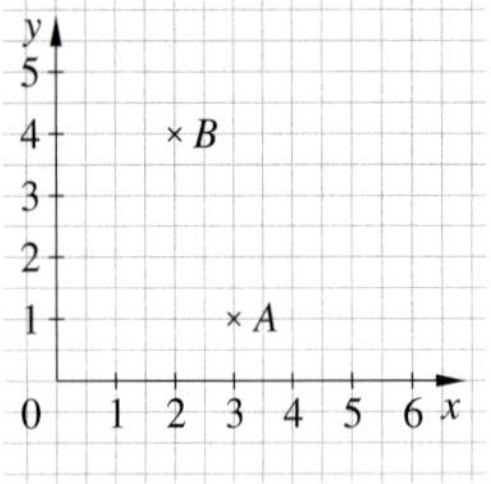

Die Lage eines Punktes im Koordinatensystem wird durch seine Koordinaten angegeben: Beispiel: $A(3|1)$; $B(2|4)$

Körper [144, 167] Beispiel:

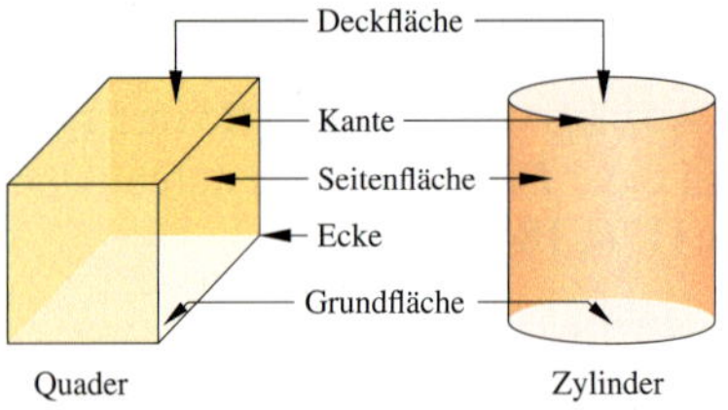

Dort, wo zwei Flächen zusammenstoßen, entstehen Kanten. Treffen mindestens drei Kanten aufeinander, entstehen Ecken.

Körpernetz [150, 167] eine zusammenhängende Abwicklung aller Begrenzungsflächen eines *Körpers*; Beispiel:

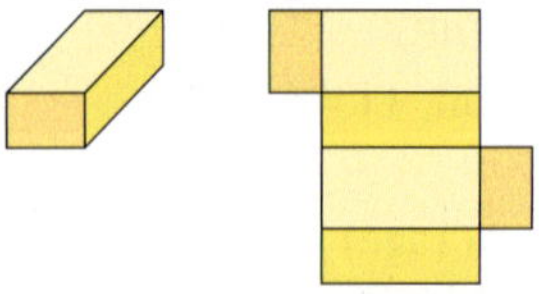

Kreis

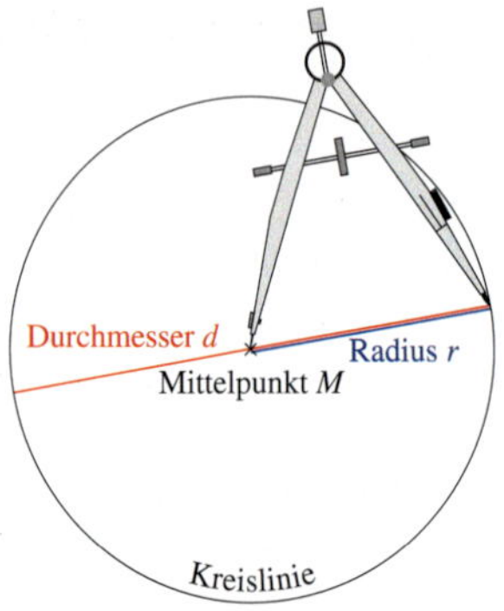

Kreisdiagramm zeigt *relative Häufigkeiten* an (Vollkreis ≙ 100 %); Beispiel:

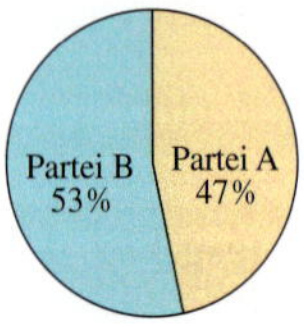

kürzen [28, 45] Beispiel: kürzen durch 4: $\frac{8}{20} = \frac{8:4}{20:4} = \frac{2}{5}$

L

Länge *Maßeinheiten* der Länge sind z. B.:
1 km = 1 000 m
1 m = 10 dm = 100 cm = 1 000 mm
1 dm = 10 cm = 100 mm
1 cm = 10 mm

Liniendiagramm Beispiel:

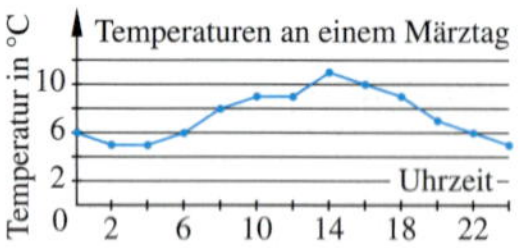

Liter (l) 1 l = 1000 ml (*Milliliter*)

M

Masse (Gewicht) wissenschaftliche Bezeichnung für die *Größe*, in der man in *Gramm* und *Kilogramm* misst
1 t = 1 000 kg
1 kg = 1 000 g
1 g = 1 000 mg

Maßeinheit siehe *Einheit*

Maßstab Beispiel: Der Maßstab 1 : 10 bedeutet: 1 cm im Bild sind 10 cm in Wirklichkeit.

Maßzahl siehe *Größe*

Maximum [176] größter Wert einer Datenreihe

Median [180, 193] auch: Zentralwert; Der Wert, der genau in der Mitte aller der Größe nach geordneten Werte einer Datenreihe liegt. Beispiel: 8; 15; 17; 35; 72; Median: 17

Meter (m) 1 m = 100 cm

Milligramm (mg) 1000 mg = 1 g

Milliliter (ml) 1000 ml = 1 l (Liter)

Millimeter (mm) 10 mm = 1 cm

Minimum [176] kleinster Wert einer Datenreihe

Minuend siehe *Subtraktion*

Minute (min) 60 min = 1 h (*Stunde*)

Mittelpunkt siehe *Kreis*

Mittelwert siehe *arithmetisches Mittel* und *Median*

Multiplikation
Faktor · Faktor = Wert des Produkts

N

ℕ siehe *natürliche Zahlen*

natürliche Zahlen, ℕ = {0; 1; 2; …}

negative Zahl Negative Zahlen sind kleiner als Null. Beispiel: – 2; – 15

Nenner siehe *Bruch*

Netz siehe *Körpernetz*

Nullpunkt siehe *Koordinatenursprung*

O

Oberfläche [154] Alle Begrenzungsflächen eines *Körpers* ergeben zusammen die Oberfläche des Körpers.

Oberflächeninhalt (*O*) [154, 167] Der Oberflächeninhalt (*O*) eines Körpers ist die Summe der Flächeninhalte seiner Begrenzungsflächen.
- *Quader*: $O = 2 \cdot a \cdot b + 2 \cdot a \cdot c + 2 \cdot b \cdot c$
- *Würfel*: $O = 6 \cdot a \cdot a = 6a^2$

P

% siehe *Prozent*

Periode, periodischer Dezimalbruch [76] Bei vielen *Brüchen* führt die *Division* dazu, dass sich im Ergebnis Ziffern unendlich oft wiederholen. Diese Brüche nennt man periodische Dezimalbrüche. Die Ziffer (oder die Zifferngruppe), die sich wiederholt, wird durch einen Strich darüber gekennzeichnet und Periode genannt. Beispiel: $\frac{1}{3} = 0{,}333\ldots = 0{,}\overline{3}$

Planskizze einfache, von Hand erstellte Übersichtszeichnung

positive Zahl Positive Zahlen sind größer als Null. Beispiel: 3; +5; 112

Primzahl eine *natürliche Zahl*, die nur durch 1 und sich selbst teilbar ist; Beispiel: 2; 3; 5; 7; 11; 13

Probe Bei den Grundrechenarten rechnet man zur Probe die *Umkehraufgabe*. Bei *Gleichungen* setzt man zur Probe die *Lösung* ein.

Produkt siehe *Multiplikation*

Prozent (%) [72, 95] Das %-Zeichen bedeutet „von Hundert“. Beispiel: $1\,\% = \frac{1}{100}$

Prozentschreibweise [72, 95] *Brüche* mit dem *Nenner* 100 kann man in der *Prozent*schreibweise angeben. Beispiel: $\frac{75}{100} = 75\,\%$

Punktspiegelung [100, 113] Beispiel:

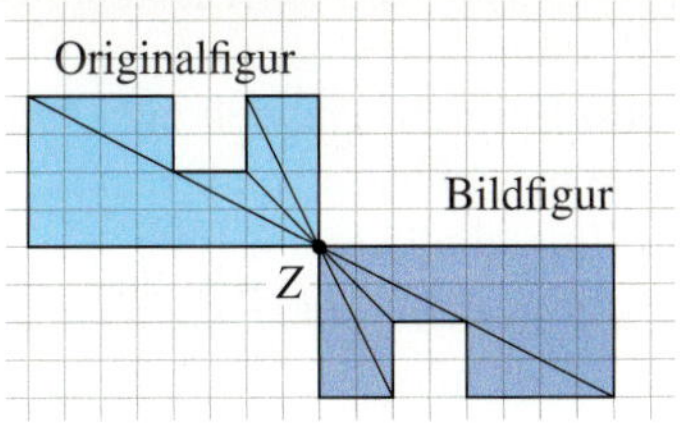

Punktsymmetrie siehe *Symmetrie*

Q

Quader siehe *Körper*
- Oberflächeninhalt $O = 2 \cdot a \cdot b + 2 \cdot a \cdot c + 2 \cdot b \cdot c$
- Volumen $V = a \cdot b \cdot c$

Quadrat siehe *Viereck*
- Flächeninhalt: $A = a \cdot a = a^2$
- Umfang: $u = a + a + a + a = 4a$

Quersumme die Summe aller Ziffern einer Zahl; Beispiel: Die Quersumme von 735 ist $7 + 3 + 5 = 15$

Quotient aus *a* und *b* $a : b$ bzw. $\frac{a}{b}$

R

Radius siehe *Kreis*

Rauminhalt siehe *Volumen*

Rechteck siehe *Viereck*
- Flächeninhalt: $A = a \cdot b$
- Umfang: $u = a + b + a + b = 2(a + b)$

rechter Winkel [50, 67] ein *Winkel* von 90°; siehe *Winkel*

relative Häufigkeit siehe *Häufigkeit*

Risiko Ereignis mit möglicher negativer Auswirkung

Runden Ist die Stelle rechts von der *Rundungsstelle* 0, 1, 2, 3 oder 4, wird abgerundet. Ist die Stelle rechts von der *Rundungsstelle* 5, 6, 7, 8 oder 9, wird aufgerundet.

Rundungsstelle die Stelle, auf die gerundet werden soll

Rundungsziffer steht rechts von der *Rundungsstelle*

S

Säulendiagramm Beispiel:

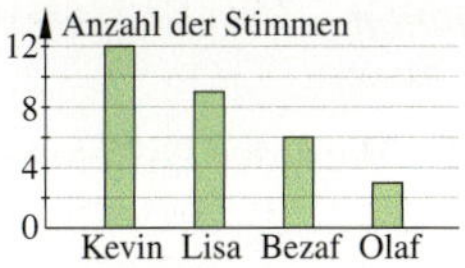

schätzen Beim Schätzen versucht man durch Überlegungen dem genauen Ergebnis möglichst nahe zu kommen.

Schätzwert für Wahrscheinlichkeit [184, 193] Bei einer großen Anzahl an Wiederholungen eines *Zufallsexperiments* ist die *relative Häufigkeit* eines *Ergebnisses* ein Schätzwert für die *Wahrscheinlichkeit* des *Ergebnisses*.

Scheitelpunkt siehe *Winkel*

Schenkel siehe *Winkel*

Schrägbild [146] vermittelt einen räumlichen Eindruck eines Körpers; nach hinten verlaufende Kanten werden in halber Länge im Winkel von 45° angetragen; verdeckte Kanten werden gestrichelt; Beispiel:

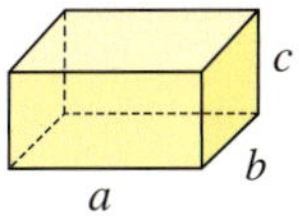

Seite *Strecke*, die eine *Fläche* begrenzt

Seitenfläche siehe *Körper*

Sekunde (s) 60 s = 1 min (*Minute*)

Skala Maßeinteilung an Messinstrumenten, z. B. am Geodreieck oder am Thermometer

Skizze Zeichnung von Hand, die einen groben Überblick verschafft

Spannweite [176] Unterschied zwischen *Maximum* und *Minimum* einer *Datenreihe*

Spiegelachse siehe *Achsenspiegelung*

spitzer Winkel [50, 67] ein *Winkel*, der größer als 0° aber kleiner als 90° ist; siehe *Winkel*

Stängel-Blätter-Diagramm [175] Beispiel:

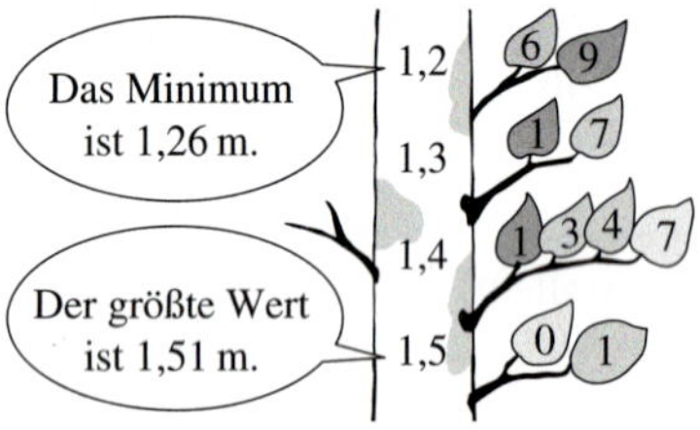

Strecke gerade Linie mit einem Anfangspunkt und einem Endpunkt

Strichliste *Häufigkeiten* einer *Daten*erhebung werden mit Strichen angegeben.

stumpfer Winkel [50, 67] ein *Winkel*, der größer als 90° aber kleiner als 180° ist; siehe *Winkel*

Stunde (h) 1 h = 60 min (Minuten)

Subtrahend siehe *Subtraktion*

Subtraktion
Minuend – Subtrahend = Wert der Differenz

Summand siehe *Addition*

Summe siehe *Addition*

Symmetrie Beispiel:

Achsensymmetrie:

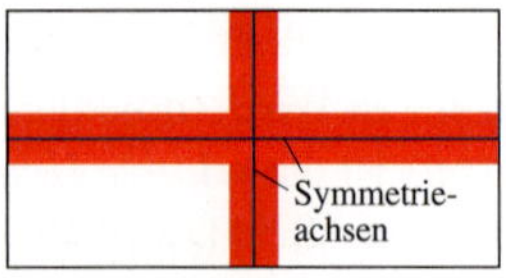

Drehsymmetrie:

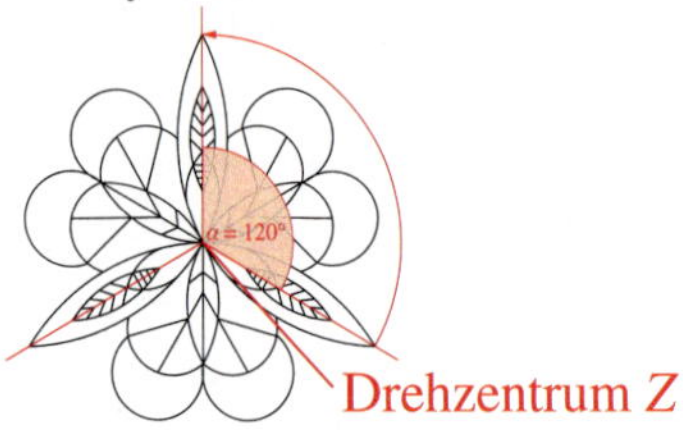

Punktsymmetrie:

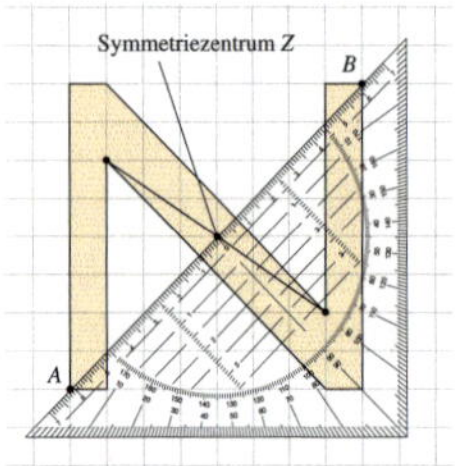

Symmetriezentrum siehe *Symmetrie*

T **Tabellenkalkulation** Software zur Eingabe und Verarbeitung von Daten

Tag (d) 1 d = 24 h (*Stunden*)

teilbar siehe *Teiler*

Teilbarkeitsregeln durch…
- **2**: die letzte *Ziffer* ist gerade
- **3**: die *Quersumme* ist durch 3 teilbar
- **4**: die letzten beiden *Ziffern* stellen eine durch 4 teilbare Zahl dar
- **5**: die letzte *Ziffer* ist eine 0 oder eine 5
- **8**: die letzten drei *Ziffern* stellen eine durch 8 teilbare Zahl dar
- **9**: die *Quersumme* ist durch 9 teilbar
- **10**: die letzte Ziffer ist eine 0

Teiler Eine Zahl ist ein Teiler einer anderen Zahl, wenn beim Dividieren kein Rest bleibt. Beispiel: 6 ist ein Teiler von 18, d. h. 18 ist durch 6 teilbar (6 | 18); 6 ist kein Teiler von 20 ($6 \nmid 20$)

teilerfremd Zahlen, die keinen gemeinsamen *Teiler* außer der 1 haben

Teilermenge alle *Teiler* einer Zahl; Beispiel: Teilermenge von 12: $T_{12} = \{1; 2; 3; 4; 6; 12\}$

Tonne (t) 1 t = 1000 kg

U **Überschlag** Rechnen mit gerundeten Werten

überstumpfer Winkel [50, 61, 67] ein *Winkel*, der größer als 180° aber kleiner als 360° ist; siehe *Winkel*

Umkehraufgabe Beispiel: eine Umkehraufgabe von 5 + 6 = 11 ist 11 – 5 = 6

Umkehrung Die *Subtraktion* ist die Umkehrung der *Addition*, die *Division* ist die Umkehrung der *Multiplikation*.

Umrechnungszahl Beispiel: Wandelt man *Volumenmaße* in die benachbarte *Volumeneinheit* um, so ist die Umrechnungszahl 1000.

ungerade Zahl alle *ganzen Zahlen*, die nicht durch 2 teilbar sind; Beispiel: 1, –3, 3, 7, –9

ungleichnamig *Brüche* mit unterschiedlichem *Nenner* sind ungleichnamig; Beispiel: $\frac{3}{8}$ und $\frac{4}{5}$

V **Verbindungsgesetz** siehe *Assoziativgesetz*

Vertauschungsgesetz siehe *Kommutativgesetz*

Verteilungsgesetz siehe *Distributivgesetz*

Verschiebung [107] Beispiel:

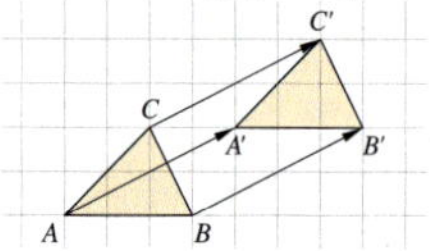

Verschiebungspfeil [107] gibt Länge und Richtung einer *Verschiebung* an

Vielfaches Ist eine Zahl einmal, zweimal, dreimal, … so groß wie eine andere Zahl, so ist sie ein Vielfaches dieser Zahl.

Viereck Beispiel:

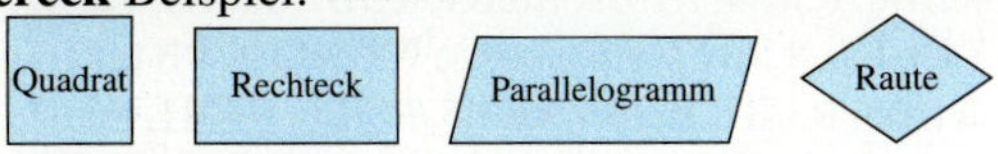

vollständig gekürzt Einen *Bruch*, der nicht mehr weiter *gekürzt* werden kann, nennt man vollständig gekürzt.

Vollwinkel [50, 67] ein *Winkel* von 360°; siehe *Winkel*

Volumen Rauminhalt eines Körpers; Volumeneinheiten sind z. B. m^3, cm^3, l, ml

Vorgänger Beispiel: Der Vorgänger von 9 ist 8.

Vorrangregeln 1. Klammern werden zuerst berechnet; Beispiel: $4 - (1 + 2) = 4 - 3 = 1$

2. Punktrechnung geht vor Strichrechnung; Beispiel: $7 - 3 \cdot 2 = 7 - 6 = 1$

W

Wahrscheinlichkeit *(P)* [184, 193]

Winkel [50, 54, 58, 61, 67]

Bezeichnungen am Winkel:

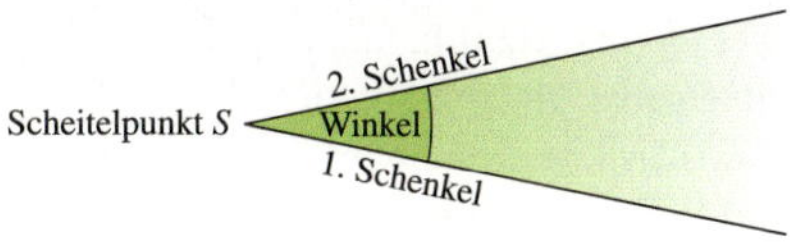

spitzer Winkel:

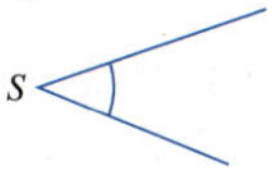

rechter Winkel:

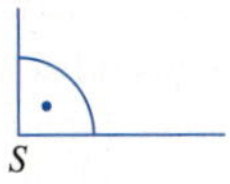

stumpfer Winkel:

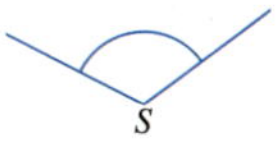

gestreckter Winkel:

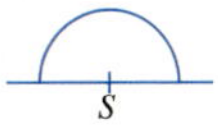

überstumpfer Winkel:

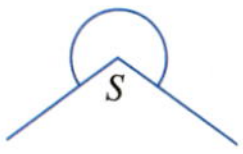

Vollwinkel:

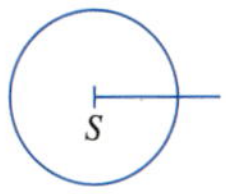

Wertepaar [198, 209] zwei einander zugeordnete Werte. Beispiel: (2|3,5)

Wertetabelle [198, 209] *Wertepaare* können in einer Tabelle angegeben werden

Wortvorschrift [198, 209] Ein Text beschreibt, welche Werte einander zugeordnet werden sollen; Beispiel: „Jeder Zahl wird ihr Dreifaches zugeordnet." ergibt z.B. (1|3), (2|6), (– 1,5|– 4,5)

Würfel

- *Oberflächeninhalt* $O = 6 \cdot a \cdot a = 6a^2$
- *Volumen* $V = a^3$

Z

Zahlengerade [172, 193] bildet anders als der *Zahlenstrahl* auch die *negativen Zahlen* ab

Zahlenstrahl Beispiel:

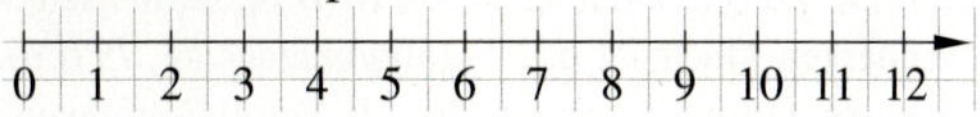

Zähler siehe *Bruch*

Zeit *Maßeinheiten* der Zeit sind z. B. a (*Jahre*), d (*Tage*), h (*Stunden*), min (*Minuten*), s (*Sekunden*)

Zeitpunkt ein genau festgelegter Termin, z. B. 12:50 Uhr oder der 12. Januar

Zeitspanne die Dauer zwischen zwei Zeitpunkten, z. B. 15 Minuten, 2 Jahre oder von 8:00 Uhr bis 8:45 Uhr

Zentimeter (cm) 1 cm = 10 mm

Zentralwert siehe *Median*

Ziffer Alle Zahlen bestehen aus den Ziffern 1, 2, 3, 4, 5, 6, 7, 8, 9, 0.

Zirkel Werkzeug zum Zeichnen von *Kreisen*

Zufallsexperiment [184] Vorgang mit einem zufälligen Ergebnis; Beispiel: Münzwurf, Würfelwurf

Zufallsversuch siehe *Zufallsexperiment*

Zuordnung [198, 202, 209] Zuordnungen weisen Werten aus einem vorgegebenen Bereich einen oder mehrere Werte aus einem anderen Bereich zu (*Wertepaar*). Zuordnungen können als *Wortvorschrift*, *Wertetabelle*, im *Koordinatensystem* oder im *Diagramm* dargestellt werden.

Bildverzeichnis

Titel Fotolia/mojolo; **3 o.li.** R1/B1, R3/B2, R2/B2, Fotolia/ErnstPieber; **3 o.li.** R1/B2, R4/B2 Fotolia/Flo-Bo; **3 o.li.** R2/B1 Fotolia/svoss; **3 o.li.** R2/B3 Fotolia/holetree; **3 o.li.** R3/B3, R1/B3, R3/B1, R4/B1 Fotolia/OHE; **3 o.li.** R4/B3 Fotolia/schaef; **3 o.re.** Fotolia/Silvano Rebai; **3 Mi.li.** Fotolia/Nadalina; **3 Mi.re.** Fotolia/New photos; **4 o.li.** Shutterstock/Anneka; **4 o.re.** Fotolia/Dreaming Andy; **4 Mi.li.** Fotolia/pyzata; **4 Mi.re.** Fotolia/am; **4 u.li.** Cornelsen/Christian Böhning; **4 u.re.** Fotolia/mojolo; **7** R1/B1, R3/B2, R2/B6, R5/B4, R1/B5, R6/B3, R2/B2, R5/B2, R5/B1, R5/B5 Fotolia/ErnstPieber; **7** R1/B2, R4/B2 Fotolia/Flo-Bo; **7** R1/B4, R2/B1 Fotolia/svoss; **7** R2/B3, R4/B4 Fotolia/holetree; **7** R2/B4, R4/B5 Fotolia/ostphoto; **7** R3/B3, R6/B4, R1/B3, R3/B1, R3/B4, R6/B5, R3/B6, R4/B1, Fotolia/OHE; **7** R4/B3, R6/B2 Fotolia/schaef; **7** R5/B3, R6/B1 Fotolia/grafikplusfoto; **9 o.li.**, **9 o.mi.** Cornelsen/Markus Holm; **9 o.re.** Fotolia/schaef; **9 Mi.re.** Cornelsen/Matthias Hamel; **11 u.** Fotolia/janvier; **14 Mi.li.** Fotolia/bofotolux; **21 u.li.** Fotolia/Brian Jackson; **24 u.re.** Fotolia/Jürgen Fälchle; **25** Fotolia/Nadalina; **27 Mi.re.** Matthias Hamel; **28 o.li.** Shutterstock/Merydolla; **31 o.re.** Fotolia/stadelpeter; **35 u.re.** Cornelsen/Hanna & Markus Holm, Berlin; **36 o.li.** Shutterstock/kallitu; **37 u.re.** Fotolia/Salixcaprea; **44 o.li.** Fotolia/gekaskr; **47** Fotolia/Silvano Rebai; **49 o.li.** Fotolia/Brian Jackson; **49 o.mi.** Fotolia/Sondem; **49 o.re.** Fotolia/ah_fotobox; **51 o.li.** Fotolia/pure-life-pictures; **51 o.mi.** Cornelsen/Volker Döring; **51 o.re.** Fotolia/rdnzl; **53 o.re.** Cornelsen/Kerstin Kälberer **57 Mi.** Shutterstock/Allexxandar; **59 o.re.** Cornelsen/Kerstin Kälberer; **65 o.re.** Matthias Felsch, Berlin; **65 Mi.li.** Fotolia/johnmerlin; **66 u.**, **u.re.** Cornelsen/Matthias Hamel; **69** Fotolia/New photos; **71 o.re.** Udo Wennerkes, Goch; **72 o.li.** Fotolia/bluedesign; **75 o.re.** mauritius images/STOCK4B-RF; **75 Mi.li.** Fotolia/womue; **75 Mi.re.** Fotolia/euthymia; **76 o.li.** Fotolia/samopauser; **76 Mi.mi.** Fotolia/gitusik; **76 Mi.li.** Fotolia/ExQuisine; **79 u.li.** Cornelsen/Peter Hartmann; **79 u.re.** Cornelsen/Peter Hartmann; **83 Mi.** Cornelsen/Volker Döring; **97** Shutterstock/Anneka; **99 o.re.** ClipDealer/Rebmann; **100 o.** Fotolia/Bergfee; **100 Mi.li.** Fotolia/Bergfee; **102 u.li.** Shutterstock/abramsdesign; **102 u.mi.** Fotolia/Luo Andi; **102 u.re.** Shutterstock/Nick Hawkes; **103 o.li.** Shutterstock/Jody Ann; **103 o.mi.** Fotolia/txakel; **103 o.re.** Fotolia/MVPixel; **103 Mi.re.** Cornelsen/Kerstin Kälberer; **104/1** Fotolia/Sergey Novikov; **104/2–3** Cornelsen/Mathias Wosczyna; **104/4** Fotolia/iluzia; **105 o.re.** interfoto e.k./Bahnmüller; **106 o.li.**, **o.mi.**, **o.re.** Cornelsen/Rainer Zillgens; **106 u.re.** gemeinfrei; **108 o.re.** Cornelsen/Volker Döring; **110 li.** Fotolia/nickolae; **110** As Shutterstock/opicobello; **110 Mi.** Fotolia/Bergfee; **111 o.li.** Fotolia/blackboard1965; **111 u. 1** Shutterstock/Sanchai Khudpin; **111 u. 2, 6** Shutterstock/mffoto; **111 u. 3** Shutterstock/Atlaspix; **111 u. 4** Fotolia/fineart-collection; **111 u. 5, 7** Fotolia/createur; **112 Mi. 1–4** Cornelsen/Volker Döring; **112 u.li.** Shutterstock/James Steidl; **112 u.mi.**, **re.** Shutterstock/Yanping Wang; **114 o. 1** Fotolia/Joachim Opelka; **114 o. 2** Fotolia/Friedberg; **114 o. 3** Fotolia/Harald Biebel; **114 o. 4** Fotolia/mouzes; **115** Fotolia/pyzata; **117 Mi.re.** Cornelsen/Volker Döring; **118 Mi.re.** Shutterstock/ownway; **121 u.re.** Cornelsen/Volker Döring; **122 o.li.** Fotolia/Dionisvera; **126 o.li.** Cornelsen/Volker Döring; **129 Mi.re.** Colourbox; **130 o.li.** Cornelsen/Matthias Hamel; **130 Mi.re.** Feltes, T., Berlin; **132 Mi.li.** Mathias Wosczyna, Rheinbreitenbach; **133 Mi.re.** Infochart Diehl, München; **134 Mi.re.** Cornelsen/Fotolia/Africa Studio, Shutterstock/Kovaleva_Ka; **137 o.li.**, **Mi.li.** Mathias Wosczyna, Rheinbreitbach; **137 o.re.** Cornelsen/Clara & Markus Holm; **140 Mi.re.** Cornelsen/Volker Döring; **141** Cornelsen/Christian Böhning; **145 o.re.** Shutterstock/imagedb.com; **145 Mi.re.** Fotolia/pixs:sell; **145 u.li.** Fotolia/Superingo; **145 u.re.** Shutterstock/manfredxy; **149 o. 1–3** Gerald Zörner, Berlin; **149 o.li.** Fotolia/lucadp; **153 o.li.**, **153 o.re.** Cornelsen/Volker Döring; **153 Mi.re.** Shutterstock/criben; **153 u.** Fotolia/Lux; **156 o.li.** Fotolia/EvrenKalinbacak; **157 o.re.** Cornelsen; **157 u.re.** Cornelsen/Volker Döring; **158 Mi. 1** Fotolia/eyetronic; **158 Mi. 2** Fotolia/rdnzl; **158 Mi. 3** Fotolia/maexico; **158 Mi. 4** Fotolia/HandmadePictures; **158 u.re.** Cornelsen/Volker Döring; **162 o.re.** Fotolia/Petair; **162 u.** mauritius images/Alamy/razorpix; **166 u.re.** Shutterstock/ET1972; **169** Fotolia/Dreaming Andy; **171 Mi.re.** Shutterstock/Fernando Cortes; **171 u.re.** Cornelsen; **172 o.li.** Fotolia/pacer180; **172 o.mi.** Fotolia/juan_g_aunion; **172 o.re.** Fotolia/Sven Vietense; **172 Mi.re.** mauritius images/Alamy/Ashley Cooper pics; **176 o.li.** Fotolia/Pelz; **177 Mi.li.** Fotolia/yurchello108; **181 Mi.** Katja Fibig, Berlin; **183 o.re.** Fotolia/Armin Sepp; **183 Mi.re.** Mahler, Fotograf, Berlin; **183 u.re.** Cornelsen/Kälberer; **184 o.** Hannes Klein, Wiesloch; **185 o.re.** Rainer J. Fischer, Berlin; **185 Mi.re.** Günter Liesenberg, Hönow; **186 o.re.** Fotolia/svort; **186 Mi.re.** Shutterstock/Photocrea; **187 o.re.** Fotolia/by-studio; **187 Mi.li.** Fotolia/nessyal; **187 Mi.re.** Fotolia/Maksym Yemelyanov; **189 u.re.** Cornelsen/Volker Döring; **190 u.** Mathias Wosczyna, Wandlitz; **191 o.re.** Fotolia/Voyagerix; **192 Mi.li.** Mathias Wosczyna, Rheinbreitenbach; **194 u.mi.** Cornelsen/Volker Döring; **194 u.re.** Günter Liesenberg, Hönow; **195** Fotolia/am; **200 Mi.** Döring, Volker; **206 Mi.li.** Fotolia/Andrey Kuzmin; **206 u.li.** Fotolia/valdezrl; **211** Fotolia/mojolo;